你也能大成就

智圣法师　著

华夏出版社

在我灵智生命的觉醒中，依循《大般涅槃经》、《法华经》、《华严经》、《楞枷经》、《楞严经》、《金刚经》、《心经》、《无量寿经》、《仁王护国经》、《弥陀经》、《释禅波罗蜜》、《大智度论》、《摩诃止观》、《道德经》、《太平经》、《庄子》、《易经》、《黄帝内经》、《神农本草经》、《论语》、《孟子》、《大学》、《中庸》等经典开启的华藏世界的微妙法门，使我的尘障肉身有了神秘的立断顿超的快脱经验。然而，也从《圣经》、《古兰经》、《布哈里圣训》、《塔木德》、《博伽梵歌》、《瑜伽经》、《奥义书》的蒙恩中觉受身心超拔的狂喜。于是，在我的信仰坚定中，我虔信生命的灵修、冥想、密行、祈祷、侍奉是个体生命与宇宙信息场、世界能量场、社会力量场和谐脉动的唯一通道。我敬虔地信仰这个世界只要你与我是洁净的心智觉醒者，我们的世界便会永恒地充满光明希望并让我们共同沐浴在爱与和善和平和谐的生活中。在和平发展与和谐世界建设的全球文明时代，受生活禅的启示，我衷心祈愿在现代化全球化文明的发展趋势中，佛教天台宗能够融合儒释道医各宗建构东亚文明共同体，由此体现东方文明以"健康、和平、和谐"为归旨，同西方基督文明中的"人权、民主、自由"融合成全球化文明体系。藉此，我愿以这一世的生命去侍奉一切有缘的有情众生，因为我更愿佛陀驻世微笑……

——题记

作者简介：

智圣法师，名新德。俗名乐后圣，湖北宜都人。于岭南又果老和尚座下剃度，受具足戒于五台山。目前隐修终南山，并接引泛宗教文化界人士栖居终南山享受隐士天堂的生活，担纲终南山茅蓬宗教场所管理委员会及终南山茅蓬宗教文化研究中心主任。以拔苦众生的行愿精神改善终南山茅蓬隐修环境，期望与有缘众生共同"倡导和谐生活、享受和谐人生、服务和谐社会、构建和谐世界"，祈愿"终南山隐修社区"成为全球化时代人类文明的共同福祉。

自幼参学道家，并按乡俗常常礼拜宜都观音阁、当阳玉泉寺；青年入伍中央警卫部队并熏闻东西方哲学思想。二十八岁因缘邂逅京西香山碧云寺雨后彩虹的启悟，使其以宁静的精神致力于儒释道医与全球化文明的融合探索。在三十二岁初秋的月圆子夜沉睡的生命被萦绕于碧云寺金刚塔上空的法螺声和颂经声唤醒，在碧云寺九乘次第金刚坛城的加被中有了立断顿超的解脱觉照，从而在觉醒状态中心智欢喜地著作出版了《国家和平发展战略》、《和谐社会构建论》、《医道——身国共治的人本文明》、《文化军事战略》等文字般若来圆满生命。

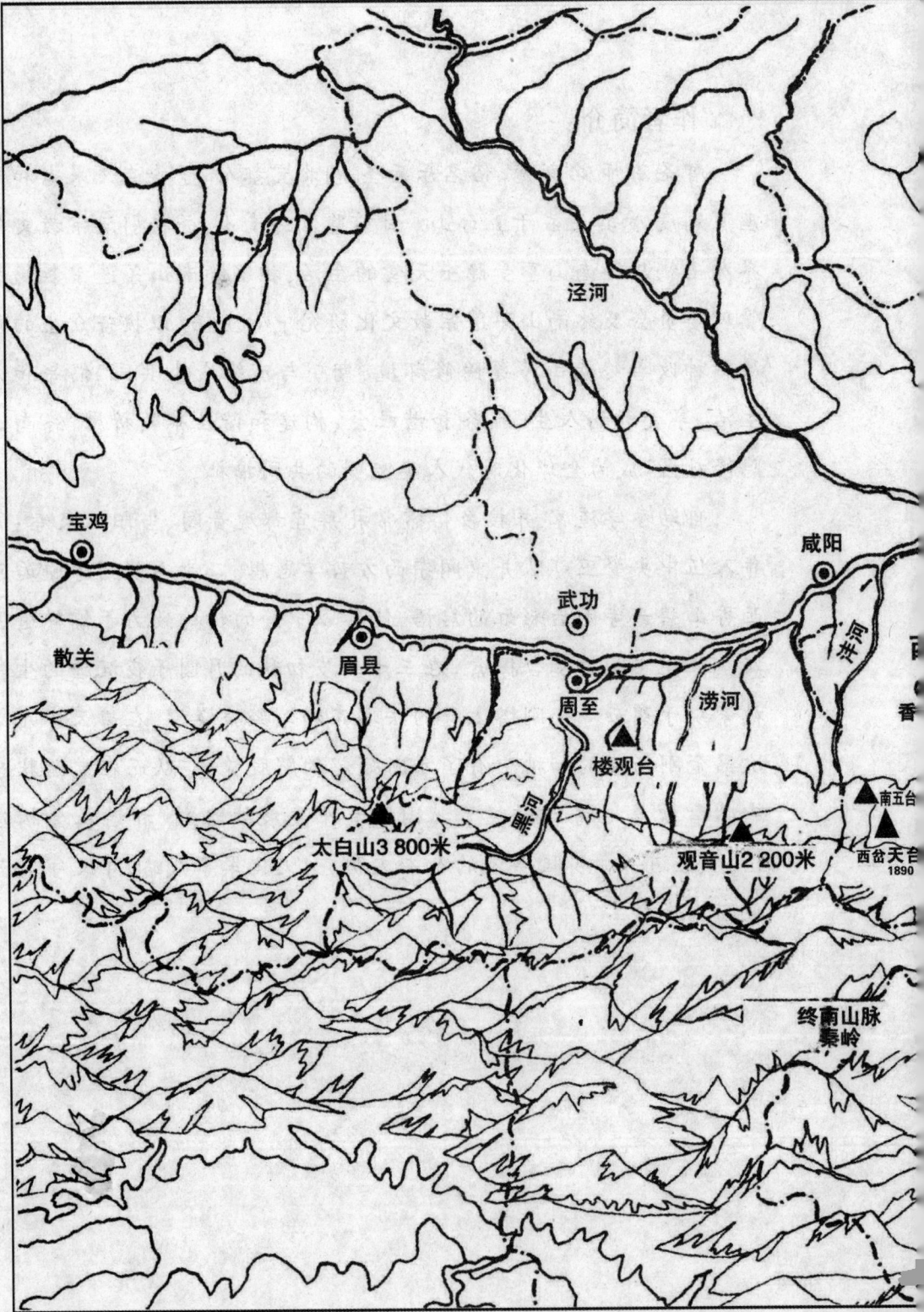

泾河

宝鸡

咸阳

武功

散关

眉县

周至

涝河

楼观台

太白山3 800米

观音山2 200米

南五台

西岔天台
1890

终南山脉
蓁岭

终 南 为 冠

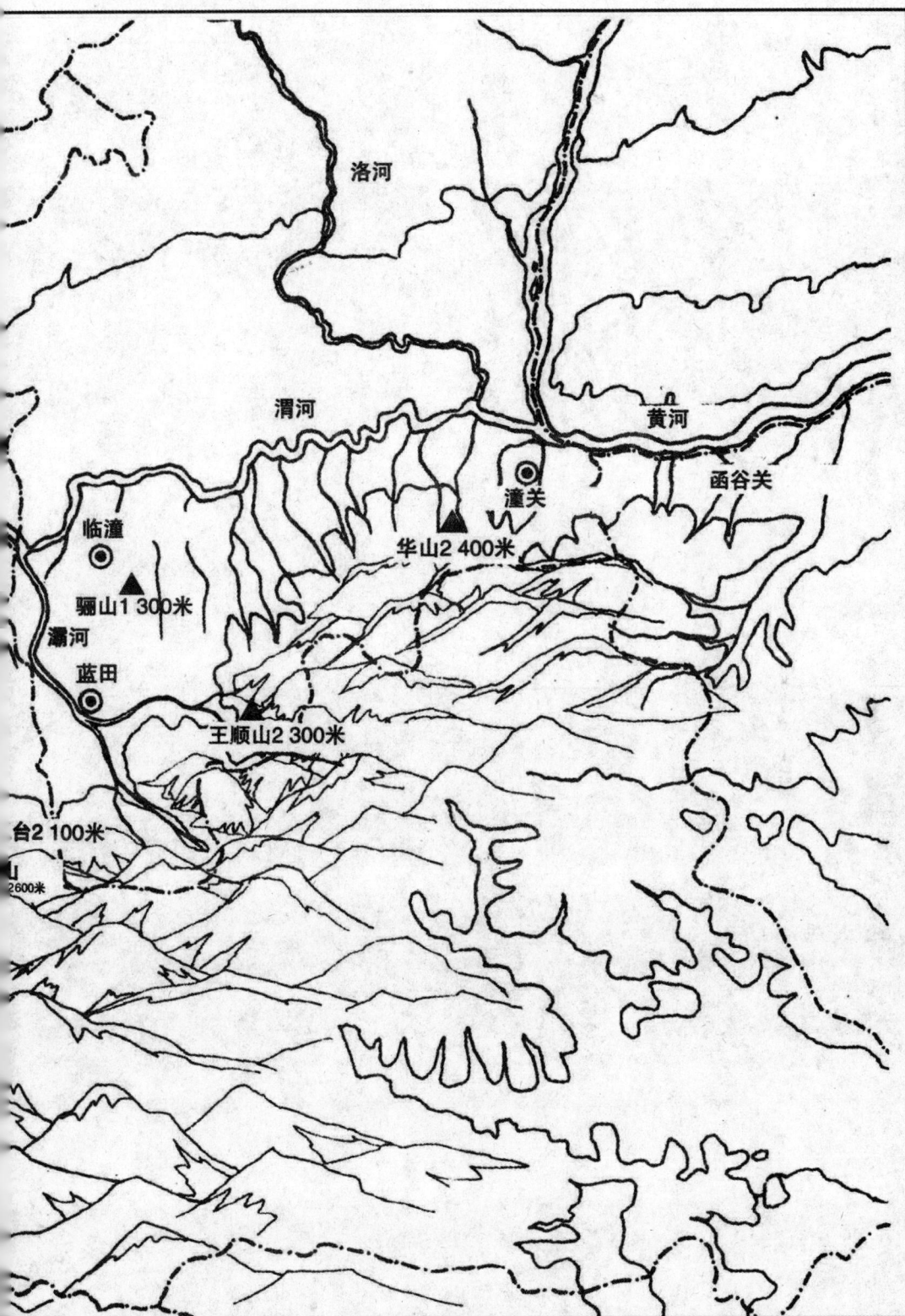

洛河

渭河

黄河

潼关

函谷关

临潼

华山2 400米

骊山1 300米

灞河

蓝田

王顺山2 300米

台2 100米

2600米

貌 图

目 录

你也能大成就

目
录

目
录

让生命幸福自在……
（代前言）

仰望天空中的日月星辰

我们充满惊奇

她驱使我们去观照万物本初

于是宗教诞生了

这是神灵赐予人类最大的福音

在观照中

我们究竟从哪里来

又到哪里去

我是谁

活着为了什么

大千世界的本质又是什么

这是人类苦思冥想的永恒不解之谜

释迦牟尼佛为了探寻大千世界的真理出家放弃苦行的生活后，来到了菩提伽耶，在一株高大茂密的毕波罗树下坐了下来。他发下誓愿："我如果不圆成正等正觉的佛果，宁可碎此身，终不起此座！"佛经上说，释迦牟尼在菩提树下升座之后即圆成菩提道果祥光照跃天地，菩提道果是大乘佛教的出世圣果。释迦牟尼在菩提树下跌坐四十八天，十二月初七日这天晚上，天朗气清，惠风和畅，他默坐金刚座上，示现种种禅定境界，遍观十方无量世界和过去世现在世未来世一切事情，洞见三界因果，十二月初八日凌晨，一颗流星划破夜空，他豁然大悟，得无上大道，成为圆满正等正觉的佛陀。佛经上说，释迦牟尼成佛之时，大地震动诸天神人齐赞，地狱饿鬼畜生三道的许多苦厄，一时顿息，天鼓齐鸣，发出妙音，天雨曼陀罗花，曼殊沙花，金花、银花、琉璃花、宝花、七宝莲花等一一呈献殊胜供佛。至此，释迦牟尼已成就菩提道果，遂开始传教授徒，传授他所证悟的宇宙真谛。

佛为一大事因缘出现于世，欲令众生开佛知见、示佛知见、悟佛知见、入佛知见。归元无二路，方便有多门，今以《你也能大成就》这本书的接引方便，即为了证明你也能证登菩提解脱妙道。一个真实解脱的人，以出世间的心，以出离的心，以远离、不执着的心，以如梦如幻的心来看这个奇妙的世界。但是由于悲心的缘故，在如幻、远离、不执着后，重新回入世间，融摄一切来为众生服务，永不后悔。永不会后悔，没有一丝遗憾。所以，再次化入眼前的一切，即回归世间，即是"一花一世界，一叶一如来"。抬头青山苍翠，放眼众生是佛。因为一切法空之谛，故能隐现自在，而有"一念现三世，十方世界于一刹中现"等等无碍境界。又"诸佛国土如虚空，无等无生无有相，为利众生普严净，本愿力故住其中"。这无碍的大用皆因诸佛本愿力的缘而显现。若以如来大愿智力，则众相随现；若随法性自体空性，则众相皆无，此便是随缘不变、不变随缘的展现。如此隐现随缘自在，却不离一真法界、一真之智，这就是华严世界的不可思议境界；亦是普贤菩萨的愿行所契入的广大福智境界。这样的世界相亦是法界相，交互映摄、大小互容，诸佛每一毛孔中含藏整个法界，每一世界中的诸佛又含藏全部法界，每一世界又返回容摄诸佛之毛孔，不断地交互容摄，显现无尽缘起的不可思议境界。《华严经》中说整个法界是大小相互包容的世界，是无限交互圆融的世界。

一粒砂中是一个宇宙，整个宇宙也是宇宙，这是第一层结构。再就更深一层来讲，这一粒砂中的宇宙可以涵容整个宇宙，涵容整个外在的大宇宙。再往深一层，这一粒砂中所涵藏的整个宇宙中，又反涵藏着这一粒砂。如此无限制地继续下去，就成为一个无限交互圆融的世界，这就是华严世界。如果我们放弃简单宇宙的概念，放弃一是一、二是二的概念，放弃此方彼方的概念，放弃所有一层层宇宙的概念后，就能跟无限交互圆融的宇宙相应。《华严经》说"十方三世同时炳现"，只有断舍过去心、现在心、未来心，才能够通摄三世，《华严经》再将三世扩大为十世，过去中也有过去、现在、未来三世；现在也有过去、现在、未来三世；未来也有过去、现在、未来三世，总括这九世就是十世。就解脱而言，这十世如何脱落？我们必须将时间的锁链切断，透视到时间的本心，这才能进入到华严世界海。如此，还要还落在世间，这是不可思议的上下双回向的境界，这是性起、观照，是不可思议的境界，使十方三世同时炳现，再次化入到整个现前的一切。生命的体验，是种无法掩饰的美，超越了她的载体，直撼心灵。于是，所有的宇宙在同一时刻唱起了赞歌，一切生灵，美丽如歌。宇宙海中，生命的潜灯如豆萌起，渐扩开来，彻照漆黑的亘古长夜。经过无数劫，星系生了又灭，灭了又生。后来在一天，你很想看看身边的风景，比方一片脉络盎然的绿叶，你看到了什么？一种久违了的，忘了已经太久，又似乎乍识新知的，携上心头。愧然，欣然，傲然，一切所能想到的、体验和未体验的情感刹那间从脚漫到头，让你品味个够。那双似乎不属于自己的眼，看到虚空炸响一声粉碎成末，又碎成粒子互相逸开，而后，世间的一切都没有变过，只是在一个阳光不算很烈的也许明媚的下午，你正站在这个地方，风中一种熟悉的气息依然袭进鼻孔。

从某种意义上说，人类浩瀚的历史归根结底只是极少数伟大智者的思想史。思想不等于智慧，甚至最伟大的思想也不等于智慧，只能说在伟大的思想中包含着智慧的影子，智慧本身是最伟大思想不可思议的超越。任何人的生命与人的人类历史文明相比，都是短暂而渺小的；人的历史如果与我们存在的这个星球的地质年代相比，其倏忽和一瞬也是可以用"刹那"来作类比；而地球的年龄之于宇宙，又是何其的不足道哉……如此渺小而有限的人，如何才能与那无限而永恒的存在相勾联并观照之？其答案是唯一的，那就是智慧。活着，不等于懂得生命，观照，不等于得到答案；有了答案，也不等于心灵得到究竟圆满的幸福……人要正确地认识自己、认识生命是何其困难。所以，芸芸众生大多数一辈子情愿浑噩地度过，探究不到自己活着的意义。甚至，连一些伟大的人物也会遭遇同样的境况。伟大的托尔斯泰晚年人生境遇正好说明了这点。心灵愈伟大，感受到的痛苦恰恰也就愈强烈。当晚年的托尔斯泰从哲学和宗教中都找不到人生的出路时，他就选择了自杀这种极端的方式来逃避生命。为什么人会面临如此严重的困境呢？很重要的一个原因是因为，人人都知道自己有一个必然的归宿，那就是死亡，而且人生又是如此短暂，所以，一个人不管如何努力，其结局都将归于空无。那么，人生究竟又有何意义可言呢？这确是一个重大的疑问。弗洛姆把人生这种最根本的困境称作"生与死之间的两歧"，并指出："人是一定要死的，这是一个无法改变的事实。人能认识到这一事实，并正是这种对生死的认识，深深地影响了他的生活。"正是因为人有对自我和人生的无穷探索的内在渴求，人类才会创造出如此灿烂的文化。在人类历史上，众多的宗教思想家、哲学家和科学家都对"人是什么？人生有何意义？是非真假善恶美丑是什么？爱恨情仇是什么？苦是什么？空是什么？无常是什么？无我是什么？我是谁？活着为了什么？生活是什么？历史是什么？文明是什么？事业是什么？千古江山又是什么？大千世界是什么？宇宙是什么？"这些诘问，这些观照，其思想结晶便积淀成人类文化的宝贵财富并不断流传下来，供人类参考、选择。在古希腊阿波罗神庙中，曾刻有这样一道神谕："认识你自己。"

这道神谕对西方哲学传统的影响尤为深远，"认识自我"成为宗教哲学探索的最高目标。以智慧的态度善待人生，学会如何战胜生活的烦恼、情欲的动荡、人生的苦闷、死亡的恐惧等等，从而获得心灵的解脱和生命的依托。

"一钵千家饭，孤身万里游。青目睹人少，问路白云头。"独寂之境的是看破红尘的"跳出三界外，不在五行中"的超脱，与人世间再无瓜葛，独享受着法喜禅悦、道风仙露。独寂不是一时心烦而找个深山暂作休闲，它需要细细甄别世间与出世间。世间有妻儿老小，有荣华富贵，可以"春风得意马蹄疾，一日看尽长安花"；而出世间只有"落霞与孤鹜齐飞"，只有"长烟落日孤城闭"，实在是"白茫茫一片，真干净"。世间是纷扰的，出世间是寂寞的；世间是繁华的，出世间是平淡的。只有反复斟酌，而最终选择了出世间的人，才能算是入了独寂之境。而且，从此两寂，关键还是在于心之独寂，一切抛弃放下，尘埃落定，自然长空寂寞，心如止水。独寂之人，能够将自己的生活需要降到最低，他们与自然融为一体，餐风露宿，渴饮深山雪，困卧青崖石。比如，深居大梅山的常禅师，以荷叶为衣，以松花为食。比如，独居寒岩幽窟的寒山大师，藏于石壁之中，衣衫褴褛而自得其乐，听风听雨，常吟诗偈。独寂之人，能够耐得住寂寞，而且，深得其中之乐。"寂寂好安居，空空离讥诮"，没有了世间的争吵追逐，就彻底地没有了烦恼，可以"八风吹不动"，"快活长歌笑"了。而且，深居简出，还可以与自然结为朋友，像后周行因和尚，隐居山佛手岩，每到夜深人静的时候，都会有一只野鹿和一只山雉到他的石屋外休息，驯服亲近，宛如伴侣。再有，像北宋和靖，隐居小孤山，安闲自在，以梅为妻，以鹤为子。独寂之境，当然还需要有一个不被纷扰的空间环境。如果总是人来人往，自然就称不上"独寂"了。所以，唐大梅常禅师会在世人请他出山的时候断然拒绝，并且声言要"又移茅舍入深居"。不过，这么说来，独寂之境倒是已经与现代社会离得越来越远了。因

让生命幸福自在（代前言）

为过度的开发和利用,自然原野的环境越来越少。而且,人心日渐浮躁,四处奔忙都是为了满足口腹之欲,只怕偶尔向往一下空谷幽兰的人,已不在多数,而真正能够独寂的人,更是越来越少了。在独寂中,我在北京香山著作出版《国家和平发展战略》、《和谐社会构建论》、《医道》、《文化军事战略》期间,多位贤德志士和老前辈曾同我探寻中国社会风气与官员腐化时弊的整治之道,我以道家的"抱阴负阳,抱阳负阴"的宇宙守恒定律来回答他们对世相本质的认识,但同时我也认为,从事物的表相来看,也是宗教失范的后果。宗教是社会民众灵魂深处的道德底线。宗教随着社会城市化的进程日益市俗化与商业化,其直接后果便是社会民众灵魂茫然失序,导致社会行为规则以感官刺激与世俗享乐为主流趋势。在世界文明史上罗马帝国也曾有过类似的社会境遇,在人类的文明史中,宗教隐修一直是世界所有国家、民族赖以存续的精神脊梁,俄罗斯前总统普京以俄罗斯拥有长老西拉那样的十万隐修精神巨匠而骄傲,宗教隐修者对天下的祈祷与祈愿是世界和谐的内在基因。以宗教隐修祈祷巨变的世界是我生命的夙愿,我有幸在政府部门与信众的护持下,以政府管理部门批准设立的终南山茅蓬宗教场所管理委员会、终南山茅蓬宗教文化研究中心为平台主持复兴终南山茅蓬宗教隐修的神圣事业是我生命的福祉。

终南山自《山海经》记载至今便是隐修者的天堂。屈原行吟泽畔,游于江潭,在投江前有一位渔父曾劝导他到终南山隐逸修道,《楚辞》的《渔父》就是记录的这个过程。屈原在《离骚》里写道:何离心之可同兮,吾将远逝以自疏。稟吾道夫昆仑兮,路修远以周流。屈原不听劝阻,渔父只好莞尔而笑,鼓枻而去。乃歌曰:"沧浪之水清兮,可以濯吾缨,沧浪之水浊兮,可以濯吾足。"终南山,佛教圣山矣,又名月亮山,盖居天下而西至昆仑、东至嵩山。巍巍乎襟黄河、长江而挟秦岭,横亘八百余里;莽苍苍蕴万物而济群生,高耸九重之外。

东通燕赵齐鲁,南接巴蜀荆楚,西望丝绸古道,云山遥遥,北锁秦川平原,阡陌片片。前有蓝田先人生生不息,后有长阳人流衍不衰,隔神农架相望有炎黄二帝在这里繁衍子息和安眠。秦汉一统,旗风指处天下臣服;隋唐相继,九州太平长治久安。终南山,诚我中华民族文明之摇篮,斯言不虚矣。终南山人文山水资源极为丰富。从中国土生土长的道教来说,终南山自古为仙人修道的圣地,被道教奉为洞天之冠,天下第一福地;道教最核心的经典《道德经》源于终南楼观台,也正因为如此,终南山成为中国道家和道教思想的发源地;名扬天下的八仙大部分在终南山修道。全真教祖师王重阳长期在终南山修道,创立了流传至今的全真道,其墓地所在的重阳宫已成为天下公认的全真总祖庭。中国佛教八大宗派中五大宗派的祖庭在终南山。韩国和日本来华求法的很多高僧道人长期居住在终南山,大量威震东方的著名经典出自终南山,流芳百世的高僧大德驻锡于终南山;终南山从古到今佛教寺院众多,影响深远。历代儒学大师也在终南山麓聚徒倡儒。从民俗文化来说,这里是"寿比南山"、"终南捷径"等成语典故的发生地,其他各种民俗文化也丰富多彩,极具个性魅力,这也是"天下修道,终南为冠"的文明渊源,终南山自古多隐士,隐士文化一直名传天下,至今依然存在着全国最集中的隐修茅蓬,特别是美国汉学家比尔波特的《空谷幽兰》在海内外大量发行之后,终南山的当代隐士更给现代人带来无尽的遐想。

隐士传统之所以能够延续,是因为中国人一向尊重历史,而隐士则保持了历史文明最重要的因素——精神传统。随着文明的发展这个传统既没有被遗失,更没有被遗忘。恰恰相反隐士在中国一直是人们最尊敬的人。隐士们能够以法眼洞悉大千世界的千变文化,耳听八方的声音。当皇帝、国王、部落首领和早期中国文化的领导者要与自然力量以及城墙外、人心中的神进行交流的时候,他们就会转向叩问隐士。隐士能够与天对话,他们谙熟天的种种迹象,他们说着天上的语言。隐士是萨满和神、草药师和外科医生、冥阳之事的行家。他们的世界要比被墙围住了的城市世界大得多。隐士不受幻想和习俗强加于人的各种价值观念的左右，他们一直是中国社会精英阶层必不可少的组成部分，因为他们秉承了中国文化最古老的天人合一的价值观。如果没有异议的话，他们代表着中国神话传说中的过去，而这个过去没有比在月亮山的各种面孔中表现得更为明显了。在《诗经》中有一篇祈祷文表达了对终南山的敬意：如月之恒，如日之升，如南山之寿，不骞不崩。尽管隐士传统是中国社会一个必不可少的组成部分，但是直到公元三世纪末，中国官员才开始费心思去传讲隐士的贡献。《后汉书》里有一章是专门讲隐士的，作者是这样开头的：或隐居以求其志，或曲避以全其道，或静己以镇其躁，或去危以图其安，或垢俗以动其概，或疵物以激其清。灵魂道德和关爱天下理想之间的传统是隐士的核心。中国人一直把隐士视为最重要的社会恩人中的一个族群，因此，不管他们的修道追求看起来多么不同寻常和消极遁世，中国人都是持鼓励的态度，而不是泼冷水。不管隐士是否走出隐居生活去侍奉大众，他们对于整个文化都产生了巨大的影响。他们是一泓泓"纯粹的思考"和"纯粹的生活"的源泉，迟早会找到合适的渠道流向人类的文明中心。当中国第一位伟大的诗人从官廷中被放逐出来的时候，他没有听渔父的劝阻隐居终南而葬身于鱼腹；中国第二位伟大的诗人陶渊明则还没有等到任期结束，就隐居到了乡下。在中国，隐士们有一种解脱自在的精神，即保持心灵、而不是身体远离城市的尘嚣。这种精神陶渊明在他的组诗《饮酒》中写道：结庐在人境，而无车马喧。问君何能尔，心远地自偏。采菊东篱下，悠然见南山。山气日夕佳，飞鸟相与还。此中有真意，欲辨已忘言。隐士生活是中国保存得最好的神秘精神文化之一，他们象征着这个国家很多最神秘的东西。他们那种化机巧为无心的返璞归真的智慧，没有比诸葛亮在去世之前曾经给他的儿子留下一纸

《诫子篇》描述得更好了：夫君子之行，静以修身，俭以养德。非澹泊无以明志，非宁静无以致远。夫学须静也，才须学也，非学无以广才，非志无以成学。淫漫则不能励精，险躁则不能治性。年与时驰，意与日去，遂成枯落，多不接世，悲守穷庐，将复何及！

灯下的午夜，终南山的寂静催生着我的心绪。我翻读着存放于手头的《你也能大成就》，那些关于文字符号与宇宙信息链接成的生命失声已久的世界，我尤似翻读着时光苍老的容颜。翻读着亘古以来生命至死不屈的心愿。《你也能大成就》这个人类文明的文化活化石，这些文字是从深深地埋藏在人类灿烂文明中拯救出来而凝固的精灵，这些文字符号震撼着我思想的圣殿。所谓天地玄黄，宇宙洪荒。它们从哪里来？要到哪里去？在何处夭折它们的行程，夭折那怀抱一生的理想？至今或许任谁也难以破解这个留存着远古传说的秘密。而季节的更替，却总在无声无息、无休无止地改变着人世的沧桑。

天高地阔写华章，舍我取谁？

穿越清风寒雪之夜，一条纯净的阳光之链，开始展示：久远的伤痕与淡淡的哀愁。

一腔书生意气，一种温暖的痛，此时，轻舒长袖。

多少新鲜、活泼的生命、思想，在岁月中坐成了泥塑？

多少期待、渴盼、山色、清风，对着走过汉唐、直过明清的星星月亮，渐次消瘦？

多少牺牲了欢乐、财富、生命、爱情的炎黄子孙，获得了肉体和精神的自由？

终南山啊，此时，是宁静的海，是清白、无私的历史，是绵绵不绝、放声歌唱的书香。

必须担在肩上的责任，沉重而冷。

双溪河的吟唱，万岁峰的明月和峻极峰的露珠，永远记得：青史一样清醒、十月一样美好的岁月,是迈出门槛、兼济天下的。

春天的播种和收获的秋天……

历史的涛涌,岁月的清愁,绵绵不尽地沧桑着。漫天阳光,将千万问候落向大地,落向灵魂最初的足音。

灯火亮着。

独守在终南山的狮乐茅蓬,我正在夜读,静心倾听那些人杰的浩歌和神灵的绝唱,以芟除内心的芜杂和日益严重的另一种饥渴,并努力于迷离与困惑中寻找出路……

让生命认识自己便是蒙恩的敬虔信仰,敬虔的信仰会让我们生命不可抗拒地觉受天启的神圣觉受,生命在崇高中激发与转化神秘信息场、意识能量场、精神力量场、心智宇宙场带给我们的狂喜与安顿,使我们的生命以超自然、超现实的高度踞立于整个世界的秩序之上。所以,我敬虔地信仰世界上各种宗教的神圣,我用自己的身心、行为和文字吸收并消化从世界各种宗教中发现能够净化我的肉身并给予我力量的东西。当然,超越身心的宗教神圣从来不适宜于用语言表达,语言本身是神圣的束缚与制约,神圣只能由生活来体现。在生活中我们可以自由、健康、虔敬地仰望星辰、太阳和天空,观照一花一草一世界,一木一石一乾坤。亲近敬畏自然可以培育我们的敬虔信仰心,大自然是生命的源泉,是人们永远的依靠。大自然是医治现代文明与人类愚痴的良药,天空、浮云、繁星、露水、微风、雪垠、江海、河渊、阳光、草木、虫鱼、高耸的山峰、深邃的沟壑、潺潺的溪流、飞禽走兽、山岗祥云、和风回韵,这一切交织融合出和谐而又充满神圣神秘的生命潜能。我们会在自然中惊诧地观照万物的本源,我们会真实地觉受到这一切是神圣万物之灵赐予人类最大的福音与福祉。那些忽视生命存在或不尊重生命的人从来都不会意识到神圣的存在,神圣是神灵对敬虔的人赐予的无限恩典,人只有觉知这样的蒙恩与蒙召,生命才可能破除生活的困顿和人生的迷惘,获得心灵的慰藉和精神的依托，战胜死亡的恐惧和欲望的诱惑，迎来心灵的解放和诗意的生活。人的全部尊严就在于敬虔与神圣，一个热爱生命、热爱智慧、热爱生活的人，他一定是热爱敬虔与神圣的人。

古今中外人们为了真实地面对生命，学习亚伯拉罕、摩西、佛陀、穆罕默德、基督耶稣、老子、孔子等古圣先贤探寻生命的践行，道德高尚，感动天地鬼神护佑。因为道德是世间最珍贵的品格力量，所以说"道高龙虎伏，德重鬼神钦"。鬼神和人各有各的法界，各有所尊。何以诸天鬼神会尊敬人法界呢？本来灵明妙性，不分彼此，同归一体的。因为无明不觉，昧了真源，则有四圣六凡十法界之分。要是从迷到悟，返本还原，则各法界的觉悟程度，亦各不相同。人法界中，有觉有不觉，知见有邪有正。诸天鬼神皆然。人法界在六凡中，超过其他五法界。因为六欲天耽爱女色，忘记修行；四禅天单耽禅味，忘其明悟真心之路；四空天则落偏空，忘正知见；修罗耽瞋，地狱鬼畜苦不堪言，皆无正念，哪能修行？人道苦乐不等，但比他界则易觉悟，能明心见性，超凡入圣。诸天鬼神虽有神通，都尊重有道德的人，其神通福报大小不同，皆慕正道。

古来证悟佛法的修行大德，惊天动地，白鹿衔花，青猿献果。天魔外道，诸仙鬼神，都来皈依。如真祖师皈依观音，财神皈依普贤，洞宾仙师皈依黄龙，王灵官皈依地藏，文昌皈依释迦牟尼佛等等。所以宋朝仁宗皇帝的《赞僧赋》说："夫世间最贵者，莫如舍俗出家。若得为僧，便受人天供养，做如来之弟子，为先圣之宗亲。出入于金门之下，行藏于宝殿之中。白鹿衔花，青猿献果。春听莺啼鸟语，妙乐天机；夏闻蝉噪高林，岂知炎热；秋睹清风明月，星灿光耀；冬观雪岭山川，蒲团暖坐。任他波涛浪起，振锡杖以腾空；假饶十大魔军，闻名而归正道。板响云堂赴供，钟鸣上殿诵经。般般如意，种种现成。生存为人天之师，末后定归于圣果矣。"偈曰："空王佛弟子，如来亲眷属。

身穿百衲衣，口吃千钟粟；夜坐无畏床，朝睹弥陀佛。朕若得如此，千足与万足。"

佛教有在家、出家等七众弟子，在家、出家学佛本来不分。不过，在家修行往往无法如出家修行那样专精、方便，因为在家生活有五欲尘劳，有妻子儿女等种种的束缚、障碍。因此，在家忧悲烦恼比较多，出家生活清净、寂静；在家生活增长烦恼，出家是减少烦恼；在家以执取为乐，出家以出离为乐；在家修行成就小法，出家学佛成就大法；在家磨难比较多，出家能令魔王恐怖；在家多放逸，出家少放逸；在家多奸巧，出家修行心地容易质直；在家多忧苦，出家多慈悲；在家以财力为宝，出家以功德为宝。出家清净、解脱、无求、富有、成大法、魔忧、正直、寂静、慈悲、不放逸、积功、出污泥。出家有无量功德。经典里说在娑婆世界里最好的是：第一是见佛，第二是闻法，第三是出家，第四是悟道。所以，清朝顺治皇帝曾作诗赞叹说："黄金白玉非为贵，唯有袈裟披肩难。"又说："朕为大地山河主，不及僧家半日闲。"由此可知，出家生活比在家好，出家的修行比在家的修行容易成就。不过说到出家，也不一定要剃发披染才叫做出家。身心都出家固然很好，心出家，身没有出家，也很可贵。所谓"热闹场中作道场"，能在烦恼里面，转烦恼为菩提，才是重要的。例如《胜鬘经》中的胜鬘夫人，"虽处王宫，不着欲乐；身居富贵，常修佛法"。在家，一样可以参禅念佛，一样可以修行悟道；功行到家的时候，一样可以勘破生死，一样能够解脱自在。例如傅大士、庞居士，都是典型的例子。所以，六祖大师才说，在家也可以修行。当然，能出家更好，《大智度论》提到："孔雀虽有色严身，不如鸿鹄能高飞；白衣虽有富贵力，不如出家功德胜。"唐太宗自己就说过一句话："出家者乃大丈夫事，非将相所能为！"我们知道，将军可以凭武功平定贼寇的祸乱，宰相可以凭文才学识治理政务，使国家太平。凡天下的大事，全都掌握在将相手里，然而先德却说出家不是他们所能做得到的，可知出家并不是一种简单容易的事。现今有些人,只要剃了头发,披上一领坏色衣,便说是出家了。唉!这只不过是出有两扇大门的家,并不是出三界火宅的家啊!能够出离三界的家,才可以称为大丈夫;但还未完全够格,要与三界众生同出三界,然后才真正可称为大丈夫。古尊宿有一歌,词中说:"最胜儿,出家好!出家二字人知少"。最胜儿,就是指大丈夫。但要做大丈夫不容易,这就难怪能理解"出家"二字含意的人少啊!

大乘佛法特别强调普度众生和自利利他,倘若能够寻找和使用一种能使大众易于了解佛陀智慧的方便"说法",也算是应做的一种殊胜功德。由此看来,我们为了"不说"还得放心去"说",为了远离语言的有相遮蔽而必须首先使用语言。现代人最深刻的痛苦是在向外释放自身巨大潜能的同时,放逐了超越的神圣价值,丢失了自我的本来面目,沦为贪欲、物质和工具的奴隶,落入人为物役的异化陷阱,被自己占有的东西所占有,从而造成人与自然、人与社会、人与人、人与物、人与自身五种关系的扭曲和紧张,由此导致和出现了生态失衡、社会失范、信仰缺失、精神空虚、私欲膨胀、道德沦丧等一系列现实问题,使现代人日益变成一种支离破碎的生物性存在和无家可归的精神流浪者。人类所欲追寻的充盈的幸福感似乎愈来愈显得扑朔迷离和难以捉摸。

在新的层次上和新的整合中回归本来、回归简单、回归和谐、回归完整、回归灵性,使"单向度的人"、"支离破碎的人"和"无家可归的人"成为"全面发展的人",重新调整现代文明的航向,重新确立科学的发展观,重建现代人的精神家园,已成为新世纪有切肤之痛的现代人发自灵魂深处的呐喊和呼唤。在这样一种强劲的世纪性和世界性的"回归浪潮"中,一些西方学者再一次将关注的目光投向东方,并提出了"向东方古老智慧乞灵"和"向东方学转向"等主张。不管这些主张出自何种人文背景和时代语境,它们都深刻地反映出西

让生命幸福自在(代前言)

方文明所遭遇到的现代性危机和对摆脱这些危机、寻求新的文明范式的探索和反思;同时,也从另一个角度凸显出东方文明所具有的独特价值和在重构人类现代文明方面可能会发挥的不可替代的积极作用。至少,东方古老文明中所包孕的一些本原性因素,会给西方文明乃至包括东方文明自身在内的整个现代文明的重构,提供一个有力的价值参照。

中国佛教智慧是东方文明和中国传统文化的一个有机组成部分,是世界宗教信仰的奇葩和精华。中国佛教的般若智慧和不二中道所体现出来的有机整体观、辩证思维及超越精神和圆融精神,对疗治由主客、人我"二元对立"所引发的各种"现代病",不啻是一剂提神醒脑、济世利人的"红尘清凉散"。在文明的回归和重构中,古老的佛陀智慧或许是融铸全球化文明转型拯救人类的希望,现代人蓦然回首,也许会从中获取一种别样的灵感和有益的启示。我们通过入佛知见,把人生的解脱问题明了后,人的如如本性的智慧便显现出来了,再去面对纷繁世间,我们就会游刃有余,进退有度,渐渐就能在"宠辱不惊,看庭前花开花落;去留无意,望天上云卷云舒"的悠闲寂静。智慧有了,自然内心安定,无论遇到什么情况,猝然临之而不惊,无故加之而不怒,足以担当大任,"制心一处,无事不办"。明白了人生解脱问题,内心会自发地奉持戒律,因为我们知道了那些戒律,不是在限制自己,而是在保护自己,使自己的人生避免误入歧途。

每一个人的天赋不同,环境各异,但却有一个共同的使命:认识生命的意义,接纳自己,然后悦乐地展现自己的人生,并负起责任。坚固的信心和正确的信仰,是光明的人生根本。它能帮助我们孕育种种智慧,启发种种善行,消除种种人生的疑虑困惑,为我们指引一条无上光明的人生之路。我深信人是自爱的,在体悟生死大事之时,才会提升到博爱的精神生活层面,展现着大乘佛法的胸襟,"无缘大慈,同体大悲"。这种民胞物与的襟怀,在儒、释、道乃至基督的崇高教诫中是无分轩轾的。而这种人性之光辉是生命之美与悦乐。

> 佛从无为来,灭向无为处。
>
> 法身等虚空,常住无心处。
>
> 有念归无念,有住归无住。
>
> 来为众生来,去为众生去。
>
> 清净真如海,湛然体常在。
>
> 智者善思惟,更勿生疑虑。

修行往往如同盲人摸象一样,修行者往往以自己一点点的了解或经验,得到局部的概念。修行者总是逐一去找导师寻求解释与教导,试着找出他们的教导是否正确,并拿不同的导师的各种教导来相互比较。有些修行者一直四处旅行,向不同的导师学习,他们试图评判与衡量。因此当静下来静修时,经常处于关于什么是对或错的疑惑中:"这个导师这么说,但那个导师那么说;一个导师这么教,而另一个导师则那么教。它们似乎并不一致。"这可能导致许多疑惑。

修行者往往听到某个地方的导师真得很好,因此便去参学,接受教导。多数修行者可能已接受足够多的教导,但内心却总想听闻更多,想比较,结果徒增疑惑。每个后续的导师,都可能进一步增加修行者的困惑。因此,佛陀说:"我是经由自己的努力而觉悟,没有任何导师。"一个游走沙门问他:"谁是你的导师?"佛陀回答:"我没有导师,我靠自己达到觉悟。"但沙门摇摇头就走开了。他心想佛陀只是在敷衍他,对他所说的话并无兴趣,他认为没有导师或指导者,根本就不可能达成任何事。你向心灵导师学习,他告诉你要断除贪与瞋,他告诉你它们是有害的,必须去除。你也许修行并那么做,但断除贪与瞋不会只因为他教导就达成。你必须认真修行,才能完成它。你经由修行,逐渐亲证一些事情,你看见心中的贪并断除它,看见心中的瞋并断除它。导师不会为你断除它们,他告诉你要断除它们,但这不会只因为他告诉你就发生。你着手修行,并逐渐觉悟,你借由自己而了解了这些事。

这就如佛陀牵着你的手,并带你到道路的起点,然后告诉你:"就是这条路,往前走吧!"他不会帮你走,你得自己来。当你履行解脱道并修习修法时,你和真实法面对面,那是超越文字概念的,没有任何人可为你解释。因此,人们是自知作证,了知过去、未来与现在,了知因与果,然后断疑去惑解脱圆满直至成佛……

佛家认为人生如梦,但对人生是达观的,是不执着的,是超越去来的,是积极的。但他们所有的努力与服务都表于无念,所有的布施与慈悲都根植于无住(不执取为己有)。来这世上是为众生来的,去也是为众生去的,所以永远常住在清净真如性海里。湛然的性体从未来去,这就是空的真实义,空是生活的能力与智慧。它让你扫除心中的积郁,放下既有的成见,摆脱欲望的牵扯;让你发出清澈的智慧之光,接纳自己的一切再现,肯定生活的价值。它使你有生活的空间,有性灵的自由,有醒觉的事实,有证得法身的凭藉。空使你得到喜悦,得到知足,得到圆满。所以说,放下万缘即是佛。

智圣于终南山太乙街道

西岔太乙谷狮乐茅蓬

2009 年 10 月 13 日

第一章

幸福解脱的佛法信徒

你相信吗？

也许你佩戴佛教信物、圣物或持有佛教的皈依证、戒牒证已经有了多少岁月，也许你削发为僧侍佛已经有了经年，也许你同许多知名的高僧大德有过许多亲密的亲近接触，也许你参访过许多佛教圣地，也许你参加过许多道场庄严神圣的佛事活动，也许你为许多寺庙、僧团、僧人供养捐赠了巨量的金钱物宝，也许你在山林、茅蓬、山洞隐修苦行了多少时光……这一切肯定为你人生积累了不可思议的福慧资粮。但是，从你走向成佛的究竟解脱的圆满生命本质来看，你可能还是佛门外的一个愚痴盲从的颠倒妄想者。

那么？怎样才能入佛知见并入佛门呢？

那就是正知正见正信正行的佛教皈依。

什么又是正知正见正信正行的佛教皈依呢？

皈依三宝是成为正信佛教徒的第一课。皈依以后，就表示自己从此信奉佛教，成为三宝佛法僧的弟子，不再信仰其他宗教。所以皈依三宝是确定信仰目标的表示。一个学佛的人，如果没有经过皈依三宝的仪式，即使上香礼拜，也只不过是一个对佛教尊重而有兴趣的人，不能算是真正的佛教徒，就好比一个学生，如果不曾办理注册手续，永远只是个旁听生罢了。世间上的金银、珍珠、玛瑙称为"宝"，那是世间财宝；而佛、法、僧是法身慧命之宝，是出世的财宝。所以，我们学佛修行，首先应该皈依三宝。

第一节　皈依三宝的意义

一、三宝的意义

三宝，是佛、法、僧的总称。"佛"，是梵语"佛陀"（buddha）的简称，指证悟宇宙真理（自觉），而又能本着无尽的慈心悲愿，以真理来教化众生（觉他）的圆满觉者。"法"，梵语"达磨"（dharma），有很多的意义，在这里是指佛陀所宣说的真理教法，一般泛指三藏十二部经。众生依法修行，就能证得真理，得到究竟的解脱。"僧"，是梵语"僧伽"（samgha）的简称，意译为和合众。在这里是指奉行佛法，和合共住的出家僧团。其特质有二，即"理和"与"事和"。理和，指大家所断除的烦恼、所证得的真理，都是相同不二的；事和，指身、口、意三业在事相上，共同遵守六项要点，不相违背，是建立僧团的基础。即：

（一）见和同解：在思想上，建立共识；这是思想的统一。

（二）戒和同修：在法制上，人人平等；这是法制的平等。

（三）利和同均：在经济上，均衡分配；这是经济的均衡。

（四）意和同悦：在精神上，志同道合；这是心意的开展。

（五）口和无诤：在言语上，和谐无诤；这是语言的亲切。

（六）身和同住：在行为上，不侵犯人；这是相处的和乐。

因此，从自利而言，僧团是修身养性，陶铸圣贤的大冶洪炉；从利他而言，僧团是住持正法、度化众生的集体力量，僧团的重要性由此可知。

简单地说，佛是救主，法是真理，僧是道师，三者都是令众生得度的重要因缘,缺一不可。譬如佛是良医,法是妙药,僧是看护,对于患病的人来说,唯有同时拥有三者,才能病愈。人生亦然,唯有依靠佛、法、僧三者的力量,才能离苦得乐,到达自在解脱的世界。因此,佛法僧称为三宝。

三宝的"宝"是譬喻,用来彰显佛、法、僧的胜德。拥有金银、珍珠、玛瑙等世间的珍"宝",能使我们物质生活不虞匮乏;仰仗佛、法、僧出世间的珍宝,则能使我们脱离生死轮回,解脱精神上的苦楚。因此,佛、法、僧统称为"三宝"。

三宝是佛法的总纲,做一个佛教徒,首先要皈依三宝。

"皈依"就是归投依靠,含有救济、救护的意思。我们在世间生活,有时自觉力量不够,希望有一些大力者做我们的依靠,如同小孩依靠父母,人民依靠领袖,跛者依靠拐杖,渡河需要船筏一样。因此,皈依不是吃素,也不是受戒,更不是出家;皈依也不是拜神或拜师父;皈依不是一时、一次,或者皈依某一个人。皈依,是确立信仰的表示,信仰佛教,就必须皈依;皈依三宝,才是正信的佛教徒。

那么,皈依什么呢?皈依三宝。三宝就是佛、法、僧。宝,有世间的财宝,有出世间的财宝。世间上的财宝,是黄金、钻石、珍珠、玛瑙等;出世的财宝,就是佛、法、僧。世间上的财宝,能够丰富我们的物质生活,出世间的佛法僧三宝,可以使我们的精神富有。所谓佛,就是本师释迦牟尼佛;所谓法,就是佛教的经典、佛理;所谓僧,就是菩萨、高僧大德、弘法利生的僧团。

说到皈依三宝,三宝也有好几种。有住持三宝、最初三宝、化相三宝、理体三宝、一体三宝。我们现在皈依的住持三宝,佛像是佛宝,经书是法宝,僧团是僧宝。化相三宝就是最初三宝,也就是最初成道的佛陀为佛宝,四谛、十二因缘的真理是法宝,五比丘、千二百五十人的阿罗汉是僧宝。

另外,还有理体三宝,佛宝是指佛的法身,也就是真理之身;法宝是报身,是从法身所显现的庄严无比的身相;僧宝是应身,是具足"三十二相、八十种好"，应化世间的佛陀。其实，法身、报身、应身，在理体上是一体的，法、报、应化身，叫做自性三宝。意即：我们每个人都具有三宝的功能，不一定出家人才有三宝，或者佛陀才有三宝。在我们每一个人的自性里，都具足有三宝的功德。比方说，我们自性的法身，就是佛宝；我们自性的真理，就是法宝；我们自性的清净，就是僧宝。所谓皈依三宝者，其实就是皈依自己，因为自己的自性里面就有佛法僧三宝。

所以，禅宗讲"不做佛求，不做法求，不做僧求"，就是怕我们心外求法，不能直下承担。因此，真正的皈依，就是要皈依自性三宝，也就是所谓的"自依止，法依止，莫异依止"。

有一个信徒问禅师说："我们要皈依自性三宝，什么叫做自性三皈依呢？"

禅师说："要等到石龟说话的时候，我才告诉你。"

信徒自认也是禅宗的行家，就说："石龟说话了。"

禅师反问："石龟向你说了什么呢？"意思就是说，自性三归就是不可说，有说即非。

所以，皈依自性三宝，就是皈依自己了不得的一个无对待、无实相、实相无相的自性三宝，也就是无相三宝。

《诸经要集》引《宝性论》"三宝有六义，故须尊敬"，对佛、法、僧之所以为"宝"，有更进一步的阐释。我们的自性三宝是亘古至今而不变，历万劫而常新的；皈依三宝，可以获得无上的功德，三宝的意义是：

稀有义：世间宝物，贫穷者不能得到，三宝也是如此，没有善根因缘的众生，百千万劫无法值遇，故名为宝。

离尘义：世间宝物，本质上没有瑕秽，三宝也是如此，绝离一切有漏的无明、妄想、尘染，是最极明净的，故名为宝。

势力义：世间宝物，能除贫穷，医治病毒等大势力，三宝也是如此，具足不可思议的神通威力，故名为宝。

庄严义：世间宝物，可以庄严世间，三宝也是如此，具有无量的无漏功德，能庄严出世间，故名为宝。

最胜义:世间宝物,在一切物中最为殊胜,三宝也是如此,是出世间的无漏法,最为殊胜无上,故名为宝。

不改义:世间的真金,不论烧打磨炼等,本质仍旧不变,三宝也是如此,因为是无漏法,所以不为世间的称、讥、毁、誉、利、衰、苦、乐八风所动,恒常不动,故名为宝。

三宝的功德巍巍,难可具说。根据经典譬喻,佛如良医,善疗众生病;法如药方,能除众生苦;僧如看护,常解众生恼。三宝的重要,譬若阳光、空气、清水,这是人生三件宝,佛法僧则为出世的三宝,都是众生得度的因缘,缺一不可。三宝又如冥冥黑夜里的灯烛、滔滔苦海内的舟航、焰焰火宅中的雨泽,皈依三宝,就像为自己的人生建设一座电力公司,成立一家自来水厂,开发一亩肥沃良田。皈依三宝能令我们认识自性、开发内心的宝藏。皈依三宝的利益,无量无边,不皈依,则无缘受用。

二、皈依的意义

皈依是"皈"投"依"靠三宝,请求救护,而得解脱众苦的意思。世间上,小孩子需要依靠父母,生命才得安全;老人需要依靠拐杖,走路才能安稳;航海的人需要依靠指南针,船只才能平安返航;黑夜中需要依靠明灯,行人才能看清方向。三宝就像我们的父母,当一个小孩被人欺侮时,虽然父母不在身边,但是只要他叫一声"妈妈",别人就不敢随便欺负,因为他有母亲。同样的,世间上邪魔外道、坏人坏事很多,有了三宝作为依靠,生命就有了安全的依怙。

三宝又像我们的指南针,可以引导我们在茫茫的人海中航向平安的避风港。每个人一到晚上都知道要回家,皈依三宝、常念三宝的功德,可以让我们仰仗三宝功德的加被,借此宝筏,出生死流,勇渡苦海,回归真实的自我,回到自己真正的本来之家。所以皈依三宝可以让我们现世找到安身立命之处,让我们未来有家可归!

三、皈依三宝的利益

三宝是冥冥黑夜里的灯烛,滔滔苦海内的舟航,焰焰火宅中的雨泽;皈依三宝不但能使我们得到究竟解脱,并能获得许多现世的利益。以下综合经典所说,将皈依三宝的利益归纳为十点:

(1)成为佛弟子:皈依三宝的人,是以宇宙间最伟大的圣者释迦牟尼佛为老师,正式成为佛陀的弟子。

(2)不堕恶趣:皈依三宝的人,经云:皈依佛,不堕地狱;皈依法,不堕畜生;皈依僧,不堕饿鬼。皈依三宝,可以恶道除名,人天有份。

(3)庄严人格:皈依三宝以后,信仰层次提升,如同人的身上穿戴道德的华服、宝冠,人格因此庄严起来。

(4)善神拥护:佛陀曾指示护法龙天、一切善神,在末法时代,要保护皈依三宝的弟子。因此,皈依三宝可以得到天龙八部、护法善神的拥护。

(5)获得尊敬:皈依三宝的人,能得到人天大众应有的尊敬。

(6)成就好事:仰仗三宝力量的加持,能令皈依者减轻业障、平安吉祥,一切好事都能成就。

(7)积集福德:据《希有校量功德经》记载,即使具足四事供养,乃至建立七宝佛塔供养舍利,所得功德,不及皈依三宝者功德的百分之一,可见皈依三宝的利益广大殊胜。

(8)值遇善人:皈依三宝,能令我们减少烦恼,得遇善人为友,所到之处都能得到方便,会有好的因缘。

(9)受戒基础:皈依三宝的人,才有资格进一步求受五戒、八关斋戒,甚至在家菩萨戒等。

(10)成就佛道:凡是皈依三宝的人,即使此生没有修行,因为有信心、善缘,将来在弥勒菩萨下生人间的"龙华三会"时,都能得度。

第一章　幸福解脱的佛法信徒

四、三宝的种类

经典上对于三宝,有多种的分类,但以三种三宝的说法较为普遍:

(1)最初三宝:佛陀在菩提树下夜睹明星而成道,所现三十二相、八十种好的丈六金身为最初佛宝;佛陀成道后,于鹿野苑所宣说的四圣谛、十二因缘、三法印为最初法宝;佛陀所度化的阿若憍陈如等五位大阿罗汉为最初僧宝。

(2)住持三宝:指佛陀入灭后,流传于后世的三宝。一切佛像,无论是金银铜铁、玉石玛瑙、木雕泥塑、图像绘画等圣容,都称为佛宝;一切三藏经典,无论是绢纸竹帛、印刷书写,都称为法宝;求受具足戒的出家比丘、比丘尼等大善知识,都称为僧宝。

(3)自性三宝:佛陀在夜睹明星,证悟真理的那一刹那,曾经说道:"奇哉!奇哉!大地众生皆有如来智慧德相,只因妄想执着,不能证悟。"在我们的自性当中,已经圆满具足了三宝的无量功德。人人皆有佛性,就是佛宝;人人都有平等无差别的法性,就是法宝;人人都有喜好清净和乐的心性,是为僧宝。

所以,皈依三宝无非是借助他力,引导我们认识自我,肯定自我,进而依靠自我,实现自我,找回自己心中的自性三宝。我们每个人都像是一座宝矿,皈依就是开采自己心内的宝矿;不皈依,就如同宝矿未经开采,黄金无法出土!所以佛陀临涅槃之际,曾教诫弟子:"自依止,法依止,莫异依止。"这就是要我们皈依自性三宝的真义所在。

五、上师在皈依中的妙用

皈依上师同皈依三宝在成佛道路上的究竟妙处是一样的功用,皈依投靠像如意宝一样的上师，刹那间可获得普通成就和三身成就，所以把上师看做金刚授持而礼敬。"三身"指佛法的法、报、化身，也就是成佛的最高成就。上师是入道之源，入道必须通过上师，所以入法之门是从亲近上师法开始的，撇开这条道就没有真正的修法的道路。上师是殊胜福田，福田之中的殊胜福田。一切善缘的根基、福德的源泉、成就的本因、修法的秘诀皆源于上师，得遇上师是一切福善汇聚所致，所以大家必须要努力按教理来亲近上师。

依止上师有一个法的标准，要"如理依止"。用理性抉择之后，要把亲近上师看做比自己生命还重要，而且要"奉行教导"，按上师教导来修行。世间以及超世的一切善法来自上师，解脱、成佛的一切成就来自上师，所以上师比佛还重要。上师法是一切法的核心，此仪轨中体现的上师瑜伽修法是上乘殊胜法门！

佛经中讲到投拜上师时说，若师之才学、德行低于自己，自己就会退化、逐渐变坏；如果师与自己同等水平，那只能原地踏步，进步不了。所以，"贤良师"，就不是糊涂师，他的德行、才学必须胜过自己。亲近这样的上师，依靠他的正确开示，才能逐渐提高自己，获得到达彼岸的智慧。

成佛须靠师父，没有师父的话，从哪里学成佛？释迦佛就是在前生无量世中亲近上师、不断学法，一步一步修成的。

很多学佛的人没有明师指引，不能正确理解"佛"的含义，走向了许多外道批评的"偶像崇拜"，把佛像当佛。佛像就像人的照片，"见像如见人"是指思念其人所作所为。同理，拜佛、看佛像的时候，就应该想到佛的慈悲利众功德和佛陀的智慧教导，从而产生一种净化自己心境的作用，而不是求自身难保的泥菩萨来保佑自己。小乘皈依法里说，悉达多不是佛，佛的智慧、精神境界才是佛。不要把佛仅当做是黄皮肤、丈八金身、三十二相、头上有发髻等等的塑像，这固然是佛，但真正意义上的佛是佛的精神境界。天魔也可以化佛的身形来迷惑人，但佛的精神他假冒不了。《金刚经》中说："若见诸相非相则见如来。"

佛与佛法均从师中生，无上觉者佛陀如此说。

上师比诸佛更殊胜，这是佛说的。诸佛虽然殊胜，但是你没有能力见到他们的身形、听到他们的声音，能实实在在教你正确理解佛法的是自己的上师。虽然有经典，但修炼中的经验和诀窍，是依历代上师口耳相传下来的。把解脱成佛的佛法、佛理传给自己的是具恩肉身上师，而不是别的无形无相的精神体，上师具有所有成佛的秘诀，他是"自生佛陀"，是"独一无二之本尊"。"本尊"即自己心中的佛，自己一心皈依的佛是上师，他比金刚持更殊胜！

皈依是入佛法之门，发菩提心及发四无量心是入菩萨道门，在其基础上进入密法，自成本尊现，或者胜乐，或者密集，或者大威德等，平常修什么无上密本尊，就把自己观想成什么本尊。把周围环境视作极乐佛国且进一步观想成无比庄严的坛城，里面的男男女女及动物全都观想成佛国圣众，进而想象成是佛菩萨和空行、勇士。

如此观想意境，有什么好处呢？

就是改变世俗观念，净化自己的心灵。

比如说，当一个不知身份的人出现在你的面前时，你或许会瞧不起他，甚至说他坏话；而当有人向你介绍，此人就是你仰慕已久的某某名学者、伟人时，你马上就会肃然起敬。同理，仅把众生看做母亲还不够，还要看成圣众、看成佛菩萨，这样就会产生尊敬众生的心，免造恶业，多修福报。

密法积福消障的速捷之处就在于一开始就从改变世俗观念入手，修生起次第就是把山河、大地、房屋等都看成坛城，把自己污浊的肉身看成佛本尊的身体，把自己的言语声音想成咒语，把自己想象的好的、坏的念头全部观想成佛的智慧心相。

"心净处处是净土，心不净处处是秽土。"你说这里不好，那里不好，极乐世界才好，那都是你心里想的。你的心干净了，处处都是净土佛国；你的心不静的话，即使是身在极乐，仍会产生贪瞋痴，觉着处处是秽土。

佛法的修炼就是一个改造自己心灵的过程,《剑轮修心法》说的就是这个道理,一切修习佛法都应针对自己、净化自己。我们首先要改变自己的是自己的精神境界,而不是改变外面的环境,或者改变其他的人。人身难得,人的生命无常容易失去。所以要珍惜自己宝贵的人生,不能无意义地虚度今生。祈求上师的加持,让我们努力追求崇高的人生价值! 上师是我们成佛道路上唯一的依靠或航灯,希望上师乐意摄持我,让我做您的永世弟子!

六、皈依三宝的程序

皈依三宝固然是内心的向道之情,仍需要外在的形式来激发坚固的情操。皈依的仪礼,就是自己以虔诚的信心接触佛心,佛陀再以慈悲威德灌注到我们的身心中,而感应道交,所谓皈依一时,信仰一生,使之能持久永恒。因此,皈依三宝的仪轨乃应运而生。

世间的秽器或覆器,我们都无法注入净水。同样的,如果我们心中装满了疑惑、我慢,或者是染污垢秽的知见,也无法纳受清净的三宝。因此《大名经》等说:凡是受皈依者,先要恳切忏悔。以恭敬心、清净心、勇猛心、精进心发大心愿虔诚恳切忏悔,坚持在佛像前礼佛叩拜十万次,祈请佛菩萨护持做正信皈依,在叩拜中同时念颂十万遍六字大光明咒、诸佛菩萨圣号。并恭敬抄写《心经》、《金刚经》、《地藏经》各三十遍。当我们完成上述的正信皈依的准备,我们祈请能够让我们生起欢喜心的皈依本师(可以是出家僧人、佛像)做皈依祈请,在皈依本师前长跪合掌并在皈依本师前立下誓言,说道:

"我弟子某甲,尽形寿皈依佛,两足尊;尽形寿皈依法,离欲尊;尽形寿皈依僧,众中尊。"(三说)

"愿大德忆持,慈悲护念,我是优婆塞(夷),我从今者乃至命终护生。皈依佛竟,皈依法竟,皈依僧竟。"(三说)

皈依三宝是在家信徒入道的戒法,所以应从证明师求受。《大智度论》说:"正欲受时,具修威仪,至一出家人前,戒师为说善恶两法,令识邪正,生其欣厌,开托心神,然后为授云:'我某甲,尽形寿皈依佛,皈依法,皈依僧。'(三说)'我某甲,尽形寿皈依佛竟,皈依法竟,皈依僧竟。'(三说)"前面三说,是皈依三宝的正授,纳受三皈依的无作戒体,就在此时;后面三说,则为皈依三宝仪式的三结。

今将皈依三宝的程序简述如下:

(1)礼佛三拜。

(2)迎请和尚。

(3)唱香赞。

(4)三称"南无本师释迦牟尼佛"。

(5)诵《般若心经》一卷。

(6)宣誓。

(7)忏悔发愿。

(8)正授。

(9)和尚开示。

(10)回向。

(11)礼谢和尚。

(12)礼谢诸师。

第二节　正行皈依与佛法修行

如果没有皈依佛、皈依法、皈依僧，就不称为佛弟子；不称为佛弟子，你就不能够依照佛的教导去做，你便不能领受佛的教导。皈依三宝之后，你就依着皈依佛、皈依法、皈依僧修行，这是一切的根本。如果没有皈依佛、皈依法、皈依僧，修其他的一切法门全不能成就。

受了三皈依，要先懂得什么是佛、什么是法、什么是僧，要懂得佛的功德、法的功德、僧的功德。皈依必须得这样做，之后，你再发心。这个发心，说浅近一点，就是发一个信仰心，发心之后，你要修行。怎么样修行呢？就是皈依佛、皈依法、皈依僧。你要开始学佛，佛在因地当中，就是这样修的，他所以后来能够成就佛果，就是他最初的发心——皈依佛、皈依法、皈依僧。

释迦牟尼佛最初在因地时，听到五十三佛的名字，他就辗转传诵；传给三千个人，这三千个人又辗转传诵，就种下这么一个善根。能够闻到佛名号，赞叹佛的功德。这三千人，就是过去的庄严劫千佛，现在的贤劫千佛，未来的星宿劫千佛，仅仅是闻到佛名字的善根，后来都成佛了。皈依之后一定要发心，如果你心量大一点，要发菩提心。讲菩提心就是三种心，第一是修出离心，对这个世界我们要出离、要超脱，出离就是要离开、要出去。只是你自己出去、离开不行啊，你还要观想众生的苦难。若纯粹的只是自己修出离心，就是小乘。单单出离心是不够的，必须得有大悲心。有了大悲心的出离心，就是希望一切众生都出离，都脱离苦难。如果我们的大悲心不具足的话，仅仅为了度有缘的众生，或者六亲眷属，这是情爱大悲，这个大悲心不普遍，必须得平等。我

第一章　幸福解脱的佛法信徒

们对一切畜生,不论马、牛、羊、鸡、犬,飞行的、极小的动物,我们把它们当成人一般地看待,平等看待,这才叫大悲心。一切跟我们不相干,甚至是我的冤敌,就是你最不满意的那个人,他处处跟你作对,这叫冤敌、冤家,你的大悲心必须先度这些人。般若心,有了大悲心还必须具足智慧,发了菩提心里头必须有般若心。皈依三宝,必须发这三种心。具足这三种心了,发心了,以后就是学佛。

"学佛"不是"佛学","佛学"是把佛所教导的当成学问去研究,这叫"佛学"。"学佛"就是佛怎么样做的,佛最初怎么样发心的,佛是怎么样成佛的,他这个道路怎么走的,我们要跟着他走,他怎么做,我们就怎么做,这才是"学佛"。要消业障。如果业障不消除,你将一事无成。有的人说带业往生;有的人说业不能带,带着业生不到极乐世界。我对这个问题的看法是这样,如果业不能带、业不能转的话,没办法生到极乐世界,我们不能带业,如果说业已经清净了,我还生到极乐世界做什么?已经成就了嘛!这说明了是可以带业往生的,因为在莲池海会还都有业,没有成佛之前,业只有深重大小差别而已。莲池海会那些菩萨都还有九品莲花,九品就是等级,九品里面下下品的业还是很重的。所以说,业是可以带的。但是怎么样带?现行的惑业必须消除,如果你现在还是充满贪心、瞋恨、嫉妒、障碍,烦恼得不得了,你能到极乐世界去?在这个世界你都得不到自在,还到极乐世界去啊?根本不可能。

佛教有这么两句话,业如果能转的话,便没有因果了,还讲什么因果呢?我前生造了很多业,今生一定要受报的。如果我假借佛的力量把它转了,因果就没有了。业如果能转的话,没有因果,因果论就不存在。但是,如果业不能转的话,没有一个人能成佛,永远是众生,业还是不能转。这个问题非常的微妙,大家想一想,如果业能转了,业如果消了,所谓定业不可转,能转的是靠三昧加持力;你要是能达到三昧,就没有这业了。这两个问题可以作这样的解释,当你明心见性,业性本来是空的;罪性本空,是我们的心造的,"罪性本空唯心造"。我们现在参悟了、学佛了,连我们自己的心都不存在,还有什么罪业可依呢?所以说:"心若亡时罪亦无",心都灭了,罪也就没有了;"心亡罪灭两俱空",心也空,业也空;"是则名为真忏悔"。要这样的消业,这样的带业。

因此,要怎样消一切的业?念皈依佛、皈依法、皈依僧。我们念皈依佛,并不是单纯地念药师佛,也不单纯地念阿弥陀佛,也不单纯地念释迦牟尼佛。皈依佛,是皈依十方法界一切诸佛。你念皈依佛,就是十方一切诸佛;皈依法,表示十方一切诸法;皈依僧,意指十方一切贤圣僧。除了我们所见到的剃发染衣的僧众,在这个世界上还有其他的圣僧。起码还有释迦牟尼佛的阿罗汉大弟子。释迦牟尼佛令一万六千个大阿罗汉不准入涅槃,他们都在这个世界当大菩萨,行菩萨道。你要是有德了,有因缘了,就会遇见他;你没因缘,当面就错过了。文殊、普贤、诸佛菩萨,无时不在,无处不在。我们总是去求诸佛,见不着,因为你的心跟他不相应。为什么不相应? 你的心是贪、瞋、痴、慢、疑的心,不是清净心,所以你得消业。我在这里先讲四种,第一皈依,第二发心,第三学佛,第四消业。

皈依的时候,一定要先念三宝的功德,先念佛的功德。我们经常说佛、法、僧三宝,什么叫佛?佛就是觉悟的觉。当你觉悟了,你就是佛;你没觉悟,你就是众生。你现在在哪一道,就是哪一道的众生。所以你觉悟了,你就是佛。但是觉悟,有究竟,有不究竟。佛也有分证的。依《大乘起信论》,最初是"不觉",现在我们大家都是不觉。不觉,遇到佛、法、僧三宝,皈依佛、法、僧三宝,学佛、学法、学僧,你开始觉悟,这叫"始觉"。觉悟之后,渐渐学渐渐证得,这叫"相似觉";相似觉悟了,还没彻底觉悟。要是按菩萨的位置来说,相似觉就是十信位、三贤位的菩萨。从相似觉,渐渐地就能证得了,一分一分地觉悟,就是"分证觉",就是登了地的菩萨;证得一分法身,消灭一分无明,这叫分证觉。到了究竟成佛,叫"究竟觉"。我们能皈依佛的这是自觉,所皈的是指究竟觉说的。我们现在只是刚发起觉悟,达到究竟觉悟,因为我们皈依三宝、学佛,能够渐渐地消除自己的业障,渐渐地觉悟,这就是佛。

法,就像我们前面说的,发心要有般若智慧,没有智慧你辨别不出是非,分不清法是邪是正,是好是坏,你必须先具足分别法之邪正的知见。如果是刚信佛的人,没有这种分别的力量,可以依据佛的教导、依据经论去辨别,他这个话说得跟佛合不合,如果不合是邪的,如果合是正的。但是经论那么多,合于这部经,又不合于那部经;合于那部经,又不合于其他的经;佛说法是对机的,对于这一会说得深一点,对于那一会说得浅一点,我们应该怎样判断呢?大概有一个规定,有一定条件的。佛说一切法都是无常的、一切法都是空的、一切法都是无我的、一切法都是苦的,就是苦、空、无常、无我四法印,拿佛所说的四法印来印证别人所说的法是不是真谛,你可以依此辨别邪正。

僧宝,就是他本身脱俗了、放下了,离开了家室之累,看破红尘出家。我们经常说遁入空门,就表示他离缘清净,住持佛法就得靠僧。

我们总说佛、法、僧三宝,自己要是觉悟了绝对不会迷,迷了就不觉。人家说我们佛教徒迷信,其实我们不迷信,我们是正信,因为我们不迷,说我们迷信的那个人,迷了,他就不信,就说你是迷信,其实他才迷信。迷的人绝不会有信仰的,看他迷得深浅,如果迷得重了,搞得精神分裂,他不但不信佛,什么都不信,什么也不知道。像植物人,他信什么?什么都不知道,他才迷了,他连四肢都不能动,眼、耳、鼻、舌、身、意,六根不能使唤,这就真正迷了,他还信什么呢!所以我们不是迷,如果听人家说我们是迷信,我们只是笑一笑而已,不必去辩白。因为那人是个糊涂人,你跟他说不清楚的,越说越麻烦,他没有这个善根,干脆就不要说了。

内心一定要明朗,内心很明朗,惑也没有了,无明也没有了,都消失了。又具足一切大悲跟大智慧,这都是佛的力量。他把一切众生看成独一的儿子,他对众生是平等的。我们能不能这样做?我们这个心,必须发愿朝这个方向去走,现在做不到,将来我们一定能成佛、我们一定能够成道。对于一切众生平等,对他们施以教法。教法就是把佛所说的法,都传授给他们。

我们学佛的人,都是善根深厚的,很少是性灵蒙昧的。有些迷惑深的弟子，就是钝根的。有些人很聪明，一学就会，老师很高兴，愿意教他。有的人很钝，教十遍、百遍，过去就忘了，乃至听都听不进去。要是具足佛的大悲智慧、平等心，对于难教的弟子没有厌恶心，对于好教的弟子也不要放纵，一律平等施教。皈依法，我们刚才讲的，法是要分邪正的，什么是邪法，什么是正法。其实法本身没有正，也没有邪。那为什么还说邪知邪见、正知正见？我们为什么要起这个分别呢？因为我们的心不平等。正知正见顺着法义、顺着性体，很快地达到平等性；逆着法性的，也具足法性，但是它不能够合乎法性的理体，它的清净就需要很长的时间。所以凡是离开我执我见的，绝对是正法；凡是具足我执我见的，一说起来就争得脸红脖子粗，这就有点着了邪道。

但是需不需要争呢？永嘉大师在他的《证道歌》里有这么几句话："圆顿教，无人我"，圆顿教是不讲人情的；"有疑不决直须争"，如果你认为这件事不对，你怀疑，你可以跟他争论；"非是山僧争人我，修行恐落断常坑"，我们修行人，如果把是非辨别明白，不是落于断见，就是落于常见，落断见也是邪道，落常见也是邪道，说常不可以，说断也不可以。这个性体是平等的，必须像《金刚经》说："离我相，离人相，离众生相，离寿者相。"离开事相，这个时候无我、无人，才能够清净。清净的法就是正法，若违背这个含义，就不是正法。

佛所说一切法就是对我们身、口、意三业说的，目的是转变我们身、口、意三业。佛经讲"转"，并不是消灭。把贪、瞋、痴转变了，就变成戒、定、慧了。贪、瞋、痴，跟戒、定、慧，性体是一个。我们只是在法上这样明白，但是我们自己必须要观照。自己先明白了，你再说出来给别人，别人才能明白。如果你自己没有观照功夫，自己还模棱两可，还搞不清楚，你说给别人听，弄得别人也糊里糊涂，始终不能清楚理解这个意思。

若不皈依，可否依法修行？当然，若按佛法教义调整身心，按相应法门修习实践，多少总会有一些受益，但所得极为有限。若不曾生起恳切皈依之心，正说明对三宝的信心尚未具足。尽管在学，尽管在修，多是按个人喜好进行抉择,而非全身心投归三宝怀抱,以此为人生唯一目标。没有坚不可摧的信心和改造生命的决心作为动力,如何从无始劫来的生命状态中脱颖而出,焕然重生?

所以,学佛首先应皈依三宝,而且是真切、投入、全身心的皈依,没有讨价还价的余地,不存在患得患失的反覆。唯有这样的皈依,才能使我们真正站到菩提大道的起跑线上。否则的话,终究还是在场外徘徊,即使领到一张属于自己的皈依证,也只是拥有了入场的通行证。还需自己走过去,才能使之生效。这段距离,正是靠我们对三宝的信心来跨越。

一、完成皈依是学佛的目标

皈依三宝的最终目的,不是为了等待三宝庇护,等待三宝为我们安排一切,而是为了使自己最终成为三宝。或许在家居士们会担心:那是否意味着我们都要出家呢?并非如此。我们所要成就的,并不局限于形象上的三宝,而是三宝具备的内在品质,这才是修行的关键所在。

那么,三宝具备的品质又是什么?

佛,是觉悟,具足无限的慈悲和智慧;法,是空性及趣入空性的中道;僧,是圣贤僧的品质,即无漏慧及解脱德。所以说,并不一定要舍俗出家才能成为三宝。更重要的,是于自身圆满成就三宝具备的品质和功德。唯其如此,才能成为真正意义上的三宝。

对于出家众来说,虽然剃发染衣,成为继承并弘扬佛法的僧人。在形象上,已是住持三宝之一的僧宝,与佛像和经典一起,象征佛法在世间的流传。但从内在考量,是否具足表里如一的相应品质?这是我们需要不断反躬自省的。若有名无实,流于表相,终究与解脱毫不相干。发心出家,只是踏上了寻求真理的解脱之路,抵达终点之前,尚需不断精进修行,最终成为名符其实的三宝。

佛法的一切修行,都是帮助我们成就内在的、佛菩萨那样的品质。念观音圣号,是为了忆念观音菩萨的大慈大悲之心,以此作为学习榜样,时时激发自己,圆满同样的慈悲品质;念弥陀洪名,是为了忆念阿弥陀佛的四十八大愿,以此作为修行楷模,时时策励自己,成就同样的宏誓伟愿。

所以说,称念佛菩萨名号,不是为了得其护佑,更不是祈求他们满足一己私欲,乃至成就自身的凡夫心。这一切,与佛法修行是背道而驰的。忆念佛菩萨的根本目的,是仰慕其智慧、德行,从而见贤思齐,从善如流,不断向佛菩萨靠拢,最终于自身成就和他们同样的品质。如此,才是标准的佛子所行,是对皈依的圆满完成。

二、因皈依而有种种法门

佛法有八万四千法门,究其实,皆未离开皈依三宝的范畴。可以说,离开三宝就没有佛法。当年,阿底峡尊者入藏后,见人们皈依之心不切而四处传讲皈依,时称"皈依喇嘛"。开始也有很多人不以为然:谁不懂得皈依呢?我想,在座的不少人看到本次讲座通知时,或许也会生起同样的疑惑:皈依?皈依有什么可讲?难道我们这些皈依多年的人还不懂得皈依吗?对于这个问题,阿底峡尊者当年的回答是:我不知除皈依之外,还有什么更高的佛法。

阿底峡尊者对"皈依"的重视及身体力行,我深有同感。多年的修学,使我深深地体会到,任何法门皆离不开皈依三宝这一根本。三宝,代表着佛法全体,缺一不可。而佛法的整个修行,正是由表及里、由浅入深的皈依过程。从这个意义上说,成佛,正是皈依的圆满成就。

选择三宝为皈依处,便应时常忆念之,就像忆念最牵挂的亲人,使其形象时时映现于脑海,须臾不离。早期的《阿含经》,便极为重视忆念三宝的修行,不论是三随念、六念还是十念,皆以忆念佛、法、僧为基本内容。其中,六念是在忆念三宝外加上念戒、念舍、念天;十念则再增念休息、念安般、念身、念死四项。不论念的内容有多少,始终以念佛、念法、念僧为首要,为不可或缺的根本。

在汉传佛教地区,许多信众修习净宗念佛法门。念佛,也有深浅的不同,是谓三根普被,利钝全收。从持名念佛、观想念佛、观相念佛、实相念佛,及"自性弥陀,唯心净土",乃至禅宗的"即心是佛"。这些不同层次的修行内容,皆以对佛陀的忆念和皈依为核心。

此外,大乘佛教的许多修行法门,都是建立在忆念佛陀功德的基础上。我们熟悉的《普贤行愿品》,便是至高至深、至圆至顿的念佛法门,其核心思想可以两句话作为总结,那就是"菩提心的无上观修,佛陀品质的临摹方法"。念佛,一方面是忆念佛陀功德,但更重要的是临摹佛陀品质,将这种忆念落实于行动中。所以说,《普贤行愿品》的修行是一种深层次的念佛,直接而切实。

念佛的效果,取决于我们对佛陀功德和品质的认识。在很多人看来,念佛似乎再简单不过,只须会念"阿弥陀佛"名号即可。那么我要告诉大家,若对"阿弥陀佛"的内涵缺乏认识,对其蕴藏的精深法义不甚明了,这句佛号很难念得有力度,更难以在生命中产生作用。须知,"阿弥陀佛"乃万德洪名,具足无量无边、不可思议的功德。对弥陀名号的认识达到什么程度,这句佛号就能念到什么深度。所以,念佛也应闻思经教,如理思维。尤其对于信心尚未完全生起者,唯有加深对佛陀功德、品质的认识,才能使所念佛号充满力量。

念法,即忆念佛陀的教法及所施设法门。这些法门是将我们引向彼岸的指南,是照亮前进方向的灯塔。我们修学佛法,是为了断除烦恼、契入空性、解脱生死,成就诸佛菩萨具备的无上品质。怎样才能获得成就?佛陀已然入灭,我们唯有"亲近善知识,依法得解脱"。两千多年来,历代祖师都是这样成就的。

念僧,主要以念贤圣僧为主,包括一切未成佛的声闻圣者及诸大菩萨,忆念他们的德行,忆念他们的修行法门。《阿含经》中,详细记载了舍利弗、大迦叶、目犍连、富楼那、优波离等大阿罗汉的言行和证量。许多大乘经典中，也展现了诸大菩萨的宏誓伟愿：《法华经·观世音菩萨普门品》记载了观音菩萨寻声救苦，千处祈求千处应的大悲精神；《地藏菩萨本愿经》叙述了地藏菩萨众生度尽、方证菩提的感人愿力；《大乘瑜伽金刚性海曼殊室利千臂千钵大教王经》演说了文殊菩萨平等饶益一切有情，令得入诸佛圣果的真切誓言；《华严经·普贤行愿品》宣告了普贤菩萨虚空界尽、我愿乃尽的广大行愿。此外，《指月录》、《高僧传》等典籍中，还记载了历代高僧大德难行能行，为法忘躯的生平事迹。他们的愿力、修行法门及最终成就，都是每一位佛子应当在修学过程中时刻忆念、追随不舍的。

若将诸佛菩萨和历代高僧比作成佛之道的路标，那么，不断忆念其功德品质，意义便在于帮助我们瞄准方向、强化目标，使迈出的每一步都向终点靠拢。否则的话，凡夫心随时都在寻找乘虚而入的机会，使我们被无明所惑，低头徘徊不前，乃至丧失方向。

由此可见，一切法门的修行都未曾离开皈依三宝。换言之，是对皈依三宝的不同诠释。

三、皈依三宝是佛法的根本

皈依，是区分佛教徒与非佛教徒的界限；是佛法及一切戒律的根本；还是一切修行实践的保障。

一切法门的修行，无不基于我们对三宝的信任。"佛法大海，信为能入"，这种信仰，是抵达解脱彼岸的源泉。若不具备这一点，修行必定缺乏动力，更难以持久。为什么我们对因果并不畏惧？对无常没有感觉？很大程度上，是因为我们对三宝的信心尚不坚定，所以在听闻因果、无常的教法后，虽然也觉得有道理，却未达到深信不疑的程度。

有关于此，宗喀巴大师在《菩提道次第论》中有一生动比喻：有些人虽然皈依了,对三宝却不如对算卦者更信任。若听算卦者言:今年做某事将灾祸降临之类,多半会谨慎从事,依言所行。但学习经教、受持戒律之后,却时常犯戒而无惭愧之心,更不曾引起警觉。宗大师所指出的情况,至今仍屡见不鲜。我们不妨反省一下,对于所学的佛陀言教都信受奉行了吗?对于所受的戒律都悉心守护了吗?对于善知识的教诲都如法实践了吗?如果答案是否定的,那只能说明,三宝在我们心中尚未确立稳固的地位。

能否将所学佛法付诸实践,直接取决于我们对三宝的信心及决定胜解。就象身患绝症的病人选择医生,必得充分信任对方,才甘心性命相托,老老实实地接受治疗。同样,佛法乃根除我们生死大病的良药。无论是念死无常、念轮回苦,深信业果,还是缘起性空、诸法无我,都是佛陀为众生慈悲施设的疗病良方。充分信任法的真实和疗效,才会切实依教奉行。当然,仅仅信任还不够,因为解脱取决于对法的探究和实践。就像病人必须遵医嘱吃药才能痊愈,若一味崇拜医生,却不积极配合治疗,是不可能解决问题的。

因此,在深信三宝的前提下,还应不断闻思经教,时时忆念法的功德,发自内心地对法生起净信和恭敬。只有透彻地了解它、信任它,才能将身心融入法中,依法改造人生。

皈依,须有正当的理由,这直接影响到学佛的态度和成就。

四、认识暇满人身的重大意义

我们所拥有的能够听闻佛法的暇满人身,蕴涵着重大意义,但这些价值必须通过皈依三宝来实现。

暇满,为八有暇和十圆满。所谓八有暇,分别是非地狱道、非饿鬼道、非畜生道、非盲聋喑哑、非世智邪辩、非正法灭尽时、非北俱卢洲、非无想天等。而十圆满,则是众同分圆满,谓得生为人;处所圆满,谓生于有四众弟子之地；依正圆满，依报是生于有佛法之地，正报是诸根不缺，能听闻并受持佛法；无业障圆满，谓今生不曾自作或教他作五无间罪；无信解障圆满，谓不被拔无因果等邪见所蒙蔽；大师圆满，谓遇佛出世；世俗正法施设圆满，谓值遇上无上佛法；胜义正法流转圆满，谓值佛弟子等，依法证得诸果向等；正行不灭圆满，谓教、证之法仍在世间流传；随顺资粮圆满，谓具足修行所需资粮。十圆满中，前五为内五种，余五为外五种。

其中，主要可概括为这么几点：首先是心智健全，具有听闻和理解佛法的能力；其次是没有耳聋、目盲等残障，能阅读经典或聆听善知识说法；第三是没有错误观念为障碍，如受某些思潮影响而全盘否定宗教；第四是生活在有机会听闻佛法的地方。

这样的人身，究竟具有多大价值呢？事实上，根本无法以语言来描述，因为它是无价的，超过世间一切珍宝。其价值在于，能使我们开发生命的无尽宝藏，尽未来际解决自他一切有情的痛苦，共同走向解脱彼岸。而这些，是任何财富无法解决的。当然，若不能正确利用，这一身份也会使我们造业并堕落恶趣。再或者，使我们成为其奴隶，一生为它奔忙操劳，呕心沥血。在收获和损失之间，相差的又何止千万倍、亿万倍！

人身已然难得，而暇满人身较之人身更为难得。若不懂得珍惜，不善于开发其潜能，将是对生命的最大浪费。关于这点，我曾举过一例：某人因重罪被判入狱达百年之久，其间，允许有半天时间自由活动。若借此机会立功赎罪，其后五十年便能尽享自由；若只是玩乐一通，虽当下尝到些许快乐，接着仍是长期监禁；若不慎因享乐而造作新业，则将经受更漫长、更苦难的牢狱之灾。

众生在轮回中的处境亦是如此。漫漫生死路，我们不知在其中辗转出没了多少回，生生世世，无有了期。好不容易盼到一次可以得救的机会，一个可以修行的身份，若不抓住时机精进改造，求得解脱，很快将继续轮回。在这个通向不同终点的岔路口上，千万要认清方向，及时作出抉择。

皈依，是开发生命无尽宝藏的必由之路。如果我们认识到，获得人身等于得到一次决定未来命运的权利，还舍得轻易放弃吗？还不立即行动起来吗？若一个贫苦者听说自己有无价之宝却不急于寻找，反而热衷于各种蝇头小利，不惜为此搏命，我们定会叹为傻瓜。不幸的是，我们生生世世都是这样的傻瓜，为各种生不带来、死不带去的身外之物忙碌一生，反而顾不上开发自家宝藏。再或者，虽也兴冲冲地挖过，却因一时不曾挖到就轻易放弃了。这都是因为我们对人身具备的价值缺乏认识。

五、念死无常

念死无常，同样是生起猛利皈依之心的强劲动力。"观无常，足以得道"，佛陀关于修习无常的精辟总结，是每个佛子应当深深铭刻在心的。或许有人会不解：活得好好的，念死，岂非自寻烦恼？也有人会因此产生误解，以为佛教使人消极避世。事实上，佛教所以强调念死无常，是为了使我们充分认识现实的严峻，时刻准备应付一切意外。即使在死亡突然来临时，也能从容面对，自在把握。从这个意义上说，念死正是为了鞭策我们积极利用今生来修法，使之成为改造生命的转折点。

在这个世间，多数人的生活无非是谋求生计，进而追逐名利、沉溺享乐。且不说追求过程中的不断挣扎和身心付出，即使最后获得成功，又为人生增添了什么呢？不过是一时的满足，暂时的意义。当死亡来临，这一切能使我们无憾地告慰此生，欣然地视死如归吗？

有生则必有死，就像阳光下甩不掉的影子，无人能侥幸逃脱。可怕之处在于，死期却是不定的。有的刚出生就意外夭亡；有的百年后才寿终正寝；有的病魔缠身而死；也有的突遭横祸离世。谁也不能保证明天一定活着，即使我们这些今天还健康活着的人，一口气不来，转息便是来生。死亡，是行踪不定的幽灵，不知何时就将我们逮个正着。

谁也无法预料，今生可以蹉跎的时间还有多少，或许是几十年后，或许就在明年乃至明天，便措手不及地失去了唯一可以自主的机会。甚至来不及叹息，就已被淘汰出局。那个无价的暇满人身，也随之过期作废。世间还有什么损失比这更让人痛心疾首的呢？

当死亡来临，地位无法拯救我们，财富不能帮助我们，亲人无力挽留我们。大千世界，茫茫宇宙，有什么能给我们以勇气，使我们无畏地直面死亡，自在地超越生死？从生命延续而言，唯有佛法，才具有永久、真实的意义。此外的一切，皆是梦幻泡影。其实，不必等到死之将至，老人们回忆起青春往事，又何尝不感慨人生如梦，世事虚幻，了无痕迹？

所以说，念死能使我们看清自身在轮回中的险境，认识佛法于生命的意义，自然生发寻找救护之心，就像落水者期待强者施予援手那样迫切，这一前提非常重要。试想，落水者面临灭顶之灾时，还可能思绪纷飞、杂念丛生吗？若有幸在此时遇到救援者，又有谁不拼死抓住、决不放手呢？从某种意义上说，一天不思维死亡，这天就很可能空过。因为我们会在不经意间回到往昔习气中，被串习左右。习惯有着巨大力量，必得以念死这般猛利的手段作为对治。

念死无常，仿佛警世的震耳钟声，每一声，都在提醒我们珍惜现有的每分每秒，用来完成今生最重要的使命，就像临终者珍惜所剩无多的时光，不敢稍有懈怠。所以，念死无常不仅对于修习皈依，同时对于未来的一切修行都有着重要意义。

六、念三恶道苦

死亡为什么可怕？固然是放不下对世间的执着，但更重要是因为我们不知死后去向何方。修行成就者所以能笑对生死，正是因为他们对前途了如指掌，能随自身愿力作出抉择，或往生极乐，花开见佛，或倒驾慈航,乘愿再来。而凡夫却无法主宰这一切,唯有随业风飘荡,沉沦苦海。

佛法告诉我们,有情在天、人、阿修罗、畜生、饿鬼、地狱六道中轮转不息。其中,三恶道处境之苦痛、之惨烈,令人不忍听闻,何况亲历。佛陀之所以反复述说这些恶道痛苦,不是为了使我们怖畏恐惧,给苦难人生增加更多的沉重,更非某些人想象的,是为招徕信徒而渲染的气氛。须知,如来是真语者、实语者、不诳语者、不异语者。他老人家要我们念三恶道苦,是本着无限悲心而说,是为了唤醒世人迷梦,告诫这些处于火宅而不自知的人们,使其从沉沦中觉悟,速速设法逃离。

应当看清,三恶道距离我们并不遥远。事实上,那仅是一息之遥。当这口气不来时,我们有把握不堕落吗?我们不妨反省一下,当下能否把握心念?若现在无力把握,临终一搏又会有几分胜算?又怎么面对种种业力乃至逆缘的考验?在那条危机四伏、险象环生的中阴路上,没有训练有素的心进行观照,就像悬崖边的盲人,稍有不慎,便会失足跌入深渊,于恶道长劫受苦。

那么,如何才能避免恶道之苦?拯救自他一切有情于轮回呢?唯有皈依三宝,如法修行,乃得究竟解脱。所以说,时常忆念恶道之苦,是生起猛利皈依心的重要因缘。

七、深信唯有三宝能救度

皈依,是为了寻求生命的究竟依赖。这个世间,人人在以各种方式安身立命,总想抓住些什么才觉得踏实。或依赖财富,将钱财作为保障;或依赖地位,将地位当做靠山;或依赖家庭;将亲人当做港湾。感觉什么最可靠,便会皈依什么。但这些皈依终归是不究竟的,因为外在一切皆处无常变幻中,本身便不稳定,如何能为我们提供坚实保障?就像救命稻草,抓住手中的那一刻,也不过是抓住了一个即将破灭的幻觉。

"积聚皆销散,崇高必堕落。合会终别离,有命咸归死。"什么是我们能够依赖的?家庭难免出现变故,地位无法永远保有,金钱随时会更换主人。尤其是今天这个世界,过多的机遇,使一切充满着不稳定。这也正是现代人普遍缺乏安全感的原因所在。从物质条件来说,我们所享用的远比古人更为丰富,为什么内心深处仍然惶惑,仍有着无法排遣的不安? 常常是,拥有得越多,害怕失去的感觉越强烈。

时常有人问:幸福是什么? 世人所谓的幸福无非是一种稳定的感觉。因为幸福的基础在于世界和自身的心,但那又是怎样的世界和心呢?外在世界是日新月异的,内在心灵是四处攀缘的。以无常的环境和内心为基础,那样的幸福又怎么可能稳定、坚实呢? 可见,世间一切都无法作为真正皈依处,无法究竟解决生命的终极问题。

那么,三宝的究竟处何在? 关于这个问题,可从实、德、能三方便进行分析。

首先是真实,佛陀并非来无影去无踪的神仙,而是实有其人。二千多年前,佛陀出生于蓝毗尼(今尼泊尔境内),其父为净饭王,其母为摩耶夫人。他出家成道后,游化四方,足迹所到,留下许多至今为人瞻仰的圣地。佛陀,意为觉悟者,由证得宇宙人生的真实而成就。他所施设的教法,能引导一切众生断除无明妄想,圆满如实智慧。千百年来,无数高僧大德正是依佛法走向解脱。所以说,佛陀是真实不虚的人天导师。

其次是德行圆满。佛陀具备圆满的断德、智德和悲德。断德,即断除一切烦恼,不再有任何缺陷,不会起丝毫贪瞋之心,否则与凡夫何异?我们翻开佛陀传记,从未有佛陀瞋怒的记载,更不会像上帝那样怒降洪水。智德,即成就一切智慧,大体分为两类;一是证得宇宙人生真相的智慧,为如所有智;一是了知缘起显现差别的智慧,为尽所有智。悲德,即圆满大慈大悲。悲悯之心,人皆有之,非佛陀独有。但我们的悲心狭隘而渺小,是被自我处理过的、充满不平等的悲悯心。而佛陀已超越我执,乃能平等一如,开发无限悲心。

第三，佛陀具有度化众生的能力，值得我们信赖，值得一切众生依怙。这种能力，来自佛陀圆满的德行。断德圆满，故能指导众生息灭烦恼，断除妄想；智德圆满，故能按众生种种根基施设教法，分门别类地予以教化；悲德圆满，故能感知众生苦难而发心救度，没有附加条件，远离亲疏分别。

实、德、能是选择信仰的判断标准。试想，若不幸发现信仰对象并非真实，且不说内心失落，所耗时光又怎能重头再来？再者，若其德行尚未圆满，我们又如何因信仰得到内心升华和生命改善？此外，还须具备引导众生认识生命真相的教化能力。

皈依不仅是外在的，更深层的意义在于，通过皈依改善自身心行。正确的皈依之因，才能引发真实无伪的皈依；迫切的皈依之心，才能奠定坚实稳固的修行基础。否则，即使履行皈依仪式，也很难对生命改善起到多大作用。

每个人的生命内在，本具备三宝的一切品质。换言之，在心灵的某个层面，我们与十方诸佛无二无别。皈依的根本，正是通过修学佛法开启这一宝藏。因此，必须认识到三宝具备的内涵。唯有对其种种特征了然于胸，才能准确无误地于自身进行挖掘。

八、何为三宝

首先，应了解三宝的名称。佛，梵语为布达，乃觉悟之义，自觉、觉他、觉行圆满；法，梵语为达玛，包括佛陀所证之法及所说之法；僧，梵语僧伽，为献身于佛法的实践及弘扬者，包括声闻、缘觉、菩萨。宣称三皈，梵音为"南无布达耶，南无达玛耶，南无僧伽耶"，汉译为"皈依佛，皈依法，皈依僧"。

其次，应了解三宝的内涵。佛陀为觉者，故成佛乃智慧的圆满成就。佛教修行的最高果位为"阿耨多罗三藐三菩提"，意为"无上正等正觉"，也就是至高无上、彻底圆满的觉悟。佛陀的十大名号之一的"正遍知"，便显示了其觉性所蕴涵的遍知功用。

生命本具自觉的力量。这种自觉，是相对于不觉而言。凡夫的不觉，源自无始无明，所以才有执着和烦恼，才有轮回和生死。一旦开发出生命中的自觉力量，就能超越无明长夜。须知，觉悟和解脱是一体的。自觉的当下，便具解脱能力。故解脱并非遥不可及，更不必等到死后，因为它是生命本自具足的。只待我们开发这一能力并安住其中，当下就能冲破藩篱而得大自在。佛陀，正是因为体证到这种能力而圆成佛道。

在佛陀成就的断德、智德和悲德中，核心力量都不曾离开这种"觉"。佛陀，意为觉者，故觉悟是佛陀圆满人格的核心作用。其中，智德是觉悟的体现，亦为契入空性的妙用。断德也因觉悟而有，因觉悟能化解烦恼习气。悲德同样未离觉悟作用，在究竟意义上，悲智是不二的。佛陀成就无限慈悲，故应化于世，演说种种法要，度化一切众生，而有佛法在世间的流传。

诸佛世尊遍于十方世界，而与我们娑婆世界最有缘的，便是释伽牟尼佛，故名"本师释迦牟尼佛"。论及三宝，虽是以释迦佛为主，但必须了解，佛泛指十方三世一切诸佛。十方是空间概念，包括东、西、南、北、东南、东北、西南、西北及上、下；三世则是时间概念，包括过去、现在及未来诸佛。尽虚空、遍法界十方三世一切诸佛，都是我们皈依的对象。

法，即佛陀演说的教法，其概念非常宽泛，世间所有皆可以称之为法，且无一不在法的范畴内。这里所说的，特指佛陀演说的觉悟教法。对于佛法，我们需从几个方面来认识。

一是从能诠的言教。诠为诠显经典之文句，以能显义理，故名能诠，主要表现为三藏十二部典籍。三藏分别是经、律、论三藏。经藏，梵音修多罗藏，藏有蕴涵之义，贯穿佛法不令散失。律藏，梵音毗奈耶藏，灭诸过失，止恶修善，调伏诸根，如法律般断决罪之轻重，是佛弟子的行为准则。论藏，梵音阿毗达摩藏，抉择辨别一切法义，以无漏智慧对观四谛诸法之理,为各大菩萨及历代祖师对佛法的领悟和诠释。十二部则指一切经教的内容分类,分别是长行、重颂、孤起、因缘、本事、本生、未曾有、譬喻、论议、无问自说,方广和授记。

二是从所诠的义理,包括教法及证法两大部分。教法包括五蕴、十二处、十八界、无常、苦、空、无我、二谛、三性、缘起性空等一切无漏善法,教化众生破除无明烦恼业障。证法则是引导我们走向解脱的修行法门,如戒定慧、三十七道品、六度四摄等。换言之,佛法修行包含理论和行持两大部分,教法偏重理论,帮助我们了解生命真相;而证法偏重行持,即调整心行之术,帮助我们改善生命现状,证得诸法实相,成就佛菩萨那样的良好品质。佛经中,将我们本具的内在品质喻为贫女宝藏,守着宝藏却无法开发,只能乞讨为生。其实,我们的现状就是如此,虽具如来智慧德相,依然流转生死,不得自在。修学佛法,不仅要通过教法勘查自身宝藏,更要学习开发宝藏的具体方法。

僧伽,是和合之义,故一人不能称僧,须四人以上方可。就像一棵树不可称林,须成片方成为林。僧团,是清净和合的团体。佛法在世间的流传,便依靠这一团体荷担。故僧伽是佛陀的追随者,正法的住持者,修行的实践者,同时也是众生的指导者。尽管佛陀已经入灭,但有如法清净的僧团,佛法仍能灯灯相续,代代传承两千多年。

僧伽有贤圣僧和凡夫僧之分。贤圣僧的范围十分广泛,包括十地菩萨、四果四向等,其中又有声闻僧和菩萨僧之分,声闻所有圣果及一切未成佛之菩萨皆属于僧的范畴,如观音菩萨、文殊菩萨、大势至菩萨等。凡夫僧则包括一切出家现僧相而尚未证果、见道者。

那么,又何将佛、法、僧称之为"宝"呢?《究竟一乘宝性论》中,特别就这一问题作了说明:三宝所以为"宝",具有六层意思。

一为稀有难得。在这个世间,真正能开启这一宝藏者寥寥无几。尽管人人皆具三宝品质,却深藏不露,虽有若无,无法对生命改善起任何作用。

二为清净。三宝品质乃远离一切的无垢法。三宝有形式和实质的区别,《三宝论》所指为后者,即三宝内在的觉悟、解脱等品质,是无垢、无漏的。

三为势力。三宝具有强大的力量,可化解一切烦恼、执着。当生命内在的三宝品质发生作用时,困扰当下瓦解,就像雪花落入火炉,立刻消融得无影无踪。

四为庄严。一者,三宝能净化心灵烦恼。世间垢净是随人心垢净而显现,因为内心充满烦恼,故世界就成了五浊恶世。因而,净化世间不仅要清理环境,更要依三宝力量净化内心。再者,三宝品质蕴涵无尽功德,十方诸佛国土的清净庄严,正是依佛菩萨的清净心而显现。

五为最胜。包括两方面:其一,三宝品质极为殊胜,清净无漏;其二,拥有化解一切烦恼的能力。

六为不变。在有为、有漏的世间,充满着变化和不稳定。反观内心,所呈现的也无非是散乱的想法和情绪。因而,生命只是混乱不安、漂泊无定的综合体。但在多变的层面下,心还具有不变的层面,那正是内在的三宝品质,遍知一切、悲愿无尽。

因为具备这六重内涵,故称之为"宝"。形式上的三宝,如佛像、经书、僧团,甚至包括如来的色身等等,虽也都是"宝",终究还不圆满,不是究竟意义上的"宝"。

我们皈依三宝,必须了解其殊胜处究竟何在,如是,才能对三宝生起决定的信心。而这种信,正是成功之钥匙。若不能生起决定信解,我们的心中将徘徊于凡夫心中,挣扎于各种想法和情绪中。学佛,自然难有预期进展。

九、三宝的种类

通常所说的三宝,多指住持三宝。所谓住持,即传承并弘扬佛法,使其在世间薪火相传。其中,以佛像为佛宝,经书为法宝,现前僧团为僧宝。佛陀灭度之后，佛法主要依住持三宝得以流传。须知，住持三宝虽不是究竟意义上的三宝，但若没有他们"焰续佛灯明，住持正法城"，众生便无缘听闻佛法，踏上修行之路。所以，住持三宝乃佛法流传的重要载体。

其次为化相三宝，即三宝在世间的化现。其中，以应化于世、八相成道的释迦牟尼佛为佛宝；以佛陀四十九年宣说的四谛、十二因缘等义理为法宝；以佛陀在世间度化的僧伽为僧宝。化相三宝体现了佛陀教化众生的相状，代表着三宝在世间的出现，标志着佛法在娑婆世界的发源。我们今天能够修学佛法，便渊源于化相三宝。

第三为理体三宝，即究竟意义上的三宝。其中，佛是觉悟，其品质为无限的慈悲和智慧。法是空性，一切经教和修行法门最终是为了帮助我们证悟空性，故法的究竟处为空性而非经教。僧是指贤圣僧的品质，即无漏智慧和解脱。理体三宝乃三宝所以为"宝"的真正原因。

第四为一体三宝。三宝虽然内容有三，但就本质而言却是一体的。佛的实质是觉性，法的实质是空性，僧的实质是和谐。所谓和谐，在事相上指六和，在理体上指生命内在本具的高度和谐，即觉性与空性不二。就不同侧重而言，三宝虽有觉性、慈悲、空性、解脱等区别，但这些要素原是不二的，所谓明空不二、空悲不二、觉性与解性不二。从究竟意义上而言，没有离开觉性的空性，也没有离开觉性的慈悲，更没有离开觉性的解脱。之所以分开说明，只因这些品质须在修行过程中分别培养。如成就慈悲便须发菩提心，否则，即使见性也难以圆证空性，不能成就大悲，如声闻也证得空性，却灰身泯智，趣向寂灭。

第五为自性三宝。从实质上，自性三宝与理体三宝、一体三宝是无别的。所不同的，是就凡夫众生而言。认识到在生命某个层面具有佛菩萨那样的品质，无疑会给众生在修行上提供极大信心。关于自性三宝的内容，正如《六祖坛经》所言："佛者，觉也；法者，正也；僧者，净也。自心皈依觉，邪迷不生，少欲知足，能离财色，名两足尊。自心皈依正，念念无邪见，以无邪见故，即无人我贡高贪爱执着，名离欲尊。自心皈依净，一切尘劳爱欲境界，自性皆不染着，名众中尊。若修此行，是自皈依。"可见，一切众生无不具备自性三宝，只待开发显现。

十、内在三宝与外在三宝

虽然三宝有住持三宝、化相三宝、理体三宝、一体三宝和自性三宝的分别，但这些分别是为了帮助我们从不同层面深入认识三宝，不可将其割裂开来，亦不可稍有偏废。

通常，学佛者往往偏于住持三宝，执着佛像、经书和现前僧团的师父，反而忘却了，皈依住持三宝是为了通达理体三宝、自性三宝。若仅仅停留于住持三宝，这种皈依必是流于表面的，不得真实力用。而某些"禅宗行者"则容易走向另一个极端，以为"自己本来是佛，何必听闻经教，皈依外在三宝"？须知，自性三宝虽存在于生命的某个层面，但要通过相应的修学实践才能认识到这一层面。就像深埋地底的矿藏，不经过勘测和挖掘，将一如既往地长眠地层深处，乃至亿万年，不能发挥丝毫作用。因此，必须皈依住持三宝，通过闻、思、修开发内在的自性三宝。

其实，生命内在的三宝与外在三宝本是一体的，只因我法二执将其分开。无论是排斥外在三宝，还是执着外在三宝，都将成为开发内在三宝的障碍。一旦破除我法二执，便不存在内外之别了。

修行的成就，在很大程度上取决于我们对三宝的认识有多深。有一分认识，修行便只有一分成就；有十分认识，修行才会有圆满成就。就像开采矿藏，若只勘测到局部内容，即使将此局部完全开发出来，终归是有限的。唯有深入发现全部宝藏的所在，才能完整地开发它、使用它，而无一遗漏。更重要的是，这一宝藏不仅能利益我们自己，还能利益千千万万的众生，为世间带来光明。所以，真切认识三宝内涵，是修习皈依的重要前提。

十一、生起皈依之心

皈依，体现于对三宝完全的依赖、信服和追随，唯有这样，才能由此因缘步入佛道修行。这一认知，源自对轮回之苦及三宝功德的认识，这才是皈依的实质所在。

近年来，随着各地寺院的陆续恢复，佛教徒数量日益增加。但其中有多少是发心求解脱、发心度众生呢？或是对佛教的朦胧好感，或是寻找精神慰藉，或是祈求平安护佑，甚至还潜藏着某些投机心理，以为和佛菩萨拉上关系就可以为所欲为，不受惩罚，等等。这些皈依之因，正是多数人走入佛门的因缘。若停留于此，皈依所能起到的作用将大打折扣。如何在此基础上加深对皈依之因的认识，是修学的当务之急。否则，即使皈依了，也往往流于形式。

不少人皈依之后，也愿意参加各类佛教活动，也喜欢寺院的清净氛围，也认同佛法的种种道理。但这种喜欢和认同都不够强烈，更不是唯一的。因为他们同时还喜欢红尘的繁华，也认同世俗的标准。于是乎，过着有宗教情怀的世俗生活，并以此为乐。当然，懂得些佛法道理并运用于生活，总能起到相应的调心效果。而佛法本身，也并不排斥世间法。但我们必须清醒地认识到，二者孰轻孰重，其中又以什么为究竟，为唯一的皈依处。

发誓皈依三宝的前提在于，通过对轮回苦及三宝功德的忆念，于三宝具足极大信心。若未将三宝视为唯一救怙者，就需要重新审视皈依之因，并通过如理思维来加强。

皈依，是以至诚恳切之心，发自肺腑地宣誓：我从此皈依三宝，以佛为皈依大师，法为正所皈依，僧为皈依助伴。对于修学者而言，三者缺一不可。就像病人为治疗而遍访名医，然后确定一位医生作为主治大夫，根据他所开的药方接受治疗，在此过程中还需有人看护，引导我们按时吃药以配合治疗。皈依过程也与此相似，佛为救治我们的医王，法为对治疾病的药物，僧为指导修行的师长。

对三宝生起真切皈依之心，我们才能从自我中心的状态中走出来。生命虽是一大堆混乱的综合体，但其中又以无明、我执为核心。无明为惑业之源，我执为烦恼之根，若想从这种生命形态中脱颖而出，其难度远胜于摆脱地球引力。唯有对三宝生起决定信解，将生命轴心由自我转变为三宝，方能进入全新的生命轨道，就像火箭推动飞船进入太空。所以说，皈依之心是推动生命素质提升的强劲动力。

十二、依法传授皈依

皈依，应通过如法仪轨进行，主要包括以下几方面：

首先是忏悔，忏除我们无始以来造作的无量罪业。忏悔则清净，忏悔则安乐。清净无染的心，才能如法纳受皈依。念诵内容通常为："往昔所造诸恶业，皆由无始贪瞋痴。从身语意之所生，一切我今皆忏悔。"

其次是发愿。作为大乘佛法的修学者，应以四弘誓愿作为尽未来际的生命目标，那就是"众生无边誓愿度，烦恼无尽誓愿断，法门无量誓愿学，佛道无上誓愿成"。

无论是忏悔还是发愿，重点不在于念诵四句偈，而在于发自内心地生起忏悔之心，生起利益众生的愿望，并以此作为未来行为的准则，于恶业不复再造，于善业勤加修习。若仅是有口无心地念一念，效果也就可想而知了。

然后是正式皈依，这也是整个仪式的关键部分。皈依的核心，乃宣誓"皈依佛！皈依法！皈依僧"，完整内容是：

尽形寿皈依佛，如来至尊等正觉为我所尊，终不皈依邪魔外道。

尽形寿皈依法，三藏十二部典籍为我所尊，终不皈依外道典籍。

尽形寿皈依僧，清净僧团为我所尊，终不皈依外道邪众。

"尽形寿"为尽此一生之意。皈依，不是一时兴起的戏言，而是庄严的一生承诺，是贯穿未来生命的恒久誓言。因为"尽形寿"只是声闻乘的皈依，作为大乘行者，则应发愿尽未来际皈依三宝，所谓"直至菩提永皈依"。"为我所尊"，即以此为自身皈依对象。此外，皈依还包含着不皈依，即"终不皈依"的内容。因为皈依是选择人生究竟归宿，不可处处挂靠，三心二意。

这三句话，为皈依仪式的关键所在。若皈依时未曾听清，便不得皈依体。不仅如此，皈依时还应清楚地自称法名，准确地跟随法师宣誓以上内容。最后，念诵"皈依佛竟、皈依法竟、皈依僧竟"，以回向作为结束。

皈依仪轨大体分为此四部分，其中，关键是宣誓"三皈依"。我们不妨对照一下，受皈依时，是否听清法师宣讲的三皈内容？若只是懵懵懂懂地参加了皈依仪式，对三皈内容未有明确的认识，是需要重新皈依的。

十三、菩提信物

皈依师，是弟子皈依三宝的见证，更是佛法传承的纽带。经由庄严如法的皈依仪式，将诸佛世尊点燃的智慧火炬代代传递下去。为铭记皈依后的新生，引导学人走入佛门后深入修学，皈依师在授予弟子法名和皈依证的同时，还应授予表法的法本和念珠。

法名，意味着身份的改变。无始以来，凡夫以我执为核心，惑业为基础，辗转轮回，生死相续。皈依三宝，是与原有生命状态的彻底决裂，从而奠定以三宝为中心的全新人生里程。从这个意义上说，佛子的年龄应从皈依那天计算。在经历这番重生之后，我们才开始自觉而有意义的人生。法名虽然只是代号，但其中往往蕴涵着表法深意，象征着佛法的种种修行实践，以此不断策励弟子：作为解脱道和菩提道的行者，应勤修戒定慧、息灭贪瞋痴，勇往直前地奔向彼岸。同时也是为了提醒学人：过去种种已如昨日死，在新的修行征途中，切莫为往昔习气羁绊，重蹈覆辙，弃明投暗。

皈依证，标志着十方三宝对这一新生的证明和认可。这是我们成为三宝弟子的象征，也是通往佛国净土的护照。在西园戒幢律寺的《皈依证》封面上，以莲花般相合的双手作为标记，环绕着"皈依佛、皈依法、皈依僧"的誓言，寓意佛弟子对三宝的至诚归投之心和虔诚恭敬之行。封底则印有大乘皈敬颂："诸佛正法贤圣僧，直至菩提永皈依，我以所修诸善根，为利有情愿成佛。"以此勉励弟子们发广大心，修菩萨行，尽未来际利益众生。内页除常规内容外，特别注明："从今以后，应遵三宝教诫，断恶修善，发宏誓愿，自觉觉他，尽未来际，永不退转，谨依律制如法授受三皈，成为三宝弟子，特给此证为凭。"标识了皈依意义及皈依证的作用。此外，还编入皈依仪规及五法具足、常行六念等佛弟子基本行仪，并介绍了一些入门读诵典籍。其后，还为持证者预留了书写参学记录的空白页，祝福弟子们在修学道路上留下扎实的前进足迹。每一页，更有经言祖语作为警示，以为勉励。

念珠，象征着佛法的传承。皈依，是为了获得如法的、由诸佛世尊一脉相承的皈依体，这正是佛法最殊胜的传承。通常，人们只是将念珠作为念诵佛菩萨圣号或持咒时的计数工具，事实上，其意义远不止于此。念珠中，珠母象征佛，珠绳象征法，每一粒小珠则象征僧，缺一便不能组成完整念珠，象征三宝的不可分离。由菩提子组成的念珠，更寓意菩提道的修学，提醒我们发菩提心，行菩萨行，圆满无上菩提。因而，师长所授念珠应随身携带，象征时时刻刻不离三宝。这一方面是为了表达我们对三宝的感恩之心，但更重要的，是提醒我们精进修学，实践这一传承所蕴藏的内涵，使这颗菩提种子茁壮成长，开花结果。

法本，能帮助我们全面认识皈依意义，深入了解皈依后的修学内容，是法身慧命的成就指南。虽然我们本具佛陀品质，但现有的心行基础仍是凡夫心。这些刚强难调的烦恼习气，绝非一朝一夕就能根除。所以，皈依后还需要学习对治凡夫心的诀窍，掌握开发自身宝藏的技术。

这些诀窍和技术,都含藏于法本中。特别是本书的相关内容,是佛法一切修行绕不开的基础,必须深入学习,如理思维,初学者尤应引起重视。对三宝的决定信心,是修行最坚实的地基。具备这一前提,修行才能稳步前进。

十四、注意事项

我们还要注意的是,三宝是一体的。有些人会说:我只想皈依佛,却不想皈依法和皈依僧。这样可以吗?答案是否定的。当然,对佛陀产生信仰而发心皈依,也会起到相应效果,恐惧或颠倒妄想时念念佛,也能使我们远离恐怖。但若想解脱生死,依靠的则是佛法,同时,也只有学习教法之后,才能深刻认识佛陀所代表的深广内涵。若只皈依佛而不依教奉行,就像病人虽然相信医生,却不肯吃药治疗,医生亦是无能为力的。

也有些人觉得:佛法的道理很好,但我只想皈依法,学习法,却不想皈依佛和僧伽,这同样是不行的。若对法的信仰非常彻底,必定会皈依佛宝和僧宝。不皈依佛,不皈依僧,只能说明我们对法的信任程度有限,如是,便不可能全身心地依法修行,收效自然也就甚微了。

还有些人,愿意皈依佛,皈依法,却不愿皈依僧,这类二宝居士也有不少。须知,皈依僧并非皈依某人,而是皈依整个僧团,尤其是贤圣僧所具备的清净无漏的品质,这才是究竟皈依处,也是皈依佛、皈依法所要达到的目的。若不能对此生起猛利的信心,又如何于自身成就这一品质?同时,修行必须亲近善知识。虽然皈依僧不是皈依某个人,但落实于修学实践,仍须亲近具体的、一个或几个善知识,否则便无法听闻正法,如理思维,法随法行。

此外,皈依时应发心并观想。皈依的发心有上、中、下三等。上等的发心,是为利益一切众生而皈依;中等的发心,是为个人解脱而皈依;下等的发心,是为眼前平安如意而皈依。相应的,皈依体也分为上、中、下三等。发上等心皈依,能得上等皈依体,依此类推。

皈依体,由三世诸佛、历代祖师代代传承而来。全身心地皈依三宝,便意味着我们得到了由诸佛世尊沿袭至今的传承。我们以怎样的心接受,便会成就怎样的皈依体。就像以器皿盛水,器皿有多大,装的水就有多少。茶杯只装下一杯水,脸盆则能装下一盆水,若是虚空那么广大的容器,就能容纳五湖四海、无量无边的水。所以,我们应当打开自身心量,以菩提心为载体,纳受上等的皈依体。更重要的是,观想六道一切众生和我们共同皈依三宝,共同领受三宝的慈悲加持。这样的皈依,才是最为殊胜的皈依。

需要注意的是,皈依时还应自称名字。开始宣誓之前,根据法师的提示,自称"弟子某某",然后才是"尽形寿皈依佛,如来至尊等正觉为我所尊……"等内容,明确这一内容是由"我"在宣誓并承诺。

以上,是皈依相关注意事项,一一做到,方能成就如法皈依。良好的开始,是成功的一半。皈依为学佛之始,将对今后修行具有举足轻重的影响,故应认真对待。

皈依是选择人生的究竟依赖。身为三宝弟子,不应再以其他宗教为皈依对象。在选择皈依的过程中,我们已通过实、德、能作了全面考察,确定唯有三宝堪为真正依止。一旦作出这样的人生抉择,应以三宝为唯一皈依处,绝不皈依其他宗教或鬼神。否则将破失皈依体,修行自然无望。如此,损失最大的还是我们自己,不仅蹉跎了今生时光,更为来生种下远离佛法之因。

> 皈依及发心,为教及大乘,
>
> 入门主干故,勤修莫空谈。

佛教共同的入门就是皈依,大乘共同的入门是发心,金刚乘的不共入门是灌顶。所以最初进入佛教大门,就是必须受持善妙利乐的根本生源——清净的皈依作为基础。

此中分四:(一)皈依之因相;(二)皈依之方法;(三)皈依之功德;(四)皈依之学处。

十五、皈依之因相

　　我及慈母一切有情，从无始以来到今世，总于轮回，特别是于三恶趣恒常久住，一直以来感受这难以想象的猛利痛苦，如果不寻求根断对治的话，感住于痛苦的深渊，将会是没有止境的。这次获得这么圆满殊胜的因缘，就不应该自欺。如果现世没能获得，断离轮回痛苦的最胜解脱师佛的果位，那么就像推至半山腰的铜球，迅速地向下着地一样，就会重新堕入恶趣深渊。此后，不要说能获得解脱和一切智，即便是善趣的音声于无量劫中也难得听到，持续不断的决定堕入痛苦深渊。

　　"寂天"菩萨云："观彼所作善业力极弱，所作罪业力大难堪忍。"

　　就是说我等众生所造作的善业力量非常的微弱，造作罪业的力量却是非常的强大，而且众恶支分无不造作，数量极多。以此类推，则于后世的去处是不会超出恶趣的。如《四百颂》云：

　　　　大凡世间人，非正持偏执，

　　　　是故诸异生，多定趣恶道。

　　总之，如果生到恶趣就不能自主，不能获得解脱的方便。如月称论师云：

　　　　若时自在住顺处，设此不能自摄持，

　　　　堕落险处随他转，后以何因从彼出。

　　诸佛菩萨虽然以大悲照护有情疾苦，但我等有情被各自的业障所蒙蔽，从而脱离诸佛菩萨的救护方便。不能显示皈依胜处，唯独显现痛苦及怖畏远离救护的方便等事理。《入行论》云：

　　　　谁于众怖畏，善救护于我，

　　　　睁颤栗眼视，于四方求倚，

　　　　见四方无依，此后极懊恼，

　　　　若无有归处，尔时我当何？

> 佛是众生主，精进悲救护，
>
> 大力灭怖畏，从今当皈依。

现今，善恶两趣的界限，众苦乐利害得失的拣择在自己手上时，就应该好好把握住。自己要是没有这个能力就应该皈依仰仗上师三宝的力量，将自己托付给上师三宝乃至出生一切苦乐善恶，都应至诚祈请上师三宝："我的一切苦乐善恶您知！"陈那论师以提问的方式问云：

> 住无边际轮回海，贪等三毒极剧烈，
>
> 大鲸鳄鱼吞身险，今我应当依靠谁？

对此马鸣菩萨答云：

> 谁于诸罪过，根本皆断离。
>
> 谁于诸功德，悉皆全具有。
>
> 具慧欲解脱，应当皈依彼。
>
> 赞彼恭敬彼，明智住彼教。

同样，如果自己是一个具有智慧辨别能力、有心想寻求依靠的人，就应该皈依仰赖于大觉薄伽梵及其教法以及修行其法的僧众。

十六、皈依之方法

(一)辨别皈依境

总之，如果只为消除部分怖畏，则仅依靠佛陀或菩萨、声闻任一都可以。譬如众商人探取旃檀在海上遇难时，至诚祈祷皈依"富楼那"尊者，遂从怖畏中获得解脱。像这样的公案很多。然而如果想成办解脱的果位就必须皈依三宝缺一不可。如《皈依七十颂》云："佛法以及圣僧众，诸欲解脱之归处。"

又如《喻法释》云："譬如去印度应需三个同伴。我等寻求解脱大菩提就应该依靠导师佛，寻求解脱道还须依靠引路的教法及修行其法的僧伽。就好像疗病需要医生、护士、药三者缺一不可。也就是说如果想息灭烦恼证得解脱的果位，就得具足开示方便的佛陀、正方便的佛法及修法的助伴僧三者。"

三皈依别别的体性是什么呢？如《宝性论》云：

> 无为任运成，非他缘自证，
>
> 佛具悲智力，二利咸堪能。

这就是讲佛具有自他二利等八种殊胜的功德。复云：

> 无念无二无分别，净明对治方便性，
>
> 能令远离众耽执，二谛性相即胜法。

这是讲灭道八种功德。

又云：

> 如所尽所有智慧，证知内之清净慧。
>
> 具足无上八功德，胜慧故为不退僧。

这是讲僧伽的明及解脱八种功德，应如次第善辨三宝各自的体性。"也协坚赞"仁波切云："有人误认为日常所供的金佛像或是居住在虚空中的，是其体性，那是因为没有分清其体性的缘故。"如一一详讲恐文繁故不赘述。详细的可从《宝性论释》中了解到。

(二)抉择皈依义利

如果只念皈依的言辞，这还不能安立为皈依。所谓皈依的体性者诚如"班禅一切智"的《问答善慧妙音》云：

> 皈依体性之要义，我等所有大怖畏，
>
> 唯有三宝具救力，从慧所生之皈依，
>
> 一切智者汝所说。

自己怖畏痛苦，虽然是引生皈依的主因。而皈依之正体性，还需要很好详细地了解三宝的功德之后，进而生起胜解的智慧与信心等。全知嘉木样协巴云："了知三宝的差别、功德以及誓受等所摄之主次智慧，即是皈依之体性。"

1.了知三宝之功德

初讲佛的相好身德。相好庄严见无违逆。如《喻赞》云：

> 佛身妙相好，美净眼甘露，
>
> 如无云秋空，群星作严缀。

这些是赞颂佛的相好庄严，没有烦恼，知愿处智的功德。《现观庄严论》云："虽然仅仅是见到了佛的相好身，也能随即息灭烦恼而播下解脱的种子。"经中云："以法身周遍故，若能见到佛身也可成办有情利益，于彼如来或闻、或触悉具利乐。"从因上来说《贤劫经》及《中观宝鬘论》等经论中云："其具有无量增上殊胜福德。"

佛语的功德。如《经庄严论及注》、《瑜伽师地论》、《中观心论》等经论中讲："六十支音的各种殊胜功德。"主要者如《谛者品》中云：

> 众生一时异语祈，佛心瞬间即了知，
>
> 复以一音宣妙法，有情各各随类解。

佛虽然以一音宣演妙法，但是尽虚空际的有情胜解各异，断除了怀疑及愚昧网，生起了相对的证解，是为成办利他的胜门。

佛意的功德。佛陀具足二谛双运，刹那无阻碍究竟现证如所有智和尽所有智。能仁为大悲所缚无间相续故，视有情如独子。以大悲力故度生事业无间。引导所化如《贤愚经》中之波斯匿王的女儿"金刚女的公案"中详有讲叙。

现前，我们堕入轮回饱受众多痛苦逼迫，并不是佛陀不忆念我们，而是佛陀想救护我们的话也得具备二种因素。像这样没得摄护也是自己没有成办这个内因所致。

《赞应赞》云：

> 汝真实成办，外支等诸力，
>
> 若内力未具，凡愚自苦恼。

就好像石窟朝北日光照射不到、盲人自己看不到阳光就说没光一样，这也是自身的过失。

我们应该很好地了解佛陀的种种殊胜功德,通过八万四千法蕴所有经论,知道佛陀的功德有的是从体性上来诠释的,有的是从因上来诠释的,有的是从果上来诠释的,所以应该理解都是佛的传记。

阿底峡尊者曾经这样说:"在藏地,由于没有可多看的经续,我的信心有所退弱。"这就是在讲多看经论就能获得增长信心之义。

总之,应需了知佛陀具有:自己已从一切怖畏当中解脱、善巧解脱他者怖畏的方便、于诸有情无缘大悲住平等舍、有益无益均作饶益事等四种差别,以及悲、智、力等殊胜功德,通过这些方面来了知堪能皈依的因相。诸聪慧者,从《释量论》中以顺逆二门将佛安立为具量士夫。应广作思维获得决定。

如若了解佛陀所有的功德,都是依于胜法而出生,不仅要对胜法生恭敬心,而能够如理依教修行的人就是僧伽,所以对僧伽也应生恭敬心。

2.了知三宝之差别

虽然三宝各具无量功德。但若只皈依其中的一宝却是不足的。应知成办有义情义利的法门各别,为了知故说此差别。如《宝性论》云:

> 导师教及学,三乘及三行,
>
> 以胜解增上,安立为三归。

于此《摄分》补充其义云:"性相差别、事业差别、胜解差别、修行差别、随念差别、福德增盛差别等六种差别。"(详从《道次第广论》可知)

3.誓受三归

不仅要了解三宝的功德与差别,了解之后就好比是羸弱病人见到大医师,即持此医师作为自己的救怙主。同样应将佛持为可皈依教示的导师,法持为皈依正救护,僧众持为皈依修行的道伴。

4.不皈依外道

皈依三宝以后应作为唯一皈依处,再不皈依外道师等。如《殊胜赞》中云：

> 我皈依世尊，不皈依外道，
>
> 何故皈依佛，佛无过具德。

复云：

> 于外道师等，数数比较已，
>
> 於怙主世尊，我心生信仰。
>
> 余非一切智，以宗过染心，
>
> 诸意被染故，不见无垢尊。

如果说见到外道师及其教法的过失仍然依止不背弃，而把一切都修为净相的人（指外道师教等），这是因为没有见到自己导师（佛陀）的功德，未生信受的缘故。

依四种差别详细抉择前面的事理，可增进理解是非常重要的。这些道理是诸皈依中不能没有的差别，转入大乘的皈依也在此之上。如《经庄严论》云：

> 遍行誓受修证摧伏等，
>
> 类别自性四种差别具。
>
> 为胜乘故是最极皈依，
>
> 诸皈依中此即胜皈依。

此为略义，并应具备"为一切众生趣入解脱……等"广说的诸种差别。

总之，皈依的教授对一切都很重要，无论是上士、中士、下士等任何士夫都有各自相应的修法，而且所有的修法都可摄在皈依里修持，是不共的教授。因为一般没有修习经论的常人，若能深生信仰众圣哲所说三宝是真实殊胜的归处后，即便出生任何苦乐都作意祈请"上师三宝您知"。将一切苦乐都托付给三宝。这也是一个皈依法门，具有非常大的利益。《三观察续》中云："虽愚信坚固，彼修悉地速。"

下士道的行人主要以思维无常恶趣痛苦为因，皈依三宝为正行，精进此学处业果的取舍，这些修法也都摄在皈依里。中士道的行人主要思维轮回痛苦生出离心为因，随行导师修学三学，这些也摄在皈依时里。上士道的行人如《摄般若颂》中云：

> 于悲悯有情，愿获善逝德，
>
> 于一切如来，我虔信皈依。
>
> 菩提胜妙法，能具大悲行，
>
> 修他利非自，皈依无上法。

这就是讲以大悲意乐为利益有情，自己修学以果皈依为主要利乐，受学方便智慧双运的佛子行。这里也一样摄在皈依里。

在密宗金刚乘中，仅受佛果皈依尚不圆满，还要从现前安立我慢自成本尊佛等，以果为道用之理而修持有相瑜伽、无相瑜伽和二次第法。于僧伽，在密乘里也有依勇士空行作为使伴，依众护法也能成办事业。我们从现时起以四事业聚集修行遍虚空利他的缘起，这一切都不可能逾越皈依之所括。

总之，教证二法没有不包括在皈依里的。如甲曹杰所著《宝性论释》中云："如果善能了知皈依并能善住皈依，就能通达佛经释论等无余摄为皈依的支分。"佛于众生无有亲疏等施利乐，完全是取决于各自皈依事理的大小来决定的，因此产生了救护暂时的怖畏及救护轮回恶趣痛苦等多种次第。如《经庄严论》中云：

> 诸恶趣损恼，非一切方便，
>
> 坏聚劣乘种，归护最殊胜。

十七、正受三归

如《金州大师传》中所说的那样，应该打扫住处，在净地上撒满杂色妙美的鲜花，用殊妙香水撒净。在平台上面陈设以教主释尊为首的佛菩萨像，或画像、塑像都可以。身语意的所依圆满呈列后，在佛像前，摆设上无谄真实丰盛的供品。极具善妙庄严清净。在安乐垫上如法威仪而坐,观察自己的心续,如理思维。

这一次我们虽然获得暇满人身,根本就没有成办安乐的信念,由多门所聚造的罪堕无量无边,所以什么时候一息不接决定堕入恶趣难能悦意。忆念生于恶趣难以堪忍的痛苦而生起大怖畏(寻求救护归处)。之后,观想自己右边为父亲,左边为母亲,周匝围绕着无数六道有情。所有众生都是有恩于自己的慈母,从自己内心真实生起猛利大悲,为获得圆满有情利乐的佛果,以胜菩提心而祈请皈依境。

复观想自己面前的虚空中,八大狮子捧起的妙高宽广的大宝座上,在杂色莲华、日月轮垫上,安住着自己的具恩根本上师。相为"释迦能仁"身金黄色,具妙顶髻一面二臂,右手持降伏印,左手等持印上托着注满甘露的钵盂,以三法衣庄严美饰,金刚跏趺安住在光明中。"金刚持佛"安住在彼心间,其心间蓝色"吽"字放光,能仁后上方"金刚持佛"安坐于狮子莲华日月宝座上。在他的周匝修行加持传承的上师围绕而坐,右边以"至尊弥勒"为首的广行派传承上师围绕而坐,左边以"文珠菩萨"为首的深观派诸传承上师围绕而坐,面前以具恩根本上师为首诸有法缘关系的上师围绕而坐,在他们的周围,上师本尊佛菩萨勇士空行护法众等围绕而坐。在他们各自的面前庄严圆满的经案上面安放着各自所讲的胜法光明为体的经函,其外调伏各类众生的化身,不可思议周遍十方,全都欢喜慈祥地护念着自己。思维自己和一切有情都同样地畏惧轮回的痛苦,见到了三宝的功德后都同时思念皈依三宝。

皈依十方三世一切如来身语意之功德、皈依所有事业为体、八万四千胜法之生处、皈依一切圣僧众之主、皈依具恩根本传承上师。"皈依上师"的祈词应多念并猛利祈请。观想从自己上师能仁体性和直接、间接传承诸上师身上降下甘露流,入于自他一切有情的身心,涤净了一切恶堕罪障,特别于上师毁身、悖语、恼意等,从上师身上所造的一切罪业悉令清净,身体成为光明莹澈的自性,寿命、福德、教证功德都获得增长,别于自他一切众生悉能获得上师身语意的加持。作意已皈依上师之救护下。

次"皈依佛"应该多念猛利祈请，观想从金刚持等一切佛身降下甘露流，入于自他身心，涤净罪障源首，特别是恶心出佛身血、食卖佛像所得资财、评论佛像的好坏、毁坏佛殿或佛塔等，自己从佛身上所聚造的罪障全部清净，诸佛身语意的加持入于自他一切众生悉获加持。作意已皈依佛之救护下。

次"皈依法"应多念猛利祈请，观想从诸法经函中降下甘露，流入于自他有情身心，涤净罪障源首，特别是贩卖佛经、抵押佛经、置于低处污地不净处、跨越佛经等，谤法及说法者、作障他人的讲修等一切断法恶业罪障全部获得清净。作意皈依法之救护下。

次"皈依僧"应多次念诵猛利祈请，观想从菩萨、声闻、缘觉、勇士、空行护法智慧圣众的身上降下甘露流，入于自他一切有情身心，净涤破和合僧、盗僧物、恣意谤僧等依于僧宝上面所聚集的一切罪障，全得清净。作意皈依僧之救护下。

誓言护法等如果单令念诵的话。"皈依本尊轮围的圣众眷属"。应多念猛利祈请。观想从本尊等身中降下甘露流入于自他一切有情身心，净涤于五部根本及支分的一切三昧耶的失坏等过失，全得清净后获得诸本尊的加持，成为胜证二次第的堪能法器。

复次，"皈依守护依怙胜法慧眼护法"。应多念并猛利祈请。观想六臂怙主等护法身放如火焰之光明入于自他一切有情身心，将一切罪障病魔等焚烧成灰烬。由于众护法的加持入于自他有情身心，自后获得一切瘟疫魔障不能侵扰作障的加持。

如果仅按显教修而不观修先前的甘露流注等，则应观想从三宝身、放光照射加持自他有情，及口中朗言："我等当为汝等自轮回苦海解脱之依怙军。"如是思维已心生欢喜，又复身毛耸立痛苦流涕猛利祈请而作皈依。如是各各所作即为共同皈依。

发心者。譬如大军来临时产生大怖畏时，家长不只自己逃难，而是想着携带诸亲眷共同脱离灾难。应安置有情利益为主复念皈依文：

"诸佛正法贤圣僧，直至菩提永皈依。"

应多念并猛利祈请。观想从彼资粮田身中降下甘露流入于自他一切有情身心，净涤所有罪障，无余清净，身体莹澈为光明自性，一切寿命、福德、教证功德悉得增长，自他有情都得到三宝的加持。次念诵发心文："我以所修诸资粮，为利有情愿成佛。"

应多念并猛利发心后，观想"能仁"之分身倾刻融入自身，自己刹那变成"能仁"，从自所成"能仁佛"身放大光明，照顾护轮回中的一切父母有情，他们各自的罪障及一切痛苦得以灭除后，被安置在佛陀的果位上。并思维发心果为道用之修法。《般若经之因缘品》中云："如果这样修的话，恶趣刹那消失。"《宝髻经》中云："胜解自身为一切有情身，胜解一切有情身为佛身。"此中义理相同故于显教亦不相违。至尊"也协坚赞"曾如是说。

《空行母金刚宝帐续》中名为，忏续或七支供：

我皈依三宝，罪障各各忏，

随喜有情善，意持正等觉。

诸佛正法贤圣僧，直至菩提永皈依。

为成自他二利故，于此勤发菩提心。

最胜菩提心发已，一切有情为我客。

菩提胜行悦意行，为利有情愿成佛。

在此有诵持的习惯，如文中之次第。一切依基如田地的皈依。如除田地中石粒，以忏悔灭除违缘罪堕；如浇水施肥等，以随喜聚集顺缘资粮；发胜菩提心如种子，能增长成为一切有情生存滋长所依的菩提胜行庄稼。应如理抉择获得决定。

次修"四无量心"。发心所缘辗转增上更为广大就是为利益一切众生而发心，所讲义利，不外就是灭苦予乐二种，即悲能拔苦，慈能予乐。思维世间有漏安乐是不可靠的，终是虚幻不实，故应欢喜求住于诸时都不坏失的无漏安乐。这中间也包括没有冤亲分别，对母等有情咸住平等。详分有四。

第一章　幸福解脱的佛法信徒

1.慈无量心

就是说这些慈母有情从无始来，虽然很想获得安乐，但是没有修行安乐的因，所以没能得到一个真实的安乐，现前即使有相似的安乐，也会很迅速地被痛苦所遮没，如果能迅速获得具足安乐和安乐因该有多好啊！愿他们都获得安乐和安乐因，就是"慈无量心"。

2.悲无量心

就是说一切有情从无始以来，勤造苦因，感受无量痛苦，到了现在还没能脱离痛苦，继续聚造了无量痛苦因故，能远离痛苦及痛苦因该有多好啊！愿一切有情能远离苦痛和痛苦因，就是"悲无量心"。

3.喜无量心

就是希望一切有情不离没有痛苦的安乐和安乐因，该有多好啊！如果见到他们非常的安乐，自己的心里也非常的欢喜，这即是"喜无量心"。

4.舍无量心

一切有情从无始以来互相持视为亲眷或冤敌，以贪瞋痴等三毒，聚造种种恶业辗转增上。所以在轮回特别是在恶趣感受到无量痛苦。那么，一切众生能远离互持冤亲贪瞋的心而安住于平等舍，该有多好啊！我也应该对一切有情或亲或仇不起贪瞋平等而住，愿诸众生远离贪瞋住平等舍，这就是"舍无量心"。

"愿诸众生永具安乐及安乐因，愿诸众生永离痛苦及痛苦因，愿诸众生永具无苦之乐我心怡悦，愿诸众生远离冤亲贪瞋住平等舍。"

这个四无量心的诵词要多念并猛利修习四无量心。

然后观想从资粮田身出无量甘露流，颁赐给一切有情父母，流入他们的身心，从冤亲贪瞋等所出生的一切罪障业惑，及由此所产生的痛苦,全得清净。获得无量圆满,无漏安乐。净住四无量心。

平等心者。在《宝积经》中的《菩萨藏品》中广说故安置在后面。而《般若经》和《现观庄严论》中云:"圆加行暖位时讲十种平等心。"但阿底峡尊者的教授则立舍平等心在前,如在念诵时,"愿诸众生远离冤亲贪瞋住平等舍"也有受持在前头的。有这样的念诵常规,所以没有区别应生胜信。

然后,配合串修深广道,以与此相关的信心至诚念诵如下颂词:

> 诸法从缘生,不生亦不灭,
>
> 不断亦不常,不来亦不去,
>
> 不异亦不一,极息众戏论,
>
> 大觉佛所说,胜法我敬礼。
>
> 求寂诸声闻,以遍智引导,
>
> 令众趣寂灭;诸利生菩萨,
>
> 依以道种智,成办世间利;
>
> 所有能仁佛,具一切种智,
>
> 宣演各类法;为声闻菩萨,
>
> 如来之母前,我等虔敬礼。
>
> 灭除分别网,具有深广身,
>
> 普贤大光明,遍照我敬礼。
>
> 具圆满功德,无余众生怙,
>
> 尽摧一切魔,乃至其眷属;
>
> 现证一切法,所有如来佛,
>
> 乃至圣眷众,于此祈降临;
>
> 如佛诞生时,诸天为沐浴,
>
> 以清净天水,灌浴诸如来。

遍地香涂鲜妙杂花溥,须弥四州日月顶庄严,以此所严诸佛刹土献,愿诸众生清净佛刹行。

如果要浴佛的话,应观想成立沐室宫殿,然后迎请诸天以盈瓶甘露从顶间向下为作灌沐,并供以天衣,宝饰等应如词观诵,如果愿乐的话可详作七支供,曼查拉三十七堆或七堆。以功德源流颂及三事作祈请。起座时,观想从"能仁"心间放光照摄安住在轮围的资粮田诸众,一切化光融入"能仁"心间,"能仁"化光融入自己的眉间,加持自他身心。最后以《普贤行愿品》等猛利欲乐回向发愿现时及究竟的众愿处。

十八、皈依三宝之功德

皈依三宝的功德共分为八种。如金刚持"三宝幢"的《道次第论》云:

> 皈依入佛教,为众戒所依,
>
> 先前所聚业,一切减而尽;
>
> 皈依诸福德,以意不能量,
>
> 不堕于恶趣,人及非人障;
>
> 以故不能害,成办诸如意,
>
> 速成佛八德,此中胜利乐,
>
> 如是思维已,昼夜各三皈。

(一)皈依是入佛教之数

总于佛教及外道的差别,虽然安立的方法很多,但阿底峡尊者和希德巴大师二人都以皈依来安立。藏地王臣历尽艰辛迎请来阿底峡尊者时,阿底峡尊者给藏人云:没有比这个密法(皈依)更深之法可说。唯以悲悯之心,如母爱子,予与对症下药,仅多讲说皈依业果等法。所以在藏地多称皈依喇嘛和业果喇嘛。尽管如此对佛教及弟子修持方面起到了很大的作用。

至尊也协坚赞云:"虽然自诩为上师大善知识,别人也如是恭敬,但如果内心没有清净皈依,只不过是上座下视罢了,可说是空有其表而实质上仍未入佛门。"

(二)皈依是众戒之所依

如《俱舍论释》中云："皈依是授受一切戒律的胜门。"如《俱舍本颂》中云："近住余亦有,不受皈依无。"

皈依是戒律的生长地,犹如播种不在种子多少,而是需要一块相应的土地。同样受别解脱戒也须要皈依作根本,皈依就是众戒的基础。《传戒仪轨》中将皈依受为前行也就是这个道理。

(三)灭尽从前所聚造之罪障

如《道次第广论》中云："即将投生为猪的天子,通过皈依后没有投生为猪,以皈依故恶趣因得清净。"虽然造作了极大罪业即便是在濒临恶趣深渊的时候,如果能对上师三宝生起不共信心受持三皈,也能从此大怖畏中不假费力而得解脱。如《入行论》中云：

> 如人虽犯大重罪,依勇士故能除怖,
>
> 依此能令速解脱,诸畏罪者岂不依。

(四)聚集广大福德

如《摄般若颂》云：

> 如皈依福德,以形相安立,
>
> 则尽此三界,亦嫌其器小,
>
> 犹如大海水,以握不能量。

就是说如果皈依的功德有形相的话,那么尽虚空界也不能容纳,其原因如《无死鼓音陀罗尼》中云：

> 诸佛不思议,正法不思议,
>
> 圣僧不思议,于诸信士众,
>
> 果报不思议。

《观音经》中云："诸善逝如来、佛法不思议故,供养诸善逝如来的功德也感得无量无边不可思议无等无数。以三宝的功德及大悲不思议力的增上,依靠三宝所得的功德也不可思议无有穷尽。"《无尽智慧经》中亦云:"以无尽音声作利他时,由有情无尽故,所缘菩提功德也无尽增上,依于其善根也无尽尽。"所以说无等福田者决定是三宝。《一切法王经》中云:"于天等世间,三宝为福源,余皆悉非是。"

(五)不堕于恶趣

如经云:

> 谁若皈依佛,彼不堕恶趣,
>
> 舍此人身已,当获彼天身。

法宝僧宝也应如是类推。若生恶趣后,设能皈依三宝就能很快地获得解脱。如《净恶趣续》中赞叹云:

> 矣玛世尊矣玛佛,矣玛圣教利乐善,
>
> 能令脱离恶趣苦,能令安住菩萨行。

(六)人及非人不能作障

如经中云:

> 诸惧怖畏人,多于山林中,
>
> 遍喜供施处,皈依诸林木,
>
> 此皈依无义,非是胜皈依,
>
> 如皈依彼等,不能脱恶趣,
>
> 应于一切时,皈依佛法僧,
>
> ……
>
> (乃至)以此皈依力,当脱众恶趣。

又《阿育王伏龙品》中云:"哟!供养三宝能见到什么样的果报?你看!住在海里的龙王被我调伏,能自在行走于水天的龙王被我以福报击败,住在地上的敌对者,他们的福德也不能超胜我。"这里面讲龙王伤害无忧王(指阿育王)时,此王以供养三宝的力量胜过不皈依供养三宝的龙王。又如经云:"有一外道修恶咒兴风索,伤害一位皈依三宝的居士,由于彼居士已皈依三宝,所以风索反驰向外道。"

(七)心想事成

成办任何如法事业首先要皈依供养三宝,这样所愿易得成办。众圣贤将它撰写在著作的前面作礼赞的目的就在这里。以皈依的力量能聚集广大福报,由此福德力能迅速地如愿成办所欲愿望。《广大游戏经》中云:

<blockquote>
皈依三宝之福德果报能予乐灭苦,

皈依三宝具福者能迅速成办如意。
</blockquote>

又如《地藏十轮经》中云:

<blockquote>
世间诸安乐,从供三宝生,

是故欲安乐,勤恒供三宝。
</blockquote>

就是说成办一切安乐的善妙资粮是从三宝中出生的。

(八)迅速成佛

《菩提道次第广论》引《狮子请问经》中云:"以信断无暇。"就是说获得殊胜的有暇身皈依信仰承侍三宝,修学胜士道不久就能成办佛道。《现观庄严论》中说:"法身事业时期,最初就是息灭有情烦恼困苦的事业,从三恶趣无暇处引导有情安住于善趣,具有七种功德的有暇身,次第导入无余涅槃,而这一切还得皈依仰仗于三宝的大悲力量。"如阿育王云:

<blockquote>
唉玛佛陀唉玛法,唉玛圣教最圆满,

能令离恶获胜趣,恒依暇满人身修。
</blockquote>

总之,依靠三宝所得哪怕是少许的福报,但终究肯定是菩提因。如《白莲华经》中云:

<blockquote>
谁于宝塔前,合掌或单掌,

刹那稽首礼,或身一次礼,
</blockquote>

于彼佛舍利，或散心作礼，

或赞一偈颂，当获胜菩提。

以上八德是自教授中所出生的功德，由于比较容易掌握，所以众大德上师有以此引导有情的传统，而在《摄分》中云："皈依三宝获大福德、随念佛德不离安乐、获坚固禅定、以智慧力脱离轮回、诸天善神咸作守护、灭尽依恶友伴所造罪业、成胜士夫数、诸天神等咸欢喜彼"共有这八种功德。如是于诸功德利益在心中反复地串习。就好像被热恼所逼迫的大象不需要别人敦促自己入于莲池湖泊中一样而趣入皈依。对于皈依的学处不应有负担的想法，了知为功德庄严不假费力而能清净守护。

十九、皈依之学处

虽然三宝的悲心加持不可思议，但只皈依三宝还是不圆满的，应该好好修习皈依的学处。譬如受到凶残的冤敌侵害时，向国王等寻求救怙，虽然国王具备救护的能力，但是自己如果不顾视王法胡作非为，那么，自己仍然脱离不了惩治。虽然皈依三宝，但如果不能通达其学处业果取舍等，不能如理守护三宝的学处戒律，那么三宝虽有救护能力而自己却远离被救护的方便。这个道理是一样的，所以对这个学处应该郑重地作为心要次第精进串习。

复如《摄分》中云："依止善知识、从彼闻法、思维法义、修行解脱等四及三门谨慎、守护皈依学处、悲力增上助他共修、随念恩惠已恒常勤供三宝等四共八学处。这些就好像是铁城墙能为守护，是破除遮等罪堕的增益胜方便。如于初业有情灸其痛处，对症下药，开示可与不可的学处使其得利。"

此中以教授说分为二种学处，即：各各学处、共同学处。

(一)各各学处

"各各学处"又分为二种,即:所遮学处、修行学处。

1.所遮学处

如《涅槃经》中云:

> 谁皈依三宝,彼即净居士,
>
> 于诸时之中,终不皈依余,
>
> 皈依世尊法,远离瞋害心,
>
> 皈依圣僧众,不共外道住。

就是说皈依佛陀以后,再不皈依世间天等,不皈依梵天自在天等,更何况皈依饿鬼天魔。给地神等供施朵玛时应以慈悲的意乐嘱托他们作为现前的助伴,不可当做永久的依靠对象。慎之!由于迷失于请其帮助暂时的小事上,而错失了究竟欲乐根本,这样的话很危险。皈依法以后就应依教奉行。如《四百颂》中云:

> 胜法体性无损恼,一切善逝佛所说。

就是说胜法的本质是不行损害事的,其学处中主要就是阐明要断除损害有情,不皈依外道典籍等颠倒邪说的法。

皈依僧人以后应持为修行伴侣更不与外道为伴,不与不信业果谤法的人相交为伴。如果与坏失三昧耶的人为友伴,就会被他失坏的恶习力退失一切功德,从而障碍成就门。慎之!

2.修行学处

不要评论所有绘制、塑造等佛像的好坏。应该胜解他就是从轮回中救度自己的大悲导师,对佛陀的庄严身应生起恭敬心顶礼供养。现在之所以不给我们讲法都是因为我们的业障还没有清净。并不是导师佛没有这个能力, 即使是佛像也有真实地给登地的菩萨开示究竟法门。(大成就者嘎登嘉措对于供养在经堂的十万阿弥陀佛像,信心坚定视如真身以故获得加持，感得众佛像现身常为其说法；一世嘉木样活佛的法像也曾现身给一世赛仓·昂旺扎西活佛讲法。总之，像这样殊胜的示现不胜枚举。译者注）《经庄严论》中云："不应观待绘制塑造的工艺和原料等的好坏，于所造像应真实信仰持为皈依胜境。"如《亲友书》中云：

> 随工巧拙木造等，智者应供如善逝。

对于佛经乃至一四句偈，都不应放在低处、不净处以及分别好坏，这些过失都应断除。应思维它就是能让我们从轮回及恶趣中解脱出来的真实救护者，所以对法宝应该生起恭敬供养等。现在有些人对经教仅少修习就自以为是，认为法宝是灭、道证正法所括，不持教正法为皈依境，这是很不应理的。如续中云：

> 诸最胜经殿，除劣怖畏法，
>
> 摧轮回最上，胜法我皈依。

应知法宝中也含有教正法。如果自心对其不依止为法宝和真实依怙，那么在心中就无法引生灭、道证正法所摄的真实法宝。二世嘉木样大师说这很重要。如是与自心相应修行法宝的事理是宗大师无过的密意。如《道次第广论》中云："此究竟法宝也只是为令初业有情断恶修善，逐渐断除过失，渐次圆满功德而安立的，非离此外忽从它来。"

皈依僧伽后，不应伺察僧伽的过失，乃至对形相僧也应断除一切不恭敬察过的过失。因为僧伽是能够让我们从轮回恶趣中解脱的助伴，所以对沙门比丘等不但要生起恭敬心并且要勤于恭敬承侍。如谩骂鞭打，虽然是毁戒仅持僧相的沙弥、比丘，也是对导师及教法不恭敬，获大重罪。这在《虚空藏经》及《地藏经》、《月藏品》中都有谈到。《大悲白莲华经》中云："于贤劫千佛的教法，虽然是仅持僧相出家相的人也会在胜解佛（千佛中的最后一位佛）以内获得解脱。像所说的这些功德与过患门应该谨慎多作思维。"

敦巴大师和大瑜伽师云："即使是黄色碎片也不应跨踩，应该抖晃干净放在净处或高处。仅由恭敬三宝的缘故，诸众生对我等生起极大的恭敬。"如《三摩地王经》中云:"造如是因,得如是果。"

特别是现时众人多随顺贪瞋诸力谤蔑教法、各执宗派、互相诋毁,以断善根故过失很大。于此一定要慎护三门。

(二)共同的学处

此中分六:

第一,随念三宝功德数数串习。数数思维皈依的差别,串习皈依所有的性相。

第二,随念大恩恒勤供养者。凡得一切鲜美食物(或他物),随念是三宝的恩惠,于一切时勤修供养。

第三,随念悲故令受皈依者。见到三宝的功德和恩惠后,随以悲悯心尽力引导有情令作皈依。

第四,随做何事皆当皈依供养者。做任何事或成办所欲,都应皈依三宝随行供养,不应依于不共的笨教外道教法等。于一切时应对三宝有信心。有的行人这样说:"生病时喝药的话,这和皈依的学处相违。"这是没有通达皈依学处的人所说的话。如果理解为三宝不能给予利益而药物能对病有得益这样也是不应理,但如果根本不喝药则一切食物也是摄在四药中,这么说比丘就不堪服用了!所以是说不通的。比丘服药可按《律藏药事》中的方法去做,这在药事中详有说明。如萨迦班智达更嘎嘉称所著《极明能仁密意》中云:"虽然是药物也应该了知胜解为佛的悲心与事业的一部分而堪服用。"

第五,随念功德勤修皈依。思维前面所说的各种殊胜功德昼夜六时勤修皈依。

第六,虽遇命难誓守不舍者。虽遇命难也不舍弃皈依,如《清净戒经》中云:"舍命护戒而死善,但毁戒则不一样。虽然这一世舍命护戒而死,只是完结了这一世的寿命,但是因护戒故毕竟将来获得解脱。如果毁戒而死,则于百千世远离种姓、断离安乐、堕落三途、受大罪苦。"自己的身命受用早晚会被舍弃,但舍弃三宝的话则于生生世世痛苦相连不断。所以不管是遇到任何障难，都不应该舍弃皈依，应誓守皈依，即使仅仅是玩笑话也不应说舍弃皈依三宝的话。如《里域王传》中所说，虽口亦不说舍三宝的话，而且苦乐行为一切时都应作意："三宝您知！"如果这样串习的话则于死时以随念三宝的功德，定能出离，这样后世不但决定不堕恶趣，而且以皈依随念三宝的异熟果报，从此以后于一切世三宝不离为作摄授。皈依故一切善根资粮任运自成。

三皈之义既明，再述五戒之义。所谓五戒者，一不杀生，二不偷盗，三不邪淫，四不妄语，五不饮酒也。不杀生者，好生恶死，物我同然，我既爱生，物岂愿死，言念及此，何忍杀生。一切众生，原是同等，轮回六道，随善恶业，形体以变，升降超沉，了无底止。我与彼等，于多劫中，互为父母，互为子女，如是思之，何敢杀生。一切众生，皆具佛性，直下与三世诸佛，无二无别，于未来世，皆可成佛。但以宿世恶业之力，障蔽妙明佛性，不能显现，沦于异类，当具怜悯心、慈悲心，以拯救之，何忍宰割其体，以饱己腹。我辈今生既得为人，乃前生之善果，宜保此善果，使之发扬光大，继续永久，当戒杀生。如其广造杀业，必堕恶道，酬偿宿债，辗转互杀，此伏彼起，无有穷期。欲求生西方而免轮回之苦者，又何敢造杀业乎。故须首重戒杀。

不偷盗者，即是见得思义，不与不取也。此事凡知廉耻者，皆能不犯。然人非圣贤，孰能无过，盖私欲若起，则易为物迁。若大利现前，能避若蛇蝎，狂奔急走者，不数数见也。且所谓盗，并非专指盗人财物而言。即居心行事，有类于盗者，亦名为盗。如以公济私，损人利己，以势取财，用计谋物，忌人富贵，愿人贫贱，皆是。又如阳取为善之名，若遇诸善事，心不认真，事多敷衍。如设义学，不择严师，误人子弟；施医药，不辨真假，误人性命。凡见急难，漠不速救，缓慢浮游，或致误事。但取敷衍塞责，不顾他人利害，如是之类，皆名为盗。心存盗心，事作盗事，社会因之紊乱，天下亦不太平矣。故须并重戒盗。

不邪淫者，阴阳相感，万物以生，男女居室，人之大伦，生男育女，教养成人，上关风化，下关宗祧，故所不制。若非己配，苟合交通，是为邪淫。此乃逆乎天理，乱乎人伦，生为衣冠禽兽，死堕三途恶道，千万亿劫，不能出离。然人从淫欲而生，故淫心最难制伏。如来令贪欲重者，作不净观，观之久久，则见色生厌矣。又若将所见一切女人，作母女姐妹想，生孝顺心、恭敬心，则淫欲恶念，无由而生矣。此乃断除生死轮回之根本，超凡入圣之阶基，宜常儆惕。至如夫妇相交，原非所禁，然须相敬如宾，为承宗祀，极当撙节，不可徒贪快乐，致丧身命，虽是己偶，贪乐亦犯，不过其罪较轻耳。故须并重戒淫。

不妄语者，言而有信，不虚妄发也。若见言不见，不见言见，以虚为实，以有为无，凡是心口不相应欲欺哄于人者，皆是。又自未断惑，谓为断惑，自未得道，谓为得道是为大妄语，此罪极重。以其坏乱佛法，贻误众生，定堕阿鼻地狱，永无出期。故须并重戒妄语。

以上四事，名为性戒，以体性当戒故，不论出家在家，受戒与否，犯者皆有罪过。未受戒，按事论罪。已受戒者，于按事论罪外，又加一重犯戒之罪。故此杀生、偷盗、邪淫、大妄语四种戒，一切人皆不可犯，犯皆有罪。已受戒者犯之，则两重罪。

不饮酒者，酒能迷乱人心，坏智慧种，饮之令人颠倒昏狂，妄作无耻之事，凡修行者，绝不许饮。要知一切妄念邪行，皆由饮酒发生。故须并重戒酒。此是遮戒，唯受戒者，得犯戒罪，未受戒者，饮之无罪。然以不饮为是，以其能生种种罪之根本也。

至于十善，亦当遵守。十善者，不杀生、不偷盗、不邪淫，是为身三业。不妄言、不绮语、不两舌、不恶口，是为口四业。不悭贪、不瞋恚、不邪见，是为意三业。若持而不犯，则为十善。若犯而不持，则为十恶。十恶分上中下，感地狱、饿鬼、畜生，三恶道身。十善分上中下，感天、人、阿修罗，三善道身。善因感善果，恶因感恶果，决定无疑，莫之或爽。此十善，总该一切善法，若能遵行，无恶不断，无善不修。汝辈既皈依受戒，全须遵守。又须一心念佛，求生西方，不可疏忽。若不介意，乃至临终，方感为紧要，而业风所飘，不得自主，悔无及矣。学佛之人，于三皈，五戒，十善诸义，既已明了，当竭力敦伦尽分，闲邪存诚，诸恶莫作。众善奉行。尤当注意者,任做何事,须凭天理良心。如做医生,有良心者,救人危急,当可大积阴功。无良心者,可使人轻病转重,从中渔利,良心丧尽,定得恶果。"清苏州孝廉曹锦涛,精于歧黄,任何险症,无不著手回春。一日,欲出门,忽有一贫妇跪门外,泣求为其姑医病。谓家道贫寒,难请他医,闻公慈悲为怀,定可枉驾为治,曹公遂为往治。曹公归后。贫妇之姑枕下,白银五两,不知去向,想为曹公偷去。妇登门询之,曹公即如数与之。贫妇归,其姑已将银取出,妇大惭愧,复将银送还谢罪。问,公何以自诬盗银。曹公曰,我欲汝姑病速好耳,我若不认,汝姑必定着急加病,或致难好。故只期汝姑病好,不怕人说我盗银也。其心之忠厚,可谓至极无加矣。所以公生三子,长为御医,寿八十余,家至大富。次为翰林,官至藩台。三亦翰林,博通经史,专志著述。孙曾林立,多有达者。"彼唯利是图之医,纵不灭门绝户,则已微之微矣。易曰,积善之家,必有余庆,积不善之家,必有余殃。所谓余庆余殃。乃报在子孙者。本庆本殃,乃报在本身者。余庆余殃,人可见之。本庆本殃,乃已于现生,及来生后世所享受者,世人不能见之,天地鬼神佛菩萨,固一一洞知洞见也。须知本庆本殃,较之余庆余殃,大百千万倍。故望世人,努力修持,以期获庆而除殃也。曹公甘受盗名,救人性命,而善报在于子孙。若自己更能替子孙念佛,求三宝加被,令子孙亦各吃素念佛,善报当在西方矣。汝辈既已皈依,当虔受三皈,为改邪归正之本。谨持五戒,为断恶修善,为清净身口意三业之根。从此诸恶莫作,众善奉行。三业既净,然后可以遵修道品,了生脱死,得预极乐嘉会。善恶因果,如影随形,莫之或爽。实行其事,实得其意。若沽名钓誉,好作狂言,自欺欺人,自谓已得佛道,是大妄语,应受恶报。修行人须心地光明,三业清净,功德无量。观经云,孝养父母,奉事师长,慈心不杀,修十善业,是为三世诸佛净业正因。放下屠刀,立地成佛,有为者当若是,愿各勉旃。

所以,依此是进入佛教大门和成为圣教的殊胜主干。依此大义教授心要作为修持的中枢,不但是成办暇满具义的最极方便,也是诸佛子所赞颂境。颂云：

> 总集三宝之体性，除怖作无上救护。
>
> 第二能仁法中王，菩提之间悲垂护。
>
> 谁以大悲清凉雨，悉灭有寂诸热恼。
>
> 三胜归处白莲华，具缘乐源作顶饰。
>
> 猛烈轮回凄恐境，业惑猛兽凶恶侵。
>
> 三胜加持悲心城，珍依不错入善道。
>
> 未能明摄如初月，安置平常此半月。
>
> 若造释理圆满词，坐间懈怠罗睺瞋。
>
> 精进以此诸善业，三宝不舍随摄引。
>
> 如法依于教藏修，愿速获得妙佛果。

二十、皈依后作为佛门信徒的礼仪

皈依三宝以后，我们在生活的实践上，应该正确地认识以下各点：

(一)皈依三宝需要吃素吗？

皈依三宝的佛弟子尽量吃素是为了以有情众生平等的敬虔心利益众生，培固自己的慈悲心，坚定自己做三宝弟子的悲愿心。所以，皈依三宝的佛弟子应该坚持素食利益有情众生。

(二)皈依三宝以后可以祭拜神明、祖先吗？

皈依三宝的人仍可以敬神、祭祖。因为皈依与祭拜不同，皈依是一生的，是一种信仰；祭拜是一时的，是表示尊敬、礼貌。我们平时看到异教徒，都可以跟他握手、点头，表示礼貌，对于我们的祖先、神明，当然也可以表示尊敬，但是尊敬不同于信仰，所以皈依后不可以再迷信神明。

(三)皈依三宝是一时的吗?

皈依三宝不是一时的崇拜,是尽形寿的信仰,是一生的。据《瑜伽戒本》记载,一日不皈依便是犯戒,所以身为一个佛教徒,每天要三皈依,一者表示不忘自己是个佛教徒,再者借此不断地提升自己的信仰层次,并植下趣向菩提的种子。

(四)皈依三宝是拜师父吗?

皈依不是拜师父,是皈依三宝,所以皈依三宝以后应该礼佛、闻法、敬僧。常见一些学佛的人,虽然自称三宝弟子,实际上只有一皈。例如:只知礼佛,而不闻法敬僧;或只知闻法,而不礼佛敬僧;或只知敬僧,而不礼佛闻法。甚至,仅仅尊敬供养为其主持皈依的那一位师父;或者把佛陀当神明看待,只是一味地祈求财货福禄,这些都不是正信的佛弟子。正信的佛弟子应该对于佛、法、僧三者都予以礼敬,而且应当时常前往道场,亲近善知识,听经闻法,视一切僧均为我师,这才是正信的三宝弟子。此外,皈依三宝的人,一定要有正知正见,要深信因果,要能"诸恶莫作,众善奉行",如此才能获得佛法的受用,才能得到信仰的利益。

(五)佛门信徒的礼仪

《维摩经》说:"身具德,人必敬。大德仁者,当以贤礼之。"

1.称谓出家人的礼仪

"称谓"是一种礼仪,也是身份的代表。在佛门里,称谓常代表着职务,也是修持的衡量,不但具有维系佛门纲常伦理的功用,从中更透露出无限的佛法妙谛。

佛门礼仪规矩甚多,不论是礼像、进香、举手投足,还是在家修行,

都有其特定的含义。

佛弟子有四众之分。出家男女二众,即比丘、比丘尼。在家男女二众,即优婆塞、优婆夷。出家佛弟子又有四众、五众之分。四众即比丘、比丘尼、沙弥、沙弥尼。五众即比丘、比丘尼、式叉摩那(学戒女)、沙弥、沙弥尼。七种佛教徒的通称叫七众,即出家五众加上在家二众。

对较高水平的僧尼称谓:

(1)法师:指通晓佛法、善于讲解佛以及致力于修行传法的僧人。世俗又称比丘中的知识分子为法师,意思是讲说经法的师傅。

(2)经师:指精通佛教经藏的僧人,也指善于诵读经文的僧人。

(3)论师:指精通论藏或论释佛教经义的僧人。

(4)律师:指善于背诵、讲解律藏的僧人。

(5)三藏法师:指精通经、律、论三藏的法师。中国古代把从事译经的高僧称为"译经三藏",例如唐玄奘被誉为"三藏法师",俗称"唐三藏"。

(6)大师:佛教称释迦牟尼为大师。后唐代朝廷封通晓佛教教义的僧人为大师,如慧照大师。后来对前朝名僧也往往赐谥号"大师",如东晋慧远,被追赐为辨觉大师。

(7)尊宿:"尊"为德高,"宿"为年长。对年长德高僧人尊称为尊宿。

(8)上人:尊称持戒严格、精于义学的僧人。

(9)讲下:对知名法师的尊称。

(10)高僧:对德行高的僧人的尊称。

一般人以为,出了家就是"和尚"。其实和尚者,要在六和僧团中确实奉行六和敬,成为一个高尚的人,始得成就。一个寺院只有一位和尚,又称住持、方丈;和尚退位后,法弟继任住持者,称退居和尚,弟子、法子继任者,称退居老和尚。

和尚是梵语,译为中文乃"亲教师"之意。传授三坛大戒时,须有得戒和尚、羯摩阿阇黎、教授阿阇黎等三师及七尊证登坛证盟,以及开堂和尚、引礼法师等人共成佛事。阿阇黎意即"轨范师",可以轨范吾人身心,导人正道者,故又称导师。

在印度佛教律仪中,男众比丘称"大德僧";女众比丘尼称"大姐僧"。中国一些朝代中有帝王加封德学兼备,可以一国师表的高僧为"国师",含有一国民众之师、帝王之师等意,如玉琳国师、悟达国师等。在寺院中,全心为佛教奉献而未婚的在家女众,称为师姑;未行剃染而服种种净业作务的在家男众,称为净人,或称道人、教士。在家信徒彼此之间可互称居士、师兄、师姐,出家众也可互称师兄,或称道兄、戒兄、学兄、法兄等。对别人称呼自己的师父为家师,尊称他人之师为令师,自己则谦称学僧、学人、末学或弟子等。

2.佛教徒的生活礼仪

"身具德,人必敬。"佛门要求行、立、坐、卧,一切举止动作都要威仪具足,参访、入殿、礼拜、出堂都应注意行仪。

第一类,四种威仪,包括行、立、坐、卧四种。

行:

(1)走路时,应目视前方七尺,不可左顾右盼,不可低头或仰视。

(2)穿着海青行进时,应该双手当胸。

(3)穿着长衫行进时,应该双手下垂,自然摆动。

(4)行进间,双手不可置放腰后;不可跑步,若要赶路,可放大步伐,但不可奔跑。

(5)行进间,见大德迎面而来,应立定合掌,待大德走过,方可前进。

(6)与大德师长同行,应走在左后方,距离一个肩膀的宽度,不可平行,亦不可离太远。

(7)走出房门,衣服、鞋袜必须穿戴整齐,不可赤脚或穿着拖鞋。

(8)有法衣在身,不可大包小包背满全身,僧袋应当背于右肩。

(9)如非诸山方丈,不可挂念珠行走。

(10)行进间持经本,应双手捧持。

立：

(1)站立时,应前八后二,抬头挺胸,姿势端正,不可倚墙靠壁,不可双手叉腰。

(2)与大德同立时,不可站在大德的上首、高处、对面,或与大德并排而站。

坐：

(1)坐下时,要平肩、收额、双眼平视、手放双膝。

(2)与大德同坐,应坐半座,不可坐满,不可跷腿,并依大德指示的位置坐下,若招呼你与其平坐,应该礼貌遵行,不可违意。

卧：

睡眠时,要右胁而卧(吉祥卧),不可四仰八叉。

身语意的行止,表现在外,就是生活的礼仪。一个人如果站没站相、坐没坐相、衣冠不整、谈吐庸俗,这就是缺乏生活的礼仪。因此,佛门中的四威仪:行如风、坐如钟、立如松、卧如弓,就是从行立坐卧来训练威仪的。现代的礼仪规范,范围可扩大为生活六威仪:坐姿如钟,必须稳重;站立如松,必须正直;容貌如镜,必须明净;行止如法,必须合理;视听如教,必须受益;思想如水,必须清净。

第二类,参访礼仪

(1)寺院参访,应事先通知,并准时到达。到达时,先到客堂报到,然后向主事者行礼,由知客法师引导至佛殿礼佛。

(2)参访日期、时间一经确定,则勿随意更改,以免造成安排的不便。

(3)离开寺院时,应到大殿向佛菩萨告假。

第三类,佛殿礼仪

(1)入殿时,若从右门入,应右脚先进;若从左门入,则左脚先进。

(2)入殿后要先拜佛,才能拜人,或是瞻仰佛像。

(3)在大殿中不可寒暄讲话,不可相互送礼,有事须退出殿外讲说。

(4)不可随心所欲进出佛殿,更不可衣冠不整。进入佛殿时,应抄手行走。

第四类,礼拜行仪

(1)礼佛时,宜在佛堂、佛殿、佛塔,以免引人侧目。

(2)在佛殿礼佛,除非住持方丈和尚,否则应在东西两单礼拜。

(3)礼拜大德师长,应至佛殿,如于路上、客堂、饭厅,或大德参禅、打坐、剃头、卧病时,不可礼拜。

(4)礼拜大德不可于高处拜,或于大德背后拜。

第五类,出堂礼仪

(1)出堂是大事,分个人及团体两种。个人出堂必须请假。如系早上出,晚上归,可向直属主管请假;如系长假,必须向纠察、客堂及相关职务人等请假,而且必须搭衣。

(2)请假在外,不可于俗家或信徒家中夜宿,除非当地没有寺院道场。

以上礼仪都是为了保持僧团内部与外部关系的融洽健全,而融洽健全又以"和合"为基础。"六和敬"即是佛陀制定的和合方法。

身和同住:在行为上,不侵犯人,就是相处的和乐。僧团大众,同作佛事,必须做到身业清净,讲求和谐快乐,彼此互相帮助、尊重、包容;遇有疾病,相互照顾,平等共居,和合共住。

口和无诤:在言语上,和谐无诤,就是语言的亲切。僧团大众,共同信佛、赞法、敬僧,必须做到语业清净,说话恳切,言语柔和,和平共处。

意和同悦:在精神上,志同道合,就是心意的开展。僧团大众,同一信心,共同追求佛法真理,必须做到意业清净。日常生活中,不违不犯,不比较人我得失,不计较是非利害,心意的和悦才是当下的净土。

戒和同修:在法制上,人人平等,就是法制的平等。僧团大众受持戒法,进退有节,仪礼有据,行住坐卧之中,威仪庄严。

见和同解:在思想上,建立共识,就是思想的统一。僧团大众对于出世圣道,能如理通达,舍去分别执着,彼此见解一致,达成共识,此乃共同成就之前提。

利和同均：在经济上，均衡分配，就是经济的均衡。僧团大众，不论是经济上的财利，或知识上的法利，大家受用均等。

3.合掌有什么含义

合掌，也称和南、合十。没有人能够说清楚，合十到底始于何时何地。据记载，当人类还在原始阶段，彼此见面、道别时就以合十为礼。双手合十，可以让对方消除戒备和恐惧，不再疑心你是否将武器藏在身后，所以说合十也有和平的含义。

对佛教徒来说，合十则是表现十界一如的最高境界。我们平常见到的合十有四种：

（1）坚实合掌——将两手手指伸直并拢，两掌贴合。它可以产生庄严肃然的奇妙效应。

（2）虚心合掌——将坚实合掌的掌心虚空。它可以使人瞬间变得心平气和，杂念全无。

（3）莲华合掌——将坚实合掌的中指与食指作"V"形，状如莲花蓓蕾（古代汉语中，"花"与"华"音义均同）。它可以使人忘掉忧愁和痛苦，逐渐变得开朗愉悦起来。

（4）金刚合掌——将两掌并拢，手指插合，拇指交叉。它可以使人增强自信心，抑制住傲气和愤怒。

合掌看似简单，但也表示深广的佛法。

其一，合者，和也，代表和平、友好、团结合作。手握拳或手拿武器，表示争斗。双手抬起，表示赤手空掌，即无争斗之意。十指合于一处，表示十方力量的凝聚、团结。又，十指合于心口，表示诚心诚意，所谓"十指连心"。再者，平时十指散乱，代表散乱的妄心，现合于一处，代表一心。佛说："制心一处，无事不办。"又说："一心不乱"、"一心皈依"。

其二，供养佛像，以法供养为最虔诚。在圣像前诚心地合掌，仰慕佛德，依佛知见而行，又是其中的上等供养。所谓"合掌以为华，身为供养具。善心真实香,赞叹香云布"。身体就像一个盘子,而双手合掌就是盘子里的一朵花。由此而知,合掌又代表"含苞待放",指因地修行。花开结果,即是菩提。

其三,合掌时,要掌背微躬,掌心略弯,这样,两掌之间形成空洞,表示真空之理,意即我们要悟入空性。合掌也是法印的一种,若紧闭掌心而不留空隙,则沦为外道,来生则生于无佛之地,不闻三宝之名。

其四,合掌又称合十。十指相合,手心相对,且合于心口,表示十法界归于一心,下至地狱法界,上至佛法界,皆唯心所造,从心而显。

其五,合掌于心口处,两掌竖直,表示竖穷三际,指时间;而掌背略鼓,向横向发展,表示横遍十方,指空间。这样,宇宙融为一体,万法归于一心。佛菩萨能于念顷住无量亿劫,又能于念顷游步三界及遍游一切佛土,正说明佛菩萨于时空能运用自如,随心所欲。

其六,十指代表十方,合十于心口,既表众生平等,又表摄取十方众生归于佛道,施以"无缘大慈、同体大悲"的普度,又十方也代表十方佛国,合十于心口,表示以恭敬心供养十方佛菩萨,并摄取十方佛国的功德,庄严自心,成就善根。

其七,合十于心口,表示我们的心要修十波罗蜜才可成佛,即修布施、持戒、忍辱、精进、禅定、智慧、方便、愿、力、智波罗密十种。又华严十玄门、普贤十愿王都表圆满之意。所以,双手合十,即表示能圆成佛果。

其八,左右相合位于中位(胸口),代表从容中道,不落两边,不住断常,不着空有。

其九,佛陀左面有目犍连,神通第一。神通显示智慧善巧,通达无碍。只有明解人世出世法,才能自在,故表"解"。右边有舍利弗,智慧第一,智慧由戒、定而生,有智慧又能择善而行,故表"行"。左右相合,即表"解行合一"。

其十,左手多静,代表"自觉"。右手多动,代表"觉他"。自觉而不觉他,只证小乘极果。要觉他而不自觉,恐无能为力,引人入邪路。合而为一,方是菩萨行者,才能趣于觉圆满,成就无上菩提。

其十一,左右手分别代表愿和行。有大愿而无大行,便成空愿、虚愿。无大愿而行,则行恐不真而盲目,不得大果。二者相合,以愿启行,以行证愿,才能圆成大愿。

其十二,合而为一,代表"法法平等,无有高下"。所以,禅净不二,净密不二,方法不同,本质相同,目的相同。

其十三,左右合为一体,代表不二之理。烦恼与菩提不二,自行与化他不二,自佛与他佛不二,性与相不二。

其十四,手有向外抓握器物的功用,代表"攀缘"。杀、盗、淫、酒皆赖于手。凡夫什么都想抓,抓名抓利抓权,越多越好,这是"贪"。手要伤人坏物,这是"瞋"。还有,手会胡乱地伤人坏物,这是"痴"。现在,双手相合,而且是掌心相合,非掌背相合(抓东西用掌心),代表止住双手的妄动,收敛放逸的身心,就是息灭"贪、瞋、痴"。又掌背为外,代表外境六尘;掌心为内,代表觉心菩提,合掌则代表背尘合觉,为修行解脱之路。而成就佛果,则改合为开,所以佛像掌心向前时,表示放光接引,普度众生。

其十五,一切众生皆有如来智慧德相,唯以妄想执着而不能证得。妄想即是分别,以左右手代表。执着即是坚持分别,有我执与法执,也用左右手代表。左右之相是假名,是虚妄。合而为一,无有左右,却也左也右,于相离相,平等一如。妄想执着既除,如来德相便显现。

4.对"三宝"的礼仪

遵守对三宝的礼仪不仅是一种礼节,更是对佛教徒的尊重。

(1)对佛像的礼仪。见佛像必须恭敬、礼拜、供养、护持,虽然是木雕、纸印、泥塑,应观作等同真佛;凡"买"或"要"佛像时,一律要说"请",不能说"买"或"要";迎请佛像时,无论是铜的、木的、瓷的、纸的,一概恭敬捧迎,不可轻率从事。佛像用双手捧于胸前,切记不可放在腿上,不可像包东西一样,用手一提。请纸像容易犯过失,如把佛像拿着垂向膝下,或夹在腋下,均为种种不敬之过。

有的佛像是纸印的,日久欠净,或有破损,实不能再供,应于佛前言明另请新像再供,此旧纸佛像可恭敬焚化,切不可任意撕毁弃置;木雕泥塑之像,如有损毁失修,佛弟子应护持圣像,发心修补,金漆剥落,当发心再贴金刷漆。

若画佛像,要用好笔、好墨、好纸。若绣佛像,要用好针、好线、好布。若印佛像,要用光泽好的纸,形色要清晰,印制要精美。若雕佛像,以金、银、铜、玉、翡翠及诸般宝石、檀香、沉香等土木、瓷釉上料。印制雕塑诸佛菩萨圣像,应沐浴斋戒,燃香谨制,摄心一处,不令分心,感应道交,可获得不可思议功德。

配身小佛像之挂链及配汽车之挂像,有欠恭谨,然作方便,未尝不可,但需心存恭敬,不可亵渎;还有一种卡片印的佛菩萨圣像,可以带在上衣口袋,有人也兼用为护身平安之用,原无不可,但也必须存恭敬心。

一般不信佛的人,常将佛像当做艺术品做摆设陈列欣赏,或与其他物品杂陈并列,皆非正因,而应恭敬、礼拜、供养。在雕塑的佛像上,千万不要刻印个人名字。

(2)对佛法的礼仪。今人看经,漫不经心,任意放置,尤以听经之时,许多人将经本放置腿上,乃大不敬。又请经时应该双手捧回,然今人捧经(双手迎请佛经捧在胸前)者已少,拿者(单手)尚可,但不可过腰下,夹腋下也不可。男居士更不可将佛书卷起放入裤袋中,女居士不可将佛书塞入女用包中,女用皮包杂物太多。小本佛经只宜放入上衣口袋,否则犯失敬意。虽细微小节,也不可不知,知即改正,不应再犯。

世间任何书不可放佛经书上,陈列书橱中也当佛经放置最上,世间书放下,最后分开放置为宜。佛书如按分类法放置时,大经先放右边,依次顺排;若置上下时,以大经置上。至于何者为大?依三藏言以经为先,律次之,论再次之;就经典言,以《华严经》、《法华经》、《般若经》、《方等经》、《涅槃经》、《阿含经》依序而排。一切佛经书不可携入厕所、夫妇房间及不洁净之处。看佛经书均不得躺卧床上看，看时当洗手翻阅，翻阅佛书不可折角，不可在上涂写勾书，如作札记摘录，也用别纸为之。翻阅时切忌用手蘸唾液来翻。看经之时，身应端正，不宜妄动；口应禁语，不宜杂言；意应集中，不可乱想，此为三业清净，自能摄心一处。欲看时，净手洁案，徐徐翻阅，一字一句，不令空过，燃香一支，可令经行，心不外驰。

有破损不堪之佛经当于佛前言明无法再阅，送至寺院焚化炉中火化。凡印佛经书，要慎选版本，要用好纸，装订牢固，设计精美，使令庄严，并严格校对，不令错谬。总之不可马虎行事。

(3)对僧伽的礼仪。要问出家众的尊称法号时，要说："请问师父（或和尚、或比丘、或沙门）的德号上下？"千万不可问师父"您贵姓"，因为出家后皆依释迦的法脉相传，所以皆以释为姓，都只以法号相称。每一位出家众有两个法号，一个是内号，一个是外号。内号只是他的剃度师、授戒师、传法师可以称呼的，在家弟子不可称呼。在家弟子只可称呼外号，称呼外号也不可称某某，依今例，称为某某法师，或某某师。尊敬如法的称呼，应该称为上某下某法师。我们对别的在家同修问起皈依哪位法师时，应该说："请问您皈依师的德号？"答时应称："我皈依的法师德号上某下某"。这种规矩每一位在家弟子不但要知道，更要将这一礼节养成习惯。

如见出家众犯了某些过失，可当面虚心恳切地加以劝谏，如他不能采纳，或仍我行我素，也当以恭敬心待之。但可远离，不宜毁谤。

在家男众去尼庵，夜晚应予禁止，更不可居住，白日去时应有二人以上结伴同往，在庵中礼佛求法后，如无他事不可流连；在家女众去寺院，夜晚应序禁止，更不可居住，白日去时应有二人以上结伴同往，在寺院礼佛求法后，如无他事不可流连。在家男众与比丘尼应保持六尺之距，在家女众与比丘也应保持六尺之距，更不可任意搀扶。

在家众与比丘（或比丘尼）一起行路时，应以戒腊最高者先行，在家弟子居后随行。若三人并肩行时，以比丘（或比丘尼）居中，居士在两边,与比丘只二人并肩行时,以在家众左手边为上首,应让比丘(或比丘尼)先行,在家众在比丘(比丘尼)的右手方行。

除走路及比丘卧床时不必顶礼外,其他地方见到出家众是应该顶礼的,在任何地方遇见比丘、比丘尼,均应合十问讯,此是在家居士最起码的礼节。

每一寺院都以佛像为尊,一进寺院先往大殿礼佛,礼佛后,当礼拜住持和尚及诸沙门。此外,在比丘说法时、传戒时、法会时、共修时,必须要向主持的法师顶礼。

5.到寺院进香的讲究

进了寺院一般先要进大殿烧香礼佛。一般寺院将供佛之所在称为"大雄宝殿",简称大殿,大殿上通开三门,进香者不可由正门进入,因为正门为住持大和尚进出之门,进香者应由旁门进入。自右旁门入,右腿先跨入;自左旁门入,左腿先跨入。如大殿只有一门,也应于大门右边门框或左边门框进入,进入时跨腿也如上述,绝不可大摇大摆由大门正中间冲入,此犯轻慢过失。

(1)进寺院的礼仪。进寺院:要从左往右绕,不可从右往左绕,这叫右绕塔寺。

进殿堂:不可在正中间问讯(即鞠躬),必须到两侧方可。因中间只有方丈及当家才可。

进入殿内,应首先净手。

(2)上香与烧香的礼仪。礼佛时先上香。有人制香,香上有观世音菩萨纹形,焚香时显现菩萨形状,香熄之后,圣相塌毁。又有人以蜡烛做成观世音菩萨形状,上有灯芯,以火燃化,烛燃相毁,以上两则,殊大不敬。商贾之人,被财货所迷,不知所造无边重业。又有佛像为商标者,众生不察,难免任意丢弃,实非所宜,皆不知佛陀伟大,众生滥用胡为,皆失谦恭,罪报难逃。

烧香的含义:第一,表示虔诚恭敬地供养三宝,以此示范接引众生;第二,表示传递信息于虚空法界,感通十方三宝加持;第三,表示燃烧自身,普香十方,提醒佛门弟子无私奉献;第四,表示点燃了佛教徒的戒定真香,含有默誓"勤修戒、定、慧,息灭贪、瞋、痴"意,佛并不嗜好世间大香贵香,但却喜欢佛弟子的戒定真香。

上香时,以两手之食指与中指夹香棍,无名指与小指也要互相贴叠,二大拇指顶在香棍之底,徐徐举在两眉之间,成为上香问讯礼。当三支香插入香炉时,以右手执香一支先插中间一支,再插右边一支,然后再插左边一支,均应插正,不令歪斜。随后礼佛时,不应跪在中间的拜垫上。如果大摇大摆在中间拜垫顶礼,也是轻慢及失仪。拜佛最好不用拜垫,行者应择一边,不拣净秽,就地而拜,拜时应自庄重,不苟言笑,旁视无人,也不必管别人对你的讪笑与轻视,甚至说你迷信,这是忍辱与消业障之时。拜佛不可用三拜九叩礼,宜用古印度之五体投地礼。所谓五体是指额、两肘及两膝。外道多用作揖(两手抱拳当胸)、三跪拜、三叩首,不合佛教礼仪。

烧香礼佛时应当心地清净,果能一尘不染,获福无边。若要许愿,当放弃自私自利、损人利己的念头,发利益社会、利益众生之大心愿,则功德无量。佛经上讲"礼佛一拜,灭罪恒沙;念佛一声,福增无量"。

礼拜佛菩萨,一般以上三炷香为宜。此表示"戒、定、慧"三无漏学,也表示供养佛、法、僧常住三宝。这是最圆满且文明的烧香供养。上香不在多少,贵在心诚,所谓"烧三炷文明香,敬一片真诚心"。

不一定给每个佛、菩萨都要烧三炷香。一般在大雄宝殿前上三炷香就行了,其他各殿合掌礼拜,效果是一样的。当然,也可以按照寺院的规定,根据寺院香炉分布的情况自行决定,但以每个香炉中不超过三炷香为宜。

其实不一定非要上香。供养佛、菩萨方法很多,通常用鲜花(表因)和水果(表果),如果条件不具备,仅供一杯清水(表清净平等)也行。但是,绝对不可用酒肉来供养佛菩萨。通常用"香、花、灯、油、果、乐"六供养之一均可。至于供品,一般供一些水果及鲜花就可,这个供品随个人所愿,只要不是酒、肉、葱、蒜类就可以了。其他如有不明处,可到寺院的客堂找"知客法师",他会给你解答不明处的。

礼佛后,应礼拜住持师,以表示恭敬僧伽及顶礼一切十方僧。顶礼法师时一拜即可;若再遇其他法师时,皆可以问讯礼行之,合掌当胸,合十为礼,此礼等于问好之意。问讯礼,更严谨的则先合当掌当胸(合十)稍弯身,合掌之手顺着向地时,立即将右手之中、无名、小指叠于左手之中、无名、小指上,二手之食指尖相接作半圆形,不可为尖形,二手之拇指尖也相接,直身,此礼举向上至两眉际间,此手印叫毗卢遮那印。

(3)游览寺庙的四大禁忌。一忌称呼不当。对寺庙的僧人应尊称为"大师"、"法师",对住持僧应尊称为长老、方丈、禅师。对喇嘛庙中的僧人应尊称为"喇嘛",即"上师"之意。

二忌礼节失当。与僧人见面的行礼方式为双手合十,微微低头,或单手竖掌于胸前,头略低,忌用握手、拥抱、摸僧人头部等不当之礼节。

三忌谈吐不当。与僧人、道人交谈,不应提及杀戮之词、婚配之事,以及食用腥荤之言,以免引起僧人反感。

四忌行为举止失当。游览寺庙时不可大声喧哗、指点议论、妄加嘲讽或随便乱走,不可乱动寺庙之物,尤忌乱摸乱刻佛菩萨像、随意拍照。如遇佛事活动,应静立默视或悄然离开。同时也要照看好自己的孩子,以免因孩子无知而做出失礼的事。

第三节 受持五戒、八关斋戒、菩萨戒

为什么要受戒，皈依三宝是学佛的入门，受持戒律是信仰的实践。佛教徒皈依三宝以后，应该进一步发心受戒。因为戒是一切善法的根本，也是世间一切道德行为的总归。受戒好比学生遵守校规，人民恪守法律一般。不同的是，校规、法律是来自外在的约束，属于他律；而佛教的戒律，是发自内心的自我要求，属于自律。即使平坦如高速公路，如果不遵守交通规则，随时有发生车祸的危险；同样的，在人生旅途上，如果不持戒，也随时会有犯过招祸的可能。所以，学佛的人必须要受戒。

分为出家戒、在家戒。又可分为大乘戒、小乘戒。属于在家信众受持的戒有：五戒、八关斋戒、菩萨戒，以下分别略述之。

一、五 戒

五戒就是不杀生、不偷盗、不邪淫、不妄语、不饮酒。《杂阿含经》卷三十三载：云何名为优婆塞戒具足？应远离杀生、不与取、邪淫、妄语、饮酒等，而不乐作，是名优婆塞戒具足。可见五戒是在家优婆塞、优婆夷应持守的戒律。

佛教的戒律虽然有出家戒、在家戒的区别，但是一切戒律都是依据五戒为根本，所以五戒又称为根本大戒。

(一)五戒的内容

1.不杀生

就是不侵犯他人的生命。大至杀人,小至杀死蟑螂、老鼠、蚊蚁等,都是杀生。不过,佛教是以人为本的宗教,所以不杀生,主要是指不杀人。杀人是犯波罗夷(极重罪),是戒律中的根本大戒,是不通忏悔的。如果杀死蟑螂、蚊蚁等,是犯突吉罗(轻垢罪),属于恶作,虽然一样有罪,但跟杀人不一样。

此外,浪费时间,破坏物质,也是杀生,因为生命是时间的累积,所以浪费时间如同杀生;相同的,随便浪费物品也是杀生,因为物品是大众的资源,是大众集聚因缘而成的。

戒杀生,主要是培养我们的慈悲心,《涅槃经》说:"食肉者,断大慈种,行住坐卧,一切众生闻其肉气悉生恐怖。"所以佛教徒吃素,主要是不忍心杀害鸡、鸭、猪、羊等动物的生命,是为了长养慈悲心。有人认为植物也有生命,但佛教认为动物有心识的反应,而植物只有物理的反应,因此吃素不算杀生。

2.不偷盗

就是不侵犯别人的财富。简单地说,不是自己的东西,未经许可便占为己有,就是偷盗;光天化日之下,强取他人的财物,更是盗窃。根据戒律,盗取价值五钱(古印度摩揭陀国钱币单位)以上的东西,这样的偷盗行为,就犯了根本大戒。平时顺手取用公家的信纸、信封、圆珠笔等,乃至借用东西未还,叫做不清净的行为,虽然不是犯了根本戒,但还是要负因果责任的。在戒律中,最难受持的戒律,就是盗戒,因为凡将无主以外的东西,私自据为己有,就犯了盗戒。

3.不邪淫

所谓邪淫,是指合法的夫妻关系以外的男女爱欲行为。例如强奸、嫖妓、重婚、诱拐、贩卖人口、妨碍家庭、强迫别人从事卖淫等有伤社会风化的行为,都犯了邪淫戒。至于心中恋慕某人,但未付诸行动,虽然没有触犯根本戒,但是心中不清净,烦恼妄想扰动,日子也不好过,而持戒的目的,主要是使身心清净。

邪淫,是社会混乱的导火线。例如乱伦、雏妓问题,是文明社会的一大耻辱。它如同性恋衍生的艾滋病,更引起了二十世纪的大恐慌。如果人人都能持不邪淫戒,便不会发生这些问题;夫妻坚持不邪淫戒,则家庭是个和乐的家庭,社会是个守礼的社会。

4.不妄语

妄语,就是说虚妄不实的话,包括挑拨离间的两舌、恶毒伤人的恶口、欺瞒不实的妄言、阿谀奉承的绮语。妄语依其性质又可分为:大妄语、小妄语、方便妄语三种。

(1)大妄语:指没有证果的人,说证果了,没有得到神通,说得神通了。此种未证谓证、未得谓得,是属于大妄语的行为。另外说四众的过失,尤其说出家二众的过失,也犯了严重的根本大戒。

(2)小妄语:见言不见,不见言见;是说非,非说是;乃至知而不言,不知而言,这些都属于妄语。

(3)方便妄语:就是俗称的善意的欺骗。譬如医生为顾及绝症病人的情绪,因此隐瞒实际病情,这种为别人利益着想而说的妄语,就是方便妄语。

5.不饮酒

虽然明指为酒,但是凡能刺激神经使人丧失理智、败坏德行的东西,诸如大麻、鸦片、安非他命、速赐康、强力胶、吗啡、红中、白板等,都是不饮酒戒所要戒除的。

五戒中的前四戒，所禁戒的行为本质就是罪恶，因此称为性戒；不饮酒戒是佛教五戒的特色，酒的本质虽非罪恶，但是饮酒容易引起世人诽谤，或诱发其他的性罪，因此称为遮戒。

《大毗婆娑论》卷百二十三说：印度有位优婆塞，由于饮酒，于是盗取邻居的鸡，犯了偷盗戒；烹杀作为下酒菜，犯了杀生戒；邻妇问起，他妄言说没看见鸡，犯了妄语戒；此时又见邻妇貌美，非礼她，犯了邪淫戒。喝酒使人无惭无愧、丧失理智，由于喝酒而造下杀、盗、淫、妄等四重罪，所以应该戒除喝酒。

佛教是重视般若智慧的宗教，唯有戒酒，才能使神智清楚，理路清晰，智慧明朗。

(二)五戒的意义

五戒虽然分别为五，但是根本精神是不侵犯。不侵犯而尊重别人，便能自由。譬如：不杀生，就是对别人的生命不侵犯；不偷盗，就是对别人的财产不侵犯；不邪淫，就是对别人的名节不侵犯；不妄语，就是对别人的名誉不侵犯；不饮酒，就是对自己的理智不伤害，从而不去侵犯别人。一般人总以为受戒是增加束缚，因此有人说：何必受戒，自找束缚！其实，凡是身陷牢狱失去自由的人，探究其原因，都是触犯了五戒。譬如：杀人、伤害、毁容，是犯了杀生戒；贪污、侵占、窃盗、勒索、抢劫、绑票，是犯了偷盗戒；强奸、嫖妓、拐骗、重婚，是犯了邪淫戒；毁谤、背信、伪证、恐吓，是犯了妄语戒；贩毒、吸毒、运毒、吸食烟酒等，是犯了饮酒戒。由于犯了五戒，于是身系囹圄，失去自由。所以受戒也是守法，能够受持五戒，真实认识五戒的人，才能享有真正的自由。因此，戒的真义是自由，而非束缚。

有人认为受戒难免会犯戒，不受戒就不会有犯戒的担忧。事实上，受戒后纵使犯戒，因为有惭愧心，懂得忏悔，罪过较小，还是有得度的机会。不受戒的人，犯了戒，不知忏悔，罪过加重，因此沉沦三涂恶道。

所以，宁可受戒而犯戒悔过，也不要不受戒而犯戒，因为受戒才有得度的机会，不受戒就永无成佛的可能。何况不受戒，并不代表做错事就不犯戒，不受戒而犯戒，仍然有罪，仍然难逃因果业报。

(三)受持五戒的利益

受持五戒是人道的根本，五戒与儒家的五常有相通之处。五常就是仁、义、礼、智、信。不杀曰仁，不盗曰义，不淫曰礼，不妄曰信，不酒曰智。一个人受持五戒，会有无尽的利益。《灌顶经》卷三说：我们受持五戒，必感得廿五名善神的护佑。《月灯三昧经》卷六记载，持戒清净者能获得十种利益：满足一切智；如佛所学而学；智者不毁；不退誓愿；安住于行；弃舍生死；慕乐涅槃；得无缠心；得胜三昧；不乏信财。

此外，如果我们不杀生而护生，自然能获得健康长寿；不偷盗而布施，自然能发财享受富贵；不邪淫而尊重他人的名节，自然家庭和谐美满；不妄语而赞叹他人，自然能获得善名美誉；不喝酒而远离毒品的诱惑，自然身体健康，智慧清明。

所以，受持五戒，现世可以免除苦恼、恐怖，可以获得身心的自由、平安、和谐、快乐；将来可以免堕三涂恶道，得人天果报，乃至成佛。受持五戒，如同在福田里播了种，纵使不求，自然有许多利益加身，自然享有无尽的功德善果。

(四)五戒的受持

受持五戒是尽形寿受持，非一日一夜受持而已。五戒可以全部受持，也可以随分受持。如《十住心论》卷二引《大智度论》说："戒有五种，始从不杀，乃至不饮酒。若受一戒是名一分，若受二、三戒是名少分，若受四戒是名多分，五戒是名满分。于此分中，欲受何分，常随意受之。"

由此可知，在家居士人人可就自己的情况，选择自己容易受持的一戒、二戒、乃至三戒、四戒，精进受持，渐渐达到五戒圆满。甚至进一步受持八关斋戒、菩萨戒等,如此自然能得增上生,能得决定胜果,乃至大乘佛果。

二、八关斋戒

八关斋戒是佛陀为了使在家信众有机会学习出家生活,藉以长养出世善根,种植出世正因,而特别开设的方便法门。所以,八关斋戒其实就是让在家信徒学习出家生活的戒律。

何谓八关斋戒?"八",是指所受持的八种戒;"关",即关闭八恶,令三业不起诸过;"斋",是齐断诸恶,具修众善的意思。另外,过午不食,也称为斋。"戒",有防非止恶的作用。合起来说,就是受持八种斋戒,可以关闭八恶,不起诸过;可以齐断诸恶,具修众善,防止身口意三业的恶行,并由此关口通向出家之道,关闭生死流转之门。因此,八关斋戒是趣向善道的妙门,是契入佛道的捷径。

受持八关斋戒,可使在家信徒熏习长养出世善根,因此又称为长养律仪;受持八关斋戒必须一日一夜远离家居,亲近三宝而住,因此又称为"近住律仪"。

(一)八关斋戒的内容

根据《萨婆多论》的说法,八关斋戒为如下八种戒律。真实说来,应该称为八戒一斋,八戒是:(1)不杀生;(2)不偷盗;(3)不淫泆;(4)不妄语;(5)不饮酒;(6)不著华鬘香油涂身;(7)不歌舞观听;(8)不坐卧高广大床;一斋是:不非时食。

八关斋戒的前面五支,实际上就是"五戒",只是将五戒中的不邪淫改为不淫戒。因为受持八关斋戒时,不但禁止邪淫,即使合法夫妻间的关系也不可,所以受持八关斋戒的在家信众便称为"净行优婆塞、优婆夷"。

五戒已如前述,今仅就六、七、八支略作说明如下:

第六支,不着华鬘香油涂身;第七支,不歌舞观听:不着、不涂是为远离香、触二尘;不歌舞观听是为杜绝色、声二尘,以防止三业过患。因为芳香的气息可以迷人心目,歌舞色声可以丧人心志,都不适宜修行人。因此衣着应当力求朴素,不穿鲜艳华丽的衣服,不涂抹香水、胭脂,如此则有助于摄心正念,远离贪染,自然能迈向清净之道,而具足正报身心,以及依报国土的威仪庄严。

第八支,不坐卧高广大床:不坐,意指身离触尘。高广大床,在《阿含经》说:"足长尺六非高,阔四尺非广,长八尺非大,越此量者,方名高广大床。"蕅益智旭大师重辑的《十戒威仪录要》说:"床足但高一尺六寸,坐时脚不挂空,过此量者,即名为高;但可容身转侧,过此即名为广。既高且广,即名为大。"

其实,佛制此戒的用意,主要在告诉我们对物质生活要淡泊,要能够身体精进修行不放逸,才能与圣道相应。所以修道者在物质上应该力求简单,不贪着物欲享受,转而勇猛精进,这是我们对佛制此戒应有的认识。

又一斋的不非时食,即过午不食,也就是过了中午十二时,乃至一时以后就不再进食。这是佛道修行者节制食欲的戒法。《沙弥律仪毗尼日用合参》卷上引《毘罗三昧经》说:"佛为惠法菩萨云:食有四种:早,天食时;午,法食时;暮,畜生食时;夜,鬼神食时。佛断六趣因,令同三世佛故,日午时,是法食时也,过此以后,同于下趣,非上食时,故曰非时。"

关于不非时食戒的制定,据《四分律》卷十四、《五分律》卷八等所载,迦留陀夷比丘于傍晚时分入罗阅城乞食,由于光线不明,一孕妇疑为鬼魅,惊吓堕娠,以是因缘,佛陀乃制定此戒。

五戒以外,再加三戒一斋,成为八戒一斋,看似事小,实则五欲皆备。因五欲引起的后患,其始虽微,而其影响也巨。所谓星星之火,可以燎原;涓涓不塞,将成江河。瞋恚之火,贪爱之水,也是如此。所以受持八关斋戒,对此三戒一斋不可不谨慎受持。

(二)如何求受八关斋戒

八关斋戒是一日戒,受持的时间是一日一夜,一般都在每月六斋日受持,即农历每月初八、十四、十五、廿三、廿九、三十日(如逢小月,可改为廿八、廿九日)。这是根据《优婆夷堕舍迦经》说:佛陀为顾虑在家信众为经营家计,不能日日受持八戒,因此有每月六斋日受持八斋戒的制定。

此外,《四天王经》说:每月六斋日,四天王会派遣使者、太子,甚至亲自下人间来巡察,如果发现布施、持戒、孝顺父母的人少,诸天则心生不悦;如果布施、持戒、孝顺父母的人多,诸天就心生欢喜。因此,佛陀教诫弟子们应于六斋日持斋守戒。

其实,八关斋戒并非一定要在六斋日才受持,譬如诸佛菩萨圣诞、父母师长的诞辰、自己的生日等,都可以受持八关斋戒。目前一般寺院为了适应工商社会人士的需要,大部分定在星期日举行,求受者只要事前报名,届时前往寺院,经过报到、安单、说明等程序之后,便可开始一日一夜的斋戒生活。

受持八关斋戒的仪式,据读体大师撰《授八戒正范》,共分八节:

(1)敷座请师;(2)开导戒法;(3)请圣证盟;(4)忏悔业障;(5)三归纳体;(6)秉宣戒相;(7)教发大愿;(8)护念咐嘱。

由上述仪式可知,求受八关斋戒"要有证盟",也就是要请法师证授。但是,在《成实论》说:若无戒师时,自于佛前心念口说,"我某甲,今日受持八关斋戒",也是可以的。

八关斋戒虽然是佛制的暂时出家法,但受持者不披福田衣,只搭缦衣诵经礼佛。因为在家二众,佛令其随力供养三宝,自己不应受他人四事供养,既然不是众生的福田,因此不能着福田衣。

如果有人在受持八戒的一日夜当中,半途想要舍戒,依《萨婆多毗尼毗婆沙》卷一说:若受斋已,欲舍斋者,不必从五众(戒师)而舍斋也,若欲食时,趣语一人,斋即舍。

八关斋戒受持时日究竟要多长,众说纷纭,莫衷一是。甚至有人不能具受八戒,或者只求受昼日斋法,或只求受夜斋法;甚或希望连受二日、三日,乃至十日,是否得受?据《萨婆多毗尼毗婆沙》卷一说:佛制八关斋戒属一日一夜戒,因此不可昼夜分开求受,也不得过限。如果自己斟酌情况许可,应该于一日一夜后,再次继续求受八关斋戒。如此随自力的多少,就不计较天数了。

其实,八关斋戒、五戒都是在家信众所受持的戒,而八关斋戒的受持为一日一夜,时间短而戒多,五戒乃终身受持,时间长而戒少,二者之间,功德孰胜孰劣?据《大智度论》说:"如果无大心,虽复终身持,不如有大心一日戒也。譬如懦夫为将,虽复将兵,终身卒无功名;若英雄奋发,祸乱立定,一日之勋,名盖天下。八戒比于余戒,亦复如是。"由此可知,一日一夜的八关斋戒实有其殊胜处,应发大心受持,才不辜负佛陀的方便教化,而不是在受持的时日长短上计较。

(三)受持八关斋戒的功德

受持八关斋戒可得无边的殊胜功德,根据诸经记载,可归纳如下七项:

1.罪障消除:《优婆塞戒经·八戒斋品》说:"善男子! 若能如是清净皈依受八戒者,除五逆罪,乃至余一切罪皆悉消灭。"

2.远离恶趣:《十善戒经》说:"持此(八戒)受斋功德,不堕地狱,不堕饿鬼,不堕畜生,不堕阿修罗,常生人中,正见出家,得涅槃道;若生天上,恒生梵天,值佛出世,请转法轮。"故此八戒,又称八种胜法。

3.福报优厚:《优婆夷堕舍迦经》说:"六日斋者,譬如海水不可斛量,其有斋戒一日一夜者,其福不可计。"

4.来世尊贵:《普达王经》说:"欲知王(普达)者,本是先王时执盖小儿,随先王斋戒一日,奉行正法,清净守意,不犯诸恶,其后过世,魂神还生为王作子。今致尊贵,皆由宿行斋戒所致。"

5.得相好身:经上说:"有一天女,光颜威相,与众超异,诸天见已,生希有心。释提桓因问之:'昔作何业,获得此报?'天女答言:'昔于迦叶佛受持八戒斋,今得生天,获端正报。'"

6.得无上乐:《优婆塞戒经》说:"凡是斋日,悉断诸恶罚戮之事。若能如是清净受持八戒斋者,是人得无量果报,至无上乐。"

7.所求如愿:《增一阿含经·高幢品》说:"若有善男子、善女人成八关斋者,欲求生四天王上,亦获此愿,持戒之人,所愿者得。(乃至)欲求作声闻、缘觉、佛乘者,悉成其愿。"

受持八关斋戒虽仅一日一夜,如能受持清净,所得功德无量无边,尤其能令在家信众播下出世的正因,将来获得解脱,免于生死轮回。因此,人人皆禀发心求受,以期早日进趣菩萨道。

三、菩 萨 戒

菩萨戒是大乘菩萨所受持的戒律,又称大乘戒、佛性戒、方等戒、千佛大戒,是属于七众戒以外的别解脱戒。其特色涵盖了七众戒,而又超胜一切戒。因此,凡是发菩提心的佛弟子,不论出家、在家,皆可受持。

(一)菩萨戒的内容

菩萨戒的内容为三聚净戒,就是摄律仪戒、摄善法戒、饶益有情戒等三项。也就是聚集了持律仪、修善法、度众生等三大门的一切佛法,属于菩萨重要的禁戒,应该谨慎持守。

1.摄律仪戒:又称自性戒、一切菩萨戒。是舍断一切诸恶,含摄大小乘律仪的止恶门。是七众弟子所受的戒,随其在家、出家的差异,而分别有五戒、八戒、十戒、具足戒等戒条。又此戒为法身之因,以法身本自清净,由于恶覆,故不得显;今离断诸恶,则功成德现。如《释门归敬仪》

卷上说：摄律仪戒能断舍诸恶，为法身之因。

2.摄善法戒：又称受善法戒、摄持一切菩萨道戒。为修习一切善法、圆满菩提所修的律仪戒，是修善门，以修身、口、意的善业回向无上菩提，如常勤精进、供养三宝、心不放逸、行六波罗蜜等。一旦犯过，则要如法忏除，重新立愿，发菩提心，长养一切诸善法。此即报身之因，以其止恶修善，故成报佛之缘。如《释门归敬仪》卷上说：摄善法戒是勤修善法，为报身之因。

3.饶益有情戒：又称摄众生戒。是以慈心摄受利益一切众生，属于利生门。《菩萨地持经》卷四列举出十一种饶益众生的方法，即：

(1)众生所作诸饶益事，悉与为伴。

(2)对已病、未病及看护病者等众生，悉与为伴。

(3)为诸众生说世间、出世间法，或以方便令得智慧。

(4)知恩报恩。

(5)见众生有种种恐怖，悉能救护。若有丧失亲属财物诸难，能为开解，令远离忧恼。

(6)见有众生贫穷困乏，悉能给予所需之物。

(7)德行具足，正受依止，如法畜众。

(8)对众生先语安慰，随时往返，施给饮食，说世间善语等。使众生安者，皆悉随顺；不安者，皆悉远离。

(9)对有实德者，赞叹欢喜。

(10)对有犯过行恶者，慈心呵责，折伏罚黜，使其悔改。

(11)以神通力示现恶道，令众生畏厌众恶，奉修佛法，欢喜信乐，生希有心。

(二)菩萨戒的特色

菩萨戒是含摄大乘菩萨道的戒法，菩萨道的精神就是发起上弘下化的菩提心，所以菩萨戒除了有防非止恶的摄律仪戒外，更有勤修善法的摄善法戒，以及度化众生的饶益有情戒。这显示了菩萨行者不仅要消极地不作恶,更要积极地修一切善,乃至遍学一切法门,以度无边众生。因为菩萨发心是为广度众生,如果不发上弘下化的菩提心,便不能称为菩萨。因此《菩萨善戒经》说:"有二因缘失菩萨戒,一者退菩提心,二者得上恶心。"据《梵网经》内容记载,菩萨戒虽有十重戒:杀、盗、淫、妄语、酤酒、说四众过、自赞毁他、悭惜加毁、瞋心不受悔、谤三宝,以及四十八轻戒等戒相,但是它的根本精神是发菩提心,以菩提心为戒体,如果忘失菩提心,也就违反菩萨戒的根本精神。所以,发菩提心是菩萨戒有别于声闻戒的最大特色,也是我们受戒时应有的认识。

此外,菩萨戒只有受法而无舍法。《菩萨璎珞本业经》卷下说:"一切菩萨凡圣戒,尽心为体,是故心亦尽,戒亦尽,心无尽故,戒亦无尽。"《梵网经》说:菩萨戒是佛陀成道时,一时顿制,非待缘而制;是就理善而制,所以又称为佛性常住戒。也就是说,菩萨戒是众生本自具足的。既是本具,而今求受,只是将本具的戒德加以长养薰发,故说增上,而非新得,这是菩萨戒的另一特色。

(三)受持菩萨戒的功德

菩萨戒涵盖七众戒,超胜一切戒功德,而且是过去七佛戒法,这是菩萨戒的殊胜与尊贵处。如《梵网经》说:过去庄严劫千佛、现在贤劫千佛,都是由于受持菩萨戒而成佛;未来星宿劫中的千佛,仍然要受持菩萨戒才能成佛。所以,菩萨戒是诸佛的本源,是菩萨的根本,也是一切佛子成就佛道的根本。

此外,《梵网经》记载,受持菩萨戒有五种利益:

(1)感得十方诸佛愍念、守护。

(2)临命终时正见,心生欢喜。

(3)所生之处,与诸菩萨为友。

(4)功德多聚,戒度成就。

(5)今世后世,性戒福慧圆满。

(四)菩萨戒的求受

《菩萨璎珞本业经》卷下说:求受菩萨戒者,只要能解法师语,六道众生都能得戒。又说,受戒有三品:

(1)上品从佛受:诸佛菩萨现在面前,亲自授与菩萨戒者,得真实上品戒。

(2)中品从佛弟子受:佛灭后,于千里内礼请先受菩萨戒者为戒师,教授我菩萨戒者,得中品戒。

(3)下品自誓受:佛灭度后,千里内亦无法师,即在佛像前自誓受。自誓受者,应于佛前胡跪合掌,作如是言:"我某甲,自十方佛及大地菩萨,我学一切菩萨戒法。"如是三说,得下品戒。

此外,菩萨戒与五戒同样可以全部受持,或随分受持。但是,不管全部受或随分受,重要的是,要发"自度度人、自利利人"的菩提心,如此才不失受大乘菩萨戒的真义。

戒是一切修行法门的根本,一切善根功德悉由持戒而生。戒如良师,指引我们的人生方向;戒如轨道,规范我们的身心行止;戒如城墙,帮助我们抵御五欲六尘盗贼的侵袭;戒如水囊,涤去我们的尘垢热恼;戒如明灯,照亮我们的前途光明;戒如宝剑,断除我们的贪心欲念;戒如璎珞,庄严我们的道德人格;戒如船筏,度脱我们到达涅槃的彼岸。所以,佛陀在《遗教经》中明示:大众应当尊重珍敬波罗提木叉(戒),持戒者,如暗遇明,贫人得宝。戒的功德利益,不能说尽。但是画饼不能充饥,一切还是要自己亲身实践,才能体悟。所以,学佛的人应该要受戒,更重要的是必须严持净戒。

第四节 奉行八正道

一、八正道的定义

"苦"是人生的实相,如何离苦得乐,求得究竟的解脱,是我们学佛的目的所在。佛陀成道之初,为了让众生从烦恼痛苦中解脱出来,特别开示了八条进趣圣人之境的修行方法,称为八正道。

"正",脱离邪非,故名为正;"道",能通的意思,以能通达涅槃的境地,故名为道。循此八正道,可使众生苦集烦恼永断,证得涅槃的圣贤境界,因此又称为八圣道。八正道如同船筏,可使众生从迷界的此岸渡到悟界的彼岸,因此又称为八道船、八筏。

简单地说,八正道是八条通往成佛大道的实践法门,是脱离烦恼痛苦的方法,是佛子正确的修行之道,奉行八正道可以完成学佛的目的。所以,做一个佛教徒,应该要了解八正道的意义。

二、八正道的内容

八正道是佛陀成道时,初转法轮所说;此后,直至涅槃时,又增说四念处、四正勤、四如意足、五根、五力、七菩提分等,共成三十七道品,是四圣谛中道谛的内容。八正道与三十七道品,仅是详略之分,其意义并无差别。三十七道品中,以八正道最能代表佛教的实践法门,因此一般以八正道为道谛的内容意义。八正道即:(一)正见:正当的见解;(二)正思:正当的思想;(三)正语:正当的语言;(四)正业:正当的行为;(五)正命:正当的生活;(六)正勤:正当的努力;(七)正念:正当的意念;(八)正定:正当的禅定。

(一)正见

正见,就是正确的见解、正确的观念。一个观念,往往可以改变一个人的一生;学佛修行就是要修正过去不好的习性,改往修来,所以正确的观念、见解更显重要。在佛教的经典中,对正见有诸多的诠释,《胜鬘经》说:非颠倒见,是名正见。《华严经》说:正见牢固,离诸妄见。《大智度论》说:正见是智慧。《法界次第门》说:若修无漏十六行,见四谛分明,是名正见。

综合诸经所说,正见就是离诸颠倒邪见的正观;是如实了知世间与出世间因果的智慧;是透过三法印、四圣谛、十二因缘等佛教的教理来观察宇宙万象而获得的正确见解。就广义而言,凡是佛教所认可的道理,都属于正见。

因此,学佛的人应该有以下的正见:

(1)正见因缘果报:世间万法都是由因缘所生起,因缘和合才有一切现象,现象就是果报。果报来自因与缘的结合,有因有缘,必然有果,正如播了种(因),只要条件(缘)具足,必然会开花结果。我们每个人的一生,都是靠各种因缘的和合而成就,因此,种好因好缘,自然会有好的结果;反之,植下恶因恶缘,必然会有恶的果报。我们能正见因缘果报,才能明因识果,由迷入悟。

(2)正见善恶业力:业是造作的意思。也就是指行为、所作、行动、作用、意志等身心活动。我们每天的行为造作,汇聚成一股极大的力量,决定一生的幸与不幸。业来自身行、口说、意想,业有善有恶,善恶业力,决定不失,所谓:"假使百千劫,所作业不亡;因缘会遇时,果报还自受。"又说:"善有善报,恶有恶报;不是不报,时候未到。"一般人常因

"好人受苦、坏人享乐",因而对善恶因果产生怀疑,其实善恶因果不能只看眼前,有时好人受苦、坏人享乐,这是由于个人前世所造的业因而获得今生的果报。我们能够正见善恶业力,才能谨言慎行,免受恶报。

（3）正见无常苦空:诸法是由因缘和合所生,没有自主性、独存性,随着缘聚缘散而生灭变异,所以说一切法无常。因为无常,所以好的有可能会变坏,坏的也有可能会变好,在不断的生灭变化中,我们感受到人生充满了苦苦、坏苦、行苦等各种的苦,故说苦空无常。正见苦空无常,可以使我们处顺境时,不耽溺乐事;处逆境时,不悲观消极。因为一切都会改变,而无常苦空将带给我们希望,激励我们精进,引领我们超凡入圣。

（4）正见佛道永恒:我们常说"人生无常",虽然人生的实相是无常苦空,但是在无常苦空中有一个"常乐我净"的涅槃世界。当初佛陀在菩提树下悟道,成就正等正觉,这个正等正觉就是涅槃,也就是泯除人我关系的对立,超越时空的障碍,而证悟生命永恒无限的境界,那就是我们每个人本自具足的真如佛性,真实自我。我们学佛修行,就是希望求得这样一个美好圆满的涅槃境界。因为人的生命,在时间上只不过是短短数十年岁月,白云苍狗,无非梦境;在空间上也不过是七尺肉身之躯,"大厦千间,夜眠不过八尺;良田万顷,日食不过几斛",面对这样有限的生命,如果我们能证悟涅槃,即是突破时空的藩篱,将生命遍布于一切空间,充满于一切时间,可以超越死亡和无常的恐惧,在无限辽阔的时空中生生不息。因此正见佛道永恒,就不会产生拨无因果的断见,进而修善止恶,终而达于涅槃的境地。

（二）正思

正思,又作正志、正思维、正分别、正觉,或谛念。就是正确的意志、决心、思量、分别。《瑜伽师地论》说:"由正见增上力故,所起的无瞋恚、无害想,是为正思维。"因此,正思维也就是不贪欲、不瞋恚、不愚痴,远离邪妄贪欲,作真理智慧的思量分别。

贪、瞋、痴三毒,经常羁绊着我们,使我们无法迈向求道的路;贪、瞋、痴三毒,时刻盘踞在我们的心灵,染污我们清净的本性。我们想远离这三种毒害,必须以坚韧的力量,长时忆念正法,具足柔软、慈悲、清净、无恚心,使我们的思维时时和正法相应,三毒才能去除,趋入佛道。

(三)正语

"正语",就是善良的口业,也就是十善业中的不妄语、不两舌、不恶口、不绮语,即远离一切不慎之语、诽谤之语、傲慢之语、辱骂之语、刻薄之语、花言巧语和虚妄不实之语。因此,正语又作正言、谛语。正语必然是合乎道理的话,所以又称顺理语,如佛陀说法皆为真实语、如实语、不异语、不欺诳语,这就是正语。

正语的内容有四:

(1)真实语:真实不虚,无欺诳的话。

(2)慈悲语:慈悲柔和,令人生起信心的话。

(3)称赞语:赞叹别人,令人欢喜的话。

(4)利行语:帮助别人,有利于人的话。

(四)正业

正业,又作正行、谛行。指正当的身业。即行为举止正当,身、口、意三业清净,远离杀生、不与取、邪淫等一切邪妄,也就是十善业中的不杀生、不偷盗、不淫泆等。但这仅是消极的不做恶业,正业的积极意义应是护生、慈悲、布施等。

此外,据《瑜伽师地论》卷二十九:"或于住时,于已追求衣服等事,若行若住,若坐若卧,广说乃至若解劳睡正知而住,是名正业。"因此,平常有规律的生活习惯,也是正业。譬如适当的睡眠、饮食、运动、休息、工作,不但能增进个人健康,提高工作效率,也是家庭美满,社会安定的主要因素。

第一章　幸福解脱的佛法信徒

(五)正命

正命,就是正当的经济生活和谋生方式。据《瑜伽师地论》卷二十九:"如法追求衣服、饮食,乃至什物,远离一切起邪命法,是名正命。"正常的经济生活是非常重要的,因为大部分的罪恶,都是从经济生活的不正常而来。譬如开设赌场、酒家、屠宰场,经营贩卖杀生用的钓鱼具、猎枪等商店,都不是正命。

正当的生活应该是:(1) 合理的经济生活;(2) 高尚的道德生活;(3)和谐的社会生活;(4)净化的感情生活。

(六)正勤

正勤,又作正精进、正方便、正治、谛法、谛治,就是朝真理的目标勇猛迈进。经云:"在家懒惰、失于俗利;出家懈怠,丧于法宝。"《正法念处经》卷四十三说:懈怠是一切恶道的根本,是生死的种子,世间的一切苦恼都由此而生。欲断生死缚者,应该精进,舍离懈怠。

精是不杂,进是不退,也就是努力为善,努力断恶。《大智度论》中以四正勤为精进的目标。四正勤就是:未生善令生起,已生善令增长;未生恶令不生,已生恶令断除。

(七)正念

正念,又作谛意,就是清净的意念,即不生邪念,意念正道。《遗教经》说:"若念力坚强,虽入五欲贼中,不为所害,譬如着铠入阵,则无所畏。"所以学佛的人不要把念头放在人我是非、得失成败、金钱名利、感情欲望之上,应该时时心存正念。

正念的内容就是四念处,即:

(1)观身不净:一般人常因贪爱自身的美丽、健康,而产生执着妄想,事实上,我们的身体内充满了粪尿、涕唾等秽物,可以说是众秽所集,何来可爱之处?佛陀教我们观身不净,是要破除我们对身体的执爱,进而借假修真,以证得永恒不死的法身。

(2)观受是苦:世间的种种苦乐感受都是苦,因为人生充满了生老病死各种苦,纵使偶有快乐,却因世间万法变幻无常,迁流不息,快乐也会因时空的变化而消逝,因此说观受是苦。

(3)观心无常:我们的心念分分秒秒忽而天堂,忽而地狱,时好时坏,时善时恶,时生时灭,如猿猴般,念念无定,所以说观心无常。

(4)观法无我:《金刚经》说:"一切有为法,如梦幻泡影,如露亦如电,应作如是观。"世间万物终会散灭败坏,没有一样东西是有自性,能自主的。懂得观法无我,才能从五欲尘劳中,找回自己的真如法性。

我们把心时时放在无常、苦、无我之上,对世间的锱铢小利就不会贪恋,而能够勇猛向道。

(八)正定

正定,是以正确的禅定集中意志和精神,而收摄散乱的身心,培养完美的人格。真正的禅定,不在于形式上的打坐,而是在于内心能源的开展。

正当的禅定应该是:

(1)健康的禅定:能令身体获得健康。

(2)安心的禅定:能令心意专注一境,而得轻安。

(3)开悟的禅定:能令思想豁然开通,由迷入悟。

(4)见性的禅定:能令佛性开显,寻回真实自我。

三、八正道的重要性

《大毗婆娑论》说:"由正见故,起正思维;由正思维故,得正语;由正语故,复得正业;由正业故,复得正命;由正命故,发起正勤;由正勤故,便起正念;由正念故,能起正定。"一个人有了正知正见,对于是非、善恶、真伪才能做正确的思维判断,发诸于身口意才有正确的行为,才能向正确的目标努力精进,长养善念慧命,安住清净无漏的禅定中。所以,八正道是一体的,其中任何一项的实践,必然使其余七项伴随,同时圆满成就。八正道中,正见居首。正见就是明慧,是修行的道师,如行路需要眼目,航海需要罗盘一样。正见又像一部照相机,拍照时必须调好光圈、距离、速度,画面才能清晰美丽,洗出来的照片也才不会走了样;学佛的人,必须具备正知正见,才能看清宇宙人生的真相,而不至于产生错误或偏执的思想、行为。《杂阿含经》卷廿八说:"假使有世间,正见增上者,虽复百千生,终不堕恶趣。"由此可知正见的重要,而八正道的重要性也不言而喻。

四、八正道的实践

佛法不是一种学说,不能单作理论上的了解;尤其八正道完全是日常生活的指导,因此更应该从日常生活中去实修、体证。譬如,为了信仰佛教,不管遭遇任何委屈、不平、困难、迫害,都不会改变自己对佛教的信仰,这就是正见。平日所思所想,都与佛法真理契合,这就是正思。与人交谈说话都是慈颜爱语,令人生起信心、欢喜、希望,这就是正语。乃至平时所行所做,都合于道德礼义,不会为了一己的私欲而去侵犯、伤害别人,进而主动扶弱济倾,乐善好施,努力行善止恶;遇到各种情况,都能沉着、冷静,运用智慧去判断、解决事情等等,这都是在日常生活中实践八正道的方法。八正道包含了信仰和道德的要素,是通往成佛大道的法门,是人类生活中应该遵守的准则。如果人人都能奉行八正道,必能解脱无明烦恼,获得清净快乐的人生,这就是佛教真正的道德生活。

第二章

了凡入圣的人天师功德

你也能大成就

佛教有在家、出家等七众弟子,在家、出家学佛本来不分。在佛教界在家学佛就是所谓居士佛教或"白衣佛教",是相对于僧伽佛教而言,指佛教的在家信众、信众团体及其领袖人物所影响的或所体现的佛教。其实这种提法是不大严密的。大家知道,佛教徒由出家信众和在家信众两大部分构成。在我国,通常将在家信众称为居士,即所谓居家修道之士。当年,释迦牟尼成道后即广收僧俗男女弟子,并根据当时的实际和佛教发展的需要,对僧伽和居士的地位、职责等作了相应的规定。概括而言,僧伽为三宝之一,具有住持佛教,摄受、教化居士之责;居士则具有礼敬、供养三宝,护持佛教之责。这种自然的定位和分工,总体来说是既符合佛教发展的实际,又符合宗教发展的一般规律的。一般来说,居士既是僧团教化、引导的对象,又是僧团的僧源所在和生存、发展的支柱。僧伽和居士的互补与良性互动,促进了佛教的全面发展,由此构成佛教的整体形象。古代的佛教教团即包括出家的僧尼和在家的男女居士,这其中原无所谓僧伽佛教和居士佛教之分。

不过,随着佛教的广泛传播和社会的发展演化,居士的作用和影响越来越大,佛教界对居士的地位及其作用的认识与态度也产生了许多微妙的变化。概括来说,主要表现在以下几个方面:自古以来,居士即占佛教徒的绝大多数。尤其在佛教信仰盛行的国家和地区,社会各个阶层的人士中都有居士,其中包括众多有权势、有财富、有学识、有能力的人物,诸如帝王将相、富商巨贾、硕学鸿儒、能工巧匠等等。虽然他们在佛教界一般不居领导地位,但他们往往比僧人的影响力更大。

佛教在传播与发展过程中,面对各种异质文化和不断发展的社会文明,自身也发生了很大的变化,突出地表现在部派佛教、大乘佛教、密乘佛教三期佛教的形成,由此也使僧伽与居士的关系发生了相应的变化。在部派佛教中,从《阿含经》及有关律典不难看到许多长者居士行善积德、修行证果的事例,从中也反映出佛教界适应时代、适应社会、入世度生的倾向,表明居士的作用和影响增强;而在从大众部发展起来的大乘佛教中,反映以居士身行菩萨道、成圣成贤的内容就更多了,如《维摩诘经》、《胜鬘经》、《华严经》、《法华经》等经中的维摩居士、胜鬘夫人、善财童子、龙女等都是备受称道的居士典型,他们的地位似乎远在作为僧伽象征的舍利弗等十大弟子之上,从而极大地鼓舞了广大居士积极修证佛法、弘法利生的热忱。这一方面是大乘佛教重视心法、积极入世、超然于形式和教条的思想境界的体现,同时也是现实生活中居士的地位和作用大大增强的反映;至于密乘佛教则进一步在修法实践上圆融世出世法,不仅从理论上而且从形式上都打破了僧俗的界限,从而给传统的僧伽与居士的定位和分工带来极大的冲击。

随着佛教在各国各地区的传播和社会的不断演进,僧人在持戒、求学、修法、管理寺院乃至日常生活等等方面经常会遇到与他们的先辈们大异其趣的境况,尤其是在中世纪以至近代,许多僧人越来越难于保持戒律上的完美、学识上的权威,难于避免修法上的走样、日常生活的世俗化,因而自信心降低,或屈从于王权和世俗势力,或遁入山林不问世事。而自身修养的不足及与社会和广大民众的疏远,又使这些僧人对社会问题及民众的疾苦缺乏了解,变得冷漠,很少能给信众做出表率并予以积极的适当的指导。与此同时,广大民众的知识日开,自我意识增强,对佛教和僧人的神秘感及盲目信仰减少,对僧人的修养、学识与处世能力要求却越来越高。这一切都使僧人的社会地位下降,影响力日形减弱。明清以至近代这种情况更加凸显。这样一来,居士界纷纷起来弘扬佛法,在进行自我教育的同时,还以不同方式帮助和促进寺院及僧团的自身建设,纠正其种种弊端,发挥了越来越大的作用。

正是由于居士的地位与作用的不断增强,"居士佛教"的观念就自然而然地出现了。至于具体出现于何时,我没有考证,但至少在近代我国就已有了居士佛教的提法。其实,在历史上,每当僧人素质趋于低下或过于世俗化、僧团变得日益腐败之际,佛教必然处于衰微或外强中干的状态,一遇变故便岌岌可危。此时社会上常会出现一些大心居士联合某些高僧奔走呼吁,采取各种补救措施以挽救法运,往往效果十分显著,令人们对居士的作用不能不刮目相看。比较典型的例子就是近现代佛教的复兴和恢复,一些正信的大心居士的确起到了十分关键的作用。例如在晚清,我国寺院众多,僧人队伍庞大,但素质普遍低下,毫无生气。在西风东渐、国难当头之时,僧界几乎成了众矢之的,寺庙往往成为鱼肉的对象,佛教到了生死存亡的关头。幸有杨仁山为代表的居士界精英大量刻印流通佛经,创办新式的佛教教育,宣讲佛学,提出革新佛教的种种方案,在政界、学界、教界产生了极大的影响。由此形成了一支独立于佛教传统僧团之外的令人瞩目的居士弘法队伍,一些人藉此提出了居士也能住持佛教的主张,居士佛教这种比较时髦的提法亦应运而生。

从佛教诞生到今日佛教的发展的教界情况来考察,在家学佛修行往往无法如出家修行那样专精、方便,因为在家生活有五欲尘劳,有妻子儿女等种种的束缚、障碍。因此,在家忧悲烦恼比较多,出家生活清净、寂静;在家生活增长烦恼,出家是减少烦恼;

在家以执取为乐，出家以出离为乐；在家修行成就小法，出家学佛成就大法；在家磨难比较多，出家能令魔王恐怖；在家多放逸，出家少放逸；在家多奸巧，出家修行心地容易质直；在家多忧苦，出家多慈悲；在家以财力为宝，出家以功德为宝。

通常人在初出家的时候，虽所立的志向有大小的不同，然而没有不怀着一片好心的。可是时间久了，一旦受到名利等种种因缘所诱惑，便又重新开始营造房屋，讲究衣服，置买田产，畜养徒众，多积财物，勤作家务，与世俗的人无别。经说"一人出家，波旬怖惧。"如果像这样的出家人，波旬不但不怖惧，而且还会欢喜得互相酌酒庆贺呢！好心出家的人们啊，请赶快醒悟，把一切世缘尽情看破！曾见一位住在深山中的苦行僧，一出山来，被数十位信众男女皈依供养，便荒废了一生的道业，何况其他更大的障缘呢？古人说："重离烦恼之家，再割尘劳之网。"这是说出家以后的又一次出家。出前一次的家容易，但要出后一次的家，那就难了。我为此而日夜恐惧不安。每天都有人问出家，可有几个人真正能发起坚决出家的心，去做一个人天导师的僧宝呢？

简单说，文凭不重要，你有没有钱也不重要，是否结过婚也不重要，唯一重要的就是你的发心，就是你为什么要出家的问题，想清楚了；真正感受到出家的好了，就是九头牛也拉不回来的。如果真要出家，是谁也障碍不了你的，不是父母妻子放不下你，不让你去出家，而是你自己放不下世俗的恩爱，没有勇气做一个舍家离欲辞亲割爱的出家人。能否出家，有没有佛缘，全在你的一念之间。要出家，并非一件小事，印光法师曾举出两个条件：第一要发大菩提心，第二要有过人天分，才能荷担如来家业，做众生的人天导师。出家是大丈夫事情，非王侯将相所能为也，"黄金白玉非为贵，唯有袈裟披肩难"。

出家乃是一件非常郑重的事情,而且在佛教徒看来,也是一件非常值得赞叹的事情,出家不是要逃避什么挫折或者世间男女情感一时想不开,他应该是佛法的传播人,是佛陀的使者,他是人天的导师,佛法能够在世界上流传下来靠的就是一代代出家人僧宝的千辛万苦的努力,要有一颗"不忍众生苦,不忍圣教衰,不为自己求安乐,只愿众生得离苦"的大菩提心。古人说:"出家乃大丈夫事也,非王侯将相所能为也!"要想出家,先要看看自己出家的发心,是否具有出离心,认识到了轮回六道的痛苦,想要出离三界六道,更要看是否具有菩提心,即愿意救度一切苦难众生的心,如果具有菩提心,那么出家以后,有了这种菩提心的支持,一定能成就道业。相反地,只是一段时间的挫折或者情感问题,或者愿意清静几天,那么贸然出家,而没有一个坚定的信仰支持的话,出家生活也不会太平坦的。

如果一个人彻底证悟了空性思想,对于他来说,确实在家修行和出家修行完全一样,没有任何区别。但是,有几个人是真正证悟了空性,还是只是学了"佛在心中"或者"本来无一物,何处惹尘埃"的口头禅呢?如果一个在家人凭空认为自己可以和出家人的功德相提并论,那只能说他是骄慢!!!佛陀在太多经典里面都宣说了出家的功德要比在家功德大很多,如果一个在家人却还以为自己能和僧宝平起平坐,连佛陀的智慧都不相信的话,那又何谈学佛呢?学自己好了啊。但不管怎么说,能现在发起一念想要出家修行的心,都是非常值得赞叹和随喜的,不用说已经真实出家,即使发出家心向往静处,其功德亦难以计量。《难陀出家经》云:"若三千大千世界所有众生,于一大劫中,布施儿女,所获功德,不如发出家心向寂静地迈一步所获功德。"不用说自身出家,即使劝人出家、支持别人出家所获功德亦是无量。《出家功德经》云："若放男女奴婢人民出家,功德无量。"不用说终生出家,即使一日一夜出家其功德也难以思议。《本缘经》云:"以一日一夜出家故,二十劫不堕三恶道。"《僧祇律》云:"以一日一夜出家修梵行者,离三百六十三万六千岁三涂苦。"《万善同归集》中永明延寿大师云:"乃至醉中剃发,戏里披衣,一羁时间,当期道果,何况割慈舍爱,具足正因,成菩萨僧,福何边际。"

《大宝积经》卷二十八,对在家与出家生活作了如下的比较:

出家:清净、解脱、无求、富有、成大法、魔忧、正直、寂静、慈悲、不放逸、积功、出污泥。

在家:染污、束缚、多欲、贫苦、成小业、魔喜、谄曲、愦闹、多瞋、多放逸、取财、溺污泥。

在家有无量过患,出家有无量功德。经典里说,在娑婆世界里最好的是:第一是见佛,第二是闻法,第三是出家,第四是悟道。所以,清朝顺治皇帝曾作诗赞叹说:"黄金白玉非为贵,唯有袈裟披肩难。"又说:"朕为大地山河主,不及僧家半日闲。"由此可知,出家生活比在家好,出家的修行比在家的修行容易成就。

不过说到出家,也不一定要剃发披染才叫做出家。身心都出家固然很好,心出家,身没有出家,也很可贵。所谓"热闹场中作道场",能在烦恼里面,转烦恼为菩提,才是重要的。例如《胜鬘经》中的胜鬘夫人,"虽处王宫,不着欲乐;身居富贵,常修佛法"。在家,一样可以参禅念佛,一样可以修行悟道;功行到家的时候,一样可以勘破生死,一样能够解脱自在。例如傅大士、庞居士,都是典型的例子。所以,六祖大师才说,在家也可以修行。当然,能出家更好,《大智度论》提到:"孔雀虽有色严身,不如鸿鹄能高飞;白衣虽有富贵力,不如出家功德胜。"

尝闻:骊龙颔下有珠焉,尔一切财物,凡有求者,悉皆如意,故名如意实。其余世间珠玉,虽有实名,实玩物而已,未足称实也。佛法中有僧焉,演一切法音,凡有求者,无不离苦得乐,故名僧宝。其外一切人等,虽知佛法,不能如佛而行,未足称实也。或间曰:佛法为世间之尊,故名为宝,僧犹常人也,且有不如常人者,何得偕佛法并立而称三宝耶?纵有高上之士,精通佛法,随机设化,满众生原,而名为实。其中下缁流,不解佛理,等若哑羊,焉能称宝耶?答:凡舍俗出家,剃发染衣,具足僧义者,皆称僧宝。何以故?佛法利生,不但口说,有以身行而作佛者。如一泛常之僧,不解说法,即以身形能破世人一切烦恼,得清凉自在。夫世人之烦恼者,无非不满其意,如无妻者,见他人娇妻美妾,夫唱妇随,自不如彼,心生热恼。若见僧人,达离妻妾,心常泰然,热恼心意,清凉自得矣。又如穷夫,见富者,金玉满堂,锦衣盈箱,自不能得,心生热恼。若见僧人,逃名避利,乐道安贫,烦恼心息,清凉自得矣。又女无子者,见他人子孙昌盛,绕膝承欢,自不能得,心生热恼。若见僧人,抛别子孙,以道相传,绵延不绝,烦恼心息,清凉自得矣。又如卑贱之人,见豪贵者,禄位高增,威令人民,自不能得,心生热恼。若见僧人,以道自贵,与世无争,烦恼心息,清凉自得矣。世人之烦恼,多从妻财子禄而来,此四为世人之最好,有一不如,怀恨终生。唯僧人能舍妻财子禄,为求妻财子禄者作一对治,犹如无上清凉散,凡有服者,无不清凉自在也。即此一端,足堪为宝,弘扬佛法,植出世善因,得无上菩提者,能不为无上至宝者乎?惜世人不识僧宝,反将醍醐为毒药,奈如何耶?佛曰:

僧为世人之福田。

宋仁宗曰:世间最贵者,莫如舍俗出家,良有以也。僧伽入中国,二千年来,化热恼而作清凉,舍迷途而登觉岸者,不可以数计。今人谓僧人曰:当服俗人之服,事俗人之事,否则,不合进化潮流。

呜呼悲哉！僧人从来不随流俗，所以能化流俗也。今欲随顺潮流，反为流俗所化矣。何自生颠倒而如此耶？

或间曰：常最济世者，无衣与之衣，无食与之食，进化事业，满足人心。今之僧者，不耕不织，寄生于人，与世有损而无益，何足为贵哉！答：益世者，有二：一益身，二益心。益心者贵，益身得贱，所以农工不如仕师也。若以衣食而称益世者，耕田织布之农夫工人，皆为益世之者，世人衣食皆仰给于彼故。而安邦定国之文丞武士，皆为损世之人，寄衣食于人故。岂知人不知物理，所以常起贪瞋之心。知物理者，常起知足之想。知足者乐，贪瞋者苦。今之言进化者，无非瞋故贪新，愈趋愈苦。若无知足者，感化人心，节制贪欲，世必悖乱，民不聊生，虽有农工，焉能安居乐业哉？如是益心胜于益身大矣！古之君子谋道不谋食，今之君子谋食不谋道，所以只求衣食进化，不求道理进化也。化学者，虽知猿进化而为人，实不知人退化而为猿也。进化退化，非由求得，乃因业感也。人心善，不求进而自进。人心恶，不求退而自退。今人舍道德尚机巧，而求进化，如此求进，不啻杀羽翼而欲高飞，愈进愈退也。贪者，以为今日之衣食，如是之美丽，住处如是之新鲜，皆由进化而成也。而不知近日人身，如是之小，寿命如是之短，世界如此而已此之恶劣，亦由进化而成也。古之草衣木食，而人民乐以忘忧。今日衣轻食肥，而人民苦不尽言，其何故耶？须知知足之心不可无，进化（食欲增胜）之心不可有。是故僧人，好人之所恶，恶人之所好，感贪夫之心，起知足之想，保真灵而绵延人道，消恶业而培植善因，其益世之道，孰有过于此哉？夫今人之思潮，欲造成极机巧、极华美之物，以满足人之欲望。斯者，可谓有益与社会，是为特色之国民。其不知所造之物有限，人心之贪无穷，谁不欲富有四海耶？谁不欲贵极一切耶？任？有极大之神通，造无穷华美之国土，使世间人个个为王,各遂其欲。若人不知节制贪欲,常存不足之想,安能无并知之患乎?可知进化之道,是纵人之贪,促世之乱,非但无益与世,害世之甚,莫过于彼。夫贪求是世界乱原也,知足是治世之良方也。节制资本平均地权,是故凡夫之心,只可以夺,不可以与,只可以约,不可以纵。所以吾佛大约其心,大夺其心,舍国城妻子,为出苦海之道师。今人不能约心夺心,出离苦海,而反鄙约心夺心之士为消耗分子,为人民蛀虫。鸣呼悲哉!时人不识僧宝终是僧宝,而不因彼不知变为消耗分子,人民蛀虫。犹如不识如意珠者,而谓如意珠是瓦砾、是怪物,而如意珠终是如意珠,而不因彼不知变为瓦砾与怪物。世人不识僧宝,无妨于僧宝也。唯僧者自不知宝。而欲随顺潮流,违背僧宝,更其衣、易其事。如如意珠不雨财物,而雨瓦砾与怪物,则僧宝寿命尽矣!经云:佛如狮王,一切恶兽不敢害,唯狮子身中虫,能食狮子肉。为僧者,当谨遵佛制,莫随顺俗情,重僧宝之名义,防世人之讥嫌,处处以利生为己任,时时以济世为本怀,庶不愧与佛法并立,同名曰宝。我等为僧者,当自勉旃!

僧服是无价宝,维持世道,挽回人心,这是佛教的宗旨。近时世道的风气,人心的趋向,犹如狂流归海,愈趋愈下。人们的衣食住行,无时不向奢侈路上迈进。人们的寿命身量,无时不向短小途中竞跑。愚昧无知者,犹曰潮流进化,人民幸福。余曰:进化实不错,幸福则不然。进化者,是随流入海的进化,不是返流归源的进化。如是进化,实是退化,非但不是令人民增幸福,乃驱人民入苦海也。佛教不随流入海,而教人返流归源,是真进化。是以佛教在人欲横流中作砥柱,而为人民谋幸福也。然而人欲横流者,则谓佛教是横流中的障碍物。又鄙视服方袍圆领之僧徒,谓是不识时务之人。考方袍圆领,是中国汉时的古装,僧人初来中国即服此装,至今二千年来不随潮流变更。其中虽经过元朝、清朝,最大的潮流变化,以变举国人民冠服皆变,独有僧服不变,如砥柱中流,不随流转。即今民国以来,男女的衣冠,朝更夕变,而我等僧服仍然如故。这不变的圆领,是二千年的古物,如此长远不变的稀奇少有,故我谓之价宝。又我非宝此圆领方袍也。以此衣之不变者,非衣不变,乃因我利人之心不变而服亦不变也。僧人心理不随横流迁(利人的宗旨,不变为自利),能为洪涛倒峡中作砥柱。然虽世人不识此无言之至教,而认为横流中之障碍物,而我终不随人欲变。我不变之方针,要砥柱天下人的贪污心,我终不为贪污而变更其心,犹如夏日,虽为众人之所嫌,而日终不因人嫌变热而为凉,一任他人说不识时务,执迷不悟。而我只知佛教宗旨在挽回人的贪心,不随人贪而贪,是化道众生,不被众生化。若佛教随流被众生化者,不为识者之所鄙视,不为龙天之所消灭,更待何时乎?今日之僧徒,因穿了这件圆领方袍的僧服,不能走入政府与人争权,不能走入社会与人夺利,乃至自己所住之寺庙,亦不能自主,还要听他人来支配。青年僧徒,不能忍受这样的鄙视及欺侮,所以要脱去这件障碍物的方袍。以为这件方袍脱去, 等与俗人,非但自己住处可以自主,纵有万亿的家财,他人亦不敢垂涎。且又能争人之权,夺人之利,能欺侮弱小的老百姓。

如是思想,这件方袍真成了大障碍物了。再则,世人亦希望僧徒脱去方袍,不做消耗分子,同来争,同来夺,要学日本明治维新,改革僧制,娶妻食肉,听其为所欲为。请观今日之明治维新,国破家亡,身不自主,虽非专为破坏佛教之所致,亦不外于此也。我悲世人不知佛教的来因。何以故?吾佛出世说法者,欲治世人之贪欲心也。佛教如乐,欲心为病,挽回人心,所以名宗教焉。今世之人,责药不与病同意,欲药病倒治。呜呼!药即同病,只能增病,何能治病耶？只能名病，何能名药耶？须知：僧人不入政府与人争权者，为欲节制世人争权之心也。僧人不入社会与人夺利者，为欲节能制世人夺利之心也。不然，权与利，人皆好之，僧何独恶之也？假若僧人同入政府与人争权，同入社会与人夺利，更有何人能挽回世人权利之心乎？权利无节制，任性贪取，则大奸大恶，日日渐增。可怜世人，只顾眼前权利，不知脚下坑阱，快乐一时，凄凉万古。是故吾佛视世间之权，犹如猛虎；视世间之利，犹如毒蛇，举世之人皆不能免此毒害，唯佛一人能避免之。我等僧徒，因披了这一领方袍，禁止我不到政府与人争权，禁止我不到社会与人夺利，免堕于万劫不拔之深坑。虽然受了他人一时鄙视与欺侮，却增了我无限慈心和忍力。假若我不披此圆领方袍，而欲不随潮流变化，不殉身心于权利，万万不能矣！是以我谓这领方袍是无价宝于我有莫大的恩惠，我顾百千万劫不离此圆领方袍。吾不解青年佛子，为何而于此方袍作对？而于此方袍分离耶？经云：佛法非天魔外道所能坏，唯佛教徒能自坏。佛教犹如狮子肉，唯有狮子身中虫，自食狮子肉。我劝青年佛子，切须认清佛教宗旨，不可随人欲变化，自坏佛门。孔氏之训：无求生以害仁，有杀身以成仁。有道之士，虽处权利之中，而视权利如敝屣。若以权利为权利者，定非有道之士矣。吾观今日社会之事业已经粥少僧多，不够支配，何须再令僧徒走入社会，而凑多耶？今日社会最所缺乏者，道与理，只有消耗者，无生产者。政府当局之人，何不责令僧徒从道理上，谋生产耶？

　　出家的生活，众人同生于天地之间，由圣人教以相生相养，相敬相爱，故能安居。不然，相争相夺，相残相害，相吞相敢，犹胜于禽兽，岂有生存之理乎？古之圣人教人民筑宫室，植五谷，织衣裳，此衣食住，所以养身也。然后，教以辨善恶，戒于恶，止于善，此戒定慧，所以养心也。身心俱养，人道成，世界安宁。若身无衣食住，则身失其养；心无戒定慧，则心失其养，人道绝矣。养心而不养身，安而不能存；养身而不养心，存而不能安，是故互相生，互相养，由众缘而成人道，非一木能支大厦也。人身以利为利，人心以义为利，君子利心而忘身；小人利身而忘心，是故君子喻于义，小人喻于利。君子谋道不谋食，发愤而忘食；小人谋利而不谋道，见利而忘义。君子以义而养小人之心，小人以食而养君小之身。是故孟子曰："劳力者食人，劳心者食于人。"以上君子小人，身心义利，互相资助，似无轩轾。其实君子之道难，小人之道易；君子之道无穷，小人之道有限；君子之后道终身学而不能成者亦有之，小人之道不待学而成者亦有之。君子道难故，所以君子少也。小人道易故，所以小人多也。君子之道胜，则天下太平。小人之道胜，则天下乱。是故只恐君子学小人，不怕小人学君子，是为君子与小人贵贱不同，不可以平等视之也。又君子养心，与小损人利已为失。身以益为养，以损为害，是故君子以损己利人为得，以为人失。人身失养而死，则为鬼心，阴谋不究，岂但不能益世，而天下之大害，万劫之重罪，皆从此起。是故古人说："宁可有义而死，不可无义而生。"世间最难得者人心，最贵重者道义，是故君子与小人，人身与人心，义之与利，岂但贵贱不同，实有天壤之隔也。孔子偕诸门人，周游列国，传食诸侯；孟子后车数十乘，随从数百人，传食诸侯，而诸侯以为应该供给，孔孟以为应该受供者，以宣扬道义，感化人心，非臣民之可比，应以上宾待之也。岂但当时恭敬供养，乃至千百年后，犹广建祠庙，春秋祭祀，此显道义之尊，非但与劳力者不同，与普通劳心者亦迥别也。

我等出家者，亦宣传道义，感化人心之人也。古人云："出家乃大丈夫事，非将相之所能为也。"以将相虽有安邦定国之大力，不能割断功名富贵,妻室儿女。而出家者,独能舍功名富贵,如舍敝履;弃妻室儿女,如弃枷锁,跳出红尘,摆脱俗缚,为人间的福田,做出世的道师。孔孟虽能说先王之道,不能为天子同先王之行。出家者能说先佛之教,亦能出家同先佛之行,以身作则,不言而化,是以谓出家者,名为僧宝也。

僧人宣传佛教,阴助国政,显淑民心,受檀那之供养,抚心自问,于天理国法人情,皆无不当之处。民国以来,欧风东渐,慧日西沉,新学者流,以名利之眼,视出家之人,谓之消耗分子,无益于国家,有损于人民,以致毁佛教为迷信,谤僧宝为蛀虫。由此借庙兴学,提拨庙产,要令僧人谋权利,做俗事。如是五花八门,满城风雨,别无其他问题,唯一利字而已。呜呼!令之人也,只知有利,不知有义;只知有身,不知有心。不教小人学君子,而教君子做小人;不教小人谋道,而教君子谋利,以黄金作废铜,以美玉作蛮石。世人不用正眼,唯以俗眼观察一切,以俗眼观黄金,实不如黄铜之有用,圣人不宝黄金。以俗眼观白玉,实不如白石之有用。而圣人不宝白石,而宝白玉,可见圣人之眼光,与俗人之眼光不同,圣人眼中唯有道与义,俗人眼中唯有名与利。圣人观金玉,其体不杂,如君子不贪污也。以有如是圣德,规正人心,故所以宝贵之也。圣人观石铜,虽似金玉,其体杂,如小人怀二心也;其色变,如小人有始无终也;其性染,如小人之贪污也。以有如是假相,迷惑人心,故所以卑贱之也。俗眼观金玉,不异铜石,虽知其价值之贵,而不知贵从何来,简直一玩物而已。欲以金玉而作铜石,反不如铜石之有用。圣人宝物,俗眼观之,则一废物而已。所以古人叹人物:知己者难也!

士为知己者死,女为悦己者容;子期死,伯牙叹曰:从此天下,更无知音。窃为今日衲子之叹也!佛徒教世人,诸恶莫作,众善奉行，以布施为第一波罗蜜。今日社会上行慈善者，施财施物，施衣施食，救济贫穷困苦者，皆受佛教教化而来。不受佛教因果报应之教化，而肯行布施者未之有也。曾见新学者，见他人以一铜币与乞者，犹谓与之不当，况肯自将财物施人乎？今之不信佛教者，责佛徒不行慈善，其不知佛教之慈善，行之早矣，天下之慈善多是佛教产生。不过是直接教人自行布施，救济贫苦，买放生命。不同其他，集施者之财物，行自己之慈善耳。

慈善事业，施医施药，施衣施食等，这是富豪长者，在家学佛之事，非出家的生活。吾佛及诸弟子，出家后，只行法施，不行财施。以功名富贵，妻室儿女，身外所有，皆舍尽故。至于寺庙财产，乃檀那时候供养三宝之物，僧人专擅布施，理所不许。若作他用，尤加罪过。总之出家的志趣，不在利人之身，而在利人之心。观夫古之道学之志趣，亦与常人不同，卫灵公间陈于孔子，孔子对曰：

俎豆之事，则常闻之矣。军旅之事，未之学也。

孟子曰：夫人幼而学之，壮而欲行之。王曰：姑舍汝所学（仁义）而从我（功利），如之何？孔子志在体智，不愿言军旅。孟子志在仁义，不愿言功利。佛教徒志在行法施，不愿行财施（志不在道者，又当别论）。古之专利时代，尚能遂人民之志愿。制须知道学之士，不耕不织者，非避懒偷安，以道学无穷，虽有人供给所需，专心研讨，犹有终生学而不得者。若自谋衣食，余时学道则恐世无道人矣！

第一节　人天师的意义和功德

一、僧为因位皈依

即因位皈依境和果位皈依境。果位皈依境是这部论最终极要阐述的皈依处，而对于佛弟子而言，因位皈依的"僧"，是决定往后的一切的。

一般而言，"僧为因位皈依"的意思是：僧是我们在法道上的导师、伴侣，暨释迦牟尼佛法教的追随者。由于释迦牟尼佛是于三千年前住世，现代的我们无法会见他并直接领受他的法教，无法知道他到底说了什么、做了什么；然而，佛陀创建了延续至今未曾间断过的僧宝传统，因此，殊胜的佛法才得以完整地保存到今天。(如：舍利弗尊者思维如何使正法久住时，世尊即告之，过去有佛在世，没有为弟子制戒建僧团，佛灭后佛法不久住。如种种花，散置案上，风吹则散；又有佛在世时为弟子建僧制戒以传经法，佛灭后，四众弟子能令佛法不疾灭。以此僧宝在故，善摄故，如以线贯种种花，置案上，虽为风吹而不分散)我们可视僧宝为法道上的道师与伴侣，因为他们精善于帮助我们修学圣珍的佛法。当我们因为怠惰或其他因素而无法修持时，僧宝会鼓励我们继续在法道上求进步。在这里，僧是我们因位的皈依处。

(一)僧

谓僧伽，亦云和合众，即比丘众和比丘尼众。和合者，具有六义，亦

名六合敬,谓僧伽以行六和敬而安住。六和者:

1.身业和敬,谓共同礼拜等身业和敬;

2.口业和敬,谓共同赞咏三宝等语业和敬;

3.意业和敬,谓信心相同等之意业和敬;

4.戒和敬,谓同一戒法、同一说戒、同一羯磨和敬;

5.见和敬,谓共同信解空、无我,共同修行道谛,同证灭谛涅槃之见解和敬;

6.利和敬,谓共同衣食等之利养和敬。

如《仁王经》卷下云:"住在佛家修六和敬,所谓三业,同戒、同见、同行。"此谓僧伽若行六种和敬,即堪称为僧。

僧可分为三:凡夫僧;有学僧;无学僧。

1.凡夫僧:亦名异生僧,即未证圣位以前的僧伽,称为凡夫僧。如月称论师的《皈依七十颂》云:

　　　若未生圣道,是凡夫异生,彼非学、无学,是诸论中说。

这是说明凡夫僧。此凡夫僧要受近圆戒,五人以上的比丘众,或比丘尼众,如法如律修行,如法羯磨,如法传戒(在边地有清净比丘五人即可传戒),如法安居,如法诵戒的和合众,则称为僧。

2.有学僧:如月称论师的《皈依七十颂》云:

　　　　　摧烦恼故学,七人是有学。

此谓从预流向至阿罗汉向七者为有学僧。

(1)预流向:住于顺抉择分和见道十五刹那中者。

(2)预流果:安住于见道八智之圣者,由永尽见道所断三结(见结、我见结、戒禁取结)故。

(3)一来向:向往一来果位,谓尚未断欲界第六品修所断烦恼而正策励断除者。

(4)一来果:永断欲界第六品烦恼者。

(5)不还向:励力修行断除欲界第七品至第九品修道所断烦恼者。

(6)不还果:断除欲界后三品烦恼之残余,不再还欲界之位也。

(7)阿罗汉向：勤行能断初禅乃至有顶之间一切烦恼之加行者。

此上七行者因正在断烦恼故，名为有学僧。

大乘圣僧从证八忍八智，位登初地，始称入如来家，绍隆佛种，乃至第十地菩萨，名为大乘有学僧。此依圣慈氏菩萨所著的《现观庄严论》，列二十种譬喻僧，即五种预流，三种一来，十种不还，阿罗汉向及麟喻独觉，以喻大乘菩萨圣位僧。因为菩萨不入无色界，不证阿罗汉果，立阿罗汉向以喻第七地菩萨为断尽烦恼障而精进修行。麟喻独觉十地菩萨，是由十地菩萨不依师教，以自然智而成正等菩提故。

3.无学僧：亦名真实僧，或称第一义谛僧，无为僧。此即烦恼已尽，所作已办，梵行已立，不受后有的圣位阿罗汉，名为无学僧。如月称论师著的《皈依七十颂》云："尽无余过故，第八说无学。"此无学僧只限于小乘的阿罗汉果。大乘圣者至第十地菩萨属于有学僧，成就无上正等菩提者为佛宝所摄。

独觉圣人分为二种：

一是部行独觉，谓同时多人出世修道而证无学位者；

二是麟角喻独觉，谓此独觉圣人出世证无学位时，唯独一人，犹如麟角，更无第二者。

这二种独觉圣者，都是出于无佛法之时，其共同点都不说法，以神通变化示现一些境界化道众生，由于都出于无佛之时，又不说法，一般不列于僧数。

(二)宝

立量云：三宝"有法"，说汝是稀有珍宝是有因由的，因为与如意宝一样有六种法相似，作如是说故。六种法相似者，谓：(1)出现世间稀有；(2)明净无垢；(3)具有通慧等势力；(4)善思维诸庄严殊胜；(5)诸功德最胜；(6)不随贪瞋所转变。

如《宝性论》云：

真宝世稀有，明净及势力，

能庄严世间,胜上不变等。

是说宝有至宝、真宝之义,为最上稀世之珍。由于未积集福德智慧资粮者则不能见,故是"稀有";本非染浊之法,故是"明净无垢";能成办自他利益,故是"有势力";是诸众生善心之由,故是"能庄严世间";最胜第一超出世间,故是"最上";性非可变,故是"不变";具此六德者,堪称为宝。

(三)住持三宝

佛灭度后的大小乘僧伽,如法如律行六和敬法,和合共住,世代相传,护持正法,利益众生,皆属于住持僧宝所摄。

《佛乘人乘正法论》云:依佛典有三种三宝:一曰:性体三宝,二曰:圣贤三宝,三曰:住持三宝。

三宝者,佛宝、法宝、僧宝是也。

何为住持三宝?依像而见之佛,塔寺是也;依书而传之法,经藏是也;依律而住之僧,丛林是也。而此住持三宝,又依僧宝而住。僧宝清高,佛法兴盛;僧宝污卑,佛法衰替,是故独以僧为住持——住即居住不迁之义,持即任持不失之义。

又,具僧相者,即具律仪:此犹儒家礼乐未尝不美,以无住持部众,故只空言而无实事——盖礼乐依群众而存。离群索居则无礼乐可言;国家礼制因事变迁,时异俗殊则难固守。唯,集自由信行部众,始可新故相传,住持佛教。有此住持部众,故律仪相不致隐没。传戒讲经,坐禅设斋,皆与礼制乐器相应……而住令正法久住矣!

作为住持佛教的僧人,他们住持正法,绍隆三宝,了知佛灭度后大小乘诸贤圣者为住持如来圣教,结集三藏,先辈大德传译,搜集编目以及刻藏流通,弘扬圣教,教化众生,继承保护法藏而作出的广大业绩。并以之作为自己的典范,继承先代遗业,令法藏流传不绝,作为己任。又依法修行,学修并重,三学增上,次第不乱地亲身实践佛法。

这样的僧宝,对佛法已作出了住持的贡献。佛的正法由他们而久住在世间。《大方广佛华严经》卷十八云：

佛子，菩萨具有如是智慧，令三宝种永不断绝，所以者何？菩萨摩诃萨教诸众生发菩提心，是故能令佛种不断；常为众生开阐法藏，是故能令法种不断；善持教法无有乖违，是故能令僧种不断。

僧人能修六和敬法，于诸众生下佛种子，建设道场，护持正法，不惜身命，统理大众，无有疲倦，如法传戒，如法接引后学，便令三宝种不断绝。故上经又云：

"于去来今佛。所说之法。所制之戒。皆悉奉持。心不舍离。是故能令佛法僧种。永不断绝。菩萨如是。绍隆三宝。一切所行。无有过失。随有所作。皆以回向一切智门。"偈曰：

> 昼夜勤修无懈倦　令三宝种不断绝
>
> 所行一切白净法　悉以回向如来地

又如《杂阿含经》卷三十二：

"佛告迦叶。有五因缘令如来法。律不没。不忘。不退。何等为五。若比丘于大师所。恭敬尊重。下意供养。依止而住。若法。若学。若随顺教。若诸梵行。大师所称叹者。恭敬尊重。下意供养。依止而住。"

又如《俱舍论》中云：

> 佛正法有二，谓教证为体，
>
> 有持说行者，此便住世间。

只要住持佛法的僧伽，他们能广学多闻，精通教理，如法如律修行，就必定会有所证受。就有持教者，讲说者，如法修行者，佛教就能久住。从根本上说，有接引出家弟子，传戒、学戒、安居诵戒等，如法如律修行的僧团，有这样的僧宝在世，佛法即久住在世间。

（四）僧宝难值遇

佛经中说，十方世界有无量诸佛，我们世界过去庄严劫有千佛出世，现在贤劫有千佛出世，未来星宿劫有千佛出世，我等本师乃贤劫第四尊佛。人寿二万岁时，迦叶佛出世，人寿百岁五浊逼恼时，本不可能有佛出世。而释迦世尊以大悲心不舍众生出现于世。佛出世之前，已很久没有佛法，实已不闻三宝名字。自世尊出世，出家成佛转法轮，今此南州方有三宝出现。世尊出世必有大事因缘，无因无缘，决不出现世间。所谓因缘，是我等本师最初在古佛面前发菩提心，中经三大阿僧祇劫亲近承事和供养诸佛，积累福慧二资粮，修菩萨万行，严净佛土，成熟众生，位证十地，最后受一切智智的职位，得一生补处。住兜率院时，普观众生根性已熟，得度时机已到，为度一切众生，故而降生人间。

此间，曾在兜率天作五方面观察：

观察国土，选尼泊尔地方；

观察种性，选刹帝利王种净饭王为父；

观察血统、氏族，为甘蔗世家；

观察母亲，为清净无垢摩耶夫人；

观察时会，为五浊世人寿百岁时，

于是降生，自行七步，作狮子吼：

我于一切天人之中，最尊最胜，无量生死，于今尽已。

七八岁受文武教育，十九出家，遍参外道，六年中苦行，降伏九大魔军，终成无上正等正觉，以最殊胜的因缘在人间转动三乘的佛法之轮，建立清净无垢的僧团，直到此时，我们的世间才像长长的暗夜得到光明，甚难值遇的僧宝出现于世了。

而建立僧团，对于五浊的众生世界来说，实在是非常艰难。首先，佛陀慈悲之念难禁，悲心切切地准备组织僧团，先要向曾师事的阿罗逻迦兰与郁陀迦罗摩子说法，然而观察彼等已经死去，于是，佛陀一人向波罗奈城外的鹿野苑走去。

时先舍佛而去的五侍者住在此地，世尊决定见他们。五人相约见佛不起问讯，以为佛是净行退转之沙门，然而佛到来的时候，五人不知不觉起来敬礼，或为敷座，或为执衣钵，而称佛为"长者瞿昙"。佛告之曰："汝等不应称如来为长者，令汝长夜无所利益。我已证得甘露之法，我今能知何甘露道，我即是佛，具一切智智，寂静无漏，心得自在。汝须来，当于此法，教授于汝，汝应听受如说修行，即于现身得尽诸漏，智慧明了，解脱而住，禁行成就，所作已办，不受后有。"五人皆皈依佛，为佛弟子，请佛说法，于是佛应五人之劝请转四谛法轮。于此三转，即名三转十二行法轮。初示转，上根悟道；二劝转，中根悟道；三证转，下根悟道。转，谓佛所亲自证得之法，转入于听者五人的身心。法轮，谓此四谛法，能摧伏一切邪说生死苦海，犹如转轮王之轮宝。如《法华经·方便品》云：

> 以方便力故，为五比丘说，
>
> 是名转法轮，便有涅槃音，
>
> 及以阿罗汉，法僧差别名。

于是，五人各有所证悟而求出家，成为五比丘僧，如是僧宝终于成就！

(五)对于僧宝的信心

对于僧宝的信心可分为：净信、欲乐信和坚定信。

1.所谓净信，譬如我们是一个小孩，生了大病以后，要想脱离痛苦的缠绕，必须要吃药，当母亲送来药的时候，我们很快就吃下去了。我们暂时的病也好了，母亲也由衷地高兴。这时小孩对母亲送来的药的信赖即是净信。一般说成是为求福而信。

2.所谓欲乐信，就像一个饿得快要死的人去找吃的东西一样，这是为求个人解脱生死而起信。

3.所谓坚定信，则是一种不会退失的真信，因为看到了僧宝的功德，生起大乘之心，由此生出了为一切众生的解脱而皈依僧宝的信念。

对僧人的信心，就像燕子造窝，在它未造之前，已详尽观察过而确认造窝之地没有危险，位置也不会有错。因此，它一旦建好窝，每次进窝就都会毫不犹豫地直飞进去。

信心是修行的引导，是修行的基础，我们要有虔诚心，我们从内心中寻求僧的加被。能否加被到，那就看是否具有坚定的信心。加被力就如雪山上的太阳,它无所不照,但如果你躲到北面去,北面之雪难期融化。你要具足信心地迎着太阳,如南面之雪才能融化。有坚定的信念,加被力才能来到。

巨大的信心,会产生巨大的加被力;中等的信心,只能产生中等的加被力。

为求得加被,要时常善于观想,对生活环境中,哪怕有一丝的安乐,都要想成是师父加被的缘故。在炎热时,有一丝凉风吹来,都要观成是师父的加被;乐时,即是师父赐予的禅悦;把一切好看的、好吃的等等,都供养给师父;穿新衣时,要想到先上供与师父和三宝,师父和三宝高兴地接纳后,再把剩下的最后一件赐予我,就像赐予禅悦一样。

当有任何苦境现前,都要知道:这就是我的业障,是以前种下之因,现在因果成熟,要努力忏悔,并安心承受。大家要记住,只有信心生起来,一切就会趋入加被。

不管生与死,都要皈依三宝,纵使要舍弃生命,也不能舍弃三宝。任何时候都要提起皈依三宝的信念。常提醒自己是师父的弟子,一切皆无常,要常祈祷师父的加被。

我们应当具足这样的信心。

(六)皈依因位僧的必要

佛法与外道最根本的区别就是皈依僧,皈依僧是修行的基石,如果没有这个基石,那么修行就如在冰上建起华宅,不管你建得多么漂亮,又装饰得多么豪华,夏天一到,冰层一化,华宅终归化为乌有。

有人问,为什么不直接皈依净土或天上的佛?而独皈依人间的僧呢?当知,无论阿弥陀佛还是释迦佛,难道他们不是僧吗?他们是在人间修行已经成就的僧而已。十方三世诸佛,从来没有一位不是现僧相而成佛的。而他们成佛之前,一定是在人间修行的。我们是人间的众生,只有依止了在人间修行成就的僧,这位僧人的人间修行经验,才能使我们脱离人间的轮回苦痛。

这里，我们首先要认识到皈依因位的人间凡夫僧的必要。

其实，佛陀主张一切事物都是因缘所生，非从自性有，大乘人希求成佛，小乘人希求得解脱，都是在人间发心，人间修行而成圣果。若离开人间，即无圣果可言。如释迦佛及一切诸佛，都是在人间发菩提心，在人间积集二资粮，修习难行能行的菩萨行，成无上正等正觉及说法教化亦在人间，其教法亦流传在人间，法身事业乃至三有未尽亦在人间利益众生。如《造像功德经》云："诸佛如来人中生故，复于人中成等正觉，人中多有阿罗汉而得果故，诸大威德辟支佛，复于人间出现故。"是说三乘圣人都在人间发心、修行、证果和度生，他们都是人而不是神。如《增一阿含经》十八，佛告比丘"如来亦当有此生老病死，我亦是人数"，是说凡在人类，有五蕴之身，就免不了生老病死的自然规律，故佛告诸比丘，当寻求安乐寂静之法。而当比丘依法成就之后，才能依此等法要度脱人间被生老病死缠缚的众生，这是我们必须皈依因位僧的原因。可能有人会说地上菩萨不是往来天上人间及他方世界，一来圣人的"家家"往来天上人间，不还圣人的"三超"、"五般般"不是也在天上般涅槃吗？菩萨往来天上人间是为修菩萨行利乐有情，一来和不还圣人是在人间修行功期未满而示寂生天，证道还得来人间，因为烦恼的起因在于人间，断烦恼证菩提还得要利用人间有漏圆满之身的素质，方能断除有漏而证圣果。(三恶道众生及天人之身都不具备修定断烦恼的条件，此即佛陀教法须在人间实现的原因)而僧人是在人间真实面对烦恼，并进取无漏圣果的师长，是佛法赖以长住之所，故应皈依。只要是在人间受生的众生，就唯有皈依我们人间的僧，这也是人间众生唯一的解脱之道。

(七)皈依的意义

皈依有两重含义：

(1)是皈向，即皈向如来的智慧法身。如《华严经·如来出现品》云："如来智慧无处不至，何以故？无一众生而不具有如来智慧，但以妄想执着而不证得。""永离妄想执着,于自身中得见如来广大智慧,与佛无异。"是说一切众生本具如来智慧法性。又如《涅槃经》卷六说:一切众生悉有佛性,具有三宝性,若能断除客尘烦恼,"则见佛性,成无上道"。所以皈向即是回过头来认识自己身中具有的佛性以为正因,而趣向自性清净的涅槃,成就如来自性清净法身以为究竟胜果。

(2)是皈救,或依护、依托、依仗及其救护等义。一切众生虽有佛性、法性和僧性,具有如来智慧,但这只是本具的因性,要圆满成就如来清净法身功德以为究竟归宿,还是要首先了知自己一切苦而生怖畏,了知欲远离诸苦怖畏唯有三宝乃能救护,这是皈依的因圆满,依此等皈依圆满之因而生起皈依之心,坚定无疑,再发菩提心,修菩萨行,断除妄想执着,断尽客尘烦恼,才能证得,犹如金矿要经陶冶锻炼,乃成纯金。所以在修行的过程中,必须依仗如来救护威力,依靠四圣谛等诸法之力,依护贤圣僧宝教导接引之力,乃能到达涅槃彼岸,成就菩提圣果。

(八)当依何境

皈依到哪里去呢?皈依的境者,谓诸希求解脱者的无上究竟皈依处,是希有至宝。如《妙幢经》云:

> 诸遭怖畏人,多皈依山林,
>
> 及皈诸园囿,皈所供树木,
>
> 其皈非尊胜,其皈非第一,
>
> 虽依其依处,不能脱众苦,
>
> 若时有皈依,佛法及僧伽,
>
> 由知苦苦集,正超越诸苦,
>
> 八支圣道乐,当趣般涅槃。

如寂天菩萨《入行论》云:

> 故自今皈依,诸佛众生怙,
>
> 勤救众生事,大力除诸畏。

> 若谁一切过，毕竟皆永无，
>
> 若是一切种，一切德依处。
>
> 设是有一心，即应皈依此，
>
> 赞此供养此，应住其圣教。

月称论师《皈依七十颂》云：佛法及僧伽，是求解者依。

是故，立量云：三宝有法，是求解脱者所应皈依处（皈依三宝一定要依止比丘僧受皈依，有比丘僧的地方，比丘尼不能授皈依，沙弥及在家男女二众居士更不能为他人授皈依，因为他们不是属僧所摄。要生活在比丘五人以上或比丘尼五人以上的僧团里的比丘比丘尼，才能称僧。现在有人提出"居士化佛教"——否定僧宝住持佛教的说法，值得大家注意。他们也许会说这种居士是指菩萨僧。虽然菩萨僧宝是有示现在家居士相的，但这一定要是证了圣位的菩萨。而一般的在家居士，个人或集体研习佛法，印经流通，宣扬教法，古今皆有。但要以护持三宝、护持僧人学法学律修行弘法为宗旨，这才可称作护持三宝的清净近士，是真正的佛弟子。如果否定僧人或凡夫僧宝，只是居士们学一点佛言佛语，无修无证，就谈不上信仰佛教，更谈不上护持三宝），善巧远离自己一切怖畏，解脱他一切怖畏之方便，随顺大悲心，悲愍他无有远近一切而转，作一切有情皈依怙主及亲友正士故。

（九）皈依的条件

当善了知诸经所说僧宝的功德，及略抉择皈依僧宝所学之次第。总的说来，自己观生死过患，了知自己一切苦而生怖畏；特别是观恶趣过患，善于思维，意念怖畏。依此二因，了知唯有僧宝乃有离怖救护之功能，对于僧宝系心思维，以心中依止的皈依意乐极善调柔为前行，于皈依学处应如法修学。若如是作，随佛悲心令功德辗转向上增长，于此已得坚固暇满之身，心意极善调柔皈依。若无希求，纵于闻思修能精进者，其果极小。

(十)皈依的仪则

皈依三宝与不皈依三宝，是区分佛弟子与非佛弟子的根本原则。真正的佛弟子必须至心皈依三宝，必须承认佛陀是自己的大师，必须依止佛陀所说应止应行的一切教法而修行，必须尊重、依止贤圣僧以为良师善友，将自己的身心依托于三宝，求三宝救护，誓死不渝，如前说的印度居士宁舍身命不舍三宝，才是真皈依三宝，是趣入圣教之初门。

"佛法僧三宝，天上第一尊"(《涅槃经》所说)。

皈依三宝后，不能再皈依其他一切天神外道，否则就失去皈依之体，不得再称是三宝弟子(受的意义，一为表示自己对三宝的信心；二为乞求三宝力加持救护，乞求三宝救离一切生死痛苦，怀着真诚的清净信心，祈请三宝慈悲容受作为依靠，如是迫切皈依的发心，即成皈依之体)。如《涅槃经》云：

> 皈依于佛者，真名优婆塞，
>
> 终不更皈依，其余诸天神。
>
> 皈依于法者，则离于杀害。
>
> 皈依圣僧者，不求于外道。
>
> 如是皈三宝，则得无所畏。

皈依后，应行的学处详见《菩提道次第广论》。如果只承认二宝或一宝，而皈依一宝或二宝者，就不是佛弟子，因为违背佛陀所说三宝教义的根本原则，故依佛法教义，不能承认他们为佛教徒。

(十一)皈依的发心

皈依为入佛教之门，发菩提心为入大乘之门，发出离心为入解脱之门，此为入行三门。是说，皈依三宝为二乘人共同修行的所依境(从皈依为因，直至成佛为果，在未成佛的中间应永远皈依三宝)，发大乘心者依靠三宝修行而成佛法身，故必须为了一切众生都能成佛而皈依僧宝,而修行佛法,这即是究竟的上士道皈依;发出离心者依靠三宝修行而得解脱涅槃,仅是为了自我解脱,是阿罗汉的境界,称为中士道的不究竟皈依;若只求人天安乐及福报,依靠三宝救护而修善法,定得人天安乐,这是下士道的不究竟皈依。若依如来的究竟本意,是愿一切众生都进入上士道的究竟皈依,发起大乘菩提心,住持圣教,利益有情,令三宝种不断,圆满无上正等菩提。

(十二)皈依戒

皈依戒,即是通过正式的皈依仪轨,而从皈依师处所得的戒体。它是修行人将来的一切戒律的基础,以后受别解脱戒、菩萨戒、三昧耶戒,都只需由戒师重复念诵三皈依及别解脱戒、菩萨戒、三昧耶戒的戒相,即能获得别解脱戒、菩萨戒、三昧耶戒的戒体。所以,相对于将来的三重戒律来说,皈依戒是最重要的。

皈依戒分戒体和戒相两部分。所谓戒相,即是皈依之后所应该行持的学处,分二:不共同学处,共同学处。

皈依的不共同学处分三:所舍学处,所取学处,同分学处。

(1)所舍学处:皈依佛后,不能究竟皈依世间鬼神。皈依法后,不能害众生;皈依僧后,不能与外道同居;外道包括恨自己师父的人,和诽谤佛法的人。

(2)所取学处:皈依佛后,要恭敬佛陀圣像;皈依法后,要恭敬经典;皈依僧众,要恭敬僧众。

不仅是恭敬真三宝,而且,连佛像的碎片,经书的一个字,僧衣的一片红黄色的布,也做做真三宝,以头顶礼,供养(放置)在清净之处。

(3)同分学处:将为自己授法的师父、善知识看做真佛常恭敬。将善知识的话看做法宝而不违半句。将善知识的眷属,及自己的道友,看做真僧宝,以身口意三门恭敬。

五条共同的学处:虽遇命难亦不舍三宝。虽获大奖也不舍三宝。遇到任何灾难只求三宝加持,得病时若要医疗,把药看做三宝的事业作用。去到任何地方也顶礼当处的三宝。

常常一心皈依三宝并念皈依的偈子,并劝他人皈依三宝;睡卧时把皈依境观想在心脏内或床前;吃饭时观想在喉间而作供养,或者每当吃饭时在大众未用之前供三宝;平时见到任何美妙合意的物品,都以心观想供养三宝;每月十五和初一的日子随力供养三宝;恒时不忘三宝。

皈依的学处即皈依戒的戒相已说竟。

而皈依的戒体呢?戒体,须以出离心摄持,摄于欲界中。也就是说,须要以出离心为条件,才能得到皈依戒体,这是直接的特点。间接上的含义是:因以出离心受持,故排除了怖畏戒、正愿戒以及外道的戒;又因为以出离心受持,故排除了善、恶中间戒。皈依戒体有以下的含义:

不同的戒体,在一个修行人的相续中的存在方式,各宗派都有不同的说法。按小乘的说法,它和别解脱戒、静虑戒、无漏戒这三种戒互不相关。在一个人的相续中,各种戒体以各别的方式存在,就像捆在一根柱子上的三股绳子一样;小乘经部和大乘唯识及中观宗,则说各种戒体以一体的方式存在,就像一个人可以同时身兼数职,假如各种戒都受过之后,想舍去上面的戒,仍不妨守下面的戒,就像辞去一个职务,还能担任剩下的职务一样。但是,皈依的戒体却是不可舍去的,因为它是尽未来际的,假如舍去,那就不仅只是舍戒的问题,事实便已进入了外道(佛法称佛教以外的所有教派、思想、团体为外道)。

大小乘对于戒体的性质的说法分别如下:

在《三戒论释》中指出,内道四宗(有部、经部、唯识、中观)对戒体的表述上,在各种发心和遣除以身口为主的恶行上是相同的,但在关于戒体的体性是属于色法还心所法上,存在着相当大的区别:

(1)有部。有部认为,各种戒的戒体都是色法,而不是心所法。根据是,如要遣除属于色法的身口恶业,只能依靠身口所产生的色法才能对治。

(2)经部。小乘经部分随教经部和随理经部两种,世亲菩萨的《俱舍论自释》中主要宣说随教经部的观点,而随理经部在很大程度上则与大乘随理唯识一致。随教经部认为,将内心烦恼相续,通过僧众以及仪轨的加被转变为清净相续,这个相续就是戒体。随理经部则认为,戒体是心所的一种。

(3)唯识。唯识宗认为万法唯识,心外无境,故不承认戒体为色法,而是一种心所法。因为轮回的根源——烦恼、妄念也是心法,故应以心法的戒体方能对治生死。心所法有五十一个,戒体是其中五遍行心所中的造作识及其种子相续两部分组成。如只承认戒体是一种心所法,但心所法是刹那的生灭法,第一刹那得戒,第二刹那就失去了,不可能连续存在下去,故应安立其同时也是一种习气,才可以连续。若只承认是种子习气,其虽能在阿赖耶识中成立,但破戒后种子习气还是不灭,戒体就不会失去,然而这显然与事实不符合,故同时安立为心所法。

道宣律师认为,戒体是一种无表色(有表色指最初受戒时顶礼、传戒僧众念仪轨等的有为加行,以这种加行所产生的身口方面的改变即是有表色戒体;无表色指最初受戒时,以有表色的因所产生的戒体的果,因为有的宗派认为因果可以同时存在,以无表色的形式建立起来的断恶行善的势力,即是无表色戒体,这是小乘有部的观点)。它是依僧众以及仪轨的加被使我们的相续转变为清净,这个清净的相续,就是戒体,它不仅仅只是心所法,同时也有善业习气的成分。因为遇到犯缘的时候,它会发起断绝恶缘和增上善缘的功能,起到"诸恶莫作,众善奉行"的作用。它不可能是色法,假如是色法,在戒体生起时,会有比雷霆怒吼更大的声势,弟子得闻都会昏倒躃地。

(4)中观。中观中是如此建立戒体的,他们认为,由师父、僧众、仪轨、庄严的加被与自己发心相合时,遣除身语意三门恶业的善心就是戒体,同时也称为持戒度。

综上所述,皈依的戒体该怎么来确定它的性质呢?我们应当以中观的方法来建立。由师父、僧众、仪轨、庄严的加被与自己发心相合时,遣除身语意三门恶业的善心就是戒体。在受持的过程当中,在我们发誓"除三宝以外再无依处,从今往后,受苦受乐全靠三宝"时,内心深处所生起的猛利的信心和坚定不移的、能使身体毛发竖立、泪如泉涌的决心,这样的心便是皈依的本体,也即是皈依戒。《现观庄严论释·总义游戏海》中说:通过皈依仪轨,而安住于许诺誓言所显之正理,是皈依的戒体。

皈依戒体的建立,一是为尽自己对三宝的心意(信心),二是为祈求三宝力加被救护,祈求三宝救离一切生死痛苦,怀着真诚的清净信心,祈请三宝慈悲容受,作为依靠,如是发心皈依是皈依的体的成立,也就是所说的"受"三皈依。如《大乘理趣六波罗蜜多经·皈依三宝品》中说:"皈依三宝已复发是愿。愿我救护一切众生。渡生死海到涅槃岸。如大商主道诸商人。度大旷野沙碛险路至无畏处。三宝道师亦复如是。道引有情度空旷处生死长夜。至大涅槃得无所畏。慈氏当知发心修行大乘行者。应作如是皈依三宝。"

(十三)皈依的量

阿底峡尊者说:"发菩提心与否,是大乘和小乘的主要差别;而佛教与外道的区别,则在于是否皈依三宝。"皈依三宝时,僧众面前的仪轨虽然重要,但只有获得皈依戒体,才能真正算是具足皈依的量,成为真正的三宝弟子。如何才能判断是否已得戒体而具备皈依的量呢?《内加行引导文》中说:我们正受皈依仪轨时,恭敬地念皈依偈,内心同时发誓:

"从现在起乃至得菩提,师父永作引导者,佛和菩萨作为道师,佛的法作为道,伽蓝护法神和僧众作为道友,除此(三宝)之外不寻求任何皈依处。我等生生世世一心一意只求三宝,依止三宝,供养三宝,除三宝外,别无依处。故从今日起受苦受乐全靠三宝。"

如上从内心深处,发起猛利的信心和坚定不移的决心,心里要生起能使毛发竖立、泪如泉涌的感受的信心。这样的心便得到了皈依的本体,即是得到皈依戒,具足了皈依的量。

口诵着皈依偈,取一个法名,发一个证件等,不是真皈依,那只是形式,真皈依是发起和得到如上的决心。

古印度有一位佛门的居士,被外道抓去。

外道说:"若你舍弃三宝就不杀,不舍三宝就杀死你。"

居士答道:"如果从口头上说,我可以舍三宝,但我心里绝对不舍三宝。"这位居士后来被外道杀死了。

这位居士舍弃了自己的生命,没有舍弃三宝(恒常忆念、爱惜、护持三宝比自己的生命更为重要)。凡是皈依三宝的众生,都应该有这种虽遇命难亦不舍三宝的决心,否则,不能算是佛弟子,更谈不上比丘菩萨等等。光自己认为是佛的弟子,那是不行的。应该向内观察一下,如果今天有人把我们抓去说:

如果你们舍弃三宝就释放,不舍三宝就杀掉。

这样让我们选择的话,舍三宝?还是舍生命?若能舍生命不舍三宝的话,已成佛四种弟子之一。若舍不得生命,却欲舍三宝,根本不属于佛教徒,还没进佛门。

(十四)皈依后的学处

皈依后所学之次第分二:一别所学,二共所学。初别所学又分遮所学及修所学二种。初遮所学者,如《涅槃经》云:

若皈依三宝,是谓正近事,

终不应皈依,诸余天神等。

皈依正法者,应离杀害心,

皈依于僧伽,不共外道住。

次修所学,如龙树菩萨《亲友书》云:

随工巧拙木造等,智者应供善逝像。

二共所学者,应学恒常忆念、爱惜、护持三宝比自己生命更为重要;并应当恭敬、顶礼、供养三宝等。不信的心仅一刹那顷亦不应生,如是所作当成为一切乐善的基础故。如善慧大师说:

众生怖畏生死险，孤独无伴遍漂游，

因无三宝皈依处，是故至心而皈依。

(十五)皈依僧的功德利益

皈依具有特别殊胜利益，一般说来有八种，即

(1)进入佛门；

(2)成为一切戒的基础；

(3)灭尽往昔所造诸恶；

(4)不受人与非人的障碍；

(5)成就心所想的事；

(6)具大福德；

(7)不堕落恶趣；

(8)速得佛果。

《现观庄严论释·总义游戏海》则谓：

(1)能摧毁一切罪堕；

(2)能圆满广大福智二种资粮；

(3)能救护一切灾害；

(4)能获得别解脱戒等功德；

(5)及已得不失坏并能令增长；

(6)能令种姓醒觉；

(7)能速得无上菩提等功德利益。

故《摄般若波罗蜜多论》云：

皈依福有色，三(千)界器犹狭，

如大海水藏，非握能测量。

如圣严法师在《戒律学纲要》中所说："皈依三宝的好处，实在太多了，可以求得现世乐，可以求得后世乐，更可以由此而得到涅槃寂静的究竟乐。"综合起来，约有八种：

(1)成为佛的弟子；

(2)是受戒的基础；

(3)减轻业障；

(4)能积广大的福德；

(5)不堕恶趣；

(6)人与非人均不能扰乱；

(7)一切好事都会成功；

(8)能成佛道。

如要分别举例,佛经之中,实在太多,现在选择四条,用语体文译述于下：

人若皈依三宝的话,将来所得的福报之大,大得不可穷尽。譬如有一个宝藏,全国人民,搬运七年,搬之不尽,三皈功德,比这还要大到千千万倍。(《优婆塞戒经》,大正二四·一〇六三上)

过去,有一位三十三天的天子,天福尽了,还有七天,就要死了,昔日的欢乐,都离开了他,美丽的天女,不再亲近他了,本来是威威堂堂的相貌,现在变得毫无气色了,他的身体,既衰弱,且垢秽不堪,两腋之下,整日流着臭汗。他也看到,他将生到猪胎中去,因此躺在地上,哀伤、流泪、诉苦。此事给天主知道了,指示他诚心皈依三宝,教他口念：

皈依佛两足尊,

皈依法离欲尊,

皈依僧众中尊。

他便照着天主的指示,皈依了三宝。七天的本限一到,他便死了。天主想知道,天子死后究竟生到何处去了,但是以他的能力看遍了所能看到的所在,都无法看到那个天子的下落。只好去问佛陀,佛陀告诉他说："已经由于皈依三宝的功德,转堕为升,升到兜率陀天去了,你们天人,只能看下面,看不到上面的。"(《嗟袜曩法天子受三皈依获免恶道经》,大正一五·一二九中至一三〇上)

如果东西南北的四大部洲之中,全数都是二乘果位的圣人,有人尽形寿供养,乃至为其一一造塔,那个人的功德之大,是不可计量的,

但远不如皈依三宝功德。(《校量功德经》,大正一六·七八三下至七八五中)

过去有一位莎斗比丘,专诵三宝之名,经过十年的岁月,便证得了初果斯陀含,如今在普香世界作辟支佛。(《木木患子经》,大正一七·七二六中)

从上面所举的四例,便可知道皈依三宝是极为难得的事。同时,佛陀也曾说过,只要有人皈依三宝,便有四王天派遣三十六位善神,随身护持,并且希望受了三皈以后的弟子,将此三十六位善神的名字,写下来,随身携带,便可辟除邪恶,出入无畏。现在不妨将此三十六位善神的名字,照抄如下,以备行者应用:

(1)弥栗头不罗婆(善光),主疾病。

(2)弥栗头婆呵娑(善明),主头痛。

(3)弥栗头婆逻波(善力),主寒热。

(4)弥栗头梅陀罗(善月),主腹满。

(5)弥栗头陀利奢(善见),主痈肿。

(6)弥栗头阿娄呵(善供),主颠狂。

(7)弥栗头伽婆帝(善舍),主愚痴。

(8)弥栗头悉坻哆(善寂),主瞋恚。

(9)弥栗头菩提萨(善觉),主淫欲。

(10)弥栗头提波罗(善天),主邪鬼。

(11)弥栗头呵娑帝(善住),主伤亡。

(12)弥栗头不若罗(善福),主冢墓。

(13)弥栗头苾阇伽(善术),主四方。

(14)弥栗头伽隶娑(善帝),主怨家。

(15)弥栗头罗暗遮(善主),主偷盗。

(16)弥栗头修干陀(善香),主债主。

(17)弥栗头檀那波(善施),主劫贼。

(18)弥栗头支多那(善意),主疫毒。

(19)弥栗头罗婆那(善吉),主五瘟。

(20)弥栗头钵婆驮(善山),主蜚尸。

(21)弥栗头三摩陀(善调),主注连。

(22)弥栗头戾褅驮(善备),主注复。

(23)弥栗头波利陀(善敬),主相引。

(24)弥栗头波利那(善净),主恶党。

(25)弥栗头虔伽地(善品),主蛊毒。

(26)弥栗头毗梨驮(善结),主恐怖。

(27)弥栗头支陀那(善寿),主厄难。

(28)弥栗头伽林摩(善逝),主产乳。

(29)弥栗头阿留伽(善愿),主县官。

(30)弥栗头暗利驮(善固),主口舌。

(31)弥栗头阿伽驮(善照),主忧恼。

(32)弥栗头阿诃婆(善生),主不安。

(33)弥栗头娑和逻(善至),主百怪。

(34)弥栗头波利那(善藏),主嫉妒。

(35)弥栗头固陀那(善音),主咒咀。

(36)弥栗头韦陀罗(善妙),主厌祷。

上面所抄的三十六位善神,出于《灌顶三皈五戒带佩护身咒经》(大正二一·五〇一下至五〇二中),该经说,凡是受了三皈的人,就有四王天王派遣他们来为之护持,同时,此三十六位神王,各各还有万亿恒河沙数的鬼神,为其眷属,轮番护持受了三皈的人。如能书写神王名字,带在身上,那是最好。其中第二十四及第三十四的两个音译名字相同唯其意译不同,当无防碍。不过,我们应当知道:

皈依三宝,虽可求得现生的平安与快乐,皈依三宝的最终目的,乃在回到三宝的怀抱,并使自己也成为三宝——皆可以成佛。

皈依僧宝以后,便有如上皈依三宝的一切功德。是以当知,皈依僧宝功德无量。

二、僧为果位皈依

《宝性论》又以果位皈依叙述僧伽。在藏文中,果位僧伽的根本功德称为"瑞格卓"(rig-drol),意为"智慧"及"解脱"。你也可以说瑞格卓和佛或菩提的意义几乎一样。

"佛"的藏文是"桑杰"。"桑"的意思是"净化"或"净除",即达到全然的证悟时,一切障碍或瑕疵皆已完全净除;"杰"是指佛果的诸种功德都已经完全开展、完全显露。

梵文之"菩提"的藏文翻译是"江秋不"。"江"的意思是应断除、离弃的已被净除,"秋不"的意思是证悟的智慧与功德已臻至完美。

"瑞格"(rig)的意思是"完美的知识"或证知,"卓"(drol)的意思是从应断离的"解脱"。所以,瑞格卓和菩提的意思几乎一样。但是,佛果指最究竟的结果,两者的差异在于:菩提——证悟——一词较着重渐进而至的成就;瑞格卓——智慧与解脱——则因为修持者尚未完全达到最终究的结果。

僧的智慧有三种:

1.如实了知本性的智慧(如实见智);

2.见到一切存在现象的智慧(尽真实智);

3.觉知内在的智慧(内自证智)。

(一)僧的智慧三功德之一

如实见智——如实了知本性的智慧,在一般佛法术语中,"如实了知本性的智慧"指究竟甚深的智慧;"见到一切存在现象的智慧"指遍知一切事物的相对本性、觉知任何依因缘而显现的现象。简而言之,第一种智慧觉知事物的空性层面、甚深的究竟真理(胜义谛)、现实状态的真正本性;第二种智慧觉知广泛的相对真理(世俗谛)。

在藏文中，"吉他瓦"（jitawa）一词的意思是"完全如其所是"（如实、如是、如如）。例如，视红色为红色、视黑色为黑色、视小的为小的；如果我们把红色看成黑色，或把大的看成小的，就不是如实地觉知事物的本性。如实了知本性的意思是：觉知现象原本如此的本性。这种智慧使僧伽真正了知现实状况的本性。通常我们误以为事物是具体的，具有实质的存在性；但是，僧伽看到世界不具真实、具体存在性的如如真相，他们了知一切事物的本质是空性、自性是明性的真相。

（二）僧的智慧三功德之二

尽真实智——见到一切存在现象的智慧，在藏文中，"进耶巴"（jinyepa）一词的意思是"任何存在的"、"存在的一切"。它的原义是，如果有三件物体，我们觉知到有三件物体；如果有一百件，我们看到全部一百件。我们觉知任何一切存在的现象，且这种觉知是完整的，不是部分的；世界上的一切事物——不论其特质为何——都被如实地觉知，这是完整、全然的了解。凡夫的知识或许相当广博，但有一定的限制，其智慧不能理解此界限之外的现象；但是，僧伽具有遍涵一切的智慧。

（三）僧的智慧三功德之三

内自证智——觉知内在的智慧，智慧的第三种功德称为"觉知内在的智慧"。这表示修行者觉知自己内在的证悟潜能，即每一众生皆存有的佛性或开悟的本性，这种觉知是了解一切众生——包括我们自己——都能达到圆满的证悟。由于这种智慧，我们不会陷入"我永远也无法达到证悟"或"我无法达到胜众之成就"的念头而深感气馁，此殊胜智慧确知每一位众生都具有这个种子——证悟成佛的因。所以，我们和胜众一样能成就佛果，因为我们全都具有同样的潜能；既然证悟的潜能没有什么不同，我们就没有理由感到气馁。

因为众生的性情及能力不同，我们似乎只能帮助某些人，而无法帮助其他的人——适合某些众生的，可能不适合其他的；我们甚至会觉得,某些众生具有开悟的潜能,其他则没有。但事实绝非如此,所有的众生——无一例外的——都具有证悟的本质及成佛的潜能。某些众生比较聪明,某些众生具有极大的信心,有些则缺乏信心,但他们仍然全都具有证悟的本质。由于具有证悟本质,即使是才智很低或信心不足的众生也能开展其成佛的潜能。

大菩萨从不畏惧利益无量无边有情众生的事业,虽然他知道这必须经过许多劫才能圆满, 他不会感到气馁而想:"如果这只需要一二劫,我就有办法帮助这些众生;可是,如果要更久的话,我就无能为力——众生实在太多了!"由于这第三种功德——觉知内在智慧,菩萨具有致力于广大度生事业的勇气及无畏。

因此之故,这三种智慧功德至为清净。这三种智慧功德的无比清净,导致解脱的三种功德。

僧有令人解脱的三种功德:

免于束缚——染污——的自由

免于遮障——知识障——的自由

免于劣见——声闻者及缘觉者的态度——的自由

(四)僧令人解脱的三功德之一

使免于束缚的自由,解脱的第一种功德是免于束缚的自由。在许多例证中,束缚指贪婪或执着,但是在此处,它遍指使我们困于轮回的三毒或五毒所形成的一切烦恼和障碍(烦恼障)。

(五)僧令人解脱的三功德之二

使免于遮障的自由,第三种智慧——觉知内在的智慧——实际上涵盖于前两种智慧:如实了知本性的智慧,及见到一切存在现象的智慧;但是,为了阐明及强调觉知内在智慧的重要,它被单独描述为一种功德。同样的,解脱的第三种功德——免于声闻者及缘觉者之劣见的自由——实际上包括于前两种功德:免于束缚的自由,及免于遮障的自由；然而，为了强调无私菩提心——相对于声闻者及缘觉者的自利态度——的重要，它被单独描述为一种功德。

(六)僧令人解脱的三功德之三

使免于劣见的自由，声闻者(梵文 sharavaka)不关切其他有情众生的成佛潜能，因此没有利益其他众生的意愿；缘觉者（梵文 pratyek-abuddha）又称为独觉者或辟支佛，觉得仅只为自己而成佛就足够了，因此也没有利他的志愿。事实上，这种态度和觉知内在智慧正好相反，而且它唯一的对治就是觉知内在的智慧。

总而言之，赋有这些无上美德或智慧功德的僧伽，被尊称为"圣僧"。圣僧已超越轮回，他们具有智慧及解脱的根本功德，这两种根本功德可分别细述为三种。依据西藏的计算方法，以上六种细分的功德加上两种根本功德，总共是八种功德。

第二节　过失与功德的澄清

一、正确的认识

太虚大师说：何为住持三宝？依像而见之佛，塔寺是也；依书而传之法，经藏是也；依律而住之僧，丛林是也。而此住持三宝，又依僧而住。

僧宝是三宝的总集。《大幻化网》中说道："举凡能见到的僧人、僧衣、僧相等，全是佛的化身。他们以大悲心，为了利益和度化众生，而幻化游舞在五浊恶世的人间，乃至以种种见闻思触的方便，深入众生心地，令众生获得度化的因缘。"可知，如果僧宝不出现或不振兴，是由众生的业力对佛化身的接受程度来决定，不是僧宝本身有过失。众生佛缘多而深，则见僧宝清高，佛法兴盛，大家有缘而依止；众生佛缘少而浅，则见僧宝污卑，佛法衰替，大家无缘而背离。

二、认为有过失的原因及对治方法

中国的人群，因为人口、文化、地域、交流等各方面原因，使绝大多数的学佛人，重理智、少信仰，文人习气、知识分子习气、学究习气，使人不循上进。在烦惑粗重的凡夫阶段，理智和信心二者成为矛盾，重智者乏信，重信者少智。然而在皈依僧宝时，不重信而重智，无异于稚童舍慈父而逃逝。辨别真理是假,背离僧宝及三皈是真。佛教到了如此的局面,也只能向这众生见浊的世界说:"哀哉,可伤!"了。(龙树菩萨《十住毗婆沙论》中说,信为入佛之门、信为能入,所以古德云:先从糊涂起,后从明白来;先从明白来,便向门外去)

而背离僧宝,审察皈依境的事,对已受过皈依的佛子来说,都是送自己堕落的机心。这种心是以什么作根据的呢?"依法不依人",这话是他们的佛典根据。

"依法不依人"原出自佛教的四依法,即:

依法不依人,依义不依语,依了义不依不了义,依智不依识。

依法不依人的大义,如释尊前世舍命向罗刹求半句偈,是只求正法而不讨教说法者现什么身相。反过来说,这恰是我们依止了僧宝善知识之后,不向僧宝求长短的正确心态,怎么能以此作为向僧宝求短处进而背僧作"二宝"弟子的依据呢?(有说,我们不皈依僧人,只皈依阿弥陀佛。然而,阿弥陀佛不也是僧中的一员吗?现在僧人都有过失,故不皈依。可是,若非现量通达,仅凭眼见心思便说僧人都不清净,岂不与顺世外道执着自分别所显的现世不清净为实有一样吗?而且,不光要依止僧人,更要有因缘合适时自己也出家修行的愿望,才是一个居士弟子应有的理想。有问,不必出家,我们往生后,在极乐世界成佛,不行吗?但是,十方三世诸佛没有一位不经出家而成佛,所以即使往生,还是要出家为僧,才成佛的。)了义的层面上讲,一切僧都是佛身的化现,不容轻忽;不了义的层面上讲,单只剃发袍服的僧相,便能令我等息妻财子禄之忧,得常乐我净之乐。僧是整个众生世界的脊梁,是苦海导师,是迷途向导,是众生幸福苗芽的大田,不可背离而当依止。真正解脱的佛法从那里产生。

而当僧人已为我们带来佛法之后,则须依义不依语。不能只停留在表层的言句上,要进而达其深义。

依了义不依不了义呢?只有了义的教法才是佛陀的教法之巅、教法之体,不了义教法,或是局部、或是方便、或是前行。佛法之巅的了义教,是佛弟子依止了方便前行法之后的真正皈依处。

依智不依识,即是在前说的基础上,我们要依止亲证到的了义,不能停留于尚未亲证的了义。尚未实证的了义,归比量分别心(识)所摄;已实证的了义,归直接的经验(智)所摄,乃至可说是现量所摄。一切了义,毕竟须要达到直接的经验,才能给予"了义"一个价值,如胡适的实用主义哲学思想,到此为止,是其顶峰了吧!

可佛教认为还是没有说完。

因为,把尚未实证的了义(识),转变成实证到的了义(智),必须取决于修行者的接受能力。这使识和智之间,不得已又要增加一个环节(而与其在它们中间增加这个环节,倒还不如增加到它们后面去,因为这是对一个尚未证悟的众生说的道理,他们的心目中的"已证"、"未证",都是没有证悟的识心)。那,就是这个修行者的阅历或说经历,它决定修行者对了义(识)的认知水平,也决定修行者能够多大程度地接受而现证了义(识),使之成为了义(智)。麦彭尊者《澄清宝珠论》则称了义(识)为"相似胜义"或"假胜义",说它虽然不是真胜义,但进入真胜义的第一步台阶,只能是它。但该论没说第二步应该是什么。

在这里,我们已经知道了,第二步台阶必须是"修行者的阅历或经历"。

说到修行者的阅历或经历,能让人真正理解儿童读经,"蒙以养正圣功"的重要意义。不过,那是社会教育。从佛教的教育方面来看,修行者的阅历、经历,分两方面,即:世俗不如理观察人生与世间的(它对假胜义的分别了义识,起不到转识成智的作用)和出世间如理观察人生与世间的。只有出世间如理观察人生与世间,阅历、经历才能对转识成智产生作用。而如理观察全在僧宝的引导。

由此可知,依智不依识这第四依,也是完全依托在对于僧宝的因位皈依上的。假如有出世经验的僧,不为我等作引导,识转成智的利益则无法产生。

综上所述,四依法的起端,完全要从依止僧宝、善知识得来。四依法的归结，还是要向依止僧宝、善知识的方向去。

对"因位皈依境"和"果位皈依境"都同时具足的僧人，皈依的弟子正需要他们能直接耳提面命的教诲，所以尤其不能忽略因位皈依境上现前的僧人，他有双重意义。由对"依法不依人"这句话的错误理解，而使某些人往"二宝弟子"的偏激方向发展，原因都在于：背离因位皈依境的现前僧人。他们的结果，只能是由此而背离一切因位和果位皈依上的僧（说只依贤圣僧，亦已成为不可能了），也同时背离一切三宝。他们不知道有三个原则：

（一）从起端到归结，都源于皈依因位僧（现前见到的僧）。

（二）依法不依人的观察，是抉择胜义时用，抉择世俗只能用四出离心（人身难得、人生无常、因果不虚、轮回过患），这种抉择只能让人更加倍地恳切依止现前僧。

（三）即使在观察抉择胜义时，亦应完全彻底地皈依现前"僧"这个源头。

依这三条原则，才能对四依法作正确的解释，才能对现前僧是因位皈依作正确的解释。人们犯过失的主要原因，即在于对以上三个问题的误解。

因此可以知道，佛教中国化、现代化的同时，为了度化人类，必须要首先挑起一副扭转中国人群思想弊端的重担。扫清文人习气、学究习气、知识分子习气带来的机心，在世俗中，改变只重理智而否认信心的毛病。待中国的人们建立起于僧的信心，才真是现代化、中国化、人间化佛教绍隆的时候。

人口、文化、地域、交流等，不是以上弊端的直接原因，而只是客观外在原因，审察主观直接的原因，才是解决这些问题的有效方法。直接原因，是对以上邪见和弊端执着的态度。有说不敬僧宝，寻过、远离这些，跟中国历来的皇帝、政治、历史等有关，说是领导层不信佛，佛法不参政，僧人才没地位，人们才不敬僧。不过，那也是客观原因。唯有执着邪见的态度，能让过去的原因变成现在的毛病。由此可知，客观存在的历史、政治、君主那些，都不是不敬僧宝的主因，自然也不是不敬僧宝的对治处。我们须要找到一个如法、合理的对治处。我们无论如何，也不能不敬顺依止僧宝。

对于我们已经皈依僧宝的人，没有任何一部经论，说过应对他们进行观察的主张。对于我们尚未依止的僧宝，更没有任何一部经典，说过应对他们进行观察的主张，那都是在做盲人评象，而去圣求遥的蠢事。

汉译本的《究竟一乘宝性论》的论本中，强调了不对所皈依境作观察的重要性，最后说："思议即是谤"。意思是说，举凡以观察的方式，进行思维，都已是谤的性质，更何况议论呢？

大乘修行人，偶闻一言谤破僧宝之声，犹如三百矛刺心；宁以千刀万杖打拍其身，终不愿闻一言谤破僧宝之声。更何况以口自谤？

有人提出来：我们是不愿意毁谤乃至议论僧人的，但是，如我们亲眼见到僧人在犯过失，我们该做些什么？

这是一个非常现实的问题。若退一步，依不了义的小乘教法的教导来说，我们亲眼看到僧人在犯过失，我们可以做三件事：劝谏，不议论，报告。但是要注意以下三个原则：

（一）当面的劝谏要谨慎，不能违背护教的悲心，更不能执着僧人有过失。在戒律里面说，如果亲见僧人犯过，已很严重了。将劝谏的时候，须有发心的条件、见闻的条件、证果的条件等。具备以上条件之后，可在过失进展的时候，合适地进行劝谏，那是为了避免僧人犯戒，更是为了护持佛教。假如因此事而执着僧人有过失，则又违背了佛在《出家功德经》中的教诫：僧人犯戒多数是佛示现接引我们的方便，更有很多贤圣僧像做游戏一样地开导我们，很多僧人已证果，我们不能执着末法的僧人就没有贤圣。因此，在劝谏的时候，应如做梦中佛事，尽自己护教的菩提心，舍自己执实的求过心。以这个原则，对犯戒的人当面劝告，乃至殷勤三谏，听者固善，假如不听，在没有僧团为之如法审罪的情况下，就不能再继续劝谏了。切忌背后轻易议论及无原则的举罪！可以生起佛法衰落的悲心，不能生起僧人堕落的染污心。

(二)背后不议论。看到僧人犯过失了,只能护过,不能宣扬。佛陀制戒是要佛子去遵行践履的,不是让佛弟子们增长见闻,充实话柄,而去批评这个和尚犯戒,那个尼姑不规矩的。这也正是今日的佛门,最感痛心的事!佛门丑事,多半是由佛子传播出来的,而且添油加醋,愈传愈不像话,你说我的丑事,我揭你的疮疤,唯恐说得不狠,唯恐揭得不深,到最后,使人听来,简直就没有一个是比较清净的佛弟子了。这不但毁了佛子自身的名誉,也破了许多善信者的信心,尤其糟糕的,乃是损坏了三宝的尊严。所以,在家的信士信女,应该守口如瓶,绝不可评论出家人的操守问题。在家人不得说出家人的过恶!即使其过恶属实,绝不可随见随说,见人便说,不分场合,不拘时间,也不管对方听者的身份。要不然,他说他人犯戒,如果说的是事实,他自己便犯了"说四众过"戒,如果所说不实,更加犯了"妄语戒",又因被说者是出家人,他又犯了"毁谤三宝戒";这三条戒,都是菩萨的重戒,无论在家出家,都是犯的波罗夷罪。波罗夷罪是现在失去戒体,死后当堕地狱的大罪,若犯一条,堕地狱的时间是他化自在天寿十六千岁,相当于人间的九十二万一千六百万年。即使是一个没有受戒的人,说出家人过失也会有说四众过、妄语、毁谤三宝的罪过。所以一个持戒谨严的人。绝不会轻易说他人犯戒,如果常常爱说他人犯戒的人,他自己首先就是一个常常犯戒的人。

所以,无论什么人,若已亲眼见僧人犯罪,便应当"信为成就示现,见过慎防自心"。如何防法呢?就像镜子,当它的光明照见虚空里面的灰尘时,应当小心,不要让自己的镜面上也生起了灰尘,应当正念,为什么自己及众生的业力如此严重,以至于感受僧宝作如此的显现。犹如同样一杯水,众生各自的所见不同。如果因为见脓血见琉璃的不同所见,而推断这杯水不是实有的,这就对了;如果因为见脓血见琉璃的不同所见,而推断必实有一杯水的共同的所见基才能使我们显现不同的所见,而确定这杯水是实有,这就错了。如果见到僧宝有过失,就决定僧宝真实有过失,那就错了。假如,这中间有圣贤示现的情况,那我们就错得更远了；另外，可以思维，这是自业所现，与僧宝无关，事后僧宝功德还在那里，自己也只剩过失；再者，相信过失都是僧人权开方便，教导我们出离苦海的甘露。

（三）不得乱举罪。举罪，指见了僧人犯罪之后，向僧人所在僧团公开举报。有一种说法，如果眼见僧人犯罪，可向僧团举罪。可是，佛门的戒律是有层次阶段的，所以在身份上说，也有严格的区别。在羯磨法中规定，僧人犯罪，应在大众僧前发露忏悔。僧人见僧人犯罪，应劝他发露忏悔，三劝不听，便在大众羯磨之际，为之举罪，使得大众以会议方式来公断。可是举罪必须有层次的限制：比丘可举七众过，比丘尼则除比丘外，可举六众过；出家众可举在家众之过，在家众不得举出家众之过。绝对不得随便举僧人之过，这不是佛制祖护比丘，因为，比丘应住持三宝，可以通授一切戒，应当教诫一切人，余众则不能。比丘尼不和读比丘戒本，也不知道比丘犯了什么罪，至于在家二众，连僧人诵戒都不可能听到，怎会明白大戒的内容，而来举出家人犯了什么戒呢？再说，出家人有出家人的僧团规制，僧人即或犯戒，自有僧团的制裁，在家众岂得越阶犯上，而来冒渎举罪？同时，一个未通大律，未能对于大律的开遮持犯有其通体认识的在家人，即或举了僧人的罪，也是每举不中的，所以出家人如果犯罪，在家众不唯不得在事后向僧人的所在僧团举罪，即或劝谏的资格，也要受上文所述条件的限制。

总之，弟子对于僧人的罪过的处理方法，应该不违敬上的仪则，谨慎自己的行动。更应当由自己的谨慎行动，而诚心祈祷犯罪僧人所在的僧团接纳和教诫自己，以犯戒僧人为僧团所出的化佛在为自己示现和加被，而心怀仰慕。

僧宝极为重要，因为是三宝的总集体，就众生对僧宝而言，皈依者得解脱，背离者遭堕落。尤其中国佛教的现状，僧既是三宝的住持者，又是学佛人的善知识和师父，所以疑谤僧的同时，就疑谤了三宝，也就疑谤了师父、善知识；敬信僧的同时，就敬信了三宝，也就敬信了自己的师父、善知识。

第三节　正确地依止僧宝

一、观僧如佛

凡是纯正的佛法教典,都会反复阐明僧宝相对于佛法整体及各个修行人自身的重大价值。

尤其就佛教的实情来讲,修行者的依止境应当是三宝,承载着三宝的僧,又是指道修行人实行佛陀言教的教授人。因此,佛教里充当教授人的善知识(师父),一般说来就是指僧。

舍僧即是舍师、舍三宝;

敬僧即是敬师、敬三宝。

都是具备着相关的双重意义的。因而,正确地依止僧宝,与正确依止师父是一样的。假如没有僧宝,我们就没有地方可依止,也没有师父可依止,就依然是那流浪飘零的孤儿。

那么,怎样正确地依止僧宝呢?这里有"三步"和"入观"两个过程。

(一)三步

先有三步:第一步,就是调整我们的认识;第二步,把僧众的教诫作为真佛的教诫;第三步,不向僧宝善知识寻过。

第一步,就是调整我们的认识

如前所引用过的《大幻化网》中所说,一切具僧仪的出家人,都是佛幻化游舞在人间的化身。《喇嘛》一文中说：在其他的很多教典中也曾预示，佛陀会以僧众的形相示现于这世上。又说：这末法时代，僧人代表一切诸佛菩萨，为了解脱有情众生出离轮回痛苦而努力。因此：

要是有一位佛在为你而努力，那他必定是那位在你生命中引导你走向证悟的佛陀——你的师父，他或只是一位平常得不能再平常的僧人，但你要理解他到底是谁。扪心自问：

在那些你亲近的人当中，是谁能够引导你出离于贪欲、瞋恨和愚痴的痛苦轮回？是你的父母？你的亲戚朋友？你的妻子(丈夫)？你的父母不能，你的亲戚不能，你的朋友不能，你的妻子(丈夫)也不能。有一则教示说：

"当我正飘游于生命的轮回之中，您(佛陀)找到我，为我照亮无明痴暗。您为我显示光明，让我从束缚中得到解脱。"

而在生活中，"找到我的佛"到底是谁呢？

——只能是作为我们师父的那位平凡僧人。我们只能观他为佛。又因为，他和他的同伴，全都是僧人，故应将他们全都观成是佛。如果不能这样观，我们就没有走好皈依因位僧的第一步。

第二步，把僧众教诫作为真佛的教诫

我们不必专心致志地只相信自己能从教典中翻出道理来。佛的教法已流传了许多个世纪，但佛法常住在世上，它历时的久远并不是最重要的。最重要的，在于佛法是否深存在我们心中，是否活在我们行为中。如认为佛的教法尚在，感到满足，那么由于没人从实践经验上提供解说，将有使教法变质的危险。然而，在这类的危机中，是显现为僧相的善知识们给予我们保护和救助，他们常住在那里，以一种不变的、我们能理解的方式，为我们介绍广大精深的、由佛陀亲自讲说的教法。例如：借着阅读有关修行大悲心的经文，虽然可以令人生起坚定的信心，但当遇到一位活的、修过大悲心的僧人，能以他的亲身经验指导我们有关大悲心的修行，或直接以悲心感染着我们的话，则对我们的激励将会倍加强而有力。

应该知道的是,当师僧善知识他们,在谈论到某一特定论题时,他将这个论题融会到所有成佛之道的教典中,并将他对这个论题的全面性理解,转化成易于方便运用的教导。其实,世尊当年也是这样度化众生的。佛把先佛的教诫传给弟子们,并以最适合、众生最迫切需要的方式,开示成就的正道,让众生去遵行、使他们解脱,这类记载,经典里很多。

有位大师说:

整个菩提道的起点,即在于请求并信守师僧善知识的忠告。即使最轻微的证悟经验,以及一点点烦恼的扫除,都是伴随着善知识的教导而得来的。要是没有一位好的律师指引,我们就无法处理事务;同样,如果要沿一条我们尚未熟知的道路去成就佛果,那么僧宝善知识的重要性就毫无疑问了。他是我们通往证悟的唯一的一扇门。因为,他是我们可直接亲近,并在我们眼前的活人。他们的教诫,使我们走向佛果。

第三步,不向僧宝善知识寻过

就像无著论师,将未来佛(弥勒菩萨)看成是一只满身生蛆的狗。而后来狗现成佛时,一位路人则见为患麻风病的老妇人。

有位法师说:

"要是我们能遇见过去那些已经在一生中证悟菩提的伟大道师,而他,或者看起来,就像一般的印度乞丐,额上刺青,衣不蔽体,成群结队地在游荡。然而在我们还不能直接现量证知他是不是佛陀时,便已盲目地说他无论如何不可能是佛陀,而一定是乞丐的话,那我们就错了。"(某些人,总在期待从僧众以外的学者那里获得比僧众这里更多、更新的佛法。而反过来说,僧人不学无术,不顺世间,僧人败坏佛法,僧人只白受供养。可是,他对佛法的每一点信心、每一点善行、每一点正见,都从僧宝处得来。而他却能毫不畏惧地否定一切,还说自己是佛弟子)

当然,依止僧,并非是鼓励一种如愚民政策般的愚昧。但,在末法时代,佛的大悲心,必须以一种更强烈的方式表现,而这种方式,可能会使那些对大悲心持有固定形式期望的人感到混淆。在这里,以僧宝为佛的信赖,其重要性再怎么强调也不为过。

可是,信赖必须奠基在可测试、可被验证的经验中。因此,我们必须不断地、谨慎地设法防范某种会令你看到僧众缺点的看法——实际上,那些看法绝大多数,是我们自己不良心理的投射。以往有很多事例显示:由于内心的障碍,修行人将真正的佛陀看成为一般的形象。我们要再四地要求自己将僧宝视同佛陀本人,这样做,便能停止寻伺僧宝缺点,而只会体认其优点。

这是应将僧人善知识视为圆满的佛的原因。经上说:你的师父,在现实中或许不是一位真正的佛(只是一位普通的僧人),然而如果你能将这位僧人视为真正的佛,你将得到如同来自一位真正的佛一样的加被。从另一方面来说,即使你的所依僧,在现实中是一位真正的佛,要是你不能以对佛的方式来看待他,你所获得的也只不过是一个普通人的加被(烦恼)而已。

所以,诸佛虽然都积极地为利益我们而努力,但我们是否能从中获得利乐,则依赖于我们与僧宝(善知识)即精神道师间的关系而定。

为我们做师长的僧宝,是相对我们个人来说真正活着的佛,要是我们不能接受这位佛陀的教导和悲悯,而先佛又早已入涅槃,那就再也没有佛能帮助我们。信仰和信赖,能使我们通向诸佛的加被,诸佛强大的悲心,是朝向一切有情众生的,绝无例外,包括了你和我。

将僧人是凡夫的认识调整过来,再把僧的教诫作为佛的教诫,又断绝求过之心。通过这三个观僧如佛的步骤,完成正确依止僧宝的三步的第一阶段。在《掌中解脱》一书中,是从依止师父的层面上来说明这一点的,在如前的三步之后,总结了三观(三渐次入观),即是。

(二)入观

入观的渐次过程为:先,应观师为佛之原因;次,能观之原因;后,

应观师为佛之原因

应观师为佛的原因很简单：我们都想获利而不愿亏损。如果是为了获利，那么师父是否真的是佛也就无关紧要了，为什么呢？因为视师为佛对我们有很大的利益，能使我们不费力地成就今生、后世的一切愿望等等。例如，有个老妇人因为相信一颗狗牙是佛的舍利，而使狗牙生出真舍利的故事。

尽管师父本身的加被有大有小，但从我们自己这边来说，我们怎样来看待师父，如佛、菩萨等，就会出现怎样的加被，如《蓝色小册》中说：

> 师父加被大与小，不关本身待自己。

所以，我们能不能获得受用，取决于我们对师父信心和恭敬的大小，有位尊者也说：

你们不获受用，乃于师父仅起凡庸想所致。

反之，如果师父真的是佛，但我们对之不起信心的话，我们也见不到师父的功德，还会遭到亏损、产生种种的痛苦。例如，佛陀虽然有无边的功德，但提婆达多和善星（曾为佛做过多年的侍者，但对佛没有一点信心）除了见到佛陀有一尺光明外，见不到其他任何功德，从而产生失利的后果。有大师说：

> 若不敬诸师，依佛亦无益，如善星故事……

能观之原因

我们不仅应该这样来看，我们也该这样来做，因为当我们的心注重于师父功德这方面的话，我们便能消除对师父的不信。纵然发现师父有一些微小的过失，我们也可以通过以下两种方法来防止产生不信：

（1）注重于师父功德这方面，身心为强烈的信心所压倒，使之不能成为信心的障碍；

(2)将观察过失转化为生起信心的助缘。

有教典中说：

> 应取轨范德，终不应执过；
>
> 取德得成就，执过不成就。

由于受恶劣习气的影响，我们总是侧重于思维师父的过失。但是，如果我们能转而注重于思维师父功德的话，观察师过之心就会自然而然地消失，就像晦日虽有月亮升起，但天空为日光笼罩而看不见月亮一样。又比如，因为我们总想着自己的功德，所以见不到自身的过失。即使发现师父稍有过失，我们也可以想，这是师父为了调伏化机所作的善巧方便，这样我们就能将观察师过转化成生起信心的助缘。

再者，当我们处在初业行人的阶段时，我们所见到的师父均现凡夫相；获法流三摩地时，所见到的师父现殊胜化身相；获初地等时，所见到的师父则现受用身等相。直至有一天，所有的情器也都将显现为无量清净。

如何观法

为了对此生起不可动摇的定解，我们必须依教、依理来加以成立，分四个方面：

(1)师父是佛乃卢舍那佛所许；(2)师父是一切佛事业之作者；(3)即于现在诸佛菩萨仍在利益有情；(4)自所见相无法决定。

(1)师父是佛乃卢舍那佛所许

有人认为：

"那些善知识本来不是佛，但我在修依止善知识法时，应该假装这样来看。"

这种想法很危险，不应该执着这类错误的思想不放；这是极其重要的。相反的，我们应该这样来思考：

"虽然师父是佛，但我却认识不到。师父是佛的原因是：现在卢舍那佛正现师长相住世度化众生。"

《二观察》中说：我于末法时，现阿阇黎身。

另一部教典中说：最后五百年，我现轨范相，当知彼即我，于彼生恭敬。

以及：未来浊世时，我现凡夫身，种种方便相。

经中也说：见有义谛听，我于末法时，当现亲教身，住阿阇黎相。

像这样在许多经教中、卢舍那佛悲愍教诫道：未来浊世时，他本人将现普通阿阇黎相出现于世，希望弟子们到时候能认得他，所以不必以为再也无法见到他而感到失意。这些话都是很容易明白的，可以直接按字面的意思来理解。此外当知所谓的浊世，就是指现在。

因为在我们自己的师父中，肯定有卢舍那佛化现的阿阇黎！原因是：我们深深地为业烦恼所苦，对于这些情况，慈悲的卢舍那佛悉知悉见；另外卢舍那佛也知道，现在正是能决定利益我们的良机，因为我们具有能了知取舍处及能修教义的人身等等。

再者，当知现在所有的师父都是卢舍那佛的化身，如果不这样看，而对每一位师父都想出一种理由来加以否定的话，我们便会将每一位师父都排除在外，到最后属于卢舍那佛的化身一个也没了，这当然是与上述经教相违背的。在师父中一定有佛的化身，所以当思：只想着师父为什么不是佛的理由而失去认识佛的化身的机会，乃是自己的恶念所致。因此，我们应当将一切师父都视为佛的化身。

对那些容易生起信心的人来讲，单讲这些经教即可；如果再用正理来加以成立的话，我们便能获得更大的定解，所以接着讲第二点。

(2)师父是一切佛事业之作者

我曾经说过：诸佛之意——空有不二智——在法界中是"一味"的，就像空中虽然只有一个月亮，但却能在有水的器皿中各别映现出影子。在所教化的有情面前，当以声闻身作调伏者，诸佛空有不二智便现声闻相；当以缘觉身作调伏者，便现缘觉相；当以菩萨或佛身作调伏者，便现菩萨相或佛相。不仅如此，如《父子相见经》中所说：

有时现梵释，有时现魔相，饶益诸有情，世人难测度……

当以魔或梵天身作调伏者，诸佛空有不二智便示现魔或梵天相，甚至化现鸟兽等相来调伏有情。

诸佛对我们显现普通善知识相，是因为这样做，方适合我们的缘分，除此之外，别无其他引导的方法。诸佛纵然对我们显现比普通师父相高级的受用身等相，但因为我们见不到，所以也没有什么意义。其他殊胜化身、菩萨等相，我们也一样没有看见他们的宿缘。同样的，如果诸佛显现比普通师父相低级的鸟兽等相的话，因为我们对之难起信心，所以也无法利益我们。

因此，如前所说：

从佛三身庄严轮，善巧方便幻网中，

现凡夫相度众生，祈祷大悲依怙主。

一切佛的三身全部都摄集在师父的身口意之中，所以，师父是一切佛的化身或事业的执行者。譬如：一位戏剧演员，他可以穿上武将的戏装扮演武将，也可以换上袈裟扮演比丘，除了服装有变化外，这两个角色实际上是由同一位演员扮演的。又如同一种朱红颜料，可以绘画出许多不同的图案，虽然形状不同但本质上都是朱红。我们应该以同样的态度来认识自己的师父，当思诸位师父全是卢舍那佛的化身，是调伏我们的一种善巧方便。

此外，正如艾绒依靠聚光镜方能取火，或是虽获众食若不进口难入腹中，佛的加被和贤善事业，只有通过师父才能得以实现，或者说由于师父能作一切贤善事业，所以师父是一切佛事业的执行者。

有人可能会想：虽然师父是一切佛事业的执行者，但不一定就是佛。如有这样的疑虑，我们便应作如下思考：佛的事业，也就是佛利益有情时所作的加被，必须通过师父方能趣入有情的相续。如果这样的话，师父就只能是佛而不是凡夫。不然，一切佛将依赖有情作为一切事业趣入之门，这就变成诸佛要依赖凡夫才能做利生之事。但事实并非如此，佛在利益有情的时候，连那些声闻、缘觉和诸大菩萨都不依靠，怎可能依靠凡夫呢?

所以,佛陀仅仅是为了使有情能有见到他的缘分才化现为凡夫的。例如,当佛变成船、桥等物时,我们却以为这些是由木匠建造的。

正如一位尊者所说:

> 日光虽炽热,无镜火不生;
>
> 如是佛加被,无师不能入。

月光宝尊者也说:

> 障云清净时,彼日轮之光,
>
> 以净镜缘起,能降薪木上。

(上文以聚光镜为喻,说明诸佛必须依靠师父,才能使其事业趣入所教化者的相续中。由此可知,如果师父不是佛,诸佛就不会依靠他们;这种情况和"诸佛若依靠未成佛者而做利生事业,无异于富人向穷人求财"完全相似;因为诸佛必须依靠师父,说明师父只能是佛。)

(3)即于现在,诸佛菩萨仍在利益有情

我们可以肯定地说,现在卢舍那佛正以化身在利益众生,为什么呢?因为佛对一切有情的情况悉知悉见、毫不混乱,而且,佛对有情的悲愍要胜过母亲对于独子的感情。所以,他们永不间断地做各种最能利益有情的事业;现在也一样。因此,有什么理由说他们不来利益我们呢!

再者,诸佛的最初发心,是为了饶益我们,积集资粮是为了能圆满利益我们,成佛也是为了利益有情。所以,他们在成就佛果之后不可能不来利益我们的。如果一切不愿利益我们而将我们舍弃的话,那就是一件最糟糕的事了。因此,所有的佛肯定在利益我们。至于利益的方法,则如以下偈颂所说:

> 诸佛非以水洗罪,亦非以手除众苦,
>
> 非将所证迁于他,示法性谛令解脱。

除此之外,别无他法。而能作饶益的佛的化身,除了为我们开示如何获得最上利益——增上生(人天道中的增进)和决定善(小乘涅槃与佛果）——的方法的师父之外，别人是没有资格的。所以，有位大师说：

> 过去佛菩萨，利现在众生，
>
> 若获真实解，知即具相师。

我师父也说：每个有情的头上，都有全体的佛坐着。

（4）自所见相无法决定

有人可能又会想："虽然必须承认师父是真佛，以及是一切佛事业的作者。然而因为我见师父有这样、那样的过失，所以我只能视他为凡夫而非佛。"对此我们应当明白，自己的感觉是不可靠的、也是不肯定的。

由于我们视物的标准是受业力控制，又因为我们无法肯定曾经造过某种业和未曾造过某种业，所以在我们的业感景象中，事物存在与否也是不能确定的。

例如，《入中论》中提到，鬼见脓河心亦尔。它的意思是说：当天、人、饿鬼三者同时看同一茶杯中的水时，因为业力不同的关系，分别见为甘露、水和脓血。而对于那些饿鬼来讲，夏季的月光是热的、冬季的日光是冷的。对《俱舍论》等各自特别的化机来讲，所见到的须弥山形状，分别是圆的和方的。又例如，以前的无著菩萨曾将弥勒菩萨视为一条下身腐烂、爬满虫蚁的母狗；佛智将文殊知识阿阇梨看成是一个耕地、喝虫粥的僧相俗人；一位印度的大师在世时，周围所有的人都以为他是个打鱼的，根本没人去猜测他可能是个彻悟的人，成就最高的徒弟最初见到他时，他正在炙烧活鱼；黑行尊者也曾将一位大菩萨看成是一个癫妇。所以，我们能见到善知识是人，而不是马、狗、驴什么的，就应当觉得庆幸了！慧幢大德说：

> 我等恶业障难重，见师为人当欢喜；
>
> 不见犬驴福报大，至心生敬释迦子。

不仅如此，如果单凭现象就能裁定诸事，那么既然一切法显现如实有，就应该是实有了，这显然是错误的。以前有个比丘，为干渴所恼，外出求水时，由于他像饿鬼一样来看待周围的一切，所以见不到恒河而径至离河远去。

在这里,我们需要运用《释量论》中关于"不现不可得因"的那些解释,仿照"未见鬼故不能成立无鬼"来立如下之量:

见师父即真佛为隐义之补特伽罗相绩中,无缘见师为真佛;无见师为真佛之能缘量故。

所以,不能亲见师父为佛,并不等于师父不是佛。

反之,有人见似真佛却不一定就是真佛。以前,当佛的衣钵的第四代传人近隐阿罗汉在说法时,欢喜自在魔(又称天子魔)前来破坏,近隐将此魔调伏后说道:"因为我未曾见过佛陀,所以,你变化出佛陀的样子给我看看。"于是魔便变化出与佛一样的身体,具有相好等,近隐误以为见到真的佛陀而准备顶礼时,魔的化身就消失了。而以前的那些大德们,像龙树菩萨等,在一般人眼里,虽显现为普通比丘相,事实上却是真正的佛。

不管怎样,当追究过失的心自然现起时,我们不必立即强压下去。譬如,当我们准备洗去衣服上的污垢时,应该先让污垢浮现出来;因此,我们也应该先让这种寻过心显现出来,然后再作如下思考:

不知道我所见的这种过失,师父是真的有还是假的有。

如前所说,这未尝不是一种业感幻相。胆病患者将白螺看成是黄色的;风病患者将雪山看成是蓝色的;坐船有船行木移的感觉;有翳障的人,眼前似毛发乱坠;连这么一点点暂时的幻因都能造成这样的障碍,更何况我们长期以来完全被无量的业烦恼所蒙蔽呢?

我认识的一位法师,有一次外出朝山时身患胆病,在他寓所里有三个银盒,但他却看成是金的。次日早晨病愈,方见其本相。所以,我们应该观察师父的内在断、证功德,而不要去考虑师父的外相。

佛的法身,只有佛才能相互见到,连初地以上的菩萨也无法看到;佛的受用身,只有登地菩萨能见到;佛相好庄严的殊胜化身,只有"业净凡夫"以上的那些人能见到。《甘露藏》中说:

乃至未离恶业障,无量诸佛虽亲临,

除此现在所见相,无缘得见相好身。

即便佛陀在世时,那些外道徒众也见不到佛陀的妙相等,只见到一大堆过失;提婆达多将佛陀的一切事业都看成是虚假骗人的。

虽然我们只能根据自己的判断来看师父,但总的来说,这些还算不坏。曾经有个土匪,去一个大都城朝拜释迦牟尼佛像,却连像前的供灯也没见到。一位大德告诉他,必须清净业障,所以他作了极大的供养并殷重顶礼、绕佛,后来他能见到供灯,但还是不能见到释迦牟尼佛像。一位尊者在传授经藏的时候,求法人中有一个僧人,既听不到念经的声音,也看不到经书,他只看到尊者面前放着一盘肉,尊者不是在念经而是在吃肉!每天晚上散会时,他见尊者将肉收起来走了。像这样的业感景象千奇百怪,所以说,我们见物的层次取决于我们业障清净的程度。

我们对现象不可相信,除师父外,坐在身边的人、朋友、亲戚,就连门口的狗,我们也无法断定他们究竟是什么,他们也许是天神,也可能是魔等。唯一可以确定的是我们自己。所以,离我们一步之遥的东西都是可以怀疑的。

一位大师在即将大彻大悟的时候,仍有人给他起绰号,称他为"疯子"。阎罗王曾扮作善慧大师的弟子,有一次,当大师准备给一些根器还不成熟的人传授极为甚深的法要时,阎罗王出面制止。一位弟子对此心感失望,另一弟子却说不必过分着急。

世尊本人也说过:我与似我者,方能判定补特伽罗的程度。

印度有个沙弥,他听说瓦支格惹岛上的所有男人和女人都是成就了的菩萨,为此他特地来到该岛探访。当他亲眼见到那些人时,却未能发现他们有什么特别的功德,反而对一个骗子产生了信任! 一个外道也曾将大彻大悟的闻喜大师视为凡夫,口出谤言:

人称大师闻喜者,未见之前名声大,

说如印度大成就,待我近前作观察,

却是裸卧一老汉!

由于我们对那些与我们同吃、同做的亲戚朋友都不明底细，所以不管他们是谁，我们都应生起"净相"，这是利益大而害处小的。我们不能单凭现象来判断某人，以印度寂天大菩萨为例，当时的许多法师都认为他是"三想者"(只想吃、睡、拉)，没发现他有任何功德。

见某人有过失并不说明某人就一定有过失，我们看事物的方式往往受角度及成见的影响。善星比丘将佛如实见到后开示的那些业果道理，视为佛是为了自利而作的欺骗，他也不相信佛能断尽一切过失。像他那样的三藏法师都会被不正确的想法和成见所迷惑，我们自然就不必说了。又如，喜欢睡觉的弟子，往往会不满诵经到深夜的师父；而那些喜欢喝酒的学生，却对贪杯的老师心生欢喜，认为有功德。所以，我们怎么能肯定所见到的师父过失就一定不是师父的功德呢？

再者，师父的那些过失难保不是为了利益我们的缘故，有意装出来的。如果利生需要，如来可以示现心怀瞋恚或悭吝，以及瞎子、疯子、犯戒等各种相。《父子相见经》和《大涅槃经》等经典中有对此的广说。

总而言之，佛典中虽有了不了义以及是否可如言取义等各种说法，但卢舍那佛自己将来当现师父相而来的说法，既是了义的，也是可以如言取义的。除师父之外，无人能为我们开示解脱和一切智道，这一事实便可说明这一点。

卢舍那佛为我们证明我们的师父是佛，我们却认为不是，而执意去盯着师父这样那样的过失，由于此因不定和成为相违的关系，我们应该运用上面所说的那些能立因，以"绕边绕山"的方式来修，从而认识到师父本来就是佛。

像这样以教理来成立，从而获得师父即佛的定解，换句话说，如能生起师父与一切佛似乎是合在一起的体验时，便是已生起如理依止善知识的证德。

我们的究竟目标是将自心与师意合而为一，也就是在成正觉时，自心与师意清净法身二者合而为一。那时，我们便在师父体性中成佛，师父的身、语、意与自己三门和合无别。而实现这一目的的缘起关要，便是我们从现在起就应亲近和随顺师意,从内心中观师如佛。

如上《掌中解脱》一书,对观师如佛作了正确的引导,我们应当以同样的方法观僧如佛,因为我们的师父,是僧人,观他们是佛,我们将很快成佛。这是修行者的必经之道。忽略这些问题的人,会成为徘徊在三宝门外——事实已失去皈依的苦恼人。

二、念恩生敬

《掌中解脱》一书分以下四种观法,来让自己从念恩的过程生起对师父的敬信,同样的,我们也应当以这四种方法,对教授自己的僧人,以念恩的方式而生起敬信。《掌中解脱》的四种方法如下:

(一)师恩胜佛;(二)说法恩;(三)加被心相续恩;(四)以财物摄受为眷属恩。

(一)师恩胜佛

分两部分:师恩总胜一切佛;师恩别胜释迦牟尼佛。

1.师恩总胜一切佛

如上所说,从功德这方面来讲,师父与佛是相等的;但从恩德这方面来讲,师恩要比一切佛的恩德还要来的大些。

在过去无量劫中,虽有无数的佛在引导众生,但我们却不是他们教化的对象。正如所谓:"无量诸佛未调伏"等,单作为大师释迦牟尼积资对象的佛,就有四万五千、七万六千或七万七千之众。不仅如此,即便在本劫中,也有拘楼孙(坏轮回)、拘那含牟尼(金仙)、迦叶(饮光)等佛出世,引导无边所教化者,然而他们却不能调伏我们。我们现在的师父,能为我们开示圆满无误之道,纵佛亲临,他们的所为也无过于此。所以,师父在功德这方面虽然与诸佛相等,但在恩德这方面却较一切佛为大。

有位尊者说,师父好比是施食于饥饿濒死者的人;诸佛则如向生活本已奢华者再给予一份肉那样的人。诸佛只有在我们抵达较高修道层次时,才会对我们现身和安慰我们,而在我们现在弱小无力时却爱莫能助;就像有人在我们脱贫致富时才布施食物、钱财给我们那样;而师父却能在我们快堕入恶趣深渊的时候,现身引导我们;如同某人在我们贫穷时施食于我们一样。所以,我们现在能生起想获得佛位的愿望,乃是师父的恩德所致。又有大德说:

大悲胜过一切佛,无等大师前启请。

在我们遇不到其他任何佛菩萨的时候,值此匮乏正法之际,只有师父为我们宣说正法,所以说师父的悲心极大。

2.师恩别胜释迦牟尼佛

很久以前,有位转轮王名叫辐辋(后成无量寿佛,千子即贤劫千佛),他有一千个儿子。当他们发菩萨心并各选一个世界作为未来教化之处时,他们发现在斗争劫中人寿百岁时候的众生很难调伏,于是纷纷舍弃不选,只有大师释迦牟尼佛的前生——婆罗门海尘,发心调伏那些斗争劫中的有情。所以,对人寿百岁时的所教化者而言,大师释迦牟尼佛要比其他佛的恩德大,但是对我们这些人,连大师佛陀也无法调伏,只能仰赖师父来调伏,所以师恩尤重。

在大师佛陀之后,印度出现过很多阿阇梨和成就者,如七代付法师(继佛之后的七代佛教领袖:迦叶——饮光,阿难——庆喜,释那瓦拶——具麻衣,波咕达——近隐,底地噶——有愧,克里西那——黑,摩诃苏达释那——大善现),八十大成就者、六庄严二殊胜等。汉地圣教早期,出有六大祖师,后来又有五大派系,及天台、华严、三论、律宗等众多大善知识,但他们都无法为我们直接开示脱离广大苦海的最佳方法——正法甘露。

简言之,由于我们过去受生的地点、时间不对,所以那些先德都不能引导我们，而将我们弃置了，我们只得留在浊世中最糟糕的时代，正如《入行论》中所说：

> 饶益众有情，无数佛已逝，
>
> 然我因自过，未得彼教养。

因此，我们应当想："现在这位师父能对我作这样的引导方便，师父的悲心真大啊！"

(二)说法恩

师父的恩德远不止上述的那些，以前，当释迦牟尼佛还是菩萨时，他曾为了一个偈颂的缘故，宁愿让凶猛的罗刹把自己的儿子、女儿、妻子和他本人吃掉。当大师受生为乞林嘎哩达王时，为了听法，他的身体被钉上一千枚铁钉；当他受生为嘎那夏瓦王时，为了听法，他的身上竖有一千支灯烛；他也曾为法而跳入火坑；当他受生为妙色王时，为了听法，他剥皮为纸、析骨为笔。燃灯智尊者也一样，他为了听此道次第，不顾风暴、摩羯鱼的危险，在大海中漂浮十三个月，忍受众苦。法显、玄奘大师也是为了求法的缘故，历经艰辛。以前去印度的道路不像现在，十分难走，但是那些译师仍拼舍生命前往求法。他们全都以大量黄金供养师父，作为传法的报酬，当他们事后回忆起路途的艰辛时，往往战栗不已。我们现在求法不需要受一点苦，师父便为我们开示全圆道之法，纵佛亲临也无过于此。由此可见，师父之恩真是昊天罔极！燃灯智尊者曾说："你们现在不需要受苦，就能听到这样的深法，福报很大，所以你们应该认真地听法！"

又如某人因服用药、食、毒三者而濒临死亡时，如果有位医师能使他将所服的毒吐出、将所进的食物转变为药、将所吃的药转变为无死甘露，这样的话，这位医师的恩德是极大的；同样的，我们像吸毒一样造有许多堕恶趣的不善业，对于这些恶业，师父命我们忏除。对于那些为了现世长寿、无病、利敬、声望的目的而造的善业，师父命我们生起善妙动机和作清净回向发愿来加以改变，使之成为能利益我们后世的正法。对于那些为了获得后世增上生和解脱之故所造的善业,师父命我们将之转变为无上圆满正觉之因。所以,还有谁的恩德比师父更大呢?《甘露藏》中说:

> 等同一偈字数劫,供养亦难报师恩;
>
> 遑论开示全圆道,如是恩德谁能比?

又如:

> 如人羁狱受大苦,某人出资赎出狱,
>
> 令住受用圆满处,当称彼为大恩人。
>
> 是故诸师于我等,开示解脱恶趣法,
>
> 暂令随欲而受用,人天富乐施大恩。
>
> 次善开示无上法,能灭轮回诸衰损,
>
> 道往三身妙果位,此等恩德胡不大?

(三)加被心相续恩

我们心中所生的一切证德,是通过祈祷师父等加被我们心相续后所产生的结果,如果我们以"与师相应"作为道之生命的话,我们将取得极大的修道进步,这也是因为师父加被的关系。

师父加被其弟子心相续的事例很多,例如:船子和尚用船桨将夹山禅师打入水中,陈尊宿关门夹断云门文偃禅师的大腿,他们都因此而开悟。又如,由于师父的加被,我们现在心里常能想着佛法,这是以前自己所做不到的。

二〇〇九年四月二十四日,出现了我的恩师对我作加被的妙相,由于师父的加被,方有现在的《你也能大成就》的付梓出版。当我每每诵念《供养师父仪轨》,在相当长的一段时间中,我一直会流泪,心中生起不可抑止的厌世出离心,这也是师父加被的结果。

如果我们祈祷师父,那么今生、后世的一切善事和愿望就都会实现。有位大师曾说:诸增益最上,即我之恩师。

另一位大德说:

修生次虽多,修师为无上;

作念诵虽多,祈祷为无上;

若恒常祈祷,不退德定至。

（又如,以前某地有个人向一位彻悟的尊者像供灯,因而顺利成办事业。还有,燃灯智尊者听说了仲毗巴的殊胜功德,想去参访,但没能去成,只能遥望虚空,至心观想,虔诚供养,殷重祈祷。一天晚上在梦中,见一个比丘,拿着一只血淋淋的人手臂,边吃边走过来。尊者心想:"出家人不应该吃人肉啊!"来者问道:"佛也有错误吗?"尊者含愧。来者又问:"你也想吃吗?"答道:"想吃。"于是就递给他一个无名指,尊者吃完,当下获得了加被。第二天清早,便能任运地进入三摩地。……尊者这才知道梦中人就是仲毗巴! 这都是师父加被弟子心相续的恩德所致。）

(四)以财物摄受为眷属恩

由于现在人很看重财物,所以师父往往先以财物来摄受他们成为弟子,然后再引导他们进入正法之门。

从前,有一位法师住在深山中静修,有个豪贵家族派了一个佣人前来问卦,并带了一包食品作为供养。由于师父的住处很高,那个佣人爬得疲惫不堪,他边走边骂:"这个师父真和野兽差不多,别的地方不住,偏偏喜欢住在这么高的山上。"当他来到师父跟前时,师父赐给他茶、美食及上过供的面食,由此他转而对师父生起了信心,并从师父那里得到了大加被。所以,真正使那位佣人生起信心而成为师父弟子的,是师父的财物,他说:"这些上供的食物真是美味可口啊!"在寺院中,有无数像这种师父以财物来摄受弟子、教导弟子的事例。

燃灯智尊者说:我所有的功德都是师父的。

这句话的意思是:一切功德仰赖师父之恩才得以出生。在不作观察的情况下,我们总以为现在的安、乐、名三者都是自己一手造就的,其实不然。例如,有兄弟二人,一个进入法门,从而成为另一个的皈依境。他可以与其他出家众在寺院中集会，受用应得的正法和财物，安住于少事少业之中。然而，他之所以能成为一名比丘，并不是他自己所能做到的，这是亲教师和轨范师授予律仪的恩德所致。

我们现在每天能读几百页书，且能观察书中的文义，这是教识字的老师的恩德所致。我们现在有机会受戒，进入较佛出世更为稀有的宗门，只要不离话头，三生之内决定开悟，这是为我们授戒、为我们种下参禅的金刚种子的师父的恩德所致。如果我们没有受戒，那我们连戒本都不能看；如果我们没有打禅七，那我们连一本语录也看不懂。我们应该一边回忆师恩，一边数念珠：

"这位师父曾赐我这种恩德，那位师父曾赐我那种恩德……"

不仅如此，我们今生所得的人身、快乐、幸福、财富等，这一切是我们前世持戒、布施之果，而这也是命我们这样做的师父之恩。因此，我们的幸福快乐一概来自于师父之恩德。

有人或许会想："这些并不是出于一位师父的恩德，而是先后有许多不同的师父各自给予我的部分恩德。"但是，一切师父的变化根源——一切佛的心，即空有不二智，在法界中是一味的。因此，这所有的师父是卢舍那佛一人所示现的不同身相。如我们的炎帝、黄帝、制订法规者、翻译佛经者、弘扬住持佛教的君臣、译师、三藏法师、历代国师等，这一切全是菩萨的化身游戏。所以说，自己的所有师父体性是一。

正如善慧大师所说：

"世间普遍赞说之"与师相应"教授（修法）者，应知即是如前所说。单修一、二次所缘境全无所致。"

我们在修《供养师父的仪轨》等"与师相应法"之前，首先应该懂得：自己的师父是一切佛的体性；一切佛是师父的变化游戏。如果我们理解这种理解，光念诵文字是不会有任何进步的。

若能明白一切佛的心在法身中是一味的，以及由此现为师父的道理，我们便能了知百部（卢舍那佛的五蕴再各分五蕴、四界、六处与五境而成百部）、五部（卢舍那佛的清净五蕴体性）、三部（卢舍那佛的身、语、意清净体性）、一部（卢舍那佛）等一切，都是师父的变化游戏。不然的话，我们恐怕就会只对坐在法座上讲经的、名声较大的师父貌似恭顺，而对寺院中不起眼的教书师父缺乏敬意。如能理解方才所说的内容，我们对一位师父生起的净相便会扩展到一切师父身上。令师欢喜也是如此。同时也将明白，如果自己令一位师父不喜，便是令一切师父不喜。由此我们将意识到一切师父之间恩德没有差别，在依止法方面也不会产生偏颇。

　　像这样思维师父的大恩之后，据说最起码我们应口诵念恩文句来加以巩固。善财童子在依止善知识时所作的念恩偈颂如下：

　　　　我此知识说正法，普示法一切法功德，
　　　　遍示菩萨威仪道，专心思维而来此。
　　　　此是能生如我母，与德乳故如乳母，
　　　　周遍长养菩提分，此诸善识遮无利。
　　　　解脱老死如医王，如天帝释降甘雨，
　　　　增广白法如满月，犹日光明示静品。
　　　　对于怨亲如山王，心无扰乱似大海，
　　　　如同船师遍救护，善财是思而来此。
　　　　菩萨启发我觉慧，佛子能生大菩提，
　　　　我诸知识佛所赞，由是善心而来此。
　　　　救护世间如勇士，是大商主及依怙，
　　　　此给我乐如眼目，以此心事善知识。

《甘露藏》中所说如下：

　　　　出离犹如火坑家，效仙人行居静处，
　　　　得尝正法甘露味，仰赖诸位尊师恩。
　　　　所遇文殊恩师教，百千劫求亦难得，
　　　　于彼教法生信心，亦是诸位经师恩。
　　　　是故我视诸佛为，救恶趣难之依怙，
　　　　出轮回海之商主，善趣解脱之向道。

治惑痼疾之医师，灭大苦火之河水，

除无明阁之灯炬，示解脱道之杲日，

出轮回狱之救星，降正法雨之密云，

排忧解难之亲友，恒常慈育之父母。

在念诵这些偈颂时，我们应当循文思维师父的恩德。

以财物摄受为眷属说竟，念恩生敬说竟。

以如上思维师父恩德的方式，我们应该同样地念僧宝恩，于僧宝生起敬信。不光是念僧宝是佛，还要反复祈祷僧宝向我们布施佛法，以财物等摄受我们为眷属，重要的是，加被我们的心相续，让我们接近而得到佛果。所以，僧人的恩德于佛更为殊胜。

如上，念僧宝恩而生敬已说竟。

三、依止僧宝的利益

我们必须先思维依止僧人的利益和不依止的过患，只有这样我们才会生起强有力的依止欲。关于依止僧人的利益，我们可以参照《掌中解脱》中关于依止师父的利益的八个方面来思惟和观修。八点如下：

（一）近得佛位

如果依止师父，就能很快获得佛的果位。但在这之前，我们必须明了不依止与不如法依止的过患。

首先，在不依止与不如法依止的过患当中，强调了背离和对师父起瞋恚必定得到无量劫地狱报的严重后果。有智慧的人士自然不愿接受这个后果，而唯一的改善方法即是亲近、供养并如法地依止善知识。这样做，会使我们近得佛位，自然免除了堕地狱的后果。为什么能够近得佛位呢？因为：

实修师父所示教诫故近得佛位，供养恭敬师父故近得佛位。

1.实修师父所示教诫故近得佛位

总而言之,使修行者能向佛位接近者,乃是依止善知识所产生的功德。某些人在一生当中,便能获得依靠其他法需要修无数大劫才能获得的那些地道,即是他们如理依止善知识的结果。教外别传的无上宗派的特点,也是因为以与师相应为道的生命而得到体现的。例如:船子和尚和夹山禅师以生命来传承佛法的事实,即能说明这点。

例如,我们常常念诵的《大恩刹那能赐给》及《大悲刹那能赐给》等颂文,是说:如果我们如理依止师父的话,仰赖师父的恩德和悲心,能于刹那间赐予我们常寂光土的法身位。(所谓"刹那",这里是指浊世短暂的一生。人的寿命,相对于下界地狱和上界天的寿量来讲,短暂如一刹那般。譬如,无著菩萨观修十二年亲见弥勒菩萨后,弥勒菩萨将他携往兜率天传授佛法,虽然他只在天上停留不到一个上午的时间,但人间已过五十年。不仅如此,相对轮回的前后边际来讲,人的一生也短暂如一刹那。)

如果不如理依止师父的话,就算我们修像教外别传的无上深密法,也是生不起丝毫地道证德的。反之,如能妥善了知依止法的话,即便需要多劫才能修成的不二的果位,我们也能很快地得到。如《甘露藏》中说:

> 多劫海中虽勤修,仍极难得不二慧,
>
> 然说若依尊师力,浊世短寿亦易成。

就是在一般的教理中,如果依止师父方面做得特别出色,也能迅速地完成修道。如常啼菩萨的故事。当我们见到佛时,多半会以"我见到了高于师父的佛"而感到满足。但常啼却不是这样,他虽然已亲见无量诸佛,却仍不满足,继续寻访师父。他的这种做法深得要领:如果遇不到与自己有前世因缘的师父,任何人都无法对自己有大的利益。当时,虽然常啼有帝释赠予的珍宝可以供养,但为了圆满大力资粮的缘故,仍以割肉、洒血等方式来敬事法圣师父。起初,常啼在亲见诸佛时,已得"法流三摩地",为大乘"大资粮道行者"(大乘资粮道分为小、中、大三阶段)。当他遇见法圣为之说法后,顿登八地获"无生法忍"。他能这样迅速地完成修道,是因为他的依师法无与伦比。否则在不净的前七地中,通常需要圆满无数大劫的资粮方能获得八地。

所以说,趋向佛位是快还是慢,取决于我们的依师法是如理还是不如理。我们能依止师父的话,即使师父只开示一项教授,而我们只修那么一项教授,也一样能如其所修而接近佛位。当然,依止一位能开示全圆道的师父,要比依止一位仅能引导下士道的师父,进步快得多。如果弟子这方面能刻苦耐劳、是可造之器,又遇到能开示全圆道师父,成佛便如随手即可塑造之物,毫不困难。一位大德说:师随所欲皆可道,信敬为酬定日人。

又如龙树菩萨所说:

> 若人堕自须弥顶,虽不愿堕亦必堕;
>
> 若得师恩利益教,不欲解脱亦解脱。

当某人从高山顶上往下堕落时,纵然不愿下坠也无法返回原处;同样的,如果我们能如理依师而得到师父引导的话,纵然不想解脱也必将得到解脱。反之,如果我们不依止师父,那是无法获得丝毫修道进步的。

2.供养恭敬师父故近得佛位

为了成佛,我们必须积集无量资粮,而最容易积集这样广大资粮的方法,莫过于供养师父。在许多经论中,都说供养师父一毛孔的功德,要胜过供养十方一切佛菩萨,例如说:

> 我师一毛孔,胜过十方佛,
>
> 及菩萨福德,是故供恩师,
>
> 诸佛菩萨见。

一位三藏法师也说:

> 于千劫中修圣教,布施头足手财福,

> 此供师道刹那摄，故应侍奉修喜悦。

千劫中布施头、手、足等所致的广大资粮，我们只需做一件能取悦师父的小事便能积集。资粮圆满愈快，距离佛位也就愈近。就供养的对象来说，畜生、人、声闻、缘觉、菩萨、一切佛、诸位恩师，后者均比前者来的力大。以前宝藏大师曾说："邀请此方一切僧众赴宴供养，不如施食于我师父的狗福德大。"据说他总是将零碎的食物积攒起来，包括碗内剩下的酥油汁，留给他师父的狗吃。经典中说：

> 较供三世一切佛，供师一毛孔为胜。

这里所谓的"毛孔"不是真的指师父身上的毛孔，而是指师父的座骑、家犬和仆役等。

（二）令诸佛欢喜

首先，我们要知道，如果我们不亲近、依止师父，乃至对师父生瞋，即坏与彼刹那数相等劫所积的善根，并将留在无间地狱中经历同样数量的劫数。经说：

> 瞋师一刹那，即坏一劫善，
>
> 等量劫中受，地狱等大苦。

例如，若对师父发怒有"一弹指顷"，将破坏六十五大劫中所积的善根，并将住在无间地狱中达六十五大劫。因此，假如我们对师父犯有不敬、轻毁、瞋恚等过失，或是令师父感到不悦的话，如果师父尚在世，我们便应在师父跟前忏悔；如果师父已去世，则应在师父穿过的衣服等前面忏悔。这都是不如法依止师父，而如法依止师父，则必定有两种利益：满诸佛愿故令诸佛生欢喜；住师父身受供养故令诸佛生欢喜。

1.满诸佛愿故令诸佛生欢喜

十方诸佛虽然都乐意为我们说法，但不要说是受用身，即便是业净凡夫可见的殊胜化身，我们连亲见的缘分都没有，更别说要见诸佛真身现前为我们说法了。因此，诸佛必须显现符合我们缘分之身才能为我们说法。为此,十方诸佛为了我的缘故,变化成师父前来,就像现在各大寺院派遣代表一样。我们若能如理依止师父的话,诸佛将洞察这一切并感到喜悦。这一情况如《甘露藏》中所说:

> 如理依止善士时,此时速疾离三有,
>
> 犹如母见子受益,无余佛陀至心喜。

诸佛就像悲悯独子的母亲一样,他们的一切所作,全是为了将我们从轮回和恶趣的痛苦中解救出来。所以,当我们能如理依止一切幸福安乐的根本——师父——时,诸佛见到自己的愿望已经实现,因而感到喜悦。

2.住师父身受供养故令生欢喜

如果我们未能如理依师,那么再怎么供佛,他们也不会高兴。反之,若能如理依止的话,如印度阿暗梨佛智所造的《文殊口授》中所说:

> 诸具此义者,我当住彼身,
>
> 受余行者供,由彼令欢喜,
>
> 能净其业障。

诸佛不请自来,住在师父身中、高兴地接受我们所献的供养。所以,供养诸佛菩萨,只有献供的功德而无欢喜纳受的功德;供养师父,则有献供和欢喜二种功德。

(三)魔与恶友不能加害

这是由于师父加被的缘故。否则,就会常被病等不如意事缠绕。《事师五十颂》中说:

> 若有轻毁轨范师,便由疫气、伤害病,
>
> 鬼魅、炽燃或诸毒,增上愚痴而命终。
>
> 王法、火难或毒蛇,水或空行或盗贼,
>
> 鬼魅邪引所杀害,从此堕入有情狱。
>
> 故于一切轨范师,何时不应恼乱心,

若由愚痴而故为,地狱之中定烧煮。

诸凡所说无间等,极可怖畏众地狱,

一切轻毁轨范者,佛说当住于彼处。

如果我们轻视毁谤阿阇梨的话,就是在今生中,也会发生种种不如意的事。比如:过去在印度,当阿阇梨佛智有一次说法时,正值他的师父(从事低贱职业,被称为"养猪者")来到这里,佛智装作没有看见,后来又对师父妄语说是未见,结果导致眼珠突出坠地。一位高僧有一个侍者,名叫"戒",他对高僧缺乏信心和恭敬,后来在果嘎岭被强盗用巨石砸破脑袋致死。

不如理事师会有以上的不如意事。而如理事师,不仅不会遭受以上的不如意事,乃至于魔与恶友都不能加害。经中说,如理依止善知识者能增长大福德。由于行者的福德增长,所以魔与恶友不能为害。《广大游戏经》中说:具福之人满众愿,摧魔速获大菩提。

另一部经中说:于诸具福人,天或魔类众,不能作中断。

(四)一切烦恼恶行自然遮止

不如理事师者,烦恼恶行无法遮止,再如何勤修,也与修地狱相似。经中说:舍睡眠喧杂,千劫善修习,诸乘最胜法,若谤阿阇梨,等同修地狱。

相反,如法依止善知识,我们便能正确了解何者应舍、何者应取,从而依法行事。不仅如此,那些坐在善知识跟前以及与师父生活在一起的人,也能自然而然地消灭恶行。《华严经》中说:"若诸菩萨为善知识所摄持者,诸业烦恼难以取胜。"《甘露藏》中也说:于彼恒敬依止者,诸惑恶行自然灭。

(五)地道诸功德辗转增长

假如不如理依止善知识,虽然勤苦修习,不但不能得到地道诸功德的增长,乃至虽依最上乘的佛法,也不得殊胜成就。经中说:

> 造作无间等,大罪之有情,
>
> 无上乘大海,大乘中成就;
>
> 若恶意谤师,虽修不成就。

意思是说,即便像造有无间等等这样重大罪恶的人,如果依靠修习像教外别传的法要,他也能迅速得到殊胜成就;反之,如果恶意诋毁阿阇梨的话,此人就是再怎么修高深的佛法,也绝不会得到殊胜成就。

相反,如理依止师父的话,地道诸功德必定辗转增长。如以前,燃灯智尊者有三位大弟子,其中两人认真地服侍尊者,他们与一心专修的另一位弟子比较,看谁的证悟大,结果他们二人的证悟都高于专修的弟子。由此可见,如理依止师父是生起地道功德的最重要因素。

燃灯智尊者的入室大弟子曾问尊者:他在遇到尊者之前所修之法是否入道。尊者以神通观察后说道:"只有你为你第一位师父(从十九岁开始共依止十二年)所作的那些服侍,才算入道。"

你们中的一些人或许认为,以上所说只适用于坐在法座上说法的师父,例如授比丘戒的亲教师。其实不然,对于在自己寮房中,与自己同吃同作同坐的教书师父,我们也应如理依止。

有一次,当燃灯智尊者生病而大便失禁时,大弟子不顾污秽、亲自用手舀取捧出室外。依此之力,他突然生起他心通,能知道大鹏鸟飞十八天所经地区中,包括蚂蚁在内一切有情的细微心理变化,而且现在名扬十方,被称为"大祖师"。燃灯智尊者在各地的佛法事业广如虚空,也是完全得力于如理依止师父。所以当知,大德事业的广大与否,也取决于此。

童光大师依止师父十分如法,依教奉行。所以,当他有一天外出倾倒垃圾,返回登上第三级楼梯时,突然生起了"法流三摩地"。白地三藏最初向名称幢(他的叔父)请求著述与师相应修法时,名称幢拒绝了,他说:"你只对我作叔父想而不作师父想。"后来名称幢生病时,由于白地三藏认真地做了护理工作,名称幢才将与师相应赐给他。从那以后,白地三藏不再单纯地视他为叔父,而生起了真佛想,结果成为精通五明的三藏法师。又有一位尊者也是如此,当他的授经师患疾时,他悲痛欲绝,由于他妥善地做了护理工作,因而通达中观正见。因此当知,地道证悟将依赖于此而得到极大的增长。《甘露藏》中说:地道证德即生长。

(六)一切生中不缺离善知识

一位大德在《蓝色小册》中说:

> 故当多方观法缘,观后依止应敬师,
>
> 后不缺师为法性,诸业功不浪施故。

我们若能如理依止善知识,此"造作等流果"将保证我们在今后一切生中不缺善知识。我们现在如能对某位普通凡夫善知识生起真佛想而如理依止的话,以后当能值遇像弥勒、文殊那样的师父,并从之听法。《甘露藏》中说:

> 今生如理取悦师,其等流果于诸生,
>
> 值遇殊胜善知识,得闻圆满无误法。

如果不如理依止善知识,一切生中匮乏善知识。如果遇不到善知识的话,我们将不断地受生在连"法"的名字都听不到的无缘处。简言之,如善慧大师所说:

> 所有现后诸福聚,缘起善成根本者,
>
> 谓由意乐及加行,如理亲近善知识。

世人所有的幸福快乐都是如理依止善知识的结果,所有的不幸失意都是不依止或不如法依止善知识的结果。如果我们不如法依止师父的话,不仅使我们在现世中遇不到其他善知识,在来世各生中也将遇不到善知识。《甘露藏》中说:虽百返获乐趣身,因彼不敬等流果,生无缘处不得闻,下至"正法"、"善士"名。

此依止善知识法,不要说出于故意,即便在不观不想的情况下,许多平凡的事,其微细缘起也会导致各种善恶的结果。闻喜大师供养他师父一口空锅属错误缘起,而当他首次与师父见面时,将师父赐予的饮品全部喝干又属正确缘起。他的师父在寻找善知识时,先向佛顶礼,再向善知识顶礼,为错误缘起。而由于百丈大师师事马祖,燃灯智尊者师事金洲大师均极如法,以及善慧大师在师父传法室的墙壁上涂金等,所以后来他们的弘法事业十分广大。因为依师法具有极大的关要,所以很小的善恶缘起也会产生重大的后果。

盛宝大德最初是带着净辩的念头来找善慧大师,当时正值大师为众说法,他因急于寻找辩论的时机,所以故意不脱帽而进入法堂中。大师一见此情,便从座上下来,坐到下面讲述。他竟旁若无人,戴着帽子登上大师的法座,坐下来听法。然而他耳中听到的,全是往昔闻所未闻的嘉言,由此摧倒我慢之山。他慌忙脱下帽子,从座位上下来,坐在弟子群中。从此,他抛弃了辩论的打算,作为弟子追随大师。据说,那时他登上大师的法座,正是契合了后来他绍继大师法席的缘起。像这样动机虽不好,但缘起极好,以及动机虽好但缘起不好的情况多种多样,所以我们对此应当小心谨慎。

称说自己师父的名号时,许多人称之为"某某老和尚",这样的称呼是不对的。在称师父名时,应加上"上某下某老和尚"等敬词。每当燃灯智尊者称师父金洲大师之名时,必合掌赞叹;如果听到别人说到金洲大师的名字时,他便立即起身以示恭敬。就我而言,虽然不是自赞,但当别人突然提到我师父的名号时,心里总是感到极大的不安。(有些人说,我对我的师父已经够不错的了。当知,对师父已有的恭敬是应该的,是远远不够的。)

(七)不堕恶趣

如果我们没有依止,或没有如理依止善知识的话,后世必然飘流于无边恶趣。经中说,这是轻毁师父的最大过患。虽然在其他经典中,说有许多因造罪而入地狱的事例,但这一经典却未说明轻毁师父者将投生于何等地狱。该经中,金刚手菩萨问佛道:"薄伽梵,若有轻视阿阇梨者,彼等当感何等异熟?"薄伽梵回答说:"金刚手,莫作是语,天人世

间悉皆恐怖! 秘密主,然当略说:

> 勇士应谛听,我说无间等,
>
> 诸极苦地狱,即是彼生处,
>
> 住彼无边劫,是故一切种,
>
> 不应轻师父。

因为薄伽梵考虑到,如果详实回答的话,将会引起天、人、世间的恐怖,那些大菩萨也会因悲心难忍而昏倒,所以只概略地说需长年滞留于无间地狱。因此,我们无论如何不能轻毁师父。

(不要说是自己轻毁师父,就是用眼睛去看那些轻毁师父的人也不可以。有一次莲华大师说法时,适逢一位大译师的一个破誓弟子来到该地,他立即感到口齿僵硬,无法继续说法而中途退场。)

而如果我们能依止并如理依止师父的话,师父对我们的呵斥等能消除我们的恶趣能引业,从而不堕恶趣。

过去,每当堆陇大师见到拉索瓦时,总是对他一味地呵斥。拉索瓦的弟子对此心怀不满,口出谤言。拉索瓦却说:"不要这样讲! 像师父这样对我每作一次呵斥,不啻如金刚护法亲作加被一次!"智尊者说:

> 捶打是灌顶,由此得加被;
>
> 责骂即猛咒,能除诸中断。

说明师父的打骂能消除我们的恶趣业。《地藏经》中说:"为彼摄受者,应经无量俱胝中流转恶趣所有诸业,然于现世因疾疫等,或饥馑等损恼身心而得清净,下至呵责或唯梦中亦以清净。虽于无量俱胝佛所种诸善根,谓行布施或护学处所生者,然彼以一上午即能映蔽。"

(八)无难成办现前与究竟一切利益

如果不能依止、如法依止师父,乃至于轻视毁谤师父的话,会使我们未生的功德不生、已生的功德退失,将对我们在今生中生起新的证悟形成障碍,以前生起的那些证悟也将退失。例如,黑行大师因为对师父的命令稍有违背,致使他在该生中得不到殊胜成就。金刚称因为三次违背闻喜大师的命令而未获殊胜成就,据说他要再受生三次才能获得成就。

以前,有一位下等种性的阿阇梨,他有一个上等种性的弟子,那个弟子具有在空中飞行的能力。一天,当他飞临其师上空,心中想到师父没有这项能力时,便立即坠落地面。

一位大师因为忘记师命去和外道辩论,而不能即生获得殊胜成就,只能在中有位成佛。

过去里域地区有两位沙弥,文殊菩萨本来授记说他们将即生获得殊胜成就,但他们却因为对一位文殊菩萨化身的大德生起邪见、心怀疑虑,而未能成就殊胜果位;取而代之的,是获得了带一袋金子回家的成就。所以,如果我们对师父起邪见的话,生起证悟的时间将延迟,本来能得到的大成就也将变小。此外,我们应当避免与恶友为伍,因为他们能使我们的证德衰退。如今大多数人都一味地贪着现世,所议论的全是现世的事。我们自己也似乎把这些人看做是亲人和朋友,然而他们实际上是恶友。所谓恶友,并不一定是披毛长角的鬼怪,而是那些表面上貌似亲密,实际上却使你造不善业及退失善业者。我们绝不能听从那些人,应将他们视为像疯象、虎豹那样可怕的对象,避免与之交往。

现在常有人对少欲、知足的修行者,说这样一些貌似中听的话:

"不要放弃现在的享受,对自己太苛刻不会给你带来什么好的结果。"

当知这种人就是恶友!对此我们虽不必严词反击,但在行动上却不可受他的影响。

反过来,如能依止师父、如法依止师父,则无难成办现前究竟一切利益。简言之,如理依止师父是世间、出世间一切功德的根本。从最下不堕恶趣乃至最上成佛之间的一切幸福快乐,依靠师父都能不费力地获得。善慧大师说:一切功德之基具恩主,如理依止乃是道根本。

《甘露藏》中说:

总之依师于现前，离无暇得天人身，

究竟尽诸轮回苦，能获决定善妙位。

燃灯智尊者说：我依止的师父虽然多达一百五十二位，但没有一位不放在心上的。

由于尊者的依师法十分出色，所以他在各地的事业才会量等虚空，获得如此这般的成就。

无难成办现前与究竟利益已说竟。依止僧宝的利益说竟。正确地依止僧宝说竟。僧宝章全文说竟。

第四节　轻谤僧宝与法宝的罪业果报

　　造作恶业（口业），是受诸剧苦的根本，有业必有苦；缁素（僧众和信众）造口业、毁谤出家人，一律同罪。从前提婆达多比丘，即因造作破和合僧等罪，而堕无间地狱；其伴党俱迦利比丘，也因毁谤僧众，而堕八寒大地狱中，舌被犁耕数万段。黄颜三藏法师，以戏言呼其弟子为象头、马头……死堕旁生作百头鱼——随其口业而受恶报。出家为僧修道人，因其不慎而造口业，尚受如此恶报，何况在家俗人？信众造口业，罪恶更加沉重，必受无量苦报。《大乘集菩萨学论》卷六说：

　　"寂静决定神变经云。……乐诽谤。恶口愤恚娆恼于人。后复于此身坏命终堕大地狱。生无足身受诸苦恼。宛转五百缮那量。为诸小虫咂食其肉。是蛇可畏具五千头。由诽谤故。彼一一头有五百舌。彼一一舌口出五百炽焰铁犁。是语业罪。为猛火聚炽燃烧煮。又若起不调柔逼恼菩萨者。是人于畜生道尚为难得。堕大地狱经百千俱胝那庾多劫。于彼死已为大毒蛇惨恶可畏。饥渴所逼造众恶业。设得饮食而无饱足。于此死已。设生人中亦复生盲。无有智慧恶心不息。恶言诃毁不敬圣贤。人中死已复堕恶道。经千俱胝劫生不见佛。"

　　诽谤口业，剧报三途，万劫难复人身，可不悲哉？

一、生轻谤心的原因

　　既然如此，凡夫以什么因缘而生轻谤心呢？如前经云：

"佛告须菩提。当知彼人有四种因。何等为四？一者，为魔所使。二者，自所积集无智业因。破坏所有清净信解。三者，随顺一切不善知识。于非法中生和合想。四者，执着我相不生正见。随彼邪心作诸过失。

"须菩提。由是四种因缘故。于此甚深般若波罗蜜多法门而生毁谤。须菩提。是故诸善男子善女人。当于诸佛所说正法起净信解勿生轻谤。谤正法者是即破法。若破法者断灭寿命起无智业。当堕地狱受大苦恼。"

五逆——杀父、杀母、杀阿罗汉、破僧、恶心出佛身血。

破和合僧、斗乱众僧——说出家人的是非、毁谤僧众、于僧中作离间等。

二、我人唇舌的可怕

《起世经》卷四，佛陀以偈告诉诸比丘说：

> 世间诸人在世时　舌上自然生斤哎
> 所谓口说诸毒恶　还自衰损害其身
> 应赞叹者不称誉　不应赞者反谈美
> 如是名为口中诤　以此诤故无乐受
> 若人博戏得资财　是为世间微诤事
> 于净行人起浊心　是名口中大斗诤
> 如是三十六百千　泥罗浮陀地狱数
> 五頞浮陀诸地狱　及堕波头摩狱中
> 以毁圣人致如是　由口意业作恶故

《杂阿含经》卷四十八，偈云：

> 士夫生世间　斧在口中生
> 还自斩其身　斯由其恶言
> 应毁便称誉　应誉而便毁
> 其罪生于口　死堕恶道中

三、谤僧的口业

(一)五逆罪中破僧的口业最重

世间最大的恶业,就是五无间罪,然其五逆罪中,尤以破僧罪为最重。

破僧罪是由三业中的口业造成的,口业不但是三恶行中最大之罪业,又是众恶(十恶)业中最大之罪。

如《大毗婆沙论》卷百十五说:

三恶行中(身、口、意),何者最大罪?谓破僧虚诳语(口业),此业能取无间地狱一劫(中劫——三万三千五百九十六万年)寿量异熟苦果(受大剧苦)。

又同论卷百十六说:

诸有破僧人　破坏和合僧

生无间地狱　寿量经劫住

……

三不善根中,何者最大罪?谓能起破僧虚诳语,此不善根能取无间地狱一劫寿果。

十不善业道中,何者最大罪?谓破僧虚诳语,此业能取无间地狱一劫寿果。

又《阿毗达摩发智论》卷十一同此说。

《阿毗达摩藏显宗论》卷二十三说:

破僧虚诳语。于罪中最大……为破僧故发虚诳语。诸恶行中此罪最大。

(二)谤僧口业的极坏影响

造口业毁谤僧众,为什么会成为无间地狱的大罪人呢?因为每一位发心出家入僧修行的人,都是为自利利他,发扬佛法;一旦遭受魔心人的毁谤破坏,就会发生种种不如意事,不但无法精进修行,又从此不能发扬佛法。其造口业之人,即犯破坏佛法之大罪业。还会把这破僧恶业,传授给世间众多的人,使一切众生对佛法无信敬心,跟着魔心人造口业;其最先毁谤僧尼者,就是传播口恶业的罪魁。由于魔心人一句口业,而遗害无量无边的众生;所以,说出家人是非的人,会由此口业而惹成破坏僧众的大罪业。

(三)僧团遭破坏的惨状

《本事经》卷一,佛陀告诉诸比丘说:

"苾刍当知。僧若破坏。一切大众。互兴诤论。递相诃责。递相陵蔑。递相骂辱。递相毁訾。递相怨嫌。递相恼触。递相反戾。递相诽谤。递相弃舍。

"当于尔时。一切世间。未敬信者。转不敬信。已敬信者。还不敬信。苾刍当知。如是名为世有一法。于生起时。与多众生。为不利益。为不安乐。引诸世间。天人大众。作无义利。感大苦果。"

尔时世尊。重摄此义而说颂曰:

> 世有一法生　　能起无量恶
> 所谓僧破坏　　愚痴者随喜
> 能破坏僧苦　　破坏众亦苦
> 僧和合令坏　　经劫无间苦

(四)佛关于离间口业教诫弟子的故事

从前,释迦佛陀在只树给孤独园说法时,有六群比丘,在于僧中作离间语,使僧众互相斗乱。佛陀呵责之后,告诉诸比丘说:往昔大山林中,住有"母狮子"和"母彪"各养一儿;两兽在山林中各不相见。有一次,母狮子外出觅食,狮子儿在山林内游行,无意中来到母彪的住处。彪遥见狮子儿来,即便自忖:我当杀此狮子儿作为饮食。继而思维:不要杀它,留与我儿作为朋友,共相欢戏。这时,狮子儿受饥饿所逼,有乳便是娘,遂投向彪处共饮其乳。

母狮子觅食回来,不见其儿,心里非常着急,遂遍处寻找;来到彪处,见儿在于彪边而饮其乳,看了非常感动。是时,彪看见狮子来,大为惊怖,急欲奔走。母狮子安慰它说:"姊妹!幸勿奔驰。你于我儿能生怜念,我今和你同居一处,若我外出觅食时,你看护二子;你若外出觅食时,我看护两儿;这样互相照顾不是很好吗?"

狮子是百兽之王,彪能和狮子共住,当然求之不得;于是两兽遂即同居,便为两儿取名。其狮子儿名曰:"善牙",彪儿号为"善搏"。二母养育二儿,渐渐长大。后来,二母俱患重病,于临终之际,二母均告诉二儿说:"汝等二子一乳所资,我意无差义成兄弟,须知离间之辈充满世间;我终没后,背面之言,勿复听采。"二母交待二子此语之后即命终。

佛陀又告诉比丘说:汝等比丘!诸法常尔。即说颂曰:

> 积聚皆消散,崇高必堕落,
>
> 合会终别离,有命咸归死。

二母命终之后,其狮子儿自己外出求食,因为它是百兽之王,觅食兽肉简单,很快就饱满而归;至于彪儿,那就不同了。是时,彪子外出觅食,时常找不到肉食,因此很久才回来。有一次,彪子外出求食,仍吃昨日残肉,因而迅速归来。狮子觉得奇怪,即便问它说:"善搏弟!我看你外出求食时,很久才会回来,为何今天回来特别快,获得什么美食?"

彪儿说:"善牙兄!我吃昨天的残肉,所以才这么快回来。"

狮子说:"善搏弟!我每天外出,都是选择最好的麋鹿,充作上妙血肉饱食而归,所有残余之肉,我都无心重顾;你为什么要吃那些残余臭肉呢?"

彪儿听到狮子的话,叹了一口气说:"善牙兄!你的才能勇健,堪得上妙血肉;我无此能力,所以啖食残肉啊!"

狮子说:"若是这样,我们一同出去,所得新肉,可以共同而吃。"于是,狮子和彪儿即同行求食。

在此两兽未同行时,有一只老野干,常随逐于狮子后面,食其残余之肉以自活命。野干看见它俩每日同行,兄弟非常友爱,即暗自忖:此二兽皆当俱入我腹,我今当以离间斗乱,使它俩互相残杀。

野干等待彪儿不在的时候,便向狮子作离间语说:"我听见善搏恶彪说:这只吃草的狮子,实在可恶!每天均抢夺我的美食,我一定要把它杀死,以充口腹。"

狮子说:"我母命终时,俱告诉我们不能听信背面谗言。"

野干说:"我是可怜你,才把这件秘密奉告,你今死期将至,还不相信我的忠告!"

狮子问说:"你怎么知道善搏彪要杀我?"

野干说:"你们相见时就会知道。"

这只恶心野干又跑去向彪儿说:"我听见善牙狮子说:'这只食残物的彪儿能逃何处?每次遣我辛苦寻求血肉给它吃,岂放它干休!我若得方便一定要把它吃掉。'"善搏彪不信,说:"我母遗言:'须知离间之辈充满世间,我终没后,背后之言勿复听采。'"

野干说:"我是看你可怜,所以将此秘密相告,你今死日到了,还不相信我的话。好吧!你跟它见面就会明白。"于是,狮子善牙和彪儿善搏见面时,各怀疑心自忖:它欲杀我。这时,狮子又自忖:我有大力勇猛无双,彪儿何能杀害于我?我应该问它,为什么要杀我?即说偈曰:

> 形容极姝妙,勇健多奇力,
>
> 善搏汝不应,恶心来害我。

是时,狮子善牙问善搏彪说:"谁告诉你说我要杀害你?"彪儿答说:"是老野干告诉我说你要杀我。"

彪儿也问狮子说:"是谁告诉你说我要杀害你?"狮子答说:"也是老野干告诉我说你要杀我。"

狮子善牙想了之后说:"由此恶物斗乱两边,令我亲知几欲相杀。"于是,狮子即把野干杀死。这时,诸天看见这件事,即说偈曰:

不得因他语,弃舍于亲友,

若闻他语时,当须善观察。

野干居土穴,离间起恶心,

是故有智人,不应辄生信。

此恶痴野干,妄作斗乱语,

离间他亲友,杀去心安乐。

佛陀再次告诉诸比丘说:"狮子、彪儿二兽被野干所破,相见时各怀不悦;旁生兽类尚且如此,何况是人?被人所破,其心岂能不恼?是故汝等不应于他作离间事。"

(五)造重口业与其他恶业一样必受地狱的苦报

《阿毗达摩俱舍论》卷十八说:

"能破僧人成破僧罪。此破僧罪诳语为性。即僧破俱生语表无表业。此必无间大地狱中经一中劫受极重苦。"(《顺正理论》卷四十三、《显宗论》卷二十三同此说)

《大乘宝要义论》卷九说:

"如来藏经云。佛言。迦叶。最极十不善业者。所谓:一者假使有人缘觉为父而兴杀害。是为最极杀生之罪。二者侵夺三宝财物。是为最极不与取罪。三者假使有人阿罗汉为母而生染着。是为最极邪染之罪。四者或有说言我是如来等。是为最极妄语之罪。五者于圣众所而作离间。是为最极两舌之罪。六者毁訾圣众。是为最极恶口之罪。七者于正法欲杂饰为障。是为最极绮语之罪。八者于其正趣正道所有利养起侵夺心。是为最极贪欲之罪。九者称赞五无间业。是为最极瞋恚之罪。十者起僻恶见。是为最极邪见之罪。迦叶。此等是为十不善业。皆极大罪。"

《大乘菩萨藏正法经》卷二,佛陀告诉贤护长者说:

"恶道深险世间合集。斯苦甚大。渐向恶趣增长恶趣广开恶趣。谓不善业有其十种。何等为十。一者杀生。二者偷盗。三者邪染。四者妄言。五者绮语。六者两舌。七者恶口。八者贪。九者瞋。十者邪见。如是十种不善业道。渐向恶趣增长恶趣广开恶趣。我见是已。为令出离诸险恶道。是故我乃净信出家。趣证阿耨多罗三藐三菩提果。"

尔时世尊。重说偈言：

<blockquote>

众生起杀命　　侵取他财物

欲邪行遍行　　速堕于地狱

两舌及恶口　　妄言无决定

愚者绮饰语　　异生烦恼缚

贪心乐他富　　瞋起诸过失

邪见破坏多　　当堕于恶趣

身有三种罪　　语四种应知

意三罪亦然　　作者堕恶趣

若造诸罪者　　定堕于恶趣

若离此三罪　　必不堕恶趣

</blockquote>

《龙树菩萨为禅陀迦王说法要偈》说：

<blockquote>

无间无救大地狱　　此中诸苦难穷尽

若复有人一日中　　以三百矛刺其体

比阿毗狱一念苦　　百千万分不及一

受此大苦经一劫　　罪业缘尽后方免

如是苦恼从谁生　　皆由三业不善起

</blockquote>

(六)造口业的苦果

地狱罪人均倒栽受苦。

如《大毗婆沙论》卷七十，偈云：

<blockquote>

颠坠于地狱　　足上而头下

由毁谤诸仙　　乐寂修苦行

</blockquote>

《阿毗昙毗婆沙论》卷七说：

<blockquote>

诸堕地狱者　　其身尽倒悬

</blockquote>

　　　　　坐诽谤贤圣　　及诸净行者

　　　　　诸根皆毁坏　　如彼燋烂鱼

又说：

　　　　　火焰遍满多由旬　　见者恐怖身毛竖

　　　　　诸恶众生常然之　　其焰炽盛不可近

(七)随言受报

《成实论》卷八说："若人恶口骂言：汝何不食草、食土？是人随语受生，食草土等。"由此可证知，口业能随言受报。

(八)恶知识与善知识的界限

《僧伽吒经》卷二说：

"若有众生行口恶者。彼堕地狱饿鬼畜生不可数知。众生堕于地狱畜生饿鬼受大苦恼。时彼众生无救护者。于三恶趣独受剧苦。口行恶者是恶知识。口行善语是善知识。"

又卷四偈曰：

　　　　　造恶不善业　　必于于地狱

　　　　　吞啖热铁丸　　饮于沸融铜

　　　　　雨火洒其身　　遍身体火烧

　　　　　无处而不遍　　辗转受苦恼

《根本说一切有部毗奈耶》记载，目犍连尊者以神通观察之后，为人授记：战争谁胜？大旱何时下雨？生男还是生女？泉水从何处来？出定所闻象声境界是否定境？然而都说错了。

(九)遇事不要轻言

凡夫智力有限，人又不能万能，怎么可以用自己的偏见而任意妄评佛法呢？从前，目犍连尊者是神通第一的大阿罗汉，他尚有所谓"记战与言违，旱时天雨少，业力男成女，温泉听象声"的谬误，何况凡夫，岂能无此自误误人的事呢?

(十)莫见他过　弃舍恶言

《发觉净心经》卷上,佛陀告诉弥勒菩萨偈云:

> 莫于他边见过失,勿说他人是与非;
>
> 不着他家净活命,诸所恶言当弃舍。

《菩萨宝鬘论》云:

> 发露自己之过患,不觅他人之错失;
>
> 隐藏自己之功德,宣扬他人之功德。

《佛子行三十七颂》云:

> 因惑说他佛子过,徒然减损自功德,
>
> 故契大乘诸行者,不道人过佛子行。
>
> 粗言恶语恼人心,复伤佛子诸行仪,
>
> 故于他人所不悦,绝恶言是佛子行。

佛陀不允许任何人造口业、毁谤出家僧众,若说僧尼过恶,其人即违犯无量重罪。

四、破戒比丘胜外道

《大乘大集地藏十轮经》卷三,佛陀告诉天藏大梵天说:

复次大梵。若有依我而出家者。犯戒恶行内怀腐败如秽蜗螺。实非沙门自称沙门。实非梵行自称梵行。恒为种种烦恼所胜败坏倾覆。如是苾刍虽破禁戒行诸恶行。而为一切天。龙药叉。健达缚。阿素洛。揭路荼。紧捺洛。莫呼洛伽。人。非人等作善知识。示道无量功德伏藏。如是苾刍虽非法器。而剃须发被服袈裟进止威仪同诸贤圣。因见彼故无量有情种种善根皆得生长。又能开示无量有情善趣生天涅槃正路。

是故依我而出家者。若持戒若破戒下至无戒。我尚不许转轮圣王及余国王诸大臣等依俗正法以鞭杖等捶拷其身或闭牢狱或复呵骂或解支节或断其命。况依非法。

大梵。如是破戒恶行苾刍。虽于我法毗奈耶中名为死尸。而有出家戒德余势。譬如牛麝身命终后。虽是无识傍生死尸。而牛有黄。而麝有香。能为无量无边有情作大饶益。

破戒苾刍亦复如是。虽于我法毗奈耶中名为死尸。而有出家戒德余势。能为无量无边有情作大饶益。

大梵。譬如贾客入于大海杀彼一类无量众生挑取其目。与末达那果和合捣簁成眼宝药。若诸有情盲冥无目乃至胞胎而生盲者。持此宝药涂彼眼中。所患皆除得明净目。

破戒苾刍亦复如是。虽于我法毗奈耶中名为死尸。而有出家威仪形相。能令无量无边有情暂得见者尚获清净智慧法眼。况能为他宣说正法。

大梵。譬如烧香其质虽坏。而气芬馥熏他令香。

破戒苾刍亦复如是。由破戒故非良福田。虽恒昼夜信施所烧。身坏命终堕三恶趣。而为无量无边有情作大饶益。谓皆令得闻于生天涅槃香气。

是故大梵。如是破戒恶行苾刍。一切白衣皆应守护恭敬供养。我终不许诸在家者。以鞭杖等捶拷其身。或闭牢狱。或复呵骂。或解支节。或断其命。

我唯许彼清净僧众。于布萨时或自恣时驱摈令出。一切给施四方僧物。饮食资具不听受用。一切沙门毗奈耶事。皆令驱出不得在众。而我不许加其鞭杖系缚断命。

尔时世尊。而说颂曰：

瞻博迦华虽萎悴　而尚胜彼诸余华
破戒恶行诸苾刍　犹胜一切外道众

五、纵有事实，非法呵举比丘罪，便获大罪

《大乘大集地藏十轮经》卷三：

佛告尊者优波离言。我终不许外道俗人举苾刍罪。

我尚不许诸苾刍僧不依于法率尔呵举破戒苾刍。何况驱摈。若不依法。率尔呵举破戒苾刍或复驱摈。便获大罪。

优波离。汝今当知有十非法。率尔呵举破戒苾刍便获大罪。诸有智者皆不应受。何等为十。

一者，不和僧众。于国王前。率尔呵举破戒苾刍。

二者，不和僧众。梵志众前。率尔呵举破戒苾刍。

三者，不和僧众。宰官众前。率尔呵举破戒苾刍。

四者，不和僧众。于诸长者居士众前。率尔呵举破戒苾刍。

五者，女人众前。率尔呵举破戒苾刍。

六者，男子众前。率尔呵举破戒苾刍。

七者，净人众前。率尔呵举破戒苾刍。

八者，众多苾刍苾刍尼前。率尔呵举破戒苾刍。

九者，宿怨嫌前。率尔呵举破戒苾刍。

十者，内怀忿恨。率尔呵举破戒苾刍。

如是十种名为非法。率尔呵举破戒苾刍便获大罪。设依实事而呵举者尚不应受。况于非实。诸有受者亦得大罪。

复有十种非法。呵举破戒苾刍便获大罪。诸有智者亦不应受。何等为十。

一者，诸余外道呵举苾刍。

二者，不持禁戒在家白衣呵举苾刍。

三者，造无间罪呵举苾刍。

四者，诽谤正法呵举苾刍。

五者，毁訾贤圣呵举苾刍。

六者，痴狂心乱呵举苾刍。

七者，痛恼所缠呵举苾刍。

八者，四方僧净人呵举苾刍。

九者，守园林人呵举苾刍。

十者，被罚苾刍呵举苾刍。

如是十种非法。呵举破戒苾刍便获大罪。设依实事而呵举者亦不应受。况于非实。诸有受者亦得大罪毁灭佛塔（佛寺）破坏佛像，其罪虽是极为深重，但尚不及说比丘（僧众）过恶的无间重罪。所以《戒经》说："宁可毁塔坏寺，不说他比丘粗恶罪。"

《戒经》——《萨婆多毗尼毗婆沙》卷六说：

"为大护佛法故。若向白衣说比丘罪恶。则前人于佛法中无信敬心。宁破塔坏像。不向未受具戒人说比丘过恶。若说过罪则破法身故。"

说比丘过恶（是非）的人，其罪业超过毁破佛塔和佛像的重罪。

六、对比丘求过、制限、伤害、坏命者堕阿鼻狱

《大乘宝要义论》卷四说：

"如地藏经云。佛言。地藏……彼等愚痴旃陀罗人。不怖不观后世果报。于我法中出家人所。若是法器若非法器。以种种缘。伺求过失。谓以恶言克责楚挞其身。制止资身所有受用。复于种种俗事业中而生条制。或窥其迟缓。或觇其承事。求过失已。而为条制。如是乃至欲害其命。彼诸人等于三世一切佛世尊所生极过失。当堕阿鼻大地狱中。断灭善根焚烧相续。一切智者常所远离。"（另见《大乘地藏十轮经》卷四）

由此可知，非但在家信众说比丘过恶，犯大重罪，必受恶报；身为出家僧众，说比丘过恶，同样也是犯大重罪。因此，佛陀为了避免缁素造口业，特别教诫僧众，不得向未受具戒者说比丘过恶。

七、说比丘过受果报的例子

《谤佛经》佛陀告诉不畏行菩萨说：

"当于尔时彼长者子。说彼比丘毁破净戒。彼恶业报九十千年堕大地狱。于五百世虽生人中受黄门身。生夷人中生邪见家。于六百世生盲无舌。七百世中。虽复出家求陀罗尼而不能得。何以故。以彼往世恶业障故……"（有云：须知口祸债难偿一语能招万世殃。智者三尊恭敬礼痴人七慢毁资粮）

《根本说一切有部毗奈耶》卷三十六：

"佛在室罗伐城逝多林给孤独园。尔时具寿大哥罗苾刍。于一切时常用深摩舍那处钵（谓是弃死尸处。旧云。尸陀者讹也）着深摩舍那处衣。食深摩舍那处食。受用深摩舍那处卧具。云何深摩舍那钵。若有人死弃在野田。时诸亲族以瓦瓯钵而为祭器。时大哥罗取以充钵。云何死人衣。是诸亲族以衣赠死弃之田野。时大哥罗取以浣染缝制为衣。云何死人食。是诸亲族以五团食祭缭亡灵。时大哥罗取而充食。云何死人卧具。此大哥罗常在尸处而为眠卧。是谓尸林钵衣食卧具也。若人多死时。大哥罗身体肥盛。不复数往城中乞食。若无人死时。大哥罗身形羸瘦。数往城中巡门乞食。时守门者作心记念。大哥罗苾刍若人多死身则肥盛。若死人少身便羸瘦。岂非圣者大哥罗食死人肉耶。

"时此城中有一婆罗门。娶妻未久便诞一女。女既长大父遂身亡。时诸亲族具严丧礼。送至尸林焚已归舍。其妻及女哭在一边。时大哥罗看烧死尸。时女见已告其母曰。今此圣者大哥罗犹如瞎乌。守尸而住。时有人闻来告苾刍。苾刍白佛。佛言。彼婆罗门女。自为损害我声闻弟子德若妙高。作粗恶言共相轻毁。缘斯恶业于五百生中常为瞎乌。时远近人众咸闻。世尊记婆罗门女于五百生中常为瞎乌。

"其母闻已作如是语。佛记我女五百生内常为瞎乌。何苦之甚。母即将女往世尊所。礼佛足已白佛言。世尊。唯愿慈悲恕此小女。缘无识故。非毒害心辄出此言。愿见容舍。世尊告曰。岂我为恶咒令彼受耶。由此女子轻心粗语堕傍生中。若重恶心当堕地狱。女人闻已从座而去。"（婆罗门女心无恶意，只说大哥罗比丘犹如瞎乌这句话，即便五百世堕在傍生中为生盲乌鸦。如今，有人以瞋恨心骂辱比丘（和尚）僧众，其人造此口业，必定遭受严重的恶报。）

八、议论说法师的果报

其次，对于皈依三宝的弟子来说，比丘就是我们的师长。师长分四：皈依师、受戒师、亲教师、说法师。诸师长中，议论法师过失，果报最重。

《谤佛经》佛陀告诉不畏行菩萨说：

"若见法师实破戒者。不得生瞋尚不应说。何况耳闻而得说耶。善男子。若有挑拔一切众生眼目罪聚。若以瞋心看法师者。所有恶业过彼罪聚。若断一切诸众生命所有罪聚。若有于法师生于恶心。迳回面顷所得罪聚。彼前罪聚于此罪聚。一百分中不等其一。于千分中亦不等一。于百千分阿僧祇分。若歌罗分。若数分中不等其一。于譬喻分乃至忧波尼沙陀分。不等其一。何以故。若谤法师即是谤佛。"

毁谤法师（无论其事真假），罪同谤佛；其毁谤人，必堕无间地狱，受大苦报，无解脱之期。

九、谤菩萨比丘罪过更重

尤其，比丘僧中多有菩萨，若谤僧众中的菩萨，罪过更重。

《信力入印法门经》卷五，佛陀告诉文殊菩萨说：

"若其有人。谤菩萨者。彼人名为谤佛谤法。……文殊师利。若有男子女人。恒河沙等诸佛塔庙。破坏焚烧。文殊师利。若复有男子女人。于信大乘菩萨众生起瞋恚心骂辱毁訾。文殊师利。此罪过前。无量阿僧祇。何以故。以从菩萨生诸佛故。以从诸佛有塔庙故。以因佛有一切世间诸天人故。是故供养诸菩萨者。即是供养诸佛如来。若有供养诸菩萨者。即是供养三世诸佛。毁訾菩萨。即是毁訾三世诸佛。"

《华严经》卷七说：

"佛告舍利弗。若人作碍坏菩萨心得无边罪。如人欲坏无价宝珠。是人则失无量财利。如是舍利弗。若人坏乱菩萨心者。则为毁灭无量法宝。……舍利弗。譬如有人坏日宫殿。是人则为灭四天下众生光明。如是舍利弗。若人坏乱菩萨心者。当知是人则为毁灭十方世界一切众生大法光明。……当知破坏菩萨心者。则得无量无边深罪。舍利弗。如人恶心出佛身血。若复有人破戒不信。毁坏舍离是菩萨心者其罪正等。舍利弗。置是恶心出佛身血。我说具足五无间罪。若人毁坏菩萨心者其罪过此。何以故。起五无间罪尚不能坏一佛之法。若人毁坏菩萨心者。则为断灭一切佛法。舍利弗。譬如杀牛则为已坏乳酪及酥。如是舍利弗。若人破坏菩萨心者。则为断灭一切佛慧。是故舍利弗。若人破戒不信。呵骂訾毁坏菩萨心。当知此罪过五无间。"(古人说："宁动千江水，不动道人心。")

十、谤法的罪业果报

毁谤僧众——破和合僧，是五无间罪中最重之罪。然而毁谤佛法的罪业更加深重。如《佛说佛母出生三法藏般若波罗蜜多经》卷八，佛陀告诉舍利弗尊者说：

"汝勿谓彼五无间业与此谤法重罪而得相似。舍利子。违背毁谤甚深正法者。其罪甚重过五无间所有罪业。何以故。彼谤法者闻说般若波罗蜜多法门。即作是言此非佛说。我今不能于是中学。彼人自坏净信。复坏他人所有净信。自饮诸毒复令他人亦饮其毒。自所破坏亦复令他作其破坏。自于般若波罗蜜多法门。不信不受不知不解而不修习。复令他人不生信受不正知解亦不修习。舍利子。我说是人为破法者。其性浊黑而不清净。于白法中为羯商摩毁坏净信。又复得名为污法者。舍利子。以是因缘此谤法罪最极深重。五无间业不可等比。

……

"彼人违背毁谤般若波罗蜜多故是即毁谤阿耨多罗三藐三菩提。以谤阿耨多罗三藐三菩提故是即毁谤一切佛宝。谤佛宝故即谤过去未来现在诸佛一切智。谤一切智故是即毁谤一切法宝。谤法宝故即谤声闻一切僧宝。如是即于一切种一切时一切处毁谤三宝。积集无量无数不善业行。当堕地狱受大苦恼。"

《佛说大集会正法经》卷一，普勇菩萨禀白佛陀说：

"世尊。若有于佛正法生轻谤心者。是人命终当堕何处。

"佛言普勇。彼谤法者命终已后。当堕地狱受大苦恼。所谓大可怖地狱。众合地狱。炎热地狱。极炎热地狱。黑绳地狱。阿鼻地狱。噜摩诃哩沙地狱。呼呼尾地狱。如是等八大地狱中。一一地狱受一劫苦。"

又卷五，偈说：

若愚痴无智	复会遇恶友	广造染法因	谓贪欲等事
起我见增盛	破和合僧伽	毁坏于塔寺	不深信三宝
但造众恶业	不作善因缘	于一切时中	常生诸过失
恼乱于父母	不生孝敬心	出非法语言	轻谤诸贤善
造此恶因故	必堕地狱中	自受苦恼身	无能救护者
可畏与众合	炎热及阿鼻	如是诸狱中	辗转受诸苦
从是大狱出	复入小狱中	谓刀兵莲华	受苦而相续
如是大小狱	有无数众生	随自业因缘	轻重而受报
或百劫千劫	或复更长时	恶业绳所缠	无由能解脱
彼刀兵地狱	纵广百由旬	不见彼狱门	唯诸受苦者

百千俱胝数	剑树与刀山	驱彼罪人登	身分皆断坏
暂时虽死灭	复被业风吹	即时还复生	而受诸苦恼
地狱无边际	众生亦无穷	以恶业因缘	相续不间断

谤法得罪，乐法得果，《佛说称扬诸佛功德经》卷上，佛陀告诉舍利弗尊者说：众恶之行慎莫造作。如我于此经中上章所说。不可起恚向于焦柱。何况怀恶向于众生。已立信心向成道者。况起瞋恚怀于诽谤。向诸如来无量慧等。如此之人于无数劫在地狱中。具受无量苦恼之罪。尔乃得出。我为斯等求于大乘信解者故。而说斯法。其有毁坏大乘法者。实当具受无量大苦。信乐之者。自果当立不退转地。必成正觉。

十一、口业罪报极为可怕

《月灯三昧经》卷五，佛陀告诉月光童子偈云：

所有一切阎浮处	毁坏一切佛塔庙
若有毁谤佛菩提	其罪广大多于彼
若有杀害阿罗汉	其罪无量无边际
若有诽谤修多罗	其罪获报多于彼

《辩意长者子经》，佛陀以偈颂告诉长者子说：

欺诈迷惑众	常无有至诚
心口而作行	令身受罪重
若生地狱中	铁钩钩舌出
洋铜灌其口	昼夜不懈休
若当生为人	口气常腥臭
人见便不喜	无有和悦欢
常遇县官事	为人所讥论
遭逢众厄难	心意初不安
死还入地狱	出则为畜生

辗转五道中　　不脱众苦难

自作的恶业须自身受

《妙法圣念处经》卷二：

愚迷诸有情　　贪财行虚诳

地狱业所牵　　焚烧受诸苦

亦如诸毒药　　自饮还自害

造业亦复然　　似影恒随逐

又如出火木　　生火能自害

苦果随恶因　　自作应自受

口造业，身受罪

《辩意长者子经》，佛陀又以偈颂告诉长者子说：

人心是毒根　　口为祸之门

心念而口言　　身受其罪殃

粗言揭短生饿鬼

《分别业报略经》说：

粗言触恼人　　好发他阴私

刚强难调伏　　生焰口饿鬼

刹那的口业也不可造

《分别善恶报应经》卷上，佛陀告诉诸比丘颂曰：

于佛起恶心　　毁谤生轻慢

入大地狱中　　受苦无穷尽

有诸数取趣　　于师及比丘

暂时起恶心　　命终堕地狱

若于如来处　　起大瞋恨心

皆堕恶道中　　轮回恒受苦

发愿不造口业

《妙法圣念处经》卷二，佛陀又告诉诸比丘说：

"宁持利刃。断于舌根。不以此舌说染欲事。"

《大方便佛报恩经》卷三,佛陀告诉阿难尊者说:

"……尔时三藏比丘。以一恶言诃骂上座。五百身中常作狗身。

"一切大众闻佛说法。皆惊战悚。俱发声言。怪哉怪哉。世间毒祸莫先于口。"

尔时无量百千人。皆立誓愿。而说偈言:

> 假使热铁轮　在我顶上旋
>
> 终不为此苦　而发于恶言
>
> 假使热铁轮　在我顶上旋
>
> 终不为此苦　毁圣及善人

第二章　了凡入圣的人天师功德

第五节　僧宝功德的经赞论疏

大方广佛华严经离世间品

于阗国三藏实叉难陀奉诏译

最后身菩萨。如是示现处王宫已。然后出家。佛子。菩萨摩诃萨。以十事故。示现出家。何等为十。所谓：

为厌居家故。示现出家。

为着家众生令舍离故。示现出家。

为随顺信乐圣人道故。示现出家。

为宣扬赞叹出家功德故。示现出家。

为显永离二边见故。示现出家。

为令众生。离欲乐我乐故。示现出家。

为先现出三界相故。示现出家。

为现自在不属他故。示现出家。

为显当得如来十力无畏法故。示现出家。

最后菩萨。法应尔故。示现出家。是为十。菩萨以此调伏众生。

文殊师利问经嘱累品

梁扶南国三藏僧伽婆罗译

尔时文殊师利白佛言：

世尊。一切诸功德不与出家心等。何以故。住家无量过患故。出家无量功德故。

佛告文殊师利。

如是如是。如汝所说。一切诸功德不与出家心等。何以故。

住家无量过患故。出家无量功德故。

住家者有障碍。出家者无障碍。

住家者摄受诸垢。出家者离诸垢。

住家者行诸恶。出家者离诸恶。

住家者是尘垢处。出家者除尘垢处。

住家者溺欲淤泥。出家者离欲淤泥。

住家者随愚人法。出家者远愚人法。

住家者不得正命。出家者得正命。

住家者多怨家。出家者无怨家。

住家者多苦。出家者少苦。

住家者是忧悲恼处。出家者欢喜处。

住家者是恶趣梯。出家者是解脱道。

住家者是结缚处。出家者是解脱处。

住家者有怖畏。出家者无怖畏。

住家者有弹罚。出家者无弹罚。

住家者是伤害处。出家者非伤害处。

住家者有热恼。出家者无热恼。

住家者有贪利苦。出家者无贪利苦。

住家者是愦闹处。出家者是寂静处。

住家者是悭吝处。出家者非悭吝处。

住家者是下贱处。出家者是高胜处。

住家者为烦恼所烧。出家者灭烦恼火。

住家者常为他。出家者常为自。

住家者小心行。出家者大心行。

住家者以苦为乐。出家者出离为乐。

住家者增长棘刺。出家者能灭棘刺。

住家者成就小法。出家者成就大法。

住家者无法用。出家者有法用。

住家者多悔吝。出家者无悔吝。

住家者增长血泪乳。出家者无血泪乳。

住家者三乘毁訾。出家者三乘称叹。

住家者不知足。出家者常知足。

住家者魔王爱念。出家者令魔恐怖。

住家者多放逸。出家者无放逸。

住家者是轻蔑处。出家者非轻蔑处。

住家者为人仆使。出家者为仆使主。

住家者是生死边。出家者是涅槃边。

住家者是坠堕处。出家者无坠堕处。

住家者是黑暗。出家者是光明。

住家者纵诸根。出家者摄诸根。

住家者长憍慢。出家者灭憍慢。

住家者是低下处。出家者是清高处。

住家者多事务。出家者无所作。

住家者少果报。出家者多果报。

住家者多谄曲。出家者心质直。

住家者常有忧。出家者常怀喜。

住家者如刺入身。出家者无有刺。

住家者是疾病处。出家者无疾病。

住家者是衰老法。出家者是少壮法。

住家者为放逸死。出家者慧为命。

住家者是欺诳法。出家者是真实法。

住家者多所作。出家者少所作。

住家者多饮毒。出家者饮醍醐。

住家者多散乱。出家者无散乱。

住家者是流转处。出家者非流转处。

住家者如毒药。出家者如甘露。

住家者爱别离。出家者无别离。

住家者多重痴。出家者深智慧。

住家者乐尘秽法。出家者乐清净法。

住家者失内思维。出家者得内思维。

住家者无皈依。出家者有皈依。

住家者无尊胜。出家者有尊胜。

住家者无定住处。出家者有定住处。

住家者不能作依。出家者能作依。

住家者多瞋恚。出家者多慈悲。

住家者有重担。出家者舍重担。

住家者无究竟事。出家者有究竟事。

住家者有罪过。出家者无罪过。

住家者有过患。出家者无过患。

住家者有苦难。出家者无苦难。

住家者流转生死。出家者有齐限。

住家者有秽污。出家者无秽污。

住家者有慢。出家者无慢。

住家者以财物为宝。出家者以功德为宝。

住家者多灾疫。出家者离灾疫。

住家者常有退。出家者常增长。

住家者易可得。出家者难可得。

住家者可作。出家者不可作。

住家者随流。出家者逆流。

住家者是烦恼海。出家者是舟航。

住家者是此岸。出家者是彼岸。

住家者缠所缚。出家者离缠缚。

住家者作怨家。出家者灭怨家。

住家者国王所教诫。出家者佛法所教诫。

住家者有犯罪。出家者无犯罪。

住家者是苦生。出家者是乐生。

住家者是浅。出家者是深。

住家者伴易得。出家者伴难得。

住家者妇为伴。出家者定为伴。

住家者是罥网。出家者破罥网。

住家者伤害为胜。出家者摄受为胜。

住家者持魔王幢幡。出家者持佛幢幡。

住家者是此住。出家者彼住。

住家者增长烦恼。出家者出离烦恼。

住家者如刺林。出家者出刺林。

文殊师利。若我毁訾住家。赞叹出家。言满虚空说犹无尽。文殊师利。此谓住家过患。出家功德。

大乘本生心地观经厌舍品

大唐罽宾国三藏般若奉诏译

尔时智光长者。承佛威神即从座起。顶礼佛足恭敬合掌。而白佛言。世尊。我今从佛闻是报恩甚深妙法。心怀踊跃得未曾有。如饥渴人遇甘露食。我今乐欲酬报四恩。投佛法僧出家修道。常勤精进希证菩提。佛大慈悲。于一时中在毗舍离城。为无垢称说甚深法。汝无垢称以清净心为善业根。以不善心为恶业根。心清净故世界清净。心杂秽故世界杂秽。我佛法中以心为主。一切诸法无不由心。汝今在家有大福德。众宝璎珞无不充足。男女眷属安隐快乐。成就正见不谤三宝。以孝养心恭敬尊亲。起大慈悲给施孤独。乃至蜫蚁尚不加害。忍辱为衣慈悲为室。尊敬有德心无憍慢。怜湣一切犹如赤子。不贪财利常修喜舍。供养三宝心无厌足。为法舍身而无吝惜。如是白衣虽不出家。已具无量无边功德。汝于来世万行圆满。超过三界证大菩提。汝所修心即真沙门亦婆罗门。是真比丘是真出家。如是之人。此则名为在家出家。世尊。或有一时于迦兰陀竹林精舍。为其恶性六群比丘说教诫法。而告之言。汝等比丘。谛听谛听。入佛法海信为根本。渡生死河戒为船筏。若人出家不护禁戒。贪着世乐毁佛戒宝。或失正见入邪见林。引无量人堕大深坑。如是比丘不名出家。非是沙门非婆罗门。形似沙门心常在家。如是沙门无远离行。远离之行有其二种。一身远离。二心远离。身远离者。若人出家身处空闲。不染欲境名身远离。若有出家修清净心。不染欲境名心远离。身虽出家。心贪欲境。如是之人不名远离。若净信男及净信女。身居聚落发无上心。以大慈悲饶益一切。如是修行名真远离。于是六群恶性比丘。闻是法音得柔顺忍。然今我等虽信佛说。各各怀疑意未决定。善哉世尊。能断世间一切疑者。于一切法得自在者。真实语者。无二语者。是知道者。是开导者。唯愿如来。为我等辈及未来世一切有情。舍于方便说真实法。永离疑悔。令入佛道。今此会中有二菩萨。一者出家。二者在家。是二菩萨。善能利乐一切有情而无休息。如我唯忖出家菩萨。不及在家修菩萨行。所以者何。昔有金轮转轮圣王。发阿耨多罗三藐三菩提心。厌离世间无常苦空。舍轮王位如弃涕唾。清净出家入于佛道。是时后宫夫人婇女八万四千。见王出家各怀恋慕。拊心号恸生大逼恼。起爱别离如地狱苦。金轮圣王初受位时。所感宝女及王千子大臣眷属。共伤离别舍位出家。号泣之声满四天下。此诸眷属各作是言。我王福智无量无边。如何见弃舍我出家。哀哉苦哉世界空虚。从今已去无依无怙。若有净信善男子善女人。皈佛法僧发菩提心。舍离父母出家入道。父母怜湣恩念情深。离别悲哀感动天地。如涸辙鱼宛转于地。爱别离苦亦复如是。

如彼轮王眷属之心。出家菩萨饶益众生。云何娆害父母妻子。令无量人受大苦恼。以是因缘出家菩萨。无慈无悲不利众生。是故非如在家菩萨具大慈悲。怜潜众生利益一切。

尔时佛告智光长者。善哉善哉。汝大慈悲劝请我说出家在家二种胜劣。汝今所问出家菩萨不如在家。是义不然。所以者何。出家菩萨胜于在家。无量无边不可为比。何以故。出家菩萨以正慧力。微细观察在家所有种种过失。所谓世间一切舍宅。积聚其中不知满足。犹如大海容受一切大小河水未曾满足。善男子。香山之南雪山之北有阿耨池。四大龙王各居一角。东南龙王白象头。西南龙王大牛头。西北龙王狮子头。东北龙王大马头。各从四角涌出大河。一殑伽河。其水所至白象随出。二信渡河。其水所至水牛随出。三薄刍河。其水所至狮子随出。四私陀河。其水所至大马随出。如是大河。一一各有五百中河。中河各有无量小河。是大中小一切众水皆入大海。然此大海未曾满足。世间众生所有一切居处舍宅。亦复如是。聚诸珍宝从四方来。悉入宅中未曾满足。多求积聚造种种罪。无常忽至弃舍故宅。是时宅主随业受报。经无量劫终无所皈。善男子。所为宅者即五蕴身。其宅主者是汝本识。谁有智者乐有为宅。唯有菩提安乐宝宫。离老病死忧悲苦恼。若有利根净信深厚善男子等。欲度父母妻子眷属令入无为甘露宅者。须皈三宝出家学道。尔时如来。重说偈言：

出家菩萨胜在家　　算分喻分莫能比

在家逼迫如牢狱　　欲求解脱甚为难

出家闲旷若虚空　　自在无为离系着

谛观在家多过失　　造诸罪业无有边

营生贪求恒不足　　犹如大海难可满

阿耨达池龙王等　　四角涌出四大河

大中小河所有水　　昼夜流注无暂歇

然彼大海未尝满　　所贪舍宅亦如是

在家多起诸恶业　　未尝洗忏令灭除

空知爱念危脆身　　不觉命随朝露尽

焰魔使者相催逼　　妻子屋宅无所随

幽冥黑暗长夜中　　独往死门随业受

诸佛出现起悲潸　　欲令众生厌世间

汝今已获难得身　　当勤精进勿放逸

在家屋宅深可厌　　空寂宝舍难思议

永离病苦及忧恼　　诸有智者善观察

当来净信善男女　　欲度父母及眷属

令入无为甘露城　　愿求出家修妙道

渐渐修行成正觉　　当转无上大法轮

复次善男子。出家菩萨观世舍宅。犹如石火深生厌患。何以故。譬如微火能烧一切诸草木等。世间舍宅亦复如是。贪心求觅驰走四方。若有所得受用不足。于一切时追求无厌。若无所得心生热恼日夜追求。是故世间一切舍宅。能生无量烦恼之火。为起贪心恒无知足。世间财宝犹如草木。贪欲之心如世舍宅。以是因缘。一切诸佛说于三界名为火宅。善男子。出家菩萨能作是观。厌离世间名真出家。尔时如来。重说偈言：

出家菩萨观世宅　　犹如人间微少火

一切草木渐能烧　　世宅当知亦如是

众生所有众财宝　　更互追求常不足

求不得苦恒在心　　老病死火无时灭

以是因缘诸世尊　　说于三界为火宅

若欲超过三界苦　　应修梵行作沙门

三昧神通得现前　　自利利他悉圆满

复次善男子。爱乐出家当观舍宅。如彼深山石窟之中有大宝藏。譬如长者唯有一子。其家大富财宝无量。奴婢仆从象马无数。其父于后忽遭重病。名医良药不能救疗。长者自知将死不久。即命其子而告之言。凡我所有一切财宝付嘱于汝。勤加守护勿令漏失。既付嘱已即便命终。

时长者子不顺其命。恣行放逸既损家业。财物散失。僮仆逃逝而无所依。时彼老母心怀忧恼。遂得重病即便终殁。其子贫穷无所恃怙。遂投山谷拾薪采货鬻自给。彼时遇雪入石窟中权自憩息。然此窟中是昔国王藏七宝所无能知者。经数百千年回绝人迹。时彼贫人业因缘故。偶入窟中见无量金。心大欢喜得未曾有。因而分割若干分金造立舍宅。若干分金为娶妻财。如是奴婢。如是象马。随心所欲皆如其意。作是计时有诸群贼。为趁走鹿到于窟前。见此贫人以金分配。遂舍其鹿杀人取金。愚痴凡夫亦复如是。深着世乐不乐出离。深山石窟如世舍宅。伏藏金宝犹如善根。琰魔使者即是群贼。随业受报堕三恶道。不闻父母三宝名字丧失善根。以是因缘。应当厌离发于无上大菩提心。出家修道希成妙觉。

尔时如来。重说偈言：

> 爱乐在家诸菩萨　　观于舍宅如宝藏
> 譬如长者有一子　　其家大富饶财宝
> 奴婢仆从及象马　　一切所须无不丰
> 于后长者身有病　　举世良医皆拱手
> 临终告命诸亲族　　付嘱家财与其子
> 教诲令存孝养心　　当勤享祀无断绝
> 是时其子违父命　　广纵愚痴多放逸
> 老母怀忧疾病身　　又因恶子寻丧逝
> 眷属乖离无所托　　拾薪货鬻以为常
> 往彼山中遇风雪　　入于石窟而暂息
> 窟中往昔藏妙宝　　已经久远无人知
> 樵人得遇真金藏　　心怀踊跃生稀有
> 寻时分配真金宝　　随意所欲悉用之
> 或以造舍或妻财　　奴婢象马并车乘
> 校计未来无能舍　　群贼因鹿到其前

是彼怨家会遇时　　遂杀贫人取金去

愚痴众生亦如是　　石窟犹如世间宅

伏藏真金比善根　　琰魔鬼使如劫贼

以是因缘诸佛子　　早趣出家修善品

应观身命类浮泡　　勤修戒忍波罗蜜

当诣七宝菩提树　　金刚座上证如如

常住不灭难思议　　转正法轮化群品

复次善男子。世间所有一切舍宅。犹如杂毒甘味饮食。譬如长者唯有一子。聪慧利根达迦楼罗秘密观门。能辨毒药善巧方便。父母恩怜爱念无比。时长者子为有事缘往至廓肆未及归家。尔时父母与诸亲族。欢喜宴乐具设甘饍。时有怨家。密以毒药置饮食中。无人觉知。是时父母不知食中有杂毒药。遂令长幼服杂毒食。其子后来父母欢喜。所留饮食赐与其子。是时其子未须饮食。念迦楼罗秘密观门。便知食中有杂毒药。其子虽知父母服毒。而不为说误服毒药。所以者何。若觉服毒更加闷乱。毒气速发必令人死。即设方便白父母言。我且不食如是饮食。暂往市中。隟来当食。何以故。我先买得无价宝珠。留在柜中而忘封闭。于是父母闻说宝珠。生欢喜心任子所往。子遂驰走诣医王家。求阿伽陀解毒妙药。既得此药。疾走还家。乳酥沙糖三味合煎和阿伽陀。作是药已。白父母言。唯愿父母服是甘露。此是雪山阿伽陀药。所以者何。父母向来误服毒药。我所暂出本为父母及诸人等。求得如是不死妙药。于是父母及众人等。心大欢喜得未曾有。即服妙药吐诸毒气。便得不死更延寿命。出家菩萨亦复如是。过去父母沉沦生死。现在父母不能出离。未来生死难可断尽。现在烦恼难可伏除。以是因缘。为度父母及诸众生。激发同体大慈悲心。求大菩提出家入道。善男子。是名舍宅如杂毒药入甘美食。尔时如来。重说偈言：

世间所有诸舍宅　　说名杂毒甘美食

譬如长者有一子　　聪明利智复多才

善迦楼罗秘密门　　能辨毒药巧方便

子有事缘往廓肆　　暂时货易未还家
父母宴乐会诸亲　　百味珍馐皆具足
有一恶人持毒药　　密来置之于饮食
其子是时不在家　　父母为儿留一份
举家误服杂毒药　　子念观门知有毒
即便宾士到医所　　求得伽陀不死药
三味和煎药已成　　遂白诸亲速令服
如是所服如甘露　　瘥诸杂毒皆安乐
一切信心善男子　　出家修道亦如是
为济父母及众生　　所服烦恼诸毒药
狂心颠倒造诸罪　　永沉生死忧悲海
割爱辞亲入佛道　　得近调御大医王
所修无漏阿伽陀　　还生父母三界宅
令服法药断三障　　当证无上菩提果
尽未来际常不灭　　能度众生作皈依
毕竟处于大涅槃　　及佛菩提圆镜智

　　复次善男子。出家菩萨常观世间一切舍宅。犹如大风不能暂住。何以故。善男子。在家之心恒起妄想。执着外境。不能了真。无明昏醉。颠倒触境亦常不住。恶觉易起善心难生。由妄想缘起诸烦恼。因众烦恼造善恶业。依善恶业感五趣果。如是如是生死不断。唯有正见不颠倒心。作诸善业。因三善根及以信等。增长无漏法尔种子。能起无漏三昧神通。如是如是证圣相续。若伏妄想修习正观。一切烦恼永尽无余。尔时智光长者白佛言。世尊。修习正观有无量门。修何等观能伏妄想。尔时世尊告长者言。善男子。应当修习无相正观。无相观者。能伏妄想。唯观实性不见十相。一切诸法体本空寂。无见无知是名正观。若有佛子安住正念。如是观察。长时修习无相无为。妄想猛风。寂然不动。圣智现观。证理圆成。善男子。是名贤圣。是名菩萨。是名如来阿耨多罗三藐三菩提。以是因缘。一切菩萨为伏妄想永不起故。为报四恩成就四德。出家修学息妄想心。经无量劫成就佛道。尔时如来。
重说偈言：

出家菩萨观在家	犹如暴风不暂住
亦如妄执水中月	分别计度以为实
水中本来月影无	净水为缘见本月
诸法缘生皆是假	凡愚妄计以为我
即此从缘法非真	妄想分别计为有
若能断除于二执	当证无上大菩提
凡情妄想如黑风	吹生死林念念起
四颠倒鬼常随逐	令造五种无间因
三不善根现为缠	生死轮回镇相续
若人闻经深信解	正见能除颠倒心
菩提种子念念生	大智神通三昧起
若能修习深妙观	惑业苦果无由起
唯观实相真性如	能所俱亡离诸见
男女性相本来空	妄执随缘生二相
如来永断妄想因	真性本无男女相
菩提妙果证皆同	妄计凡夫生异相
三十二相本非相	了相非相为实相
若人出家修梵行	摄心寂静处空闲
是为菩萨真净心	不久当证菩提果

　　复次善男子。出家菩萨日夜恒观世间舍宅。一切皆是烦恼生处。何以故。如有一人造八舍宅。以诸宝物而自庄严。造此宅已而作是念。今此舍宅是我所有不属他人。唯我舍宅最为吉祥。他人舍宅所不能及。如是执着能生烦恼。由烦恼故我我所执而为根本。八万四千诸尘劳门。更相竞起充满宅中。所以者何。在家凡夫深着五欲。妻子眷属奴婢仆使悉皆具足。以是因缘。生老病死。忧悲苦恼。怨憎合会。恩爱别离。贫穷诸衰。求不得苦。如是众苦。如影随形。如回应声。世世相续恒不

断绝。如是众苦非无所因。大小烦恼而为根本。一切财宝追求而得。若无先因不可追求。假使追求亦无所获。善男子。以是义故。一切烦恼追求为本。若灭追求。无量烦恼悉皆断尽。然今是身众苦所依。诸有智者当生厌离。如过去世迦叶如来。为诸禽兽而说偈言：

> 是身为苦本　　余苦为枝叶
>
> 若能断苦本　　众苦悉皆除
>
> 汝等先世业　　造罪心不悔
>
> 感得不可爱　　杂类受苦身
>
> 若起殷重心　　一念求忏悔
>
> 如火焚山泽　　众罪皆销灭
>
> 是身苦不净　　无我及无常
>
> 汝等咸应当　　深生厌离心

　　尔时无量诸禽兽等。闻此偈已。于一念心至诚忏悔。便舍恶道生第四天。奉觐一生补处菩萨。闻不退法。究竟涅槃。善男子。以是因缘。今此苦身犹如舍宅。一切烦恼即为宅主。是故净信善男子等。发菩提心出家入道。必得解脱一切众苦。皆当成就阿耨多罗三藐三菩提。尔时如来。重说偈言：

> 出家菩萨恒观察　　舍宅所生诸烦恼
>
> 如有一人造舍宅　　种种珍宝以严饰
>
> 自念壮丽无能比　　不属他人唯我有
>
> 工巧所修最殊妙　　世间舍宅无能及
>
> 如是分别生执着　　以我我所为根本
>
> 八万四千诸烦恼　　充满舍宅以为灾
>
> 世间一切诸男女　　六亲眷属皆圆满
>
> 以是因缘生众苦　　所谓生老及病死
>
> 忧悲苦恼常随逐　　如影随形不暂离
>
> 诸苦所因贪欲生　　若断追求尽诸苦
>
> 是身能为诸苦本　　勤修厌离趣菩提

三界身心如舍宅　　烦恼宅主居其中

汝等应发菩提心　　舍离凡夫出三界

复次善男子。出家菩萨常观在家。犹如大国有一长者。其家豪富财宝无量。于多劫中父子因缘相袭不断。修诸善行名称远闻。是大长者所有财宝皆分为四。一份财宝。常求息利以赡家业。一份财宝。以充随日供给所需。一份财宝。惠施孤独以修当福。一份财宝。拯济宗亲往来宾旅。如是四份曾无断绝。父子相承为世家业。后有一子愚痴弊恶。深着五欲恣行放逸。违父母教不依四业。起诸舍宅七层楼观。倍于常制众宝严饰。琉璃为地。宝窗交映。龙首鱼形无不具足。微妙音乐昼夜不绝。受五欲乐如忉利天。鬼神憎嫌。人天远离。于是邻家忽然火起。猛焰炽盛随风蔓延。焚烧库藏及诸楼台。时长者子。见是猛火起大瞋心。速命妻子奴婢眷属。入于重舍闭楼阁门。以愚痴故一时俱死。在家凡夫亦复如是。世间愚人如长者子。诸佛如来犹如长者。不顺佛教造作恶业。堕三恶道受大苦恼。以是因缘。出家菩萨当观在家如长者子不顺父母为火所烧妻子俱死。善男子等。应生厌离人天世乐。修清净行当证菩提。

尔时如来。重说偈言：

出家菩萨观在家　　犹如长者生愚子

其家富有诸财宝　　久远相承无阙乏

先世家业传子孙　　一切资产为四分

常修胜行无过恶　　名称遍满诸国土

金银珍宝数无边　　出入息利遍他国

慈悲喜舍心无倦　　惠施孤贫常不绝

长者最后生一子　　愚痴不孝无智慧

年齿已迈筋力衰　　家财内外皆付子

子违父命行放逸　　四业不绍堕于家

造立七层珍宝楼　　用绀琉璃作窗牖

歌吹管弦曾不歇　　常以不善师于心

受五欲乐如天宫　　一切龙神皆远离

邻家欻然灾火起　　猛焰随风难可禁

库藏珍财及妻子　　层楼舍宅悉焚烧

积恶招殃遂灭身　　妻子眷属同殒殁

三世诸佛如长者　　一切凡夫是愚子

不修正道起邪心　　命终堕在诸恶趣

长劫独受焚烧苦　　如是辗转无尽期

在家佛子汝当知　　不贪世乐勤修证

厌世出家修梵行　　山林寂静离诸缘

为报四恩修胜德　　当于三界为法王

尽未来际度众生　　作不请友常说法

永截爱流超彼岸　　住于清净涅槃城

　　复次善男子。出家菩萨观于世间一切舍宅。犹如大梦。譬如长者有一童女。年始十五。端正殊妙。尔时父母处三层楼。将其爱女受诸欢乐。于夜分中母女同宿。在一宝床而共安寝。于是童女梦见。父母娉与夫家经历多年。遂生一子端正殊妙。有聪慧相日渐恩养。能自行步处在高楼。因危堕落未至于地。见有饿虎接而食之。是时童女倍复惊怖。举声号哭。遂便梦觉。尔时父母问其女言。以何因缘忽然惊怖。时女羞耻不肯说之。其母殷勤窃问其故。时女为母密说如上所梦之事。善男子。世间生死有为舍宅。长处轮回未得真觉。尔所分位恒处梦中。生老病死三界舍宅。如彼童女处于梦中。虚妄分别亦复如是。琰魔鬼使忽然而至。如彼饿虎于虚空中接彼婴孩而啖食之。一切众生念念无常老病死苦。亦复如是。谁有智者爱乐此身。以是因缘。观于生死长夜梦中。发菩提心厌离世间。当得如来常住妙果。尔时如来。重说偈言：

佛子至求无上道　　当观舍宅如梦中

譬如富贵大长者　　有一童女妙端严

随其父母上高楼　　观视游从甚欢乐

女向楼中做是梦　　分明梦见适他人

后于夫家诞一子　　其母爱念心怜潸

子上楼台耽喜乐　　因危坠堕于虎口

遂乃失声从梦觉　　方知梦想本非真

无明暗障如长夜　　未成正觉如梦中

生死世间常不实　　妄想分别亦如是

唯有四智大圆明　　破暗称为真妙觉

无常念念如饿虎　　有为虚假难久停

宿鸟平旦各分飞　　命尽别离亦如是

往来住业受诸报　　父母恩情不相识

哀哉凡夫生死身　　轮转三涂长受苦

若知善恶随业感　　应当忏悔令消灭

一切人天妙乐果　　惭愧正见为所因

应发坚固菩提心　　被精进甲勤修学

复次善男子。出家菩萨观于舍宅。如牝马口海出于猛焰吞纳四渎。百川众流无不烧尽。譬如往昔罗陀国中有一菩萨名妙得彼岸。然是菩萨有慈悲心常怀饶益。有诸商人入海采宝。将是菩萨同载船舶。皆达宝洲度于崄难。而无所碍到于彼岸。后时菩萨年渐衰老。已经百岁。起坐扶策力不能前。有一商主诣菩萨所礼拜供养。白菩萨言。我欲入海求诸珍宝。永离贫穷得大富贵。今请菩萨与我同往。尔时菩萨告商主言。我今衰老筋力微弱不能入海。商主复言唯愿大士。不舍慈悲哀受我请。于我舶中但自安坐。是我所愿。尔时菩萨受商人请。乘大舶船。入于大海。向东南隅诣其宝所。时遇北风漂堕南海。猛风迅疾昼夜不停。经于七日见大海水变为金色犹如镕金。尔时众商白菩萨言。以何因缘水变金色有如是相。菩萨告言。汝等当知。我今已入黄金大海。无量无边紫磨真金充满大海。金宝交映有如是相。超过正路堕此海中。各自勤求设诸方便还归北方。复经数日。见大海水变为白色犹如珂雪。菩萨告言。汝等当知。我今已入真珠大海。白玉真珠充满海中。珠映水色有如是相。汝当尽力设诸方便还归北方。复经数日。大海之水变为青色如青琉璃。菩萨告言。我及汝等已入青玻璃海。无量无边青玻璃宝。充满大海。玻璃之色交映如是。复经日。大海之水变为红色犹如血现。菩萨告言。我及汝等已入红玻璃海。无量无边红玻璃宝充满大海。实色红赤交映如是。复经数日。水变黑色犹如墨汁。遥闻猛火爆裂之声。犹如大火烧干竹林。炽燃燧烨甚可怖畏。如是相貌曾未见闻。又见大火起于南方犹如搅峰高逾百丈。焰势飞空或合或散。光流掣电。如是之相未曾见闻。我等身命实难可保。于是菩萨告众人言。汝等今者。甚可怖畏。何以故。我等已入牝马口海诸四大海及四天下大小众流入北口海皆被烧尽。所以者何。由诸众生业增上力。自然天火能烧海水。若是天火不烧海水。一日夜中一切陆地变成大海。所有众生悉皆漂没。然今我等遇大黑风。漂流如是牝马口海。我今众人余命无几。尔时船舶有千余人。同时发声悲号啼哭。或自拔发。或自投身。作如是言。我等今者为求珍宝入于大海遇此险难。哀哉苦哉。以何方便得免是难。时千人等至诚归命。或称悲母。或称慈父。或称梵天。或称摩醯首罗天王。或称大力那罗延天。或有归命得岸菩萨。敬礼大士而作是言。唯愿菩萨济我等辈。尔时菩萨为是众人离诸恐怖。而说偈言：

> 世间最上大丈夫　　虽入死门不生畏
>
> 汝若忧悲失智慧　　应当一心设方便
>
> 若得善巧方便门　　离诸八难超彼岸
>
> 是故安心勿忧惧　　应当恳念大慈尊

于是菩萨说此偈已。烧众名香礼拜供养十方诸佛。发是愿言。南无十方诸佛。南无十方诸佛。诸大菩萨摩诃萨众。四向四果一切贤圣。有天眼者。有天耳者。知佗心者。众自在者。我为众生运大悲心。弃舍身命济诸苦难。然今我身有一善根。受持如来不妄语戒。无量生中未曾缺犯。若我一生有妄语者。今此恶风转加增盛。如是戒德非虚妄者。愿以此善回施一切。我与众生当成佛道。若实不虚。愿此恶风应时休息。如意便风随念而至。然诸众生即是我身。众生与我等无差别。是大菩萨发起如是同体大悲无碍愿已。经一念顷恶风寻止。便得顺风解脱众难。得至宝所获诸珍宝。尔时菩萨告商人言。如是珍宝难逢难遇。汝等先世广行檀施。得值如是众妙珍宝。昔修施时心有吝惜。以是因缘遇是恶风。汝诸商人所得珍宝。须知限量无使多取。以纵贪心后招大难。汝等当知。众宝之中命宝为最。若存其命是无价宝。时商人等蒙菩萨教。生知足心不敢多取。尔时众人得免灾难获大珍宝。远离贫穷到于彼岸。诸善男子。出家菩萨亦复如是。亲近诸佛善友知识。如彼商人得遇菩萨。永离生死到于彼岸。犹如商主获大富贵。世间所有有为舍宅。如牝马口海能烧众流。出家菩萨亦复如是。审谛观察在家过失。汝善男子不染世间诸五欲乐。厌离三界生死苦难。得入清凉安乐大城。尔时如来。重说偈言：

出家菩萨观舍宅	如牝马海烧众流
譬如往昔罗陀国	有一菩萨名得岸
具大福智巧方便	无缘慈悲摄有情
得是菩萨乘舶船	商人获宝超彼岸
然是大士年衰老	不乐利佗好禅寂
有一商主请菩萨	欲入大海求珍宝
唯愿大士受我请	令我富饶无阙乏
于是菩萨运大悲	即便受请乘舶船
时张大帆遇顺风	直往东南诣宝所
忽遇暴风吹舶船	漂堕南海迷所往
经过七日大海水	悉皆变作黄金色
紫磨黄金满海中	宝映光现真金色
复经数日大海水	变为白色如珂雪
真珠珍宝满海中	所以海水成白色
又经数日大海水	变作绀青如琉璃
青玻璃珠满大海	所以水作绀青色

又经数日大海水　　悉皆变作红赤色
红玻璃珠满海中　　故变水色同于彼
复经数日大海水　　变为黑色如墨汁
如是天火所焚烧　　海水尽皆如墨色
此海名为牝马口　　吞纳四海及众流
一切船舶若经过　　有人到此多皆死
天火炽盛如山积　　爆裂之声如雷震
众人遥见心惊怖　　号叫捶胸白大师
于是菩萨起慈悲　　不惜身命垂救护
暴风寻止顺风起　　渡于险难至宝所
各获珍琦达彼岸　　永离贫穷受安乐
出家菩萨亦如是　　亲近诸佛如商主
永离火宅趣真觉　　犹如商人归本处
世间所有诸宅舍　　如彼牝马大口海
出家常厌于在家　　不染世间离五欲
乐住空闲心不动　　善达甚深真妙理
或处人间聚落中　　如蜂采华无所损
四威仪中恒利物　　不贪世乐及名闻
口中常出柔软音　　粗鄙恶言断相续
知恩报恩修善业　　自佗俱得入真常

尔时智光及诸长者一万人俱。异口同音而白佛言。善哉世尊。稀有善逝。如是如是。世尊所说微妙第一。善巧方便饶益有情。如佛所说我今悉知。世间宅舍犹如牢狱。一切恶法从舍宅生。出家之人实有无量无边胜利。由是我等深乐出家。现在当来恒受法乐。尔时世尊告诸长者。善哉善哉。汝等发心乐欲出家。若善男子善女人。发阿耨多罗三藐三菩提心。一日一夜出家修道。二百万劫不堕恶趣。常生善处受胜妙乐。遇善知识永不退转。得值诸佛受菩提记。坐金刚座成正觉道。

大宝积经郁伽长者会

曹魏三藏法师康僧铠译

我当何时舍于家垢。我当何时住如是行。

应生如是欲出家心。无有在家修集无上正觉之道。皆悉出家趣空闲林。修集得成无上正道。

在家多尘污。出家妙好。

在家俱缚。出家无碍。

在家多垢。出家舍离。

在家恶摄。出家善摄。

在家没于爱欲淤泥。出家远离爱欲淤泥。

在家凡俱。出家智俱。

在家邪命。出家净命。

在家多垢。出家无垢。

在家衰减。出家无减。

在家处忧。出家欢喜。

在家则是众恶梯磴。出家离磴。

在家系缚。出家解脱。

在家畏惧。出家无畏。

在家谪罚。出家无罚。

在家多患。出家无患。

在家烦热。出家无热。

在家多求苦。出家无求乐。

在家掉动。出家无动。

在家贫苦。出家无苦。

在家怯弱。出家无怯。

在家下贱。出家尊贵。

在家炽燃。出家寂静。

在家利他。出家自利。

在家之人无润精气。出家之人有大滋润。

在家结乐。出家灭乐。

在家增刺。出家无刺。

在家成小法。出家成大法。

在家不调。出家调伏。

在家离戒。出家护戒。

在家增长。泪乳血海。出家干竭。泪乳血海。

在家之人诸佛声闻缘觉所呵。出家之人诸佛声闻缘觉所赞。

在家无足。出家知足。

在家魔喜。出家魔忧。

在家不降伏。出家降伏。

在家奴仆。出家为主。

在家生死际。出家涅槃际。

在家堕落。出家拔堕。

在家暗冥。出家明昭。

在家之人根不自在。出家之人诸根自在。

在家狂逸。出家不逸。

在家不相应。出家相应。

在家下观。出家上观。

在家多营。出家少营。

在家少力。出家大力。

在家谄曲。出家正直。

在家多忧。出家无忧。

在家箭俱。出家除箭。

在家病患。出家无病。

在家老法。出家壮法。

在家放逸命。出家修慧命。

在家诳诈。出家无诈。

在家多作。出家无作。

在家毒器。出家甘露器。

在家灾患。出家无灾害。

在家不舍。出家放舍。

在家之人取于毒果。出家之人取无毒果。

在家之人不爱相应。出家不与不爱相应。

在家痴重。出家智轻。

在家失方便。出家净方便。

在家失正意。出家净正意。

在家失至意。出家净至意。

在家之人不能作救。出家作救。

在家造穷劣。出家不造穷。

在家非舍。出家作舍。

在家非皈。出家作皈。

在家多怒。出家多慈。

在家负担。出家舍担。

在家不尽一切诤讼。出家尽净。

在家有过。出家无过。

在家匆务。出家闲务。

在家热恼。出家离热。

在家多仇。出家无仇。

在家贮聚。出家无聚。

在家财坚。出家德坚。

在家忧惧。出家寂忧。

在家损耗。出家增益。

在家易得。出家之人亿劫难得。

在家易作。出家难作。

在家顺流。出家逆流。

在家处流。出家船筏。

在家结河。出家越度。

在家此岸。出家彼岸。

在家缠缚。出家离缠。

在家嫌恨。出家寂恨。

在家王法。出家佛法。

在家爱染污。出家离染。

在家生苦。出家生乐。

在家浅近。出家深远。

在家易伴。出家难伴。

在家妻伴。出家心伴。

在家匆务。出家离务。

在家逼他苦。出家乐他。

在家财施。出家法施。

在家持魔幢。出家持佛幢。

在家巢窟。出家离巢。

在家非道。出家离非道。

在家稠林。出家离林。

如是长者。在家菩萨渐次思念。我恒河沙等设于大祀。为诸众生一日悉施。善调法中生出家心。是则坚实施已毕足。

大宝积经不动如来会授记庄严品

大唐三藏菩提流志奉诏译

佛告舍利弗。从是东方过千世界。彼有佛刹名曰妙喜。昔广目如来应正等觉出现于彼。与诸菩萨摩诃萨说微妙法。从六波罗蜜为首。……舍利弗。彼不动菩萨摩诃萨（不动如来前身）。于彼佛前作如是言。……世尊。我今如是发心回向。乃至未证无上菩提。生生在家不出家者。则为违背一切诸佛。……时不动菩萨摩诃萨白佛言。世尊。我今发此一切智心。乃至未证无上菩提。于其中间。若比丘比丘尼优婆塞优婆夷。有诸罪衅若说其所犯。则为违背诸佛如来。世尊。我修是行愿成无上正等菩提。使我刹中广大清净。诸声闻众悉无过失……

大宝积经摩诃迦叶会

元魏优禅国王子月婆首那译

迦叶。尔时达摩善法二童子。闻佛说法。以净信心离于欲火。欲求出家。从城而出来至佛所。至佛所已。而说颂曰：

一切诸如来　赞叹出家法

在家多垢秽　坏灭白净法

增长不善法　毁灭于善法

在家多过失　出家离染污

设使百亿劫　受欲无厌足

受欲无厌足　在家而死灭

如海受众流　而无有厌足

凡夫亦如是　受欲无厌足

如火烧干草　而无厌足时

凡夫亦如是　受欲无厌足

贪欲网所缚　灭坏于世间

是故应离缚　为发出家故

在家俱众过　不得无上道

出家修远离　尔乃得菩提

第二章　了凡入圣的人天师功德

过去诸如来　已入于涅槃

住阿兰若法　获得大菩提

是故学诸佛　趣向阿兰若

舍爱离居家　然后得安隐

一切三千界　珍宝满其中

以此珍宝聚　在家施诸佛

若以无恼心　知于在家过

学诸佛如来　出家求智慧

既求出家已　远离诸欲火

举足行七步　胜以三千施

三千之功德　不如此一分

是故出家者　如来之所赞

成就大智慧　远离诸系缚

离一切诸着　乃证无上道

速住寂静处　断除诸欲爱

一切毒炽心　悉灭无有余

学诸佛如来　如实知诸法

速远离在家　住阿兰若法

若欲求佛道　修于远离行

应学阿兰若　不应乐在家

此是诸佛境　圣人所住处

能住此道者　则能得菩提

欲等恼众生　若求远离者

应离在家法　修习阿兰若

欲证甘露法　转无上法轮

摧伏诸魔怨　当习阿兰若

　　迦叶。尔时达摩善法二童子。说此颂已从城而出。往诣妙花如来所住之处。到已头面礼足右绕三匝白言。世尊。我等今者。于如来所欲求出家。唯愿世尊。哀潜听许令得出家。迦叶。尔时妙花如来。知二童子信心清净求出家法。是时如来。即听出家住比丘法。迦叶。尔时大王。闻二童子得出家已。即以太子令绍王位。王与九百九十九子。八万四千夫人。五千大臣及诸人民。以净信心离于欲火。舍家出家。一切俱往诣妙花佛。到已顶礼佛足。白妙花佛言。世尊。我等欲求出家。愿佛听许令得出家。迦叶。时妙花佛。知诸大众信心清净。悉听出家住比丘法。迦叶。尔时大王第一太子。登位七日内自思维。我终不舍萨婆若心。何用如是王位宝财。为欲所缚。我终不舍无上菩提。作是念已发心出家。于十五日游四天下。说此偈言：

> 我父及亲属　皆悉已出家
>
> 无量亿众生　为法亦出家
>
> 我今乐出家　不乐住五欲
>
> 一心求出道　欲诣道师所
>
> 若发心出家　离诸欲火者
>
> 应速随我法　离难甚难得
>
> 不发出家心　不远离欲火
>
> 安心在居家　安住于实法

迦叶。时彼童子说此偈时。四天下中。无一众生乐在家者。皆悉发心愿求出家。迦叶。时妙花如来。知诸众生心信清净求出家已。妙花如来于四天下一切城邑村落。悉作化佛及比丘僧。迦叶。时四天下一切众生。无有一人住在家者。以净信心离于欲火。悉得出家。彼诸众生既出家已。不须种殖其地自然生诸粳米。诸树自然生诸衣服。一切诸天供侍给使。迦叶。尔时达摩善法二比丘。勇猛精进。于其六十三亿岁中。不坐不卧。但勤精进求萨婆若。念萨婆若。于六十三亿岁。勤精进已。得遍至三昧所坐之地。名金刚处。其地皆是金刚所成。十方一切诸佛说法。悉闻受持。闻已复能为他解说。迦叶。时四天下一切众生。若有修学声闻乘者。无一众生凡身命终极懈怠者。得阿那含。从此命终生净居天。共彼同行求缘觉者。从此命终。当生他方无佛之处。生大种姓诸根具足。以过去世善根力故。离于欲火而行出家。七日之后成缘觉道。利益无量无边众生。入般涅槃。菩萨乘者。成就五通。具四无量无碍辩才。得陀罗尼。迦叶。莫作异念。尔时尼弥大王岂异人乎。则我身是。时太子者今弥勒菩萨是。迦叶。莫作异见。何以故。达摩童子今文殊师利是。善法童子者虚空藏菩萨是。

案：

有问：如果人人出家，我们这世界岂不人种灭尽，永无人道了吗？吃穿衣食谁生产呢？

答曰：如《大宝积经·摩诃迦叶会》云："四天下中。无一众生乐在家者。皆悉发心愿求出家。迦叶。时妙花如来。知诸众生心信清净求出家已。妙花如来于四天下一切城邑村落。悉作化佛及比丘僧。迦叶。时四天下一切众生。无有一人住在家者。以净信心离于欲火。悉得出家。彼诸众生既出家已。不须种殖其地自然生诸粳米。诸树自然生诸衣服。一切诸天供侍给使。"

佛说山海慧菩萨经菩萨见佛国往生品

世尊。一切众生所修习者。何等功德最为第一？

佛告山海慧。汝今谛听谛听。善思念之。吾今为汝解脱说：

若有众生。以饮食衣服布施一世界众生。不如有人一时之间正念礼拜所得功德无量无边不可思议。复置是事。

若得有人终身礼拜。不如有人活一生命功德复多。复置是事。

若复有人活百千命。不如有人一发善心造立塔寺。以四事供养。供养四沙门功德复多。复置是事。

若复有人供养百千沙门。不如有人一发善心。心怀欢喜放一人出家功德复多。

佛说海意菩萨所问净印法门经

北宋三藏惟净等奉诏译

出家菩萨得二十种广大善利。是即圆满彼一切智无上胜利。何等为二十。

一者弃舍王之所有富贵受用。得无我我所大利。

二者乐出家已而能出离烦恼大利。

三者被服袈裟得心无杂染大利。

四者于其圣种生欢喜已即能圆具长养大利。

五者修行头陀功德断除多欲得离染大利。

六者戒蕴清净已生天人中得斯大利。

七者不舍菩提心得圆满六波罗蜜多大利。

八者居寂静处得离愦闹大利。

九者心无爱着得思维法乐大利。

十者修习禅支得心调畅大利。

十一者勤求多闻得大慧大利。

十二者离诸慢故得大智大利。

十三者少求少事故得抉择圣法大利。

十四者于一切众生心平等故得大慈大利。

十五者起解脱一切众生心故得大悲大利。

十六者不惜身命故得护持正法大利。

十七者心轻安故得神通大利。

十八者常念佛故（此下合有一句得大利文梵本脱落）。

十九者常所伺察深固法故得无生法忍大利。

二十者积集一切胜功德故速成一切智大利。

大王。此如是等二十种法。是即出家功德胜利。诸出家菩萨不为难得。

悲华经

北凉天竺三藏昙无谶译

（宝海梵志——释迦佛前生——白佛言：）

（我）以金刚智慧。破一切众生诸烦恼山。为诸众生说三乘法。为一一众生故。过百千由旬不乘神力。往至其所而为说法。令得安住无所畏中。或有诸人于我法中欲出家者。愿无障阂。所谓羸劣失念狂乱憍慢。无有畏惧痴无智慧。多诸结使其心散乱。若有女人欲于我法出家学道受大戒者。成就大愿。

……

若有众生少于善根于善根中心生爱乐。我当令其于未来世。在佛法中出家学道。安止令住梵净十戒。若有众生悕心求于诸善根法。我当安止善根法中。令得成就梵行具足大戒。

……

尔时宝藏如来复重赞叹大悲菩萨。善哉善哉。善大丈夫。汝能如是行菩萨道。譬如往昔须弥山宝菩萨。在世间光明佛前。初发如是菩提之心。作是誓愿。亦行如是菩萨之道。过一恒河沙等阿僧祇劫。东方去此百千亿佛世界。彼有世界名光明智炽。人寿百岁。于中成佛。号智华无垢坚菩提尊王。如来应正遍知明行足善逝世间解无上士调御丈夫天人师佛世尊。住世说法四十五年作于佛事。尔时佛告大悲菩萨。彼佛般涅槃后。正法住世满一千岁。正法灭已像法住世亦一千岁。大悲。彼佛世尊若在世若涅槃。正法像法于此中间。有诸比丘及比丘尼。非法毁戒行于邪道。断法供养无惭无愧。或断招提僧物。断现前僧衣服饮食卧具医药。取众僧物以为已有自用与人及与在家者。善男子。如是等人彼佛世尊皆与授记于三乘中。大悲。彼如来所若有出家着袈裟者。皆得授记不退三乘。若有比丘比丘尼优婆塞优婆夷犯四重禁。彼佛于此起世尊想种诸善根。亦与授记不退三乘。善男子尔时大悲菩萨摩诃萨复作是言。世尊。我今所愿行菩萨道时。若有众生我要劝化令安止住檀波罗蜜乃至般若波罗蜜。乃至劝化令住如一毛端善根。乃至成阿耨多罗三藐三菩提。若不安止乃至一众生于三乘中令退转者。则为欺诳十方世界无量无边阿僧祇等现在诸佛。必定不成阿耨多罗三藐三菩提。世尊。我成佛已若有众生入我法中出家着袈裟者。或犯重戒或行邪见。若于三宝轻毁不信集诸重罪。比丘比丘尼优婆塞优婆夷。若于一念中生恭敬心。尊重世尊或于法僧。世尊。如是众生乃至一人不于三乘得授记莂而退转者。则为欺诳十方世界无量无边阿僧祇等现在诸佛。必定不成阿耨多罗三藐三菩提。世尊。我成佛已诸天龙鬼神人及非人。若能于此着袈裟者。恭敬供养尊重赞叹。其人若得见此袈裟少分。即得不退于三乘中。若有众生为饥渴所逼。若贫穷鬼神下贱诸人乃至饿鬼众生若得袈裟少分乃至四寸。其人即得饮食充足。随其所愿疾得成就。若有众生共相违反起怨贼想辗转斗诤。若诸天龙鬼神干闼婆阿修罗迦楼罗紧那罗摩睺罗伽拘办荼毗舍遮人及非人。共斗诤时。念此袈裟。寻生悲心。柔软之心。无怨贼心。寂灭之心。调伏善心。有人若在兵甲斗讼断事之中。持此袈裟少分至此辈中。为自护故供养恭敬尊重。是诸人等无能侵毁触娆轻弄。常得胜他过此诸难。世尊。若我袈裟不能成就如是五事圣功德者。则为欺诳十方世界无量无边阿僧祇等现在诸佛。未来不应成阿耨多罗三藐三菩提作佛事也。没失善法必定不能破坏外道。善男子。尔时宝藏如来伸金色右臂。摩大悲菩萨顶。赞言。善哉善哉。大丈夫。汝所言者。是大珍宝。是大贤善。汝成阿耨多罗三藐三菩提已是袈裟衣服。能成就此五圣功德作大利益。善男子。尔时大悲菩萨摩诃萨闻佛称赞已心生欢喜踊跃无量。因佛伸此金色之臂长指合缦其手柔软犹如天衣。摩其头已其身即变。状如童子二十岁人。善男子彼会大众天龙鬼神干闼婆人及非人。叉手恭敬向大悲菩萨。供养散种种华乃至技乐而供养之。复种种赞叹。赞叹已。默然而住。

愿我亦于半贤劫之中调伏众生。是半劫中诸佛所有声闻弟子。毁于禁戒堕在诸见。于诸佛所无有恭敬。生于瞋恚恼害之心。破法坏僧诽谤贤圣。毁坏正法作恶逆罪。世尊。我成阿耨多罗三藐三菩提时。悉当拔出于生死污泥。令入无畏涅槃城中。

杂譬喻经第十一喻

后汉月支沙门支娄迦谶译

昔者兄弟二人居。大势富贵资财无量。父母终亡无所依仰。虽为兄弟志念各异。兄好道谊弟爱家业。官爵俸禄贪世荣色。居近波利弗。鸡鸣精舍去之不远。兄专行学咨受经道不预家计。

其弟见兄不亲家事恒嫌恨之。共为兄弟。父母早终。(当)勤苦念生活。反弃家业追逐沙门听受佛经。沙门岂能与汝衣财宝耶。家转贫狭财物日耗人所嗤笑。谓之懈废。门户绝灭。凡为人子当立功效。继续父母功勋不废。乃为孝子耳。

兄报之曰。五戒十善供养三宝行六度。坐禅念定以道化亲。乃为孝耳。道俗相反自然之数。道之所乐俗之所恶。俗之所珍道之所贱。智愚不同谋。犹明冥不可共处。是故慧人去冥就明。以致道真。卿今所乐苦恼之我。一切空无虚伪不真。迷谬计有。岂知苦辛。其弟含恚俛头不信。

兄见如是便谓曰。卿贪家事以财为贵。吾好经道以慧为珍。今欲舍家归命福田。计命寄世忽若飞尘。无常卒至为罪所缠。是故舍世避危就安。弟见兄意志趣道谊寂然无报。

兄则去家行作沙门。夙夜精进诵经念道一心坐禅。分别思维未曾休息懈怠。即具根力三十七品。行合经法成道果证。往到弟所劝令奉法。五戒十善生天之本。布施学问道慧之基。

弟闻此言瞋恚更盛。即答兄曰。卿自应废不亲家业毁坏门户。可独为此勿复教我。疾出门去莫预我事。兄便舍去。

弟贪家业汲汲不休。未曾以法而住其心。然后寿终堕牛中。肥盛甚大。贾客买取载盐贩之。往返有数。牛遂羸顿不能复前。上阪困顿躄卧不起。贾人策挝摇头才动。

时兄游行飞在虚空。遥见如是。即时思维。知从何来。观见其本。本是其弟。便谓之曰。弟汝所居舍宅田地汲汲所乐。今为所在。而自投身堕牛畜中。

即以威神照示本命。即自识知泪出。自责本行不善。悭贪嫉妒。不信佛法。轻慢圣众。快心恣意。不信兄语。违戾圣教。抵突自用。故堕牛中。疲顿困劣悔当何逮。

兄知心念怆然哀伤。即为牛主说其本末。事状如是。本是我弟。不信三尊背真向伪。悭妒自恣贪求不施。堕牛中。羸瘦困劣甚可湣伤。今已老极。疲不中用。幸以惠我。济其残命。

贾人闻之便以施与。即将牛去还至寺中。使念三宝饭食随时。其命终尽得生忉利。

时众贾客各自念言。我等勤（苦）治生无厌。不能施与又不奉法。不识道谊。死亦恐然不免此类。便共出舍。捐其妻子弃所珍玩。行作沙门精进不懈。皆亦得道。

由是观之。世间财宝不益于人。奉敬三尊。修身学慧。博闻行道。世世获安。

增一阿含经

世尊告曰。"……又迦叶当知。将来之世。当有比丘剃须发而习家业。左抱男。右抱女。又执筝箫在街巷乞食。尔时。檀越施主受福无穷。况复今日至诚乞食者。如是。迦叶。一切行无常。不可久停。迦叶当知。将来之世。若有沙门比丘当舍八种道及七种之法。如我今日于三阿僧祇劫所集法宝。将来诸比丘以为歌曲。在众人中乞食以自济命。然后檀越施主饭彼比丘众。犹获其福。况复今日而不得其福乎。"

杂阿含经

如是我闻。

一时。佛在拘萨罗人间游行。至一那罗聚落。住一那罗林中。

尔时。世尊着衣持钵。入一陀罗聚落乞食。而作是念。今日大早。今且可过耕田婆罗豆婆遮婆罗门作饮食处。

尔时。耕田婆罗豆婆遮婆罗门五百具犁耕田。为作饮食。时。耕田婆罗豆婆遮婆罗门遥见世尊。白言。瞿昙。我今耕田下种。以供饮食。沙门瞿昙亦应耕田下种。以供饮食。

佛告婆罗门。我亦耕田下种。以供饮食。

婆罗门白佛。我都不见沙门瞿昙若犁。若轭。若鞅。若縻。若镵。若鞭。而今瞿昙说言。我亦耕田下种。以供饮食。

尔时。耕田婆罗豆婆遮婆罗门即说偈言：

> 自说耕田者　而不见其耕
>
> 为我说耕田　令我知耕法

尔时。世尊说偈答言：

> 信心为种子　苦行为时雨
>
> 智慧为时轭　惭愧心为辕
>
> 正念自守护　是则善御者
>
> 包藏身口业　知食处内藏
>
> 真实为真乘　乐住为懈息
>
> 精进为废荒　安隐而速进
>
> 直往不转还　得到无忧处

如是耕田者　逮得甘露果

如是耕田者　不还受诸有

时。耕田婆罗豆婆遮婆罗门白佛言。善耕田。瞿昙。极善耕田。瞿昙。于是耕田婆罗豆婆遮婆罗门闻世尊说偈。心转增信。以满钵香美饮食以奉世尊。世尊不受。以因说偈得故。即说偈言：

不因说法故　受彼食而食

佛说出家功德经

失译人，今附东晋录

如是我闻。一时佛在毗舍离国。食时到入城乞食。时毗舍离城中。有一梨车。名鞞罗羡那(秦言勇军)。譬如天与诸天女共相娱乐。时此王子。与诸婇女。在阁上共相娱乐。耽于色欲亦复如是。尔时世尊。以一切智。闻彼乐音。告阿难言。我知此人。贪五欲乐者。不久命终。却后七日。当舍如是眷属快乐。决定当死。阿难如此人。若当不舍欲乐不出家者。命终或能堕于地狱。尔时阿难。顶奉佛教。欲利益此王子故。次至其舍。尔时王子。闻阿难在外。即出奉见。以敬念故。请阿难入坐。坐已未久。尔时王子。起恭敬心。白阿难言。善哉好亲友来。今正是时。我今见汝。踊跃欢喜。汝自欢喜。汝今当教告我佛所教法。令我欢喜。尔时王子。如是三请。阿难为欲作大利益。默然无言。王子又言。鞞陀呵牟尼大仙。利益一切众生。有何嫌恨。默然无所说。不见少告时第三师。持佛法藏。利世间者。惨然告言。汝今善听。却后七日。汝当命终。汝若于此五欲乐中。不能觉悟。不出家者。命终或当堕地狱中。佛一切智人。正语正说。记汝如是。譬火烧物。终不虚发。汝谛思维。时彼王子。闻此语已。甚大忧怖。愁愦不乐。受阿难教。我当出家。定且听更六日受乐。第七日中。我辞家眷属。定必出家。阿难可之。第七日畏生死故。求佛出家。佛即听之。一日一夜。修持净戒。即便命终。烧香毕已。尊者阿难。与其眷属。往白佛言。世尊此鞞罗羡那比丘。今已命终。神生何处。时佛世尊。天人之师。一切智人。以大梵音。胜出雷鼓迦陵频伽众妙音声。以八种音。告阿难言。此鞞罗羡那比丘。畏于生死地狱苦故。舍欲出家。一日一夜。持净戒故。舍此世已。生四天王天。为北方天王毗沙门子。恣心受于五欲快乐。贪受五欲。与诸婇女。共相娱乐。寿五百岁。五百岁已。命终转生三十三天。为帝释子。具受五欲。极天之乐。天妙婇女。恣意千岁。寿尽生焰天。为焰天王子。自恣受天色声香味触。快心欲乐。受天二千岁已。命终生于兜率天王子。恣心受于五欲快乐。目视相欲。心自厌足。常谈法语解脱智慧。寿天中寿。满四千岁已。命终往生自在天上。为天王子。受种种五欲妙乐。于婇女中。化应恣意八千岁。八千岁已。命终生他化自在天。为天王子。此第六天。其中欲乐。下五天中。所不能及。生此中已。受最妙乐众乐之藏。受此乐时。心极迷醉。具足受于诸妙胜乐。万六千岁。如是受乐。于六欲天。往来七反。此毗罗羡那。以一日一夜出家故。满二十劫。不堕地狱饿鬼畜生。常生天人。受福自然。最后人中。生富乐家。财富珍宝具足。壮年已过。诸根熟时。畏恶生老病死患故。厌世出家。剃除须发故。身披法服。勤修精进。持四威仪。常行正念。观于五阴苦空无我。解法因缘。成辟支佛。名毗流帝。于是时。放大光明。多有人天。生于善根。令诸群生种于三乘解脱因缘。尔时阿难。叉手白佛言。世尊。若当有人放人出家。若有出家者。任其所须。得几所福。若复有人。毁破他人出家因缘。受何罪报。唯愿世尊。具尽告示。佛告阿难。汝若具满于百岁中。问我此事。我以无尽智慧。除饮食时。满百岁中。广为汝说。此人功德。犹不能尽。是人恒生天上人中。常为国王。受天人乐。若有于此沙门法中使人出家。若复营佐出家因缘。于生死中。常受快乐。我满百岁。说其福德。不可穷尽。是故阿难。汝满百岁。尽寿问我。我至涅槃。说此功德。亦不能尽。佛告阿难。若复有人。破坏他人出家因缘。即为劫夺无尽善财福藏。坏三十七助菩提法涅槃之因。设有欲坏出家因缘者。应善观察如是之事。何以故。缘此罪业。堕地狱中。常盲无目。受极处苦。若作畜生。亦常生盲。若生饿鬼中。亦常生盲。在三恶苦。久乃得脱。若生为人。在母腹中。受胎便盲。汝于百岁。常问是义。我百岁以无尽智说是罪报。亦不可尽。于四道中。生而常盲。我终不记。此人当有解脱时。所以者何。皆由毁出家故。或成就无边功德。以破如是善因缘故。受无量罪。由障出家故。于此清净智慧镜中。为于解脱诸善法故。若见出家修持净戒趣解脱处。破他出家。为作留难。以是因缘故。生便常盲。不见涅槃。由毁出家故。常观痴等十二因缘。应得解脱。以毁破他智慧眼故破出家缘。覆慧眼故。从生至生。常盲无目。不见三界。缘障出家故。出家应见五阴二十我见人趣正道。破出家因坏正见故。所生常盲。不见正道。出家应见一切法聚善法住处。应观诸佛清净法身。以破出家善因缘故。所生常盲。不能睹见佛法身。以因出家应具沙门形貌及与持戒清净福田种佛道因破出家故于善法中断一切望。由是罪缘。生生常盲由毁出家故。出家应善观察一切身心。皆苦无常无我不净破他出家。为作留难。则破此眼。破此眼故。不见四道四念处四正勤四如意足五根五力七觉分八正道趣涅槃城。是罪缘故。所生常盲。乃至不见空无相无作清净善法向涅槃城。是以智慧之人。知出家者。应当成就如是善法不应破坏善法因缘。获如是罪。谁毁破他人如是出家沙门正见因缘者。终不能得见涅槃城。所生常盲。若复有人满百劫中余方出家修持净戒。若复有人。于此阎浮提。出家持戒。一日一夜。乃至须臾。清净出家。于十六分。彼百劫出家持戒。十六分中不及其一。若有颠倒淫姊妹女。不应淫处强生悭嫉。此中罪报。不可计限。若有一人。能正思维有出家心。欲舍诸恶。若复有人。破坏此人出家因缘。不令愿满。是罪因缘增长于前。复倍百劫。尔时阿难。复白佛言。世尊。此毗罗羡那。所种善根。生尊贵处。当受福乐。为过去世亦有善行。为但齐今一日一夜出家功德受尔许福。佛告阿难。汝不应观过去因缘。于此一日一夜。清净出家故。此善根。六欲天中。七反受福。二十劫中常受生死。世间之乐最后人中。生福乐家。壮年已过。诸根熟时。畏于生老病死苦故。出家持戒。成辟支佛。

佛告阿难。我今说喻。汝当善听。譬四天下。东弗婆提。南阎浮提。西瞿耶尼。北郁单越。满中阿罗汉。若稻麻丛林。若有一人。满百岁中。尽心供养。此诸罗汉。衣服饮食。病瘦医药。房舍卧具乃至涅槃。后若起塔庙。种种珍宝花香璎珞。幡盖伎乐。悬诸宝铃。扫洒香水。以诸偈颂。赞叹供养。所得功德。若有人为涅槃故出家受戒。乃至一日一夜所作功德。比前功德。十六分中不及其一。以是因缘。善男子当应出家修持净戒。诸善男子。诸须功德者。求善法者。自受法者。不应留难出家因缘。应勤方便劝作令成。时诸大众。闻佛所说。莫不厌世。出家持戒。有得须陀洹。乃至阿罗汉者。有种辟支佛善根者。有发无上菩提心者。皆大欢喜。顶戴奉行。

根本说一切有部毗奈耶出家事

大唐三藏义净奉诏译

诸具寿。汝等能有如是增上信心。斯为善事。如世尊说。能出家者。获五种利益。云何为五。

一者出家功德。是我自利。不共他有。是故智者应求出家。

二者自知我是卑下之人。被他驱使。既出家后受人供养。礼拜称赞。是故智者应求出家。

三者从此命终。当生天上。离三恶道。是故智者应求出家。

四者由舍俗故。出离生死。当得安隐无上涅槃是故智者应求出家。

五者常为诸佛。及声闻众。诸胜上人之所赞叹。

是故智者应求出家。汝应可观斯利益。以殷重心。舍诸俗网。求大功德。

弥沙塞羯磨本

大开业寺沙门爱同录

出家之益难以言宣。

出家功德经云。

出家功德。高于须弥。深于巨海。广于虚空。无量无边。胜明千人之眼。又胜救千人之目。

僧只律云。

一日出家修梵行。灭二十劫恶道苦。

大悲经云。

若以袈裟四寸着身。五种功德不出贤劫之中当证三乘圣果。若障出家。罪则极重。

广有成教。何能繁述。

赞僧功德经

(敦煌本)失译人名

阿含经中略集出　叹大福田诸僧宝

大梵天王及帝释　以大梵音赞僧宝

如地坚牢诸神等　赞叹一切僧宝众

我末法中出家人　常住僧赞常住僧

僧赞僧共兴佛法　志求菩提微妙果

于浊苦恶世界中　常在如来清净众

僧中或有求四果　或以证果在僧中

此等八辈诸上人　和合僧中常不断

或有头陀常乞食　　　或有山间乐寂静
乃至于微细戒中　　　不犯如来严命教
或有深广学智慧　　　或有息虑习诸禅
并皆集在僧众中　　　犹如百川归大海
殊胜妙宝大德僧　　　长养众生功德种
能与人天胜果者　　　无过佛法僧宝众
善心僧中施掬水　　　获福多于大海量
微尘尚可有算期　　　僧中施宝无有尽
若人当来求远离　　　越于生死贫穷河
应当速疾志诚心　　　于僧宝中树因果
于此最妙良福田　　　若有种植功德子
当来收获无边畔　　　犹如云中含大雨
施者不筹量度者　　　平等奉施无二心
是人方可能堪任　　　受人天中胜如果
无量功德具庄严　　　大悲世尊弟子众
凡人肉眼难分别　　　犹如灰覆于火上
或有外现犯戒相　　　内秘无量诸功德
应当信顺崇重之　　　贤圣愚凡不可测
或有外现具威仪　　　或示未能舍其欲
外相人观谓凡夫　　　不妨内即是其圣
内如四种庵罗果　　　生熟难分不可别
如来弟子亦如是　　　有戒无戒亦难辨
是故殷勤劝诸人　　　不听毁骂僧宝众
若欲不沉沦苦海　　　常当敬重植良田
常欲人中受乐者　　　亦当供养苾刍僧
勿以凡夫下劣心　　　分别如来弟子众
若有清信士女等　　　能于十念生信心
平等供养苾刍僧　　　是人获得无量报

若于僧中起邪见　当来定堕三恶道
世尊亲自以梵音　金口弘宣诚不妄
宁以利刀割其舌　或以捻杆碎其身
不应一念瞋恚心　谤毁如来净僧众
宁以吞大热铁丸　宁便口中出猛焰
不应戏论以一言　毁骂出家清净众
宁以利刀自屠割　残害支节毁肌肤
不应戏笑调凡愚　何咒打骂苾刍众
宁以自手挑两目　宁于多劫受生盲
其于习行离欲人　不应恶眼而瞻视
宁毁精舍及制多　宁焚七宝舍利塔
勿于僧中出恶言　诽谤如来清净众
毁塔之人自堕落　经无量劫受诸苦
好说众僧短长者　自堕亦引无量众
是故智者善思量　勿于僧中起轻慢
善自防护口业非　莫谈此持彼犯戒
若一恶言毁沙门　当堕泥犁受极苦
从地狱出得人身　即招聋盲喑哑报
世间多有愚劣人　谈说僧尼诸过恶
因兹堕落恶道中　永劫沉沦没苦海
大悲世尊礼大众　尊敬和合大德僧
诸佛尚自致殷勤　何况凡夫轻慢众
世间多有信心人　崇重世尊弟子者
闻说三宝短长时　怨于僧中起邪见
因此退败诸善人　毁坏如来清净众
不见贤劫千世尊　是故智者应思忖
昔有俱迦离苾刍　以一恶言骂僧众
犹落钵头磨地狱　舌被犁耕数万段

亦有迦叶佛弟子　　谤毁无量世间人
承斯恶业舍残形　　还受耕舌地狱苦
沙门怀忿毁诸人　　尚招无量口业报
何况无戒白衣人　　骂僧免堕恶道者
是故智人不应骂　　乃至草木砖瓦等
况毁清净出家人　　习行离欲善法者
纵使欲火炽烧心　　点污尸罗清净戒
不久速能自忏除　　还入如来圣众位
如人暂迷失其道　　有目还能寻本路
苾刍虽犯世尊禁　　虽然暂犯还能灭
如人平地蹶脚时　　有足还能而速起
苾刍虽暂缺尸罗　　虽犯不久还能补
犹如世间金宝器　　虽破其价一种贵
木器纵然全不漏　　不可比于破宝器
破禁苾刍虽无戒　　初心出家功德胜
百千万亿白衣人　　功德纵多不及彼
出家弟子能堪任　　继嗣如来末代法
万德无量在俗人　　不能须臾弘圣教
最下犯禁破戒僧　　供养由获万亿报
是故世尊赞胜因　　天上人中受尊贵
是故殷勤劝诸人　　勿毁如来僧宝众
今生习恶因缘故　　当来业成亦毁佛
缘兹身口意业支　　永断世间人天种
当堕三涂恶道中　　亿劫沉沦无休息
若于清众起正信　　无有毁谤名僧罪
常能防护口业过　　不谈如来僧宝众
若人于僧有骂罪　　应须志诚速求忏
于僧勿起憍慢心　　来生受苦必当悔

如僧刹那有功德　其福不容于大地
何况经月累岁年　坚持如来严禁戒
是人持戒功德报　佛于一劫说不尽
况余凡俗知其边　福等虚空无有量
当知功德广庄严　释迦如来僧宝众
是故不听在家者　毁辱打骂出家僧
纵见沙门犯戒时　当宽其意勿嫌毁
如入芳丛采妙花　不应摘选枯枝叶
广大清净佛法海　多有持戒精修者
其中纵有犯威仪　白衣不应生毁谤
譬如田中新苗稼　于中亦有稗莠草
应可一种敬良田　不应拣选生分别
是以世尊制诸人　不听毁谤沙门众
唯当尊重生敬心　同此受胜诸天报
佛日灭没虽久远　僧宝连晖传法灯
犹如龙王降甘雨　大地萌芽普洽润
和合僧宝亦如是　雨于如来妙法雨
滋润枯渴诸群生　长养善芽功德种
于多劫中宿植田　得为如来弟子众
处在贤圣法海中　饮妙解脱甘露味
传持世尊末代教　流化十方诸国土
利益一切诸众生　令佛法轮恒不绝
佛法久后灭没时　伽蓝精舍毁成聚
龛塔尊像并荒凉　设欲供养难可得
壁画僧形不可见　何况得闻于正法
人身难得生人中　佛法难逢今已遇
如何于妙良福田　不种当来功德种
冥路悬远不可达　当办资粮备前所

善福田中不种植　当来崄路之资粮

是故诸人应善思　闻经僧中应惠施

依经我略赞僧宝　功德无量遍虚空

回施一切诸群生　愿共当来值弥勒

大智度论四众义释

圣龙树菩萨造

优婆塞优婆夷。有居家故。心不净。不能尽漏。止可得四圣谛。作学人。如偈说：

孔雀虽有色严身　不如鸿雁能远飞

白衣虽有富贵力　不如出家功德胜

十住毗婆沙论

圣龙树菩萨造,后秦龟兹国三藏鸠摩罗什译

入寺品第十七

菩萨若入寺　应行诸威仪

恭敬而礼拜　供养诸比丘

是在家菩萨若入佛寺。初欲入时于寺门外五体投地。应作是念。

此是善人住处。是空行者住处。无想行者住处。无愿行者住处。此是行慈悲喜舍者住处。此是正行正念者住处。

若见诸比丘威仪具足。视瞻安详。摄持衣钵。坐卧行止。瘇瘵饮食。言说寂默。容仪进止。皆可观察。若见比丘修行四念圣所行处。持戒清净。诵读经法。精思坐禅。见已恭肃。敬心礼拜。亲近问讯。应作是念。

若我恒沙劫　　常于天祠中

大施不休废　　不如一出家

是菩萨尔时应作是念。

我如法求财。于恒河沙等劫常行大施。是诸施福犹尚不如发心出家。何况有实。何以故。

在家则有无量过恶。出家能成无量功德。

在家则愦闹。出家则闲静。

在家则属垢。出家则无属。

在家是恶行处。出家是善行处。

在家则染诸尘垢。出家则离诸尘垢。

在家则没五欲泥。出家则出五欲泥。

在家难得净命。出家易得净命。

在家则多怨贼。出家则无怨贼。

在家则多恼碍。出家则无恼碍。

在家是忧处。出家是喜处。

在家是恶道门。出家是利益门。

在家是系缚。出家是解脱。

在家则杂畏。出家则无畏。

在家有鞭杖。出家无鞭杖。

在家有刀稍。出家无刀稍。

在家有悔热。出家无悔热。

在家多求故苦。出家无求故乐。

在家则戏调。出家则寂灭。

在家是可潸。出家无可潸。

在家则愁悴。出家无愁悴。

在家则卑下。出家则高显。

在家则炽燃。出家则寂灭。

在家则为他。出家则自为。

在家少势力。出家多势力。

在家随顺垢门。出家随顺净门。

在家增刺棘。出家破刺棘。

在家成就小法。出家成就大法。

在家作不善。出家则修善。

在家则有悔。出家则无悔。

在家增泪乳血海。出家竭泪乳血海。

在家则为诸佛辟支佛声闻所呵贱。出家则为诸佛辟支佛声闻所称叹。

在家则不知足。出家则知足。

在家则魔喜。出家则魔忧。

在家后有衰。出家后无衰。

在家则易破。出家则难破。

在家是奴仆。出家则为主。

在家永在生死。出家究竟涅槃。

在家则堕坑。出家则出坑。

在家则黑暗。出家则明显。

在家不能降伏诸根。出家则能降伏诸根。

在家则傲诞。出家则谦逊。

在家则鄙陋。出家则尊贵。

在家有所由。出家无所由。

在家则多务。出家则小务。

在家则果小。出家则果大。

在家则谄曲。出家则质直。

在家则多忧。出家则多喜。

在家如箭在身。出家如身离箭。

在家则有病。出家则病愈。

在家行恶法故速老。出家行善法故少壮。

在家放逸为死。出家有智慧命。

在家则欺诳。出家则真实。

在家则多求。出家则少求。

在家则饮杂毒浆。出家则饮甘露浆。

在家多侵害。出家无侵害。

在家则衰耗。出家无衰耗。

在家如毒树果。出家如甘露果。

在家则怨憎和合。出家则离怨憎会苦。

在家则爱别离苦。出家则亲爱和合。

在家则痴重。出家则痴轻。

在家则失净行。出家则得净行。

在家则破深心。出家则成深心。

在家则无救。出家则有救。

在家则孤穷。出家不孤穷。

在家则无舍。出家则有舍。

在家则无归。出家则有归。

在家则多瞋。出家则多慈。

在家则重担。出家则舍担。

在家则事务无尽。出家则无有事务。

在家则罪会。出家则福会。

在家则苦恼。出家则无苦恼。

在家则有热。出家则无热。

在家则有诤。出家则无诤。

在家则染着。出家无染着。

在家有我慢。出家无我慢。

在家贵财物。出家贵功德。

在家有灾害。出家灭灾害。

在家则减失。出家则增益。

在家则易得。出家则难遇。千万劫中时乃一得。

在家则易行。出家则难行。

在家则顺流。出家则逆流。

在家则漂流。出家则乘筏。

在家则为烦恼所漂。出家则有桥梁自度。

在家是此岸。出家是彼岸。

在家则缠缚。出家离缠缚。

在家怀结恨。出家离结恨。

在家随官法。出家随佛法。

在家有事故。出家无事故。

在家有苦果。出家有乐果。

在家则轻躁。出家则威重。

在家伴易得。出家伴难得。

在家以妇为伴。出家坚心为伴。

在家则入围。出家则解围。

在家则以侵恼他为贵。出家则以利益他为贵。

在家则贵财施。出家则贵法施。

在家则持魔幢。出家则持佛幢。

在家有归处。出家坏诸归处。

在家增长身。出家则离身。

在家入深榛。出家出深榛。

复次。

又于出家者。心应深贪慕。

是在家菩萨。如是思维。于出家者心应贪慕。

我何时当得出家。得有如是功德。

我何时当得出家。次第具行沙门法。则说戒布萨安居自恣次第而
坐。

我何时当得圣人所著戒定慧解脱知见熏修法衣。

何时当得持圣人相。

何时当得闲林静住。

何时当得持钵乞食得与不得。若多若少若美若恶若冷若热次第而受趣以支身如涂疮膏车。

何时当得于世八法心无忧喜。

何时当得关闭六情如絷狗鹿鱼蛇猴鸟。狗乐聚落鹿乐山泽。鱼乐池沼蛇好穴处。猴乐深林鸟依虚空。眼耳鼻舌身意常乐色声香味触法。非是凡夫浅智弱志所能降伏。唯有智慧坚心正念。乃能摧伏六情寇贼不令为患自在无畏。

何时当得乐欲坐禅诵读经法乐断烦恼乐修善法乐着弊衣。趣足障体。念昔在俗多行放逸。今得自利又利他故。当勤精进。

何时当得随顺菩萨所行道法。

何时当得亦为世间作无上福田。

何时当得离恩爱奴。

何时当得解脱是家狱。

如说。

礼敬诸塔寺　因佛生三心

是在家菩萨既已慕尚出家。若人塔寺敬礼佛时。应生三心。何等为三。我当何时得于天龙夜叉干闼婆阿修罗迦楼罗摩睺罗伽人非人中受诸供养。何时当得神力舍利流布世间利益众生。

我今深心行大精进。当得阿耨多罗三藐三菩提。我作佛已入无余涅槃。

复次。

诣诸比丘时　随所行奉事

默然顺所诲　济乏无所惜

法苑珠林入道篇

西明寺沙门释道世撰

欣厌部

又《涅槃经》云。

在家迫迮犹如牢狱。一切烦恼因之而生。出家宽廓犹如虚空。一切善法因之增长。

在家之人内则忧念妻儿。外则王役驱驰。若富贵高胜则放逸纵情。贫苦下贱则饥寒失志。公私扰扰昼夜孜孜。众务牵缠何暇修道。

又《郁伽长者经》云。

在家之人多诸烦恼。父母妻子恩爱所系。常思财色贪求无厌。得时守护多诸忧虑。流转六趣违离佛法。当作怨家恶知识想应厌家活生出家心。无有在家修集无上菩提之道。皆因出家得无上道。

在家尘污。出家妙好。

在家系缚。出家解脱。

在家多苦。出家快乐。

在家下贱。出家尊贵。

在家奴仆。出家为主。

在家由人。出家自在。

在家多忧。出家无忧。

在家重担。出家舍担。

在家匆务。出家闲静。

又《贤愚经》云。

如百盲人。有一明医能治其目。一时明见。又有百人。罪应挑眼。一人有力。能救其罪。令不失目。此之二人。福虽无量。犹不如听人出家。及自出家。其德广大。

引证部

如《杂宝藏经》云。

昔有一妇女。端正殊妙。于外道法中出家修道。时人问言。颜貌如是应当在俗。何故出家。女人答言。如我今日非不端正。但以小来厌恶淫欲。今故出家。我在家时。以端正故早蒙处分。早生男儿。儿遂长大端正无比。转觉羸损如似病者。我即问儿病之由状。儿不肯道。为问不止。儿不获已而语母言。我正不道恐命不全。止欲具述无颜之甚。即语母言。我欲得母以私情欲。以不得故是以病耳。母即语言。自古以来何有此事。复自念言。我若不从。儿或能死。今宁违理以存儿命。即便唤儿欲从其意。儿将上床地即磅裂。我子即时生身陷入。我即惊怖以手挽儿捉得儿发。而我儿发今日犹故在我怀中。感切是事是故出家。

又《智度论》云。

佛法中出家人。虽破戒堕罪。罪毕得解脱。如优钵罗华。

（编者案：蕅益大师云："出家好，出家好，出家二字知人少。"）

《比丘尼本生经》中说。

佛在世时。此比丘尼得六神通获阿罗汉果。入贵人舍常赞出家法语诸贵人妇女言。姊妹可出家。诸贵妇女言。我等少壮容色盛美。持戒为难。或当破戒。

比丘尼言。破戒便破。但出家。

问言。破戒当堕地狱。云何可破。

答言。堕地狱便堕。

诸贵妇女笑之言。地狱受罪云何可堕。

比丘尼言。我自忆念。本宿世时作戏女。着种种衣服而说杂语。或时着比丘尼衣以为戏笑。以是因缘故。迦叶佛时作比丘尼。自恃贵姓端正心生憍慢。而破禁戒。故堕地狱受种种罪。受罪毕已。值释迦牟尼佛出家得阿罗汉道。虽复破戒可得道果。

复次如佛在只桓。有一醉婆罗门。来到佛所求作比丘。佛敕阿难。与剃头着法衣。醉酒既醒惊怖已身忽为比丘。即便走去。

诸比丘问佛。何以听此醉婆罗门作比丘。

佛言。此婆罗门无量劫中都无出家心。今因醉故暂发微心。以此因缘故。后当出家得道。

如是种种因缘。出家之利功德无量。以是故白衣虽有五戒。不如出家功德大也。

又《杂宝藏经》云。

昔卢留城有优陀羡王。聪明解达有大智慧。有一夫人。名曰有相。端正少双兼有德行。王甚爱敬。时彼国法诸为王者不自弹琴。尔时夫人在于曲室共王欢戏。自恃王宠遣王弹琴自起为舞。初举手时王素善相。睹见夫人死相已现。计其余命不过七日。王即舍琴惨然长叹。夫人白王。受王恩宠敢于曲室。求王弹琴。自起为舞。用为欢乐。有何不适舍琴长叹。愿王告语。王不肯答。殷勤不已。王以实答。夫人闻之甚怀忧惧。即白王言。我闻石室比丘尼。若能信心出家一日必得生天。我欲出家。愿王听许。王爱情重。语夫人言。至六日头当听汝去。不相免意。遂至六日。王语夫人。汝有善心求欲出家。若得生天必来见我我乃听去。作是誓已夫人许可。便得出家受八戒斋。即于其日饮石蜜浆腹中绞结。至七日旦即便命终。乘是善缘得生天上。忆本誓故来诣王所。光明炽盛遍照王宫。时王问言。汝为是谁。天即答言。我是王妇有相夫人。王喜白言。愿来就坐。天答之言。我今观王臭秽叵近。但以先誓故来见王。王闻是已心开意解。而自叹言。今彼天者本是我妇。出家一日便得生天。神志高远而见鄙贱。我今何故而不出家。我曾闻说。天一爪甲直一阎浮提地。我此一国何足可贪。作是语已舍位与子。出家修道得阿罗汉。

故《智度论》偈云。

孔雀虽有色严身　不如鸿鹤能远飞

又《付法藏经》云。

昔尊者罗汉暗夜多。将诸弟子诣德叉尸罗城。到其城已惨然不悦。小复前行。路见一乌欣然微笑。

弟子白师。愿说因缘。

尊者答。我初至城。于城门下见一鬼子。饥急语我。我母入城为我求食。与母别来经五百岁。饥虚困乏命将不远。尊者入城若见我母道我辛苦。愿语早来。

我始入城便见彼母。具说子意。

鬼母答我。吾入城来经五百岁。未曾能得一人涕唾。我既新产气力羸劣。设得少唾诸鬼夺我。今值一人遇得少唾。欲持出城共子分食。门下多有大力鬼神。畏不敢出。唯愿尊者送我出城。我即将出令共子食。

我即问鬼。生来几时。

鬼答我言。吾见此城七反成坏。

我闻鬼言。悲叹生死受苦长远。是以惨然。

时彼乌者。乃往过去九十一劫有佛出世。号毗婆尸。我于尔时为长者子。欲得出家。是时出家必得罗汉。父母不听强为娉妻。既得妻已。复求出家。

父母语我。若生一子乃当相放。我寻受教。后生一男。至年六岁我复欲去。父母教儿求抱我脚啼哭而言。父若舍我谁见养活。先当杀儿然后可去。

我时见已起爱染心。即语子言。吾为汝故不复出家。

由彼儿故。从是以来九十一劫流转五道未曾得见。今以道眼观见彼乌。乃是前子。其愚痴久处生死。是以微笑。

以是因缘。若复有人障他出家。此人罪报常在恶道。受极苦痛无得解脱。恶道罪毕。若生人中生盲无目。是故智者。若见有人欲出家者。应勤方便劝佐令成。勿作留难。

菩提道次第广论

此复居家于修正法。有多留难及有众多罪恶过失。出家违此。断生死身出家为胜。是故智者应欣出家。若数思维。在家过患出家功德。先已出家令意坚固。未出家者安立醒觉妙善习气。此中道理当略宣说：

其居家者。富则守护劬劳为苦。贫则追求众苦艰辛。于无安乐愚执为乐。应当了知是恶业果。

《本生论》云。

于同牢狱家。永莫思为乐。

或富或贫乏。居家为大病。

一因守烦恼。二追求艰辛。

或富或贫乏。悉皆无安乐。

于此愚欢喜。即恶果成熟。

是故……

又居家者与法相违。故居家中难修正法。即前论云。

若作居家业。不能不妄语。

于他作罪者。不能不治罚。

行法失家业。顾家法岂成。

法业极寂静。家事猛暴成。

故有违法过。自爱谁住家。

又云。

憍慢痴蛇窟。坏寂静喜乐。

家多猛苦依。如窟谁能住。

应数思维。如是等类在家过患。发愿出家。

出家乐赞

南岳沙门法照撰

观行仪(依出家功德经,通一切处诵)

出家乐　出家乐

无始起　乐诸着

今生值善割亲缘　顿舍尘情断众恶(断众恶)

发身心　依圣学

除于结使下金刀　落发披衣飡宝药(飡宝药)

怀法喜　加踊跃

谁其长夜睡重昏　此日清身忻大觉(忻大觉)

出家乐　出家乐

一切事　不相忤

年登二十逢和尚　敬受尸罗遇净坛(遇净坛)

修定慧　证非难

悟若琉璃明内外　妙喻莲花恣总看(恣物看)

称释子　法门宽

出入往来无碍道　解脱逍遥证涅槃(证涅槃)

归去来　宝门开

正见弥陀升宝座　菩萨散花称善哉(称善哉)

宝林看　百花香

水鸟树林念五会　哀婉慈声赞法王(赞法王)

共命鸟　对鸳鸯

鹦鹉频伽说妙法　恒叹众生住苦方(住苦方)

归去来　离娑婆

常在如来听妙法　指授西方是释迦(是释迦)

归去来　见弥陀

今在西方现说法　拔脱众生出爱河(出爱河)

归去来　上金台

势至观音来引路　百法明门应自开(应自开)

尊 僧 篇

明教嵩禅师作

教必尊僧。何谓也。

僧也者。以佛为性。以如来为家。以法为身。以慧为命。以禅悦为食。

故：

不恃俗民。

不营世家。

不修形骸。

不贪生。

不惧死。

不溽乎五味。

其防身有戒。摄心有定。辨明有慧。

语其戒也。洁清三惑。而毕身不污。

语其定也。恬思虑正。神明而终日不乱。

语其慧也。崇德辨惑而必然。

以此修之之谓因。以此成之之谓果。

其于物也。有慈。有悲。有大誓。有大惠。

慈也者。常欲安万物。

悲也者。常欲拯众苦。

誓也者。誓与天下见真谛。

惠也者。惠群生以正法。

神而通之。天地不能掩。

密而行之。鬼神不能测。

其演法也。辩说不滞。

其护法也。奋不顾身。能忍人之不可忍。能行人之不能行。

其正命也。丐食而食而不为耻。

其寡欲也。粪衣缀钵而不为贫。

其无诤也。可辱而不可轻。

其无怨也。可同而不可损。

以实相待物。以至慈修己。故其于天下也。能必和。能普敬。

其语无妄。故其为信也至。

其法无我。故其为让也诚。

有威可警。有仪可则。天人望而俨然。能福于世。能道于俗。

其忘形也。委禽兽而不怪。

其读诵也。冒寒暑而不废。

以法而出也。游人间。遍聚落。

视名若谷响。

视利若游尘。

视物色若阳艳。

煦妪贫病。瓦合舆儓。而不为卑。以道而处也。虽深山穷谷。草其衣。木其食。晏然自得。

不可以利诱。不可以势屈。谢天子诸侯而不为高。

其独立也。以道自胜。虽形影相吊而不为孤。

其群居也。以法为属。会四海之人而不为混。

其可学也。虽三藏十二部。百家异道之书。无不知也。他方殊俗之言无不通也。

祖述其法。则有文有章也。

行其中道。则不空不有也。

其绝学也。离念清净。纯真一如。不复有所分别也。

僧乎。

其为人至。

其为心溥。

其为德备。

其为道大。

其为贤。非世之所谓贤也。

其为圣。非世之所谓圣也。出世殊胜之贤圣也。

僧也如此。可不尊乎。

缁门警训袈裟章

摘自《佛光藏·禅藏》

《大悲经》云。

但使性是沙门。污沙门行。形是沙门。披着袈裟者。于弥勒乃至楼至佛所得入涅槃。无有遗余。

《悲华经》云。

如来于宝藏佛所发愿。成佛时我袈裟有五功德。

一者入我法中或犯重邪见等四众。于一念敬心尊重。必于三乘受记。

二者天龙人鬼若能恭敬此人袈裟少分。即得三乘不退。

三者若有鬼神诸人得袈裟。乃至四寸饮食充足。

四者若众生共相违反。念袈裟力寻生悲心。

五者若在兵阵持此小分。恭敬尊重常得胜他。

若我袈裟无此五力。则欺十方诸佛。

《贤愚经》云。

佛告阿难。古昔无量阿僧祇劫。此阎浮提于山林中有一狮子。名曰迦罗毗(秦言坚誓)。躯体金色。光相明显。时猎师剃头着袈裟。内佩弓箭。以毒箭射之。狮子惊觉。即欲驰害。见着袈裟。念言。此人不久必得解脱。所以者何。此染衣者。三世圣人标相。我若害之。则为恶心向三世圣贤。如是思维。害意还息。

大智律师《三衣赋》云。

吾有三衣。古圣真规。粗疏麻苎为其体。

兽毛蚕口。害命伤慈。

青黑木兰坏其色。五正五间。涉俗生讥。

其奉持也。如鸟两翼。

其敬护也。如身薄皮。

信是恒沙诸佛之标帜。贤圣沙门之轨仪。九十六道起信之首。二十五有植福之基。是以。

坚誓兽王。忍死而频加称叹。

莲花色女。作戏而尽断贪痴。

弘誓甚重。至德难思。

龙披免金翅之祸。人得息战敌之危。

末流浮薄。正教衰迟。

竞贸乱朱之服。率遭滥吹之嗤。

壮大于贡高我慢。欺压于硕德庞眉。

习以成俗。愚不知非。汝当。

敬遵彝范。仰荷恩慈。

时时自庆。步步勿离。

潜神乐国兮。铢衣自被。

垂形忍界兮。报服常随。

劫石可销。想斯言而不泯。

太空有尽。谅此志以难移。

案：僧人的袈裟和僧衣有着不共同的殊胜功德。《宝梁经》中佛对迦叶说："于身袈裟应起塔想、世尊想、寂灭想、慈想、敬如佛想、惭想、愧想、令我来世离贪恚痴具沙门法想。"

　　《地藏十轮经》中佛说："凡披出家僧衣者,诸邪魔外道、魔王夜叉等,皆不能损害。"往昔,曾有一些魔鬼夜叉想损害一个人,但因其身着僧衣而没能得逞,因为佛对僧衣作了特殊的加被,世出世间的护法神都发过誓愿,护持穿僧衣之人,而且在皈依的学处中,仅仅是僧衣中的一块布片也应恭敬。

　　也许有人问,那为何目犍连尊者身着袈裟,还被外道杀害呢?这是因为袈裟防护的是外来的,而非业力所致的损害,而目犍连尊者是因为业力所招致的违缘。袈裟就像老虎威武的虎皮,能使外邪不侵,但若虫自内发,虎皮也难有用武之地。

　　小乘大乘乃至密宗,都要求出家人如理穿着僧衣。佛经中说,如果条件具足就应自己做僧衣,条件不好的则可以穿旧的,也可从他人或僧众中借用。但条件具足而不穿祖衣等衣袍,一天不穿则一天造一个恶作罪。应该知道,祖衣等曾经得过佛的亲自加被,功德很大,可以消除很多修行上的违缘(上虚下云老和尚有一次病危,迦叶尊者告以袈裟作枕,病即转好,脱离了一次命难),连释迦牟尼佛当年也是穿着如此僧衣的,故不但当今的小乘出家人这样穿着,大乘和密宗的出家人也无丝毫例外。

　　最重要的,僧衣延续着整个佛教的传承,不光一代一代的出家人是都穿着僧衣的,乃至于佛和佛之间的授佛职位和度化众生,也都是以僧衣来证信的。如释迦佛命迦叶尊者把袈裟传给弥勒佛,那时弥勒佛成佛。

赞 僧 赋

宋仁宗皇帝御题

夫世间最贵者。莫如舍俗出家。

若得为僧。便受人天供养。

作如来之弟子。为先圣之宗亲。

出入于金门之下。行藏于宝殿之中。

白鹿衔花。青猿献果。

春听莺啼鸟语。妙乐天机。

夏闻蝉噪高林。岂知炎热。

秋睹清风明月。星灿光耀。

冬观雪岭山川。蒲团暖坐。

任他波涛浪起。振锡杖以腾空。

假饶十大魔军。闻名而归正道。

板响云堂赴供。钟鸣上殿讽经。

般般如意。种种现成。

生存为人天之师。末后定归于圣果矣。

偈曰：

　　空王佛弟子　如来亲眷属　身穿百衲衣　口吃千钟粟

　　夜坐无畏床　朝睹弥陀佛　朕若得如此　千足与万足

又赞僧偈曰：

　　六度无懈　四恩匪常　为人天眼　助佛津梁

　　体润一雨　心熏众香　道无不在　此土他方

出家十八难行之法

南北朝齐文宣王萧子良

父母是孝恋难遣。而能辞亲。

妻子是恩染难夺。而能割爱。

势位是物情所竞。而能弃荣。

饥苦是人所难忍。而能节食。

滋味是人所贪嗜。而甘蔬涩。

翘勤是人所厌怠。而能精苦。

七珍是人所吝惜。而能舍离

钱帛是人所蓄聚。而能弃散。

奴僮是人所资侍。而自给不使。

五色是人所欣睹。而弃之不顾。

八音是人所竞闻。而绝之不听。

饰玩细滑人所保着。而能精粗无碍。

安身养体人所共同。而能忘形舍命。

眠卧是人所不免。而昼夜不寝为业。

恣口朋游人所恒习。而处静自检。

白衣饮馔不知纪极。而进食如毒。

白衣日夜无所不甘。而己限以晷刻虚腹。

白衣则华屋媲偶。而己冢间离着。

第三章

人生难遇的佛法

第一节 缘 起

一、缘起的意义

"法不孤起,仗境方生"。世间上的事事物物(一切有为法)都不是凭空而有的,也不能单独存在,必须在各种因缘条件和合之下,才能现起和存在。一旦组成的因缘散失,事物本身也就不复存在,这就是佛教所谓"诸法因缘生,诸法因缘灭"的道理。

此外,现起和存在的因缘,其本身又各互有生起的因缘。这种看似牵扯不清,复杂而绵密的互动关系,就形成了解释宇宙万法生起,乃至生命起源的一种中道不二、精深微妙的道理,这个道理就叫做缘起。

当初佛陀在菩提树下、金刚座上,夜睹明星而证悟成佛,他所证悟的便是这个宇宙人生的道理——缘起法。

缘起是佛教的根本教理,也是佛教异于其他宗教、哲学、思想的最大特性。《楞严经疏》说:"圣教自浅至深,说一切法,不出因缘二字。"佛经上说"一切法因缘生",就是指缘起。但是,缘起并不是佛陀所创造或制定的,而是宇宙人生本质的、必然的、普遍的理则,佛陀只是发现了这个自然的法则而证悟成佛,然后将这个证悟的道理告诉我们:世间的一切诸法,都是由"因"、"缘"所生起,主要而力强者为因,次要而力弱者为缘,透过因缘和合,才有一切现象,才有一切法(事事物物)的生起。例如:一粒种子撒在泥土里,必须施肥、浇水,以及有充足的空气、阳光,才能长成一棵大树。其中,种子是因,泥土、阳光、空气等等为缘,这些因缘都具足了,才有长成大树的"果"。

如果从有情众生的生命流转来看缘起,佛陀告诉我们,生命不是由造物主所创造的,是由自己造作而成的,并且不是单一原因而来的,它是由十二有支因果相续而成的。十二有支又称十二因缘、十二缘起,即:无明、行识、名色、六入、触、受、爱、取、有、生、老死。缘起表现在有情生命的流转上,称为十二缘起;表现在世间事事物物的生成上,则称为因缘所生法。

二、如何认识缘起

《杂阿含经》中说:"此有故彼有,此生故彼生;此无故彼无,此灭故彼灭。"这是说明因缘所生法中,因与果的关系,是缘起最好的定义;也说明了此与彼(因与果)之间是相依相待而存在,没有绝对的独立性。因此,在因果法则上有六条定律:果从因生、相由缘见、事待理成、多从一生、有依空立、佛是人成。从这六条定律中,可以进一步地认识缘起。

(一)果从因生,缘起的先决条件是因,有因再加上缘,条件具足,才能生果。无因就不能生果,有因无缘也不能生果,因缘具备,则必然果生。因是生起万事万物主要的、内在的条件,是生果的直接力;缘是外在的条件,能助因成果,是生果的间接力。譬如:一粒黄豆的形成,种子是主要的因;水土、日光、空气、肥料、人工等是助缘,如是因缘和合,然后才能发芽、开花、结果。如果将这一粒黄豆始终放在仓库里或沙石上,由于没有外缘的助长,就不可能再有新的生命延续。

所以,宇宙间的万有诸法,无一不是由种种的因缘条件和合所成,离开和合的关系,绝对没有实法可得。万有诸法之所以存在,必定有其生成的因缘,这就是果从因生的理则。

(二)相由缘见,从果从因生的理则可知——"法不孤起,仗境方生",这个"境"就是因缘,所谓"诸法因缘生,诸法因缘灭",世间一切现象,都是由因缘和合所产生的假相,其本身并无自性,所以说缘起性空,也由于其无自主性,所以随着缘生而现,缘灭而散,因此说相由缘见。

(三)事待理成,宇宙万法的生起,固然是要有因有缘,但是在因缘果报的生起上,还有着普遍的理则,也就是因果的法则。譬如:种瓜得瓜,种豆得豆;种瓜不能得豆,种豆不能得瓜。"如是因感如是果",这是必然的理则,违背了这个理则,便不能成其事,所以说事待理成。

(四)多从一生,在一般人的观念里,"一"就是只有一个,"多"就有很多个;但是在佛教看来,一就是多,多就是一,甚至"多从一生"。譬如把一粒水果种籽埋到泥土里,经过灌溉施肥,而后发芽抽枝,长大成树,开花结果,果实累累;而这一树的果实,就是由一粒种籽而来。因此佛教譬喻布施如播种——"一文施舍万文收",其道理和"一粒落土百粒收"是一样的,这也正是多从一生的理论根据。

(五)有依空立,"果从因生"的事象,"事等理成"的理则,这些都是存在的,也就是有的。但是,这个存在的有,必须依空而立。这是说:凡是存在的,都必然是依否定实在性的本性而成立。譬如一张桌子,它是由木头做成,木头来自大树,而大树又是由种子的因,加上泥土、空气、阳光等缘结合而成。所以,一张桌子,眼前看它是有,其实它也只是靠着各种条件,也就是众缘和合所生成的假相,既然是依条件因缘而成,因此说它的自性是空。

但是,这个空并不是什么都没有的空,而是万法的"空性"。事物本身如果不具备空,就无法显出它存在的价值与作用,这个作用就是空用。譬如,没有空地就不能建房子;人体的构造,如耳朵、鼻孔、排泄系统等,如果不空,就不能呼吸、排泄,乃至活命;袋子如果不空,就不能装东西,所以要"空"才能"有",宇宙诸法就是建立在这个空义上的。

基于这种存在的现象,龙树菩萨在《中论·观四谛品》中提出"以有空义故,一切法得成;若无空义故,一切则不成"的论说。也就是说,空是一切法之所依,如果没有空性,万物将不可能存在。因此,物质的有,必须依空性而成立,这就是"有依空立"的理论根据。

(六)佛是人成,佛陀证悟的是缘起法,在成道之初,曾经说:"大地众生皆有如来智慧德相,只因妄想执着,不能证悟。"意思是说,众生都有佛性,人人皆可成佛,但因无明烦恼覆盖,因此不能证悟成佛,正如乌云遮蔽明月,而使月光不能显现。我们学佛,就是要明此生死相续的道理,同时也由"此无则彼无,此灭则彼灭"的道理,断除无明,拂尘去垢,开显佛性,一旦尘尽光生,自然"心光朗照,万里晴空",获得一个无人我对待、无时空限制、不生不死的境界,这就是证悟的境界,也就是成佛之日,因此有所谓"佛是已觉悟的众生,众生是未觉悟的佛"。《大乘理趣六波罗蜜多经》卷一有一首偈语说:"一切有情入佛智,以性清净无别故;佛与众生性不异,凡夫见异圣无差。"这就是佛是人成的最佳佐证。

此外,在因果的定律上,还有几个特性:

(1)因果律中无第一因,亦无最后果。因为因中复有前因,推之无始;果后还会有果,引之无终。

(2)因与果是相对的,而非绝对的。意思是说,因果不能截然分开,因可以生果,果也可以成为另一次的因。譬如甲因产生乙果,乙果又可以成为丙因,丙因又可成为丁果,因中有果,果中有因,因果看来是二,其实是一,是相关涉的。

(3)因果是通于三世的。有首偈语说:"假使百千劫,所作业不亡;因缘会遇时,果报还自受。"这是说明业因不灭,自作自受,而且不论时间久暂,遇缘则起现行。

(4)因果关系是二而为一,一而为二。这是说:能生的因,必定有所生的果,果又成因;即能生的果,又必成为所生的因。因此,因中有果,果又成因,因因果果,果果因因,种瓜不能得豆,种豆不能得瓜;善因不会生出恶果,恶因也不会生出善果。所以说"因果报应,丝毫不爽"。

三、缘起法则中的四缘

缘起的定义就是有因有缘,因缘和合而有果,而从因到果,缘是一个很重要的生成因素。一切有为法生起所凭借的四种缘,称为四缘,即:

(一)因缘

因缘是指产生自果的直接内在原因,例如:由种子而生芽,种子就是芽的因缘;换句话说,一切有为法中,能亲生自果的,称为因缘。

(二)等无间缘

等无间缘又称次第缘,是指在心、心所的相续中,由前一刹那而开引后一刹那生起的原因。也就是心、心所于前一刹那灭谢,复给予后一刹那生起的力用。前一刹那的心法与继之活动的后一刹那的心法,这种同起的、无间断的相续关系,称为等无间缘。

(三)所缘缘

所缘缘略称为缘缘,是指心法、心所法所攀缘的一切对象,也就是一切外在事物,对内心所产生的间接与直接的缘。例如:眼识必以一切色为所缘缘,耳识必以一切声为所缘缘,乃至意识必以过去、现在、未来等一切法为所缘缘。

(四)增上缘

增上缘是指因缘、等无间缘、所缘缘等三缘以外,一切有助于或无碍于现象发生的原因条件。

以上四缘,可分为直接的因生果的关系,这就是因缘;另一种是间接的、疏远的因生果的关系,包括等无间缘、所缘缘、增上缘。

此外,若就诸法的生起与四缘的关系而言,在物质现象的色法上,只须亲因缘和增上缘二者就可发生作用;但在精神现象的心法上,则须四缘具备才能发生作用。

四、缘起说的发展

缘起说是佛陀所证悟的独特思想,在原始佛教时代,就已经具备了完整的理论体系,后世的论师乃以此为根本教理,而逐渐发展出以下各种缘起说:

(一)业感缘起

业感缘起是说宇宙万法的生起,都是由于我人的业力所招感。也就是说,善恶的业力可招感善恶的果报,而果报本身又是招感另一次果报的业,如此因果相依而循环不尽,称为业感缘起。这是依《俱舍论》所说。

(二)赖耶缘起

赖耶缘起是说业力是来自于众生心识中的阿赖耶识所执持的种子,这个种子遇缘则生起现行,复由现行熏染种子,其后再遇缘,则更生现行,自现行又熏种子。如此现行熏种子,种子生现行,辗转依存,互为因果而无穷无尽。由此可知阿赖耶识是一切万法开发的本源。这是法相宗据《解深密经》、《瑜伽师地论》等所说。

(三)真如缘起

真如缘起是说众生心识的阿赖耶识虽是形成宇宙一切现象的本源,然而追溯其根源,则为含藏真如的如来藏心。也就是说,诸法是真如由无明之缘而起动,犹如海水本自湛然,由于风的助缘而产生千波万浪,翻腾不已。这是依据《大乘起信论》所说。

(四)法界缘起

法界缘起是说万法相互融通,以一法成一切法,以一切法起一法,主伴具足,相入相即,圆融无碍而重重无尽。这是华严宗依《华严经》所说。

(五)六大缘起

六大缘起是说一切诸法都是由地、水、火、风、空、识等六大,遇缘而生起。六大是一切万法的本体,周遍法界,而六大有互具互遍的意思。这是据密教教义所说。

五、缘起与人生

缘起法显示出宇宙万法生灭变异的关系,也显示出人生苦乐的来源。从缘起法中可以知道,任何事情的结果,都是由因缘所成,所以要获得快乐的人生,就必须培植好因好缘,想拥有和谐的人际关系,便须广结善缘。如果没有植下善因善缘,一旦尝到苦果,也要懂得改善因缘,而不是一味地在果报上计较,乃至怨天尤人,徒使自己陷入重重的烦恼中。所以,了解因缘果报的关系,使我们懂得改善逆缘,培植好缘,广结善缘,随顺因缘。

尤其,缘起法启示我们:世间万法是无常的,好的有可能变坏,坏的也有可能变好。因此纵使遇到困难、挫折,只要我们坚韧不拔地朝向正确的人生目标努力,一切的困难挫折终会成为过去,因为因缘所生的万法,有赖于诸缘,一旦因缘散失,所生的诸法自然亦趋于散灭,所以无常可以为我们带来新的希望。

诸法既是因缘所生，自然空无自性，无自性便无法自我主宰，所以说"无我"。我们若能正观缘起的诸行无常、诸法无我，就能通达无碍，远离一切爱欲、烦恼。烦恼是系缚众生，使众生不能解脱自在的最大障碍；烦恼既除，当然就能获得生命的解脱。因此《稻芋经》说："见缘起则见法，见法则见佛。"

　　认识缘起，可以帮助我们——

　　第一，建立感恩的美德；

　　第二，培养随缘的习惯；

　　第三，拥有希望的未来；

　　第四，了悟真实的人生。

第二节 四圣谛

一、佛说四圣谛的缘由

佛陀成道以后，最初为世人宣说佛法，是在波罗奈斯的鹿野苑，为憍陈如等五比丘讲说四圣谛，这就是佛教史上有名的"初转法轮"。

而佛陀最初在菩提树下证悟的内容，是宇宙缘起的真理，只是缘起法则深奥难解，佛陀恐怕骤然宣说，将使尚未起信的众生望而生畏，所以在初转法轮时，佛陀以四圣谛来说明众生生死流转及解脱之道的缘起道理，进而激发众生厌苦修道的决心。

四圣谛与缘起、三法印构成佛教教义的三大纲领，名称虽然不同，意义却是相通的：缘起论的主要内容是十二缘起，而三法印是缘起论的思想基础，四圣谛则是缘起论的具体形态。三者都是初期佛教的根本思想，以后的经论，莫不由此开展出来，因此，我们将四圣谛、缘起、三法印，称为佛教的根本佛法。

二、四圣谛的意义

四圣谛就是指苦、集、灭、道四种真理。

圣，是正的意思，《胜鬘宝窟》卷下本说："圣者，正也。以理正物，名为圣义。"谛，是指真理，包含有审查、真实不虚的意思。《瑜伽师地论》

说:"从苦谛到道谛,是如实的,无颠倒的,故名为谛。"又说:"唯有圣者能如实了知,如实观见;一切愚夫,不能如实知、如实见,因此诸谛唯名圣谛。"由上述注疏可知,苦、集、灭、道是四种正确无误的道理,是真实不虚的,是圣者所知见的,故称为四圣谛。也就是说,若能如实知见四谛,便是圣者。因此,《中论疏》说:"四谛是迷悟之本,迷之则六道纷然,悟之则有三乘贤圣。"

《佛遗教经》说:"月可令热,日可令冷,佛说四谛,不可令异。"可见四圣谛是宇宙间颠扑不破的真理,我们不可不去研究了解。

苦谛,是以智慧观察出这个世界是充满痛苦的火宅;集谛,是以智慧彻悟烦恼与造业是形成生死痛苦的原因;灭谛,是透过智慧,证得涅槃自性,究竟解脱生死烦恼;道谛,是达到究竟涅槃的方法。因此,苦、集二谛是迷界的世间因果,集是因,苦为果;灭、道二谛是悟界的出世间因果,道是因,灭为果。

若依因果的顺序来说,四圣谛应该是集、苦、道、灭,何以佛陀要先说果,后说因?这是因为众生的根性,果易明而因难晓,为了方便化道,因此佛陀不得不先明示苦相,令众生生起厌离之心,再示业因,使之断集,继而示以涅槃乐相,令其欣慕,然后再说修道之法,令其行持,目的就是要使众生"知苦、断集、慕灭、修道"。

三、四圣谛的内容

(一)苦谛

苦谛,苦,泛指逼迫身心苦恼的状态。苦谛,说明人生实相是苦的道理。根据经典的说法,苦有二苦、三苦、八苦、一百零八苦,乃至无量无数的苦。今就二苦、三苦、八苦说明如次。

1.二苦:依身体内外来分,苦有二种:

(1)内苦:指身痛、头痛等四百零四种病的身苦,以及忧愁、恐怖、嫉妒、猜疑等心苦。

（2）外苦：指来自大自然的风雨、寒热、雷电、霹雳等灾害，以及虎狼、狮豹、蛇虫等伤害之苦。

2．三苦：依程度而分，苦有三种：

（1）苦苦：是指人的身心本来就苦，再加上饥渴、疾病、风雨、劳役、寒热、刀杖等众苦之缘所生的苦，称为苦苦。

（2）坏苦：是指原本顺乎己意的乐境，一旦时过境迁，或因故遭受破坏，而逼迫身心的苦恼。如乐极生悲或丧亲之痛等，都属于坏苦。

（3）行苦：是指一切有为法迁流三世，无刹那常住安隐，使身心感到逼恼，称之为行苦。例如，我们常因时光飞逝或世事无常而慨叹良多，即属于行苦。

3．八苦：从内容来分，苦有八种：

（1）生苦：在母腹中，正坐胎时，处溷秽中，头下脚上，如坐牢狱；等出胎时，母子交危；既出之后，风触嫩皮，刀割脐带，有苦难言。凡此因出生世间所带来的痛苦，称为生苦。

（2）老苦：从少至壮，从壮至衰，气力赢少，动止不宁；乃至盛去衰来，精神耗减，其命日促，渐至朽坏，是为老苦。

（3）病苦：身是地水火风四大假合而成，不免因四大不调而染患疾病。当病起时，或脏腑损伤，或皮肉疮痈，或全身疼痛，或饮食难消，乃至缠绵床榻，喘息呻吟，是名病苦。

（4）死苦：当命终时，有如风刀解体，生龟脱壳，痛苦不堪，是名死苦。

（5）爱别离苦：自己所亲爱的人乖违离散，不得共处，是为爱别离苦。

（6）怨憎会苦：常所怨仇憎恶的人，本永远离，而反集聚，是为怨憎会苦。

（7）求不得苦：对世间一切事物，心所爱乐者，苦苦追求而不能得到，是为求不得苦。

(8)五阴炽盛苦：此苦是以上七苦的总体。有情众生之所以会产生痛苦，就是因为有情众生的身心是由五阴(色、受、想、行、识)假合而成，故而造作诸恶，如火炽然，生生不息，逼恼身心，苦上加苦，是名五阴炽盛苦。

如果我们进一步就痛苦的对象来探讨，形成苦的原因不外以下几点：

(1)我与物的关系不调和：譬如居住的空间太窄小，而人口又多，不能称心如意；书桌的高低、灯光的照明不恰当，无法安心研读等，都会带给我们困扰，因而心中产生不快。

(2)我与人的关系不调和：譬如自己喜爱的人，偏偏无法厮守在一起，而自己讨厌的人，却又冤家路窄，躲避不了，这就是八苦中的爱别离苦和怨憎会苦。

(3)我与身的关系不调和：生、老、病、死所带来的痛苦即属于此。

(4)我与心的关系不调和：我们的心常如脱缰野马般到处奔窜攀缘，妄想纷飞，不但生出种种烦恼，甚至指挥身体为非作歹，因而造成痛苦。

(5)我与欲的关系不调和：欲望有善欲与恶欲之别。善法欲如立功、立德、立言等向上求进的欲望，如果调御不当，将造成精神上的负担。恶法欲如贪图物质享受、眷恋男女欢情等造成堕落的欲望，由此所带来的痛苦，更是不堪负荷。

(6)我与见的关系不调和：指因邪知邪见所带来的痛苦。例如：佛世时的裸形外道，因思想见解的错误，不但徒然使身体受苦，也障碍了真理的追求。

(7)我与自然的关系不调和：气候寒热所带来的不适，以及水潦、干旱、地震、飓风等所造成的灾难，即属此类。

不管世间充满多少苦，其实佛教之所以讲苦，目的是为了让我们知道苦的实相，进一步去寻找灭苦的方法。因此，了解苦的存在，只是一个过程，如何离苦得乐，获得解脱，才是佛教讲苦的最终目的。

(二)集谛

集谛,集,积聚、招感的意思。集谛就是指形成痛苦的原因,众生由于无明、贪爱、瞋恚等烦恼的驱使,而积集种种恶业,然后依照种种业报而招致种种苦果。众生招受苦果,往往不知自省,反而怨天尤人,更起迷惑颠倒,再造新业,复成苦因,如是烦恼业报辗转相生,苦上加苦,以致苦海无边,譬如扬汤止沸,只见滚上加滚,无有已时。

我们如果想从痛苦的深渊中解脱出来,首先要灭除集苦的原因,不再造作新的苦业,快乐的人生就离我们不远了。因此,彻底了解造成痛苦的原因——集谛,是追求幸福不可忽视的要务。

(三)灭谛

灭谛,灭是寂灭的意思,是指灭尽贪、瞋、痴等烦恼,而显现出清净的真如体性。

灭,其实就是"涅槃"的异名。《大乘义章》卷十八说:"外国涅槃,此翻为灭。"《华严大疏》卷五十二说:"译名涅槃,正名为灭。"

涅槃是修道者在知苦断集后,由修道所证得的解脱境界。它是灭除了烦恼、痛苦、人我、是非、差别、障碍等种种无明,而获得的一种境我一如,超越生死,自由自在,光明幸福的圆满境界。

(四)道谛

道谛,道,是通达的意思,能通至涅槃,故名为道。道谛就是指从痛苦的此岸到达涅槃的彼岸所必经的道路,也就是证得涅槃的正道,一般指佛陀初转法轮时所开示的八正道。后来佛陀临涅槃时,又加四念处、四正勤、四如意足、五根、五力、七菩提分等,合称为三十七道品,又称三十七菩提分、三十七助道法。循此三十七法而修,即可以次第趋向菩提,故称为菩提分法。略述如下:

1.四念处:又称四念住。

(1)身念处:观此色身皆是不净,即观身不净。

(2)受念处:观苦乐等感受悉皆是苦,即观受是苦。

(3)心念处:观此心识生灭无常,即观心无常。

(4)法念处:观诸法因缘生,无自主性,即观法无我。

2.四正勤:又称四正断。

(1)已生恶令永断;犹如除毒蛇。

(2)未生恶令不生;如预防流水。

(3)已生善令增长;如溉甘果栽。

(4)未生善令生起;如钻木出火。

3.四如意足:又称四神足。

(1)欲如意足:希慕所修之法能如愿满足。

(2)精进如意足:于所修之法,专注一心,无有间杂,而能如愿满足。

(3)念如意足:于所修之法,记忆不忘,如愿满足。

(4)思维如意足:心思所修之法,不令忘失,如愿满足。

4.五根:根,能生之意,此五根能生一切善法。

(1)信根:笃信正道及助道法,则能生出一切无漏禅定解脱。

(2)精进根:修于正法,无间无杂。

(3)念根:于正法记忆不忘。

(4)定根:摄心不散,一心寂定,是为定根。

(5)慧根:对于诸法观照明了,是为慧根。

5.五力:力即作用,五力是指五种能破恶成善的力用。

(1)信力:信根增长,能破诸疑惑。

(2)精进力:精进根增长,能破身心懈怠。

(3)念力:念根增长,能破诸邪念,成就出世正念功德。

(4)定力:定根增长,破诸乱想,发诸禅定。

(5)慧力:慧根增长,能遮止三界见思之惑。

6.七菩提分:

(1)择法觉分：能拣择诸法的真伪。

(2)精进觉分：修诸道法，无有间杂。

(3)喜觉分：契悟真法，心得欢喜。

(4)除觉分：能断除诸见烦恼。

(5)舍觉分：能舍离所见念着的境界。

(6)定觉分：能觉了所发的禅定。

(7)念觉分：能思维所修的道法。

四、四圣谛的重要

四圣谛是佛陀初转法轮时所说，临涅槃时又再三叮咛弟子们，于四圣谛有疑惑者，应该速速发问。可见在佛陀的一代时教中，对四圣谛的阐扬是自始至终的。尤其，在初转法轮中，佛陀更三度演说四圣谛的妙义，称为"三转十二相"。

第一次为示相转，将四圣谛的内容定义加以解说，以便弟子了解。内容为"此起苦，逼迫性；此是集，招感性；此是灭，可证性；此是道，可修性"。

第二次为劝修转，劝诱弟子修持四圣谛的法门，以断除烦恼，获得解脱。内容为"此是苦，汝应知；此是集，汝应断；此是灭，汝应证；此是道，汝应修"。

第三次为自证转，佛陀告诉弟子，自己已经证得四圣谛，勉励弟子们只要勇猛精进，必能一样证悟四圣谛。内容为"此是苦，我已知；此是集，我已断；此是灭，我已证；此是道，我已修"。

从佛陀一再强调四圣谛的事实来看，四圣谛是极具重要性的。四圣谛的内容一如治病的过程：苦，如人患病；集，生病的原因；灭，如病已痊愈；道，如治病的药方。我们学佛，正是为了断除贪、瞋、痴等种种烦恼，而趣向涅槃的境界，所以四圣谛是我们解脱生死的唯一方法。

第三节　三法印

一、三法印的意义

教主、教徒、教义，是宗教形成的三个条件。世间上每个宗教都认为自己所宣扬的教义是真理，所谓真理是有条件的，真理的条件是：普遍如此；必然如此；本来如此；永恒如此。

譬如人有生必有死，中国人如此，外国人也一样，这是普遍如此、必然如此、本来如此、永恒如此的真理。佛教的三法印就是合乎这四个条件的真理。三法印为：诸行无常、诸法无我、涅槃寂静。

这是说明宇宙人生现象的三条定律，以此三条定律来印证佛法的真伪，就像世间的货物，盖了印鉴的，可以确定它是真货；没有盖印鉴的，便是假货，是冒牌的。所以，三法印可以说是印证佛法的根据；它是识别佛法、非佛法的标准。若与三法印相违的，即使是佛陀亲口所说，也是不了义法；若与三法印相契合的，纵然不是佛陀亲口所说，也可认为是佛法。

在原始佛教的教理中，三法印是缘起说的思想基础，缘起说是佛陀教法的代表，两者意义相通，同为最初的根本佛法。因此，若能理解三法印，也就能把握佛陀的根本思想了。

二、三法印的内容

三法印的内容，广义而言，是指世间一切幻化的现象。它是原始佛教的基本理论，一切小乘经典都是以三法印来印证是否为佛说；大乘经典则以一实相印来印证佛法的究竟与否。然而实际上，一实相印就是三法印中的涅槃寂静，之所以有不同的立名，实在是因为众生的根机有利钝的差别，因此佛陀说法才有广略的方便，而究竟之理只有一个。今就三法印的内容分述如下：

(一)诸行无常

诸行是指一切事物和一切现象。"行"是迁流、转变的意思。《俱舍颂疏》说："造作、迁流二义名行。"《大乘义章》卷二说："有为集起，名之曰行。"一切事物与现象都是迁流转变的，所以叫做行，这个字本身就包含了无常的意义。"诸行无常"是指世间上一切形形色色的事物，没有一样不是在刹那刹那之间迁流转变的，没有一样是常住不变的。因为世间上的一切有为法都是因缘和合而生起，因缘所生的诸法，空无自性，它随着缘聚而生，缘散而灭。譬如有情世间的人有生老病死的现象，器世间的山河大地有成住坏空的演变，心念有生住异灭的变化，因此，一切法在时间上是刹那不住，念念生灭；过去的已灭，未来的未生，现在的即生即灭，它是三世迁流不住的，所以说无常。

根据经论所说，无常有二种，一为念念无常，一为一期无常。

(1)念念无常：念，刹那的意思。《探玄记》说："刹那者，此云念顷，于一弹指间，有六十刹那。"可见刹那是极短的时间。在世间所有事物中，变化速度最快的，莫过于我人的心念，根据《婆娑论》说："一昼夜间，有六十四亿九万九千九百八十刹那五蕴生灭。"说明心念的生灭，刹那不住，比闪电还要迅速。《宝雨经》说："此妄心如流水，生灭不暂滞；如电，刹那不停。"

除了心念是刹那不停、念念无常以外，任何器物由新到旧，都不是突然变化，而是刹那刹那间渐渐变化而成的，所以说念念无常。

(2)一期无常：在一段时间内，迁流代谢，终归坏灭，称为一期无常。事实上，一期无常是由念念无常累积而来的。譬如人的生老病死，物的生住异灭,世界的成住坏空,都是由刹那刹那的渐变,累积成一期的突变。

诸行无常之所以为三法印之一,是因为它对我们的人生具有积极的激励意义。因为"生死事大,无常迅速",所以容易生起宗教心,努力修行;生理细胞的新陈代谢是诸行无常的现象,因此可常保身体的无限活力;"长江后浪推前浪,世上新人换旧人",人事的新旧更替也是诸行无常的变化,因此一个社会有机体就能常显生生不息的青春生机。佛陀当初之所以舍弃世间荣华出家学道,是有感于人生的无常;成道之后,也以苦、空、无常的人生真象来开示众生,因此原始佛教教团的成立,可以说是源于佛陀对于诸行无常的体悟。《大般涅槃经》卷中说:"一切诸行悉无常,合会恩爱必归别离。"体念无常,能激发广大菩提心,完成自己,也救护一切众生。

(二)诸法无我

世界上的一切事物,不但无常,而且无我。诸法无我是指一切有为、无为法并无独立的、不变的实体或主宰者。这里所说的法,是指宇宙间所有的事物,包括物质现象和心识活动等,是有形无形事理色心的通称。所谓"我",是主宰和实体的意思;我是恒常不变的实体,具有自我主宰的功能;我既无聚散离合,也无变化生灭的实体,是独立自主、永恒不变的主宰者。然而,世界上有没有这种单一独立的、自我存在的、自我决定的永恒事物?一般宗教对此都是肯定的。如婆罗门教就认为世界是由大自在天(大神)所创造的,天主教也认为有一个万能的上帝,上帝创造世界,创造人类,上帝主宰一切。但佛教却反对这种说法,认为一切事物皆依因缘而生,缘聚则有,缘散则灭,彼此之间相互依存,并无实体性,因此说诸法无我。无我有二种:

(1)人无我:是说一般人执着于"我"的身体,是依烦恼业集、五蕴诸法所成,所谓"五蕴和合,假名为人",是虚妄不实的,如梁柱瓦椽和合而有房舍,离开梁柱瓦椽则别无房舍,因此有情众生只是五蕴诸法所成,没有实体的我,所以说"我"只是假名而已,就如命名为人、狗、猫,都只是一种假名方便,没有一定的实体。

(2)法无我:世间一切的事事物物都是依靠种种条件因缘所生成,没有本来固有的独自本性,也就是空无自性,如幻如化,因此说法无我。

由此可知,诸法无我是指一切事物皆无自性,无自性即缘起性空,这是佛教的根本教义,所以要正确地把握佛教,必须彻知一切法无我。

(三)涅槃寂静

涅槃就是四圣谛——苦、集、灭、道中的灭谛。《大乘义章》卷十八说:"外国涅槃,此翻为灭,灭烦恼故,灭生死故,名之为灭。离众相故,大寂静故,名之为灭。"《华严大疏钞》说:"译名涅槃,正名为灭。"《涅槃经》说:"灭诸烦恼,名为涅槃。"可见涅槃是指息灭烦恼、生死、痛苦、人我等种种无明火焰,而达于寂灭无染,充满快乐、光明、自由自在的境界。

寂静谓远离烦恼,断绝苦患,也就是涅槃的异名。涅槃境界远离诸苦,湛然常住,无生无灭,所以称为寂静。《瑜伽师地论》卷七十说:"三苦永离故,名为寂静。"《杂集论》卷八说:"何故名寂静?于现法中,彼果心苦,永不行故。"

从以上的解释可知,涅槃寂静是一种灭除贪、瞋、痴、慢、疑等诸烦恼,身无恶行、心无恶念、身心俱寂的一种解脱境界。

涅槃的种类可分为:

1.本来自性清净涅槃:又名本来清净涅槃、性净涅槃、自性清净涅槃。一切诸法的万相,它的理体就是寂灭的真如,所谓性净涅槃,就是人人本自具足的真如。

2.有余依涅槃:声闻、缘觉、菩萨三乘圣者,虽已灭除三界烦恼,更不起业,但是尚且余存过去业力所感受的依身(肉体)未灭,因此名为有余依涅槃。

3.无余依涅槃:烦恼既尽,由过去业力所感受的依身也灭除,无有遗余,因此名为无余依涅槃。

4.无住处涅槃:菩萨以有大智慧故,断离烦恼障、所知障,不住于生死迷惑的世间。由于怀有大慈悲,积极救护众生,因此也不住于涅槃,独自享受安乐。迷惑染污的世间固然不住着,常乐我净的涅槃也不住着,因此名为无住处涅槃。

除了上述四种涅槃之外,尚有一种大涅槃,也就是我们通常说的"阿耨多罗三藐三菩提",意思为如来的法身。《胜鬘经》说:"法身即如来大般涅槃之体。"大涅槃是诸佛的法界,是诸佛甚深的禅定,也就是"常乐我净"的境界,此境界唯佛能证,所以《法华经》说:"唯如来证大菩提,究竟圆满一切智慧,是名大涅槃。"

其实,涅槃佛性是人人本自具足的,当初佛陀在菩提树下悟道时,曾说:"奇哉! 奇哉! 大地众生,皆有如来智慧德相,但因妄想执着,不能证得;若离妄想,一切智、自然智,即得显现。"可见自性清净的涅槃佛性,人人具足,但被烦恼、执着、无明等客尘蒙蔽而不能显发。佛陀说三法印,就是为了破除众生的我执,以引导众生出离生死之苦,而得涅槃之乐。所以《法华经》说:"我此法印,为欲利益世间故说。"

三、三法印的正确认知

过去佛教一直给人悲观消极、遁世避俗的印象,这是因为一般人对佛教所说的苦、空、无常等义理,有了错误的理解,以为佛教只是消极地讲苦、讲无常,却不知道其中的目的,是为了让众生认识苦、空、无常的人生真象,从而发起欣乐厌苦之心,积极地追求究竟涅槃之乐。因此,我们对于三法印应有以下的认识:

(一)无常才有希望

佛教讲诸行无常是要告诉我们,虽然世间上的一切事物都是无常的,随时都在迁流变化,如好的事情会变坏是无常,但是坏的事情会变好,也是无常,所以无常也有它积极、乐观、奋发的一面。譬如一个贫穷的人,只要他肯勤劳努力,就有发财的一天,因为贫穷的现象也是无常变化的;做事遇到挫折,只要能够坚持下去,就可以改变逆境,因为世事是无常的,不会有永远的灾难。因此,无常给人生带来无限的光明、希望与生机。

此外,无常可以提醒我们珍惜生命,把握时间,可以使我们脱离一时的贪欲。尤其学佛的人,有了生死事大、无常迅速的无常观,才能精进不懈,进趣佛道,及早成就。所以,无常才能进步,才能更新,才能生生不息;无常蕴藏着无限的生机,是最实在、最亲切的真理。

(二)无我才能和众

佛教讲诸法无我,是为了破除众生对自身的自我爱,以及对我所有物的境界爱。因为我们执以为"我"的身体,是四大五蕴假合而有,随着缘聚而生,缘灭而散,毫无自主可言。而且从生到死,无时不在生灭变化,因此不是恒常而固定不变的。尤其身是众苦所聚,生理上有饥寒、疾病、疲劳等诸苦;精神上有憎怒、畏惧、失意等苦。当众苦逼迫时,欲离而不能,根本无自在可言。因此,《摩诃止观》说:"无智慧故,计言有我;以慧观之,实无有我。"

不过,这里所说的无我,并非说没有我这个人,而是要我们摆脱有形对待关系的束缚,使自己安住于无人我、无对待的境界中;换句话说,无我是要我们泯灭人我对待,把"我"融入大众中。

佛教是非常重视大众的宗教,离开大众就没有佛法。所以,学佛的人,首先要培养以众为我的性格。能够无我,才能融入大众,才能以众为我。所以,无我是个人修行的根本。

(三)涅槃才是究竟

涅槃是佛教最圆满的世界,但是一般人不了解涅槃的意义,以为涅槃是死后的世界。如某某人去世，便说得大涅槃了。其实涅槃不是死亡，而是与死亡截然不同的超脱境界。涅槃是不生不死、无为安乐、解脱自在的意思；涅槃是灭除我执、法执，灭除烦恼障、所知障，是度脱生死的意思。譬如一个犯人被扭械枷锁系缚时，是毫无自在可言的，一旦卸除了，便得解脱；众生被贪瞋痴等烦恼所系缚，也不得自在，如果修习佛法，断除烦恼，使得解脱，解脱就是涅槃。

人生在世，短短数十寒暑，白云苍狗，无非梦境；"大厦千间，夜眠不过八尺；良田万顷，日食不过几斛"。面对这样有限的生命，如果我们能证悟涅槃，就能突破时空的藩篱，将生命遍布于一切空间——竖穷三际，横遍十方；充满于一切时间——亘古今而不变，历万劫而常新。这样的生命无所不在、无处不有，可以超越死亡和无常的恐惧，在无限辽阔的时空中生生不息。

因此，我们对涅槃应该有这样的认识：涅槃是人生最究竟的归宿，涅槃之乐不是死亡后才能得到，而是当下就可体证的。能够对涅槃有正确的认识，才能得到真实究竟的常乐我净，才能体会诸佛千古无我的涅槃妙谛，这是我们学佛应有的认识！

第四章

佛法的真谛是什么

第一节　空

　　空，自古以来，佛门就有空门之称，因为空是佛教最重要的教义之一，也是佛法不共其他宗教及世间学说的特质。当初佛陀在菩提树下、金刚座上证悟成佛，他所证悟的宇宙真理是缘起，缘起就是说世间一切存有的事物都是因缘所成，没有实在的自性可言，这种诸法自性了不可得的特质就称为空。因此，空可以说是佛教的言语中最接近诸法实相的名词。然而一般人不了解空的真义，误解佛教是消极避世的宗教。事实上，空蕴含无限，真空才能生妙有；空并不是无，而是要我们大破大立，空去一切有无对待，空去一切差别观念，甚至连这个"空"也要空去，然后才能享有一个大解脱、大自在、空有不二的世界。

一、空的真义

　　《中论·观四谛品》说："以有空义故，一切法得成；若无空义故，一切则不成。"空是建立万有的要素。以棉布为例，从缘起法来看，布是空的，因为布只是因缘和合的假相，譬如布的原料是来自棉纱，棉纱是由棉花的纤维纺成，棉花又采自棉种子，种子需要有土地、阳光、空气、水分、肥料等的栽培灌溉，才能萌芽、成长、开花、结果，既而果熟开裂，种子密生棉毛，则可供纺纱。因此，棉布是棉籽结合了宇宙万有的因缘而成，所以我们从万有的因缘上看，它的自性就是空，这就是所谓的"真空能生妙有"。

再以我们的身体为例,鼻孔不空就不能呼吸,耳朵不空就不能听闻,乃至全身的毛孔细胞、五脏六腑如果不空,就无法生存。有了空,生命才能延续;心中有了空,才能"心包太虚,量周沙界";世界有了空,才能生出宇宙万物。所以,空是宇宙之体,是人生之本,是万有之源。

空是真理的极致,空能将印证真理的三法印统一起来,例如:

(一)世间没有永恒性的东西。世事变化多端,这是诸行无常,也就是无常苦空。

(二)世间没有独存性的东西。万物相生相成,这是诸法无我,也就是缘起性空。

(三)世间没有实有性的东西。一切如梦幻泡影,这是涅槃寂静,也就是妙有真空。

空是一种最深刻、最奥妙的哲学,如果想用一句话来表达,事实上是不可能的。《释摩诃衍论》中曾论虚空十义,虽然不能将绝对超越的空义淋漓尽致地描绘出来,但在人类所能理解的语言中,已经算是很接近的了。所谓虚空十义如次:

(1)空有无障碍的意思,如虚空,虽遍一切处,但绝不障碍任何一色法。

(2)空有周遍的意思,如虚空,遍满一切,无所不至。

(3)空有平等的意思,如虚空,无有拣择,于一切平等。

(4)空有广大的意思,如虚空,广大、无垠、无际。

(5)空有无形相的意思,如虚空,无有形状相貌。

(6)空有清净的意思,如虚空,恒常清净,无有垢染尘累。

(7)空有不动的意思,如虚空,恒常寂止,离一切生灭成坏之相。

(8)空有绝对否定的意思,把一切有限量的事理彻底否定、消灭。

(9)空有空空的意思,彻底否定一切自性和摧毁一切空执。

(10)空有不可得的意思,如虚空,不可取得,不可把捉。

二、空的种类

在佛教的经论中,有关空的分类很多,计有二空、三空、四空、六空、七空、十空、十一空、十六空、十八空……大体而言,可归纳为人空、法空、胜义空三种。

(一)人空:又称为我空、生空等。即有情众生的生命,是依因缘和合而成,没有实体可得,仅仅是假合的存在而已。

(二)法空:由有情生命出发,空义进一步扩及万法,便有所谓的法空。即诸法是因缘和合而成,没有实体的存在,所以又称为法无我。

(三)胜义空:是将人空、法空及其他一切执着也一起空掉的空;是一种既不住于有,也不住于空,超越一切有无对待,而达到随缘放旷,任运自由的境界。又称第一义空、实相空,也就是涅槃寂静的意思。

《大智度论》卷三十一说:"涅槃中亦无涅槃相,涅槃空是第一义空。……能使诸法实相空,是名为第一义空。"在胜义空下,连涅槃都不住着了,世间上还有什么不能超越的呢?

三、如何认识空

在一般人的观念里,空和有是截然不同的两种观念,有的绝对不是空,空的绝对不是有。但是,佛教认为空和有是一体的两面,诸法所以是空,是由于无自性可得;诸法所以是有,是由于相用不是空无的。

如何才能认识空呢?从诸法的相用上可以认识空性:

(一)从相续假看空:世间没有恒久不变的东西,一切现象只不过是相续的存在,无时无刻不在刹那生灭之中。譬如我们身体细胞的新陈代谢,不断地进行更新;世间的人事更替,所谓长江后浪推前浪,一代新人换旧人,说明了世间的事事物物是相续假有,无常而没有实体,从这种相续无常的现象上,可以了解"有即是空"的真谛。

(二)从循环假看空:因果故空。宇宙万物,世间诸法,都离不开因果的法则,因为果,果为因。如一粒种子,有了阳光、空气、水分、泥土等外缘后,于是发芽、开花,乃至结果。种子是因,结成的果实是果;如果再以结成的果实接受外缘,再一次的开花结果,则原有的果,又是另一个新生命的因,因因果果,相关相涉。因此,从这个循环的假相中,可以认识空。

(三)从和合假看空:缘起故空。诸法因缘和合而生,譬如人是由皮肉、筋骨、血液等和合而成;如果把各种组织分开,人的自体无从可得。因此,从和合之中,可以了解空。

(四)从相对假看空:相待故空。世间万物都是相互对待的,譬如有三层楼,一人在二楼,有人从一楼上到二楼来,二楼是上,一楼是下;三楼的人下到二楼来,此时原是上的二楼变成下,三楼才是上。由此可知,所谓上下的对待,是一种假相,所以是空。

(五)从相状假看空:无标准故空。以点灯为例,蜡烛、煤油灯、电灯的亮度是没有一定标准的,如果从蜡烛先看,认为烛光很亮,再看电灯,烛光的亮度就显得不够了,亮这个相状是无标准的,所以从无标准的相状上,也可知道是空。

(六)从名词假看空:但有假名故空。宇宙间诸法万象,各有不同的称呼,而这些名称都是假有,所以是空。譬如一块布,穿在上身的叫做衣服;穿在下身的叫做裤子;穿在脚上的叫做袜子;戴在头上的叫做帽子。同样是一块布,却可以有各种不同的名称,这些名词原来也都是假名而已,因此是空。

(七)从认识不同看空:心境无定准故空。下雪的夜晚,诗人坐在窗前,诗兴大发,叹为奇景,自语道:"若再下它三尺,景色将更绮丽。"此时,屈居于破屋檐下的乞丐,缩着身子,不胜酷寒,感叹地说:"大雪纷纷飘满天,老天又降杀人刀,再落三尺方为景,我辈怎得到明朝?"同样的事物,因心境的不同,就有不同的看法,由此可知,从不同的认识中,也可以了知空。

四、空的妙用

《大乘密严经》说:"离空无有色,离色无有空,如月与光明,始终恒不异;诸法亦如是,空性与之一,辗转无差别,所为皆得成。"万法唯其性空,才能生起宇宙万有;万有徒具假相,才能显示自性本空。因此,有不是空以外的有,空也不是有以外的空,空与有是相融相即的。

有人说:"空,是佛教的 X 光。"这句话确实很有道理。因为借着 X 光的透视,可以让我们看清体内的五脏六腑;同样的,经由空性,我们便能洞悉诸法的实相。

空是什么?空就是"〇",〇本身什么都没有,但若将〇放在一的后面,则成为一〇;若将〇放在一〇的后面,则成为一〇〇;放在一〇〇的后面,则成一〇〇〇。由此可知,一个〇,你说它没有用,它却能生起大作用。空也是如此,若说空是什么都没有,其实,空在宇宙世间却能包含万有。

空是什么?空是数学中的 X——未知数;它能代表很多的数字。

空是可以从日常生活中体验的,例如:女婴日渐长大,就称为女孩;成长到十几岁,就成为少女;到了二三十岁,就称她为小姐;嫁了人,又成为某某太太;生儿育女,就是妈妈;儿女婚嫁,就多了婆婆、岳母,乃至奶奶等等称呼。从这些名词的转移上,我们认识到空的真谛。

其他如前后、高低、上下、美丑、老少、大小……也都是相对的概念,并没有绝对的标准,只不过是假名而已。《金刚经》上说"实相非相",又说"法无定法"。唯有空才是实相,才是定法。见到了空,我们才能如实地认识世间;了解了空,我们就能跳出有无的对待,而拥有一片更宽广的世界。空真是妙用无穷!

一般人以为佛教讲空，是要人否定一切；其实佛教的空，并不是否定一切，相反的，空是诸法所以成就的根据。空并不是顽空，是具有建设性的，譬如，没有空间就不能建房子；袋子不空，便不能装东西；宇宙不空，人类就无法生存。所以，要空才能有。宇宙万法就是建立在这个空义上，因为空并不是虚无，而是一切法之所依，是一切法不离的真性，是一切法存在与活动的原理。换句话说，如果没有空性，一切法就不能从缘而有，也不可能有生有灭。

所以，空不是消极避世的代名词；它具有革命性与建设性的意义；当我们认识了空，就能舍弃过去旧有的执着，以崭新的角度来审视宇宙万有；当我们了解了空，就能蠲除既有的成见，重新开始反省自己的人生。所谓"平常一样窗前月，才有梅花便不同"，如果我们有了空的体验，就能与宇宙万物融为一体，空对于人生实在是太重要了！

第二节　业

一、业的定义与轮回说

业，梵语 karman，音译作羯磨，是行为（个人）、行动（社会）、运动（自然界）或造作的意思。它包括各种行为、所作、行动、作用、意志等身心活动，或单由意志所引生的身心生活。佛教把我们身体、语言、思想的行为、造作，称为身业、口业、意业，合称为三业。

由身口意所造的业，可以决定人生的苦乐祸福。因为业既然是一种行为，这个行为无论善恶，都会产生一种力量，驱使我们去造作新的行为，新的行为又会产生新的力量。如此行为生力量，力量又生行为，辗转相生，就形成了循环式的业力推动圈。而这些善恶业力，平时就像种子般埋藏在我们的第八识——阿赖耶识中，一旦种子遇缘，便起现行，起了现行，自然果报分明。因恶业而受罪者，称为罪业，罪业报生三恶趣；因善业而得福者，称为福业，福业报生人天。这就好像一个人犯了重罪，就得入监狱受刑罚，想不去都不行；做了善事功德，就会获得善名美誉，即使想推辞都推不掉。业力就是有"不愿生，强迫生；不愿死，强迫死"的力量，不但到人间来受生是行为业力的影响，就是到了业缘终了要死的时候，即使不想死，也由不得自己。这种行为的业力，维系了三世生命，在无限的时空里生生循环不息，于是便产生了三世因果的轮回说，而这个轮回的主宰者，便是我们所造的业力。所以佛教主张：人的祸福是由自身业力所造，造什么因，就得什么果。这个"自业自得"的业报思想，便成为佛教重要的基本理论与特质。

二、业的性质与种类

一般而言,业分为身、口、意三业。内心想要去做某件事的意志,就称为意业,又称思业;把内心的意志表现在身体的行动与言语上,称为身业与口业,二者又称为思已业,也就是已付诸行动者。由此身、口、意所造的业,可以决定人生的苦乐祸福。

(一)善业、恶业和无记业

身、口、意所造的业,并非全是恶业,因此若依性质分,业有善业、恶业、无记业三种。

(1)善业:凡合乎人间道德,合乎大众利益的,都称为善业。譬如身行放生、布施、净行;口说诚实语、柔软语、赞叹语;意起不净观、慈悲观、因缘观等。

(2)恶业:凡是损人利己,或损人不利己的行为,都称为恶业。譬如身行杀生、偷盗、邪淫;口说妄语、绮语、两舌、恶口;意起贪欲、瞋恚、邪见等。

(3)无记业:不能记为善或恶,即非善非恶,如无意识的动作等。

众生若造善恶之业,其后必招感相应的苦乐果报,因为有业因,必然招感业果。但是非善非恶的无记业,则无招果的力用。

(二)表业和无表业

部派佛教的一切有部又分业为表业和无表业,认为身业和语业中,能表现在外,并示予他人的,称为表业;无法示予他人的,则称无表业。意业则不分表与无表。大乘佛教则认为意业于内心有其表示,所以也是表业。

(三)引业和满业

(1)引业:又称总报业。就是牵引我们在四生六道轮转的业力,故称引业。这种隐而不显的力量,在生死轮回中起伏,横遍三际虚空,无所不在,是三世累劫以来的强胜业力。

(2)满业:又称别报业。就是圆满有情的众同分,而令各人诸根形量等殊别的善恶业。例如:同样转生为人,在人当中,却有身体强弱、寿命长短、贤愚不肖、贫富贵贱等差异,此种差异的产生,是由于各人所造的业力不同所致。譬如布施者得富贵报,杀生者得短命报,这种令各人完成圆满一生的业报,就称为满业。

(四)共业和不共业

(1)共业:众生共通的业因,能招感自他共同受用的山河、大地等器世界,这是依报的业,称为共业。又譬如天灾、地震等,大家共同感受到的灾难,就是众人的业报所招感,此称为共业。

共业中又分共中共的业、共中不共的业。譬如山河日月、风霜雨露,人人同沾共沐,有相同的感受,就是共中共的业。又如一车的人同遭车祸,有的人大难不死,有的人血肉模糊,这就是共中不共的业。

(2)不共业:个人的业因,能招感个人受用的五根等正报的业。也就是有别于群众共业的个人业力,称为不共业。譬如每个人的待人接物、喜怒哀乐会有所不同,此即不共业。

不共业中也有不共中的共业和不共中的不共业。譬如同一家人,不免忧戚与共,祸福同享,彼此有共业的关系,这就是不共中的共业。相反的,两个陌生人,对于彼此的喜怒哀乐,很难感同身受,缺乏共鸣,这就是不共中的不共业。

(五)定业与不定业

(1)定业:就是善、恶之业所招感的果报,其受果、受时俱定,也就是不但决定了怎么报,连报应来临的时间也已决定,任凭山移水转都无法改变,这就叫做定业。俗语说:"阎王叫人三更死,不敢留人到五更。"这就是所谓的定业不可转。

(2)不定业:就是善、恶之业所招感的果报,其受果、受时俱不定,因为时候和因缘未到,不管做了多少善事、恶事,报应来临的方式和时间还不一定,暂时不受报,所谓"积善以遗子孙,其福必昌;积恶以贻家人,其祸必危"。这就叫做不定业。

(六)四业

四业是指四种不同的业果报应,根据业的善与不善分,有黑黑业、白白业、黑白业和不黑不白业。

(1)黑黑业:恶业名黑,恶业招感苦果(恶报),因果皆黑,所以叫做黑黑业。

(2)白白业:善业名白,善业招感乐果(善报),因果皆白,所以叫做白白业。

(3)黑白业:善恶交参的业,招感白黑间杂的果,所以叫做黑白业。

(4)不黑不白业:这是解脱善恶诸业的无漏业。永断烦恼的无漏业,其性质已超越相对性的黑白,不招果报,所以叫做不黑不白业。

三、业报先后的规则

"作如是因,感如是果"。因果业报的关系虽然极其复杂,却是有条不紊,毫厘不差的。但是,有的人不明白因果业报的道理,只见到世上有"行善的好人,不得好死,或是受苦报;作恶的坏人,却过着富裕逍遥的生活",因此便认为没有因果业力的存在。其实,业依照受业的时间分,有顺现受业、顺次受业、顺后受业等三时业。

(一)顺现受业:现生造业,现生就受果报。

（二）顺次受业：现生造业，次生受果报。

（三）顺后受业：现生造业，二生或多生后受果报。

譬若植物有一年生，有二年生，也有多年生。有的春天播种，秋天收成；有的今年播种，明年收成；有的今年播种，须待三五年后方能收成。

业报之所以有现生成熟、来生成熟、后生成熟等不同的差异，其原因有二：

（1）因的力量有迟早：譬如一粒瓜种和一粒桃种同时下种，瓜种当年即可生长结果，而桃种须待三四年后方能结果。

（2）缘的力量有强弱：譬如相同的二粒豆种，一粒种在空气流通、阳光水分充足、土壤肥沃的地方；一粒种在潮湿阴暗、土壤贫瘠的角落里，结果二粒豆种发芽成长的速度一定不一样。因为诸缘具足，成长自然早些；助缘不够，自然业果成熟较慢。

因此，好人今生所以受苦报，是因为过去所种的恶因今已缘熟，须先受苦报；而今生虽然行善做好事，但是因为善因薄弱，善缘未熟，所以须等待来生后世再受善报。恶人作恶，反得好报的道理亦然。

由此我们可以获得因果业报的两个要点：

（1）因果不会消灭。除非不造因，否则善恶种子永留八识田中，等待缘起而现行，产生作用。

（2）善恶不相抵消。已种恶因，分受其报，不能以做好事来抵消应得的恶报。但是多做善事，多聚善缘，可以使恶报由重转轻；或善缘增多，善力加强，令善果速疾成熟，使恶缘力量逐渐减弱。譬如一杯表示恶因的盐水，如果多添加善因的淡水，就可以冲淡恶果的咸味。

此外，决定业报的先后，尚可分为随重的业报、随习惯的业报、随忆念的业报三种：

（1）随重的业报：就所造的善恶业中，何者为重，何者先报。

（2）随习惯的业报：就各人日常的习惯而受报。譬如修净土宗的人，须一心称念阿弥陀佛，目的就是要养成习惯，一旦临命终时，一声佛号就能与佛感应道交,而得往生极乐净土。

(3)随忆念的业报:由忆念决定去向。譬如有人出门,茫然地来到十字路口,东西南北,不知去向何方,此时突然忆起西街有一位朋友,就朝西方走了。人在临命终时,亦有随忆念而受业报感应的。

四、业报的原理与启示

佛教讲诸行无常,世间万法既是无常,必然不是常住不变的,何以唯独业力能三世相续,轮回不已呢?据佛经所载,佛陀曾将业比喻为如种、如习。

(一)业力如种:譬如一粒黄豆,经由种子、发芽、成长、开花、结果的过程,最后又有种子保留下来。经过一段时期后,开花结果的黄豆虽然凋谢、枯萎了,但保留下来的种子,一旦遇缘,又会发芽、抽枝、开花而结果。众生业力的感果,也是这种现象。

(二)业力如习:譬如一个装过香水的瓶子,虽然香水用罄,但是瓶子里仍留有香水味。透过这种习气说,可知业力确实有感果的功能。

从以上的种种说明,可得如下三项业力论:

(1)业力不失,通于三世。

(2)作如是因,感如是果。

(3)自作业因,自受果报。

这是说,众生在生死海里流转,生命不断,就是靠业。业有如念珠的线,线把念珠一颗一颗贯穿起来,不会散失;业维系着我们三世的生命,从过去到现在,从现在到未来,生生世世,永无休止的在六道里轮回不已。所以,虽然我们的色身有生灭,但是真正的生命是不死的,就如茶杯,不小心把茶杯打坏了,无法复原,但是茶水流到桌子上,流到地毯里,用抹布抹,用拖把拖,茶水在抹布、拖把、地毯里,它不会减少。由于业如茶水,是会流转再生的,所以说"业力不失,通于三世"。尤其业有善有恶,善恶果报,均由自己承担,并非有神仙、上帝可以赏赐福祸,也没有阎罗、鬼王司掌惩罚。在这个教义下,我们得到几个原则性的道理:

(1)业力是自己创造的,不由神力。世间上的善善恶恶、好好坏坏,都是由我们自己所造作,没有神明能为我们安排,甚至连神通也抵不过业力,因为在世间上的各种力量当中,业的力量最大。因此,自己所造的业,一定要自己去受报。

(2)业报是机会均等,绝无特殊。在业报的定义下,大家受报的机会均等,不管达官显贵,或是贩夫走卒,做了善事就有善报,做了恶事就有恶报,绝无特权可言。

(3)业是前途光明,希望无穷。业,告诉我们,不论做了多少好事,不必自以为了不起,因为福德因缘如银行的存款,再多也有用完的时候,因此,要不断地积善行慈;相对的,纵使犯下滔天罪恶,负债累累,只要改过迁善,"随缘消旧业,切莫造新殃",债务终有偿清的一天。所以,业的定律告诉我们,自己的前途操纵在自己的手里,它让我们的人生充满光明,希望无穷。

(4)业是善恶因果,决定有报。因果通于过去、现在、未来三世,所谓"欲知前世因,今生受者是;欲知未来果,今生做者是"。了解善恶因果,决定有报的三世因果观,可以让我们舍恶行善,趋乐避苦,乃至今生受到苦果,也不致怨天尤人,而能心存还债观念,甘心受苦,进而扭转恶缘为善缘。

尤其,从三世因果观中,知道业道众生,生生世世轮回,互为眷属。有了这层体认,必能激发"无缘大慈,同体大悲"的慈悲心。如此,不但今生能得圆满自在的人生,来世更能感生善趣。因此,能够清楚地认识因果业报,必能把握业力而谋求自己的幸福。

第三节 因 果

一、何谓因果

几千年来,存在中国人心中"举头三尺有神明"、"善有善报,恶有恶报"的善恶观念,维系着我们社会的道德于不坠,这种具有惩恶劝善之功的法则,就是因果观。

因果,最简单的解释,就是种什么因,得什么果,这是宇宙万有生灭变化的普遍法则。在佛教教义体系中,因果是用来说明世界一切关系的基本理论,是阐明缘起法则,是明白易懂的一种道理。一切诸法的形成,因是能生,果是所生,也就是能引生果的是因,由因而生的是果。世界上没有任何一种结果不是从它的原因所生成,"种什么因,得什么果",将这种因果关系表现得最明显、最易为人所知,莫如"种瓜得瓜,种豆得豆"的法则。植物如此,非植物的任何现象莫不如此。所以,宇宙间从自然界到众生界,从天体到微尘,没有一个现象能脱离得了因果的关系。因为,因果律是事物生灭变化的法则。

二、外道的因果观

自古以来,无论是宗教界、思想界或学术界,对于万有的生灭现象多有探讨,对于因果关系,也各有不同的论点。一般而言,可分为下列四类：

（一）邪因邪果：主张万物是由神所创造出来的。

（二）无因有果：主张现存的现象世界为果，由于此果的因难以探究，所以否定此果的起因。

（三）有因无果：主张现存的现象世界为因，由于此因而结成的果难以探究，所以否定此因的结果。

（四）无因无果：否定因果二者的存在。

这些论点在讲求因果逻辑的科学时代，已经不能解决人类心中的疑惑，因为万物既是由神来创造，神又是从哪里来的呢？至于其他否定因，或否定果，或二者都否定的学说，自然更属无稽之谈了。

除此之外，在古印度的思想界，还有两种因果论：

（1）因中有果论：主张因中早已具有果性。例如：麦种能生麦子，是因为麦种中具有麦性。反对此说的则驳斥道：麦种在成长过程中，如果缺乏阳光、雨水、肥料、人工等条件，还是无法长出麦子。既是因中有果，应随时可生果，又何必等待因缘条件具足呢？

（2）因中无果论：主张果是由许多不具果性的因和合产生。然而我们仔细想想，其中不无破绽之处。因为既是因中无果，因果二者毫无关联，何能生果？这就好比泥中并无瓶盆瓦钵之法，按因中无果之说，不应生起瓶盆瓦钵，但是事实上，并非如此。

这两种理论都将因果视为具有实在自性的物质，所以也禁不起逻辑推理的考验。

三、佛教的因果观

综观古今中外有关因果的各种理论学说，唯有佛教的因果观才能洞彻宇宙万有的实相。佛教的因果观，源自缘起性空的道理，宇宙间万事万物，都是仗因托缘，才有果的生起，而此果又成为因，待缘聚又生他果,如是辗转相摄,乃成森罗万象。所以,大至一个世界,小如一个微尘,都没有实存的自性可言,而因缘不同,果报就会有所差异。所以,因果的道理,竖穷三际,横遍十方;因果的相状,有如蛛网,错综复杂。欲了解因果的脉络,我们必须从因缘的四个方面来着手:

(一)有因缘与无因缘:因缘不是知识上的问题,不是靠研究讨论就能知道的,因缘的真理是要靠自己在事理上修行、在心境中证悟,才能体会出来的。这种经由真实的修行、了悟而体会的因缘,是有因缘,在这种因缘法里,你我的法性都是平等的,宇宙即是我心,我心即是宇宙,这就是懂得因缘。如果只是滞留在抽象的理论上,表现在空洞的言语中,那就是无因缘,是缘木求鱼了。

(二)白因缘与黑因缘:因缘,有善有恶,白因缘就是善的因缘,黑因缘就是恶的因缘。"若人生百岁,不解生灭法,不如生一日,而得解了知"。一个人若不能明白生灭的终极究竟道理,对因缘只是肤浅的认知,就很容易随外界环境的变迁而随波逐流,陷溺在黑暗的、恶性的因缘里无法自拔;反过来说,如果道心坚定,信念不变,那么,所成就的因缘就会是光明的,所得的果报就是良善的。

(三)内因缘与外因缘:因缘,有外在和内在的不同,外在的因缘是一般因缘,内在的因缘是价值因缘。外在的因缘就好像在同一块田地,播下不同的种子,收成就不一样,这个种子就是价值因缘。又如:一样的父母,养出不一样的儿女;一样的老师,教出来的学生程度也各有不同。外在的一般因缘,如父母、老师,可能相同,但内在的价值因缘,如资质、心力,却是各有千秋。所以说:因缘有内外,外缘虽然具足,而内因不同,果报自然有异。

(四)正因缘和邪因缘:因缘有正、邪,有的人生病了,知道是身心失调,接受对症下药的医治,病自然痊愈,这是正因缘;有的人生病了,不能找出生病的真正原因,反而疑神疑鬼,以为是神明的惩罚,到处求神问卜,画符、吃香灰,结果病情反而加重,这就是邪因缘。很多事情的顺利或不顺利,障碍困难的多或少,有时道因于对因缘的认识不够正确。所以,我们能够正确地认识因缘,才能趋正避邪,才有好的果报。

四、对于因果应有的正确认识

佛教所说的因果,是宇宙人生的实相,不仅仅是劝人行善的说辞,然而一般人往往以世俗的观点来解释因果,使一些不解佛法的人,一听到因果,便斥为迷信,殊为遗憾! 我们对因果应有如下的正确认识:

(一)因果非宿命论

因果观并不是宿命论,宿命论认为:一切得失成败,由命运之神掌握,努力是没有用的。而因果的观念则认为:所有的果报,不管善恶,都是自己造作出来的。譬如有人一出生就住在繁华的都市里,享受文明的生活,有人终其一生,都在荒山野地、穷乡僻壤营生,日月穷劳,这不是命运不公平,而是因缘果报不同。经上说:"有衣有食为何因?前世茶饭施贫人;无食无穿为何因?前世未施半分文。穿绸穿缎为何因?前世施衣济僧人;相貌端严为何因?前世采花供佛前。"

"因果十来偈"说:

> 端正者忍辱中来,贫穷者悭贪中来;
>
> 高位者礼拜中来,下贱者骄慢中来;
>
> 喑哑者诽谤中来,盲聋者不信中来;
>
> 长寿者慈悲中来,短命者杀生中来;
>
> 诸根不具者破戒中来,六根具足者持戒中来。

从这些偈语中,可以知道,人间的贫富贵贱、生命的长寿夭亡、容貌的端正丑陋,都是有因有果,并非凭空碰运气而来,也不是第三者所能操纵,而是取决于自己行为的结果。由于行为能决定自己的幸与不幸,因此对于过去的不幸,也可以靠不断地努力,使它转变为幸福。所以，因果观是肯定努力、上进、修行，是充满乐观进取的道理。

(二)凡事各有因果

因果，不仅仅是一门理论学问，日常生活中的衣食住行，乃至人我相处、信仰、道德、健康、经济等，都各有其因果关系。譬如肚子饿了，吃饭就能解饥，吃饭是因，腹饱就是果；又如一个人勤勉不懈地工作，因此赚了很多钱，努力是因，赚钱就是果。

然而，有人对因果的认识错误，因此对信仰就有很多不正当的要求，比如吃素为求身体健康，拜佛为求佛祖保佑他升官发财，这都是错乱因果的谬见。其实，信仰有信仰的因果，道德有道德的因果，健康有健康的因果，财富有财富的因果。因此，若要身体健康，就必须调心行善，多做运动，注意保健，心安自然体泰；若要财源广进，就必须多结善缘，勤苦耐劳，信守承诺，有智慧能力，自助而后天助。

吃素、拜佛，是信仰、道德上的因果，如果以信仰的因，妄求健康、财富上的果，那就错乱了因果，不能正确地认识因果。

经上说：佛的境界不可思议，众生的因果业报也是不可思议，了解因果的复杂关系，也就体证了佛法的真谛。

(三)果报自作自受

世间虽说法律之前，人人平等，然而法律却有漏洞，有时还会受到人情左右，因此法律未必能做到绝对的公平。唯有在因果之前，人人平等，因果业报如影随形，谁也逃不了。

因果报应在时间上虽有现报、生报、后报等三时报之分，但是所谓"假使百千劫，所作业不亡；因缘际会时，果报还自受"。为善者必获福，作恶者必遭殃，造了善恶业因，不管时间久暂，只要因缘成熟，必定要受果报。譬如一粒种子埋在泥土里，一旦阳光、空气、水分等因缘聚合，时机成熟，便能发芽抽枝，开花结果。所以说："善有善报，恶有恶报；不是不报，时候不到。"又说："父作不善，子不代受；子作不善，父亦不受。"一切自作自受,任何人都替代不了。了解果报自作自受的道理,我们就应该行善积德,切莫造下恶因,一旦尝到恶果,也就追悔莫及了!

《瑜伽师地论》卷三十八说:"已作不失,未作不得。"揭示了佛教因果论的特点:任何思想行为,必然导致相应的结果,因未得果之前,不会自行消失;反之,不作一定的业因,也就不会得到相应的结果。

因果报应不是权势所能左右的,鬼神也无法操纵,上天更无法控制,它支配了宇宙人生的一切,是吾人善恶行为的测试依据。经上说:"善恶之报,如影随形;三世因果,循环不失。此生空过,后悔无追!"所以,我们应该正视因果法则,广植善因,必能为此生、来世带来福慧圆满的生活。

第四节 中 道

一、中道的意义

佛世时,有一位比丘,名二十亿耳,出家前是一名琴师。随佛出家后,急于证果,日夜不懈地精进修行,结果不但久久没有开悟,反而把身心弄得疲惫不堪,因此生起了退转心。佛陀知道后,就晓喻他说:譬如琴弦,太紧则弦易断,太松则弹不成调,唯有急缓得中,才能弹出美妙的音乐来;修行也是如此,过分急躁或懈怠,都不是正常之道。二十亿耳听佛开示后,调整自己的修行方式,终于在不久后,证得阿罗汉果。

不仅修行要合于中道,做任何事情,过与不及都不好。譬如日常生活中,有人过于追逐物欲,有人过分刻苦自励;有人对金钱的使用浪费无度,有人则一毛不拔,这都不是正常的生活之道。就像一只手,始终紧握拳头是畸形,只张不合也是畸形,一定要拳掌舒卷自如,这才正常。所以凡事要适可而止,要不偏不倚,这就是中道。

中道是佛教的根本立场,中道就是离二边之极端、邪执,取一种不偏于任何一方的中正之道。

佛陀成道之初,为五比丘讲说四圣谛,其中道谛所说的八正道,就是教弟子们离于偏执,履中正而求解脱之道,故称中道。

佛陀为何要说中道之理?一方面是佛陀自己曾经在雪山经过六年的苦修,深感苦行并不是究竟解脱之道,所以佛陀将自己的亲身体验告诉弟子们。根据《过去现在因果经》卷三说，佛陀告诉五比丘：

"行在苦者，心则恼乱；身在乐者，情则乐着。是以苦乐，两非道因。……行于中道，心则寂定。……我已随顺中道之行，得成阿耨多罗三藐三菩提。"

另一方面，当时印度有九十六种外道，他们在修行上，有顺世派的极端享乐主义者，有婆罗门的极端苦行主义者；对于宇宙人生问题的看法上，有极端的宿命论，有极端的无因论，这种各执一端的说法，佛陀认为均不可取。为了不落于偏见，因此佛陀"离于二边，而说中道"。也就是说，在修行上，要不偏于苦行或纵乐的生活；在思想上，要不离于有或无、常住或断灭两种极端的见解。所以，中道具有实践上与理论上的两种不同意义。在实践意义上的中道，以实践八正道为主；在理论意义上的中道，可以说就是缘起。

二、中道的实相

根据理论上的中道——缘起之说，可以演绎出中道的实相，也就是空有不二、即真即俗、色心并举。

（一）空有不二

龙树菩萨的《回诤论》说："空自体因缘，三一中道说。"意思就是说，一切有为法都是因缘所生的假有，本性是空，因此我们不要从假象上执有，应该从假有中认识空性，但是也不能从空性中执空，因为尽管缘起法是幻有、假有，但也并非虚无，我们可以从空性中看到妙有。所以，真正了解缘起法的人，不会在一切法上执着实有，所谓色即是空，也不会在一切法上执着虚无，所谓空即是色。如此悟入非空非有，空有不二，就是中道。此即《中论·观四谛品》说："众因缘生法，我说即是空，亦为是假名，亦是中道义。"所以说空、缘起、中道为一义。

佛说缘起,本来就是为了对治众生执于空有二端的弊病。离于空有二边的中道,这是佛法不共世间法的特色之一,能够把握到这个思想,就能得到佛法的真实义。

(二)即真即俗

佛法分真、俗二谛,真谛又名第一义谛,或胜义谛,是出世间法;俗谛又名世俗谛,是世间法。佛陀的一代时教,不出此二谛法门,《中论·观四谛品》说:"诸佛依二谛,为众生说法,一以世俗谛,二以第一义谛。"

二谛是佛法的纲要,所谓空、有,都是依此而开显的。佛说二谛的本意,是为了引导众生趋向中道,但后世论师由于见解、观点上的不同,强分空有、真俗,而有真空俗有与真有俗空的说法。事实上,二谛是从不同的认识而安立的两种真实,虽然不是彼此无关,但却是各就所见而说,如同一现实的世界,凡夫见之,视为实有,这就是世俗谛;圣者灼见,知其是空,这就是真谛。所以,即真即俗,二谛无碍,这就是中道的旨趣所在。

(三)色心并举

《华严经》说:"若人欲了知,三世一切佛,应观法界性,一切唯心造。"华严宗主张三界都是一心所作,也就是说,客观的世界,须有主观的心观照之,方能现出客观事相。而且客观的世界映入我人眼中,由主观加以认识,全凭心智,所以《般若经》说:"于一切法,心为善道,若能知心,悉知众法,种种世法,皆由心生。"离却心识,则无万象可谈,所以说:"三界唯心,万法唯识。"

佛法以一心统摄诸法,并不落于一边,而是借现实以启发心灵,本心灵以照见现实,这就是不偏唯心、不偏唯物,色心并举的中道观。

三、八不中道

中道是佛教的重要教义,在大小乘中,广受重视,因此意义虽各有深浅,但各宗一致以中道为教理核心。

在各宗派的中道说中,以八不中道最为浅显易懂,是印度大乘佛教中观学派与我国三论宗重要理论之一。

八不中道,又作八不中观、八不正观、八不缘起、无得中道、无得正观。根据《中论·观因缘品》所载:缘起的理法是打破生、灭、断、常、一、异、去、来等八种邪见,而阐明空的真理;万有是依此缘起道理而存在,所以离八邪,本无实体,不为执着之对象。如此,离八邪而住于无得正观,称为中道,也就是八不中道。

八不中道的"八不",是指否定生灭等八邪的教理,也就是不生、不灭、不断、不常、不一、不异、不去、不来。由此得破一切邪执,而显现诸法实相。也就是说,宇宙万法都是由因缘聚散而有生灭等现象,实际上诸法无生无灭。如果说有生有灭,则偏颇于一边;离此二边而说不生不灭,就是中道之理。有的外道认为人死亡之后,有一常住的神我存在,永不断灭,这种有我论便堕于常见;有的外道则认为死了以后一切归无,身心皆断灭,这种便堕于断见。常、断二见都是妄见,因此说不断不常。一切诸法从本体来看,是同一的,从现象类别来看,则有种种差异。例如,同样为人,这就是同一,你我他各有智愚差别,这就是差异。但是自他之间有共通的地方,是异中有一;每个人又有各自的特性,是一中有异,因此说不一不异。我人生命的来去,有人认为从此道来,往彼道去,因此有来去之见。如甲乙二人,甲至乙地,甲认为去彼处(乙),乙则认为来此处,去来之间不过是假名对待,所以说不去不来。

所以,由八不缘起能灭除种种的烦恼戏论、种种不合理的谬论、不见真实而起的妄执;又因种种戏论的灭除,就是自性的彻底破斥,能证得诸法的寂灭，出离生死的戏论海，到达寂灭的涅槃城。

四、中道的生活

中道的思想就是空有融和的智慧，可以直接契入世间实相。有了中道的般若智慧，就可以过着中道的生活。所谓中道的生活，就是离苦乐二边，以八正道为行事指南的生活。

一般人以为佛教讲四大皆空，讲苦空无常，所以信仰佛教一定要吃苦。其实，从净土思想来看，佛教是一种幸福的宗教，也就是说信仰佛教可以获得幸福、快乐。

譬如《阿弥陀经》所叙述的极乐世界是黄金布地，七宝楼阁、七重栏楯、七重罗网、七重行树，都是四宝周匝围绕。另有七宝池、八功德水，池底纯以金沙布地，四边阶道也都是由金、银、瑠璃、玻璃等宝合成；穿的衣服，吃的食物，所谓"思衣得衣，思食得食"；交通工具则是飞行自在。由此可知，极乐世界的物质生活实在太丰富了。

虽然佛教也经常说苦，所谓三苦、四苦、八苦、无量诸苦；但是佛教讲苦，是因为苦是人道的增上缘，它是一种方法过程，而不是最终的目的。

佛教对物质生活，不特别标榜苦，因为太苦的人生如槁木死灰；但是也不热衷于物质的追求，因为过分放纵物欲，便无信仰的法乐可言。因此，太苦与纵乐两种极端的生活，都不是佛教所要求的生活。《阿弥陀经》虽讲丰富的物质生活，却要在物质生活中实行佛法，也就是过八正道的生活；《金刚经》讲"应无所住而生其心"的道理，也不是要我们放弃所有，而是强调佛法的中道生活。因此，离于苦乐二边的生活，就是中道的生活，也就是真正的佛教生活。太好是一边，太坏是一边，凡是落于一边的，就不能平衡，就有偏差。一般人因为常把好坏、有无、苦乐、得失、恩怨、你我、生死，分得很清楚，因此不能活得安心自在，这就是缺乏中道的圆融智慧。如果我们能认识中道，有了中道的生活，不仅不会被称、讥、毁、誉、利、衰、苦、乐八风所吹动，而且能在佛法中找到安身立命之处，所以离于二边而行中道，这就是智慧，就是佛法！

第五章

佛法的主观与客观

第一节　心物结合的世间

一、十八界——心物结合的世间

佛陀将宇宙万有的事物,归纳为色、心二法,也就是物质现象与精神活动。但是众生根器不同,迷悟的程度也有差别,所以对于心法不能了解的人,佛陀为他说五蕴——色、受、想、行、识;对色法认识不清楚的人,则为他说十二处——眼、耳、鼻、舌、身、意六根,以及色、声、香、味、触、法六尘;对色、心二法都不明白的人,则为他说十八界——生理方面的六根、物理方面的六尘与心理方面的六识,所以,五蕴、十二处、十八界都是在说明宇宙万有的主观条件与客观环境。

(一)六根

六根又作六情,指眼根、耳根、鼻根、舌根、身根、意根六种感觉器官或是认识能力。

眼、耳、鼻、舌、身等前五根,是物质上存在的色法,属生理的感觉器官,又分为内根与外根。

外根指生理器官,是我们视觉上看得见的眼、耳、鼻、舌、身,以地、水、火、风四大为体,它们能执取外境而生识,只有扶助作用,所以称为扶尘根;而这五根虚浮不实,所以又叫浮尘根。佛经上形容外根的形状是"眼如葡萄朵,耳如新卷菜,鼻如双爪垂,舌如初偃月,身如腰鼓颡,意如幽室见,因名浮尘根"。

内根,相当于生理学上的眼的视觉、耳的听觉、鼻的嗅觉、舌的味觉、身的触觉等感觉器官的神经纤维,以及中枢神经的神经细胞,有发识取境的功能,胜于外根,所以称为胜义根,是清净四大所成,所以又称净色根。

根含有自在、光显、增上的意思。所谓自在,是指根的本身有引发识的自在功能;光显是根对境有见性、光明性,能见色闻声等;增上是根能发识,能帮助识生了别作用。不过根与境接触时,必须内外根共同发生作用,才会产生识。例如眼的外根的瞳孔、水晶体、视网膜与内根的视神经共同发生作用,而产生眼识,能看见物质的形体、颜色,再由第六意识辨别此物质的形相、颜色。

《俱舍论》说五根对于四件事有各别增上的作用:

(1)于庄严身有增上作用:有情的生命体,必须眼耳鼻舌身等五根具足,才说得上相貌庄严,这就是所谓的"五官端正,方登人品"。

(2)于道养身有增上作用:五根对于生命的引导养护,具有增上的功用。如眼能见安危之色,耳能听美恶之声,鼻能嗅香臭之气,舌能尝甜苦之味。各个根识能分别色声气味的好坏,就能导引身体趋好避恶。

(3)于生识等有增上作用:有情的见闻觉知属于识的作用,而发生五识及其相应的心所,则是五根的作用。如眼对色时生眼识,耳对声时生耳识,鼻对香时生鼻识,舌对味时生舌识,身对触时生身识,如果没有五根,识就无法产生,所以根对于识有增上的作用。

(4)于不共事有增上作用:眼根只能认识色,不能了别声音;耳根只能了别声音,不能认识色;鼻根只能嗅出气味,不能尝出甜苦的味道;像这样每一根各有所用,不相混淆,对于本根的相应有增胜的作用。

(二)六尘

六尘指眼耳鼻舌身意等六根所面对的六种对境,也是六识所感觉认识的六种境界,即色、声、香、味、触、法。这六种境界如同尘埃,会染污我们的情识,所以又称六尘。而此六尘能使人迷妄,使善衰灭,劫持执着一切善法,所以又称六妄、六衰、六贼。

色尘是眼根所看见的对象,有青、黄、赤、白、云、烟、尘、雾、影、光、明、暗等十二种显色,和长、短、方、圆、高、下、正、不正等八种形色。

声尘是耳根所听到的外境,是由生物身体和物质所发出的,有悦耳的声音,如感人的梵呗、美妙的歌声、管弦的乐音、欢喜的拍手声等;有逆耳的声音,如哭声、诅咒声、骂詈声,或恶言相对,以及刺耳的噪音等。

香尘是鼻根所嗅的外境,有旃檀香的好香、葱韭的恶香、适中的香及强烈的香等四种。

味尘是舌根所尝的外境,有苦、酸、咸、辛、甘、淡等一切饮食美味。

触尘是身根所接触的外境,有坚、湿、软、动四大,及滑、涩、重、轻、冷、暖及男女肉体接触等。

法尘是意根所对、意识所缘的外境,广泛包含宇宙万有的事物。

(三)六识

六识,是依着眼耳鼻舌身意等六根,对色声香味触法等六境,能产生见、闻、嗅、味、触、知等了别作用的眼识、耳识、鼻识、舌识、身识、意识等六识。

六识是以了别六境为体性和行相。如眼识依于眼根以了别色境,耳识依于耳根以了别声境,鼻识依于鼻根以了别香境,舌识依于舌根以了别味境,身识依于身根以了别触境,意识依于意根以了别法尘。

六识是通善、恶、无记三性,因此我们的六识在观察思考这个世界时,有爱、憎、中庸的不同心理作用。六识中以意识为中心,它强而有力,作善作恶全是意识给予主导的作用。

1. 九缘生识

六识生起时,各自具备必需的缘:

(1)明缘:明,是光明。有光明才能显示诸色相;眼根在黑暗中看不见,不能生识,因此明是眼识的缘。

(2)空缘:空,是空间距离。有空间才能显示诸色相;根与境之间要有空间距离才能生识,空是眼识与耳识的缘。

(3)根缘:根,指眼、耳、鼻、舌、身五根。眼识是依眼根而能见,耳识依耳根而能闻,鼻识依鼻根而能嗅,舌识依舌根而能尝,身识依身根而能觉,如果没有五根,则五识无所依,所以五根是五识的缘。

(4)境缘:境,指色、声、香、味、触五尘之境。眼耳鼻舌身等五根,虽然具备见闻嗅尝觉等五识,但是如果没有色声香味触等五种尘境相对,五识也无法产生,所以境是五识的缘。

(5)作意缘:作意是觉察的意思。如眼对色时,便能觉察,引领趣境,使第六识生起分别善恶的念头。耳、鼻、舌、身面对外境时,也是如此。所以行使一切识境,都是由于作意,作意可说是眼等六识的缘。

(6)根本依缘:根本指第八阿赖耶识,它是诸识的根本。眼耳鼻舌身意等六识依第八阿赖耶识相分才能生,第八识相分则托眼等六识才能起,所以根本依为六识及第八识的缘。

(7)染净依缘:染净依即第七末那识,一切染净诸法都是依第七识而转。也就是眼耳鼻舌身意等六识,面对色声香味触法等六尘境,如果生起烦恼惑业,此烦恼染法就会转归于第八识而成有漏;如果六识修清净业,这清净法也是转归于第八识而成无漏,所以称为染净依。另外,第七识也是依第八识才能转,第八识则依第七识而随缘,它们互相依存、转递,因此染净依是眼等八识的缘。

(8)分别依缘:分别指第六识,此识能分别善恶、有漏无漏、色心诸法。眼等五根虽然能取境,但都须依第六识才能分别,可知五根境的好恶,是由第六识的分别而来。

(9)种子缘:种子指眼等八识的种子。眼识依眼根种子而能见色,耳识依耳根种子而能闻声,鼻识依鼻根种子而能嗅香,舌识依舌根种子而能尝味,身识依身根种子而能觉触,意识依意识种子而能分别。可见种子是眼根等诸识的缘。

眼识生起，要具备前面所说的九缘；耳识生起时，除第一明缘外，要具备其余八缘；鼻、舌、身三识除第二空缘、第一明缘外，要具备其余七缘。除此之外，还有一个"等无间缘"是八识都须具有的。

鼻、舌、身三根必须与外境和合才能生识，例如将东西放在舌头上，才能分辨出酸、甜、苦等味道；身体要接触到外境，才能知道坚、软、湿等情境，这叫做合中取境。而眼、耳根必须与外境有空间距离才能生识，如果将物品放在眼睛上面，就不能产生眼识而认识外境，这叫做离中取境。

前五识的作用，比较单纯而明显，是以五根为所依，以五境为所缘，它们有相同的五件事：同依一色根、同缘一色境、共缘现在境、皆只有现量、皆有间断。

前五识所属的相应心所，有遍行心所五，别境心所五，善心所十一，中随烦恼二，大随烦恼八，根本烦恼的贪、瞋、痴三，总共三十四个。

前五识要转识成智，必须第八阿赖耶识先转成大圆镜智，前五识才能转成无漏的成所作智，成办自他所作事业等智。

2.第六识的产生

平常举心动念都是意识的活动力，第六意识是依止根本识而恒常现起的，有时候由于某种特殊状况、环境或力量，意识也会不现起。这种特殊情况有五种：

(1)无想天：生到色界第四禅天的无想天众生，由于修习无想定力，其心心所灭，前六识都不会起活动。

(2)无想定：外道修无想定，灭前六心心所，特别灭想心所，因此前六识都不起活动。

(3)灭尽定：修此定的人，知道受想二心所是一切贪着分别的起源，和一切纷争的根本，所以他们灭除受想而修定，使六识心所灭而不生起。灭尽定是九次第定中最高的定，圣者修习，借定力压制而使第六意识寂静不起。

（4）睡眠：睡眠时，如果无梦就是无意识的活动。做梦，佛学上称为独头意识的活动。

（5）闷绝：不省人事的心理状态，或因受过分刺激，或因极高的热病、酒醉、被他损害等，都可能神经闷绝，不起意识作用。

除了上面五种，我们的意识是恒常现起的，它是遍缘有为、无为等一切诸法，而生起思维、了别的作用。此作用有五俱与不俱二种。

五俱意识是与前五识并生俱起的意识，能明了所缘的境，所以又称明了意识，这五俱是：

（1）意识与眼识同时生起，叫眼俱意识。如眼根和色尘相触，产生意识而了知色尘的形相。

（2）意识与耳识同时生起，叫耳俱意识。如耳根与声尘，产生意识而能辨别声音。

（3）意识与鼻识同时生起，叫鼻俱意识。如鼻根与香尘接触，产生意识而明白气味。

（4）意识与舌识同时生起，叫舌俱意识。如舌根与味尘接触，产生意识而分别味道。

（5）意识与身识同时生起，叫身俱意识。如身根与触尘接触，产生意识而认识滑涩。

所谓五俱，并不是五识和意识同时并起，而是或一俱、或二俱、或五俱不定，要看俱缘、不俱缘来决定。

不俱意识，又称独头意识，它不与前五识俱起，是孤独散起的意识，分梦中、定中、散位、狂乱四种：

（1）梦中独头意识：是睡梦中朦胧现起的意识作用。

（2）定中独头意识：是禅定中与色界、无色界等一切定心俱起的意识。

（3）散位独头意识：指脱离前五识而单独现起的意识。如追忆过去、预卜未来，或种种想象、思虑等。

（4）狂乱独头意识：类似精神病患者，常独言独语，别人不知所云，事实上他的意识是缘着他自己的境界在活动。

第六意识的作用,有几个特点:

(1)能思,能了别外境的对象。

(2)能了别色法。

(3)不仅能了别现在的事理,还能了别过去、未来的事理。

(4)不仅是刹那了别,还能作相续不断的了别。

(5)能造作业果。

前五识只能了知自己界限以内的东西,如眼识只能缘色,耳识只能缘声,不能代替别种识发生作用。而第六意识则能与前五识的每一识同时俱起,发生了别作用。譬如眼见色只能了知是色,至于是红色或绿色,则有赖意识的作用。

意识与前五识共同发生作用时,还要有五心与前五识的外境互相作用,才能完全了别:

(1)率尔心:眼识初对外境时,那一刹那率然任运而起心,尚无善恶的分别。

(2)寻求心:生起率尔心之后,为了了知外境,便推寻求觅而生起分别见解的心。

(3)决定心:了知外境之后,再加以印证了解,以便审察决定善恶。

(4)染净心:对外境生起好恶等情感之后,于顺境会生乐受而住于善境;于违境会生苦受而住于恶境;于非顺非违的中庸境,则住于舍受。不过这种染净心只是一念而已。

(5)等流心:对善恶之法分别染净之后,再各随其类而相续不已,也就是对善法作持续净想,对恶法作持续染想,如此念念相续,前后无异。

另外,意识对内外之境,不分色法心法、有形无形及过去现在未来,有比知、推测的作用。

3. 第六识的相应心所

我们认识观察这个现象世界,全都是第六识的作用。前五识相应

的心所有多有少,唯有第六识具备一切心所有法;五十一心所全部和第六识相应。五十一心所是:

(1)遍行心所五:触、作意、受、想、思。

(2)别境心所五:欲、胜解、念、定、慧。

(3)善心所十一:信、惭、愧、无贪、无瞋、无痴、勤、轻安、不放逸、行舍、不害。

(4)烦恼心所六:贪、瞋、痴、慢、疑、恶见——此为根本烦恼。

(5)随烦恼心所二十:

①小随烦恼十种:忿、恨、覆、恼、嫉、悭、诳、谄、害、憍。

②中随烦恼二种:无惭及无愧。

③大随烦恼八种:掉举、昏沉、不信、懈怠、放逸、失念、散乱、不正知。

(6)不定心所四:悔、眠、寻、伺。

第六意识是八识中最猛利、最敏捷的,具有自由自在的能力。第六识是攀缘六尘外境的妄心,终日昏昏昧昧,随尘触境,起惑造业,永无休止,人生多少罪业,都是由它而来。

当第六识进入欢喜地的阶段时,分别我执(于计我法中,分别我能行善行恶等事而起执着,是依自己的分别力而生者)已能伏住不起,不过俱生我执(于五蕴等法中,强立主宰,妄执为我,与身俱生)还眠伏在阿赖耶识里,要到第七远行地之后,俱生我执的现行与种子才会完全断绝,这时第六意识便由有漏,转成无漏的妙观察智。

妙观察智能摄观自心,善观诸法的自相共相;能引生无量功德及观有情心行差别而说法;也能如理如量方便善巧而无遗失,所以能圆满明净,普照三千世界,说一切法,断一切疑,度一切众生皆得利乐。

第二节　五位百法的内容

一、五位百法的意义

所谓五位百法,是将宇宙间的一切万有诸法分为五类:心法八种、心所法五十一种、色法十一种、心不相应行法二十四种、无为法六种。计有百种法,所以称为五位百法。即:

色法十一心法八,五十一个心所法,

二十四种不相应,六种无为成百法。

五位百法是法相宗对于万有诸法的分类,法相宗主张客观的物象是由主观的心识变现而成,因此以唯识转变的次第来排列五位的顺序:

(1)心法:在一切有为法中,心具有主动、主宰的支配力,是缘外境的精神主体,具有能分别的作用,是虑知的根本,所以心法又称心王,有最尊、最胜的意思,因此排在首位。

(2)心所法:是随着心法而起,为心王所拥有,并且和心王相应不离,如臣子附属于君王一样,所以排在心王后面,列为第二位。

(3)色法:心王、心所是能变,色法是所变。色法自己不能变现,要借心王、心所才能显现五根六尘的影像,因此色法排列第三。

(4)心不相应行法:是在心王、心所、色法的作用上,成立的假法,所以排列第四。

(5)无为法:前面四种有为法灭尽不再生之后,所显示出来的法,便是无为法,所以无为法排列第五。

二、五位百法的内容

心王是精神作用的主体,取境自在,并且具有成就万法的能力,在百法中最为殊胜,所以称为王。心王,又名心法,有眼识、耳识、鼻识、舌识、身识、意识、末那识、阿赖耶识等八种,一般人称为八识心王。分别说明如下:

第一、眼识:是依于眼根,而缘取色境的心识。

第二、耳识:是依于耳根,而缘取声境的心识。

第三、鼻识:是依于鼻根,而缘取香境的心识。

第四、舌识:是依于舌根,而缘取味境的心识。

第五、身识:是依于身根,而缘取触境的心识。

前五识只是各别缘取各自的境界,产生单纯的感觉作用,本身并没有认识、分别对境的功用,而必须与第六意识共同俱起,才能了别境界,所以,前五识又称为各别境识。

第六、意识:以第七末那识为所依,以一切诸法为所缘的心识。意识可分为与前五识并生的五俱意识及单独产生的独头意识两种。其他识仅能缘现在法,只有第六意识能遍缘过去、现在、未来三世一切诸法。所以,意识又称为一切境识,在八识中最为猛利敏捷,三界九地一切迷悟升沉之业,无一不由此意识所作。

第七、末那识:是恒执第八阿赖耶识为实我、实法的心识。又此识是我执的根本,若执着迷妄,则造诸恶业,轮回生死;反之,则断灭烦恼恶业,彻悟人法二空的真理。因此,末那识又名染净识。

第八、阿赖耶识:是前七识的根本,能含藏变现万有的种子,又名藏识、种子识。是诸识中作用最强的,所以又称为识主。

心所又作心数、心所有法,是从属于心王,与心王相应的种种复杂的精神作用。

心王与心所的差异,在于缘取外境的方式不同,心王只缘取对境的总相;心所则兼缘对境的总相与别相。例如当我们面对一束花的时候,心王只缘取花的概观;心所则不但缘取花的概观,而且能缘取是红、是白、是多、是寡等细相。

心王与心所之间,有四种相应关系:

(1)所依平等:心王与心所依于相同的根。

(2)所缘平等:心王与心所缘取相同的境。

(3)时平等:心王与心所同时作用。

(4)事平等:心王与心所作用时,是一个心王与同一种类的心所起作用,并非同时有两个以上的心王或心所。

五位百法中与前五识心王相应的有三十四个心所:遍行心所五、别境心所五、善心所十一、中随烦恼二、大随烦恼八,及贪、瞋、痴。

与第六识心王相应的有五十一个心所:遍行心所五、别境心所五、善心所十一、根本烦恼六、随烦恼二十、不定心所四。

与第七识心王相应的有十八个心所:大随烦恼八,遍行心所五,别境心所中的慧,根本烦恼的贪、痴、见、慢四法。

与第八识心王相应的有五个心所:遍行心所五。

心所法五十一种,可分为六类,通常称为八位五十一心所,即:遍行心所五、别境心所五、善心所十一、烦恼六、随烦恼二十、不定四。

(一)遍行心所五

遍行位,指任何认识作用发生时,所生起的心理活动,又分为五种:作意、触、受、想、思。因为这五种心理活动具有普遍性,遍于一切心、一切地、一切性、一切时,所以叫做遍行。

(1)作意:引起念头,领导心去注意外境。含有警觉、灵敏的作用。

(2)触:是根、境、识三者和合时所产生的心所法。

(3)受:由触所产生领纳外境的感受,有苦受、忧受、乐受、喜受、舍受等五受。

(4)想：在心中浮现境相，产生概念的心理作用。

(5)思：是对境审虑，而引起心与心所造成身、口、意业的精神作用。它能命令心去作筹划、谋略、思考、衡量等行为，而造作善业、恶业、无记业。

(二)别境心所五

别境，指由特定境界所引起的心理活动，因为活动范围并不遍于一切心，一切时，只遍于一切性、一切地，所以称为别境，是作善作恶的心，包含有：欲、胜解、念、定、慧等五种心所。

(1)欲：是对于喜欢的对境产生欲求的精神作用。有善、恶、无记三性。

(2)胜解：对于所缘的对境生起印可的精神作用。

(3)念：对所缘的事明白记忆，而不会忘失的精神作用。

(4)定：制心一处，全神贯注于所观的境界而起的精神作用。

(5)慧：推理、判断事理的精神作用。通于善、恶、无记三性。

(三)善法十一

善，伴随善心而起的心理作用，能在现世与未来世中，给予自他利益。包含有：信、精进、惭、愧、无贪、无瞋、无痴、轻安、不放逸、行舍、不害等十一种心所。

(1)信：对于某一对象，全然崇敬、钦慕，毫无疑惑，而使心理获得清净的精神作用。

(2)精进：努力修行，积善去恶的精神作用。

(3)惭：自省所造罪恶而感到羞耻的心理作用。

(4)愧：自己有了过咎，面对他人时觉得羞愧。

(5)无贪：对所有境界没有爱染。

(6)无瞋：遭逢不顺己意的境界时，心中不生瞋恨烦恼。

(7)无痴：明白事理的精神作用。

(8)轻安:身心轻快安适,对所缘的境界优游祥和的精神作用。轻安主要是在禅定中获得,能使修习持续进行。

(9)不放逸:防范恶事,专注善法的精神作用。

(10)行舍:是远离昏沉、掉举,住于寂静,而能不浮不沉,保持平等正直的精神作用。

(11)不害:不损恼他人的心理作用。

(四)烦恼六

烦恼,使有情身心产生恼乱、染污的精神作用。分为贪、瞋、痴、慢、疑、不正见等六种,是诸烦恼的根本,所以又称为根本烦恼。

(1)贪:对于顺境,产生染污爱着的心理,是痛苦的来源。

(2)瞋:对于逆境,生起憎恚,而使身心热恼,不得安稳。

(3)痴:愚痴无知,不明事理的心理。

(4)慢:和他人比较高低、胜劣、好恶,而生起轻蔑他人的自恃心理。

(5)疑:对于佛教真理犹豫而无法决定的精神作用。

(6)不正见:违背佛教真理的见解。

(五)随烦恼二十

随烦恼,指随根本烦恼而生起的心所。概括为三类:

1.小随烦恼,即忿、覆、悭、嫉、恼、害、恨、诳、谄、憍等十种烦恼,是各别生起的染污精神作用。

2.中随烦恼,即无惭、无愧,是伴随一切不善心并起的精神作用。

3.大随烦恼,即放逸、懈怠、不信、昏沉、掉举、失念、散乱、不正知等八种,是遍及一切染污心的精神作用。

(1)忿:对不顺己的境界,因为气怒而发生暴恶的行为。

(2)恨:对于忿怒的事不能忘怀而结怨于心。

(3)覆:隐藏己过,不发露忏悔的行为或精神作用。

(4)恼:起瞋恨心,追想过去或现在不悦的境界,而产生懊恼烦闷的心理。

(5)诳:为获得利养,而以种种手段迷惑他人,矫饰德行的心理。

(6)谄:心曲不真而假装顺从他人的心理。

(7)憍:对自己的长处产生傲慢自大的心理。

(8)害:怀有损害他人的心理。

(9)嫉:对他人的长处生起不悦的心理。

(10)悭:吝于财物与教法,不愿施舍的心理。

(11)无惭:对于诸事功德善事不钦慕崇敬,对于贤人师长轻慢不服,或对于自己的过错不知羞耻的心理。

(12)无愧:不怖畏现在、未来的恶报,或不顾世法而恣意行恶。

(13)不信:内心不清净,对于真理不能信仰爱乐。

(14)懈怠:懒惰不精进。

(15)放逸:放纵身心而不精勤修习诸善。

(16)昏沉:使身心萎靡颓丧、昏昧、沉郁,而丧失积极进取活动的精神作用。

(17)掉举:令心浮动不安的精神作用。

(18)失念:不能明白记忆所缘境及诸善法的精神作用。

(19)不正知:误解所观境界的精神作用。

(20)散乱:心对于所缘的境界流荡散乱,无法专注的精神作用。

(六)不定四

不定,不像其他五种心所具有决定性,既不遍于一切心或染心,也没有善或恶的决定性,由于它相应的界地不定,所以称不定地法。有悔、眠、寻、伺等四种。

1.悔:追悔已做或未做的事。例如:做了坏事而后悔,是善;但是做好事而后悔,则属恶,因此没有决定性。

2.眠:身心昏昧沉重的精神作用。适当的睡眠可恢复精力,属善;然而耽嗜睡眠,是一种懒惰,属恶,所以没有决定性。

3.寻:对事理粗略的思考作用。

4.伺:能细心伺察思维诸法的精神作用。

寻、伺二法可以推度事理,但是如果持续过久,会使身心疲劳,正念旁落,所以是善是恶没有一定。

(七)色法十一

色法,是有形体,占有一定空间,而且会变坏的物质现象。包含五根、五境、法处所摄色等十一种法。

五根,是指眼、耳、鼻、舌、身等五种感官及其机能。根有出生、胜用、增上等意义。眼等五根除了能缘取对境以外,还能引生心内五识的认识作用,功能殊胜,所以称为根。五境,是指五根所缘取的色、声、香、味、触等五种客观对境,它们也是五识所缘的五种境界。因为五境使人起烦恼,污染心性有如尘埃,所以又名五尘;又因为五境往往被我们的执着妄心误认为净妙的境界,所以也称为五妙欲境。法则是第六意识所缘的境。

现将十一种色法分别说明如下:

(1)眼根:摄取色境,为眼识所依。

(2)耳根:摄取声境,为耳识所依。

(3)鼻根:摄取香境,为鼻识所依。

(4)舌根:摄取味境,为舌识所依。

(5)身根:摄取触境,为身识所依。

(6)色境:是眼根所依,眼识所缘的境界。可分为显色、形色、表色三种。显色是表示物质色彩差别的青、黄、赤、白等颜色,以及影、光、明、暗、云、烟、尘、雾、空、显色等色法。形色是表示物质形状差别的长、短、方、圆、粗、细、正、歪、高、低等色法。表色是表示业用差别的取、舍、伸、屈、行、住、坐、卧等动作的色法。

(7)声境:是耳根所依,耳识所缘的境界。可分为可意声、不可意声、俱相违声等多种声。

(8)香境:是鼻根所摄取,鼻识所缘的境界。可分为好香、恶香、平等香、不等香等色法。

(9)味境:是舌根所摄取,舌识所缘的境界。可分为苦、酸、辛、甘、咸、淡等六味。

(10)触境:是身根所摄取,身识所缘的境界。共有十一种触,即地、水、火、风四大种,及滑、涩、重、轻、冷、饥、渴。其中四大种为能造的触,后七种为所造的触。

(11)法处所摄的色:是第六意识所缘的境界,可分为极略色、极回色、受所引色、定所引色和遍计所起色五种。极略色,是土石等有形的物质分析至极小者;极回色,是青黄等显色物质分析至极小者;受所引色,又称为无表色,是因为受戒而引发于心中的色法;定所引色,是八地以上的菩萨由于定力所变现的色声等五境;遍计所起色,是幻觉所生起的虚妄色法。

(八)心不相应行法二十四

心不相应行法,是一种非物质、非心的法,这是在色、心、心所等法的作用上假立的名称,所以离开色、心、心所,就无法作用,包含三种意义:

(1)不是能缘,所以不与心、心所相应。

(2)没有质碍,所以不与色法相应。

(3)有生灭,所以不与无为法相应。

心不相应行法是第六意识所缘的境界,共分为二十四种:

1.得:造作成就的意思。这是假名于有情身中,成就色心等法的成就作用。

2.命根:由于过去业力,而受生世间。由出生到死亡,在这一期身命中,具有维持体温与心识,及住世长短的功能,将它假名为命根。

3.众同分:众多有情具有同类的性质,或使有情众生能得同等类似果报的因,这是在同类相似的作用上假立名称。

4.异生性:异生,就是凡夫的异名,因为凡夫轮回六道,受种种别异的果位,又凡夫起变异,而起惑造恶,所以凡夫又叫异生。所以异生性就是假名,在众生身中,有使众生成为凡夫的性能,也就是见惑的烦恼种子。

5.无想定:在禅定中心想不起,好像冰鱼、蛰虫一般,但不能完全断惑,证入圣果,是凡夫与外道所修的有漏定。

6.灭尽定:灭尽心、心所而住于无心位的禅定,是佛和阿罗汉远离定障所得的境界,与无想定合称二定,都是在心、心所不转的分位上假立的名称。

7.无想报:修无想定,死后升生无想天的果报,在五百大劫中,心和心所完全寂灭,而呈无意识的状态。

8.名身:名,指表诠自性的名目、名字等;身,有积聚的意思。积集二名以上的,就称为名身。如"香"一字是名,"香环"二字就是名身。

9.句身:句,是用来诠释事物的义理。集合二个句子以上,构成一个完整思想的,就称为句身。如"诸行无常,诸法无我、涅槃寂静"等句,表达完整的思想,称为句身。

10.文身:文,指字母或拼音符号。如 i、u、a、b、c、d、A、ㄅ、ㄆ、ㄇ、ㄈ……,其自体没有意义,是名与句所依的单音。二文以上,称为文身。由文的连续使用,才构成诠释事物的名,连结名而有表达完整意义的句。文、名、句三者都是在音声上假立的名称。

11.生:有为法先无今有的作用。

12.住:有为法安住的作用。

13.老:有为法衰坏的作用。

14.无常:有为法灭亡的作用,又称为灭。

15.流转:指有情生死相续不断,在三界六道中辗转轮回,或指有为法刹那生灭,相续不断。

16.定异:定,指决定;异,指差别。定异是指一切事物的善恶因果各有差别,不相混乱。

17.相应:诸法的因果间有和合不离的关系。

18.势速:有为法的生灭变异迅速。

19.次第:一切有为法的生灭流转有前后顺序,不是同时俱起的。

20.时:有为诸法相续迁流,而产生三世时间的差别。

21.方:指方位、空间。色法与色法相对,而在空间上产生分位关系,共有东、西、南、北、四维、上、下等十方。

22.数:表示诸法存在的数量。

23.和合:指有为诸法的生起,是众多因缘和合集会的作用。

24.不和合:指有为诸法因缘不和合,所以互相乖离,各有分际,这是指法的分离性。

(九)无为法六

无为法,是离开因缘造作的法,指法性真如而言,是有为法所依的理体。法性真如本来是离言绝虑的理体,但是为了便于说明,强名作无为法,其中含有四种意义:

(1)不生不灭:非因缘所生,所以没有生灭。

(2)绝得绝失:无为法又称法身、真如、佛性,在圣不增,在凡不减,所以没有得失。

(3)非彼非此:没有你我自他的分别,是佛佛道同。

(4)无去无来:没有过去、现在、未来等三世迁流、刹那生灭的变化,是常住不变,万古恒存的,所以没有去来。

无为法共有六种:

1.虚空无为:谓真如远离各种烦恼障碍,犹如虚空一般,所以称为虚空无为。

2.择灭无为:是由智慧的简择力断灭烦恼后,所显现的真如。

3.非择灭无为:指不须待智慧简择断灭烦恼,而本来自性清净的真如。

4.不动无为:指在第四禅天,灭除苦、乐二受所显现的真如。

5.想受灭无为:是在无想天,灭除六识心想与苦、乐二受,所显现的真如。

6.真如无为:指离开我法二执,而显现的真实如常的法性理体。

前五项无为是用来诠释法性真如的相,第六项无为是用来诠释法性真如的体。

万法的区分有主观与客观二种,另外又可分为有为法、无为法等。这是由于闻法者的根机不同,或基于观察的角度不一,因此有蕴、处、界三科,以及五位百法的差别。虽然如此,这些分类的法,都是指宇宙的一切万有诸法,所以约略约广,只是方法上的差异,其所分析的宇宙万法是相通的。如百法,除了六种无为法外,其余九十四法可以归纳入五蕴中:

色蕴,是百法中的十一种色法。

受蕴,是遍行心所中的受法。

想蕴,是遍行心所中的想法。

行蕴,除了受想二法的其余四十九种心所有法及二十四种心不相应行法,共七十三法。

识蕴,即八识心王。

百法之中,心法及心所有法计有五十九种,约占百法的五分之三,可见心识活动的复杂性。又百法中的九十四种有为法都是因缘所生的假法,凡夫由于迷惑妄想,却将它们执以为实我、实法,因而就有了主客、自他的分别,于是起惑造业,轮回生死,无有出期。我们修证的目的,就是要将虚妄的心识,转为如实的智慧,以泯除二执,达到真如无为的境界。

第三节　成佛必备的转识成智

一、转识成智的目的

　　唯识的主要目的是要究明万法唯识所变现的原理，以及如何将唯识所现的染法转成净法，将凡夫识转成圣人智。也就是说将人生命中染污的成分转化成清净的成分，这是唯识学的一种实践，称为转依，也就是转染依净，是修行证果的必经过程。

　　人，生存在这流转的世间，不断地轮回，不断地受苦恼所困扰，要从这些烦恼中解脱出来，便要修行，将第八识的恶种子转化成善的种子；因为恶的种子会生出恶的行为，善的种子会生出善的行为，所以转恶的种子为善的种子就是唯识宗所说的转识成智。

　　识如何转呢？是向内转抑或向外转呢？举例如下：

　　有两人同时服务于公共机构，一位个性温和柔顺，一位性情急躁暴戾；当两人同时受到民众的无理取闹时，前者能平心静气地应付并解决问题，后者则因不能忍受，瞋心一起，使得情况恶化，问题反而不能解决。如果说无理取闹一定会使情况恶化，问题难解，那么前后者应该都会有同样的后果产生，但事实不然，有智慧的人可以化暴戾为祥和，而逞一时之勇的凡夫却将小事酿成大事。

　　由此可知，吾人日常生活环境的苦乐染净等，是操之在我，而非别人，也就是以各人的心境创造各人的世界。所以地藏菩萨虽处地狱，却能庄严国土；维摩居士虽示有妻子，却常修梵行，虽处居家而能有的人日子过得很快乐,有的人过得很痛苦;如果环境是心外实有,那么生活在同样环境之中的每个人,应该有着相同的感受。事实上,外在的世界如果离开这一颗能知觉的心、能分辨的识,并无实在意义。因为有心识才有世间,心识若无,也感受不到世间的存在。所以唯识家说:"绝无离心之境,定有内识之心。"此即所谓:"随福见异,垢净唯心;业自差殊,实无粗细。"所以转识成智的目的就是将凡夫的迷执烦恼根源——妄情妄识,转化成清净无垢的圆满智慧;化苦为乐,体证唯心净土,心净则国土净的法乐,从自我的偏执,走向通达的生命观。

二、转识成智的思想渊源

关于转识成智的思想渊源,在《瑜伽师地论》、《俱舍论》、《唯识三十颂》和《成唯识论》等唯识论著中皆有记载,略述如下:

《瑜伽师地论》卷二说:"般涅槃时已得转依,诸净行者转舍一切染污法种子所依于一切善无记法种子,转令缘阙,转得内缘自在。"

《俱舍论》卷四说:"谓诸圣者见修道力,令所依身转变异本。"卷十五说:"四、从见道出,谓此道中永断一切见所断惑,得胜转依,从此出时,净身续起。五、从修道出,谓此道中永断一切修所断惑,得胜转依,从此出时,净身续起。"

《唯识三十颂》第二十九颂说:"无得不思议,是出世间智,舍二粗重故,便证得转依。"

以上所引内容,都是以转依来表达转识成智。转,是转舍、转得的意思;依,是所依的意思。所依指的是第八识。此识藏有烦恼、所知二障的种子(二粗重),也藏有无漏智的菩提种子。欲修佛道,必须把第八识中烦恼障种子和所知障的种子舍弃了,方能亲证得二种转依果——转烦恼成菩提、转生死成涅槃,也就是无漏的菩提真智,达到所谓的转依——转识成智。

以下引《成唯识论》和《八识规矩颂》叙述转识成智的次第。

《成唯识论》卷十说："此转有漏八七六五识相应品如次而得，智虽非识，而依识转，识为主故，说转识得。又有漏位智劣识强，无漏位中智强识劣，为劝有情依智舍识，故说转八识而得此四智。"

《八识规矩颂》以第三颂说明前五识的转智：

> 变相观空唯后得，果中犹自不诠真；
>
> 圆明初发成无漏，三类分身息苦轮。

以第六颂说明第六识的转智：

> 发起初心欢喜地，俱生犹自现缠眠；
>
> 远行地后纯无漏，观察圆明照大千。

以第九颂说明第七识的转智：

> 极喜初心平等性，无功用行我恒摧；
>
> 如来现起他受用，十地菩萨所被机。

以第十二颂说明第八识的转智：

> 不动地前才舍藏，金刚道后异熟空；
>
> 大圆无垢同时发，普照十方尘刹中。

以下就上述所引的《八识规矩颂》和《成唯识论》说明转识成智的过程。

三、转前五识为成所作智

眼、耳、鼻、舌、身等五种了别识，必须依靠眼睛、耳朵、鼻子、舌头、身体等五根，对外攀取色、声、香、味、触等五尘境，才能产生认识作用。

前五识所缘的境皆属相分，在未转识时，对一切现象，随波逐妄，执幻境为真实，以致起惑造业，轮回生死，永无休歇。要想出离轮回，必须从转识成智入门。

《八识规矩颂》第三颂说：

> 变相观空唯后得，果中犹自不诠真；
>
> 圆明初发成无漏，三类分身息苦轮。

变相是变有相为无相，转有念为无念；观空是观我空、法空；唯后得是指后得智而言，此智是证得根本智后，对境再起分别，如明镜鉴物，来去无踪影，不受外物污染，若莲花之不染淤泥一样，又名后分别智。

前五识因为触境亲缘相分的关系，在变相观空之后，不能和第六识一样，直缘无相的真如境界，所以在佛果转识成智时，不属根本智，而是属于后得智。

前五识由有漏转为无漏(漏是烦恼的别名)，是在第八识初转为大圆镜智时，此刻第八识必须遣相尽净，证得无相，在成佛刹那间，其相应心品方能转为大圆镜智，在那个时候，前五识也跟着转为成所作智。

成所作智是成就世间的事务所需要的知识或技能，用以应付日常生活的需要，因其了知世事无自性，所以不起执着，入"观空舍执，执尽真现"的境地。当第八识转为清净的那一刹那，前五识也转为成所作智。此时有漏变为无漏，六道轮回之苦永息，同时又能显现三类化身——现千丈的胜应身、现丈六的劣应身、以及随类化身(如来由成所作智变现无量化身，示现种种变化，以救度众生)来圆满自觉觉他的大愿。

四、转第六意识为妙观察智

第六意识的作用，是遍缘有为、无为一切诸法，生起思维、了别的作用。

前五识的认识对象是具体的，又是空性的；而第六意识的认识对象是概念、理论或往事，属抽象且无时空性，其作用较复杂。它可为善，可为恶,亦可为无记,三性都有,在现量、比量、非量三量中,也是三者皆备。与五十一个心所法相应而发生作用,视所缘的境,起心动意,而成业种。如何将这个会造业的意识转成清净的妙观察智?过程次第如下:

在唯识学的修行过程中,要历经十住、十行、十回向、十地,乃至证得佛果等四十一阶位。这四十一阶位,是由资粮、加行、通达而见道,入十地位,就是修道的阶位。十地中的初地,名欢喜地,第六意识在进入欢喜地入心(通达位的异称)的阶段,分别我执虽然已经伏住不起作用,但俱生我执还是眠伏在第八识里面,一直要到第七地远行地之后,俱生我执的现行与种子才完全断绝。这是因为七地以前,虽已得到根本智而能证入无漏的境地,但有漏的习气种子仍须地地渐除,至第七地断除修惑之后,才能进入纯无漏的妙观察智。

妙观察智的功用殊胜,善能观察万有诸法的差别,善能运用无碍辩才,自在说法,善能觉悟一切有情,利乐一切众生。诸佛菩萨所以能够化道有情,可以说完全是借助于这个智慧的效用。

妙观察智的业用有三大特点:

(一)圆:到第八不动地后,第六意识转成纯一清净的无漏妙观察智,其体具足一切功德,成为最圆满的智慧。

(二)明:八地后的妙观察智,其体最为光辉灿烂,能明照一切。

(三)净:八地后的妙观察智,其体最为无漏清净,任何一个染法都不能与之相应。

因此,无漏的妙观察智就如同中秋夜晚的月亮,体圆明净,远离尘垢,照耀大地,格外分明。

妙观察智是以什么作为观察的对象呢?依《成唯识论》的说法,其观察对象有三:

(1)观察诸法自相共相无碍而转:诸法各有自相,如地以坚为自相,水以湿为自相,火以热为自相,风以动为自相;但是诸法也有共相,如说无常性,世间没有一法不是生灭无常的。妙观察智对于这些自相共相，认识得清清楚楚。

(2)摄观无量总持、定门及所发生功德珍宝：妙观察智可以统摄观察一切无量的总持、一切无量的定门、一切无量的功德法财。

(3)于大众会中现无边作用，说法断疑，使有情获益：妙观察智统摄如上一切，得四无碍解及诸神通，不但具有无量慧辩，也具有无边威力，所以能在大众中现起无边的作用，示教利喜。

妙观察智能摄观自心，引生无量功德，观有情心行差别说法，都能如理如量，方便善巧，而无遗漏，所以能圆满明净，普照三千大千世界，说一切法，断一切疑，度一切众生皆得利乐。因此，《八识规矩颂》第六颂说：

> 发起初心欢喜地，俱生犹自现缠眠；
>
> 远行地后纯无漏，观察圆明照大千。

五、转第七识为平等性智

第七识是介于意识与第八识之间的一种心识，它的机能是认识以至执取第八识里的种子为自我。种子一方面是无量数的，另一方面它刹那生灭，毫无间隙，不断地在变化，第七识却将种子执为常住不变的自我。人之所以有自我的意识，觉察到自我的存在，就是由第七识所生出来的一种迷执，包含人生最根本的四大烦恼——我见、我慢、我痴、我爱。第七识恒常的审察思量着第八识，执着一个自私自利的我相，才使有情众生迷惑颠倒。

第七识转成平等性智，前六识也会转为清净。因为第七识染污，前六识也染污，前六识虽行善，亦属有漏，所以必须此识清净，成为无漏，前六识才能成为无漏。《八识规矩颂》第九颂说：

> 极喜初心平等地，无功用行我恒摧；
>
> 如来现起他受用，十地菩萨所被机。

第七识转识成智的次序，分别自初地——欢喜地(修二空观，断分别起二执,阻碍俱生二执的现行)、八地——不动地(无相观相续不断,俱生我执已灭)、佛果——第十地(常与第七末那识相应的俱生法执,直到此地金刚道,即菩萨修行到达将要成佛时,先起金刚心,由于观智明利坚强,能断所知烦恼二障种习,坚固无上,犹如金刚,法空智果现前,方能达到顿断俱生二执种子,成为纯净的无漏),第七识就转为清净的平等性智。证入平等性智后,由于自他平等观念的孕育,始能产生无缘大慈和同体大悲的心境。

据《成唯识论》所说,平等性智的妙用有二:

(一)观诸自他有情平等、大慈悲等恒共相应:圣者菩萨修生空观,断除我执,彻底观照自他平等,一切众生无有差别,因而与大慈大悲恒共相应,视他人的痛苦为自己的痛苦,以平等心拔济之,而后心安。

(二)观照一切诸法平等、无住涅槃之所建立:圣者菩萨修法空观智,了达一切诸法如幻如化,根本没有染净胜劣的差别,证知诸法皆悉平等。又观一切染法如幻如化,了知无有任何可怖畏与厌患的,因此虽是常住生死世间,但不为世间生死所染,而成就种种的净法功德;观一切净法如幻如化,体认无有任何可贪爱与染着的,因此虽是常住于寂灭涅槃,但不为涅槃寂灭所限而依然度化各类有情。这就是为有大智故,不住生死,为有大悲故,不住涅槃,其利乐众生之用虽常起,而亦常寂,所以说无住涅槃。平等性智因观自他平等而有此境。

《佛地经》说平等性智由十种相圆满成就:

(1)证得诸相增上喜爱,平等法性圆满成故。

(2)证得一切领受缘起,平等法性圆满成故。

(3)证得远离异相非相,平等法性圆满成故。

(4)弘济大慈,平等法性圆满成故。

(5)无待大悲,平等法性圆满成故。

(6)随诸众生所乐示现,平等法性圆满成故。

(7)一切众生敬受所说,平等法性圆满成故。

(8)世间寂静皆同一味,平等法性圆满成故。

(9)世间诸法苦乐一味,平等法性圆满成故。

(10)修植无量功德究竟,平等法性圆满成故。

第七识虽在因中转成平等性智,但要到佛果位始得究竟圆满。

六、转第八识为大圆镜智

第八阿赖耶识是宇宙人生的本源,以其能含藏一切色心诸法种子,变现有漏无漏一切诸法,无始以来,恒常现起,以第七识为所依,以种子、根身、器界为所缘。所以说第八识是决定众生生命的整个内涵本质,它不会随着身体的消失而消失,它会一直传续下去,转移到一个新的生命躯体中,展开新的活动,不会停息。所以,它是吾人生死流转的根本。

第八阿赖耶识转染成净到达正觉的时候,方得真正的转智;转识所成的智慧,名大圆镜智。

据《成唯识论》卷十载,大圆镜智有如下几点殊胜功德:

(一)第八识在因中唯缘现量的境界,虽然没有计度分别,自性分别仍然有,可是到最高的佛果位,一切我、我所执皆已断尽,证得无分别的平等法性,不在诸法及人我上有所分别,不再为分别相所动摇。

(二)第八识在因中所缘的根身、器界及内在的种子,广大而无际,固然不是常识的心量所能体会,而能缘心的行相幽微精细,更不是常识的心量所能测知。到了佛果位上,大圆镜智无缘而缘的境界及其行相,不但是凡愚不能了知,就是圣者菩萨也难窥其底蕴,唯有佛与佛才能究竟觉了。

(三)第八识在因中缘根身、器界、种子的三类性境,都能缘其所缘。到了佛果位上,自然成就了不忘一切所知境相,同时得到一切种智,对于过、现、未三世的一切事,了解得清清楚楚,不为客观境界所愚。

(四)第八识在因中虽含藏染净种子,但是到了佛果位上,由于一切垢染都已拂除,一切有漏种子皆已消灭,若性若相都成为纯净的,唯为果上的纯善净德种之所依持。

(五)如来得此大圆镜智,由于能持纯净圆德种子,于是佛果位上的自受用身、自受用土、诸根色等,还有前三智的心品,都是从这圆镜上变现;又于其中,变现他受用身、他受用土、变化身、变化土,现无边功德,利乐有情。

(六)佛果位上的圆满智慧——大圆镜智,普遍能摄持无尽功德,又能遍现身土智影,无忘无失一切智智,犹如大圆镜的能现众色像。

转识成智主要是在第八识中进行,因为第八识储藏了一切生命的质素,所以若要转变,就要在此根源中用功夫,使得那些染污的种子转化为清净的种子。《八识规矩颂》第十二颂说:

> 不动地前才舍藏,金刚道后异熟空;
>
> 大圆无垢同时发,普现十方尘刹中。

这是说明第八识到了八地时才舍藏识之名,只存属于善恶业果位的异熟识和相续执持位的一切种识。到了十地金刚喻定现前时,清净的第八识俱起,也就是大圆镜智现起,此智将无漏种子变现为佛果妙境,其变现犹如圆镜映现万物,所以称为大圆镜。得到此智时,能同时了解事物的普遍性相与特殊性相,完全不起执着。由识转成的智不会起执着,因为智就是以缘起性空的性格来看世间事,识是执着,智则空。由前五识转成成所作智,它是成就世间事务的智慧,范围广泛。第六识的妙观察智是观察世间种种的特殊性格。平等性智是观照事物的共同性格——缘起性空,而大圆镜智是将事物的特殊性和普遍性总合起来,及时把握这最高最圆满清净的智慧。

修学唯识最终的目标就是转识成智。识是生死的根本,智是佛性,也就是我们的光明。依唯识论著所载的修道次第,一步一步地深入探讨,用心学习,必能转凡夫为圣人,转烦恼为菩提了。

第四节　一念三千

一念三千，一般人看到佛经上说"万法唯心造"、"唯识无境"，便以为佛教是倡道唯心论的宗教。其实，佛教既不偏于心，也不偏于物，认为主观的心识与客观的世界是相互依存，而非绝对的对立。佛教之所以强调心识的活动，是因为佛教是以人为本的宗教，所以站在主体（人）的实践面，主张借着净化自己的心灵，来达到圆满幸福的人生。

在佛教教理中，天台宗的一念三千教我们由念念妄心的当下，观察诸法的真相，从而体悟心内与心外的世界互具互融的中道实相。

一、一念三千的意义

一念三千中的一念，也称一心，指心念活动的最短时刻。科学家说：光速是世界上最快的东西。其实，我们的心在一念之间，可以上下古今，中外奔驰，神游太虚，无远弗届，比光速还要来得快。《仁王般若经》卷上记载："九十刹那为一念，一念中，一刹那经九百生灭。"《往生论注》说："二十念名为一瞬，二十瞬名为一弹指。"凡此，都说明心念的速度之快，无与伦比。

三千，是十界、十如是、三世间相乘出来的法数，是世间、出世间一切诸法的称谓。

一念三千，指我们的一念具足了世间的一切迷悟诸法。换句话说，我们方寸之间的主观世界就是宇宙客观万有的缩影。

二、一念三千的内容

十界互具，佛教将凡圣的境界由下而上分为：地狱、饿鬼、畜生、人、修罗、天、声闻、缘觉、菩萨和佛等十类，因为各有因果，界畔分明，所以称为十界。虽然如此，这十界不是相隔的，而是有着互具的关系。以心念为例，恼害仇恨的心生起就是地狱；瞋恨斗争的心生起就是饿鬼；愚痴无明的心生起就是畜生；嫉妒憍慢的心生起就是修罗；持戒修善的心生起就是人道；欢喜快乐的心生起就是天堂；利他无我的心生起就是菩萨；平等包容的心生起就是佛。因此，我们的心中本来就有十界，遇缘触事，就生起现象诸法。

再以现实的人间生活而言，战场上的相互杀戮、菜市场里的磨刀霍霍、剖腹割肉，正是地狱的示现；天灾人祸时的饥民遍野，是饿鬼的象征；五欲炽盛、以暴凌弱的社会，是畜生道的翻版；苦乐参半的生活是人间的现象；尔虞我诈，自相残害，是修罗的世界；快乐享受的时光，无异置身天堂；闻法学道的日子，是声闻的境界；在自悟自觉中自得其乐，是缘觉的一方天地；互助互谅是菩萨世界的特征；清净善美的净土是佛陀的世界。因此，十界是本来就具有的，不独在人世间如此，在其余九道也是如此。所以，地狱的众生如果显现本自具有的佛性，就可以逐渐上升，而成正觉；即使是五逆重罪的一阐提，在本性中还是具有善良的一面，一旦随缘发善，一样可以圆满佛果；反之，已经证悟的佛陀，也本具九界众生心，在诸世间随缘示现，教化有情。

因为一界具足十界，一界与其他九界间，只有隐显的差别，而没有绝对的相隔，我们将这种现象称为十界互具。十界既然互具，法界全体总共有百界。

十如是，指一切万物真实不变的本性。是，是真实不妄的意思。十如是，语出《法华经·方便品》："唯佛与佛乃能究尽诸法实相，所谓诸法是报、如是本末究竟等。"所以，十如是就是指诸法实相存在的十种必要条件。其解释有通解、别解之分。就通解而言：

1.相：指外在可见的形相。例如：显示在外的善恶行为。

2.性：指内在不可见的本性。诸法本性各不相同，例如：竹中有火性，因此遇缘就能产生火；众生本自具有佛性，所以一切众生皆能成佛。

3.体：指十法界的五蕴、十二处、十八界等，都是以色、心为实体。

4.力：指诸法潜在的功能力用。例如：砖、泥可以作为砌墙的材料；水含有动能，可以用来发电。

5.作：指依功能力用而起的作业，也就是显在的势力。例如：众生的身、口、意三业的行为；花朵插在案头，产生赏心悦目的作用。

6.因：指能产生十法界果的直接原因。

7.缘：指助因感果的间接条件。

8.果：指由同类因所产生的同类果，善因感善果，恶因生恶果。

9.报：指由异熟因所招感的未来果报。

10.本末究竟等：指从开始的相到最后的报，都是因缘所成，究其至极，法性毕竟空寂，实相平等一如，所以称为本末究竟等。

就别解而言，十如是可以通于十界：

1.地狱、饿鬼、畜生、修罗等四恶趣共通的十如是：

(1)四恶趣的众生常处于不如意处，恶相、苦相就是他们的如是相。

(2)四恶趣的众生常具恶习，犹如生成，难以改变，这是他们的如是性。

(3)四恶趣的众生色心粗恶，很难调伏摧折，这是他们的如是体。

(4)地狱众生常受刀山油锅之苦，饿鬼众生常受吞铜食铁之苦；畜生常受弱肉强食、索车挽重之苦；修罗众生常受战斗争胜之苦。凡此都是他们的如是力。

（5）四恶趣的众生身、口、意常造恶业，这就是他们的如是作。

（6）四恶趣的众生所造作的有漏恶业是他们遭受恶报的如是因。

（7）四恶趣的众生以爱、欲等烦恼为助缘，增长有漏恶业的形成，这就是他们的如是缘。

（8）四恶趣的众生因为恶业招感，视种种苦逼为乐境，而生起爱染，这就是他们的如是果。

（9）四恶趣的众生既堕恶道，便有种种苦境现前，这是他们的如是报。

（10）四恶趣的相、性，乃至果、报等九种如是的理体缘起性空，平等一如，这就是他们的如是本末究竟等。

2.人、天善趣所共通的十如是：

（1）与四恶趣相比，人天善趣所显现的相较为清净高胜，这就是人天的如是相。

（2）与四恶趣相比，人天善趣所作的行为多属善法，这就是人天的如是性。

（3）与四恶趣相比，人天善趣所具的色、心，堪称安乐稳当，这就是人天的如是体。

（4）人天善趣能护持五戒十善，这就是人天的如是力。

（5）人天善趣因为具有护持五戒十善的特质，所以能借以止恶修善，这就是人天善趣的如是作。

（6）人天善趣因为能行五戒十善，为日后招感善果的因素，这是人天善趣的如是因。

（7）人天善趣以善法欲作为助缘，增长善业的形成，这就是如是缘。

（8）人天善趣因为种下持戒行善的好因，所以能值遇善境，得以任运善心，这就是人天善趣的如是果。

（9）人天善趣因为善业所感，自能享受到人天的快乐，这是人天善趣的如是报。

(10)人天善趣的相、性,乃至果、报等九种如是的理体缘起性空,平等一如,这是人天善趣的如是本末究竟等。

3.声闻、缘觉二乘所共通的十如是:

(1)二乘远离生死,证得涅槃,这是二乘的如是相。

(2)二乘解脱烦恼的系缚,成就无漏之性,这是二乘的如是性。

(3)二乘成就戒、定、慧、解脱、解脱知见等五分法身,这是二乘的如是体。

(4)二乘能断烦恼,堪为出离三界的道器,这是二乘的如是力。

(5)二乘为达涅槃而精进勤修三十七道品,这是二乘的如是作。

(6)二乘因为能作无漏的慧行,所以能在日后证得圣果,这是二乘的如是因。

(7)二乘以种种善行为缘,作为增长道业的助缘,这是二乘的如是缘。

(8)二乘以善因善缘故,修得圣果位,这就是二乘的如是果。

(9)二乘以善因善缘故,远离三界内分段生死,而招感三界外的变易生死,这是二乘的如是报。

(10)二乘的相、性,乃至果、报等九种如是的理体缘起性空,平等一如,这是二乘的如是本末究竟等。

4.菩萨及佛界共通的十如是:

(1)诸佛菩萨所具有的菩提能开显佛性,是诸佛菩萨的如是相。

(2)诸佛菩萨具有向内观照、了了分明的智慧,是诸佛菩萨的如是性。

(3)诸佛菩萨的理体本自具足,不假修行,就是诸佛菩萨的如是体。

(4)诸佛菩萨具有无量的四弘誓愿,这是诸佛菩萨的如是力。

(5)诸佛菩萨以六度万行来化度众生,这是诸佛菩萨的如是作。

(6)诸佛菩萨不可思议的智慧庄严,是日后成就佛果的业因,这是诸佛菩萨的如是因。

（7）诸佛菩萨以福德庄严来增长道业，这是诸佛菩萨的如是缘。

（8）诸佛菩萨以殊胜的业因与助缘而证得菩提的果，这是诸佛菩萨的如是果。

（9）诸佛菩萨证入究竟解脱，达到圆满涅槃的境界，这是诸佛菩萨的如是报。

（10）诸佛菩萨的性、相，乃至果、报等九种如是的理体缘起性空，平等一如，这是诸佛菩萨的如是本末究竟等。

百界千如，因为十界互具而成百界，每一界又都具有十如是，辗转相因，百界应有千如是，这就是所谓的百界千如。

三世间，世，有迁流的意思，指时间上三世的差别；间，是间隔的意思，指空间上存在的差别。三世间一语出自《大智度论》卷七十《释问相品》，是就时间与空间上的差别，将世间分为五阴世间、国土世间和众生世间三种。

（1）五阴世间：又作五众世间、五蕴世间。色、受、想、行、识等五阴之法，能形成十界有漏、无漏等的差别。据《摩诃止观》卷五记载：十法界虽然通称为阴入界，但是一一法界各有不同，例如：三恶趣是有漏的恶五阴，三善道是有漏的善五阴，二乘是无漏五阴，菩萨是亦有漏亦无漏的五阴，佛是非有漏非无漏的五阴。因为十种的五阴各自不同，所以称为五阴世间。

（2）众生世间：又作假名世间、有情世间，是指因五阴和合的众生，依正报而呈现种种不同的差别，也就是指从佛到地狱的十界有情。据《摩诃止观》卷五记载：众生世间在十界中各有差别，如四恶趣是罪苦众生，人天是受乐众生，二乘是无漏众生，菩萨是慈悲众生，佛是常住无漏众生。因为有这种种众生的差别，所以称为众生世间。

（3）国土世间：又作器世间、住处世间，是指众生所依的国土住处，因依报而住于种种不同的国土。例如：地狱住于赤铁，畜生住于地、水、空，修罗住于海畔海底，人住于地面，天人住于天上，二乘住于方便土，菩萨或住于地面、或住于天上、或住于方便土、或住于实报庄严土，佛住于常寂光土。依报的国土也有种种差别，所以称为国土众生。

一念三千，每一界都有三种不同的世间，所以乘上百界千如，就产生三千世间的法数，涵摄了全体法界的森罗万象。这三千诸法中，我们随举一法，都具足三千世间诸法，一旦遇事触缘，起动造作，自然产生千差万别的现象。同样的，我们凡夫当下的一念中，自然也具有三千世间诸法。这就是所谓的一念三千。

三、主观的一念与客观的三千世间诸法之间的关系

《摩诃止观》卷五说："夫一心具十法界，一法界又具十法界、百法界；一界具三十种世间，百法界即具三千种世间。此三千在一念心，若无心而已，介尔有心，即具三千。亦不言一心在前，一切法在后；亦不言一切法在前，一心在后。……若从一心生一切法者，此则是纵；若心含一切法者，此即是横。纵亦不可，横亦不可。心是一切法，法是一切心故，非纵非横，非一非异，玄妙绝深，非识所识，非言所言，所以称为不可思议境。"这段话不但说明了主观的一念心与客观的三千法是同体相生的，也阐释了森罗万象的当体即是实相的意义。

我们以镜与像为例，镜面能映现诸相，不是镜在先，也不是诸相在后，而是同时存在，相互依存的。镜面在映照诸相时，就显出镜面来。同样的，如果以镜面为实相，万有为诸相，我们就可以了解到离开万有，别无实相可言；离开实相，也不能展现万有。若以镜面为主观的心念，以诸相为客观的三千世间诸法，则所谓的实相，就是指在客观的三千世间诸法存在的同时，我们心识活动的过程，也正随着展开三千世间诸法。

既然三千诸法随拈一法皆是能具能造，为什么只是凸显心法呢？这是因为观心比观法要容易得多，而且具有积极主动的意义。在《摩诃

止观》卷五上,智者大师说道:"一切阴入,皆由心起。佛告比丘:一法摄一切法,所谓心是。论云:一切世间中,但有名与色。心是惑本,其义如是。若欲观察,须伐其根,如炙病得穴。今当去丈就尺,去尺就寸,置色等四阴,但观识阴。识阴者,心是也。"

"去丈就尺",是为了利于实践,因此在所有法中,只取心法;"去尺就寸",是为了便于修观,因此在心法中,只取凡夫介尔一念的妄心。主观的心识与客观的世界,实际上是相即相入,平等不二的。

第六章

佛法中的真如本性

第一节　心

　　心，是吾人现前一念灵知的性体，圆明寂照，不生不灭；是诸佛的法身，众生的慧命，具足一切功德智慧，永离一切颠倒妄想。心，是人人本具，个个不缺，只因无明烦恼遮蔽，不自觉知。如果有人能识得它，大事立即成办，妙用无穷。但是要怎样才能认识心呢？

一、心在哪里

　　心，无来无去，无方无所，不在内，不在外，也不在中间，不可以踪迹寻觅。《楞严经》有一段佛陀和阿难尊者关于"心在何处"的七次问答，阿难尊者妄计心在身内、心在身外、心潜根里、心见内、心随生、心在中间、心住无着，均被佛陀一一破斥，这就是"七处征心"。那么"心"到底在哪里呢？

　　心虽无踪迹可寻，然而大用现前时，这里也见心，那里也见心。所谓"内外中间一总无，境上施为浑大有"。心，竖穷三际，横遍十方，处处皆是，时时存在，要到哪里找寻？

　　心既不可以形相取，也不可以踪迹寻，又说无处不是，无时不有，那么，心究竟在哪里？

　　唐朝怀让禅师有一次去参嵩山安禅师，问道："如何是祖师西来意？"

　　嵩山安反问："怎么不问自己呢？"

又问："如何是自己意？"

师答："清观密作用。"

又问："如何是密作用？"安禅师以眼开合示之，怀让禅师于是言下开悟。

开合的是眼（父母所生的肉眼），能使它开合的是性（真心本性）。它时刻不离我们，却一向为世人所忽略而不知，因此以密作用称之（密是不显露的意思，明明不无，而不自觉知，所以说密作用，即指真心）。有偈云："要识本来人，直下须亲荐，寻常日用中，不隔一条线。"

二、心的相状

真心的相状，不是长短方圆，更非青黄赤白。心，无形无相，无声无臭，不可以相取；虽不可以相取，然而应物随缘时，无处不是，无时不有。古人说："若要知道它像个什么，不长不短，非青非白；若要见它，开眼也是，闭眼也是，面面皆是。"

与真心面目相仿佛，常常扰乱着我们，稍不留意，即被它瞒骗的，就是妄心。《八大人觉经》说："心是恶源，形为罪薮。"这个心就是指妄心。心逐境缘尘，贪染执着，即名众生心；心对境不迷，清净解脱，是为真心，亦名佛心。

中峰国师说："所谓心者，心有多种，曰肉团心，乃现在身中，父母血气所生者是；曰缘虑心，即现今善恶顺逆境界上种种分别者是；曰灵知心，是混千差而不乱，历三际以靡迁，炳然独照，卓尔不群，在圣不增，在凡不减。处生死流，骊珠独耀于沧海；居涅槃岸，桂轮孤朗于中天。"

《五苦章句经》说："心取地狱，心取饿鬼，心取畜牲，心取天人。作形貌者，皆心所为。能伏心为道者，其力最多。吾与心斗，其劫无数，今乃得佛，独步三界，皆心所为。"

在佛经里,形容心的譬喻不胜枚举,今列举譬喻十种,说明如次:

(一)心如猿猴难控制:古人以"心猿意马"来形容心,心就像活泼浮躁的猿猴,生性好动,活蹦乱跳于林木之间,片刻无法静止。

(二)心如电光刹那间:心如电光石火,迅速无比,动念之间,驰骋法界,毫无障碍。譬如有人动念想去欧美游览,心中马上浮现欧美的景致,仿佛身历其境一般。其速度之快,甚至电光也比不上。

(三)心如野鹿逐声色:野鹿在荒野上奔跑,饥渴了,想饱腹,便极尽其能事,四处追逐寻找草原。我们的心就像野鹿一样,难以抗拒五欲六尘的诱惑,终日汲汲营营于声色犬马。

(四)心如盗贼劫功德:根据经典的描写,我们的身体好比一座村庄,五根是门户,而心就是这个村庄的盗贼,窃取我们辛辛苦苦积聚的善事功德,使我们身败名裂,白璧染瑕。王阳明先生曾说:"擒山中之贼易,捉心中之贼难。"我们如果能驯服心中的盗贼,使它归化柔顺,便能做心的主人,长养无上的功德。

(五)心如冤家身受苦:心是我们的冤家仇敌,专门替我们制造烦恼,使我们受种种的痛苦煎熬。经上说:"罪业本空由心造,心若亡时罪亦无。"所谓罪业深重,是就形相而言,仿佛真实存在;但是就其本体而言,一切诸法皆空无自性,因此罪业也是因缘和合而生,无自性空,不是永远无法改变,只要挚诚恳切忏悔,便可去除。我们的心本具佛性,清净自在,却因种种妄念,使我们的躯骸受苦受难。如果能够泯除我们的妄心杂念,这个冤家便能与我们化敌为友,情同袍泽。

(六)心如僮仆诸恼使:心像僮仆,受到客尘的驱使,向外攀逐,产生种种烦恼。经上说我们的心有三毒、五盖、十结、八十八使,乃至八万四千烦恼,这些覆盖、结使,都能蒙蔽我们的智慧,束缚我们的心灵,使我们的智慧失去清明,使我们的心灵不得自在。

(七)心如国王能行令:心是身体的国王,具有至高无上的权力,能够统率行权,指挥一切,指示我们的眼耳鼻舌身意,产生感官认知的种种作用。

（八）心如泉水流不尽：李白诗云："黄河之水天上来。"我们心中的活水就像长江黄河，汨汨不绝地流着。当世界的能源一旦短缺，人们便向深山开采矿产，或向海洋探取资源，甚至开发太阳能，但是往往疏忽了我们心中这取之不尽、用之不竭的源源活泉。因此，如果能有效地运用我们的智慧泉源，将可免除匮乏的忧惧。

（九）心如画师描彩画：《华严经》说："心如工画师，能画种种物。"我们的心如善画的画家，手握彩笔，能够描绘种种的图画来。心中希圣求贤，自然浮现圣贤的面貌；心如凶神恶煞，面容便如魔鬼罗刹一般的狰狞，所谓相随心生，就是此意。

（十）心如虚空大无边：心的本体有如虚空一般广大无边，能够涵盖万物，包容天地。《华严经》卷五十说："若有欲知佛境界，当净其意如虚空。"虚空至大无边，找不到涯岸；虚空包容万物而毫无执取。我们要了解诸佛的境界，就应该将心扩充如虚空一般无边无际，无牵无挂，才能包容宇宙万有，覆荫一切众生。

大颠禅师开示大众说："但除却一切妄想即是真心。"凡一念心起，当回光返照，观察所起的是清净心、平等心、慈悲心、喜舍心等，这就是真心；所起的是颠倒心、执着心、嫉妒心、我慢心等，这就是妄心。所谓合理合情的善念，都是真心的作用；不合理合情的恶念，都是妄心的作用。吾人如能念念都是善，则何处不是真心所在；如果念念都是恶，那么真心就无法显现。

三、真心妙用

人人本有的真心本性，它的别号叫做主人翁，又名本来人，或云法身，或称佛性。这个主人翁与我们最为相亲相近，须臾不离，日常诸事，无时无刻不在运用。譬如肚子饿了，提醒我们吃饭；口渴了，提醒我们喝茶；天气冷了，提醒我们多穿衣服；乃至夜里跑险路，它会暗示我们当心、注意，不要跌倒。如此的关心爱护我们，较之亲爱慈母，可说是有过之而无不及。所谓"见色闻声，大用现前；穿衣吃饭，承渠恩力"，就是此意。

一位韦将军访道玄沙和尚，将军问："日日用而浑然不知，究竟是指什么？"

和尚答："将军，你就尽量吃吧！"

韦将军边吃边问："到底何为日日用而浑然不知？"

和尚答："就像你现在吃果子，就是日日用而浑然不知！"人心日日用，但又何尝知道呢？

德山禅师对《金刚经》下了一番很深的功夫研究，著了一部《青龙疏抄》。听说南方提倡"顿悟成佛"之说，颇不以为然，便带《疏抄》南下，准备破斥。

路旁有店，店中一老婆婆，见德山买点心，当即问他："你肩上担的是什么？"

"《金刚经青龙疏抄》。"

"那么，我考你一个《金刚经》的问题，如果答得出来，点心免费供养。"德山听了，满怀信心地答应。

"《金刚经》说：'过去心不可得，现在心不可得，未来心不可得。'请问你大德要吃点心，点的是哪个心？"德山愕然不知所对。

吾人的真心妙用哪有时间上的过去、现在、未来分别？当下一念就是真心妙用。

《达摩血脉论》说："心心心，难可寻，宽时遍法界，窄也不容针。我本求心不求佛，了知三界空无物；若欲求佛但求心，只这心这心是佛。我本求心心自持，求心不得待心知；佛性不从心外得，心生便是罪生时。"总之，心离于有无，犹如寒山诗说："吾心似秋月，碧潭清皎洁，无物堪比伦，教我如何说？"心，就是如此的奥妙。

第二节　性

一、性

久远以来，我们就和一个最亲近的人住在一起，只是不知道他的名字罢了，他是谁呢？他就是我们自己的真如佛性。

人，最悲哀的就是不认识自己，不知道自家本来面目，每天对着别人叫得出张三李四，却不知道自己是何等人物！

我们学佛，就是要认识自己，尊重自己，肯定自己。佛经说：每一个人都具有佛性，佛性是不假外求，人人本具，个个皆有的。当初佛陀在菩提树下金刚座上证悟时，曾说道："奇哉！奇哉！一切众生皆有如来智慧德相，只因妄想执着而不能证得。"

佛陀在灵山会上，手中拿了一颗摩尼宝珠，问四方天王道："你们看这颗摩尼珠是什么颜色？"四方天王纷说是青、黄、赤、白等不同的色泽。

佛陀将摩尼珠收回，舒开手掌又问道："我现在手中的这个摩尼珠是什么颜色？"

四天王不解其意，不约而同答道："佛陀！你手中没有什么摩尼宝珠啊！"

佛陀说："我将一般世俗的珠子给你们看，你们都会分别它的颜色，但真正的宝珠在你们面前，却视而不见。"

如来智慧德相、摩尼宝珠，都是比喻吾人的真如佛性。

二、不变的性

与相、修相对，是不变的意思。指本来具足的性质、事物的实体(即自性)、对于相状而言的自体、众生的素质(种性)等。性，是受外界影响也不会改变的本质，也就是遍布于宇宙中真实的本体，是一切万有的根源。性又作佛性、法身、自性清净身、如来性、觉性，是佛的本性、众生成佛的觉性。

世间一切诸法是无自性的，如世界有成、住、坏、空；人有生、老、病、死；心有生、住、异、灭等现象。唯有诸法本性，也就是我人的本来面目，是"亘古今而不变，历万劫而弥新"的。

众生在十法界——佛、菩萨、声闻、缘觉、天、人、阿修罗、畜生、饿鬼、地狱，轮回不已，尽管形相多经改变，然而心性却是永远不变的。如果能体悟到自己不变的真心，譬如黄金尽管打造成耳环、戒指、手镯等各种相状，但是黄金本性依然不变。所以人在生死五趣中流转，其本性是不变的。

惠能大师临圆寂时，每一个听到这个消息的弟子都放声大哭，唯独神会默默不语，也不哭泣。惠能大师道："为什么你们要哭呢?我很清楚自己要到什么地方去，如果我对自己一无所知，如何能预先告诉你们?只有神会一人超越了善恶的观念，达到了毁誉不动、哀乐不生的境界。你们大家要切记：法性是不会生灭去来的。"

所以祖师说："心随万境转，转处实能幽，随流认得性，无喜亦无忧。"

三、佛性异名

佛性在各部经典中称谓不一，名称繁多。吉藏大师在《大乘玄论》中指出："经中有明佛性、法性、真如、实际等，并是佛性之异名。""佛性有种种名，于一佛性亦名法性、涅槃，亦名般若、一乘，亦名首楞严三昧、师子吼三昧，故知大圣随缘善巧，于诸经中说名不同。"

　　略举经典中各种佛性的异名如下：

　　《菩萨戒经》称之为心地，能生起万善。

　　《般若经》唤作菩提，与觉为体故。

　　《华严经》立为法界，交彻融摄故。

　　《金刚经》号为如来，无所从来故。

　　《金光明经》号曰如来，真常不变故。

　　《净名经》号曰法身，报化依止故。

　　《大乘起信论》名曰真如，不生不灭故。

　　《涅槃经》呼为佛性，三身本体故。

　　《圆觉经》名为总持，流出功德故。

　　《胜鬘经》号曰如来藏，隐覆含摄故。

　　《了义经》名为圆觉，破暗独照故。

　　可说是一法千名，应缘立号。

　　孟子说："口之于味也，目之于色也，耳之于声也，鼻之于嗅也，四肢之于安佚也，性也。"也就是在眼能见，在耳能闻，在鼻能嗅，在舌能尝，在身能动作，在意能知，这都是真心的作用。至于行住坐卧，语默动静，运水搬柴，迎宾送客，屙屎放尿，也莫不是它的灵明所在。所以祖师说："在胎为身，处世名人，在眼曰见，在耳听闻，在鼻辨香，在口谈论，在手执捉，在足运奔。遍现俱该沙界，收摄在一微尘；识者知是佛性，不识唤作精魂。"

四、佛性平等

　　佛言："凡有心者，定当得成阿耨多罗三藐三菩提。以是义故，我常宣说：一切众生悉有佛性。"

当初惠能从广东新会千里迢迢去湖北黄梅投拜弘忍为师，才刚见到弘忍大师，第一句话就问道："你从哪里来？"

"我从岭南来。"惠能回答。

"岭南是獦獠的地方，獦獠没有佛性啊！"

惠能回答说："人有南北，佛性也有南北吗？"

人虽有南北贵贱之分，佛性本无南北、贵贱，于一切人悉皆平等。佛性之于一切众生，有如雨水之于一切众生、一切草木，有情无情，悉皆蒙润，无所遗漏，所以众生悉有佛性，佛性平等。

《大乘止观法门》卷一说："若就心体平等，即无修与不修，成与不成，亦无觉与不觉，但为明如如佛，故拟对说为觉也。又复若据心体平等，亦无众生、诸佛与此心体有异，故经偈云：'心、佛及众生，是三无差别。'然复心性缘起法界，法门法尔不坏故，常平等、常差别。常平等故，心、佛及众生，是三无差别；常差别故，流转五道，说名众生，反流尽源，说名为佛。"

四祖道信禅师住在双峰山，山里住了一位栽松老人。老人欲从禅师出家，禅师说："你已老了，如欲出家，可俟来世。"

老人辞别四祖，走到溪边，看见一位浣纱姑娘，请求道："姑娘，能否借宿？"

"须问父母。"

"你答应一声即可。"

就这样，处女竟怀了孕，其父母认为败坏门楣，就把她赶出家门，姑娘依赖乞讨度日，后来生下一子。

多年后，在黄梅路上，道信禅师遇此儿，儿求出家，禅师说："你年纪太小了，怎么能出家？"

"禅师！过去你嫌我太老，现在又嫌我太小，究竟何时才肯度我出家？"

禅师忽有所悟，忙问道："你姓什么？叫什么？家住哪里？"

"我叫无姓儿，家住十里巷。"

"人人都有姓，何以你无姓？"

"我以佛性为姓，所以无姓。"此无姓儿就是后来禅宗的第五祖——弘忍大师。

佛教的三世因果，五趣轮转，是常差别，因此有"太老不要，太小不好"，而以佛性为姓的，确是性常平等。

《黄檗断际禅师宛陵录》说："祖师直指一切众生本心本体本来是佛，不假修成，不属渐次，不是明暗。即心即佛，上至诸佛，下至蠢动含灵，皆有佛性，同一心体。所以达摩从西天来，唯传一法，直指一切众生本来是佛，不假修行。但如今识取自心，见自本性，更莫别求。"

《法华经》常不轻菩萨，有人欺侮他、伤害他、侮辱他、谩骂他，他不但不生气，并且恭敬礼拜说："我不敢轻慢汝等，汝等皆当作佛。"佛性平等就是尊重他人如同尊重自己。

五、佛性迷悟

《大乘起信论》说："言一法者，所谓一心也，是心即摄一切世间、出世间法，即是一法界大总相法门。唯依妄念而有差别，若离妄念，唯一真如。"意思是说，只要能离却一切妄念，众生就是自性清净的真如佛，所谓"迷真起妄，假号众生；体妄即真，故称为佛"。

什么是迷？迷真逐妄；什么是悟？悟妄归真。然而迷者自迷，悟者自悟，迷悟之间究竟相差有多少呢？

有一位学僧至南阳慧忠国师处参学，请示道："心是在佛不增，在凡不减的真如实性，祖师们将此'心'易名为'性'，请问禅师，心与性的差别如何？"

慧忠国师云："迷时则有差别，悟时则无差别。"

"佛性是常，心是无常，为什么你说无差别呢？"

"你只依语而不依义，譬如寒时结水成冰，暖时融冰成水；迷时结性成心，悟时融心成性，心性本同，依迷悟而有所差别。"

《金刚经》说:"佛说般若波罗蜜,即非般若波罗蜜,是名般若波罗蜜。"这就是所谓"是佛法的不是佛法,不是佛法的即是佛法。"乍听之下,好像互相矛盾,其实"是佛法,不是佛法",只在迷悟之间而已。

唐朝丹霞天然禅师,某日在一佛寺挂单,时值严冬,大雪纷飞,天气寒冷,丹霞将木刻的佛像取下烤火。纠察师一见,大声怒斥道:"该死!怎么把佛像拿来烤火取暖呢?"

"我不是烤火,我是在烧取舍利子!"

"胡说!木刻的佛像哪有舍利子?"

"既然是木头,没有舍利子,何妨多拿些来烤火!"

在已证悟缘起性空的丹霞禅师心中,我佛如来的法身遍于宇宙世界,而纠察师所认识的佛,只是木刻的佛像,因此一念之迷,本来是清净的佛法,也变成染污的世间法。所以说是佛法的,不是佛法。

幽州盘山宝积禅师,一天路过市场,偶然听到一段对话而大悟。

顾客向屠夫说道:"老板!精的肉割一斤来!"

屠夫放下屠刀,叉手道:"老兄!你说哪块不是精的?"

一切法皆是因缘所生起,法法平等平等,没有分别,也没有相对待。所以一念觉悟,从有漏的世间法,也变成了无漏的佛法。所谓"心迷世间转,心悟转世间",就是这个意思。而迷、悟之别,仅在一念顿超,是心地上的功夫,绝不是口舌上的逞能。禅师从卖肉的世间法之中,却悟到法性平等无二的道理,所以说不是佛法的,是佛法。

有个年轻人正在打坐的时侯,一位老禅师走了过来,年轻人并没有起身相迎,禅师问他:"你看到我来,怎么不理我呢?这么没礼貌!"

年轻人学着觉者的口气说:"我坐着迎接你,就是站着迎接你!"

老禅师一听,立刻上前啪啪给他两个耳光。年轻人挨了打,捂着脸抗议:"你为什么打我呀?"

老禅师若无其事地说:"我打你,就是不打你!"

荷泽神会禅师初参六祖惠能大师时,惠能大师问:"你从远处而来,自性禅心带来了吗?可看见本体的法性是什么吗?"

"报告老师,'我'有来去,'自性'没有来去,本体法性普遍法界,怎可言见,抑或不见?"

"好敏利的词句。"接着拄杖打了下来。

神会反问:"老师坐禅时,是见或不见?"

"我打你,是痛或不痛?"

"感觉痛,又不痛。"

"我坐禅是见,也不见。"

"为什么是见,又不见呢?"

"我见,是因为常见自己的过错;我不见,是因为我不见他人的是非善恶。所以是见,又是不见。至于你如果不痛的话,那么你便像木石一样没有知觉;如果是痛的话,那么你便像俗人一样会有怨愤之心。因此,见与不见都是两边的执着,痛和不痛都是生灭的现象。你连自性都摸不清楚,居然还说无来无去?"

还没有达到开悟的境界,就强要摭拾开悟者的皮毛,画虎不成反类犬,如六祖说神会的见与不见皆是两边的执着,痛与不痛都是生灭的现象,而佛性是超越一切的,要截断两边,不思善,不思恶,才真见性。迷悟之间的差别,由此可见。

众生为什么会迷呢?因为虚妄盖覆了真如佛性。真如本性如湛然的朗朗晴空,没有一点污染;又如一大明镜,只因被烦恼、无明的尘埃遮盖,失去本真,才落在生死海中受苦。其实天堂、地狱就在一念之间,无所谓好坏。如《永嘉证道歌》说:"君不见,绝学无为闲道人,不除妄想不求真,无明实性即佛性,幻化空身即法身,法身觉了无一物,本源自性天真佛。"就是这个意思。

六、见性成佛

《六祖坛经》说:"汝之本性,犹如虚空,了无一物可见,是名正见;

无一物可知,是名真知;无有青黄、长短,但见本源清净,觉体圆明,即名见性成佛,亦名如来知见。""若见一切法,心不染着,是为无念。用即遍一切处,亦不着一切处。但净本心,使六识出六门,于六尘中无染无杂,来去自由,通用无滞,即是般若三昧,自在解脱,名无念行。"这是说参禅的人应该以无念为宗,于一切法不取不舍,不染不着,任运自然,自在解脱,即见性成佛道。

希运禅师说:"学道人若欲得成佛,一切佛法总不用学,唯学无求无着。无求即心不生,无着即心不灭,不生不灭即是佛。故知一切诸法皆由心造。……如今但学无心,顿息诸缘,莫生妄想分别,无人无我,无贪瞋,无憎爱,无胜负,但除却如许多种妄想,性自本来清净,即是修菩提法佛等。若不会此意,纵你广学,勤苦修行,木食草衣,不识自心,皆名邪行。"能够无求无着,息灭种种妄想,便能见性成佛,和诸佛同一鼻孔出气。

第三节　明心见性

一、明心见性

古德说："佛说一切法,为治一切心;若无一切心,何用一切法?"三藏十二分教都在教我们如何认识真心与妄心,进而去对治妄心。当妄心去除,真心也归于无,真妄泯除,佛性现前,三藏十二分教、一切功德自然如瓶水倾洒,一泻千里,源源不绝。这就是"明心见性",明悟自心(常住真心),彻见本性(本有觉性)。明心见性对我们的人生有什么意义呢?

二、明心见性是找回本来的面目

学佛是断烦恼,了生死,离苦得乐。如果能明心见性,则烦恼不断而自断,生死不了而自了,众苦不灭而自灭,诸乐不求而自得。因此,古人不惜草鞋钱,千山万水参访名师,寻找善知识,吃尽苦头,无非为了要明心见性。香严禅师大事未明如丧考妣,慧可禅师立雪断臂,赵州八十岁犹行脚,都是为着这个——明心见性,就是我人的本来面目。

明心见性的人,对一切境尽是乐境,一切处无非西方,一切时悉皆解脱自在,譬如新春佳日"无边风景好,一刻值千金,随处堪行乐,何人不醉心"一样。

六祖惠能大师在听闻五祖为说《金刚经》时,言下大悟"一切万法不离自性",称叹道:"何期自性本自清净!何期自性本不生灭!何期自性本自具足!何期自性本无动摇!何期自性能生万法!"

现代人常说要寻根,要认祖归宗,要划清籍贯,其实真正的根,是我们内在本具的佛心佛性。不往心觅,向外攀缘,只会让我们分别妄想,起惑造业,渐行渐远,无有归期。唯有明心见性才能使我们在滔滔红尘中找回本来清净的面目,不再流浪生死。因为明心见性能使我们:

(一)超越对待

在一般人的观念里,物是物,我是我,你是你,他是他,彼此互相对立,纵有关系,也是对待的假相。这种分别、对立的观念,容易生起无谓的冲突、矛盾。唯有用清净无染的真心,透视诸法实性的平等一如,洞悉宇宙万物的整体共存,才能超越自他对待,综观宇宙生命的全貌。

(二)无住生心

我们的妄心执假为真,总是想拥有越多越好,其实,有就是住着,有就是有限,一旦生起有的观念,比较、计较随之而来,生活也就失去了乐趣。《金刚经》说:"应无所住而生其心。"我们的真心只有在无住中才能生起。无,是无限,是无争,所以,体证了无的无限无争,可以在无边的法界中称性遨游,随遇而安,不为外境所染,怡然自得。

(三)如如不动

不能彻见法性的人,遇到顺遂,便沾沾自喜;遇到困难,便沮丧怨愤,喜怒哀乐完全被虚妄的外境左右,所以不能自在。明心见性的人了知万法不离一心,所以能不惑于外相的变迁,能不受时空的限制,住于如如不动的佛性中,把握自己的立场,认清自己的价值。

三、明心见性是开发自我的潜能

宇宙万物都有它的性能,性能好的物品持久耐用,性能不好的物品容易耗损。只有我们的佛性亘古今而不变,历万劫而弥新。

柴陵郁禅师悟道时,说了一首诗偈:

> 我有明珠一颗,久被尘劳封锁,
>
> 今朝尘尽光生,照破山河万朵。

我们的心本来具有无限潜能,蕴藏无限宝藏,但是由于无明造作,追逐五欲六尘,使明镜般的清净自性不能显现应有的光明,所以明心见性就是开发自己的潜能。

如何才能明心见性,开发内在的潜能呢?

(一)能大能小

佛性是在圣不增,在凡不减,就理体而言,我们与佛陀一样具有尊贵的佛性,至大无外;我们与众生一体,可以为众生做牛做马,牺牲奉献,至小无内。我们不一定生而万能,只要我们"肯能",自能形成一股动力,将内在的佛性开发出来。

(二)能苦能乐

我们的佛性遍一切时,尽一切处。所以通达佛性的人不逃避人间的苦乐,而视苦乐为锻炼自己意志的试金石。古德曾说:

> 刀山剑树为宝座,龙潭虎穴作禅床。
>
> 道人活计原为此,劫火烧来也不忙。

只要我们能开启佛性,自能处苦不以为苦,处乐不以为乐,难行能行,难忍能忍,即使劫火来临,也不能动摇我们的悲心愿力。

（三）能前能后

佛性横遍十方，竖穷三际，前面的世界固然灿烂风光，后面的世界也一样辽阔深远；当仁不让固然可以领导群伦，谦冲自牧更可以认识自己；举一反三固然可以进步神速，脚踏实地更可以站稳步伐；犀利辩才固然可以慑人以威，忍苦耐劳更可以服人以德。佛性之前，众生是平等的，既没有阶级之分，更没有长幼之别，只有迷悟之差而已。我们必须看清前后两个世界，懂得进退之道，才能拥有自己全部的佛性。

四、明心见性是清净我们的慧命

一般人说到人生的寿命，总是想到色身的生死。其实，色身的生死有如换衣服、搬新家，只是改变形态而已，心识仍然不停地延续下去。明心见性就是要除去覆盖在心识外的杂质，自利利他，创造无限深广的慧命。

明心见性是：

（一）广度无边众生

我们的佛性大而无外，小而无内，生佛平等，凡圣一如。因此心外无佛，亦无众生。所谓自性自度，即我们能够度化心中一分无明众生，就能拓展一分佛性，增长一分慧命。

（二）荷担如来家业

众生本来具有如来德性，所以明心见性是直下承担自己的家业，不再作"怀珠的乞丐"、"长者的穷子"，将本来属于自己的家业发展起来。

(三)建设清净国土

《华严经》卷五十云:"若有欲知佛境界,当净其意如虚空。"当我们的心与虚空一样明净时,就能与三世诸佛相应,从而建设净土,与众生分享佛性的光明。

第七章

学习佛法的菩提次第

第一节　信解行证

一、信解行证的意义

佛教八万四千法门,浩瀚深广,初学佛者欲一窥佛法堂奥,究竟应从何处着手?佛法是历久弥新、万古不变的真理,经得起时空的考验,我们可以从信、解、行、证四个次第来实践佛法。

(一)信

信的意义,信指对某一种宗教能专注不疑而生起崇仰的真诚心理状态,也就是信仰的意思。佛经中常以各种譬喻来说明信仰的重要性,归纳如下:

(1)信仰如手:我们进入了宝山,如果没有双手,就无法挖取宝物。同样的,我们进入了佛法的宝山,唯有依靠信仰的双手,才能获得佛法的宝藏。

(2)信仰如杖:我们爬山时,如果有了拐杖作依靠,必定会感到轻松多了。人生在世,常常会感到世路茫茫,崎岖不平,如果我们有了佛法的信仰作为依怙,就可以安然走向平坦的大道。

(3)信仰如根:树木植物有了扎实的根部,才能长出茂盛苍翠的叶子,开出芬芳美丽的花朵;人之所以能活下去,是因为我们有生命的根;一切事业的成功,也是因为有巩固的根基。信仰,就是产生无量功德的根本。《华严经》上说:"信为道源功德母,长养一切诸善根。"依靠信仰为根,我们在佛法中修福修慧,不但奠定了人生的根基,也能进而到达解脱的境界。

(4)信仰如船:在茫茫的大海中,唯有借着船筏,才能到达目的地。《大智度论》卷一说:"佛法大海,信为能入。"我们必须要掌稳船舵,才能在浩瀚深广的佛法大海里,采掘佛法的宝藏;在人生的苦海里,唯有依靠信仰的大愿船,才能安然渡过惊涛骇浪,从生死大海的此岸,到达涅槃的彼岸。

(5)信仰如力:曾说过:"信仰就是一种力量。"对一件事情有了坚定的信仰,自然就能产生一股强大的力量。

(6)信仰如财:世间的生活需要钱财,但是由于我们只知一味地向纷纭的心外世界求取财宝,却忽略了自己内心蕴藏有无限的财富,而信仰就是我们内心的宝藏、内心的能源。所以,在佛经上有所谓的"七圣财",就是以信仰为首位;有了信仰的财宝,我们的人生将会更丰富。

(二)正确信仰的条件

信仰有很多种,有的人一开始就信了邪教,这就是邪信,误入邪教,正如以盲引盲,相牵入火坑,如果不能迷途知返,影响所及,可至千百世,所以我们在选择信仰时,不可不慎。比邪信好一点的是不信,不信仰任何宗教的人固然在精神上无所寄托,但是至少还没有走错路,将来还有得度的机会。另外有一种人是信得很虔诚,但不知分辨而信得入迷,这是迷信。迷信比不信又好一点,因为虽然入了迷,但总还有一种信仰,至少宗教劝善止恶的观念深植心中,就不会为非作歹,作奸犯科。我们的信仰应该是正信,《成唯识论》卷六说:"云何为信?于实、德、能,深忍乐欲,心净为性,对治不信,乐善为业。"这就是正信。正信应符合以下条件:

(1)信仰实在有的:我们选择信仰的对象,应该审查他是否真实存在。也就是我们所信仰的对象,应是在历史上经得起考据证明的。

(2)信仰道德高的:我们交朋友,都想要结交品德高尚的人,何况信仰的对象,更应该考虑他的德行是否清净?他的慈悲是否具足?他的人格是否完美?

(3)信仰能力强的:我们信仰的对象必需是具有能够自度度人、自觉觉人的大善知识。

(4)信仰戒行净的:我们信仰的对象必需是戒行清净,行止足以为众生模范的大道师。

(5)信仰正法圆的:我们信仰的对象必需具有圆满的正法,可以适用于任何时空人事。

(6)信仰智慧满的:我们信仰的对象必需具有完满无缺的智慧,如此,我们跟随他学习,才能获得充满智慧的生命,不但自己受益,也能贡献社会。

佛教的教主释迦牟尼佛,具足智德、断德、恩德等三德,戒行清净圆满,而且他的伟大事迹都是历史上确有记载,经得起考验证明的,符合上述条件,所以佛陀及佛陀所说的教法,乃至延续佛陀精神的佛教僧团,都是我们正信的对象。《杂阿含经》卷三十所谓的四不坏信:"于佛不坏净信,于法不坏净信,于僧不坏净信,于戒律不坏净信。"基本的精神就是对于真理的尊崇敬信,而无丝毫疑惑的彻底自信。

(三)解

解的意义。解就是慧解,指经由见闻学习而了解教理,得到真理的智慧。

佛教不同于其他宗教的地方,在于佛教并不一味地叫人信仰,佛教的信仰是要我们建立在理智上,因此佛教很注重慧解。

(四)慧解的方法

佛法广大无边,我们应如何来寻求慧解呢?

1.亲近善士,多闻薰习:古人说:"无友不如己者。"在佛道上修行也是如此,当我们皈依三宝以后,要经常向法师们问道求益,要多亲近善知识,听经闻教。善财童子为了求法,不辞劳苦,参访了五十三位长老大德,最后证得无生法忍;赵州禅师年高八十,犹四处行脚,寻师访道,终于开悟。大根器者尚且如此,何况我们这些萤火小智者,更需以谦冲虚心的态度寻师求道,听经闻法。

而闻法也要有正确的心态,《成佛之道》说:闻法应该"如地植于种,如器受于水,应离三种失"。

所谓"如地植于种",意思是说,一块田地,如果把种子撒在地表上,鸟雀一啄,就没有了,如同闻法,不用心深思,左耳进,右耳出;这是第一种过失。如果这块地坚硬不堪,即使播了种,也无法生根萌芽,如同一个人我执很重,凡事排拒不接受;这是第二种过失。如果地上布满杂草,禾苗便不容易生长,如同心中有了成见,先入为主的观念使佛法不能生根萌芽;这是第三种过失。

所谓"如器受于水",意思是说,一个杯子,如果把它倒覆了,再好再多的水也装不进去;如果杯子有了裂缝,水一倒进去,立刻就流失了;如果杯子里有了秽物,再清净的水也会被污染。所以听经闻法不能用轻心慢心,不能有成见、邪见,也不能有杂念妄想,应该要以深心、庄重心、恭敬心、谦卑心、柔软心、清净心,才能得到佛法的受用。

2.广阅三藏,一门深入:"为学有如金字塔",这句话也可以用在佛学的研究上。我们对佛学有了一般的了解以后,还要广读佛典。佛入灭后,后世弟子将佛陀所说的法,以及历代诸圣贤的著作论典,汇集成为经、律、论三藏,成为研读教义的最佳门径。博学之外,我们还要选择适合自己的法门深入钻研,触类旁通,以得佛法之真髓。

3.以四依止,入佛智慧:佛陀说法为因应各种根器,观机设教,因而建立了不同的法门,后世弟子们又因人、时、地等差异条件,有各种阐述。因此,我们在亲近师长,研究佛法时,应以四依止作为学佛的方针:

(1)依法不依人:按照真理去学习,不以人为依归。因为人有生、老、病、死,有不同的思想、见解,而真理则是亘古今而不变,历万劫而常新,所以学道应该依法,不应依人。

(2)依智不依识：应以理智作判断，而不依自己一时的好恶来作决定。

(3)依义不依语：依照佛法的根本义理，而不执着于语言文字。

(4)依了义不依不了义：按照究竟绝对的真理，而不依各种方便的教化。

4.如理思维，法随法行："学而不思则罔，思而不学则殆。"智慧的特性在于思考，生吞活剥经论上的文字，纵使能博学强记，充其量也只是世智辩聪而已，无法成为自己的智慧。所谓"如人数他宝，自无半分毫"。只有经过深刻思维，亲自体验的智识，才能成为自己的法宝。

《大毗婆沙论》说："有智无信，增长邪见；有信无智，增长愚痴。"这是说明信解之间，彼此有相辅相成的关系，二者同等重要，偏一不可。尤其信解之外，更要实践，所谓"说食不能饱"，因此，学佛一定要修行。

(五)行

行的意义。行就是修行。佛教与一般的哲学不同，佛陀说法，主要是使众生都能够转迷成悟，离苦得乐，因此，佛教不仅是讲知识，说理论，佛教最注重的还是生活上的实践行持。

(六)修行的态度

不同根器的修行人，有不同的修行方法，例如：声闻乘修四谛法，缘觉乘修十二因缘观，菩萨乘修六度万行，乃至各宗各派也有各自不同的修行法门，如：莲宗以念佛为要，禅宗以参禅为主，华严宗以经教为宗。虽然如此，修行所应秉持的坚毅态度则应该是一致的。《俱舍论》卷二十七记载有如来的三种圆德，其中"因圆德"有四项成就佛道的修行态度，可作为我们效法的榜样：

1.无余修：福德与智慧二种资粮具修而无遗。

2.长时修：历经三大阿僧祇劫而修行不倦。

3.无间修：精进勇猛而无刹那荒废修行。

4.尊重修：恭敬所学，尊重一切众生，不生憍慢。

(七)证

证的意义。证是契会真理而证悟的意思。解与证也是不能分开的，不经体证的道理，不能算是真的理解，只能说是知道；若非通达理解，也没有证悟可言。

(八)证悟的生活

从凡夫到修成圣果，绝非一蹴可就，必须经过种种的阶段。不同根器的修行者，因方向、目标的不同，形成不同的证悟阶位。例如：

1.声闻乘：自凡夫至阿罗汉，速者三生，迟者六十劫，证得的果位有四——预流果、一来果、不来果和阿罗汉果。

2.菩萨乘，又称佛乘，从凡夫到成佛，需三大阿僧祇劫的时间，有十信、十住、十行、十回向、十地、等觉、妙觉等五十二个阶位。

依证悟的迟速而言，又有顿悟与渐悟之分。快速直入觉悟的境界，称为顿悟；依顺序渐进的觉悟，称为渐悟。其实，顿渐之说是就一期的生命而言，从众生整个生命的洪流来看，这一期的顿悟实在是累积了多生多劫的福慧而来。

总之，无论是声闻四果，还是菩萨五十二阶位，无论是顿悟，还是渐悟，都是由我们平日的小悟累积所成就的解脱境界。所以，我们不必将证悟寄托于未来，重要的是我们每天是否有一点小悟。我们要怎样观照自己呢？证悟是怎样的一种情况呢？兹列举如下：

(1)证悟的境界，是没有忧悲苦恼的情绪：如果我们对忧悲苦恼的事能淡然处之，当下就是一种证悟解脱。

(2)证悟的境界，是没有得失成败的念头：如果我们能不患得患失，随缘自在，当下就是一种证悟解脱。

(3)证悟的境界，是没有拘束障碍的困难：如果我们能处难不觉难，处苦不觉苦，当下就是一种证悟解脱。

（4）证悟的境界，是没有生老病死的感受：如果我们能勘破生死，来去一如，当下就是一种证悟解脱。

信、解、行、证并非单线的次第，而是一种循环的效应。我们由正信，生起清净的心，而求慧解，经由实践，得到证明，印可真理的妙用；而后增加信心，再求深入的理解，更借着履行反省，获得真理的印可，又增胜净信；如是周而复始，不但能使我们在现实世界中安顿身心，又能开拓我们的智慧领域，提升我们的生命品质，净化我们的身心。

第二节　五乘佛法

一、五乘佛法

　　五乘佛法的意义。乘,是指车,有运载的意思。佛法可以运载众生从生死此岸到涅槃彼岸,所以将佛法譬喻为"乘"。所谓五乘,是指人乘、天乘、声闻乘、缘觉乘、菩萨乘。五乘佛法,是佛陀为了教化众生,依众生根机的不同,而将之运载至理想世界的五种法门。

　　众生所造的善恶诸业,是众生未来轮回六道的依据,修善则有升天、为人的福报;作恶则有堕入地狱、饿鬼、畜生等途的忧患,但终究还是沉沦于生死苦海中。佛陀为了愍念众生,依众生根器的种种差异而权设不同的方便法门,目的仍希望归于大乘佛道。

　　有一类众生因为耽着世间欲乐,不了解世间尘劳之苦而希求人天福报,因此佛陀开出人乘、天乘,是佛教的共世间法;而声闻乘、缘觉乘、菩萨乘,是佛教的出世间法。

　　如来出世的真实意趣,在于化道人类由人乘而直趣佛道,太虚大师曾提出"人成即佛成"的独到见地,表明出世圣法的根基是建立在修集人天善法的正常道上,所以佛陀才特立五乘佛法。

二、五乘佛法的内容

　　人乘,以三皈五戒为乘,出三途四趣而生人道;天乘,以上品十善及四禅八定为乘,运载众生越于四洲而达天界;声闻乘,以四谛法门为乘,运载众生越于三界,至涅槃而成阿罗汉;缘觉乘,以十二因缘法门为乘,运载众生越于三界,至涅槃而成辟支佛;菩萨乘,以六度法门为乘,运载众生超三界二乘之境,至无上菩提大般涅槃的彼岸。在这些法当中,四谛与缘起法门,是三乘共法的总纲。离了四谛与缘起法门,也就没有解脱道——出世佛法可说。

(一)人乘(修三皈五戒)

三皈依,是指皈投依靠佛(道师)、法(真理)、僧(亲教师)等三宝,借着三宝功德威力的加持、摄护,能超越无边的生死苦轮,能远离一切的怖畏,而解脱一切的忧悲苦恼。所以经云:"皈依佛,不堕地狱;皈依法,不堕畜生;皈依僧,不堕饿鬼。"

五戒指不杀生、不偷盗、不邪淫、不妄语、不饮酒,主要是不侵犯的意思。

不杀生,是对于他人生命的尊重,不随便侵犯他人的生命,大家的生命就能自由,得到保障。不偷盗,是不侵犯他人的财产,财富就能安全。不邪淫,是不侵犯他人的身体、名节。不妄语,是不侵犯他人的名誉、信用。不饮酒,是不吃刺激的东西,伤害自己的健康智慧,转而伤害别人。戒有自由、不侵犯的意思。所以持戒能带给我们真正的自由。如果一个人能够奉持五戒,人格道德就健全;一家能奉持五戒,一家的人格道德就都健全;一个团体、一个社会、一个国家都能奉持五戒,这个社会、国家必定是个安和乐利的国家、社会。

《大毗婆沙论》卷一七二记载:"人"有三事胜诸天:人能勇猛修诸梵行,精进不怠胜于天;人能记忆过去所作所说的事,不会忘失记忆比天殊胜;人能修持净戒胜于天。所以佛出人间,诸天命终也以人间为净土,因为人间是最适宜修学佛法的国土,因此佛陀开示人乘佛法,让众生有切身的体证。

(二)天乘(修十善业道)

十善业也称十善戒,依《华严经·十地品》所说,十善业道为菩萨戒。从《阿含经》以来,十善业是主要的德行,是五戒的再延伸、再扩大。指身业修持不杀生、不偷盗、不邪淫等三业;口业修持不妄言、不两舌、不绮语、不恶口等四业;意业修持不贪、不瞋、不邪见等三业,合称十善业。

不杀生而能放生,自然长寿;不偷盗而行布施,自然能发财;不邪淫而洁身自好,家庭自然和谐;不妄言、不两舌、不绮语、不恶口而能诚实,名誉、信用自然良好;不饮酒、不乱吃而懂得养身,身心自然会健康;不贪取而喜舍,自然能获得更多的关怀;不瞋恚而行慈悲,自然能拥有无限的欢喜;不邪见而广修智慧,自然能解脱自在。

因此,《大智度论》说:修持十善道,则摄一切戒。有了十善戒法来规范身心,自然能得诸禅定而生天乘,所谓由戒生定,就是这个道理。

得生天道有四事福乐:

(1)身高端严:最低的四天王天,身高也有九十丈,相好庄严。

(2)寿命长久:四天王天寿长五百岁,合人间的九百万岁。

(3)欲乐幸福:思衣得衣,思食得食,种种欲乐胜于人间。

(4)禅定微妙:享受四禅八定的微妙禅乐。

但是,天人虽然享有四种福乐,一旦福尽命终时,则五衰相现:

(1)衣服污垢。

(2)头顶花冠枯萎。

(3)身体发臭。

(4)腋下流汗。

(5)不乐本座。

因此,天乘仍然不是最究竟的解脱之道。

在佛法中,十善业是一切佛法的依止处。《海龙王经》说:"十善业道,是生人天,得学无学、诸沙门果、独觉、菩提,及诸菩萨一切妙行、一切佛法,所依止处。"

(三)声闻乘(修四谛法门)

声闻,梵语为 sravaka,音译舍罗婆迦,意译作弟子,是指听闻佛陀声教而证悟的弟子,也就是观四谛之理,修三十七道品,断见修二惑而次第证得四沙门果,以期入于"灰身灭智"的无余涅槃行者。声闻乘,乃专为声闻所说的四谛教法。

四圣谛指苦、集、灭、道。谛,是真理的意思。四谛是四种宇宙人生真实不虚的实相,是大小二乘共学、应学的基本法门,是三乘共通的根本佛法,唯有圣者才能深切体悟而决定无疑,所以叫做四圣谛。

苦谛,说明人生世间的特性是苦。是以智慧观察,知三界是个充满痛苦、缺乏快乐的火宅;集谛,是以智慧彻悟到贪瞋痴等烦恼,是所以造成生死痛苦的原因;灭谛,是透过智慧,灭除一切苦迫,所证得的清净涅槃境地;道谛,是对治烦恼,离苦得乐的出世法门——三学八正道。苦、集二谛是迷界的世间因果,苦是集的结果,集是苦的原因。灭、道二谛是悟界的出世因果,灭是道的结果,道是灭的原因。《遗教经》说:"佛说苦谛,真实是苦,不可令乐。集真是集,更无异因。苦若灭者,即是因灭,因灭故果灭。灭苦之道,实是真道,更无余道。"

佛陀证道后,曾三转四谛法轮,第一示相转:此是苦,逼迫性;此是集,招感性;此是灭,可证性;此是道,可修性。第二劝修转:此是苦,汝应知;此是集,汝应断;此是灭,汝应证;此是道,汝应修。第三自证转:此是苦,我已知;此是集,我已断;此是灭,我已证;此是道,我已修。佛陀对五比丘所说的四谛法门,演绎开来,就是佛教。为了便于了解四谛的大概内容,略说如下:

1.苦谛(果,苦当知)

生苦—初出母胎,冷风割体,烦恼业力,众苦交集。

老苦—颜衰色变,体力减退,举止言行,皆不如往。

病苦—四大不调,精神欠佳,身心受病,苦痛无安。

死苦——五蕴分散，神识相离，茫然自失，业境现前。

爱别离苦——亲族朋友，名位权利，一切爱乐，离失之时。

求不得苦——一切荣乐，可爱诸事，心生欲望，求之不得。

怨憎会苦——怨家仇人，及诸事物，相遇会见，心生不安。

五阴炽盛苦——身(色)心(受想行识)无常，变易炽盛。

2.集谛(因，集当断)

贪——名利财色，一切贪欲。

瞋——瞋恚忿恨，嫉妒不平。

痴——事理不明，迷暗愚昧。

3.灭谛(果，灭当证)

无明烦恼，集谛业断，我法执除，贪瞋痴尽。

生死解脱，众苦云消，得寂灭境，安住涅槃。

4.道谛(因，道当修)

正见——正解佛法，远离唯神唯我唯物等迷谬妄见。

正思——远离邪妄贪欲，希望慧命增上，道业早成。

正语——远离虚言妄语，诽谤戏论。

正业——严持律仪，行为如法正当。

正命——常存道德观念，谋求正当职业，以维生命。

正勤——自信自尊，勇猛精进，修学戒定慧。

正念——正心诚意，远离妄想颠倒，不失正念。

正定——磨炼身心，发出真正智慧，养成圆满人格。

(四)缘觉乘(修十二缘起)

缘觉乘，又作辟支佛乘、独觉乘。缘觉，从断惑证真而言，与声闻是一样的。但两者主要的不同是缘觉乘"不由他觉"，是无师自悟的；是远离人事，远离愦闹，独来独往的。缘觉乘因为出于没有佛陀出世，或者没有佛法的时代，所以又称为独觉；又因为是观十二因缘而觉悟真谛之理，因此称为缘觉。缘觉圣者始观无明乃至老死的流转现象，次观无明灭,乃至老死灭的还灭真谛。由此因缘生灭,而悟非生非灭的道理,因此称为缘觉乘。这一类圣者,就名为辟支佛。证得辟支佛果与声闻乘的阿罗汉果地位相同,所以合称为"二乘"。

一切法皆是缘起法,缘起法的定义:"此有故彼有,此生故彼生;此无故彼无,此灭故彼灭。"这是说明一切法的存在,有彼此相依相待的关系,都是从因缘而起。有情众生生死流转皆不出此缘起法。其内容是"无明缘行,行缘识,识缘名色,名色缘六处,六处缘触,触缘受,受缘爱,爱缘取,取缘有,有缘生,生缘老死。"这就是十二支缘起,又称为十二因缘。

十二因缘是有情众生从过去到现在,从现在到未来,生灭轮转的十二个程序:

无明:就是无知,是根本的妄执,对于通达真理的智慧,有蒙蔽障碍作用。如缘生万法生,缘灭万法灭,一切法本来无常无我,人们不知道缘生法的真实相,是为无明。无明以痴为体,以迷暗为性,由此无明妄动,众生于是轮转世间,所以成为生死的根本,又称为愚痴,是过去烦恼的总称。

行:是造作的意思,也就是行为,是业的别名。是依过去的无明烦恼,发动身语意的三行,而造成罪福,名为行。

识:为初入胎识,由过去感业动力,感异熟报体的阿赖耶识,遇缘托胎,以完成现实的生命体——现在这一生的开始。

名色:名是受想行识(精神),色是物质(肉体),名色包括了主观的精神与客观的物质。名色就是五蕴的异名,可以总摄一切精神与物质。

六入:六入指眼耳鼻舌身意的内六根,传达色声香味触法外六境的机能。

触:内六根与外六境相接触,主观上所起的感觉作用。根、境、识三种和合曰触,苦乐感情、饥寒痛痒,都是由触觉所领导产生,所以触是认识的开始。

受:受是心的领纳。有三种:①对不欢喜的境物人事生起苦痛感曰苦受。②对欢喜的境物人事生起快感曰乐受。③对无记性的境物人事不起苦乐感受，或因为修养而能克服各种苦感和乐感，名为不苦不乐受，是情绪的作用。

爱：爱是染着企求，有爱财、爱情、爱命、爱生、爱执等；爱，又有欲爱、色爱、无色爱，也就是对所欲境渴爱的贪念。爱是生死的根本，爱是无明的意思，所谓"贪爱名为母，无明则是父"。贪爱增上则成取，以取为缘，表现于行动者为有。

取：是驰取追求，由爱而来。也就是由种种的执取，于是三业繁兴，而集成未来身心的苦，因此名为取。取有四种：①对五欲或色声香味触等五尘起追求想曰欲取。②对正理起谬解，如对五蕴生我见、边见，妄计取着曰见取。③于生活不合规律而有许多禁戒曰戒取。④对所爱事物起我和我所有执，如我执、我见、我慢、我法、我语等曰我取。

有：是存在的意思，由爱着驰取之不停，发为纵我为物所役的行为，而构成潜在业力，感后有报，名有。有，指欲有、色有、无色有等三有。

生：是未来受生。是由能生身心的潜在业力，而于六趣四生中受生，完成未来的新生命，名生。

老死：是身心演变的必然结果。未来之世，既然受生，则必有老病死忧悲苦恼等与之俱来。

十二因缘中的无明和行，是过去二因；识、名色、六入（处）、触、受，是现在五果；爱、取、有，是现在三因；生和老死是未来二果。

十二因缘说，亘于过、现、未三世，有两重因果，故名三世两重十二因缘。如不了脱生死，此三世因果相续的说明，就是无限生死相续的历程全貌。

十二因缘的道理，甚为玄妙，兹以二例来譬喻十二因缘：

（1）如城：十二因缘有如一座城墙，人为城墙所困，虽然有门，但是门口站有许多卫兵，不容易出去。人本来是可以跳出十二因缘的束缚，但是由于贪、瞋、痴、我执、烦恼的牵引，因此不容易跳出十二因缘的流转。

(2)如果树:十二因缘有如一株果树,果树是由种子萌芽、长大而成,继而开花、结果;果子落地后又长新株,又复萌芽、长大、开花、结果。新生的果实虽不是原来的种子,但是彼此之间却有着密切的关系。种、果相生,一直延续下去,如同生死缘起相续一般。

(五)菩萨乘(修六度万行)

菩萨乘,又称佛乘。以悲智法门为乘,运载众生,超越三界生死,达到涅槃彼岸为目的。人天乘的佛教,重于积集世间福行的增上心——以"现(世)乐后(世)亦乐"为满足;声闻缘觉乘的佛教,重于出世解脱的出离心——以"涅槃解脱乐"为最终的鹄的;菩萨乘的佛教,重于利他济世的菩提心,以"悲智究竟乐"为修行的极至,而六度万行乃为利他济世的具体实践。

六度,全称为六波罗蜜多。波罗蜜多译为度,到彼岸的意思。波罗蜜要具备几个条件:①菩提心相应;②住大悲心;③以般若无所得智慧为摄道;④须回向一切众生,自利利他,为法为人,能合乎这几个条件,才能称为真正的菩萨行,才能到达彼岸。

六波罗蜜的内容是:

(1)布施度:有财施(物质布施)、法施(教以真理)、无畏施(去除众生恐怖,使其安心)三种。能对治悭贪,消除贫穷。

(2)持戒度:持守戒律,不作恶而修清净行,并常自反省,能对治身口意的恶业,使身心清凉。以此来成熟众生,建立正法,名为持戒度。

(3)忍辱度:忍耐迫害苦痛,能对治瞋恚,使心安住。不能忍辱,瞋心一起,便失慈悲心,而不成大乘菩萨。

(4)精进度:实践其他五德目时,上进不懈,不屈不挠,能对治懈怠,生长善法。

(5)禅定度:修习禅定,能对治散乱心,使心安定。

(6)般若度:能对治愚痴,开真实的智慧,把握生命的真谛。"五度如盲，般若如道"，布施等五度所以能趣入佛道，完全是般若（智慧）摄道的力量。所以布施等要能成就波罗蜜多，一定要以无所得的般若为方便而修。

菩萨发心修学大乘法门——摄受正法，不出于六波罗蜜，六波罗蜜即大乘的异名。《胜鬘经》说："摄受正法即是波罗蜜。"六波罗蜜是菩萨行的大纲，如《增一阿含经》序品说："菩萨发意趣大乘，如来说此种种别，人尊说六度无极，布施持戒忍精进，禅智慧力如月初，速度无极观诸法。"因此可知，菩萨的自利利他行，一切都含摄在六波罗蜜中。

三、五乘佛法的人间佛教

我们学佛要能以菩萨为目标，自利利他，自度度人，自觉觉人，把人我的关系看成是分不开的、是一致的。把五乘佛法调合起来，就是人间佛教。譬如，今天要到台北，台北是学佛的最终目标（代表一个净土），现在坐火车出发，经过台南、台中、新竹，在台南可以不靠站停车，乃至台中、新竹都不靠站停车，而直接开往台北（成佛的目标）；但不能不经过台南、台中、新竹。也就是说，成佛可以直接实践大乘佛教的法门，但是也一定要经过人天乘、声闻缘觉乘的佛教来完成自己。

如何实践五乘佛法的人间佛教？

(1)五戒十善是人间佛教；

(2)四无量心是人间佛教；

(3)六度四摄是人间佛教；

(4)因缘果报是人间佛教；

(5)禅净中道是人间佛教。

受持五戒十善，发慈悲喜舍四无量心，实践六度四摄的菩萨道，明白因缘果报的甚深道理，勤修禅净融和的中道，就是统摄五乘的人间佛教。

第三节　三学增上

一、三学增上的含义

三学是指戒、定、慧，是佛教的实践纲领，是学佛者所必修的课目。《翻译名义集》说："防非止恶为戒，息虑静缘为定，破恶证真为慧。"此三学又称"三无漏学"，漏就是烦恼和非究竟的意思。因为戒定慧三学可以断除一切烦恼而获得究竟的妙智，所以又称为三无漏学。

此外，诸经论中每提及此三学，多冠以"增上"二字，称为增上戒、增上心（即定学）、增上慧，此"增上"有殊胜的意味，因为学此三法可达无上涅槃，功德殊胜，所以又称"三增上学"，或"三胜学"。

二、三学的内容

(一)戒学

1."戒"的意义

戒，梵语尸罗，或波罗提木叉，意指行为、习惯、道德、虔敬。《大智度论》卷十三说："尸罗，此言性善，好行善道，不自放逸，是名尸罗。或受戒行善，或不受戒行善，皆名尸罗。"《四分律》卷三十五说："波罗提木叉者，戒也。自摄持威仪、住处、行根、面首、集众善法，三昧成就。"这是说戒是善法的初基，善法的依住处，一切定慧等功德，都由持戒而成就。

依广义而言,戒通善恶,凡是善恶习惯都可以称为戒,例如好习惯称为善戒(又作善律仪),坏习惯称为恶戒(又作恶律仪),然一般是指净戒、善戒,特别是指佛教徒的戒规,有防非止恶的功用。

据《菩提资粮论》卷一载,尸罗有习近、本性、清凉、安稳、安静、寂灭、端严、净洁、头首、赞叹等十义。其中,自清凉以下是净戒的再转释。戒是一切善法的根本依处,也是实践佛道的基础;止恶行善,是戒的总相,守戒是实践修道的表现。

唐代道宣律师在《四分律删繁补阙行事钞》中,以戒法、戒体、戒行及戒相四点,说明戒的要义:

(1)戒法:是佛陀制定的法规,作为行者的规范,此禁戒的法规,如不杀、盗、淫、妄等。

(2)戒体:是受戒法时,在行者身心上所发得而领纳在心中的法体,有防非止恶的功能。

(3)戒行:发得戒体后,护持身、口、意三业不犯过失的如法行为。

(4)戒相:戒行表现在外,其美德光显威仪,可为人轨范,让人生起敬信之心的相状。

其中,戒体最为重要,它是受戒者在三宝前发誓持戒时,心里所产生的一种转变,能在将来起策励止恶修善的力量,甚至在梦中也能发挥功用,不毁禁戒。所以在领受戒法时,必须秉持一颗至诚恳切的心,将戒体纳入自身,才能达到受戒的效果。

经典中常以各种譬喻来说明戒的重要性,略举数则如下:

(1)戒如良师:学校的老师教导学生世间的知识,戒律的老师则引导我们如何使三业清净,延续我们的法身慧命。因此,佛陀在《遗教经》中说:"于我灭后,当尊重珍敬波罗提木叉,如暗遇明,贫人得宝,当知此则是汝大师。"

(2)戒如轨道:走路时,如果依街道指标,就不会走入岔路;汽车行驶,如果人人遵守交通规则,就不会发生车祸。戒律有防非止恶的功能,遵守戒律的轨则去做,就不会起惑造业,承受苦果。

(3)戒如城池:古代国家设有城墙和护城河,以防止敌国的侵略;现代各国之间,也讲究国防的建设,以保卫人民的安全。戒就像围墙城池、国防建设一样,能巩固我们的慧命道业,不被五欲六尘的盗贼所侵犯。佛陀在临入灭时,一再告诫弟子们:"当持净戒,勿令毁缺。若人能持净戒,是则能有善法,若无净戒,诸善功德皆不得生。是以当知,戒为第一安稳功德之住处。"唯有受持净戒,才能使慧命长固久安。

(4)戒如水囊:在外旅游的人,备有水囊才能解除干渴。人生旅途也会有许多烦忧热恼,唯有依靠戒的清凉甘露,才能够消除热恼,洗涤尘垢,所以戒含有清凉的意义。

(5)戒如明灯:在黑夜大海中飘泊的船只,靠着灯塔的照射,得以安全靠岸;夜归的人,借着路灯的照明,得以平安回家。学佛修道也必须借着戒的明灯,照破无明烦恼,使迅速找回清净的自性,到达解脱的彼岸。

(6)戒如璎珞:世俗的人以项链首饰来装扮自己,学佛修行的人,以守持净戒来庄严自己的德行。戒行清净的人,好比戴上了道德的璎珞宝冠,人身自然庄严。

2."戒"的类别

从戒的各种分类,可以略知持戒的内容与方法:

(1)通戒与别戒:通戒指"七佛通戒偈",即"诸恶莫作,众善奉行,自净其意,是诸佛教"。诸佛出世之初,因为佛弟子清净,所以不须别制禁戒,因此以一偈涵摄诸戒。后来由于僧团庞大,龙蛇混杂,不得不在枝末上别别安立戒条,称为别戒,也就是为僧团七众所各别制定的戒律。

(2)止持戒和作持戒:护持所受的戒体,停止恶业的造作,称为止持戒;策励修习善业的行为,就是作持戒。七佛通戒偈中的"诸恶莫作"属于止持戒,是消极的作为,"众善奉行"则属作持戒,是积极的行持。

(3)性戒和遮戒:佛陀针对本质上是罪恶的行为所立的戒,称为性

戒;如果本质并非是罪恶的,然而容易产生讥嫌,或诱发其他本质上是罪恶的行为,则称为遮戒。例如:杀生、偷盗、邪淫、妄语等行为,无论佛教是否制戒,国家是否订法,本质上为天理所不容,是社会所公认的罪行,佛陀为之制戒,属于性戒;饮酒本身不是罪恶,但是,饮酒容易令人失去理智,转而犯下杀、盗、淫、妄等恶行,佛陀为之制戒,属于遮戒。从性、遮这两种戒,可以看出佛陀制戒所考虑的层面是十分圆满的。

(4)声闻戒和菩萨戒:声闻戒指声闻乘所受持的戒律,如四分律、十诵律等。菩萨戒指大乘佛教所受持的戒律。菩萨戒的内容是三聚净戒,如《璎珞本业经》所说的摄律仪戒、摄善法戒和饶益有情戒。摄律仪戒断一切恶,摄善法戒积集一切善,饶益有情戒摄受一切众生。声闻戒与菩萨戒的差别在哪里呢?《分别经论》卷二说:声闻戒,重视形式,动则越仪,有如膝上花,动则解散;菩萨戒,重视心行,不拘外轨,有如头插花,行止不动。

(5)在家戒和出家戒:佛门里的七众弟子——优婆塞、优婆夷、沙弥、沙弥尼、式叉摩那、比丘、比丘尼,所受的戒律不同,略述如下:

Ⅰ在家戒:如优婆塞(近事男)、优婆夷(近事女)等信持的五戒、八戒,称为在家戒。亲近承事三宝的在家男女,于皈依三宝后,首应受持五戒,不杀、不盗、不邪淫、不妄语、不饮酒。受持五戒后的在家男女,可随分随力,进一步受持八关斋戒。八关斋戒是在一昼夜间守持出家的八条净戒,因为只受持一日,所以与出家戒尽形寿受持不同。八戒是在五戒以外,加上:不着香花蔓(不香油涂身)、不观听歌舞、不坐卧高广大床三戒,及不非时食一斋,并将五戒中的不邪淫戒改为不淫戒。

Ⅱ出家戒:依品类不同,又可分为下列三种:

ⅰ沙弥戒与沙弥尼戒:出家要先受沙弥与沙弥尼戒,进一步才受具足大戒。沙弥、沙弥尼受持十戒,即八关斋戒加上不捉持生像金银宝物戒。

ⅱ式叉摩那戒:沙弥尼在受比丘尼戒前,必须先修学六法,两年期间内戒行清净,无有毁犯,才能受持比丘尼具足大戒。这一段期间就称为式叉摩那,所修的六法为不杀畜生、不偷三钱、不摩触、不小妄语、不饮酒和不非时食等六种戒法。

ⅲ具足戒:凡沙弥受持十戒清净,或沙弥尼增受六法无犯,年龄已达二十岁以上,可进受比丘二百五十戒,比丘尼三百四十八戒,由于与其他在家出家戒相比,戒品具足,故称具足戒。

具足戒的条文很多,若依其原因及罪性,大致可分成七项:

A.波罗夷:意译即断头、极恶、无余、不共住等义。在僧团里,如果有人犯下瞋心杀人、不予而取、贪婪奸淫和妄言证果等四重禁戒其中的一条,就是犯了波罗夷罪,必须逐出僧团,不能共住。

B.僧残:意思是犯了很严重的戒,犹如风烛残年,濒临死亡的人,必须向僧众忏悔,以全残命。在律典中,共有十三条僧残法,如蓄意毁谤、破和合僧等,都属于僧残罪。

C.不定:指犯戒有无轻重尚不明确,须视当时情况来作判断,也就是所谓的嫌疑罪。有两条戒规属于不定法。

D.波逸提:意译即堕、令堕、能烧热、应对治、应忏悔。波逸提有舍堕与单堕两种,意思是说,凡是犯了此罪而不忏悔,将堕入恶趣,因此称为堕。

a.舍堕:必须尽舍所犯的财物于僧前,借以舍去相续的贪心及洗清罪恶。舍堕下共有三十条戒,大都与日常衣物用具有关,例如把多余的衣物收藏起来,不肯转送给他人,超过十天以上不用,就是犯了舍堕法。

b.单堕:是指只要向他人忏悔,就可以得到清净的堕罪。单堕共有九十条戒法,例如使用离间语属两舌语戒,言行不符属小妄语戒。

E.波罗提提舍尼:意译为向彼悔、显示、说罪,是向对方忏悔就可以除灭的罪。共有四项戒属于提舍尼,例如佛世时,不自己入城托钵的比丘就是犯了提舍尼戒。

F.突吉罗:意译即恶作、小过、轻垢、失意、应当学。有关威仪方面的一百条戒法都属于突吉罗戒,是轻微的戒法,在戒本中将它纳入众学法内,是应当在大众中再努力学习的意思。故意违犯此戒者,须向上座比丘忏悔;非故意违犯此戒者,自行忏悔即可。例如衣装不整,行止有失威仪等都属于突吉罗。

G.灭诤:七条有关息灭诤论的戒律。例如当面对质、忆念陈述都属于灭诤的法则。

从具足戒种类的完备,可以看出佛教僧团极具有现代民主法治的精神。

《杂阿含经》卷三十七中,佛陀对于戒有一番积极的解释:

"我当为说自通之法,谛听! 善思! 何等自通之法?谓圣弟子作如是学,我作是念:若有欲杀我者,我所不喜。我若所不喜,他亦如是,云何杀彼?作是觉已,受不杀生,不乐杀生,如上说。我若不喜人盗于我,他亦不喜,我云何盗他?是故持不盗戒,不乐于盗,如上说。我既不喜人侵我妻,他亦不喜,我今云何侵人妻妇?是故受持不他淫戒,如上说。我尚不喜为人所欺,他亦如是,云何欺他?是故受持不妄语戒,如上说。我尚不喜他人离我亲友,他亦如是,我今云何离他亲友?是故不行两舌。我尚不喜人加粗言,他亦如是,云何于他而起骂辱?是故于他不行恶口,如上说。我尚不喜人作绮语,他亦如是,云何于他而作绮语?是故于他不行绮饰,如上说。如是七种,名为圣戒。"

《四分律》卷一、《根本说一切有部毗奈耶》卷一、《五分律》卷一、《十诵律》卷一中,曾举出佛陀制戒的十种意义:

1.使僧团大众能和合相处。

2.借和合清净的僧团风范来摄受僧众。

3.以戒法来调伏个性顽劣的众生。

4.使有罪者忏悔后,内心得到清净快乐。

5.使修行梵行者能安住在佛法上,进德修业。

6.使未生信心的人生起信心。

7.使已生起信心的弟子更加坚定学佛的信心。

8.使僧众言行有所规范而断除现在的烦恼。

9.使僧众断除烦恼后,进而产生定力,断除未来烦恼。

10.使正法得以长存,佛法得以久住世间。

可见持戒是设身处地,将心比心,为他人着想,而自愿受持的"自通之法",也是使社会长治久安的根本之道。研读佛教的律典,可以发现无论是简单的在家五戒,或出家数百条戒律,都是慈悲心与菩萨道的具体表现。因此,我们在守持戒律时,应把握戒的基本精神,才不会拘泥于戒条的形式,而能与时俱进,发挥安顿身心、净化社会的功能。

(二)定学

1."定"的意义

定,音译三昧、三摩地。能令心专注,远离散乱浮沉,而达到平等安详的精神状态就是定,也称为禅定。

禅定能产生一种力量,使我们不易为外境所转,而显发真如自性,长养法身慧命,所以又有"定根"、"定力"之称。

因为禅定有如此大的功效,自古以来成为各大宗派共行的修持法门。佛陀时代,修习禅定早已普及当时印度的宗教界。佛教传到中国以后,中国的禅宗祖师们,将印度注重瞑思的风格,融入生活中,达到动静一如的定境,开展出中国独特的务实禅风,对于中国文化产生很大的影响,后来传到了日本,也蔚为风尚,历久不衰。现代科技文明极端发达的欧美各国,纷纷回过头来,学习东方的禅定功夫,找寻心灵上的禅悦法喜。可见禅定是任何时空不可或缺的精神食粮。

唐时圭峰宗密禅师曾将禅分为五类:

(1)凡夫禅:无哲学或宗教内容,纯粹为治病或增进个人身心健康,或磨炼定力。因不再作深一层修持,不明生死之理,仍不免三界六道轮回。

(2)外道禅:对佛教界来讲,凡非佛法的法门,都称外道。是指其心外求法而言。这种禅已具有哲学或宗教的内容。因其修持之目的,或为求生天,或为求神通,甚而为求特殊技艺。修这种禅,即使上生天界,也是在三界六道轮回之内,所以称为外道禅。

(3)小乘禅:乘是车辆的意思,小乘即是小车辆。能自己乘骑,而不能运载他人。这种禅已具佛法内容,高过凡夫、外道。其所证为无心定境界,妄念不生,烦恼已歇。因其只为个人解脱轮回,不发心度众,故名小乘禅。

(4)大乘禅:深具佛法的内涵,已见性悟道,了解世间之妄见,并证入绝对无分别的实相,是内在佛性的体现。有奉献身心,济度众生的愿力。

(5)最上乘禅:乃禅定中之极致,十方三世诸佛之所证,绝对生命的表现,且融于最纯净的生活方式中。

2.修定的方法

修习禅定可以先从打坐着手。打坐经验久了,不管林下水边,岩洞塚间,乃至闹市街衢,都能够安然入定。但是初学的人,最好选择在室内,远离嘈杂的地方,比较能够收到效果。在室内,灯光不可太亮,以免刺眼;也不可太暗,以防昏睡。最好能摆设佛像,燃香供佛,以摄心提念。坐禅的位置,应避免在直接通风、日烈、高显处,以免引起感冒伤风,或其他病症。

除了环境以外,也要注重饮食、衣着等问题。饭后一个小时之内不要打坐,因为此时血液集中在肠胃,既不合乎生理卫生,也容易造成昏沉。肚子饥饿也不宜打坐,最好是七八分饱。衣着方面以宽松、舒适、柔软为要,以免妨碍血液循环。睡眠要充足,以免昏沉入睡,浪费宝贵的时间。

上述的预备事项齐全以后,就可以开始打坐了。禅坐的方法,不外调身、调息、调心三项,略为说明如下:

Ⅰ 调身——毗卢遮那佛七支坐法

(1)盘腿:有双盘和单盘两种。单盘就是把左腿放在右腿上,或把右腿放在左腿上,佛教称为半跏趺坐。双盘就是将两腿都盘起来,佛教称为全跏趺坐,即先将左脚放在右腿上,再将右脚放在左腿上,名吉祥坐;或先将右脚放在左腿上,再将左脚放在右腿上,名降魔坐,亦名金刚坐。如果无法双盘或单盘,两腿交叉架住,散盘也可以。只是盘起腿来,能够集中思想,统一心意,比较容易进入禅定的境界。

(2)结印:腿盘好了,双手要结印。先将右手仰放在肚脐下,左手置于右手上,(或相反),两个拇指轻轻相拄,两手臂自然紧贴腋下,这种结印方式称为"法界定印",可以使气血通畅。

(3)直脊:盘坐时,背脊自然挺直,如算盘珠子的叠竖。若身体衰弱或有病者,最初不能挺直,且听其自然,练习日久,自能渐渐竖直。但要注意,虽不是过俯,也不可过仰,是自然之直。

(4)平胸:两肩稍微张开,使其平整适度,无歪斜现象。

(5)收颈:头须正直,颈项靠紧衣领,前颚略向下压住两条大动脉,保持从侧面看去,耳朵和肩膀成一直线,鼻柱与肚脐也在一条线上的姿势,可使五脏六腑功能运作良好。

(6)抵腭:收敛下巴,嘴巴轻闭,舌尖轻轻抵住门牙上龈的唾腺,以促进消化。

(7)敛目:将眼光收起来,初学者眼睛最好微眯,注视座前两三尺的地方,以免昏睡。

此外尚须注意事项有:

(1)安座:上座之前,先将座处调整安稳,使坐久之后,无不适之感。

(2)松带:手表、眼镜、腰带等一切束缚身体的物件,一律松开,使身体松弛,且不妨碍血液循环。

(3)垫臀:无论初习或老修,臀部都须垫物,以松软为佳,厚薄随人而异,以能坐得四平八稳,不阻塞气脉即可。若是双盘,垫物可薄;若是单盘,垫物须厚。双盘而垫过厚,则上身不稳;单盘而垫过薄,则双腿容易酸麻。

(4)裹膝:气候冷时,要包裹膝盖,使其暖和,不可使风寒侵入,若风寒侵入,必得风湿症。即使气候热时,亦须注意。

(5)吐气:口吐浊气,先自鼻子深吸一口气,然后开口放出,不可粗急,缓缓安静而吐,且作观想,想身中浊气随之而出。这样口吐鼻纳,重复再三。若身息调和,一次亦可。

(6)摇身:将身左右摇动几次,然后端直,无倾斜之患。或者身体前倾,使尻部突出,再缓缓将上身树直。

(7)微笑:使面部神经松弛,慈容可掬,心情即自然放松,若面部表情生硬枯槁,变成冷峻,内心亦随之僵硬。

(8)勿有所靠:上身或背部不可倚靠他物,若背部靠物,使气脉不能上行,反向心脏前进,严重者,易致吐血。

Ⅱ调息:也就是调节呼吸,使呼吸由粗重急喘到细微均匀,才能使心意集中。息即呼吸,有四种相:

(1)风相:鼻中呼吸有声。守风则散。

(2)喘相:呼吸虽然无声,但出入结滞不通。守喘则结。

(3)气相:息虽无声,亦不结滞,但出入不细。守气则劳。

(4)息相:不声不结不粗,出入绵绵,若存若亡,精神安稳,心情愉悦。守息则定风。

喘气三种相,都是息未调和,而特意用心去调和,反而成为过患,不能达到坐禅静定之效。

举要言之,呼吸任其自然,不加控制。但平心泯念,而安住于寂然之境,久而久之,自能气沉丹田,脉解心开。

Ⅲ调心:我们的心念有如野马奔驰,猿猴跳跃,不易控制,如果不能调御心念,即使坐破蒲团也没有意义。数出入息、观想诸佛相好或法界光明、念佛、持咒、参话头等,都是制心一处的方法。《瑜伽师地论》卷三十以"九种心住"说明从最初摄心到成就正定的九个阶段,即:

(1)内住:最初系缚其心,使心住于内,不外散乱。

(2)等住:最初所系缚的心,其性粗动,未能令其等住遍住,所以次即于此所缘境界,以相续方便、澄净方便,挫令微细,遍摄令住。

(3)安住:若此心虽复如是内住、等住,但是仍然还会有失念,于外散乱的时候,因此一旦心一外散,立即觉察,摄心还住于所缘中。

(4)近住:此时已能做到不起妄念,心念不向外散失。因为妄念将起,就能预先觉知,先为制伏,不令此心远住于外,所以称为近住。

(5)调顺:深知定的功德,了知色、声、香、味、触相及贪、瞋、痴、男、女等十相是使心散乱的过患,因此于彼诸相,调伏其心,不令流散。

(6)寂静:了知种种欲患害等诸恶寻思及贪欲盖等诸随烦恼,能令心扰动,所以于诸恶寻思及随烦恼止息其心,不令流散。

(7)最极寂静:由于失念的缘故,如前所说的各种不正寻思及随烦恼暂现行时,随所生起,能不忍受,立即除遣断灭。

(8)专注一趣:有加行,有功用,无缺无间,于三摩地相续而住。

(9)等持:由于数修数习,数多修习,功夫纯熟,不由加行,不由功用,心三摩地任运相续,无散乱转。

《释禅波罗蜜次第法门》卷三上以系缘止,即以系心五处为缘,令心不散。所谓"系缘止"是系缚住攀缘的妄心于一处,使此妄心止息,而进入静止之境。

(1)系心顶上:因心昏沉多睡,所以将心息向上系。但若系之过久,则令人气浮,乍如风病,或似得通欲飞,不可常用。

(2)系心发际:此处发黑肉白,容易系住。或可产生白骨观。但若系之过久,则眼睛喜欢向上瞻,或见到黄赤等色,如花如云,种种相貌,令人情想颠倒,也不可常用。

(3)系心鼻柱:鼻是风门,觉知出息入息,念念不住,易悟无常之理,且易心静,能发禅定。

(4)系心脐间:脐是气海,亦名中宫。系心在脐,可使血液下降,能除众病,或时内见三十六物,发特胜等禅定。女众则不宜多系此处,易得血崩之患。

(5)系心地轮:此在最下(座处地下),血气随心之缘系而下降,则四大调和,亦能发不净观。

这五法中以鼻柱、脐间(丹田)、地轮为最稳当,但应认识机宜,若身觉得上浮,则应系缘于下,若觉得沉重时,则应系缘于上。总之,修习者于修习过程中,须细加体会,如有过患,应知对治之法。

上座坐禅之时,是由粗至细,由动入静;下座之时,是由细至粗,由动出静,上座下座都不可粗犷、卒暴,尤其下座,应该轻轻动身,安详而起,徐徐而行。若不如此,由于坐禅当中,心息寂静而住,气脉微细而行,如今下座过于顿促,令细法未散,住在身中,令人头痛,四肢僵硬,如得风劳一般,于下一坐中,会感到烦躁不安。所以下座时,须注意一些事项:

(1)放心异缘:坐禅已毕,欲下座时,应先舒放其心,转换所缘,即全心专注于下座的动作。

(2)开口放气:继而开口吐出浊气,观想气从百脉随意而散。

(3)摇动上身:然后微微起动身体,再轻轻摇动肩、膊及手、头、颈。

(4)次动二足:上身动过后,再动二足,使其完全柔软不僵硬。

(5)摩诸毛孔:以双手搓热,分别遍摩全身各部分的毛孔。

(6)手掩两眼:摩手令暖,轻拭两眼,觉得舒适后,将手放下,然后张开眼睛。

(7)热歇方出:坐禅时往往气血流通,全身温暖,热度增高,有时出汗,须待身热稍退,出汗稍敛,方可随意行动。

打坐并不是为了求神通、灵异,它只是修定的一种方便法门,最重要的还是要将禅定的功夫落实在生活上,而非走旁门左道。六祖惠能大师曾说:"何名坐禅?外于一切善境,心念不起,名为坐;内见自性不动,名为禅。"又说:"外离相为禅,内不乱为定。"所以,中国禅宗以搬柴运水、出坡作务来修习禅定,借事练心,找回自己本来的面目。因为"明心见性"才是禅定的最终目标。

(三)慧学

1."慧"的意义

慧,音译为般若,指洞悉真理的智慧,以其境界甚深如海,非世俗萤火小智所能比拟,所以通常直译为"般若"。一般宗教多重视信仰或慈悲的层面,唯有佛教重视理性,追求智慧。佛教认为拥有般若智慧,才能分辨邪正真伪,断除烦恼;拥有般若智慧,才能自度度人,究竟解脱。大乘菩萨以般若智慧作为六度的上首,所以能悲智双运,济世利人。三世诸佛都是因为证得无漏智慧而成就无上正等正觉,所以经云:"般若为诸佛之母。"

2.修三慧的方法

般若智慧是如此的重要,我们应该如何修习呢?佛教将修慧分成三个阶段:

(1)闻所成慧:由亲近善知识,听经闻法;或阅读佛典,从文义中生起信解所得的智慧。

(2)思所成慧:以闻慧为基础,对法义深入思维、观察,深刻体会佛法妙谛。要成就思所成慧,应按照佛陀所说的四依止——依法不依人、依义不依语、依了义不依不了义、依智不依识——来简择、审度,才能正确体会佛陀说法的究竟意义。

(3)修所成慧:依据闻、思二慧理解佛法后,依照法义,精勤修持与定心相应的观慧,叫修所成慧。再由此有漏的闻思修慧,引发得到能所不二的般若实相慧,才能离烦恼而得解脱。

三、三学的重要性

有关三学的次第,《瑜伽师地论》卷廿八说:"何缘三学如是次第?先于尸罗善清净故,便无忧悔;无忧悔故,欢喜安乐;由有乐故,心得正定;心得定故,能如实知,能如实见;如实知见,故能起厌,厌故离染;由离染故,便得解脱;得解脱故,证无所作究竟涅槃。如是最初修习净戒,渐次进趣,后证无作究竟涅槃。"

由此可知,三学次第相倚,由戒生定,由定发慧,由慧趣入解脱,是吾人学佛不可缺少的资粮,所以,在诸经论中多处提及三学,历代祖师大德也大力提倡此法门。例如：

《杂阿含经》："三学具足者，是比丘正行。增上戒定慧，三法勤精进，勇猛坚固城，常守护诸根。"

《大方等大集经》："所谓戒定慧，无上陀罗尼，能令三业净，一切人所爱。"

《海慧菩萨所问净印法门经》："诸佛正法护持者，身语心业皆清净，戒定慧净亦复然，得解脱智善清净。"

道安法师："世尊立教法有三焉，一者戒律，二者禅定，三者智慧。斯之三者，至道之由户，泥洹之关要。戒乃断三恶之干将也，禅乃绝分散之利器也，慧乃济药病之妙医也。"

鸠摩罗什法师："持戒能折伏烦恼，令其势微；禅定能遮烦恼，如石山断流；智慧能灭烦恼，毕竟无余。"

将三学的重要性归纳如下，引发大家的信心：

（一）适合人类特性：经中说人有追求梵行、忍耐勇猛、累积智慧等三项特性，是其余六道所不及，戒、定、慧三学与这三种特性相通，是我们进趣佛道的最佳门径。

（二）息灭贪瞋痴：贪瞋痴是众生的三种根本烦恼，众生因为它们的存在而妄想颠倒，造业轮回，所以又称为"三毒"。勤修三学，守持戒律，可以养成勤俭、喜舍、慈悲、布施的习惯，就能对治悭贪的毛病。"瞋"念起时，要用"定"来对治，修习禅定能使我们心虑澄净，遇到逆境，就不会生起瞋心。善于运用般若智慧观照，就可以转烦恼为菩提。所以勤修戒定慧是息灭贪瞋痴的良方。

（三）经律论所诠：约三藏而言，经藏诠释定学，律藏诠释戒学，论藏诠释慧学，所以，修习戒定慧三学，在思想和生活上能实践佛陀的教法。

（四）涵摄八正道：八正道是四圣谛的主要内容，其中正语、正业、正命属于戒学，正见、正思属于慧学，正念、正定属于定学，正精进通于戒、定、慧三学。所以，依三学而行，是趣向解脱的正道。

（五）符合六度行：大乘菩萨道以六波罗蜜为正行，其中的布施、持戒、忍辱、精进正是戒学的主要纲目，禅定归于定学，般若属于慧学。因此，三学是自他兼利，同登彼岸的舟船。

总之，三学的次第合乎现代教育方法，是福慧双修、行解并重的根本功夫，我们应该勤加修行，以悟入佛之知见，获得圆满幸福的人生。

第四节　止观双修

一、止观双修的意义

定慧二学在佛法上往往相应不离,《北本大般涅槃经》说:唯有定慧等持,才能得无相涅槃。在修习的方便上,佛教常以"止观"来代替"定慧",因而有"止观双修"、"定慧等持"的说法。

止观是什么意思呢?止,音译为奢摩他、舍摩他,又作止寂、等观,意为止息一切妄念,心归于专注一境的状态。观,音译为毗钵舍那、毗婆舍那,意为开启正智,正确观照诸法,而断灭诸结烦恼。

《北本大般涅槃经》卷三十说:"为三事故,修奢摩他。何等为三?一者不放逸故,二者庄严大智故,三者得自在故。复次,为三事故,修毗婆舍那。何等为三?一者为观生死恶果报故,二者为欲增长善根故,三者为破一切诸烦恼故。"

《成实论》卷十五则进一步解释:"止名定,观名慧。一切善法从修生者,此二者皆摄,及在散心闻思等慧,亦此中摄,以此二事能办道法。所以者何?止能遮结,观能断灭。"

二、止和观的关系

由此看来,止观二者虽然并举为一词,就相对而言,止的意义偏向消极的防遮性,观则具有积极的建设性,必须二者并修,才能达到定慧一如,断惑证真的效果。

以上是就修证的效果而言,就修学的次第来说,如果修止无功,修观也不会成就。因此,经论中说到止观、定慧,总是止与定在前,观与慧在后。《北本大般涅槃经》卷三十一说:"如拔坚木,先以手动,后则易出,菩萨定慧亦复如是,先以定动,后以智拔。"一语道破止观或定慧之间的关系。

从佛教的譬喻中,可以看出止和观的关联性与止观双修的重要性。《成实论》卷十五载:"止如捉草,观如兼刈;止如扫地,观如除粪;止如揩垢,观如水洗;止如水浸,观如火熟;止如镕金,观如造器;止如平地,观如下种;止如明镜止水,观如影现万象;止如平立,观如发箭;止如服腻,观如投药;止如铠杖庄严,观如御阵坏贼等。"

三、止观双修的种类

由于止观双修对于修习佛法是如此重要,所以诸经论中所说的法门,与止观都有着密切的关系。例如:

三十七道品与止观

三十七道品分为七科,即四念处、四正勤、四如意足、五根、五力、七觉分、八正道。

四念处:身念处、受念处、心念处、法念处。

四正勤:已生恶令永断、未生恶令不生、未生善令生起、已生善令增长。

四如意足:欲如意足、精进如意足、念如意足、思维如意足。

以上为止。

五根(力):信根(力)、精进根(力)、念根(力)、定根(力)、慧根

（力）。

以上为观。

七觉分：念觉分、择法觉分、精进觉分、喜觉分、除觉分、定觉分、舍觉分。

以上为止。

八正道：正见、正思、正语、正业、正命、正勤、正念、正定。

以上为观。

七净（七种净德）与止观

七净，即戒净、心净、见净、度疑净、分别道净、行断知见净、涅槃净。

戒净：身口所作，无有微恶；意不起垢，也不取相。

心净：三乘制伏烦恼心。

以上为止。

见净：见法真性，不起妄想。

度疑净：见解深透，断除疑惑。

分别道净：善能分别是非，合道则行，非道则舍。

行断知见净：修行断惑，证得通达清净无分别的智慧，能知见所行、所断。

涅槃净。

以上为观。

八大人觉与止观

八大人觉，即少欲觉、知足觉、远离觉、精进觉、正念觉、正定觉、正慧觉、不戏论觉。

少欲觉：为修道而欲求所须，但不多求。

知足觉：少取心即满足。

远离觉：身离世间缠缚，心离诸烦恼。

精进觉:修善断恶,毫不懈怠。

正念觉:常于身、受、心、法修正安念。

正定觉:修习禅定,摄持心念。

以上为止。

正慧觉:以智眼观佛法,觉知正道。

不戏论觉:远离诸戏论,住于正语。

以上为观。

一心二门与止观

"心、佛、众生,三无差别"。众生与佛本具同一心性,只因无明妄动而呈现生住异灭、迷悟染净之相。《大乘起信论》为了说明心的这种性质,遂将含摄诸法的众生心,分为"心真如门"与"心生灭门",以显其体用,称为一心二门,并将止观配于二门如下:

心真如门:一心的本体是超越迷悟染净等一切差别的平等理体,若依真如门止息境相而无所分别,即成无分别智,是为止门。

心生灭门:心体依无明妄念而生起迷悟染净等差别相,若依生灭门分别诸相,观诸相的理趣,而成后得智,是为观门。

二门唯是一心,必须止观双修,才能称为正止观。

此外,中国佛教各宗派也以止观为修行的要道。

1.华严宗的五教止观:杜顺大师在《华严五教止观》中,依观门的深浅差别,阐释不同的止观法门,而终归于华严三昧门,也就是一乘圆教的事事无碍法界观。

(1)法有我无门:这是小乘的界分别观。行者观诸法皆由五蕴、十二入、十八界和合而成,以破除我执,然而仍执众缘为实,为法有我无门。

(2)生即无生门:这是大乘始教的人法二空观,分为无生观与无相观两种。

①无生观:观诸法无自性,皆由名相所生,此生并非实有,所以说无生。

②无相观：观一切法皆空，连"无自性"这个法也空去。

（3）事理圆融门：这是大乘宗教基于《大乘起信论》的心真如门和心生灭门的止观法门。心真如门属理，心生灭门属事，理事如真空妙有的圆融无碍，所以能止观双运，悲智互道，离执有执空之二失。

（4）语观双绝门：这是顿教的止观门。言说观行，乃至无说、无观皆是法，若能超越分别思维、言和无言，直观诸法实相，就是证得解脱。

（5）华严三昧门：这是一乘圆教的止观法门。观宇宙诸法互相缘起，重重无尽，同时顿现，一多相容，大小互入，一即万法，万法即一，融通周遍，不相妨碍。

2.天台宗的圆顿止观：是天台宗三种止观中的一种，以"四种三昧"和"十乘观法"为主要内容，是智者大师晚年在华顶开悟后所讲，最为圆满殊胜。

（1）四种三昧：三昧，意译为等持、定、正定、定意、调直定、正心行处等；是将心止于一处，不令散乱，保持安静的状态；达到这种状态就能生起正智慧而觉悟真理。借着下述四种行法，可以正观实相，令心调直，称为三昧。

①常坐三昧：依《文殊说般若经》、《文殊问般若经》所修的三昧，以九十日为一期，独居静室，结跏趺坐，舍除杂念，系缘法界，观一切法皆是佛法，专心称念一佛圣号。于期限内精进不懈，念念无间，则能破除业障，显发实相之理。因为仅修常坐一行，所以又称为一行三昧。

②常行三昧：依《般舟三昧经》所修的三昧，所以又称为般舟三昧。以九十日为一期，在道场内，身常旋行绕佛，除了吃饭，余皆不可坐，口常诵阿弥陀佛圣号，意常念阿弥陀佛三十二相。如此精勤不懈，三昧成就时，能在定中见十方诸佛显现于前，所以又称佛立三昧。

③半行半坐三昧：又可分为二种：

A.方等三昧：依《大方等陀罗尼经》所修的三昧，以七日为一期，在道场内诵持陀罗尼咒，旋行一百二十匝，一旋一匝，疾徐适中。旋咒已，却坐思维，观实相之理，观毕复起旋咒，如此反覆实行。

B.法华三昧:依《法华经·妙音菩萨品》和《妙庄严王本事品》所修的三昧,以二十一日为一期,修行的方法包括礼拜、忏悔、绕佛、诵经、坐禅等。

④非行非坐三昧:在《大般若经》称为"觉意三昧",不拘期限,也不囿于行仪,在一切时中,一切事上,随意用观,念起即觉,意起即修三昧。

四种三昧中,前三种三昧属于实相的理观,有严格的方法施设,只有非行非坐三昧是事理双观的修行方法,而且没有行仪和日期上的规定限制,可尽形寿奉行,很适合现代忙碌的社会。

(2)十乘观法:是圆顿止观的十种正观法,如同车乘,能令行者从生死苦域趋于涅槃安乐之境,所以称为十乘观法。

①观不思议境:观察自己在日常生活中所起的一念,具足一切诸法,此观已超越思议分别,所以称为不思议境。

②发真正菩提心:行者谛观不思议境未成功时,容易生起懈怠心,所以必须发起菩提心,立四弘誓愿,上求佛道,下化众生。

③善巧安心止观:善巧运用止观法门,将心安住于法理之中。

④破法遍:破除遍于一切诸法的执着心。

⑤识通塞:又称为知得失。行者如果在破法遍中,仍然无法悟入无生之理时,就必须检讨得失,时时以契合实相观智为目的。

⑥道品调适:又作修道品。行者虽知法门的通塞,却仍然无法进道时,就必须一一检讨三十七道品,选择其中适合自己资质能力者实行。

⑦对治助开:又作助道对治。在实践时,如果遇到障道无法开启圆理时,必须借助道来排开,例如以六度对治六蔽等。

⑧知次住:行者易患"未得谓得"的通病,因而失去功德,所以了知自己修行的阶位是很重要的。

⑨能安忍:指在顺逆境中,必须安忍不动,才能成就道业。

⑩无法爱:又作离法爱。指破除对于非真正菩提的爱执,俾能契入中道,妙证无生法忍。

3.净土宗五念门中的作愿门与观察门:世亲菩萨的《净土论》指出

往生阿弥陀佛净土有五种修行法门，称为五念门，而昙鸾的《往生论》，将作愿门和观察门分别摄为止门和观门。

（1）作愿门：指心常作愿，如实修定，以止息散乱心，求生彼国，是为止门，其义有三：

①一心专念阿弥陀佛，愿生彼国，此如来名号及国土名号能止息一切恶业。

②阿弥陀佛的极乐国土超越三界，若人生于彼国，自然止息身、口、意三恶业。

③阿弥陀佛的正觉住持力，自然止息冀求声闻、辟支佛的心。

（2）观察门：以智慧正念观察三事，以观破昏暗的心，求生彼国，是为观门。

①观察彼佛国土功德庄严。

②观察阿弥陀佛功德庄严。

③观察彼诸菩萨功德庄严。

其他诸宗如法相宗的五重唯识观，三论宗的八不中道观，禅宗的打坐观心、提起疑情、参话头，乃至在日常生活中借服务奉献来明心见性，密宗的身、口、意三密相应的修持等等，也都包含有止观的修行。

四禅八定只是世间有漏的禅定成就，学佛者还必须要深观诸法实相，获得般若智慧，才能趣向究竟解脱。在慧增上学中，闻慧与思慧都是在名言章句上作寻思深察而得的智慧；修慧并不只是依文言章句，而是更进一步与定心相应，在事项上深观法义所得的智慧，能断烦恼，得解脱。换句话说，唯有止观双运、定慧等持，才能引发无漏智慧，断惑证真。所以，诸经论对于止观法门皆多赞誉，例如《解深密经》："若诸声闻，若诸菩萨，若诸如来，所有世间及出世间所有善法，应知皆是此奢摩他（止）及毗钵舍那（观）之果。"说明了止观对于修行的重要性。《止观辅行传弘决》卷一之二："中道即法界，法界即止观；止观不二，境智冥一。"进一步阐释唯有止观双修才能证得中道实相。

第五节 四禅八定

一、四禅八定的意义

三增上学中，戒增上学有一定的学习次第，就在家众而言，须依五戒、十善戒、菩萨戒的次第而修；就出家众而言，则须按照沙弥(尼)戒、具足戒等次第受持，不能躐等。定增上学也不例外，也有"四禅八定"的次第可资遵循。

什么是四禅八定呢？四禅，是色界天的四种禅定境界。色界天的四禅境界与无色界天的四无色定境界，合称为八定。所以，八定其实包括了四禅。

四与八的法数之所以并举，是因为色界与无色界是相对的，在色界为"禅"，在无色界为"定"；如果以色界和无色界相对于欲界的"散"心，则色界和无色界都称为"定"。

此外，四禅也称为四静虑。静，是寂静，也就是定；虑，是审虑，也就是慧。以寂静的定，生审虑的慧，叫做静虑，也就是定慧的意思。然而，定慧不仅限于色界定，也通于无色界定，只是色界的禅定是定慧均等，而无色界的禅定相很细微，而且是定多慧少，所以为区别起见，对色界定给予禅及静虑的名称。

二、四禅的内容

(一)初禅

(1)心理活动状态:有寻有伺。寻,指寻求推度;伺,指伺察思维。寻与伺的差别,在于前者是比较粗杂的精神作用,后者是比较深细的精神作用。《阿毗达摩法蕴足论》以扣钟及鸟飞作比喻,说明二者的差别相状:扣钟时,先发粗重的声响,然后细声随之鸣起,粗声好比寻,细声好比伺。鸟儿飞翔,先鼓动双翼,再踊身向前,鼓翼好比寻,踊身好比伺。初禅虽然已经离去欲界的恶不善法,但是还保有寻、伺的心理活动。

(2)主观感受:离生喜乐。喜,是对于所得的利益感到欢喜;乐,指轻安的精神作用。离生喜乐,是指修到初禅境界时,已脱离欲界的恶不善法,此时觉得呼吸气息经由全身毛孔出入自如,因而生起轻利安适的喜乐感受。

(二)二禅

(1)心理活动状态:内等净。即断除寻、伺的分别心理,形成信根,称为内等净。

(2)主观感受:定生喜乐。是指由此禅定所生起的喜乐。

在达到初禅境界以后,渐渐对初禅境界感到不满足,所以便摄心在禅定上,而泯除了伺、寻的作用。这时,甚深禅悦油然生起,心灵朗然洞彻,如同从暗室中走出,见到日月的光明一般,称为二禅。

(三)三禅

(1)心理活动状态:行舍、正念、正知。住于非苦非乐的"行舍"境地,以正念、正知继续修习。

(2)主观感受:离喜妙乐。是指离去寻伺喜,唯存乐的心理状态。

在达到二禅以后,喜心涌动,使得禅定不固,所以开始摄心谛观,喜心因而断除,于是泯然入定,绵绵的妙乐从心中流出,遍满全身,可说是"世间第一乐事",称为三禅。

(四)四禅

(1)心理活动状态:舍清净、念清净。舍三禅妙乐,令心清净,因此称为舍清净;又唯念修道的功德,所以称为念清净。

(2)主观感受:非苦非乐受。是指寻伺喜乐都已断除的境界。

在达到三禅以后,又觉得三禅之乐令心不清净,遂生厌离想,因此更加精进不懈,终于进入四禅。这时出入息断,绝诸妄想,正念坚固,心灵空明寂静,有如明镜离垢,净水无波般湛然而照,万事万物都显现无遗。

三、四无色定的内容

(一)空无边处定

(1)心理活动状态:离色心缘虚空,与无色相应。灭三种色:可见有对色、不可见有对色和不可见无对色。

(2)主观感受:与空相应,心中明净,不苦不乐受更加增长。

达到四禅的境界后,身心仍受色法的系缚,不能自在,于是加紧功力,观察己身有如罗谷,内外通彻,由于一心念空,所以在深定中只见虚空无边,而没有一切色相。这时,心中明净,无碍自在,好像飞鸟破笼而出一样,在虚空中自由自在地翱翔,称为空无边处定。

(二)识无边处定

(1)心理活动状态:舍空缘识。

(2)主观感受：与识相应，安稳清寂，心识明利。

达到空处定以后，识心遍缘虚空，因为虚空无边，所以识心分散太广，使得定心开始动摇，于是舍弃过去向外缘取虚空，而开始向内以心识为观察的对象，念念不舍。渐渐与识相应后，在深定中不见余事，只见过去、现在、未来诸识显现，与定相应而不分散。这时，心中的清净寂静，无法用言语形容，称为识无边处。

(三)无所有处定

(1)心理活动状态：舍空与识等内外二境，而缘无所有处。

(2)主观感受：安稳寂静，不见诸法。

达到识处定以后，因为心所缘的过去、现在、未来诸识无量无边，能破坏定力，三世心也是和合假有，并非真实，所以，舍去识处，而系心于无所有处，精进不懈。在深定中，心内空无所依，诸想不起，安稳寂静，称为无所有处定。

(四)非想非非想处定

(1)心理活动状态：破识无边处的有想境界及无所有处的无想境界。

(2)主观感受：不见有无，恬然清净。

达到无所有处定以后，心中如痴如醉，如眠如暗，因为还有无明覆盖，所以无所觉了，无所爱乐。于是一心专精，于非有处非无处，念念不舍，终于出现真实定，一切有无相貌都荡然不存，心中清净无为。在三界的定相里，以此定的境界最高，称为非想非非想处定。

禅定是佛教修行的重要法门，通于各宗各派。四禅八定是世间定，是禅定的基础，佛陀在成道和涅槃时，也曾依这些禅定功夫作为助缘，所以其重要性不可忽视。

由四禅八定的内容可以得知：每一项的禅定成就都是对于前一项的境界感到不满足，而再加功用行，精进修持所达成。"学如逆水行舟，不进则退。"成事贵在有恒,譬如烧火煮水,如果不能不断添柴,水就无法烧开。学佛修道也是如此,如果得少为足,就不能"百尺竿头,更进一步"。尤有甚者,如四禅比丘因证四禅而生慢心,堕入地狱,岂不可惜!

《杂阿含经》卷十七中,佛陀告诉阿难:"初禅正受时,言语止息;二禅正受时,觉观止息;三禅正受时,喜心止息;四禅正受时,出入息止息;空入处正受时,色想止息;非想非非想处入处正受时,无所有入处止息;想受灭正受时,想受止息,是名渐次诸想止息。"接着又说更殊胜的止息,"于贪欲心不乐、解脱,恚、痴心不乐、解脱,是名胜止息、奇特止息、上止息、无上止息,诸余止息无过上者。"

可见即使证到第八定,还不是究竟止息之处,还需要更进一步努力精进,观人空法空,才能彻底去除心垢,达到解脱。

第六节　五停心观

一、五停心观

五停心观的定义。五停心观指不净观、慈悲观、缘起观、念佛观、数息观这五种停止、息灭心中烦恼魔障所修的观想方法，又称为五观、五念、五停心、五度观门、五度门。大乘佛法以成佛为目标，因此以念佛观代替界分别观，五种观法合起来又称为五门禅。就声闻法而言，五停心观是进入圣贤位前所必须修行的初阶法门；就大乘佛教而言，五停心观是修习禅波罗蜜前所不可缺少的方便法门。所以，五停心观在修行上的次第而言，处于基础门槛的地位，学佛者不可不知。这五停心观，主要是为对治五种烦恼，如：

不净观——对治贪欲

慈悲观——对治瞋恚

缘起观——对治愚痴

念佛观——对治我执

数息观——对治散乱

二、五停心观的内容

(一)不净观

不净观是指观想自他肉体的肮脏、龌龊，以对治贪欲烦恼的观法。

《法华经·譬喻品》说:"诸苦所因,贪欲为本。"众生因为贪爱,在我、我所有上产生执着爱染,生起种种痛苦,所以学佛修道,想要获得圆满幸福的人生,首先必须止息心中的贪欲。

诸经中以不净观对治多贪众生的方法很多,可归纳为下列几点:

1.以观自身污秽,对治己贪:为了这副臭皮囊,我们往往用尽各种方法去妆扮宝贝它。下列五种观法,是用来减少我们对于自己身体的过分贪爱。

(1)种子不净:肉身是由因缘和合而成,内有烦恼业因的不净种子,外有父精母血的不净种子。

(2)住处不净:在母胎中,十月不净。

(3)自体不净:观想自己的身体是由四大不净所成,依《大明三藏法数》卷四十八说:人的身体与体内各有十二种不净物。

①身体:有皮、肤、血、肉、筋、脉、骨、髓、肪、膏、脑、膜等十二种不净物。

②体内:有肝、胆、肠、胃、脾、肾、心、肺、生脏、熟脏、赤痰、白痰等十二种不净物。

(4)外相不净:有发、毛、爪、齿、眵、泪、涎、唾、屎、尿、垢、汗等十二种不净物。

(5)究竟不净:死亡后弃置塚间坏烂,永久不净。

2.以观他身污秽,对治淫贪:观想他身不净,而止息对于他人的淫欲贪爱。《俱舍论》及《瑜伽师地论》将这种贪爱分为下列四种:

(1)显色贪:显色,指青、黄、赤、白等色。显色贪,是见到对方朱唇皓齿、皮肤白晰、脸颊红润等颜色而生起的贪爱。

(2)形色贪:形色,指长、短、方、圆、高、下等色。形色贪,是见到对方高大英俊、千娇百媚等形色而生起的贪爱。

(3)妙触贪:由于对方体态柔软轻盈、肌肤光泽细滑等感触而生起的贪着。

(4)供奉贪:由于对方的趋承服事等,生起贪着,又名承事贪。对治淫欲贪爱的方法,不外观想死尸的膨胀、青瘀、脓烂、坏散、血涂、虫聚、仅余白骨、火烧成灰、鸟兽敢食等相。当我们想到对方也是如此,就能伏灭心中的淫欲贪爱。

3.观世间一切不净,而息止对于一切五尘境界、资生之物等所起的贪爱。又可细分为下列诸项:

(1)以苦恼不净与下劣不净对治与境相应而起的贪爱:苦恼不净,观想我们的苦恼是心与境相触而产生的感受。下劣不净,观想三界中,欲界是最下劣鄙秽者。观想这两种不净,可以止息由心与境相应而生起的贪爱。

(2)以观待不净对治与色相应而起的贪爱:观待不净,由观想较高的境界来对治于较低的境界,例如观想无色界种种殊胜,就不会对色界诸法产生贪爱;观想涅槃寂静,就不会对诸天享乐产生贪爱。以这种对待的观法,就能对治由心与色相应而生起的贪爱。

(3)以烦恼不净与速坏不净对治萨迦耶贪:烦恼不净,观想三界充满烦恼,有如火宅。速坏不净,观想万法由四大五蕴而成,所以无常无我。这两种观法能破除执着我、我所而起的贪爱。

(二)慈悲观

慈悲观又作慈心观、慈愍观,是多瞋众生观想由予乐拔苦而得到的真正快乐,以对治瞋恚的观法。

1.以生缘慈来止息违理瞋:有些人常常无端发怒,恼害众生,这种瞋相称为违理瞋恚或邪瞋。对治之道,应先取至亲的人得到快乐的样子作为观想对象,然后再慢慢扩及怨憎的人,乃至一切众生。

2.以法缘慈来止息顺理瞋:在我们被他人恼害的时候,或因自己行善持戒,而对于作恶犯戒的人,往往生起瞋心,这种瞋相称为顺理瞋恚。对治之道,应该观想众生都是五蕴和合而成的假有法,因此无一众生可得,既然如此,又那里有持戒毁犯、善恶是非等事呢?所以应该本着慈心爱念,把自己的禅悦法喜,与对方一齐分享。这样一来,一切是非善恶之心不起,瞋心自然就能消除。

3.以无缘慈来止息诤论瞋:有些人以为自己所得的法才是对的,别人所说所行都是错的,因此与人诤论时,见他人有违己意,就产生瞋心,是名诤论瞋。对治之道,应修无缘慈,泯除分别妄想,于一切法,不忆不念,因此打从心里就没有计执诤论,又哪里来的瞋恚呢?所以,就能等视一切众生,以无缘大慈覆护一切众生。

(三)缘起观

缘起观又作因缘观,是观想十二缘起,以对治愚痴的观法。观察"痴"这个字,可以了解痴是表示知见上有了毛病,因此,愚痴是指迷于真理所产生的邪见惑障。可从下列三种缘起观来对治:

1.以观三世十二因缘,对治断常痴:有些人认为我及诸法是断灭或常住,如此念念不断,叫做断常痴。对治之道,应观三世十二因缘法中,属于过去和未来的因缘各有二支,属于现在的因缘有八支,因此三世相因,不常不断。

2.以观果报十二因缘,对治计有无痴:有些人妄起分别,认为我与诸法是实有或实无,并且于此生起执着,是为有无痴。对治之道,应观果报十二因缘,观想我人从无明到老死,由因缘所生,没有自性,所以不能说是有,也不能说是无。了解非空非有的实相,就能破空有二观。

3.以观一念十二因缘,对治世性痴:有些人见细微之性能生万法,因而计执有四大五蕴和假名众生及世界,如此念念相续,以世智辩聪能问能说,起贡高之心,诤竞是非,与真实之道渐行渐远,乃至思维剖析刹那分别的心理,这种计执世间的痴相,称为世性痴。对治之道,应深观一念之中具足十二因缘,得知宇宙万相一多相入相即,非一非异,以此破除相待假有的妄取相。

(四)念佛观

念佛观是念佛的应身、报身、法身,以对治恶业障的观法。我们过去身、口、意三业所造作的恶业，未来都会招感恶报，如果在未受报的中间，想要修德行善，因为善与恶违，恶业往往会在此时升起，障碍善道。解决之道，可从下列三种念佛观来对治：

1.以观应身佛相好光明，对治沉昏蔽塞障：在修行时，有些人容易惛沉暗睡，障碍修行。对治之道，应该在应身佛三十二相好中随取一相，或先取佛眉间白毫放光相，一心观想，再次第遍观其他诸相。

2.以观报身佛功德巍巍，对治恶念思维障：有些人虽然不会惛沉暗睡，但是常常心生恶念，欲作十恶、四重、五逆、毁戒等事，无时暂停，是名恶念思维障。对治之道，应该念报身佛以十力、四无所畏、十八不共法、一切种智等圆照法界，常寂不动，普现色身利益，一切功德无量无边，不可思议。因为心中常思佛陀殊胜善法，因而生起悔心，自惭形秽，就能灭除一切恶念。

3.以观法身佛空寂无为，对治境界逼迫障：有些人在修行时，虽然没有上述两项业障，但是却时时身感病痛，或在修定时，常见魔扰；在睡眠时，常梦恶相，使心中产生逼迫苦恼的感觉，是名境界逼迫障。对治之道，应念法身佛法性平等，不生不灭，空寂无为。既是无为，人、我二法缘起性空，别无作者、受者，又哪里来的烦恼对境呢？

（五）数息观

数息，汉译安那般那，或阿那般那，略称安般。ana，原是遣来的意思，转指入息；apana，原是遣去的意思，转指出息。所以，数息观又称安那般那念，指以计算自己的出息、入息，对治散乱的寻伺，而令心念止持于一境。数息观有六种因相，即数、随、止、观、还、净，这六因具足，才算是圆满，因此又称为六妙门。

1.数：计算入息或出息的次数，以收摄心于一境中，使身心都能止息。数息的方法是从一到十，反复地数，不增不减，因为如果少于十，则易引起急促；如果多于十，又恐怕引起散乱。同时，还要远离三种过失：

（1）减数失：减少数目，以二息为一息，乃至以十息为九息的过失。

（2）增数失：增加数目，以一息为二息，乃至以九息为十息的过失。

（3）杂乱失：以入息为出息，或以出息为入息的过失。

在持息上，应该避免两种过失：

（1）忆念持息太紧，容易造成身分支节颤抖等过患。

（2）忆念持息太缓，容易引起身支懈怠，心中惛昧等过患。

调和的方法，是在正修观时，忆念上放宽身心，心息相依，不加强力，任运记数，则身心自然安稳明静。

2.随：久而久之，心定下来了，就不必再数出入息，只要心系于息，随着息风出入。

3.止：修息渐成，心自然就会止息动乱。

4.观：观出入息之所依身，为五蕴和合而有，破种种我执妄见。

5.还：收心还照，知能观的心非实，则我执自亡，无漏的方便智自然流露出来。

6.净：心无住着，泯然清净，真实无漏智因此而发，自然断惑证真。

《心地观经》说："心如画师，能画种种诸法故；心如僮仆，为诸烦恼所策役故；心如国王，起种种事得自在故；心如怨贼，能令自心受大苦故。"恶行因烦恼而起，烦恼由妄心所造，因此，学佛修行，就是要正本清源，以各种方法将虚妄的心识清除净尽。

然而，药之良窳，贵在应病予药；修行也是如此，种种法门，各有千秋，重在运用得当。当我们使用五停心观时，除了一一对治不同的心病以外，还需要懂得灵活运用，对多种病况应该采取兼治之法，病症改变时，必须改转另外一种方法治疗。例如贪爱和瞋恚都很重的人，应兼修不净与慈心二观，否则只用一种观法，仅能偏治一病，往往使得另一边的过失更加严重，徒劳无功。贪心重的人修习不净观成熟后，往往厌恶外境，因而生起瞋心，这时，就要转修慈心观，才能对症下药，否则，过犹不及，反而增加瞋病，就得不偿失了！

第八章

求学解脱道的魔障

第一节　五欲六尘

一、五欲六尘的定义

一般将夺取生命的恶鬼神称为"魔"，佛教将魔的意义延伸，凡是一切能杀害我们的慧命，不论是来自外界的障碍，或是由自己身心所产生的扰乱，都名之为魔，并且常常以魔障称之，以强调它们对圣道的障碍作用。

我们在日常修道所遇到的第一重魔障，便是五欲六尘。什么是五欲六尘呢？

欲，梵语 chanda 或 rajas，指对于特定对象产生希望欲求的精神作用。五欲指财、色、名、食、睡等五种欲望。《大智度论》说："五欲无利益，如狗啃骨头。"又说："五欲如逆风举火把，风吹焚自身。""诸欲乐甚少，忧苦毒甚多，为之失身命，如蛾赴灯火。"这都是说明五欲之于人，为害甚大。

六尘指色、声、香、味、触、法等六种境界，是能引起感官与心灵感觉、思维的对象，因为它们具有污染情识的作用，有如尘埃一般，所以称为"六尘"。

二、五欲的内容

(一)财欲

财，指世间一切的金钱财宝，是资养色身所不可或缺的资粮。所谓

"有钱能使鬼推磨"，许多人迷信金钱的力量，因此用尽各种方法求取财富。但是金钱不是万能的，有钱不一定能买到安稳的生活，不一定能买到健康的身体，许多人被金钱所役使，毫厘必争，锱铢必计，到头来，身体弄坏了，反而无法享受努力的成果；有的人辛辛苦苦赚来的钱财，却被不肖的儿女挥霍殆尽；此外，大水、大火等天灾，足以使金山银岛在一日之间化为乌有；过多的财富也往往成为盗贼及暴政觊觎的对象，甚至为自己惹来杀身之祸。有钱，不一定能买到和乐的家庭，不一定能买到可贵的友情，许多人因为忙于赚钱，因而忽略了宝贵的亲情，无法善尽教养子女的责任；有些人则见利忘义，出卖朋友，甚至不惜铤而走险，作奸犯科，使自己跌入万劫不复的深渊。金钱能使人产生这么多的烦恼痛苦，所以，佛经里常用"毒蛇"来比喻钱财的祸患。尤其学道者，如果不能抗拒利养的诱惑，往往就会被金钱埋没理想，而无法坚持信心道念。

俗话说"巧妇难为无米之炊"、"贫贱夫妻百事哀"，一个在家修行的人不能没有钱财，否则如何孝养父母？如何安顿家庭的生活呢？何况修行办道、布施救济，都需要钱财作为助缘资粮。国家社会的各项发展，也需要丰实的国库作为后盾。而佛教本身必须提供弘法利生、医疗慈善、教育文化等服务来净化社会，造福人群，如果没有净财，又怎能成办这些佛教事业呢？因此，来路明白、用途正当的"净财"是佛教所容许的。

(二)色欲

色，指世间的青、黄、赤、白及男女等色，能使人悦情适意。过去的富家子弟，在声色犬马中丧失了志气；现代的青少年朋友，在电动玩具、五光十色的感官刺激里迷失了自己。古今中外，有多少人在吃喝嫖赌中浪费了大好生命，断送了锦绣前程；多少英雄豪杰，在虚幻的美貌与空洞的爱情召引下，落得身败名裂，一无所有。美色好物，使人身心堕落，受苦无量。《摩诃止观》说："色害尤深，令人狂醉，生死根本良由此也。"学道者想要从生死的牢笼中解脱出来,尤其必须戒之在色。

人世间因为具备各种不同的人事地物,使我们的生活多彩多姿;自然界因为拥有变幻莫测的森罗万象,而显得处处生机蓬勃。形色相状的千差万别,丰富了有情的心灵,也扩大了人类的心胸。多少美丽的诗篇,曼妙的歌舞,常常是在看尽千山万水后,由偶发的灵感所成;多少伟大的圣者,多少杰出的人物,往往是在纷纭的世界里,孕育出圆熟的智慧。

佛经所描述的西方极乐世界,黄金铺地,鸟语花香;东方净琉璃世界,富丽堂皇,令人神往;而佛陀说法时的通体放光,菩萨示现时的璎珞披身,在在都显示出修道成佛不一定要住茅蓬,着弊衣,庄严的色相也一样可以使人悟入真理。

(三)名欲

名,指世间的声名,能显亲荣己,所以也是人们追求的欲望。俗话说:"荣誉是人类的第二生命。"追求名誉不但是人类的天性,也是一个团体进步的原动力。一个人如果连荣誉感都失去了,则生活如同行尸走肉,人生又有什么意义呢?只是有许多人迷恋于名誉地位所带来的虚荣心、优越感,终日汲汲营营,殚精竭虑,甚至不择手段,强取豪夺,结果不但自己患得患失,形成精神上的负担,同时也造作恶业,引起现世的不安与来世的苦果,真是得不偿失。

即使如此,我们也不必因而抹杀了名声的好处。"自古人生谁无死,留取丹心照汗青"。先圣先贤所遗留下来的榜样令我们见贤思齐,也是社会安定的力量,这不正是声名远播、万世留芳的成就吗?社会上无论什么样的活动,只要社会贤达登高一呼,往往能发挥四方响应的效果。我们借着称念诸佛菩萨的圣号,而得到得度的力量,诸佛菩萨但以一名,就能普度无数众生。只要心中没有名利心,名声是为了大众利益而拥有,也可以是成就菩提的助缘。

(四)食欲

食,指世间的饮食众味,能滋长我们的色身。佛陀在雪山六年,由日食一麻一麦的苦行中,深深体会到人要生存,必须要以食物维持身命,否则就无法修行。于是,当佛陀证悟成道,在鹿野苑初转法轮时,对五比丘说:"一切众生,依食而住。"

饮食本来是为了养身活命,但是人们却往往美食当前而不知节制,暴饮暴食,冷热互渗,结果损害了身体的健康。目前世界上发达国家的人民普遍有营养过剩、肥胖臃肿的毛病;也有些人非时而食,乘兴而食,破坏了肠胃的功能;更有许多人为了满足口腹之欲,在样式口味上力求变化翻新,甚至不惜杀生害命。千百年来,凡是天上飞的、地上走的、河里游的、山中爬的,都成了人类大肆捕杀的对象。长此以往,不但破坏了地球生态的平衡,遗祸后世子孙,也为自己种下日后恶业苦果的种子,诚可悲矣! 佛陀在二千五百年前就呼吁大家节制食欲,因此在丛林的清规里,订有食前作五种观想的条文,称为"食存五观",其中"防心离过,贪等为宗"及"正事良药,为疗形枯"两种观想,正可以对治我们对饮食的贪欲。

(五)睡欲

睡,指睡眠休息,能资养我们的身心。休息是为了走更长远的路,菩提路长,更需要适当的休息,否则倦怠无力,又如何学道修行呢?然而如果贪嗜睡眠,不但空过光阴,而且容易伤身丧志,使人性无法积极活动,成为障覆修道的惛眠盖。因此,佛教诸经论曾举出许多对治惛眠的方法,例如《中阿含经》卷二十《长老上尊睡眠经》中,佛陀告诉目犍连尊者,诵经宴坐时,如果昏沉欲睡,可以两手按摩双耳;或用冷水洗脸;或仰观天空星宿,以适神思;或至户外空地经行,守护诸根,待神识清爽时,再继续修持。

在《遗教经论》中,举出昏沉欲睡的原因有进食、时节和心理三种

因素。前二者属于生理的因素,可以精进来对治;后一项是心理因素,有两种对治方法:

1.思维观察:观察五蕴的生住异灭,时常心念无常的火烧诸世间,提醒自己把握光阴,努力习定修慧以求自度。

2.守持净戒:以净戒对治烦恼,能于色、声、香、味、触、法等六境中安住,使精神不致惛重沉闷。

关于消除疲劳的睡眠方面,佛制睡眠的时间,是从晚上十时至凌晨二时,与现代的医学卫生观点相符。在佛教里,搬柴运水、行住坐卧都是修行,睡眠自然也不例外。《毗尼日用切要》中记载:临睡时要合掌面西,观想念佛十声、或百千声、或万声,然后诵偈云:"以时寝息,当愿众生,身得安稳,心无动乱。"睡觉时右胁而卧,观想光明,这样修习纯熟了以后,不但能安稳入睡,而且在睡熟了以后,也能保持惊觉,不失正念。

欲,依其追求的目的而言,可以分为善法欲和恶法欲二种。以正念来追求财、色、名、食、睡,为善法欲,是精进求道的资粮;以邪念来追求财、色、名、食、睡,为恶法欲,是步入堕落的原因,所以又称为"地狱五条根"。

三、六尘的内容

(一)色尘

《俱舍论》卷一记载,色境有二种:

(1)显色:指显现的颜色,有青、黄、赤、白、云、烟、尘、雾、影、光、明、暗等十二种。

(2)形色:指物体的形状,有长、短、方、圆、高、下、正、不正等八种。

《瑜伽师地论》卷一,在显色、形色之外,增加表色,使得色尘的分类更加完备。即凡是行、住、坐、卧、取、舍、屈、伸等种种动作形态,明显的表现于外,可以令人看见的,称为表色。

(二)声尘

声尘,指耳根所能接收到的声波,是耳识所分别的对象。《俱舍论》卷一记载,声音大致可分为八种。依发声的物体有感觉与否,先分为有执受大种因之声与无执受大种因之声。执受,是心、心所的异名。大种,指地、水、火、风四大种。凡是声音发自有情的四大种者,称为有执受大种因之声,如人的语言、拍手的声音等;凡是声音发自非有情的四大种者,称为无执受大种因之声,如佛陀以神通力变作化人的言语、录音带所发出的音声,或木、石、流水、落叶等所发的声音等。然后,再根据声音是有意义或无意义,而分为有情名之声、非有情名之声。更由不同物类发出的响声,给予人产生爱恶的情绪反应,又分为可意声、不可意声。

1.有执受大种为因

有情名
- 可意声:好语声
- 不可意声:恶语声

非有情名
- 可意声:好拍手声
- 不可意声:恶拍手声

2.无执受大种为因

有情名
- 可意声:化人好语
- 不可意声:化人恶语

非有情名
- 可意声:木石好声
- 不可意声:木石恶声

(三)香尘

香尘又称香境,是鼻根所嗅的东西,鼻识所分别的对象。《俱舍论》卷一记载,香可分为四种:

(1)好香:指嗅了使人感到舒适喜悦,有益身心,并且能够增长福业者。

(2)恶香:指嗅了使人感到局促紧张,无益身心,并且不能增长福业者。

(3)等香:等,是均等的意思。不太强,不太弱,恰到好处者,称为等香。

(4)不等香:指太强、太弱,出于均等以外者。

(四)味尘

味尘,指舌根所尝的味道,是舌识分别的境界。《俱舍论》说味有六种:甘、醋(酸)、咸、辛、苦、淡。《品类足论·辩五事品》则将味分为可意、不可意、顺舍三种。

(五)触尘

触尘,指身根感觉的境界,是身识所分别的对象。《俱舍论》说触有十一种:坚、湿、暖、动、滑、涩、重、轻、冷、饥、渴。前四项属能造触,是依四大种(地、水、火、风)所产生的触,是一切触的所依;后七项属所造触,是因所依的四大种增盛程度不同而有所差异。

(六)法尘

法尘指第六识(意识)所缘的对境,又名法处、法界。广义而言,指过去、现在、未来三世的一切诸法,也就是意根、意识对六尘全体的作用。

由于六尘的关系,使我们在心里涌现好、坏、美、丑、高、下、贵、贱等分别妄想,所以六尘又名"六妄";能衍生种种执着烦恼,令善心衰减,所以也称为"六衰";能劫持一切功德法财,因此叫做"六贼"。

烦恼如何产生?"色不迷人人自迷",色是因缘和合而有的假色,它的自身并没有善恶的分别,是我们的眼根攀缘外境所造成的结果。因此"情人眼里出西施",情人不一定美如西施,只不过是眼识妄起造作分别而已。其他如声、香、味、触、法等尘所以会令我们起惑造业,莫不由于其他五根、五识向外驰求执取,而产生种种贪染爱着的结果。

佛教特别举出六尘的过患,目的在于提醒修行者,要时时注意密护六根门头,不要被虚幻的外境所眩惑左右。

无论是财、色、名、食、睡等五欲,或是色、声、香、味、触、法等六尘,都能令我们流转六道,不过它们之所以造成祸害,并不在于其自身的不净,而在于人心的愚痴无明、贪爱染着。好比拳头的本身是没有好坏之分的,但是用来打人,就是坏事,必须立刻阻止;用来搥背,就是好事,不妨多多益善。经云:"法非善恶,善恶是法。"所以我们每天生活在五欲六尘之中,应抱持一种不贪不拒的中道态度,时时返观自省。

第二节　三毒五盖

一、三毒五盖

三毒五盖的定义。"五欲六尘"是攀缘外境所引起的魔障，对治之道，应该从内心去寻找真正的原因；"三毒五盖"是从内心的意念所产生的魔障，一切的魔障都因此而起。

三毒，指贪、瞋、痴三种根本烦恼，因为它们荼毒众生身心甚剧，妨害修道，所以称之为"三毒"。又因为能起惑造业，使众生身心感到逼迫热恼，犹如火烧，所以也称为"三火"。此外，由于能病恼有情，坏出世善心，令众生长劫受苦不得出离，所以又称为"三病"。

五盖，指贪欲盖、瞋恚盖、惛眠盖、掉举恶作盖、疑盖五种烦恼，因为能覆盖学道者的清净本性，令善法不生，所以称为"五盖"。

二、三毒的内容

(一)贪

贪又作贪欲、贪爱、贪着，略称欲、爱。是对于自己所喜爱的外境，生起染污的耽着心。

在经典中有许多形容贪爱的譬喻，可帮助我们了解贪爱的毒害：

1.贪爱如水："水能载舟，也能覆舟"。水能长养身心，是维持生命不可缺乏的要素;水,也具有迅速的渗透力,能很快地浸染物体。贪爱就像水一样,能产生强大的力量,渗透内心,滋养恶法的生长。

2.贪爱如瘴疠:住在湿热的山林,容易受湿热的瘴气侵害而生病。如果常常生活在贪爱欲求中,不知觉醒,身心就会受到逼恼,甚至丧失生命。

3.贪爱如瀑流:在湍急的瀑流中行船,不但难以渡过,而且随时有灭顶之虞。贪爱如同瀑流一般,能溺惑人心,将我们的善根漂失,使我们流转在生死苦海中,不得到达彼岸。

4.贪爱如轭:把轭架于牛马的颈上,可以方便驾驭。如果我们不能知足常乐,就会被贪爱的轭所驾驭,身心在恶业的牵引下,不得自在。

贪爱通于三界,依断惑的程度,可分为下列两种:

(1)欲贪:是欲界的贪爱烦恼,性属不善。欲贪又分为淫欲贪与境界贪两类。

(2)有贪:是色界和无色界的禅定贪爱,性属有覆无记;因为过患甚微,作用很弱,所以不会招感果报,但是能障圣道。

贪爱的习性不但使我们的心终日攀缘外境,产生许多痛苦,而且障覆修道,使我们不能渡生死流,所以,学佛修道应戒除贪爱。

(二)瞋

瞋又作瞋恚、瞋怒、恚、怒。是对于违逆己意的有情生起憎恚,而使身心恼热的精神作用。

瞋恚烦恼属欲界所独有,在色界、无色界没有瞋恚的烦恼。

"一念瞋心起,百万障门开。"社会上多年的好友,由于一点芝麻小事而反目成仇;亲密的夫妻,因为一言不合而各奔东西;一句不顺心的言语,使人大动干戈,落得家破人亡;一个不经意的白眼,招来杀身之祸……这些都是瞋心炽盛所带来的不幸与灾难。古德有云:"瞋火滔滔,烧尽功德林。"即使我们积集了多少的功德,瞋心一起,就像烈火一样,将过去努力修行的心血都焚烧殆尽。所以,在佛教的经典中,常常教诫佛弟子们应戒瞋。《增一阿含经》卷十四说:"诸佛般涅槃,汝竟不遭遇,皆由瞋恚火。"《大智度论》卷十四说:"瞋恚其咎最深,三毒之中,无重此者;九十八使中,此为最坚;诸心病中,第一难治。"菩萨戒中也特立瞋戒以为警惕,《梵网经》卷下记载:"若佛子自瞋、教人瞋、瞋因、瞋缘、瞋法、瞋业,而菩萨应生一切众生中善根无诤之事,常生悲心,而反更于一切众生中,乃至于非众生中,以恶口骂辱,加以手打,及以刀杖,意犹不息,前人求悔,善言忏谢,犹瞋不解者,是菩萨波罗夷罪(极重罪)。"

(三)痴

痴又称为无智、无见、无明、非现观、惛昧、愚痴、黑暗、不觉,是愚昧无知,不明事理的精神作用。佛典中常以"无明"二字来代替以上诸辞,并有多种分类。例如《大乘起信论》将无明分为根本无明、枝末无明二种:

(1)根本无明:又作无始无明、元始无明,是诸烦恼的根本,因不了达真如的道理,而忽然起动差别对立的最初一念。例如惑、业、苦三道,都是以此极其细微的最初动念之心为根本,而有惑、业、苦缠缚的因果关系。

(2)枝末无明:是依于根本无明而生起的粗显的种种烦恼。

唯识宗根据种子与现行的关系,将无明分为随眠无明与缠无明:

(1)随眠无明:指无明烦恼常随逐着众生,隐眠在第八阿赖耶识中的无明种子,称为随眠无明。

(2)缠无明:指无明烦恼缠缚着众生的身心,而使众生不能出离生死苦海,所以称为缠无明。

佛典里常以无明喻父,贪爱喻母,二者和合而生我执,使众生起惑造业,流转生死,无有出期。

三、五盖的内容

1.贪欲盖:指贪爱五欲妙境,能使众生心性迷惑,令善法永不生起。

2.瞋恚盖:指瞋恚能令人于违情的境上生起怨恨,因为愤怒相续,而盖覆我们清净的心性。

3.惛眠盖:又称睡眠盖,全称"惛沉睡眠盖"。指惛沉和睡眠令心性惛沉暗塞,而忘失正念。因为二者都是以暗昧为性,所以并列为一盖。《修习止观坐禅法要》说:这种睡眠盖最为严重,因为"诸余盖情觉故可除,睡眠如死,无所觉识,以不觉故,难可除灭"。因此,学道者应愤发精进,去除惛眠的习性。

4.掉举恶作盖:掉举,指心躁动不安,是"惛沉"的对称。恶作,与悔同义。恶,是厌恶;作,是所作。恶所盖,是忧悔厌恶过去所作的事,能障禅定。两者都是因为想到亲属、国土、不死,以及忆念往事而生起,所以合并为一盖。

初学佛者,因为过去躁动的习气一时难消,在习禅修定的时候,就会妄想纷飞,因此坐立不安,当杂念好不容易消除了,定下心来,又开始忆想往事,产生种种追悔,如果悔箭入心过深,就会使心神不宁,覆障修道。因此,掉举恶作是修道者应力求泯除的习气。

5.疑盖:对于佛法真理犹豫不决,因而覆盖清净的心性。疑对于修道障碍之深,可以从经中的譬喻看出:

(1)疑如刺:疑惑危害善根,犹如毒刺一样,能够伤人。

(2)疑如根:疑惑深入心中,好比老树的根深植于地,根深蒂固,盘根错结,不易拔除。

(3)疑如网:疑惑之情交织,有如大网一样,罩住信心,覆盖正法,牵绊众生,使不得出离。

经云:"佛法大海,唯信能入。""信为道源功德母。"疑能覆盖清净心性,使我们退失信愿,无法趋入正法,依之修行。所以,修行要趣,首先必须对佛陀的圣言量断疑生信。

四、三毒五盖的对治方法

《中阿含经》卷十(食经)中,佛陀曾说:众生以爱为食,爱以无明为食,而无明又以五盖为食,乃至不信以闻恶法为食。譬如大海以大河为食,大河以小河为食,乃至山岩溪涧以雨为食。其中,食有牵引、长养、持续的意思。由经文我们可以了解:三毒五盖的相续发展,是长养恶业,持续轮回的原因所在。学佛修行就是要从根本上着手,杜绝心灵毒品的来源,拨云见日,使自性的光辉得以显露出来。

诸经论中,对于三毒五盖的对治方法多有阐述,大致说来,可归纳如下:

(一)以不净观、布施行对治贪欲。

(二)以慈悲观、忍辱行对治瞋恚。

(三)以因缘观、智慧行对治愚痴。

(四)以无常观、持戒行对治惛眠。

(五)以数息观、禅定行对治掉悔。

(六)以坚信三宝对治疑惑。

第三节　生死烦恼

一、生死的过患

"生死事大，无常迅速"。生死是修道人最大的魔障，因为有生，我们就必须为了生存，面对人生的诸多诱惑与困难；因为有死，不但中断了修行，在生离死别的时刻，往往因为爱念深重，而干扰情识的思维，成为往生善道的绊脚石。

为了惕励大家能够精进修道，超越生死魔障，佛教经典以许多譬喻来形容生死：

（一）生死如泥：指众生踏入生死的沼泥中，如果不知自觉，就会沉溺其中，难以出离。《俱舍论》卷一说："生死泥者，由彼生死是诸众生沉溺处故，难可出故，所以譬泥。"

（二）生死如长夜：指在漫长的黑夜里，我们将梦幻视为真实，直到天亮醒来，方才觉知梦境的虚幻。无始劫来，众生在生死轮回中不知万法皆空，因而起惑造业，好比久处长夜，不知觉悟。

（三）生死如海：指众生轮回流转，生生死死，死死生生，忽而上升天道，忽而堕落畜类，仿佛在无边无际的生死苦海中载沉载浮一样。

（四）生死如云：生死魔障遮覆本性，好像浮云覆盖日月一样。《无量寿经》卷下说："慧日照世间，消除生死云。"

（五）生死如轮：指众生以惑、业、苦三者辗转相因，有如轮子一样，在生死中流转不已。

（六）生死如园：指生死界好像公园一样，是凡夫喜好游历的处所，也是菩萨乐于游化的处所。

二、生死的种类

生死轮回，对众生而言，是一件非常无奈的事，有些人初学佛，便一天到晚将"了生脱死"挂在嘴边，不知道广结善缘，积福修慧，只求往生自了，结果不但自己无法获得佛法的实益，也使他人误以为佛教是消极避世的宗教。其实，这是一般人对于生死存有狭隘的观念所造成的误解，认为众生只有肉体的生死，而不了解精神上生死的重要性。佛教将众生的生死分为两种：

（一）分段生死：指三界众生由于烦恼而轮回六道的生死。众生由于每世所招感的果报不同，而有形貌的差异、寿命的长短等区别，称为分段身。受此分段身后，必有一期生命的结束，所以称为分段生死。

（二）变易生死：指三乘圣者因悲心、愿力而来此世间所受的生死。三乘的圣者，已跳出三界外，结束了分段生死，但是因为修道的结果，迷惑烦恼渐减，智慧、圣果渐增，这种迷悟的迁移，感得意境的升华，每一期都不相同，由前期移入后期的变易，恰好一度生死，所以称为不思议变易生死。

由这二种生死的意义可以得知，无论是分段生死或变易生死，唯有精神上的层层超越，才能使我们摆脱肉体上的生死，循序渐进，趣入圣道，乃至成佛证果。而要"了生脱死"岂是易事，若非累劫精进，积集深厚的福慧资粮，又何以成就！

三、烦恼是造成生死的主因

生死轮回诚然是修道者的大患，而生死的根本原因，是因为我们造作无边无际的烦恼。

烦恼,是一切能污染、扰乱有情身心的精神作用。由于能够使众生迷惑事理,妨害觉悟,所以又称为"惑"。

《成唯识论》卷八说:"生死相续,由惑业苦。发业润生烦恼名惑,能感后有诸业名业,业所引生众苦名苦。惑业苦种皆名习气。"烦恼之所以会造成生死过患,是由于它既能够招感业力,又可以引发未来的生死果报,因此这二种作用称为"发业润生"。好比植物落下的种子,还需要水分的滋润,才能长出嫩芽。众生因为迷惑事理而造成恶因,所种下的业因种子,再经过烦恼水的滋润,就会产生力量,招感苦涩的恶果,逼恼众生的身心。如此一来,烦恼(惑)、业(行为)、苦(苦果)辗转相因,循环不息,就形成有情无量劫以来的生死轮回。

佛陀为了使众生认知断除烦恼的重要性,于是从各种不同的立场来说明烦恼的种种害处,烦恼因此有许多异名:

(一)随眠:潜在的烦恼随逐众生,眠伏在深层的意识里,以极微细的活动形态,在不知不觉中扰乱有情身心,所以称为随眠。

(二)缠:指烦恼在起现行时,缠缚清净心性,能妨碍修善,所以又名缠。

(三)盖:因烦恼覆障遮盖善心,所以称为盖。

(四)缚:指烦恼束缚众生身心,并且招感苦果,使众生不得自在。

(五)漏:有流注漏泄的意思。众生因为烦恼,常由眼耳鼻舌身意六根门头漏泄过患,又于生死中流转于三界,所以称为漏。

(六)取:因为欲贪等烦恼炽盛猛烈,使得六根不断驰求执取外境,所以称为取。

(七)系:烦恼将众生系缚于迷惑的世界,使身心不得自由,所以称为系。

(八)使:指烦恼能驱使有情在生死中流转不已,所以称为使。全称为正使,是现起烦恼的主体。

(九)垢:指烦恼能污秽众生的心性,所以称为垢。

（十）轭：指烦恼能牵制众生，使不能出离生死，所以称为轭。

（十一）结：又作结使，是系缚的意思。指众生被烦恼系缚在迷境里，而无法出离生死之苦，所以称为结。

（十二）暴流：大水暴涨时，可漂流人畜、房屋等。烦恼来时，有如洪水一般，能流失众生的善良品德，所以称为暴流或暴河。

（十三）尘垢：尘埃能附着于他物，并予以染污。烦恼能附着于心，垢染清净心性，所以称为尘垢。

（十四）客尘：又作客尘烦恼。烦恼本非心性固有之物，而是因为迷于事理才生起的，所以称为客；又因为烦恼能污染清净心性，犹如尘埃能染污万物，所以称为尘。

（十五）稠林：指众生的烦恼，交络繁茂，有如茂密的森林，所以称为稠林。

（十六）尘劳：烦恼能染污心性，使身心劳顿，所以称为尘劳。

四、烦恼的种类

佛教常以"八万四千"的法数，形容烦恼种类之多，不胜枚举。随着时代的进步，烦恼更是有增无减，例如有了汽车代步，就有塞车、抛锚等烦恼；随着电脑的发明，又有了中毒、故障等新的烦恼应运而生。尽管烦恼与日俱增，就烦恼的作用而言，众生根本上的烦恼是不变的，佛教将这些根本烦恼归纳为六种：贪、瞋、痴、慢、疑、见，称为"六根本烦恼"，也叫做"本惑"、"根本惑"，所有的烦恼都是从这六种烦恼衍生出来。贪、瞋、痴、疑在前面几章中已作说明，此处不再赘述，仅就慢、见略述之。

慢，指与他人较量优劣，而生起轻蔑他人的心理。《大毗婆沙论》卷四十三将慢分为七种，称为七慢：

（1）慢：对于不如己者，认为自己较为殊胜，或对于与自己同等者，认为不过与自己同等,而生起贡高我慢的心理。

(2)过慢:对于与自己同等或胜过自己的人,硬说自己胜过对方。

(3)慢过慢:对于胜过自己的人,反认为自己胜过对方而妄生慢心。

(4)我慢:是七慢的根本慢,即对于五蕴假合的色身,内执有我,认为所有人都不及自己;外执我所,认为凡我所有的,都比别人所有的高明。

(5)增上慢:对于尚未具有的殊胜德性,或尚未证得的果位,认为自己已经拥有或证得。

(6)卑慢:对于极优越的人,却认为自己只有稍微不及;或虽然承认他人的高胜,却不肯虚心向对方学习。

(7)邪慢:自己无德无能,却认为自己有德有能。

见,是先从眼见,经过推想、决定后所产生的思想见解。又分为正见、不正见。正见,指能够如实了知世间出世间因果、清净染污法者,称为正见。不正见,指昧于世间出世间因果的邪恶见解。不正见是烦恼的根源,分为五种,称为五见:

(1)身见:又称为萨迦耶见,有身见、伪身见、坏身见等。指不知色身是五蕴和合假有,而执着实有我身,生起我、我所有的知见。

(2)边见:又称为边执见。指偏执一边的极端见解,例如说世间是常、是断、是有边、是无边;主张色身与心灵是同、是异;或认为如来圆寂后是有、是无等学说都属于边见。

(3)邪见:指否定四谛因果道理的见解。抱持邪见者,不惧恶,不行善,在五见中最为邪恶。

(4)见取见:执着错误的见解以为真实。

(5)戒禁取见:执着不正确的戒律,以为可以达到解脱或升天的果报,这种错误的执着见解称为戒禁取见。

五见与六根本烦恼(贪、瞋、痴、慢、疑、恶见)的前五项合称为"十根本烦恼",又称为"十使"。五见具有推崇探求的特性,作用猛烈,所以又称为"五利使",相对于五利使而言,贪、瞋、痴、慢、疑的推求则较为钝拙,所以又称为"五钝使"。

随着根本烦恼而起的从属烦恼,则称为"枝末烦恼",或"随惑"、"随烦恼",具有染污的作用。

就修道的阶段而言,佛教各宗派对于烦恼有各种不同的划分方法,然而其理如一,可触类旁通。今举下列四种烦恼以为代表,其他各宗派经论中所说的烦恼,大都是这四种烦恼的异名或衍生。

俱舍宗与法相宗将烦恼分为"见惑"与"思惑"两种,称为二惑。

(1)见惑:指因迷于真理,而使意根对于法尘所起的邪见烦恼,在见道时能够断除,所以称为见惑。例如:身见、边见,邪见、见取见、戒禁取见等五利使,属于见惑。

(2)思惑:因为迷于现象而生起,是五根缘五尘六欲等事相,经思维作用而留在心上的烦恼,所以称为思惑。又因为是修道时所断的烦恼,所以又称为修惑。例如:贪、瞋、痴、慢、疑等五钝使,属于思惑。

见惑与思惑能招感三界的分段生死,是声闻、缘觉、菩萨三乘所共断的烦恼,所以又称为"通惑"。天台宗将见惑与思惑合称为见思惑,并且另立界外的"尘沙惑"与"无明惑",三者合称三惑。

(3)尘沙惑:指障碍菩萨教化众生的界内外习气,比喻此惑障如尘沙之多,故称尘沙惑。菩萨在断见思惑以后,容易着于空观,不能进一步了知众生无边的差别相,所以又称空惑。

(4)无明惑:指迷于中道第一义谛的烦恼,是烦恼的根本。声闻、缘觉不知其名,唯有大乘菩萨定慧双修,万行俱足,才能够断此烦恼。

生死诚可畏,烦恼祸更深!《六祖大师法宝坛经·行由品》说:"世人生死事大,汝等终日只求福田,不求出离生死苦海,自性若迷,福何可救?"烦恼,就是迷惑自性的魔障;烦恼,就是生死流转的根源。我们要解脱生死的束缚,就要依照佛法的指示,精进修道。

第九章

众生面对三世流转的生命

第一节　十二因缘

一、十二因缘的意义

我们每个人都有过去、现在、未来三世流转的生命。生命究竟从何处来?又将往何处去呢?佛法说:生命是由因缘而来的。

因缘是什么?因,就是生命的根源;缘,就是生命赖以存续的条件。生命不是突然有的,也不是单独存在的,而是由于许多条件的相互依存而产生的。

佛教的因缘说和一般生命起源说不同,一般生命起源说是直线式的,因缘说是圆的。就如时钟,从零点走到十二点,在钟面上很难看出它的起点和终点;像这种环形的时空观、人生观,就叫做"无始无终"。生命也是如此,在过去是无始,对未来是无终。

人死后,生命是如何转递的呢?《劝发菩提心文》中提到,人的生命转递,有如乌龟脱壳一般。乌龟脱壳是非常疼痛的,生命由此体转到彼体也是如此。将要断气时的种种恐怖是"风火交煎,神识于中溃乱;精血既竭,皮肉自外干枯。无一毛而不被针钻,有一窍而皆从刀割。龟之将烹,其脱壳也犹易,神之欲谢,其去体也倍难"。从省庵大师的话中,可以了解生命转递的情况。

人的一期生命不过数十寒暑,一期生命结束后,又转往何处去投生呢?或升天、或做人、或地狱,在五趣六道中流转不已,这个形体消灭了,另一个形体又诞生了。譬如以柴薪取火,柴薪一根接一根烧完,但火始终不断。又如冰和水的关系,水可以凝结成冰,冰可以溶化成水。有情生命死了会再生,生了还是会死;生生死死,死死生生,在生死轮转中,生命是永远不死,是永恒不灭的。

生命为什么会流转?又如何流转呢?佛陀告诉我们,生命的流转起于无明,而流转的经过就是十二因缘,所以十二因缘就是生命从过去到现在,从现在到未来所轮转的十二个程序。

二、十二因缘的内容

什么是十二因缘呢?十二因缘的内容是:无明、行、识、名色、六入、触、受、爱、取、有、生、老死等。分别解释如下:

1.无明:无始以来,由于一念不觉,不能了知"缘生万法生,缘灭万法灭,一切法是无常无我"的诸法实相,就是无明。无明是与生俱有的,所以称为"无始无明",是一切烦恼的根本。

2.行:是造作、行为的意思。由于过去的无明烦恼,而引发身、口、意三业,招感未来果报的力量。

3.识:通指个人精神统一的总体,在这里特别指投胎的业识而言,是依过去惑业的动力,招感异熟报体的阿赖耶识遇缘投胎,以完成现实的生命体。

4.名色:名色是五蕴的异名。名,是受、想、行、识的精神;色,是肉体的物质,二者都是构成有情的要素。因为托胎之初,六根不全,形体未具,无法发挥身心五蕴的功能,所以,用名色称之。

5.六入:指眼、耳、鼻、舌、身、意六根在胎内形体完备之相。

6.触:指出胎后,六根与外境接触,而产生的一般认识作用,也就是根、境、识三者和合而起的单纯知觉作用。

7.受:即领受,是领受外境而感受苦乐等感觉的精神作用。

8.爱:贪爱、染着的意思。指对于苦乐等感觉进一步产生爱憎等精神作用。《增支部》经典说："爱可生爱,亦可生憎;憎能生爱,亦能生憎。"在佛法看来,爱与憎,有如手心与手背,是一体的两面。

9.取:执着的意思。先有爱欲,再增强为执着,然后三业繁兴,造成未来身心的种种烦恼痛苦。取有四义:

(1)欲取,对五欲或色声香味触等五尘,生起追求的欲望叫欲取。

(2)见取,谬解正理,如对五蕴产生我见、边见,妄计取着叫见取。

(3)戒取,执取许多不合理的戒律叫做戒取。

(4)我取,对所爱的事物生起我和我所有的执着,如我执、我见、我慢、我法、我语等叫我取。

总之,取是以自我为中心,对所有事物不顾一切地攀缘追求,而引发三业的活动。

10.有:存在的意思,与"业"的意义相通。指由于爱着驰取,产生"纵我役物"的行为,而构成潜在的业力。这些业力所招感的苦乐果报,是相续而生,不会亡失的,所以称为有。

11.生:指由过去所造作的业力而引生来世的果报。根据《俱舍论》卷九的说法,这是指在未来世托胎结生的一刹那。而唯识宗则从广义解释,认为从"中有"至"本有"尚未衰老之间,都是属于"生"。

12.老死:随着生命的逝去,生理机能逐渐衰退,便是"老";最后呼吸停止,诸蕴离散,身坏命终,则是"死"。不过,老死并非有情的全部灭亡,老死的是色身,业识却与无明和行,重复另一期的生命流转。

《俱舍论》卷九以四种不同的立场说明十二缘起:

(1)刹那缘起:一刹那间心中具足十二因缘的作用。例如因贪心而生起偷盗的瞬间,在那时心中充满愚痴、无明,所以有偷盗的意识和行为产生。

(2)连缚缘起:十二因缘像车轮的前进,连续不断,形成前因后果的关系。

(3)分位缘起:十二因缘表示有情生死流转的过程和状态,例如:以三世两重因果的观念来解释十二因缘,就人的生命而言,无明和行是过去世起惑造业时的分位。依此过去世的二因，业识刚开始托生母胎一刹那间的分位是识；托胎第二刹那后，六根未备的分位是名色；胎内六根具足的分位是六入；出胎后至二三岁止，有接触感觉的分位是触；四五岁至十四五岁间，感受性极胜的分位是受。以上从识到受，是"现在世的五果"。

十七十八岁以后，爱欲强烈的分位是爱；三十岁以后，贪着心炽盛的分位是取；如此造业的分位是有。以上三者称为"现在世的三因"。由此而感生未来世的分位是生；此后至死的分位是老死，以上二者属"未来世的二果"。

(4)远续缘起：指十二因缘的连续缘起，可远隔多生多世。

三、十二因缘的流转与还灭

在《增一阿含经》中记载：佛陀思维十二因缘的真理而开悟证果，因悲悯众生"不解十二缘法，流转生死，无有出期，皆悉迷惑，不识行本，于今世至后世，从后世至今世，永在五恼之中，求出甚难"，故以方便，宣说此甚深难解之法，令众生共趋于正觉解脱。

所以，十二因缘法不仅让我们了解生命流转的实相，更重要的是我们如果能借此正视生命的缺陷，并且更进一步思维观察，就能使我们永除诸暗，离苦得乐。然而，我们应该如何观照呢？首先我们应该了解：生命是如何随着十二因缘的程序流转的呢？这是因为一念"无明"起，由无明而生起意志"行"为，因意志活动而产生能认"识"的主观要素，由识而展开所认识的客观要素"名色"，由名色而生出感觉的认识器官"六入"，由六入而有眼耳鼻舌身意等六"触"，由触而有爱憎的感"受"，由受而生"爱"染欲望，有爱而执"取"事物的外境，有取而造业"有"、生有，由于有而形成个体的"生"存，有生终将会"老死"。

如此顺观十二因缘，就是"无明缘行，行缘识，识缘名色，名色缘六入，六入缘触，触缘受，受缘爱，爱缘取，取缘有，有缘生，生缘老死。"像这样缘起的转递，形成一期又一期的生命流转。

其次逆观十二因缘，人为什么会有老死呢？因为有生，所以才会有老死；生又从什么地方而起呢？是一切善恶行为的有业的结果；行为的有业是因执取而生出，就如取薪燃烧而产生火；这个取又从何处来呢？就是因为爱而生，爱如星星之火可以燎原；爱又从哪里来呢？是由受而生，如同感到苦痛就需要安乐，感到饥饿就需要饮食，有了希求就会生出爱来；受是爱的原因，这个受是从哪里产生的呢？受是从触而生，感受到苦，享受到乐，是因为有触才知道的；触从哪里发生呢？是从个人的眼耳鼻舌身意等六入产生，盲人、聋者就无法产生完整的六入的触力；这六入从哪里来？是从名色而来，名色好比是芽，六入好比是茎叶，茎叶是由芽逐渐长成的；名色则根源于识，识与名色是互为关系的，在这之前有个行，行的根结是什么？就是无明，也就是生死的根本。

如何跳出生死的圈子呢？佛陀告诉我们："若无明灭则行灭，行灭则识灭，识灭则名色灭，名色灭则六入灭，六入灭则触灭，触灭则受灭，受灭则爱灭，爱灭则取灭，取灭则有灭，有灭则生灭，生灭则老死忧悲苦恼灭。"只有泯灭生死根源的无明，才能使生命脱离三世的轮回，得到解脱之道，这就是还灭缘起。

十二因缘的道理非常玄妙，好像一座城墙，人被关在里面，虽然有门，但是门口站着许多卫兵，不容易出去。众生在生死中也是如此，由于贪、瞋、痴、我执、烦恼的牵引，不容易跳出十二因缘的流转。

十二因缘像一颗果树，果树的种子种下后，萌芽、长大、开花、结果；果子落地后又长新株，又再萌芽、长大、开花、结果。新生的果实虽然不是原来的种子，彼此之间却有着密切的关系。众生生死的延续也像种子、果实的相生，一直延续没有间断。我们的过去生、现在生、未来生前后相续，虽然我们的身体在五趣六道中轮回不停，生命主体却是一致的。

《中阿含经》卷十《习相应品》说："了解十二因缘流转带给生命的

诸多苦恼，便能有信；习信，便有正思维；习正思维，便有正念正智；习正念正智，便有护诸根、护戒、不悔、欢悦、喜、止、乐、定、见如实、知如真、厌、无欲、解脱；习解脱，便得涅槃。"这段话可说是道尽了十二因缘法的价值所在。

俗语说："学如逆水行舟，不进则退。"世俗人为了学习高尚的知识和做事的技能，尚且需要奋发努力，百折不回，才能有丰硕的成就。我们学佛修行，就是要尽未来际，面对生死洪流的挑战，逆向而上，更应该坚定正信，怀抱正念，精进不懈，方有所成。

第九章　众生面对三世流转的生命

第二节　十法界

一、十法界的意义

佛陀最初在菩提树下成道时,曾感叹说:"奇哉! 奇哉! 大地众生皆有如来智慧德相,只因妄想执着而不能证得。"由于这个无明的妄想,使众生在过去、现在及未来的三世中,不断地在六道中流转。六道就是:地狱、饿鬼、畜生、阿修罗、人、天,也就是十法界中的六法界,又称六凡。

另外,佛陀的圣弟子,依各人解脱方式和度众愿力的差异,分为声闻、缘觉与菩萨。此三者与佛陀合为四法界,又称四圣。六凡加四圣,合称十法界,每一法界有各自的特色与果报因缘。

二、六　凡

(一)地狱界

地狱,梵语 naraka,音译为那落迦。因为那落迦大部分位于南瞻部洲的地下深处,有如人间的牢狱,在那里被刑具所拘束而不得自在,因此称为地狱,又名苦具、苦器等。在三恶道中,它的苦痛最为猛烈。

地狱可粗略分为十八种,即八寒、八热、近边、孤独等大地狱。每一地狱又有许多附属的小地狱,因此详细说来,它的种类无数。其中最苦的是八热地狱中的无间地狱，因为身处地狱的罪人受苦而闷绝不醒时，尚可由凉风吹活而休息片刻，而无间地狱的罪人则苦痛无有暂停，一夜之间经历八万四千生死，而且时间是无量劫数（一劫为一个世界成、住、坏、空所需的时间）。

其次是八寒地狱，依照众生受寒风逼迫所发出的苦痛声，或其皮肤破裂的程度而分别命名。近边地狱位于八热地狱的四周，共有一百二十八个。众生于八热地狱受苦后，还要辗转游遍近边地狱。孤独地狱则分散在人间各处，如山谷、山顶、虚空、旷野等，使罪人忍受孤独的痛苦。

地狱众生寿命之长，简直无法想象。《起世经》记载，若人装满二十斛的胡麻，每隔一百年抛出一粒，全部抛完后，地狱众生的寿命尚为其数的许多倍。即使受报完毕，还要辗转到其他地狱或饿鬼、畜生道受无量苦，即使恢复人身，也是贫病短命。所以说："一失人身，万劫难复。"

造上品十恶业，尤其是五无间罪的众生，便堕入地狱受报。五无间罪又称五逆罪，指弑父、弑母、杀阿罗汉、出佛身血，以及破僧团和合的重罪。十恶是指杀、盗、淫、妄言、绮语、恶口、两舌、贪欲、瞋恚及邪见。地狱之苦，好比一个羸弱的罪犯，背负超乎他能力极限的重担，行走于刀山热沙之上，还要接受铁鞭的笞打，生而复死，死而复生，绵绵不断，永无止息。

(二)饿鬼界

饿鬼，梵语 preta，音译为薜荔多，因为常向他人求取饮食以活命，并且多畏惧，故名饿鬼。造下品十恶业(作已能悔，称为下品)，或悭贪、嫉妒、谄媚、欺诳，乃至饥渴而死的，即堕饿鬼道。

饿鬼的受生方式，有化生与胎生两种。《优婆塞戒经》说：饿鬼身长最大的是一由旬(约二十里)，头大如山，咽细如针；最小的仅有三寸。寿命最长的为一万五千岁，约人间两千七百万岁；最短的则不定。

饿鬼依外形可分为：

（1）有威德鬼：形容端正，与天人无异。享有富丽的宫殿，衣食住行的殊胜不下于天人，住在花果山林或庙宇，但是必须昼伏夜出，并且畏惧人类。其因缘为前世虽大行布施，但是心怀谄曲不实，因此堕入鬼道中。例如一切山海河神，以及享受祭祀的鬼神，如城隍爷等皆是。

（2）无威德鬼：外形丑陋不堪，各依其生前恶业而有特殊长相。例如有的裸形枯悴，有的貌似禽兽。多住在荒郊墓冢、草木堆中、肮脏茅厕或古宅废墟等不净处，共同的痛苦是不得饮食。无威德鬼依生前恶业又可分为三种：重者肢节起火，饱受饥饿之苦，历劫不闻浆水之名；中者伺机寻求荡涤弃物或脓血粪秽为食物；轻者偶而稍饱，但常被刀杖驱使去塞河填海。

由此可见，鬼的世界也是贫富悬殊，他们和人类一样，有他们的家庭和社会，还需要工作谋生，彼此少不了是非恩怨。鬼道众生的性格差别也很大，有的暴躁凶残，有的温驯善良。如何度化鬼道众生呢？可以备办简单的素菜素果，以佛门的诵经持咒来利益他，千万不要宰杀牲畜来祭祀，以免增加他们的罪业。

（三）畜生界

畜生，音译为底栗车，因禀性愚痴，不能自立，多被人畜养，故名畜生。又形状不如人之挺直，常为横行，因此又名傍生。造中品十恶业者（不明因果而造恶，但事后稍悔），便堕入此道。例如布施不净物、邪淫、犯戒偷窃、负债不还、杀生、或毁骂恼害有情等，便得畜生报。

畜生的生存范围，除了人道之外，遍于五道，其种类也最多。《正法念处经》记载，畜生道众生依总数来分约有三十四亿种；依住处可分为水行、空行及陆行，或鱼、鸟、兽三类。一般说"披毛戴角，鳞甲羽毛"，披毛指走兽，戴角如牛羊，鳞甲如鱼鳖，羽毛为飞禽。根据佛经记载，最大的鸟是金翅鸟，最大的兽是龙，最大的鱼是摩羯鱼；寿命最长的是龙，可长达一中劫，最短的是蜉蝣，朝生夕死。

畜生最大的痛苦是互相残杀，弱肉强食，因此常处于恐怖中，或为人驱使、鞭挞而劳役不停。

(四)阿修罗界

阿修罗,梵语 asura,意为不饮酒、无端正、或无天。因为阿修罗曾在四天下采花,欲将大海酿为酒,但由于鱼龙的业力使海水味不变,因此誓愿断酒,名为"不饮酒";又男众极为丑陋,女众极为端正,因此名为"无端正",其果报的殊胜仅次于天,但是却没有天人的德行,因此又名"无天"。

阿修罗体形极大,身长八万四千由旬,口广千由旬,因此身体高于须弥山,四大海水仅及其膝。衣食之殊胜,与天同等。但是吃食时则不如人,因为最后一口食物会变成青泥,有如龙王的最后一口食物会变成虾蟆。阿修罗彼此的贫富差异也很悬殊。

阿修罗生前虽行下品十善,但因为瞋恚、我慢、猜疑心过重,因此不能升天,并且怀有怖畏心。阿修罗常常嫉妒佛陀说法,如佛为天人说四念处时,阿修罗则说五念处;佛说三十七道品,阿修罗则说三十八道品。又因为嫉妒天道的福德,因此常常兴兵与天道的帝释天作战,想要占领天的住处。

《楞严经》卷九记载,阿修罗分布于鬼、畜、人、天四趣,有胎、卵、湿、化四种受生方式。

(五)人界

人者,忍也,因为能忍世界的种种苦乐,因此名忍。六道中,人身最为难得,《阿含经》说:"失人身如大地土,得人身如爪上泥。"

人道是五趣升沉的枢纽,因为人道苦乐参半,又有因缘得闻佛法,因此知道积善修福得以升天,乃至修得圣果,但也有恶性难改,造十恶业而下堕地狱、饿鬼、畜生者。地狱、饿鬼、畜生等众生则受苦无间,无暇修善;天界的众生则沉溺于享乐之中,不知要继续修持善法。因此佛经上说,人间有三种殊胜,为其他五道众生所不及,即记忆力强、勇猛精进、清净梵行。能保有人身,如"盲龟浮木",最为难得。

持守五戒,以及实践中品的十善业,是得人身的原因。五戒的前四戒是杀、盗、淫、妄,属性戒,无论受戒与否,一旦违犯,便须受业报,第五戒是不饮酒,属遮戒,喝酒本身虽然不造恶,但是酒能乱性,使人容易触犯前四戒,因此必须制止。

佛经说学佛有"八难",也就是指八种无法学佛的因缘。如出生为地狱、饿鬼、畜生、长寿天的众生;或者虽然出生为人,但是没有遭逢佛陀出世,或佛法住世的时代(不值佛世);或是出生在边地胜处,贪着享乐,不受教化;或是耽溺于外道经书的研习,不信出世正法(世智聪辨);或是盲聋瘖痖,六根不具。这八种因缘都不容易得闻佛法,可见能得人身,又能接触佛法,真是难遭难遇!

(六)天界

天,梵语 deva-loka,音译为提婆,是六道中福报最殊胜的。依照其积善的多寡或烦恼断除的深浅,又可分为欲界六天,色界十八天及无色界四天等二十八天。

欲界天和人类一样,有身体形相及物质、精神的享乐。色界天包括初禅天、二禅天、三禅天及四禅天,已经没有男女、饮食、睡眠等欲望,但是还有殊胜的身形、精神上的爱情,以及国家社会的组织,并且以禅悦为食。无色界天则完全没有身体,只有微细的意识存在。

以福德来说,居愈上方的天,其身体愈高大,寿命越长,所享有的喜乐也愈殊胜。例如最低的四天王天有五百岁,约为人间的九百万岁;最高的非想非非想天则有八万大劫,约为世界从生到灭共八万次。四天王天身长半由旬(约十里),色界最高的色究竟天则身高三十二万里,而月球距离地球才二十二万多里。只有欲界天才有衣服,愈上层的天衣质料愈轻,色界天则是随着天人的体形而有光明胜妙的外形。

在食物上,欲界天思食得食,并以衣被细滑、澡浴等舒适感受为食;色界天以上都修有禅定,因此色界以禅悦法喜为食;无色界则以微细的意识为食。

天界有四事胜于其他众生，即身胜、寿胜、定胜与乐胜。虽然如此，天人寿尽时会有"五衰相现"，而后依据过去世所造作的业力，牵引下堕受苦，并且继续轮回。此五衰为：头上所戴的花枯萎；衣裳出现垢腻；身体开始臭秽；腋下出汗；原本有舒适的宫殿、座椅，此时却不乐本座。

除此以外，世界快要毁灭时，天界也会受到波及，即火烧初禅、水淹二禅，风吹三禅。即使是无色界的非想非非想天，经过八万大劫后，仍然难逃成住坏空的命运。因此，天界虽然殊胜，但是也不是究竟安乐的地方。

三、四　圣

(一)声闻界

声闻，音译舍罗婆迦，意译作弟子，指听闻佛陀声教而证悟的出家弟子。声闻所修行证悟的果位，有初果、二果、三果乃至四果阿罗汉。阿罗汉为小乘的究竟果位。

1.初果，音译须陀洹，意译预流、逆流，意思为逆生死的瀑流而预入圣者的果位。初果圣者修不净、慈悲、缘起、无我，数息等五停心观，然后观苦、集、灭、道四圣谛，经煖、顶、忍、世第一等四善根位，而以八忍八智了断三界八十八使见惑，证初果须陀洹，不再堕入三恶趣。因为初果的烦恼如同大树被连根拔起，只剩下欲界九品思惑，所以不须永久轮回，口只要"七次上升天上，七次投生人间"即可。达到初果的条件是：

(1)对三宝有不坏的信仰。

(2)对四圣谛、八正道、十二因缘等基本佛法不生疑惑。

(3)对于受持的戒法不会违犯。

(4)不违犯五无间罪。

2.二果,音译斯陀含,意为一来,只要再一次生天,一次来人间受生即可。二果已断尽欲界前六品思惑,因此它的特色是淫怒痴微薄。

3.三果,音译阿那含,意为不还,死后直接升往色界或无色界而入涅槃。因为三果已经断尽欲界后三品思惑,因此不须再来人间受生。

4.四果,音译阿罗汉,意为无学、无生、杀贼、应供。阿罗汉已经杀尽了一切烦恼贼,无须再来三界受生,堪受人天的供养,而且已证得小乘最究竟果位,因此又称为无学位。

修证声闻果的法门很多,初步为:

1.密护于根门——不放逸眼耳鼻舌身意。

2.饮食知节量——以保持健康。

3.勤修寤瑜伽——常修定境,注心一处。

4.安住于正知正见。

(二)缘觉界

缘觉,梵语 pratyeka-buddha,音译为辟支佛,又名独觉。缘觉是值佛出世时,听闻十二因缘教法(内因缘)而开悟,乐于独居,故称缘觉。独觉则生于无佛出世的时代,观察外界现象的生灭变异(外因缘)而无师自悟,故名独觉。名称虽然不同,不过都是由于观"缘"起法而"觉"悟,因此能破除少分习气,不像阿罗汉习气全存,所以胜于声闻。依据佛经记载,独觉有两种:

1.部行独觉:指聚合部众而独悟证果的缘觉人。据《俱舍论》卷十二载,修声闻乘已证得三果的人,将证得四果时,暂离佛之教法,聚集若干的同修人,而自修自悟者。

2.麟角喻独觉:指独居修行一百大劫,积足善根功德的觉者。以独居悟道,犹如麟之仅具一角,故称麟角喻独觉。

与声闻相比,缘觉不依善知识而修,因此属于利根。声闻与缘觉合称为二乘,又被称为小乘,因为二者只知利己而无利他之心。佛陀直至法华会上,才开显"会三归一",指出声闻乘、缘觉乘及菩萨乘,同样回

向一佛乘,皆须向佛道精进努力。

(三)菩萨界

菩萨,为梵语菩提萨埵(bodhisattva)的简称。菩提指"正觉的智慧",萨埵指"有情",故合译为"觉有情"。也就是发起菩提心,"上求佛道,下化众生"的圣者。

菩萨的性格特征在于慈悲,所以不畏惧众生的难度与佛道的长远。声闻果的求证,利根需要三世,钝根需要六十劫;缘觉果则利根需要四世,钝根需要一百劫。而菩萨必须三大"阿僧祇劫"(意为无量劫),历经五十二阶位才能成就佛果,所谓"三祇修福慧,百劫修相好"。从十信、十住、十行、十回向,乃至十地中的初地为第一阿僧祇劫;第二地至第七地为第二阿僧祇劫;第八地至第十地、等觉及妙觉为第三阿僧祇劫。此外尚须一百小劫修相好圆满,才能证得佛果。

除了慈悲以外,菩萨的思想特色在于般若的智慧,也就是泯除对于世间种种对立现象(主体与客体,物与我等)的执着,而达到无分别智。因此菩萨认为宇宙与我一如,众生与我同体,所谓"无缘大慈,同体大悲"。因此,佛经上说般若波罗蜜是三世诸佛之母。

菩萨的精神是坚忍与精进,一个志愿修学大乘菩萨法门的人,首先要发菩提心,上求下化,才能精进不断的饶益众生。《华严经》说:"忘失菩提心,修诸善法,是名魔业。"因此,菩萨的实践法门,首重于六度波罗蜜,或十度波罗蜜。而作为菩萨的共同愿行,便是无休止的"四弘誓愿"。

(四)佛界

佛,梵语 buddha 的音译,全称佛陀,是自觉、觉他、觉行圆满的圣者。历史上的佛,是指两千五百年前的释迦牟尼佛。但是佛陀的真身,却是遍满虚空,不生不灭的真理法身,必须具足十住位的菩萨,才能常听到法身演说妙法。法身便是佛陀所证悟的境界,《华严经》说:"大海之水可饮尽,刹尘心念可数知,虚空可量风可系,无能说尽佛境界。"

如何能认识法身呢?佛陀说:"见缘起即见法,见法即见佛。"因此,戒定慧三学、三十七道品、十力、四无畏、十八不共法,乃至奉行这些教法的僧团,都是佛的法身。

佛的教法还有另外一个特色,就是以人间为主。诸佛从出生、修行、成道,乃至度化众生,无一不是在人间。六祖惠能大师说:"佛法在世间,不离世间觉,离世求菩提,犹如觅兔角。"人间的佛陀,从日常生活中便流露出平等融和,自利利他的精神。

譬如佛陀必须吃饭睡觉,也一样走路讲话,但这些都是在实践六波罗蜜。佛陀披搭袈裟,表示不忘清净戒法(持戒波罗蜜);沿门托钵,使信众得种植福田,并且为众生说法(布施波罗蜜);不分贵贱,次第乞食(忍辱波罗蜜);洗钵铺床,教化弟子(精进波罗蜜);禅坐瞑思(禅定波罗蜜);这一切都是证悟真理的悟者生活(般若波罗蜜)。

因此,如何契合佛陀的本怀,推行人间佛教,建设人间净土,实在是每一位学佛者的目标。

从地狱的苦楚不断,饿鬼的长久饥渴,畜生的互相残杀,阿修罗的嫉妒瞋慢,乃至天界的耽于享乐,可以得知唯有人间才能修行佛道。而学佛的八难更显出能接触佛法是多么的难遭难遇。古德说:"佛在世时我沉沦,佛灭度后我出生;忏悔此身多业障,不见如来金色身。"正是最好的写照。

学佛的弟子,有只求自利的声闻、缘觉二乘,及上求下化的菩萨。站在广度众生的利他立场,佛陀常斥责二乘为焦芽败种,意思是有如烧焦的芽,败坏的种子,再也不能成长为大树来庇荫众生。

相反地,菩萨是"难行能行,难忍能忍",虽然以般若的智慧而知道诸法虚幻不实,却能够不厌生死,生生世世在六道中度化众生,所谓"启建水月道场,大作空华佛事,降伏镜里魔军,求证梦中佛果"。

因此,学佛的弟子应当发大心,行菩萨道,依循佛陀所开示的人间佛教,努力建设人间净土,方不枉费这个宝贵的人身。也唯有在人间,才能实践菩萨的悲愿,完成无上的佛道。

第十章

佛法的圆满解脱世界

第一节　涅槃寂静

一、涅槃寂静

长久以来，佛教有许多深奥微妙的义理被世人严重地扭曲、误解，甚而形成对佛教的戏谑。譬如涅槃本是学佛的人千辛万苦所希望求得的圆满幸福境界，但是一般人误把涅槃当做死亡的意思，因此祭吊的挽联上写着"得大涅槃"，或说："气得一佛出世，二佛涅槃。"其实涅槃不是死亡，而是与死亡截然不同的超脱境界，是一个永恒的生命，圆满的世界。

一般寺庙所供奉的佛像，分别有立姿、坐姿、卧姿等。坐姿表禅定，是一种自受用的境界，是静态的；立姿表行脚教化众生，他受用的境界，是动态的；卧姿又称涅槃像，表示圆满、吉祥，是动静一如的。所谓圆满就是了生脱死、超越时空、泯灭人我对待，自他融和一体。所以，涅槃不但不是死亡，而是最真实、最有价值的人生，是佛教最高的自我证悟世界。

二、涅槃的意义

涅槃，意译为寂灭、灭度、寂、无生。《涅槃经》说："灭诸烦恼，名为涅槃。"《大毗婆沙论》说，涅槃的意义是"烦恼灭，三火息；三相寂，离诸趣"。

《杂阿含经》说，涅槃是"贪欲永尽，瞋恚永尽，愚痴永尽，一切烦恼永尽"。所以涅槃就是四圣谛中的灭谛，是灭除贪欲、瞋恨、愚痴、无明、邪见、是非、烦恼的一种寂灭无染、物我双忘、圆满光明、自由自在的世界。

当初佛陀在菩提树下金刚座上，夜睹明星而证悟宇宙人生的真理，成就正等正觉，这种正等正觉就是涅槃。所以，涅槃就是我们自己清净的本性，是真实的自我。能够证悟涅槃，就能泯除人我关系的对立，超越时空的障碍，不被烦恼、痛苦、人我、是非、差别、障碍等种种无明所束缚而流转生死。所以，涅槃是超越生死的悟界，能入"涅槃"就是人生的解脱。

三、涅槃的异名

在佛教各经论中，对涅槃有种种不同的异名诠释，如《法蕴足论》中有"无为、无边、无漏、无住、无生、无作、无灭、无起、无染……"等四十三种说法，及《四谛论》中有"无坏、无失、无等、无碍、无求、无上、无量、无爱……"等六十六种解释，都是从否定的层面来诠释涅槃的意义。而《法蕴足论》有"真实、彼岸、微妙、寂静、恒在、安隐、胜义、至善、稀有……"等五十种解释，《四谛论》有"解脱、超绝、唯一、圆满、清净、最上、真谛、真如……"等四十六种说法，都是从肯定的层面，对涅槃作广义的诠释。

此外，《大涅槃经》说：佛性就是涅槃；《华严经》说：一切诸法的自性就是涅槃；《般若经》说："理无所知，无所不知"的般若就是涅槃；《楞严经》说：证实了"理绝动静"就是涅槃；《维摩经》说："十地不二法门"就是涅槃；《胜鬘经》说："如来藏"、"自性清净心"就是涅槃。涅槃，就是不生不灭的自性。

中国四大译经家中，俗称旧译家的鸠摩罗什将涅槃译为灭度，就是灭烦恼障、度生死海的意思。新译家玄奘大师则将涅槃译为圆寂，圆

四、涅槃的特性

涅槃的诠释,虽然诸经所用名义各异,可是理实无二,都是指"清
净自性,真实本体",此自性本体"在圣不增,在凡不减",因此《方等般
泥洹经》卷二说,涅槃具有如下八种法味:

(1)常住:涅槃之理通彻三世而常存,圆遍十方而常住,故称常住。

(2)寂灭:涅槃之理寂绝无为,生死永灭,故称寂灭。

(3)不老:涅槃之理不迁不变,无增无减,故称不老。

(4)不死:涅槃之理原本不生,然亦不灭,故称不死。

(5)清净:涅槃之理安住清寂,诸障皆净,故称清净。

(6)虚通:涅槃之理虚彻灵通,圆融无碍,故称虚通。

(7)不动:涅槃之理寂然不动,妙绝无为,故称不动。

(8)快乐:涅槃之理无生死逼迫之苦,而具真常寂灭之乐,故称快乐。

此外,涅槃有十大特性:

(1)涅槃如莲花:莲花不能离开淤泥而生长,但是却不被淤泥所污
染;涅槃也和莲花一样,不为一切烦恼所污染,不能远离生死而证得。

(2)涅槃如水:涅槃具有水的清凉性,能息灭一切烦恼热苦;涅槃
更具有水的止渴性,犹如雨浇旱土,能解除我们对爱欲的渴望。

(3)涅槃如解毒药:涅槃是一切被烦恼毒物所苦的众生安养生息
之处,犹如祛除百病的甘露灵药,能灭除世间一切苦恼病症。

(4)涅槃如大海:大海对于一切尸骸没有爱憎之念;涅槃也是一样
的远离烦恼形骸,无所挂碍,这就是涅槃的"无爱憎"。大海浩瀚无涯,
没有此岸彼岸之分,容纳百川而不溢;涅槃广大无边,也能包容众生而
不壅塞。

（5）涅槃如食物：食物能解除饥饿衰弱；涅槃也能去除一切痛苦的饥饿衰弱，镇静众生的烦恼和忧虑。

（6）涅槃如虚空：涅槃是一种不生不死、不来不去、无所挂碍的境界，就好像虚空一样无边无际，不住一处而遍于一切处，不依一物而为一切物所依，让圣者自由自在遨游其中。

（7）涅槃如摩尼宝珠：涅槃就像摩尼宝珠，能放射出道德的光辉，使人人欢喜，满足众人的一切欲求。

（8）涅槃如赤栴檀：赤栴檀是最稀有难得的奇树；涅槃也如赤栴檀，散发出无与伦比的芬芳戒香，圣者所赞叹，世间所稀有。

（9）涅槃如风：涅槃之妙理，可吹送人至于菩提，犹如在顺风中行驶舟船，故譬之如风。

（10）涅槃如山峰：涅槃又像高高耸立的山峰，即使在风雨之中，也一样卓然不动，任何烦恼恶贼都难以攀登。峰顶土质坚实，所有无明、痛苦的种子都不能生长，是完全脱离一切有漏染污的境界。

五、涅槃的种类

涅槃有层次上的分别，各宗派对涅槃的分类也有不同。兹以天台宗与法相宗所举说明如下。

（一）三种涅槃

天台宗就体、相、用三方面来诠释涅槃：

（1）性净涅槃：就涅槃的体而言，诸法实相的自性清净，不生不灭，称为性净涅槃。

（2）圆净涅槃：就涅槃的相而言，修行证果，如实觉了诸法为圆，破除一切烦恼为净，所以称为圆净涅槃。

（3）方便净涅槃：就涅槃的用而言，佛陀虽已证入涅槃，但是为了救度众生而随众生的机感示现一切应身,说一切法,机缘尽时,应身灭亡。然而生本非生,灭亦非灭,而是涅槃的一种方便应现之生死假相,又称为应化涅槃。

(二)四种涅槃

法相宗将涅槃分为四种:

(1)自性清净涅槃:一切诸法虽然被客尘烦恼所覆障,但是法性真如清净不变,无生无灭,湛然澄明有如虚空,具有无量微妙功德,为一切有情万物所平等共有,与一切法不一不异,任何人不假外求便可证得清净的真如自性,称为自性清净涅槃。

(2)有余依涅槃:虽然已经断灭三界烦恼,更不起惑造业,却还余留过去业力所招感的肉体存在,但是不会受饥寒苦乐等影响,能平静地面对人生世事,叫做有余依涅槃。

(3)无余依涅槃:不但断除所有烦恼,而且由过去业力所招感的色身也灭亡,无有余遗,一切微苦皆已离尽,是名无余依涅槃。

(4)无住处涅槃:断除所知障,证悟生死涅槃不二的真理,所以不厌生死,不动本际,不住涅槃,悲智双运,穷未来际,利乐有情,称为无住处涅槃。

由以上涅槃的种类,我们可以得知,涅槃的境界并不一定等到死亡才能证得。例如:佛陀三十岁时,在菩提树下金刚座上早已证得涅槃,只是还有色身的依报存在,是为"有余依涅槃";八十岁时,在娑罗树下入灭,则是"无余依涅槃";佛陀在五十年间行化各地,接应群机,过的是无染无着的"无住涅槃"生活。佛陀曾在《法华经》中自述:"我于尘点劫前早已成佛,自是以来,常在此娑婆世界说法教化,亦于余处百千万亿余那由他阿僧祇国道利众生。"所以,佛陀在此娑婆世界的诞生、出家、降魔、成佛、说法、入灭等诸相,都是"方便净涅槃"的运用,也是"无住涅槃"的境界。我们之所以要求证涅槃,就是要找回清净的自性涅槃。

六、涅槃的境界

众生每天在五欲六尘中烦恼不已,而证悟涅槃的诸佛菩萨是生活在哪一种境界呢?根据《北本涅槃经》卷二十三记载,涅槃有四种境界,称为涅槃四德:

1.常:涅槃境界的觉悟是永远不变的觉悟。

2.乐:涅槃有四种大乐:

(1)无苦乐:世间的乐即是苦因,所以是相对的乐;证入涅槃,则能超越一切苦乐,而得到绝对的大乐。

(2)大寂静乐:涅槃的境界远离一切戏论,离言绝虑,所以是大寂静乐。

(3)大知乐:诸佛如来证得涅槃后,具有大智慧,远离一切颠倒虚妄,于一切法悉知悉见。

(4)不坏乐:如来法身犹如金刚,不能毁坏,不是烦恼无常的色身。

3.我:涅槃的境界,自由自在,毫无拘束。

4.净:涅槃的境界,湛然清净,没有烦恼的染污。

所以,涅槃是止灭一切痛苦聚集的究极理想境地,是去除贪爱,舍诸有执,止灭烦恼欲念的世界,是众德圆满的乐土,是绝对无执无碍的境界。因此,具体而言,涅槃的境界是:

(1)无生的境界:涅槃已没有生死、变异,是个不生不灭的境界。固然不生有漏杂染的烦恼,也不起无漏清净的涅槃想,是个染净俱捐、境我皆泯、无生法忍的绝对世界。

(2)无住的境界:涅槃之后无处不在,在清净心里,在法性之中,在真如佛性内,在万里虚空里。证得涅槃之后,这个法身如如不动,住在荡荡涅槃城。所谓涅槃城就是"无边风月眼中眼,不尽乾坤灯外灯,柳暗花明千万户,敲门处处有人应"的气象。

(3)无我的境界:真正的涅槃,是打破我执,到达无我的大自在,再从无我中建立真我,所以涅槃后的我才是真正的我。

(4)无缺的境界:涅槃的境界是我们心灵上永恒的乐土,里面充满法乐,有完全的平静,有至高的妙乐,有持续的幸福,有福慧的完成,有究竟的解脱,有永恒的自我,有真实的世界。涅槃的芬芳至乐,是人人可以证得,时时可以体悟的。

七、涅槃的求证

涅槃超越有漏世间的一切对待,无法由经验世界的见闻觉知获得,必须自己痛下功夫,从修行内证中,渐渐体悟它的存在。从证得涅槃的圣者教示中,可以知道求证涅槃的方法有三:

1.依于戒行:《弥兰陀王问经》说:"求道者若安住于戒行,精进修行,无论住于何处,皆可实证涅槃。如人有眼睛,立于何处,皆可看见虚空,涅槃以戒行为住所。"因此,以戒为师,精进修持,假以时日,就可以证得涅槃。

2.依三法印修:我们要想完成佛道,必须遵循佛陀的教诲,谛观三法印"诸行无常、诸法无我、涅槃寂静"的教理,了解诸法的空幻,对于一切万有现象,心中不起丝毫贪恋畏惧的念头,止灭一切尘沙般的烦恼,不执不取,能所俱亡,能够如此,便能到达诸法静寂、爱执坏灭的涅槃境界。

3.依三学、四摄、六度而学:欲修涅槃境,便要以"戒、定、慧"安止我们的身心,用"布施、爱语、利行、同事"四摄法作为应化度众的方便法门,并且从日常行住坐卧的平易处,精进修持六度生活,日日摄心守正,时时转迷成悟,成就无量清净功德,长养无边殊胜力量,圆满究竟般若智慧,具足种种利生弘法的妙用,就是无住涅槃。

涅槃是佛教的终极目标,因此列为三法印之一,称为涅槃寂静。当初佛陀感于一切众生起惑造业,流转三界,受生死苦,为使众生远离烦恼生死的痛苦,灭尽一切惑业,达到无为寂静的境界,所以对大众宣说涅槃寂静的真理。

人生在世,在时间上不过短短数十寒暑,在空间上也只有七尺肉身之躯,面对这样有限的生命,如果我们能证悟涅槃,就可以突破时空的藩篱,超越生死无常的恐惧,将生命遍布于一切空间,充满于一切时间,完成生命最圆满幸福的境界。所以,大家应该将"证悟涅槃,找回真实自我"视为今日之事,珍惜当下的每一分、每一秒,精进修行。

第二节　解脱自在

一、解脱自在的定义

解脱就是解开系缚，脱身而出的意思；自在，指自由放任，无挂无碍。解脱，是动态的行为；自在，是静态的境界。解脱与自在，是一体的两面，能解脱就能自在，能自在就能解脱。诸佛菩萨游诸国土，度化有情，示教利喜，无非就是要使众生离苦得乐，得到究竟的解脱。

二、解脱自在的种类

就解脱的层次而言，大致可以分为三种：

(1)世俗的解脱：生活在世间，我们要承受种种压力，当这种压力不存在时，就是一种解脱自在的境界。例如：通过考试的时候，完成工作的时候，那种如释重负的感觉，就是一种解脱。社会人士下班回家，享受亲情的时刻；家庭主妇做完一天的家事，休憩闲聊的时候，也是一种解脱……乃至贫穷的人解决生活的问题，饥饿的人得到食物，凡此都是解脱自在的境界，也就是内心的要求与外在的世界达到最好的协调。然而，这种解脱自在只是相对性的、暂时性的，并没有永恒性，人生的贪欲无尽，使得我们的身心永远感到逼迫苦恼。所以经云"二界如火宅"，于是，有些人就去寻找出世的解脱。

（2）出世的解脱：出世就是离开尘世，到另一个寂静的处所，闭关修道，以求了生脱死。这种解脱固然摆脱了人世的束缚，但是也在逃避对社会人群应有的一份责任，所以不够积极进取。而且这种出世的解脱，恰如大石压草般不让烦恼现起，有朝一日，因缘和合，烦恼的幼苗还是会生长出来，所以，也不是究竟的解脱。

（3）胜义的解脱：究竟的解脱应该是超越入世与出世，使精神与物质两相兼益，使生活与修行相得益彰，使我们在任何时间、地点，都能够逍遥自在的一种意境。这种即入世而出世，即出世而入世的解脱，就是胜义的解脱。胜义的解脱是最圆融完满的境界，只有在生活体证中才能成就，非言语思辨所能道尽，所以也是一种不可思议的解脱。黄檗禅师云："终日不离一切事，不为诸境所惑，方名自在人。""安然端坐，任运而不拘，方名解脱。"

三、解脱自在的实践

如何才能达到胜义的解脱呢？《维摩诘不可思议解脱经》是描述多劫以前成佛的金粟如来，于此世化现维摩诘居士身，为众生开示解脱之要。本经阐述即出世而入世的解脱要旨。今就此经内容，归纳解脱自在的要意如下：

（1）在生死烦恼中解脱自在：生死是人生最大的问题，而烦恼是流转生死的主要原因。心与境和合才起烦恼，烦恼系缚与其他世间诸法一样没有自性，当体即空，所以烦恼逼迫的当下就是真如实相、无上菩提，所谓"烦恼即菩提"正是此意。同样，生死与涅槃也是不二的假名，一般人生之可喜，死之可悲；悟道者生固不足可喜，死亦不必伤悲，故生死之外无涅槃，涅槃之外无生死。宗衍禅师说："人之生灭，如水一滴，沤生沤灭，复归于水。"了达生死烦恼性皆空寂，就是了生脱死的涅槃境地了。

后唐保福禅师向徒众说:"近来我气力不济,想大概世缘时限已快到了。"

门徒弟子听后纷纷说道:"师父法体仍很健康。"

"弟子们仍要师父指道。"

"请求师父常住世间为众生说法。"种种议论不一。

其中一位弟子问道:"时限若已到时,禅师是去好呢?还是留住好?"

保福禅师用安详的态度、亲切的口吻反问道:"你说是怎样才好呢?"

这位弟子毫不考虑地答:"生也好,死也好,一切随缘任它去好了。"

禅师哈哈一笑说道:"我心里要讲的话,不知什么时候都被你偷听去了。"言讫,跏趺示寂。这就是在生死烦恼中求得解脱自在。

(2)在疾病痛苦中解脱自在:人吃五谷杂粮,谁无疾病?"英雄只怕病来磨"。疾病的折磨固然让人难以忍受,如果我们能深达实相,病苦的当下,就是心灵开悟的契机。当我们有了病苦时,应当自念:身体是四大和合而有,假名为身,而四大无主,此身当然也没有我的存在,是以病者了不可得;又此身是因为无始以来的无明痴爱、执着有我而生起,所以疾病的根源在于我执不断,妄想分别,攀缘六尘。因此归根究底,我们应观诸法空性,去除我执邪妄,不但要勇敢地面对自己的烦恼逼迫,更要兼除众生的结使忧苦。这就是经中所述:"以己之疾,愍于彼疾。当识宿世无数劫苦,当念饶益一切众生。忆所修福,念于净命,勿生忧恼,常起精进。当作医王,疗治众病。"这么一想,我们不但不会厌离病苦,反而在病苦中长养慈悲智慧,形成上求菩提、下化众生的原动力,病苦的本身就成为解脱的药方了。

(3)在五欲六尘中解脱自在:五欲六尘也是随着因缘时节而改变的假名幻有。《维摩诘经》说:"一切众魔及外道是吾侍者。"如果我们能够善用欲望,乐求善法,纵使在五欲尘劳中也不会堕落沉沦;如果我们能够通达法性,虽然在生死波涛中也能历险如夷。所谓"依真起妄,了妄全真",懂得利用虚幻不实的色身、寿命、财物,来求取坚固不坏的法身、慧命及法财,才是生命的意义所在。

(4)在有情众生中解脱自在:我们的衣食住行,乃至处事接物,都会与众生发生密切的关联。尽管众生外貌不同,习气的差异很大,但都是五蕴四大和合的假身。我们自己身体上每一个细胞,也是四大五蕴的假合。明白了这一点,心中就不会有人我的分别。自己身上的脓疮疥癣,我们不嫌垢秽,耐心地包扎敷药,能够洞悉人我一体的真谛,我们就会把解除众生的苦难烦恼,当做自己的事情。于是修习四摄六度,是为了度脱众生;庄严佛国净土,是为了接引有情。当我们在度脱众生,接引有情的当下,也就求得了自身的解脱。当我们无所为而为时,一切的羁绊束缚自然消失。

我们凡夫往往将自己的心灵和外界对立起来,生活因而成为一种负荷与累赘,悟道者因为用平等心来看待一切,在举手投足间随顺法性,在烦恼中不见烦恼相,在生死中不见生死相,乃至不见修行相,不求解脱道,所以随时随地都是解脱自在的圆满世界。《金刚经》说:"尔时,世尊食时着衣持钵,入舍卫大城乞食,于其城中,次第乞已,还至本处,饭食讫,收衣钵,洗足已,敷座而坐。"短短的开场白里,写的都是生活中的琐事,然而对一个悟道者而言,一样地穿衣吃饭,它所蕴含的般若风光以及所显现的解脱境界,却与凡夫截然不同。

所以,解脱自在不是世俗的欲乐所能达到的境界,不是到另外一个不食人间烟火的世界里才能找到的幸福。从现实生活中,去体会心物一如,从大众中去参证人我一体,才能找到解脱自在的境界。

第三节　法身实相

一、法身实相的定义

　　"法身"是指佛陀证悟的法性，是理知所成的法性之体，是清净离垢妙极之身，不同于父母所生的粗陋垢秽生灭之身；"实相"是指诸法真实的体性。法身与实相具有相同的意义，《华严经》说："法性本空寂，无取亦无见；性空即佛境，不可得思量。"法身实相是涅槃的三德之一，具足一切功德智慧，永离众患，究竟安乐，十力具足，妙用无穷，万古不变，历劫常存，福智圆满，万德庄严。经典中除了以实性、实际、一如、真性等来诠释法身实相的真实不变之外，更常以否定的字眼来形容法身实相的不可思量，例如：无晦、无明；无名、无相；无强、无弱；非净、非秽；不在方、不离方；非有为、非无为；无示、无说；不来、不去；不出、不入；非福田、非不福田；非应供养、非不应供养；非取、非舍；非有相、非无相；不可称、不可量、过诸数量；非大、非小；非见、非闻；非觉、非知；无作、无境；无生、无灭；无畏、无忧；无已有、无当有、无今有等。

二、法身实相的意义

　　法身实相是佛的自证境界，非语言文字所能形容，诸经论为了化益众生，而别立不同的名称，各宗各派也本着自己的立场赋予不同的教义。虽然如此，百川归于大海，各种教义都是相互融通无碍的。兹将各种说法诠释如下：

（1）法身实相是平等一如的理体

现象界的森罗万象彼此消长，互为因缘，其理体是平等一如的空性。在差别的万象中存有无差别的空性，就是万有的实相。

（2）法身实相是理事圆融的境界

万有虽然千差万别，但都是由平等的理体所缘起，所以宇宙万有，无非空性，万象的空性，也无非差别的现象。法身实相就是这种有空中道、理事不二的平等世界。

（3）法身实相是相即相入的万象

由于万有诸法互相缘起，所以随举一法，都具有万有的特性，每一法的力用都能无远弗届地遍及于十方一切诸法，而又不失其本位。此外，法与法之间，无力的诸法含摄于有力的一法中，所以法法都能借着力用与其他诸法相互容受。以上是就空间而说诸法的相即相入。就时间而言，三世诸法迁流不息，过去之外，没有现在未来；现在之外，没有过去未来；未来之外，没有过去现在。所以，三世诸法相即相入，重重无尽。总之，同时俱起，相互显发，没有前、后、始、终之别的十方三世一切诸法，都是万法的真实相貌。

（4）法身实相是本自具有的佛性

世间的形形色色无一不是法身实相，然而凡愚众生因为无明贪爱，执妄为真，将自己执着于万法表面的假相上，所以处处觉得障碍隔离。佛陀因为证见法身，所以能超越时空，在清澄的心海中，印现出十方三世、无量无边的森罗万象。由此可知法身实相归于一心，也就是我们本自具足的佛心佛性。所谓"三界唯心，万法唯识"、"心、佛、众生，三无差别"，就是这个意思。

三、法身实相的证得

法身在哪里？实相是何相？由法身实相的意义看来，法身非身，非不身,因为它包含了全法界;实相非相,非不相,因为随拈一微尘,都是实相的全体。所谓一即一切,一切即一,森罗万象都不是孤立的个体,而是互相缘起,庄严无比的一大建设。苏东坡的诗说得好:

溪声尽是广长舌,山色无非清净身。

夜来八万四千偈,他日如何举似人?

一草一木、一花一叶,无非都是法身示现;一沙一石、一山一水,无一不是实相妙谛。甚至涓涓的溪流、飒飒的松涛也都是如来的法音宣流。当我们证入法身实相时,山河大地、宇宙虚空,乃至一切众生,都是从自己清净自性中涌现出来的智慧活泉。所以法身实相就是我们周遭的人、事、物,法身实相就是我们本自具足的佛心佛性,法身实相是物我一如的境界。法身实相虽是诸佛的自证境界,然而每个人都具有佛性,只要我们本着平常心,在日常生活中,处处都可以证见实相。因此,如何与三世诸佛共同遨游在法身实相的世界中呢?

(1)无我度生

"法性平等,无有高下",契合法性,泯除对待,发同体悲心,度无量众生,在实践无我的当下,就是平等一如的法身示现;在千差万别的众生相里,就可以见到无相无不相的真如实相。

(2)无住生活

经云:"凡有所住,皆为非住。"在日常生活中,对于幻有的假相,不执不拒,内心宽广,等如虚空,就能在行住坐卧中体会到"青青翠竹尽是法身,郁郁黄花无非般若"的实相世界。

(3)无得而修

我们的本来面目就是法身实相,如果有修证的意念,便被修证之相所系缚,就不是如实的修证。唯有无得而修,好比以空印空,以水印水,随到随遣,了无痕迹,才能见到本自具足的清净法身。

第十一章

心、佛、众生无别的
佛陀世界

第一节 三　身

一、三身的定义

经典上说,在广大的宇宙中,释迦牟尼佛曾在二千五百年前,于娑婆世界说法度众,其他三千大千世界,每一世界也都有一佛在本土教化有情。不但如此,无量劫前即已证悟的正法明如来、龙种上尊佛等,因大悲力故,也倒驾慈航,现观音、文殊等菩萨身,于成佛以来,游诸国土,度脱群迷。佛力的不可思议,令人叹为观止!

而佛身究竟有多少呢?佛教的各宗各派,因立场不同,对佛身有不同的看法。一般将佛身分为:法身、报身、应身三种。

(一)法身

法身是证显真如的自性法体。真如法性既然无相,为什么称之为"身"呢?因为它是报身与应身所依的实性,所以取身的依止义,称之为身。又称为法身佛、法佛、理佛、法性身、自性身、如如佛、如如身、实佛、第一身、真身等。

如来虽然自证圆满法性,然而法身无相,不能为众生所见,为化益众生故,因而示现报身与应身。

(二)报身

报身就是酬报如来因行所修集的福慧资粮而成就的庄严佛体,又作报佛、报身佛、第二身。因为具有下列两种受用功能,所以也称为受用身、受法乐佛、受乐报佛、食身。

(1)自受用:即如来自身恒常受用无边法乐,具有无边的色相庄严,周遍法界而无为常住。

(2)他受用:即如来虽然自证圆满,为了化道十地以上的菩萨,所以由平等性智示现微妙净功德身,使诸大菩萨在清净佛土以大乘法喜为食。

地前菩萨也能见到少分的如来报身,由于他们的业障较地上菩萨为多,所以只能由修所成慧所得的胜解力来悟解报身佛的依正庄严,但是不能亲证,因此所见到的报身色相还是有分别相的。这就好比眼睛患了飞蚊症的愚痴人,以为真的有蚊虫在空中乱飞,有智慧的人了解自己的病况,知道并非实有,虽然如此,他还是见到了飞蚊,表示还是有病在身。

证入初地的菩萨,因为惑障少,心清净,所以自此以后所见的如来报身,一地比一地更为增胜微妙。

(三)应身

应身就是如来为化道六道众生,随众生机缘显现的人格身,又称应佛、应身佛、应化身、应化法身、化身。《法华经》说佛陀早已在尘点劫前成道,所以二千五百年前在人间从受胎到入灭的"八相成道"就是他的应身。八相是:

1.降兜率:佛陀由燃灯佛授记为娑婆世界的补处菩萨,先住于兜率天的内院,经过四千岁,观察娑婆世界教化的机缘。

2.入胎:在兜率内院住满四千年后,即乘白象由天而降,由圣母摩耶夫人右胁而入胎。

3.诞生:在四月八日的艳阳天里,于蓝毗尼花园中降诞,降诞后即能行走七步,一手指天,一手指地,说:"天上天下,唯我独尊。"

4.出家:十九岁的时候,因感叹世间无常,弱肉强食,而且人间多有不平现象,于是毅然骑马逾城出家学道。

5.降魔:在修道的时候,内心有贪瞋烦恼的魔,外境有声色货利的魔。要征服魔军的压力,不为魔女所诱惑,需具有大雄、大智、大无畏的降魔精神。

6.成道:降魔以后,终于在十二月八日,于菩提树下金刚座上,夜睹明星,而成正觉。

7.转法轮:佛成道以后,于五十年中,讲经说法,把真理弘遍人间,使法轮常转于世。

8.涅槃:八十岁那年的二月十五日,教化因缘已满,由动归静,于娑罗双树下进入涅槃。

应身为什么不能如法身、报身那样常住世间呢?

(1)应身出世的目的在度脱有情,当机缘成熟的有情已令得解脱,未成熟的有情也种下得度的因缘时,应身的佛陀就证入涅槃。

(2)为使有情众生了知色身无常,因而欣慕如来常住法身故,应身佛示现入灭。

(3)为使众生尊重勤求甚深教法故,应身佛示现入灭。

(4)为使众生起稀有心故,应身佛示现入灭。

由上述四点,可以了解到诸佛的慈悲是多么的伟大,即使是示现入灭,都是教化众生的方便法门。

二、三身的关系

报身和应身都是依法身而起的相用,报身、应身和法身之间各有差别如次:

(一)报身与法身的差别

1.报身有色身可见,法身非有色身非无色身。地上菩萨所见的庄严色身是诸佛如来的应机示现。然而诸法都不离诸佛法身,所以法身可以说具足色相,但又没有一定的色相,所以《金刚经》说:"如来说诸相具足即非具足,是名诸相具足。"又说:"是实相者即是非相,是故如来说名实相。"

2.报身所见有别,法身如如不动。诸大菩萨因证悟阶位的不同,所见的报身也有差别,《密迹经》说:有的见佛如须弥山高,有的见佛千百里长。但是法身湛然常住,没有差别相。

3.报身的净土中有三乘及诸天人等间杂其间,而法身的净土唯佛乃能知之。

(二)应身与报身的差别

1.应身随类示现:《法华经·普门品》说:"应以何身得度者,即现何身而为说法。"其中所说的"身",指的就是应身。所以,天见如天,人见如人,畜生见如畜生,饿鬼见如饿鬼状,在地狱示现地狱身。

2.应身不能受有无边法乐:由于如来的应身随类示现,所以不像报身那样具有受用无边法乐的相貌,例如:佛陀在人间应化,就有头疼、背痛、受谤、食马麦、金枪刺脚、掷石出血等苦相,乃至示现入灭。

3.应身色相有限:凡夫二乘因为存有分别意识,因此只能见到应身的有限色相,而不能如地前菩萨那样见到无量无边的净妙报身色相。凡夫所见的佛陀是丈六比丘相,而天人所见更为胜妙高大,但是都不是如实的知见。

三、法身的相用

(一)相

1.转相:法身是转去一切杂染后所显现的真如本性。

2.白法所成相:法身具有修习六波罗蜜所成就的十种自在。

(1)寿自在:虽然已成就法身慧命,了无生死相,但是为了度脱有情,方便随机示现寿相,而能生死自如。

(2)心自在:佛心清净,不为境界所转。

(3)众具自在:资生物质不虞匮乏。

(4)业自在:如来万行具足,悲智双运,或现神通,或说妙法,或入禅定,或修苦行,以身、口、意作利他之业,都能胜任无碍。

(5)生自在:为度脱有情,以大悲心随类受生,饶益一切有情,而去住无碍。

(6)胜解自在:依自心观想的胜解力,能变现万物化益众生。

(7)愿自在:从事一切利他事业,都能满足自己的心愿。

(8)神力自在:能六根并用,自在无碍。

(9)智自在:在一切境界中,都能遍知一切法。

(10)法自在:能观机逗教,以无量无边法门利益一切众生。

其中,命自在、心自在、财自在,是行财施、法施、无畏施等布施波罗蜜所圆满成就;业自在与生自在是行持戒波罗蜜所圆满成就;愿自在是行精进波罗蜜所圆满成就;胜解自在是行忍辱波罗蜜所圆满成就;神力自在是行禅定波罗蜜所圆满成就;智自在与法自在是行般若波罗蜜圆满所成。

3.空相:法身已证得一切空相。

(1)非有非无相:法身不是因缘和合的假有,所以说"非有";法身是以真如为体的实有,所以说"非无"。

(2)非有为非无为相:法身不是由业烦恼造作生起的,所以说"非有为",法身由大悲力,能示现佛土身相、来去起灭等有为相,所以说是"非无为"。

(3)非异非一相:从契入真如而言,三世诸佛,佛佛道同,所以说"非异";法身由无量的有情修习不同的加行所成就,所以说"非一"。

4.常住相:法身是出缠的如来藏,是我们本自具有的清净佛性,所以湛然常住。

5.不可思议相:法身是自内圆证的境界,非妄心寻思所能想象,不是粗糙的语言所能表达的。

(二)究竟证得

十地以上的菩萨虽然断结使(烦恼),证得少分法身,但是还未断尽诸障,所以不能完全证得法身。只有佛陀不但断除二惑,而且破除微细的根本无明,才能证得究竟法身。

(三)众德相应

如来法身具有无量无边的功德,今举其大者如次:

1.无诤智:阿罗汉的无诤智是消极的令人不起烦恼,如来的无诤智则更进一步积极地去调伏众生的惑障。

2.四无碍解:如来以四种自在无碍的智解辩才化度众生。

(1)法无碍解:善能契入正理。

(2)义无碍解:善能诠释法义。

(3)词无碍解:精通各种地方语言而无碍自在。

(4)辩无碍解:随顺正理而巧说无碍。

3.十力:如来证得实相后,具有十种智力,能说法度众生,摧伏邪见,成办诸事,自在无碍。

(1)处非处智力:处,是道理的意思。处非处智力,指如来知道一切因缘果报定相。

(2)业异熟智力:指佛陀知道一切众生三世因缘果报。

(3)禅定解脱三昧净垢分别智力:指佛陀知道一切禅定的深浅次第。

(4)知众生上下根智力:指佛陀遍知一切众生根性胜劣、得果大小。

(5)知众生种种欲智力:指佛陀遍知一切众生欲乐善恶的差异。

(6)性智力:指佛陀遍知种种世间的性相。

(7)一切智处道智力:指佛陀遍知一切善道、恶道、圣道所至处。

(8)宿命智力:指佛陀遍知众生过去世种种事。

(9)生死智力:指佛陀以天眼了知众生死生之时,以及未来受生之处。

(10)漏尽智力:指佛陀遍知一切众生漏尽与否。

4.四无所畏:指佛陀说法时具有四种无所怖畏的自信,所以能勇猛安稳。其中,前二者属自身功德具足的无畏,后二者属利益众生的无畏。

(1)诸法现等觉无畏:了知诸法,所以能住于正见,无所怖畏屈伏。

(2)一切漏尽智无畏:断尽一切烦恼,所以能摄伏外道,无有畏惧。

(3)说障法无畏:能阐示一切修道的障碍,而无惧于任何非难。

(4)说出道无畏:能宣说出离苦道的方法,而不畏外道指摘所说为非。

(四)五种甚深

诸佛法身难以用分别思维去理解想象,以下列举五种甚深法来描述法身的体用不可思议。

1.生住业住甚深:诸佛虽然已证得无生,但以慈心悲愿故,随众生机感示现世间,所以安住于无住涅槃境界,以无生而生,无住而住,而成就一切利生事业。

2.安立数业甚深:诸佛应身时而受生六道,时而示入涅槃,是属于不坚业。相对于应身的无常,诸佛报身恒于净土中利乐地上菩萨,属于坚业。诸佛所造作的业,无论是坚或是不坚,目的都在永恒利益无量无边众生。

3.断蕴甚深:诸佛断除有漏诸蕴,圆满菩提,却又能安立于诸蕴中利乐有情。

4.显现甚深:诸佛法身遍满世间,恒常示现说法。但是众生为什么不能时常见闻佛法呢?因为众生罪垢深重,好比月影能现于一切江海河川,乃至一切容器水中,但是如果我们用破了的器皿盛水,当然不能见到月影。所以,愚痴众生不能见佛真身,是因为自己的不健全,佛陀的大慈大悲是永不减失的。

5.涅槃甚深:诸佛随缘应化世间,或现八相成道,或现入般涅槃,这些起起灭灭并非表示佛身的真起真灭,好比火焰的生起与熄灭,都不影响"火存在于世间"的事实。佛的法身常住世间,不会随着应身的生死而消失。

佛光如满禅师与唐顺宗之间问答的诗偈,最能说明佛身的不一不异。

唐顺宗问如满禅师:

> 佛从何方来?灭向何方去?
>
> 既言常住世,佛今在何处?

如满禅师回答道:

> 佛从无为来,灭向无为去,
>
> 法身满虚空,常住无心处。
>
> 有念归无念,有住归无住,
>
> 来为众生来,去为众生去。
>
> 清净真如海,湛然体常住,
>
> 智者常思维,更勿生疑虑。

唐顺宗听后,心中仍有疑虑,于是又问道:

> 佛向王宫来,灭向双林灭,
>
> 住世四十九,又言无法说。
>
> 山河与大海,天地及日月,
>
> 时至皆归尽,谁言不生灭?
>
> 疑情犹若斯,智者善分别。

如满禅师再答道:

> 佛体本无为,迷情妄分别,
>
> 法身等虚空,未曾有生灭。

有缘佛出世，无缘佛入灭，

处处化众生，犹如水中月。

非常亦非断，非生亦非灭，

生亦未曾生，灭亦未曾灭，

了见无生处，自然无法说。

如虚空的法身了不可得，在世间的应身已示现入灭，在净土的报身非凡夫肉眼所能见到，三皈依的"皈依佛"指的又是哪一个佛呢？惠能大师在《六祖坛经·忏悔品第六》说：

"色身是舍宅，不可言归。向者三身佛，在自性中，世人总有。为自心迷，不见内性，外觅三身如来，不见自身中有三身佛。……此三身佛从自性生，不从外得。

"何名'清净法身佛'？世人性本清净，万法从自性生，思量一切恶事，即生恶行；思量一切善事，即生善行。如是诸法在自性中，如天常清，日月常明，为浮云盖覆，上明下暗；忽遇风吹云散，上下俱明，万象皆现。世人性常浮游，如彼天云。善知识，智如日，慧如月，智慧常明；于外着境，被自念浮云盖覆自性，不得明朗。若遇善知识，闻真正法，自除迷妄，内外明彻，于自性中万法皆现，见性之人亦复如是。此名'清净法身佛'。

"何名'圆满报身'？譬如一灯能除千年暗，一智能灭万年愚。莫思向前，已过不可得；常思于后，念念圆明，自见本性。善恶虽殊，本性无二，无二之性，名为实性。于实性中，不染善恶，此名'圆满报身佛'。自性起一念恶，灭万劫善因；自性起一念善，得恒沙恶尽。直至无上菩提，念念自见，不失本念，名为'报身'。

"何名'千百亿化身'？若不思万法，性本如空；一念思量，名为变化。思量恶事，化为地狱；思量善事，化为天堂。毒害化为龙蛇，慈悲化为菩萨，智慧化为上界，愚痴化为下方。自性变化甚多，迷人不能省觉，念念起恶，常行恶道；回一念善，智慧即生。此名'自性化身佛'。……法身本具，念念自性自见，即是报身佛。从报身思量，即是化身佛。自悟自修自性功德,是真皈依。"

临济禅师说:"汝一念心上清净光,是汝屋内法身佛;汝一念心上无差别光,是汝屋内报身佛;汝一念心上差别光,是汝屋内应身佛。"

因此,我们切勿向外寻觅法身佛,也不用远求报身佛,更不必伤感应身佛的入灭。我们应该珍惜当下,从本自具有的佛心佛性中去体现佛陀的样子。

第二节　三十二相、八十种好

一、相好的定义

大慈大悲愍众生，大喜大舍济含识；

相好光明以自严，众等至心归命礼。

这是大家耳熟能详的课诵偈语。其中，"相好"是用来形容佛陀色身的庄严殊胜。在佛世时，佛陀的门下有许多圣弟子，如：最初的僧宝——五比丘及大迦叶尊者、须达长者等，都是在佛陀威仪庄严的摄受下，决心皈投在佛陀的座下；杀人如麻的鸯掘摩罗，本欲行刺佛陀，却在目睹佛陀的圣容后，感动得五体投地，求哀忏悔。不但如此，连山中的猿猴、酒醉的狂象，也都被佛陀的金容所摄受而献上鲜果，流泪悔过。《心地观经》说："金光百福庄严相，发起众生爱乐心。"因为佛陀的相好光明而得度的众生，不知有多少！

佛陀庄严的德相并不是生来如此的，《大乘百福庄严经》说：每修一百福，才庄严一相，菩萨修行要经过一百大劫，才能成就相好，佛陀在因地时，由于精进不懈，经过九十一劫才圆满相好的业报。

其实，相与好是有差别的。佛陀庄严的色身中，显而易见，一目了然的特征，称为"相"，大致可分为三十二种，叫做"三十二相"；细微难见，不易查觉，而能使人生起欣喜爱乐之心的，就称为"好"，共有八十种，叫做"八十种好"。由于这八十种好是随三十二相而有，所以又称为"八十随形好"。

二、三十二相

1.足下平满相：足底平直柔软，安住密着地面，这是佛陀于因位行菩萨道时，修六波罗蜜所感得的相，表示引导利益之德。

2.足下轮形相：足心现一千辐轮宝的肉纹相。此相能摧伏怨敌、恶魔，表示照破愚痴与无明之德。

3.手指细长相：两手、两足皆纤长端直。是由恭敬礼拜诸师长，破除憍慢心所感得的相，表示寿命长远，令众生爱乐皈依之德。

4.足跟广平相：足踵圆满广平，是由持戒、闻法、勤修行业而证得的相，表示化益尽未来际一切众生之德。

5.指间缦网相：手足一一指间，皆有缦网交互连络的纹样，如雁王张指则现，不张则不现。此相是由修四摄法、摄持众生而有，表示离烦恼恶业，至无为彼岸之德。

6.手足柔软相：手足极柔软，如细劫波毳之相。是以上妙饮食、衣具供养师长，或于父母师长生病时，亲手为其拭洗等奉事供养而感得的相，表示佛以慈悲柔软的手摄取亲疏之德。

7.足趺高满相：足背高起圆满之相。佛于因位修福、勇猛精进感得的相，表示利益众生，大悲无上之德。

8.腨如鹿王相：股骨如鹿王之纤圆，是往昔专心闻法、演说所感得的相，表示一切罪障消灭之德。

9.垂手过膝相：立正时，两手垂下，长可越膝。此相是由离我慢、好惠施、不贪着所感得，表示降伏一切恶魔，哀愍摩顶众生之德。

10.象马阴藏相：男根密隐于体内，如马阴之相。此相是由断除邪婬、救护怖畏大众而感得，表示寿命长远，得多弟子之德。

11.身广长等相：佛身纵广左右上下，其量全等，周匝圆满，如尼拘律树。以其常劝众生行三昧，作无畏施而感此德相，表示无上法王尊贵自在之德。

12.身毛上靡相:佛一切发毛,由头至足都向右旋,其色绀青柔润。此相是由行一切善法而有,能令瞻仰的众生心生欢喜,获益无量。

13.一毛一孔相:一孔各生一毛,其毛青琉璃色,二毛孔皆出微妙香气。是由尊重、供养一切有情、教人不倦、亲近智者、扫治棘刺道路所感得的相,蒙其光者,悉能消灭二十劫罪障。

14身色金黄相:佛身及手足悉为真金色,如众宝庄严的妙金台,是以离诸忿恚、慈眼顾视众生感得的相。此德相能令瞻仰的众生厌舍爱乐,灭罪生善。

15.身放光明相:佛的身光任运普照三千世界,四面各有一丈。是以发大菩提心、修无量行愿而感得的相,能除惑破障,表示一切志愿皆能满足之德。

16.皮肤润泽相:皮肤细薄、润泽,一切尘垢不染,是以清净的衣具、房舍、楼阁等施与众生、远离恶人、亲近智者所感得的相,表示佛陀的平等无垢,以大慈悲化益众生之德。

17.七处隆满相:指两手、两足下、两肩、颈项等七处之肉,皆隆满、柔软。是由舍己所爱之物,施予众生而感得的相,表示一切众生得以灭罪生善之德。

18.两腋充满相:佛两腋下之骨肉圆满不虚。是佛予众生医疗、饭食,又自能看病所感得的相。

19.上身如狮相:佛之半身广大,行住坐卧威容端严,一如狮子王。是佛于无量世界中,未曾两舌,教人行仁和,远离我慢而感得此相,表示威容高贵、慈悲满足之德。

20.身形端直相:谓于一切人中,佛身最大而直。是以施药看病,持杀、盗戒,远离憍慢所感,能令见闻的众生止苦,得正念,修十善行。

21.两肩圆满相:两肩圆满丰腴,殊胜微妙之相。是由造像修塔,施无畏所感得的相,表示灭惑除业等无量功德。

22.牙齿有四十相:佛具有四十齿,一一皆齐等,平满如白雪。是由远离两舌、恶口、恚心,修习平等慈悲所感得的相,常出清净妙香。此一妙相能制止众生的恶口业,灭无量罪,受无量乐。

23.牙齿紧密相:诸齿皆不粗不细,齿间密接而不容一毫。是以十善法化益众生,常称扬他人功德所感得的相,表示能得清净和顺、同心眷属之德。

24.牙齿齐白相:四十齿外,上下亦各有二齿,其色鲜白光洁,锐利如锋,坚固如金刚。是以常思维善法,修慈而感得的相,能摧破一切众生强盛坚固的三毒。

25.两颊隆满相:两颊隆满如狮子颊。见此相者,得除灭百劫生死之罪,面见诸佛。

26.常得上味相:佛口常得诸味中的最上味。是由见众生如一子,复以诸善法回向菩提感得的相,表示佛陀的妙法能满足众生志愿之德。

27.舌广而长相:舌头广长薄软,伸展则可覆至发际。是发弘誓心,以大悲行回向法界感得的相。现此相,可灭除百亿八万四千劫生死罪,值遇八十亿的诸佛菩萨授记。

28.声如梵王相:佛清净的梵音,洪声圆满,如天鼓响,亦如迦陵频伽之音。是由说实语、美语,制守一切恶言所感得的相。闻者随其根器而得益生善,大小权实亦得惑断疑消。

29.目绀青色相:佛眼绀青,如青莲花。是生生世世以慈心慈眼及欢喜心施予乞者所感得的相。

30.眼如牛王相:睫毛整齐而不杂乱。此相是由观一切众生如父母,以思一子的心怜愍爱护众生而感得。

31.顶上肉髻相:顶上有肉,隆起如髻形之相。是教人受持十善法,自亦受持而感得的相。

32.眉间白毫相:两眉之间有白毫,柔软如兜罗绵,长一丈五尺,右旋而卷收,以其常放光,所以称为毫光、眉间光。是佛在因地时,见众生修三学而称扬赞叹,遂感此妙相。

三、八十种好

1. 无见顶相。　2. 鼻高不现。　3. 眉如初月。　4. 耳轮垂埵。

5. 身体坚实。　6. 骨际钩锁。　7. 身旋如象。　8. 行时现印。

9. 爪如赤钢。　10. 膝骨圆好。　11. 身上清洁。　12. 皮肤柔软。

13. 身不弯曲。　14. 指圆纤细。　15. 指纹藏覆。　16. 脉深不现。

17. 踝不突出。　18. 身相润泽。　19. 身形满足。　20. 行不逶迤。

21. 容仪具足。　22. 行止安详。　23. 住无能动。　24. 威振一切。

25. 见者安乐。　26. 面大适中。　27. 貌色不挠。　28. 面容美满。

29. 唇如赤色。　30. 言音深远。　31. 脐深圆好。　32. 毛发右旋。

33. 手长过膝。　34. 手足如意。　35. 手纹明直。　36. 手纹细长。

37. 手纹不断。　38. 见者如悦。　39. 面广殊好。　40. 面如满月。

41. 说和悦语。　42. 毛孔出香。　43. 口中出香。　44. 容如师子。

45. 进止如象。　46. 行如鹅王。　47. 头如醉果。　48. 声分具足。

49. 牙齿白利。　50. 舌色如赤。　51. 舌薄而长。　52. 毛多红色。

53. 毛软而净。　54. 眼广而长。　55. 死关相具。　56. 手足莲色。

57. 脐不现出。　58. 腹不突出。　59. 腹细匀适。　60. 身不倾动。

61. 身相持重。　62. 其身长大。　63. 手足软净。　64. 光长一丈。

65. 光照身行。　66. 等视众生。　67. 身相雄伟。　68. 不轻众生。

69. 声不增减。　70. 说法不著。　71. 随缘说法。　72. 音应众声。

73. 次第说法。　74. 观不尽相。　75. 观不厌足。　76. 发长而好。

77. 发长不乱。　78. 发自旋好。　79. 发如青珠。　80. 有德之相。

以上所叙述的三十二相、八十种好，在各经典上的记载，稍有出入，但是佛陀的庄严相好，是不容置疑的。

"百劫修相好，三只修福慧。"三十二相、八十种好，是佛在因地摩顶放踵行菩萨道，累劫积集福德因缘，一相一相，点点滴滴，修习成就的色身,同时也是佛陀为了广度有情,由法身显发的应身。所以,三十二相、八十种好是缘起性空的假名幻有,能够了知这一点,才能如实见到佛陀的相好光明。所以《金刚经》说:"如来说三十二相,即是非相,是名三十二相。"

经典上叙述佛陀弟子中,神通第一的目犍连,有一次想要测试佛陀说法的声音,于是飞身到距离娑婆世界无量远的东方佛国,结果佛陀的音声依旧相近如故。另有一位外道,因为听说佛身一丈六尺长,心生怀疑,用尺去量,谁知量了丈六,还有丈六,永远也量不完。可见佛陀的金容相好,岂是用三十二相、八十种好所能道尽!而我们用分别妄心来观佛见佛,无异以管窥天,以厘测海,是无法得其堂奥的。因此,《金刚经》说:"若以色见我,以音声求我,是人行邪道,不能见如来。"

佛陀曾说:"见缘起即见法,见法即见如来。"当我们了知缘起性空、一味平等的法性时,不但佛陀的金容相好,即便是森罗万象的当体,也都是佛陀的真实面貌了。

第三节　佛陀十号

一、佛陀十号的定义

我们除了从佛身来了解佛陀以外，还可以从佛的名号来认识佛陀。

由于佛陀实在是太伟大了，所以世人用种种异名来称扬佛的巍巍功德，例如：世雄、世眼、世英、天尊、大觉世尊、觉王、觉皇、法王、大道师、大圣人、大沙门、大仙王、大医王、佛天、佛日、两足尊、两足仙、天中天、人中牛王、人中龙王、人雄师子、能人等等。然而，最通用的尊号有十一种，那就是：如来、应供、正遍知、明行足、善逝、世间解、无上士、调御丈夫、天人师、佛、世尊。诸经论往往开合成为十种，例如：《十号经》以世间解、无上士合为一号，《大智度论》卷二十一、《成实论》卷一、《菩萨地持经》卷三都以无上士、调御丈夫合为一号，称为"如来十号"。

二、佛陀十号的内容

(一)如来

如，又作如如、真如、如实。指万物真实不坏、无有变异的本性。一切法虽有各自不同的属性，如：地有坚性，水有湿性等，但是这些属性都不是实有，都是以空为实体，所以将这种实性称为如。如也是诸法的本性,所以称为法性;而法性是真实究竟的至极边际,所以又称为实际。

诸法虽然各有差别,但是理体平等无异,这种理体平等无异的真理,也称为如,又称为真如;此理为一,故称一如。

由此可知,如、法性、实际、真如、一如等等,都是诸法实相的异名。

如来,音译作多陀阿伽陀、多他阿伽度、多陀阿伽度、怛萨阿竭、怛他誐多、多阿竭。各种经典对于"如来"有不同的解释,归纳如下:

1.以如实之智,乘如实之道、来成正觉,故名如来。

2.以如实智慧解脱,得究竟涅槃,故名如来。

3.如实觉了真理,故名如来。

4.如实知众生种种欲乐,悉能示现,故名如来。

5.如实成就一切善法根本,断一切不善根本,故名如来。

6.如实为众生指示解脱之道,故名如来。

7.能令众生远离邪道,住于真理正道,故名如来。

8.演说诸法真实空义,故名如来。

9.诸佛来到三解脱门,也令众生入到此门,故名如来。

10.通达诸法实相,故名如来。

11.如实修行,来到佛地,故名如来。

12.以佛法真理,来到佛地,故名如来。

13.以权智二足,证至佛地。《助道经》说:"智度无极母,善权方便父,生故名为父,养育故名母。"智慧善权是一切善法的根本,出生诸佛,因此以修习二者而证入佛地者,称为如来。

14.从如如自性而来,故名如来。

以上是如来的解释。也有人将如来译为如去,如果作如去解,则是乘真如之道,往至佛果涅槃的意思。不管是如来也好,或者如去也好,佛的法身体性平等,有如虚空般清净常住,离言绝虑,不可名状。《金刚经》说:"如来者,无所从来,亦无所去,故名如来。"道尽佛陀境界的甚深微妙,不可思议。

(二)应供

应供,梵语 arhat 或 arhant,音译为阿罗汉、阿罗诃,又称作应真或应。

阿罗汉具有三种意义:

1.杀贼:贼,指烦恼,能盗走一切善法功德,故名贼。佛陀断尽一切烦恼,所以称为杀贼。

2.不生:佛陀证入究竟涅槃,心中不再生无明烦恼,所以称为不生。

3.应供:佛陀断尽三界内外一切烦恼,智德圆满,所以应受十方众生以饮食、衣服、卧具、汤药、幢幡、宝盖、香、花、灯、果等最胜庄严具礼敬供养。

阿罗汉虽有三义,但以"应供"能涵盖三义,故一般均以应供作为佛陀的异名之一。

(三)正遍知

正遍知,梵语 samyak–sambudha,音译作三藐三佛陀,又称三耶三佛檀、正遍智、正遍知、正遍觉、正真道、正等正觉、正觉等、正等觉。指佛陀所证得的智慧正真而又圆满,周遍含容,无所不包。

凡夫俗子的世智辩聪固然微不足道,即使是声闻、缘觉与菩萨,虽然已入圣位,他们的智慧和佛陀比起来,还是有所不足。《法华文句》卷五和《大明三藏法数》卷十八,对于四种圣者的智慧作了以下的比较:

1.声闻的智慧有如萤火:声闻虽观四谛,悟得空理,但是还不究竟,仅能自度,不能度人。有如萤火虫的光芒微弱,仅能自照而不能照物。

2.缘觉的智慧有如星光:缘觉虽观十二因缘,悟真空之理,但是对于中道妙谛仍然不能明了。好比天边的星辰虽然发出光芒,但是不能照到远处。

3.菩萨的智慧有如月光:菩萨虽然具有智慧,但是惑业未断,所拥有的智慧有多少之别,好比月亮有盈有亏,光芒也就强弱不等。

4.佛陀的智慧有如日光:唯有佛陀的智慧能觉了诸法实相不增不减,悉知十方诸世界的名号及众生的名号、先世因缘、来世生处,以及一切心相、结使、善根等宇宙诸法,所以称为正遍知。

(四)明行足

明行足,音译鞞侈遮罗那三般那。又作明善行、明行成、明行圆满、明行。

在经典中有多种解释,归纳如下:

1.明,指宿命、天眼、漏尽等三明。三明与六神通的名称虽然相仿,其中仍有如下差别:

(1)二乘及菩萨等圣者只知道自己以及众生过去一世、二世、三世,乃至百千万劫之事,是为宿命通;佛陀能知道无始劫来自己以及众生一切因缘行业,是为宿命明。

(2)二乘及菩萨等圣者只知道众生未来生此死彼之事,是为天眼通;佛陀进一步知道其行业因缘果报及生死相状等事,是为天眼明。

(3)二乘及菩萨等圣者虽断烦恼,犹存习气,不能了知他人烦恼是否已断尽,是为漏尽通;佛陀则断除一切烦恼习气,而且了知众生烦恼是否断尽或已断若干,是为漏尽明。

行,指身、口二业。四善六道中,唯有佛陀的身、口二业圆满无失。佛陀具足三明二业,所以称为明行足。

2.明,指离诸痴暗,证得佛果。行,指三学六度等修行。

佛陀在因地时,旷劫精进,修诸善业,而得究竟解脱,永离无明烦恼系缚,所以称为明行足。

(五)善逝

善逝,梵语 sugata,音译修伽陀、苏揭多、修伽多,又称善去、好去。有下列三种意义:

1.指如来进入种种甚深三昧与无量妙智慧之中,是妙往的意思。凡愚六道心中充满贪瞋痴等,所以常流转于生死苦海中,就不是善逝。

2.如来正智能断诸惑,妙出世间,往至佛果,故名善逝。

3.如来如实去往涅槃彼岸,不再退没于生死之海。

也有人将 sugata 译为善说、好说、善解、善说无患,指如来能依诸法实相,不着于法爱而说,并能善于观察弟子的根器,应机说教,令入佛智。

(六)世间解

世间解,梵语 lokavid,音译路迦惫,又作知世间。

世间可分为二种,即:众生世间、非众生世间。如来不但遍知众生、非众生之间的一切相状,而且能如实了知世间的非有常、非无常;非有边、非无边;非去、非不去等,心不着相,如虚空般清净无染。

(七)无上士

无上士,梵语 anuttara,音译阿耨多罗,又作无上、无上丈夫。具有下列意义:

1.佛陀的智慧、禅定、戒行等一切智德圆满,福慧具足,于人中无有过之者,所以称为无上士。

2.在诸法中,涅槃法最为殊胜,佛陀不但自己证得涅槃,也教导众生,令入涅槃,所以佛于众生中,也是最胜无上。

3.佛身具足三十二相、八十种好,在众生中无与伦比。

(八)调御丈夫

调御丈夫,音译富楼沙昙藐婆罗提,指佛陀善于运用各种方便权巧化道众生,令得今世乐、后世乐,乃至涅槃乐。

(九)天人师

天人师,音译舍多提婆魔免舍喃,又作天人教师。指佛陀善于教导众生何者应做、不应做，是善、是不善，如果众生能依教而行，不舍道法，就能解脱烦恼。

如来广度一切众生，无有分别，为何说是天人师呢?这是因为人的烦恼较薄，天的智慧较利，二者容易趣向佛道，得度者较多，因此以天、人为代表，称如来为天人师。

(十)佛

佛，梵语 buddha，全称佛陀、佛驮、休屠、浮陀、浮屠、浮图、浮头、没驮、勃陀、馞陀、步他，意译为觉者、知者、觉。指具足自觉、觉他、觉行圆满，如实知见一切世间、出世间法，成就无上正等正觉的大圣者。

(十一)世尊

世尊，梵语 bhagavat，音译作婆伽婆、婆誐缚帝、婆伽梵、薄伽梵，又称有德、有名声等，世间最尊贵的圣者之意。

婆伽婆含有六义，都含摄在世尊的意译中：

1.自在:指如来永不被诸烦恼所系绊。

2.炽盛:指如来智慧之火能使三毒永尽无余。

3.端严:指如来具足三十二相、八十种好。

4.名称:指如来的功德殊胜圆满，名闻遍于十方。

5.尊贵:指如来常以智慧方便利乐众生，永无懈怠。

6.吉祥:指如来为一切众生所赞叹供养。

除了上述的通号以外，佛陀在世间示现的应身，依其特性，也各有各的名号，例如阿弥陀佛、药师琉璃光佛等，称为别号。

总之，佛陀的境界不是言语思维所能道尽的，我们欣慕佛的断德，仰慕佛陀的智慧除烦恼、求得智慧、众善奉行、修习菩提、遍学诸法、端严行仪、弘法度众、自觉觉他、利乐有情等，自我勉励。"是心念佛，是心作佛"，心中常念佛的功德利益，成佛只在眼前。

佛是宇宙普遍的真谛，而佛教(佛法)是证悟此真谛之道。佛是宇宙法尔如是的真如自性、广大无碍、觉悟的状态。所有诸项都是真如自性如实的妙力显现。如果我们证悟了自己的真如自性、究竟寂灭、广大、一如和觉悟，我们就都成佛了。此后所有诸项都会任运生起为佛陀刹土——真如实相之妙力显现。佛教（佛法）是证得佛果的道阶，也是激励我们去获得如此证悟的法门。

释迦牟尼是我们这个时代经由佛法之道而成佛的诸多有情之一，是他这位大师弘扬了佛教之道。但他并不是唯一的佛，而佛法也不仅仅局限于他所说的言词。续部是佛教中原有的密宗经典，其中包括许多宁玛续部，例如《龙钦宁提》法类中的密续。这些不一定是释迦牟尼佛亲口宣说的词句的书面记录。然而这些的确是佛教法门，因为它们来自佛陀的三身，并且它们提供了引导我们成佛的方法。更进一步说，这些密续是由释迦牟尼佛具证的追随者所开启，并且它们与佛陀所传的法门相融洽。

两千五百多年前，圆满正觉释迦牟尼佛在诸多神奇的瑞相中诞生于今日尼泊尔蓝毗尼花园，父母分别是释迦族的净饭王和王后摩耶夫人。太子取名为悉达多，不久他就精通了各种为将来统治他的王国准备的各种知识和技能，长大成人后他娶公主耶输陀罗为妻，生下儿子罗睺罗王子。

悉达多太子生活在他的那个时代所能提供的最胜的世间欲乐和享受之中。他的父王甚至尽量不让他目睹耳闻人们的疾苦。但悉达多意识到在这个世俗的世界里没有人有真正的欢乐，而只有痛苦——无法抗拒的生、老、病、死之苦和无穷无尽的苦难。生际必死，聚际必散，乐际必哀。所有的世俗行为，只能直接或间接地导致求不得苦。所有的痛苦的根源在于对有的世俗行为，只能直接或间接地导致求不得苦。所有痛苦的根源在于对"我"的错误执着，为贪欲和瞋恨的烦恼所烧灼，就如切盼搔痒止癫般渴望实为痛苦的表面欢乐。悉达多下决心找到从痛苦的生命循环（轮回）中解脱的方法，并引导其他如母有情获得解脱和觉悟。

二十九岁时,在他父王勉强同意他放弃他的世俗生活后,他成为无家的云游苦行者。他到当时天竺的一些著名贤哲那里并根据他们的法门禅修。在极度的苦行中他在尼连禅河畔静坐了六年。这些探索追求带来了高层次的三摩地、轻安与喜乐,但其中没有一种法门给他带来他想寻求的终极目标:从我执中彻底解脱,因为这些成就里多少残留了一些我执。

三十五岁时,意识到肉身的苦行并非达到真谛的有效途径,悉达多喝了一些乳糜。滋养了身体之后。他来到金刚座,即今日印度比哈尔省的菩提伽耶。在那里,于卫赛(四月或五月)月圆日的前夜,于钵多树(从此被称为菩提树)下结跏趺坐入三摩地。黄昏过后,魔王率魔众来到太子面前,竭尽威胁、诱惑之能事,企图阻止他证得正觉。魔军云集,发出电闪雷鸣般的威胁吼叫声,降下兵器雨:貌美胜天仙的魔女来到面前翩翩起舞,企图唤起他的欲念。但这一切都没有动摇他的心,他安住于慈心定中。兵器雨变成了花雨,所有的魔众像海市蜃楼般消失无余。

之后初夜分,他入四禅定。初禅是由寻伺到欲界之受的粗恶,从而离开欲界之受,心生喜、乐的等持。第二禅是离初禅之寻伺尘浊之法,信相明净而感受喜乐之二受的等持。第三禅是通过行舍、正念和正惠(又作正知)远离二禅之喜乐,然犹存有自地之妙乐的等持。第四禅是以舍清净和念清净而视第三禅为下劣,离脱第三禅定之妙乐,而生不苦不乐受的等持。

随后,以第四禅得到了彻底宁静、泰然、清明、合适、明净之心。他专注地生起三明:

(1)他证得了生死智证明,即以清净天眼了知所有众生变化多端的业因果报、善恶因缘等等无穷详尽的生死相状之智慧。

(2)他证得了宿命智证明,即明白了知自己及其他众生过去无数生中林林总总不同的所作所受等全部细节相状之智慧。

(3)接着。在月圆日的初日分,他通过观修和证悟十二缘起之自性从而证得了漏尽智证明。

在此阶段,他证悟了十二因缘的流转门,即缘(1)无明有;(2)行,缘行有;(3)识,缘识有;(4)名色,缘名色有;(5)六入,缘六入有;(6)触,缘触有;(7)受,缘受有;(8)爱,缘爱有;(9)取,缘取有;(10)有,缘有有;(11)生、病;(12)老、苦、死。之后他还证悟了此十二因缘的还灭门,即无明灭则行灭,依次类推。

他证悟了四圣谛:

(1)他证悟了苦谛,即整个世俗存在全体本质上仅是循环反复之苦。

(2)他证悟了集谛,即诸苦的生起是由根本上的贪执"我"而起贪瞋痴造业。

(3)他证悟了灭谛,即苦灭而入于涅槃觉悟之境界。

(4)他证悟了道谛,即依八正道而修行,可超脱苦。集二谛。而证灭谛。

之后在清晨他入金刚喻定:坚固,没有障碍能摧毁它;稳定,没有概念可以动摇它;一如,万物在其中具是一味;和周遍,因为它是诸有的真如自性。在一刹那间,他断尽了自己相续中最极微细的障碍,圆满证悟了三明,成为正等正觉的佛。他上升虚空高七多罗树,坐在那里,说道:"今日(吾已)不受后有,道已圆满,可以无复修习矣。"

又说:"深寂离戏光明无为法,犹如甘露吾今已证得。"

在他余生的四十五年中,佛陀没有疲倦地徒步旅行,托钵乞食,日中一食,以慈悲和智慧传授成佛之道并僧伽(男、女出家众)、信众以及所有他遇到的人和来见他的人服务。在此期间,佛陀为不同的根器传了不同的法门。

根据佛教中的大乘和金刚乘的传统,佛陀不仅宣演了小乘——共同或原始(部派)佛法,还包括摩诃衍那大乘和伐折罗衍那金刚乘。佛陀所传的小乘法门被称为三藏,分别是关于出家与在家戒律的《毗奈耶(戒藏)》,关于佛教心理学和行而上学等慧学的《阿毗达摩(论藏)》

以及关于定学诸多经典的《修多罗(经藏)》。

佛陀初转法轮宣说四圣谛,阐释了生死轮回以及断生死证涅槃的整个过程。在鹿野苑(今日印度瓦拉西附近的萨尔纳特),他首先传给了五比丘。佛陀说:"诸比丘,有四圣谛,即苦、集、灭和道。何谓苦谛?所谓生苦、老苦、病苦、死苦、爱别离苦、怨憎会苦。求不得苦。归纳言之众苦聚集,五蕴盛苦。此即为苦。何谓真谛?由渴爱而生后有,伴随着强烈的欲望,对各种食物生喜生贪。此即为众苦之因的集。何谓灭谛?灭即彻底从能生后有、与强烈欲望相随并且从各种事物发现、生起或得到完全喜乐的欲与渴爱中完全解脱。何谓道谛?道即八正道,所谓正见、正思维、正语、正业、正命、正精进、正念、正定。"

佛法果实的获得依赖于修行者个人的努力,佛陀的角色是激励弟子去追求解脱并传授解脱之法。佛陀说:"我为汝说解脱法,当知解脱随自转。"

佛法修习的核心是按照适当的律仪而行,通过八正道降伏自心。佛陀说:

> 诸恶莫做,众善奉行。
>
> 自净其意,是诸佛教。

如果我们能够调伏自己的意,那我们的言行也就自然会合乎规范,因为意乃是主宰。佛陀说:"心意是主宰,由彼领诸行。心纯善则言行亦会得欢乐,就如影随行般。"

当我们领会证悟了生命的真谛和我们心的自性,我们将从所有的痛苦中得到解脱。佛陀说:"当汝以慧眼观察一切有为法乃至无常……苦……无我,……汝将不为一切苦所害。此即是正确之道!"

对于大乘弟子,包括人与非人有情,佛陀在天竺王舍城崛山(灵鹫山)等诸多地方宣说了般若和如来藏法门。鉴于广弘大乘法门的时机尚未成熟,大乘佛法当时只传给了有限的弟子。数世纪后,由诸持有大乘法的大师将此法门向大众公开弘扬,并且有许多法门从其他刹土请回人间。

大乘的大部分法门是建立在小乘或共同佛教基础上的,但发心与见地有差别。悲心在共同佛法中也是重要的修法,但目的是为了一切如母有情都解脱或担负起利益他人的全部责任,而成佛的发心被称为菩提心。以菩提心修习六波罗蜜是大乘的不共法门。

在见地方面,空性的概念是大乘佛法的核心。在胜义谛或究竟真谛的层面上,一切法皆是空;在俗义谛或相对的层面上,一切显现都是因缘而生,如梦幻泡影。如此这真俗二谛是双运的,它们即是诸法之自性,而毫不相违。空并非断灭或顽空,而是无有真实自性,远离二元思维、名相概念等边,远离有、无、亦有亦无、非有非无等四句。俱生智,即空性以及证悟空性的智慧,同时无碍照见一切。这个智慧也被象征性地用般若佛母——诸佛之源或安住之处来表示。

在修习方面,大乘佛法行者起初使用他们世俗的心和心所作为证悟佛果的方便,随着在此过程中不断深入,他们最终得证佛果。佛陀说:"已经征得不生不灭(空性)和缘起(双运)的菩萨,就像未被云层遮挡的阳光驱散黑暗一样,摧毁了无明并证得自然本具(之佛果)。"

又说:"凝念赞绝智慧到彼岸,不生不灭虚空之自性,各各自明智慧之境界,三时佛母尊前皈命礼。"以及:"色即是空,空即是色。色不异空,空不异色。"

对金刚乘弟子——异常成熟的人与非人有情,佛陀在邬迪亚那的达尼亚嘎等诸多地方,现真佛保身相,传了密集金刚、时轮金刚等密法灌顶和开示。数时机后当因缘时机成熟时,这些法门从其他刹土请回人间并得以广泛弘传。另外,有许多密续是由(诸)佛开启给数量众多的具证大成就者的。

金刚乘法门不仅仅是口说言教,而且还传递密咒力——俱生智证悟的传承,这传承发生在(上师)灌顶授权弟子进入密续的修学和证悟时。此后弟子护持这个传承的相续,这被称为持守密乘戒律三昧耶。在没有违反三昧耶戒的前提下,弟子修习生圆二次第。生起此第净初对法、身、心的贪着。在生起次第中,行者努力运心将宇宙、身、心观想为本尊的坛城,虽有显现但自性空,以此来净初生、死、中有之障。圆满次第圆满获得妙力、加持和证悟的悉地。在圆满次第中,将气或能量与心引入中脉,行者证悟并圆满天生本具、远离分别、周遍一切的智慧。密宗修法具有特别的方便来圆满所修,例如:行者以证悟空性与观一切显现为大乐(或大悲)智慧和佛陀三身双运,从而圆满自己的意。密宗修法在一生中即可证得圆满佛果。佛陀说:"金刚持的(密宗)法门是基于二种次第所谓生起次第。"又说:"空性太悲无二双运是谓菩提心。"

八十岁时,于卫赛月(四月或五月)的月圆日,坐于北天竺拘尸那的婆罗双树下,佛陀对他的追随者说:"汝等比丘,吾将入涅槃。不要对此伤心难过。如果你们有什么问题,可以问我,以免错过这样的机会而后悔。"

他连问三遍,但大家都沉默无言。随后佛陀解下他身上袈裟的披单,露出他金色的胸膛,再三让在场的大众瞻仰难得一见的佛陀色身。所有人目不转睛地瞻仰佛陀纯金般的身躯,由此感到入定般的安宁。接着他披好袈裟,作右胁狮子卧,入大般涅槃,得大离苦、究竟寂灭、佛果。佛陀留下自己的色身作为加持以及怀念佛陀出世与传法的源泉。

佛陀涅槃后,以摩诃迦叶、阿难为上首的付法七祖、以龙树菩萨和无著论师为上首的二胜六庄严、以萨阿哈和那若巴为上首的金刚乘八十四大成就者、以极喜金刚和妙吉祥友为上首的八大持明,在天竺维系和弘扬了显密经续佛法,并将佛法几乎传遍亚洲的全部的角落。

佛陀之后大约五百年,大乘佛法开始广泛弘传。于是佛教逐步形成两种主要宗派:原始部派的小乘佛法和摩诃衍大乘佛法。小乘佛法传向南亚国家,而大乘佛法传向北亚国家。在漫长的传播过程中经历过许多变化,但从公元十二世纪开始大体的传播方式是这样的:追随梵文佛经传统的大乘佛法,已在尼泊尔、中亚、中国、朝鲜、爪哇、苏门达腊、西藏、不丹和蒙古得到弘传。追随巴利文佛经传统的小乘(声闻乘)佛法已经在斯里兰卡、缅甸、泰国、柬埔寨和老挝得到弘传。在越南小乘和大乘同时得以弘扬。

　　佛法一个特有的方便是同时存在多种见与修的方法途径。如《入楞伽经》云:"随众生妄想分别之多少,佛教法门或乘也无量。"世上的有情无穷无尽,各有自己不同的根器。因此有必要针对他们不同的特性有不同的法门可供修习。但不可能传授与众生数目相等的如此多的乘。然而佛陀确实为小、中、大根器的众生分别传授了很多相应的显密经续法门,这些法门的目的都是相同的。根据所修法门的不同,达到目标所需的时间有长有短。在区分主要的三乘佛法的特征时,以用来譬喻贪瞋痴烦恼的毒草为例,小乘行者避开危险的毒草,大乘行者以对治力摧毁毒草,而密乘行者将毒草变为最胜智慧。

第十二章

佛陀世界的时空观

第一节　刹那劫波话短长

晋朝田园诗人陶渊明有一首诗说："盛年不重来，一日难再晨；及时宜自勉，岁月不待人。"说明人自出生到这个世间上来，就在时间的不断推移中走过生命的历程。所以，人活着，便离不开与时间的关系。

时间本是一大长流，实在无法给予分割，但是为了方便人的先后和始终的观念，不得不从相续的时间之流中，将它区分为若干个单位。

人类普通计算时间，最短的是"一刹那"。从一刹那往上推是"一须臾"。不过，多少一刹那才是一须臾，这是没有办法计算的。

现在世界所通行习用的是六十忽为一秒，六十秒为一分，十五分为一刻，四刻为一小时，二十四小时为一日，约三十日为一月，约三百六十五日为十二月为一年，百年为一世纪。

在佛教的经典中，说到时间，则有刹那和劫的不同，刹那是表示极短的时间，劫是代表极长的时间。不管是极短、极长的时间，都是迁流不住而且无始无终的。通常说过去、现在、未来三世循环不已，而在三世的时间流中，它是刹那刹那相继不断的，如同我们的心念生灭不已，从刹那相续中，累积成一世又一世的生死轮回，乃至一劫又一劫的器界成坏。所以，说小时量的单位为刹那，这是便于体察心念的生灭；说大时量的单位为大劫，这是便于说明物界成坏的相续。

一、刹那的含义

刹那意译为须臾、念顷，也就是一个心念起动之间的意思。在佛教里，刹那是最短暂的时间单位，以现在的时间计算，大约等于七十五分之一秒。所谓"少壮一弹指，六十三刹那"，可见刹那的短暂。

《仁王护国经·观空品》说：一念中有九十刹那，一刹那中有九百生灭。具体一点说，一分钟内有四千五百个刹那，四十万五千个念头，可见心念生灭的迅速。

《摩诃僧只律》卷十七说：二十念为一瞬，二十瞬为一弹指，二十弹指为一罗豫，二十罗豫为一须臾，三十须臾为一昼夜。一念大约是现在的零点零一八秒。

《大毗婆沙论》卷一三六说，一昼夜有六四八〇〇〇〇刹那。《往生论注》卷上说，六十刹那为一念；一刹那有一百零一生灭。《大智度论》卷三十说，六十念为一弹指。经论虽然有种种不同的说法，但总的来说，都将刹那表示极为迅速的时间。

刹那是依心识生灭计算，认真说来，刹那的真量，除了佛陀之外，没有人能够尽知，因为能知的心念粗细悬殊，所知的时量也就千差万别了。今再以《俱舍论》卷十二的说明如下：

刹那（零点零一三秒）

一百二十刹那为一怛刹那（一点六秒）

六十怛刹那为一腊缚（一分又三十六秒）

三十腊缚为一牟呼栗多（一须臾，四十八分）

三十牟呼栗多为一昼夜（三十须臾）

依照这样的推算，则一昼夜与《大毗婆沙论》的六四八〇〇〇〇刹那为一昼夜的计算是相同的。因为这样才便于常人及学者的运用，若要精细地计算，除了佛陀之外，不是一般人的心量所能觉察思辨的了。

二、刹那的启示

佛经上说，一切有情无情，莫不有刹那刹那生住异灭的无常。也就是说，宇宙万有，刹那之间已经历生住异灭；乃至世界的成住坏空，都是刹那刹那的渐变，累积成一期的突变。甚至过去、现在、未来三世的时间，也是由无数的刹那所累积而成，我们说到"现在"，现在刹那已成"过去"，说到"未来"，未来刹那已成现在。所以阿难的"一见不再见"，禅宗的"婴儿垂发白如丝"，庄子的"交臂非故"，这些都是对刹那无常所做的最佳注脚。

过去有人认为佛教谈三世，觉得遥不可及。其实，佛教虽然在时间上讲过去、现在、未来，但是，却重视现世生活的安乐与福祉。佛教不只重视现世生活，甚至重视当下一念，所谓明心见性，要明白自己的心，先要能掌握自己的每一念。如禅宗所说："好好看住自己的每一个念头，一刻也不能任其放逸！"能够时时刻刻、明明白白的清楚自己的心，让每一念都清净、明了，自能突破生死的樊篱。所以，从佛教对刹那一念的重视，可以知道佛教是最重视实际、最能与现实人生息息相关的宗教。

三、劫的含义

劫，梵语 kalpa，音译为劫波、劫簸，意译为长时、大时。原本是古代印度极大时限的时间单位，而佛教发源于印度，因此相沿成为佛教计算时间的最大单位。

劫分小劫、中劫、大劫三种。

（一）小劫：根据佛经记载：从人寿十岁算起，每过一百年增加一岁，加到八万岁；然后再从八万岁，每隔一百年减一岁，减到十岁，叫做一小劫。

（二）中劫：二十个小劫为一个中劫。

（三）大劫：四个中劫为一个大劫。四个中劫分别是：成劫（世界生长期）、住劫（世界壮盛期）、坏劫（世界老死期）、空劫（世界灭无期）。如此成、住、坏、空四个中劫相续循环一次为一大劫。

在佛教的时空观中，以劫为基础，来说明世界生成与毁灭的过程，而一个世界从成立到毁灭，其过程必经历成、住、坏、空四个时期，称为四劫。随着四劫不断递嬗更迭，世界便随之一次又一次，无穷无尽地成了又坏，坏了又成。

1.成劫

成劫是指山河、大地、草木的器世间，以及一切有情众生的众生世间的成立时期。

根据《起世经》说，世界的形成，首先是由于众生业缘的风刮起，在虚空中形成盘状的大气层，此大气层厚一百六十万由旬（约三千二百万里），周长无数，坚固无比，即使大力士以神器也无法击破摧毁，此即为风轮。

接着在大气层上空中心，由风所集，逐渐成云，凝聚成雨，下降于气层之上，形成厚八十万由旬（约一千六百万里），直径十二万三千四百五十由旬（约二百四十六万九千里）的水层，此水由于业力的缘故，不往外溢，周围并有风为墙，维持住水层，此即水轮。

水轮的表面，由于众生的业风，逐渐形成乳状的表膜，其中七分之二为黄金层，七分之五为水层，此即为金轮。

在金轮上生出须弥山、七金山、四大洲等诸海山川，这是四天王天、忉利天、人类、傍生等各界众生的居处。其次成立夜摩天、兜率天、化乐天、他化自在天等四天，此称空居天。再从空居天到无间地狱，有情众生由此次第降生，此时期就称为成劫。

2.住劫

住劫是指器世间和众生世间安稳存住的时期，其间凡二十中劫。根据佛经上说，我们现在正是住劫，在住劫又有减劫和增劫的分别。

所谓减劫就是人类的寿命从八万岁，每经过一百年减少一岁，一直减到十岁,所需要的时间。增劫就是人类的寿命从十岁,每经过一百年增加一岁,一直增加到八万岁,所需要的时间。

一个增劫,一个减劫,合称为一个中劫。中劫中定有刀兵、疾疫、饥馑等三种灾害产生,称为三小灾。

关于三灾出现的时限,有不同的说法。依《大毗婆沙论》卷一三四载,在各中劫中的减劫,人寿每减至十岁,三灾就出现。

(1)刀兵灾,是时人心瞋毒增上,相见便兴起强猛伤害的心,手所执者皆成利刃,各逞凶狂,互相残害,经七日七夜方止。

(2)疾疫灾,继刀兵灾后,非人吐毒,疾病流行,遇则命终,难可救疗,此时期的众生都不闻有医药之名,时间经过七月七日七夜方止。

(3)饥馑灾,疾疫灾后,天龙忿责,不降甘雨,由此饥馑,人多命终,经七年七月七日七夜方止。

根据《立世阿毗昙论》说,若佛住世,正法住时,众生寿命暂住不减,随正法稍减,寿命渐减。

3.坏劫

住劫以后,就到坏劫。坏劫,是火、水、风三灾毁坏世界的时期。众生世间首先破坏,称为趣坏;其后,器世间亦随之破坏,称为界坏。也就是在此劫之初,地狱的有情命终之后,不复更生,此后,其余傍生、鬼趣及人、天等的众生也渐次坏灭,有情破坏后,世界出现七个太阳,燃烧成灾,如此经过七次的火灾,把色界初禅天以下的器世界烧坏,此时称为火灾劫,约需十二亿八千万年的时间。其中三亿四百万年之间,有情的生物先坏;然后一千六百万年之间,自然界再灭坏。

火灾劫过后(即七次火灾),次起水灾,将第二禅天漂荡殆尽,称为水灾劫,大约需要一亿二千八百万年。

如此经过七次的水灾,最后产生风灾,将第三禅天以下全部吹落,称为风劫,需要六十四大劫,十亿二千四百万年的时间。

火灾劫、水灾劫、风灾劫合称大三灾。所谓火烧初禅、水淹二禅、风吹三禅。坏劫之期，欲界悉皆坏尽，色界中，唯第四禅不为大三灾所坏。

4.空劫

空劫时，世界已坏灭，在欲、色二界之中，除四禅天尚存，其他则全入于长期的空虚之中，形成世界未成，万物未生时期的状态。

空劫之后，又开始另一期的成、住、坏、空，也就是另一个世界又开始成立、持续、破坏。如此世界从成到住、住到坏、坏到空、空到成，各需要大约三亿二千万年，宇宙就在成住坏空的过程中，反复生灭，每一周期大约需时十二亿八千万年。

四、劫的譬喻

劫的时量悠长，非算数所能计量，是凡人的思想概念所难以理解，所以佛经中每以譬喻来形容。

根据《大藏一览集》卷六所载，兹举以下五种譬喻形容之：

(1)草木喻：将大千世界的草木，尽皆寸斩为筹，每逢人间百年即取一筹，直到取尽此筹，是为一劫，名为草木喻。

(2)沙细喻：周边宽广四十里的殑伽河，内中装满如面的细沙，每逢人间百年则取一粒，直到取尽此沙，是为一劫，名为沙细喻。

(3)芥子喻：有一座城，四面宽高各百里，当中堆满芥子，每逢人间百年则取一粒，直到取尽此芥子，是为一劫，名为芥子喻。

(4)碎尘喻：将一化身佛所化的三千大千世界碎为微尘，每逢人间百年则取一尘，直到取尽此尘，是为一劫，名为碎尘喻。

(5)拂石喻：有一石广一由旬，厚半由旬，每经过兜率天一百年，即有一天人以六铢衣轻拂一遍，直到拂尽此石，是为一劫，名为拂石喻。

此外，佛经中常以阿僧祇劫来表示长得难以计算的时间。其中又有大、中、小的差别，三个阿僧祇的大劫，称为三大阿僧祇劫，是菩萨积聚菩提资粮的时间。佛经说，佛陀的修行过程是"三祇修福慧，百劫修相好"，也就是为了度众而经过三大阿僧祇劫的修持，不仅广植无量福慧，并且为自己成佛之身感得三十二种相好，所以说成佛要经过三大阿僧祇劫。

另外，佛经称过去的住劫为庄严劫，现在的住劫为贤劫，未来的住劫为星宿劫，各劫中各有千佛出世，称为三劫三千佛。

据《观药王药上二菩萨经》所载，现在贤劫中有拘留孙佛、拘那含佛、迦叶佛、释迦牟尼佛，乃至最后的楼至佛等千佛出世；过去庄严劫中有华光佛至毗舍浮佛等千佛；未来星宿劫则有日光佛乃至须弥相佛等千佛出世。

时间本身不是实体，无法衡量长短。就以人生来说，有人感喟"人生苦短，只一弹指间"；有人觉得"人生难过，度日如年"。可见时间没有长短，完全依附心行的情绪而显现。

蜉蝣不知昼夜，朝生夕死；彭祖八百岁，几经沧桑，他们也都同样的度过了一生。人间的五百年，忉利天才一昼夜；忉利天五百年，夜摩天才一昼夜。如此一算，人间的一日，在夜摩天尚不及一秒；人间的一秒，在朝生夕死的蜉蝣，可能当做一昼夜。可知，时量实在没有标准可言；生命的久暂，本来都是幻觉而不实在的。

佛经上说，娑婆世界的一劫，于阿弥陀佛刹的极乐世界是一昼夜；极乐世界的一劫，于金刚坚佛刹的袈裟幢世界是一昼夜；袈裟幢世界的一劫，于善胜光明莲花开敷佛刹的不退转音声轮世界是一昼夜；不退转音声轮世界的一劫，于法幢佛刹的离垢世界是一昼夜；离垢世界的一劫，于狮佛刹的善灯世界是一昼夜；善灯世界的一劫，于光明幢佛刹的妙光明世界是一昼夜；妙光明世界的一劫，于法光明莲花开敷佛刹的难超过世界是一昼夜；难超过世界的一劫，于一切神通光明佛刹的庄严慧世界是一昼夜；庄严慧世界的一劫，于月智佛刹的镜光明世界是一昼夜；从镜光明世界，如是乃至无数佛刹最后的一世界一劫，于贤圣佛刹的胜莲花世界是一昼夜。从小处来看，娑婆世界的一劫，在胜莲花世界里有如一刹那那么短暂；从大处来看，胜莲花世界的一刹那，正如娑婆世界的一大劫那么漫长。如此延促相差，可知我们这世界的时量是有情众生的幻觉假名罢了。所以说：刹那不算短，劫波不算长。

《四十二章经》说：人命在呼吸之间。这是说明一个人生命的短暂与无常。因此，不管时间久暂，每个人在人生的旅途上，要能珍惜时间，利用时间，以有限的时间充实无限的生命，以有限的时间发挥生命的价值，这才是我们对时间、对生命应该抱持的态度！

第二节　须弥微尘纳虚空

　　每个人都有自己的生活空间,包括心外的空间与心内的空间。心外的空间是指我们生存的外在环境,譬如我们居住的房舍、活动的场所,甚至于宇宙自然界等,都是我们心外的空间。其中尤以"家"是我们最直接、最密切的生活空间,当一个人经过了白天的辛苦工作,到了晚上,总希望回到温暖的家,以养息疲惫的身心;即使一只小鸟,飞过千山万水,也要回到窝巢里栖止。不论家也好,窝也好,这就是生活的空间。一个人如果不能把生活的空间安排妥当,就无法过舒适的生活。根据历史记载,有不少的战争,起因都是为了争夺土地,这就是"空间的争夺",空间对于人类的重要,由此可见一斑。

　　然而,一个人平常活动的心外世界,不论是过去的君王诸侯或将相百官,他们的权势威力不论有多大,他们所能到达的空间仍然是有限的。尽管科学文明已经发展至太空时代,美国人也已率先把人类送至月球,但是在这个宇宙虚空之中,除了月球之外,还有其他多如恒河沙数的星球,人类还不曾见闻过,更遑论登陆了。所以,一个人除了有心外的空间,更要有心内的空间,心内的空间就是心胸的开阔。

　　在佛法中说,我们的"法身自性"是"横遍十方,竖穷三际",因为法身慧命大而无外,小而无内,无处不遍,无所不在;我们的真心本性是不生不死,是永恒如一。所以,佛教的时空观认为,时间是竖穷三际,贯通过去、现在、未来三世,是无始无终的;空间则是横遍十方,横亘此方世界、他方世界、十方世界,是无量无边、无穷无尽的,这就是我们心内的空间。一个人能体会心内的空间,便能了解"微尘不算小,虚空不算大"的道理,便能领略"须弥纳芥子,微尘容虚空"的奥妙了。

一、须弥纳芥子

须弥,由须弥山转借而来,喻指极大的空量。佛教的宇宙观主张:宇宙是由无数个世界所构成的,须弥山是耸立于一小世界中央的高山。据《立世阿毗昙论·数量品》卷二记载:"须弥山周遭为须弥海所围绕,高为八万由旬,深入水面下八万由旬,基底呈四方形,周围有三十二万由旬,继之为八山,山与山之间,隔着七海……"由此转喻为极大的意思。

芥子,原是芥菜的种子,颜色有白、黄、赤、青、黑之分。因为它的体积微小,因此借以比喻为极小之物。

《北本涅槃经》卷二说:"佛出世之难得,犹如芥子投针锋。"因为芥子与针锋均为极微小之物,因此以"芥子投针锋"来比喻极为难得的事。《金光明最胜王经》卷七,将芥子与菖蒲、沉香等,共列为三十二味香药之一。又,《大日经义释》卷七说,芥子性辛辣异常,多用于降伏障难的修法。因此,密教中,将白芥子置于火中燃烧,作为退除恶魔、烦恼,及加持祈祷之用。

"须弥纳芥子"一语,禅宗用来表示超越大小、高低、迷悟、生佛等差别见解,而达于大彻大悟、融通无碍的境界。《维摩诘所说经·不思议品》说:"唯应度者,乃见须弥入芥子中,是名住不思议解脱法门。"

在华严宗,则用来表示华严境界中不可思议的"法界之显露",意思是说法界的体性广大不可思议,无所不包而大小无碍;因此即使将须弥山放入一芥子中,须弥山不缩小,而芥子也不膨胀。这种"大小无碍"的思想,是佛教所特有的思想。

过去有座寺院,挂了一幅对联,对联上写着"须弥藏芥子,芥子纳须弥"。有位读书人看了对联,百思不解,问道:"须弥山那么大,藏一粒芥子是没有问题,可是小小的芥菜子里如何能容纳得了那么大的须弥山呢?未免言过其实了!"

寺院的知客师于是反问道:"你是读书人,想必听过'读破万卷书,下笔如有神'这两句话吧!现在就请你把一本书放进肚子里!"

"一本书怎么能放进肚子里呢?"

"万卷书都能读进去,为什么一本书就放不进去呢?"

书生闻言大悟,原来空量的大小是可以相容的。

华严哲学一乘十玄门中的因陀罗网境界门,是借着覆盖于帝释天的因陀罗宫殿上的网目,每一个网目上结有一颗明珠,无数的明珠彼此光光相涉,相入相即;每一颗明珠含摄一切珠玉的光芒,一微尘可以容纳一切佛刹,来说明大小无碍。譬如我们小小的眼球有数万个眼细胞,一张小小的电脑磁碟片,可以储藏无数的资料,都是芥子纳须弥的证明。这也都是在说明,我们不应该把事和理二分,而是要把事相和义理融会贯通,这便是觉悟之后对空间的客观性和超越性的认识。

二、微尘容虚空

微尘是眼根所取最微细的色量,诸经论中每以微尘比喻量的极小。在小乘佛教如萨婆多部认为,构成宇宙最基本最细微的元素叫做极微,也就是物质分析到极小不可分的单位,称为极微,又称为微尘。

《大毗婆沙论》卷一三二记载:极微虽然没有长短方圆等形状,也没有青黄红白等色彩,不是肉眼所能看得见的,但是极微确实为一实质存在的色法,一切物质均为极微所组成,因此极微在虚空中占有一定的方位空间。

《俱舍论》卷十二说:以一极微为中心,集合上下及四方等六方的极微而成一团,称为微尘。合七极微为一微尘,合七微尘为一金尘,合七金尘为一水尘,合七水尘为一兔毛尘,合七兔毛尘为一羊毛尘,合七羊毛尘为一牛毛尘,合七牛毛尘为一隙游尘量。这个隙游尘飞散在空

中,就是我们肉眼所见到的色尘。其逐次增加的数目,表列如次:

微　尘——七个极微

金　尘——四十九个极微

水　尘——三百四十三个极微

兔毛尘——二千四百零一个极微

羊毛尘——一万六千八百零七个极微

牛毛尘——十一万七千六百四十九个极微

隙游尘——八十二万三千五百四十三个极微

以八十二万三千五百四十三个极微,成为一个隙游尘。如此,则极微的渺小,实在令人惊叹。又极微集合形成物质之时,至少必须具足地、水、火、风的四大,以及色、香、味、触的四尘,才能形成。

虚空,依《大乘义章》卷二说:"虚无形质,空无有碍,故曰虚空。"《宗镜录》卷六举出虚空十义:

(1)无障碍义:虚空虽然遍一切处,但是绝不障碍任何一个色法。因此《大毗婆沙论》说:"虚空无障无碍,色行于中,周遍增长。"

(2)周遍之义:虚空遍满一切,无所不至。

(3)平等之义:虚空无有简择,于一切平等。

(4)广大之义:虚空广大,无垠无际。

(5)无形相义:虚空无有形状相貌。

(6)清净之义:虚空恒常清净,无有垢染尘累。

(7)不动之义:虚空恒常寂止,离一切生灭成坏之相。

(8)有空之义:把一切有限量的事理彻底否定、消灭。

(9)空空之义:彻底否定一切自性和摧毁一切空执。

(10)无得之义:虚空不可取得,不可把捉。

在一般人的观念里,微尘是极其渺小的质量;相对的,虚空是广大无边,是不可测知的空量,两者是不能互相比拟的。但是,若以佛法的观点来看,微尘不算小,虚空不算大。因为佛说一微尘中有无数刹(一刹即为亿万太阳系),无数刹中有无数佛,一一佛身各毛孔中有无数刹,刹中佛身,佛身毛孔,毛孔中刹,重重无尽。这样看来,极小的极微又不知大于太阳系多少倍了。由此可知,一般人所知的空量,都是此世界有情的幻相,因为有情界各有各的不同空量。譬如从中国到日本,相隔数千里,即使坐喷射客机,也需要若干时间;西方极乐世界,离此十万亿佛土,一念之中,即可往生。因此可知,空量的距离,近不在眼前,远亦不在天边。

如果我们能从上述的义理了达事相,从一粒微尘中,可以看到三千大千世界,这粒微尘就是一个虚空,所以说"微尘容虚空"。

"大厦千间,夜眠不过八尺"。外在的虚空世界,一个人穷其一生,所能到达的,只不过如微尘般而已。所以对于心外的空间不必去争执、占取,重要的是,必须去体会心内的空间。佛经上说"心包太虚,量周沙界",就是告诉我们,心内的空间比心外的空间更大,俗谓"宰相肚里能撑船",一个人心内的空间之大,可容纳三千大千世界。我们如果能把自己心内的空间扩大,就能够如大海容纳百川,不捐细流;泰山承受土壤,不辞寸土。心内有了宽阔的空间,就能包容宇宙虚空,就可以任性逍遥,随遇而安。

要获得心内的空间,佛教有许多经典都能提供我们正确的方法与指示,譬如《维摩诘经》中的"不二法门",就能开展我们心内的世界;《华严经》中重重无尽的"华藏世界",就能扩大我们心内的空间。所以,一个人如果能够把握自己心内的空间,也就可以同样获得心外的空间。

第十三章

佛陀世界的宇宙观

第一节　三界二十八天

古德说："无三界可出，无涅槃可入。"又说："一念觉即超出三界，一念迷即堕入轮回。"

三界，是迷妄的有情在生灭变化中流转，依其境界所分的三个阶级，分别为欲界、色界、无色界。三界共有二十八天，称"三界二十八天"。三界的果报虽然各有优劣、苦乐等差别，但是都属于迷界，难脱生死轮回之苦，因此为圣者所厌弃。

《法华经·譬喻品》说："三界无安，犹如火宅，众苦充满，甚可怖畏。"《化城喻品》说："能于三界狱，勉出诸众生。"意思是劝三界诸有情莫以三界为安，当勤求解脱。因为三界迷苦的领域有如大海的无边无际，因此三界又称苦界、苦海。一般常说的"苦海无边，回头是岸"，便是劝人出离三界，勤求解脱涅槃之乐。

一、三　界

三界指众生所居住的欲界、色界、无色界。

（一）欲界

欲界指具有淫欲、情欲、色欲、食欲等有情所居住的世界。上自六欲天，中间包括人界四大洲、阿修罗，下至畜生、饿鬼、地狱等，因为此界为男女杂居，多诸染欲，因此称为欲界。

(二)色界

色界指远离欲界的淫、食二欲,但是仍然具有清净色质等有情所居住的世界。此界在欲界之上,没有欲染,也没有女形,众生皆由化生;色界的宫殿高大,由色所化生,一切殊妙精好。因为此界尚有色质,因此称为色界。

(三)无色界

无色界指唯有受、想、行、识四心,而没有物质生活的有情所居住的世界。此界没有任何物质之物,也没有身体、宫殿、国土,只有心识,住在深妙的禅定之中,因此称为无色界。

二、二十八天

二十八天指欲界的六欲天、色界的四禅十八天、无色界的四无色天。

(一)六欲天

欲界六天又分为地居天与空居天。

1.地居天:包括四天王天、忉利天。

(1)四天王天:东为持国天,住须弥山黄金埵,由提头赖吒天王统领干闼婆(香神或乐神)、富单那(热病鬼)二部。西为广目天,住须弥山白银埵,由毗留博叉天王统领毗舍阇(敢精气鬼)、毒龙等。南为增长天,住须弥山琉璃埵,由毗留勒叉天王统领鸠盘荼(厌魅鬼)、薛荔多(饿鬼)二部。北为多闻天,住须弥山水晶埵,由毗沙门天王统领夜叉、罗刹(速疾鬼)等二部。四天王天的各部合称天龙八部。

(2)忉利天:又名三十三天,在佛教的宇宙观中,此天位居欲界第二天的须弥山顶,中间为善见城,天主为释提桓因,四方各八天,共为三十三天。据《正法念处经》卷二十五所载,分别为:住善法堂天、住峰天、住山顶天、善见城天、钵私地天、住俱吒天、杂殿天、住欢喜园天、光明天、波利耶多树园天、险岸天、住杂险岸天、住摩尼藏天、旋行地天、金殿天、鬘影处天、住柔软地天、杂庄严天、如意地天、微细行天、歌音喜乐天、威德轮天、月行天、阎摩娑罗天、速行天、影照天、智慧行天、众分天、住轮天、上行天、威德颜天、威德焰轮天、清净天等。地居天由于居于须弥山,因此名为地居,天神的男女淫事与人间无异。

2.空居天:包括夜摩天、兜率天、化乐天、他化自在天。

(1)夜摩天:夜摩意思为时分,此天对于欲境知道节制有分,以相抱为淫事。

(2)兜率天:兜率意思为知足,对于欲境知道止足,以执手为淫事。

(3)化乐天:乐于变化,欲心微薄,以相笑为淫事。

(4)他化自在天:于五欲境界自在变化,欲心渐无,因此以相视为淫事。

(二)四禅十八天

色界四禅天依禅定的深浅粗妙而分四级,共有十八天。

1.初禅三天:指梵众天、梵辅天、大梵天。初禅以上已不食人间烟火,因此没有鼻、舌二识,但是尚有眼、耳、身、意四识所生起的喜、乐二受,以及寻伺思维的能力。

2.二禅三天:指少光天、无量光天、光音天。二禅以上只有意识,没有眼、耳、身三识以及寻伺思维,因此只有喜、舍二受与意识相应。

3.三禅三天:指少净天、无量净天、遍净天。三禅天只有意识活动,与乐受、舍受相应。

4.四禅九天:指福生天、福爱天、广果天、无想天、无烦天、无热天、善见天、善现天、色究竟天等。四禅天只有与舍受相应的意识活动。

(三)四无色天

无色界的有情,虽然没有物质,但依定力相应而感得的业报有深浅不同,因此也分为四级。

1.空无边处天:指厌于色身系缚,不得自在,欣求虚空无边,由加行入空无边处定为因,所得定地的果报。

2.识无边处天:指厌离空无边处天,由识无边之定所招感的果报。也就是思维清净眼、耳、鼻、舌、身、意等六种识之相,观察照了无边的识相,以先思维无边的识相而修加行,辗转引起第二无色定,称为识无边处。

3.无所有处天:指厌患识无边处,舍诸一切所有,寂然安住不动,到了加行成就时,不但所思维的空没有了,连观无边心识的能观心也没有,因此名无所有处天。

4.非想非非想天:此天的定心,至极静妙,已无粗想,因此称为非想;此天尚有细想,因此称非非想。此天位于三界九地的顶上,因此又称有顶天。

三、天界的殊胜

在十法界中,天道比邻人道,两者都是苦乐交集的地方,而且各有殊胜之处。根据经典所载,天人有以下几点殊胜:

(一)寿命长久

欲界六天中,四天王天寿命五百岁,约等于人间九百万岁;忉利天寿命一千岁,约等于人间三亿六百万岁;夜摩天二千岁,约为人间十四亿四百万岁;兜率天四千岁,约为人间五十七亿六百万岁;化乐天八千岁,约为人间二百三十亿岁;他化自在天一万六千岁,约为人间九百二十一亿六百万岁。

色界天中，初禅的梵众天寿半劫，梵辅天一劫，大梵天一劫半；二禅天的少光天二劫，无量光天四劫，光音天八劫；三禅天的少净天十六劫，无量净天三十二劫，遍净天六十四劫；四禅天的福生天一百廿五劫，福爱天二百五十劫，广果天、无想天五百劫，无烦天千劫，无热天二千劫，善见天四千劫，善现天八千劫，色究竟天一万六千劫。

无色界天的空无边处天二万劫，识无边处天四万劫，无所有处天六万劫，非想非非想处天八万大劫，约等于世间成住坏空八万次。天人寿量之久，可见一斑。

(二)身体高大

四天王身高半由旬（约人间十里）；忉利天身长一由旬（约二十里）；夜摩天身长二由旬（约四十里）；兜率天身长四由旬（约八十里）；化乐天身长八由旬（约一百六十里）；他化自在天十六由旬（约三百二十里）；色究竟天一万六千由旬（约三十二万里）。月球距离地球平均只有三十八万里，色究竟天的人，只需抬手，便能摘下月亮，宇宙虚空之广大无边，及天人身体之高大，实非凡人智识所能想象。

(三)衣食殊妙

天界众生身体越高，穿的衣服越轻。如欲界四天王天衣长二十里，重半两；忉利天衣长四十里，重六铢(一两有四十八铢)；夜摩天衣长八十里，重三铢；兜率天衣长一百六十里，重一铢半；化乐天衣长三百二十里，重一铢；他化自在天衣长六百四十里，重半铢。

色界的梵众天穿衣与否，并没有分别，随着身形自然有光明胜妙的天衣披身。

其次说到饮食，欲界的众生吃自然食、净揣食，以衣被细滑为食、澡浴感受为食；色界有情以法喜为食，以禅悦为食；无色界有情则以意识为食。

(四)禅定法乐

从色界乃至无色界的众生，已经不再以世俗纷乱动荡的欲乐为满足，而能安住于甚深禅定之中的静谧轻安。

天界虽然有许多殊胜妙乐，但是天人一旦福报享尽，难免五衰相现，依旧要堕落到六道轮回受苦。

另外，天界仍属三界之内，仍然难逃成住坏空的劫难，当世界坏灭时，还会产生火烧初禅，水淹二禅，风打三禅的三种苦难，如同世界末日来临一般，即使无色界也逃避不了国土危脆、诸行无常的现象，所以生天固然有生天的福报，但是天界并不是一个最好、最究竟的地方。因此，学佛的人不应以求生天界为最终目标。所谓"三界如火宅"，如何出离三界，如何解脱生死，获得究竟涅槃之乐，这才是我们所应追求的终极目标。

第二节　天堂与地狱

在广大浩瀚的宇宙之中,一般人的思想、意识所及,除了今生所依存的世界之外,其次就是天堂与地狱。因为在一般人的观念里,认为人死后不是上生天堂,便是堕入地狱,天堂与地狱介乎人道的上下,一个代表享乐,一个代表受苦,这就是一般人对天堂与地狱的认识。

然而,以佛法来讲,人死后不一定就上生天堂或堕入地狱,天堂与地狱只是十法界中的其中二界,上生天堂有上生天堂的条件因缘,堕入地狱有堕入地狱的业力道理,二者各有其不可混淆错乱的因缘果报。

一、天堂和地狱的种类

各种宗教都认为有天堂与地狱的存在,佛教也肯定有天堂与地狱存在的事实。

(一)天堂

佛教认为天堂有三界二十八天之分:

1.欲界六天:四王天、忉利天、夜摩天、兜率天、化乐天、他化自在天。

2.色界十八天:梵众天、梵辅天、大梵天,为初禅三天;少光天、无量光天、光音天,为二禅三天;少净天、无量净天、遍净天,为三禅三天;福生天、福爱天、广果天、无想天、无烦天、无热天、普见天、善现天、色究竟天,为四禅九天。

3.无色界四天:空无边处天、识无边处天、无所有处天、非想非非想处天。

关于二十八天的介绍,详如上讲"二界二十八天",此处不再赘述。

(二)地狱

地狱有十八种之分,也就是一般俗称的十八地狱,即:八热地狱、八寒地狱、孤独地狱、近边地狱等十八个极苦的地方。

1.八热地狱:指等活、黑绳、堆压、叫唤、大叫唤、烧炙、大烧炙、无间(阿鼻)等八个炎热的大地狱。

(1)等活地狱:又称想地狱。是说众生犯杀生重罪堕入此道,手生铁爪,其爪长利,互相瞋忿,怀毒害想,以爪相攫,肉即堕落;或受到斫刺磨捣等刑罚,闷死过去之后,经凉风一吹,皮肉还生,马上苏醒复活,继续受苦。

(2)黑绳地狱:此狱中狱卒,以热铁绳绊牵罪人,然后斩锯,复有恶风吹热铁绳,笼络其身,烧皮彻肉,焦骨沸髓,苦毒万端,故称黑绳地狱。

(3)堆压地狱:又称众合地狱。凡是犯杀生、偷盗、邪淫者堕入此道。此地狱中有大石山,罪人进入后,山自然合起,堆压其身,骨肉糜碎,故称堆压地狱。

(4)叫唤地狱:是说受罪众生既到此狱,狱卒即将其掷入大镬中,沸汤烹煮,受诸痛苦,号啕叫唤,所以称叫唤地狱。凡是犯杀生、偷盗、邪淫、饮酒者堕入此道。

(5)大叫唤地狱:是说狱卒既将罪人沸汤烹煮已,业风吹活,又捉向热铁锅中煎熬,痛苦极切,发声大叫,故称大叫唤地狱。凡是犯杀生、偷盗、邪淫、妄语者堕入此道。

(6)烧炙地狱:又称焦热地狱、炎热地狱。此地狱中以铁为城,烈火猛焰,内外烧炙,皮肉糜烂,痛苦万端,所以称烧炙地狱。

(7)大烧炙地狱：又称大焦热地狱、大极热地狱。是说狱卒将罪人置于铁城中，烈火烧城，内外俱赤，烧炙罪人，又有火坑，火焰炽盛；其坑两岸，复有火山，捉彼罪人贯铁叉上，着于火中，皮肉糜烂，痛苦万分，故称大烧炙地狱。

(8)无间地狱：又称阿鼻地狱、无救地狱。是说有罪众生，于此狱中受苦，无有间歇，故称无间，是极苦的地狱。凡是造五逆罪、诽谤大乘者堕入此道。

2.八寒地狱：指頞浮陀、泥赖浮陀、阿吒吒、阿波波、虎虎婆、温钵罗、钵特摩、摩诃钵特摩等八种寒冷冰冻的地狱。

(1)頞浮陀地狱：译为疱。指受罪众生因严寒逼身，皮肉疱起。

(2)泥赖浮陀地狱：译为疱裂。是说受罪众生因寒苦所逼，疱即拆裂。

(3)阿吒吒地狱：是说受罪众生由于寒苦增极，唇不能动，唯于舌中作此吒吒之声。

(4)阿波波地狱：是说受罪众生寒苦增极，舌不能动，唯作此波波之声。

(5)虎虎婆地狱：同于上述二者，都是因寒苦增极而发出异声。

(6)温钵罗地狱：译为青莲花。是说受罪众生由于寒苦增极，皮肉开拆，似青莲花。

(7)钵特摩地狱：译为红莲花。是说受罪众生由于寒苦增极，肉色大拆，似红莲花。

(8)摩诃钵特摩地狱：译为大红莲花。是说受罪众生因寒苦增极，皮肉冻裂，全身变红，似大红莲花。

此外，孤独地狱、近边地狱都是由各人的罪业所招感，孤散四处，或在四洲之中，或在山谷间，或在山顶上，或在旷野，或近江河，或在地下、虚空之中，处所不定。

另外，八大地狱各有十六眷属地狱，又称十六小地狱；乃至无量无数的地狱，一一狱中，更有百千种苦楚。

总而言之，只要众生造作恶业，就有地狱的存在。

二、天堂与地狱的概况

根据《金光明经》、《起世经》、《立世阿毗昙论》等经论记载,将天人的生活概述如下:

天人形象:身有光明,齿白方密,璎珞披身,自然无垢。

天人寿命:由五百万岁至八万四千劫。

天人饮食:欲界天人随其贵贱,好恶不同,色界天人则以禅悦法喜为食。

天人仆乘:有象、马、孔雀,诸龙乘骑及天鸟等。

天人语言:皆作圣语。

天人眷属:四天王天有九十一子,忉利天有千子,夜摩天以上有男女相匹配,不可具说其数目。

天人婚礼:欲界有男、女相,有嫁娶;色界无有男、女相,无嫁娶。

天人衣服:着天衣,光色具足。

天人奏请:观察人间善恶,奏闻帝释及忉利天。

天人住处:四天王天在日月星中,三十三天在妙高山顶,夜摩天以上在空中,密云如地。无色界天,因无形色故,无别住处。

天人贫富:欲界报有厚薄、贫富之别;夜摩天乃至色界诸天,则贫富皆等。

天人身光:欲界以施、戒、定等,身常光明,不须日照;色界行禅离欲,身出妙光明,胜日月,皆由心清净故。

天人送终:诸天若眷属死亡,不送、不烧、不弃、不理,身如光焰,没有尸骸,以化生故。

天堂代表快乐,相对的,地狱是痛苦的表征,是三恶道中最苦的一途。地狱最难忍受的痛苦是求死不能,地狱的众生是生而复死,死而复生,绵绵不断,无止无尽的无间痛苦:

(1)受苦无间：接受种种的苦刑，亦杀亦剐，亦剐亦杀，如是众苦反覆辗转，毫不间歇。

(2)身形无间：地狱众生的身体同时布满一切狱中，接受一切的苦刑。换句话说，一切地狱的痛苦同时加在众生身上，因此苦不堪言。

(3)时间无间：罪业众生受刑闷死过去以后，经业风一吹，再度苏醒过来，继续接受刑罚，如此周而复始，永无止尽。

(4)罪器无间：无间地狱各种刑罚的罪器充满，众生忽而上刀山，忽而下血河，忽而抱火柱，忽而灌烊铜，痛苦之酷烈，实非人间所能想象。

(5)罪类无间：种种众生同时受苦，毫无间隔。

《地藏菩萨本愿经》说："五事业感，故称无间。"就是指无间地狱由上述五事招感所成，因此称为无间。

三、上天堂和下地狱的因缘

上生天堂或下堕地狱，各有其因缘、条件。

(一)人天三福行

欲生天堂，要修布施、持戒、禅定等三福行。

(1)布施：布施就是以慈悲心惠施福利给人，分财施、法施、无畏施。布施不仅能摄受众生，自己也能舍弃悭贪的根本烦恼，尤其能招感人天福报，是自利利他的法门。

(2)持戒：受持五戒必可生天。如持不杀戒，生四天王天；持不杀、不盗戒，生三十三天；持不杀、不盗、不邪淫戒，生夜摩天；持不杀、不盗、不邪淫、不妄语戒，生兜率天；持不杀、不盗、不邪淫、不妄语，且受持严谨，生化乐天及他化自在天。

(3)禅定：禅定是上生天堂的要道之一，因为布施、持戒是修福德，福德具备了,更要进一步修慧,欲得智慧,必须契入甚深禅定,由定而发慧。尤其色界以上诸天,都要有禅定才能修得。

(二)入地狱三原则

入地狱的三原则是:神通、业力、大愿。

(1)神通:神通可以自由出入地狱天堂,无所障碍。譬如家喻户晓的"目连救母"的典故,目犍连尊者能够到地狱去救度母亲,就是凭仗着神通的力量。

(2)业力:佛经上说:"不思议业力,虽远必相牵,果报成熟时,求避终难脱。"业力是有情行为造作,招感果报的力量。有情众生造作无量无边的五逆重罪,这些罪业形成一股巨大无比的力量,依有情众生所造的行为后果,将有情众生牵引至地狱受报。因此众生堕入地狱,不是由天神阎君所主宰操纵,而是取决于自己的业力。业报自作自受,丝毫不会混淆。

(3)大愿:重罪众生轮回地狱是由于恶业牵引,而诸佛菩萨示现地狱是由于悲心大愿。譬如地藏菩萨发愿:"地狱不空,誓不成佛;众生度尽,方证菩提。"这种"我不入地狱,谁入地狱"的大悲愿,使地藏菩萨能够游化地狱,救拔倒悬。

天堂地狱在哪里?就在我们生活的人间。譬如现代的社会,人人丰衣足食,吃穿是锦衣玉食,住的是高楼大厦,不但地毯铺地,而且有冷暖气设备,出门有轿车代步,甚至搭乘飞机轮船,一日千里;联络事情,有电话可以马上沟通远在天边的对方;观赏电视传真报道,刹那间可以看到千山万水以外的状况;电脑、摇控的使用,可以随心所欲,运用自如。我们享受着这么多的福德因缘,过着极其平静幸福的生活,这不就是天堂吗?

天堂可以在人间实现,地狱也可以在人间看到它的惨烈状况。譬如到菜市场、餐厅饭店走一遭,但见鸡鸭猪羊等,倒悬提挂,切剁宰割、活剥生烤,这不就是倒悬地狱、刀山地狱、火烧地狱吗?到医院手术室、病房等,也处处可闻哀号声,可见地狱惨状。

天堂地狱在哪里?就在我们的心里。天台家说我们的心"一念三千",唯识家则说一切万法"唯心所变"。我们的心瞬息变化,捉摸不定,忽而诸佛圣贤的心,忽而三涂恶道的心,一天之间,在十法界中上下浮沉,去来无数次。成佛希贤端在一心,堕落轮回也系乎一念。譬如有时候与人计较,不能满足,猜疑忿恨,心中充满贪瞋痴,那就是地狱;有时对人慷慨布施,欢喜赞叹,处处以慈心待人,那就是天堂。

《维摩诘经》说:"随其心净则国土净。"我们如果能够时时保持一颗明净的心来对待世间的一切,这个世界便是天堂,便是净土。因此,天堂地狱不在他方远处,就在我们当下的一念。

第三节　三千大千世界

在佛教里，宇宙和人生，统名为世间。世间就是时间和空间的合称，过去、现在、未来等三世的时间，叫做"世"；东、西、南、北、上、下等十方的空间，叫做"间"。世间又是宇宙的意思——上下四方的空间是"宇"，古往今来的时间是"宙"，所以宇宙其实就是我们所赖以生存的大环境——包括时间与空间，具体地说，主要指此方世界、他方世界等国土世间，又叫"器世间"。

宇宙到底有多大呢?根据现代科学家研究的结果证实，我们所生存的地球面积只有太阳的一百三十万分之一，换句话说，太阳是地球的一百三十万倍大，而在复辽的虚空之中，一个银河系就大约有两千亿个太阳，宇宙里的银河系又多达几百万个，如此一想，宇宙真是无比的浩瀚深广。

若从小的微尘方面来说，现代物理学把物质分解成最小的单位，叫做原子、电子、中子，而微尘比中子更细微。平常我们看牛毛是很细小的，可是牛毛的尖端用高倍度的显微镜放大来看，还可以发现更多更小的成分，这种比一般观念还要细微了几万倍的情形，就是微尘。

在佛教里，大的空间叫佛刹、虚空，小的叫微尘，名称虽然不同，却都称为三千大千世界。所以，从佛法上说，三千大千世界就是泛指宇宙，它是至大无外，至小无内；是无量无边，无垠无涯的。

一、世界的构造

构成三千大千世界的每一个小世界是以须弥山为中心的，周围环绕四大洲、九山八海(内侧七个海是淡水,靠近最外侧的铁围山是咸水),以及日月星辰,乃至色界的初禅天以至大地底下的风轮,如此世界称为一小世界。换句话说,一个小世界包含了人、地狱、饿鬼、畜生、阿修罗,乃至天道的欲界天、色界初禅天,以及日月星辰,相当于一个太阳系的世界。有的经典则认为一小世界总含三界。每一个小世界的最下层是一层气,称为风轮;风轮之上是一层水,称为水轮;水轮之上是一层金,称为金轮;金轮之上就是山、海洋、大洲等所构成的大地;而须弥山即位于此世界的最中央。

(一)须弥山

须弥山,又称苏迷卢山、须弥卢山、须弥留山等,意译作妙高山、好光山、好高山、善高山、善积山、妙光山、安明由山。在佛教的宇宙观中,它耸立在一个小世界的中央,周围有四大洲、九山八海环绕,而形成一个世界,也就是一般所称的自然界。

根据《长阿含经》卷十八《阎浮提洲品》记载,须弥山高出水面八万四千由旬,水面之下也深达八万四千由旬。山势笔直,无所曲折,山中香木繁茂,山的四面四埵突出,有四大天王的宫殿,山基有纯金沙。此山有上、中、下三级"七宝阶道",夹道两旁有七重宝墙、七重栏楯、七重罗网、七重行树,其间的门、墙、窗、栏、树等,都是金、银、水晶、琉璃等所成。花果繁盛,香风四起,无数的奇鸟相和而鸣,诸鬼神住于其中。须弥山顶有三十三天宫,是帝释天居住的地方。

(二)九山八海

根据《长阿含经》卷十八说,须弥山的四周,环绕着八座山,山与山之间各有一海水。八山加上须弥山本身,合称为九山八海。八山分别为:

(1)工伽陀罗:译为担木或空破。高四万两千由旬,顶阔亦同,以七宝合成;围绕于须弥山之外,二山之间有大海,阔达八万四千由旬,水上遍覆无量的优婆罗华、钵摩华、拘牟陀华、奔荼利迦华等诸妙香物。此海中又有弗婆提(东胜身洲)、阎浮提(南赡部洲)、西瞿耶尼(西牛贺洲)、郁单越(北俱庐洲)等四大洲,各分布于东、南、西、北四方。

(2)伊沙陀罗:译为持轴或自在持。高二万一千由旬,顶阔亦同,以七宝合成;绕于伽陀罗山之外,二山之间有大海,阔四万二千由旬,优钵罗华等诸妙香物遍覆水上,出种种香,香气充满一切处。

(3)游干陀罗:译为双持,高一万二千由旬,顶阔亦同,以七宝所成;绕于伊沙陀罗山之外,二山间的大海,阔二万一千由旬。

(4)苏达梨舍那:译为善见。高六千由旬,顶阔亦同,以七宝所成;绕于游干陀罗山之外,二山间的大海,阔一万二千由旬。

(5)阿输割那:译为马半头或马耳。高三千由旬,顶阔亦同,以七宝所成;绕于善见山之外,二山间的大海,阔六千由旬。

(6)尼民陀罗:译为持边或持地。高一千二百由旬,顶阔亦同,以七宝所成;绕于马食山之外,二山间的大海,阔二千四百由旬。

(7)毗那多迦:译为障碍、或犍与,又称象鼻。高六百由旬,顶阔亦同,以七宝所成;绕于尼民陀罗山之外,二山间的大海,阔一千二百由旬。水上遍覆优钵罗华等诸妙香物。

(8)斫迦罗:译为铁围山。高三百由旬,顶阔亦同,以七宝所成,绕于象鼻山之外,二山间的大海,阔六百由旬。铁围山为世界之外廓,环状绕于金轮的最外侧,出了铁围山便是太虚。

(三)四大洲

根据《起世经》卷一记载,在须弥山四周,有四个大洲,这是十法界中人道众生所居住的地方。四大洲分别是:

(1)毗提诃(东胜身洲):位于须弥山东方的咸海中,本洲的众生人身殊胜,因此以胜身为名。根据《长阿含经》卷十八说:"须弥山东有天下,名弗于逮,其土正圆,纵广九千由旬;人面亦圆,像彼地形。"但是《俱舍论》卷十一则说:"东毗提诃洲地形如半月,东狭西广,三边各二千逾缮那,东边三百五十逾缮那,住民的面相也呈半月形,身长八肘,寿二百五十岁,也有中夭者。"本洲有三事殊胜:土地极广、极大、极妙。

(2)阎浮提(南赡部洲):位于须弥山的南方,因此又称南阎浮提、南赡部洲。此洲因为盛产阎浮树,又出产阎浮檀金,因此又有胜金洲、好金土等译名。

根据《长阿含经》卷十八载:"其土南狭北广,纵广七千由旬,人面亦像此地形。"又《俱舍论》卷十一载:"四大洲中,唯此洲中有金刚座,一切菩萨将登正觉,皆坐此座。"此洲人民勇猛强记而能造业行,能修梵行,有佛出其土,以此三事胜于其他三洲及诸天。我们现在所居住的国土,就是南赡部洲。

(3)西瞿耶尼(西牛货洲):位于须弥山西方,以牛作为货币而行买卖交易,因此又称西牛货洲。

根据《长阿含经》卷十八载:"此洲为半月形,纵广八千由旬,住民也面如半月,身长三肘半,寿命二百岁,常以牛、羊、摩尼宝易物为生。"《俱舍论》卷十一则说:"此洲形状犹如满月,人面也如满月,身长十六肘,寿命五百岁。"此洲也有特殊的三事,即:多牛、多羊、多珠玉。

(4)郁单越(北俱卢洲):据《大楼炭经》卷一载:"北俱卢洲位于须弥山北的咸海中,洲形正方,每边各长二千由旬,状如盒盖,由七金山与大铁围山所围绕,黄金为地,昼夜常明。土地具有平等、寂静、净洁、无刺等四德。"此洲人民面形正方,如北洲地形,人人面色皆相同,身高皆一丈四尺。生活平等安乐,没有忧虑。

此洲有种种美妙的山林、河水、浴池、游园、树果等。器物多是金银、琉璃、水晶制成的,并且为大众所共同拥有,没有抢夺、争执,更没有盗贼、恶人、斗争的事。本洲众生寿足千年,命终之后,便往生忉利天或他化自在天,于四洲中果报最为殊胜,但是由于没有佛出世,因此是学佛的八难之一。

二、三千大千世界

佛教的宇宙观主张：宇宙是由上述的无数个小世界（相当于一个太阳系）所构成。一千个小世界，称为一小千世界；一千个小千世界称为一中千世界，换句话说，一百万个小世界（太阳系）为一中千世界；一千个中千世界称为一大千世界，也就是说，十亿个小世界（太阳系）为一大千世界。一大千世界因为是由小千、中千、大千等三个千数重叠而成，因此又称三千大千世界，相当于一个银河系。一个三千大千世界为一佛的化境，称为一个佛土，至为辽阔浩瀚，而宇宙中有无数无量的三千大千世界存在其中，佛经称为"十方恒沙世界"、"十方微尘世界"，可见宇宙之至大至广。

在广大的宇宙里，森罗万象，林林总总，不一而足，佛法将之总括归纳为"有情世间"与"器世间"。

有情世间指众生由惑造业所感的有生死的色身，器世间是众生所依靠的宇宙国土。器世间不但提供我们活动的空间、场所，并且供给我们赖以生存所必需的事物。譬如山河大地、各种矿物以及水火风电等，乃至太阳所发出的光热，都是我们生存所不可或缺的。可以说，器世间提供我们生存的条件，与我们的生活息息相关，所以我们理应关心我们的宇宙世界，诚如理学家陆象山说："宇宙的事，乃我们自己分内的事；我们自己分内的事，也就是宇宙分内的事。"

然而，以我们的浅薄知识，实在无法了解广大无边的世界，因为宇宙之大，即使利用最快速的光，也无法绕遍整个宇宙。因此，我们实在无须向心外世界探讨，而应向心内追求。王阳明先生说："宇宙是我的心，我的心就是宇宙。"佛经说："悟者所居之外，大地无寸土。"又说："心外无一法。"唯识家的"三界唯心，万法唯识"，这些都告诉我们，世界只是我们心中的一朵云彩而已。因此，我们如果能将宇宙纳于胸中，对宇宙万物便可以了然于心，因为法界之宽，其实也只在当下一念。

第十四章

佛陀世界的人生观

第一节　苦乐交集

一、人生之乐

我们常说：人生有酸甜苦辣，人生充满了悲欢离合。

追求快乐是每个人所希望的。人生有哪些快乐呢?金榜题名是快乐、事业有成是快乐、妻贤子孝是快乐、财源滚滚是快乐、大病初愈是快乐、喜获麟儿是快乐、苦尽甘来是快乐……大体而言，我们可以将人生的快乐分为外乐与内乐两种。

外乐是指感官所产生的快乐。具体而言，指色欲、声欲、香欲、味欲、触欲，或财欲、色欲、名欲、食欲、睡欲等五种欲乐。

内乐是指精神上所产生的快乐。例如：有些人喜好阅读，从神游古今中得到无比的快乐；有些人喜好写作，从文艺创作里得到许多的乐趣；有些人喜好静坐，闭起眼睛来，坐上一支香、两支香，在轻安中得到无限的喜悦；有些人献身于信仰，在信仰里得到平安的喜乐……

二、人生之苦

人生既然有这么多的快乐，为什么佛教说一切皆苦呢?佛教所说的苦，除了身心因为遭遇逆境所感受的苦恼以外，主要是指"无常故苦"。无常剥夺了人们的青春，使我们的身体在不知不觉中老朽毁坏；

有些人家财万贯,衣食不缺,但是天灾人祸会将金钱夺走,不肖子女会将财产散尽,到头来一切都成为空无。当初恩爱的夫妻,往往因为一点小事变成怨偶,甚至对簿公堂。事业有成的人虽然名利在握,却不一定能够持久……由于一切无常,在时间上有生、住、异、灭,在物质上有成、住、坏、空,在生命上有生、老、病、死,这是任何人所无法否认的事实。

其实,人们都有无常苦的经验,然而总是在欢乐来临时就忘却了痛苦。例如:有许多人在年轻时刻苦勤俭,等到功成名就的时候,却忘了过去所吃的苦头,开始挥金如土,沉迷在声色犬马中;有些人在害病的时候,吃足了苦头,因此想尽种种办法寻医治疗,保养身体,但是大病初愈以后,又恢复过去饮食无度、通宵熬夜的生活……佛教说苦,不但是要我们接受苦的挑战,禁得起苦的磨炼,将苦难看成是人生的试金石去超越它,更要我们正视苦的存在,了解产生苦的原因,用适当的方法改善去除,以得到一个圆满快乐的人生。所以,佛教说"观受是苦"、"一切皆苦",是具有积极向上的含义,与外界一般浅薄的厌世主义或虚无主义的内容大不相同。

三、苦乐中道

社会上有许多人不明白苦乐的真谛,而以追求快乐为目的,然而感官的享乐来自外在,容易产生副作用;艺术文字上的创作,固然能将心里的感情宣泄无遗,但是多情易被情伤;学问知识上的获得,虽然能开拓人们的视野,如果没有正知正见,也很容易流于邪慧、狂慧,不仅使自己受害,犹有甚者,还会形成人类的灾难;静坐轻安固然令人心旷神怡,然而如果没有佛慧作为前导,以为只要守意闭气,打通筋脉,就可以不落因果,超越生死,结果反而因为定慧不等而变成堕落的邪定,或者着于境界,走火入魔,自误误人;信仰虔诚可以为自己找到生命的意义,然而万一误信邪教,不但人格不能升华,反而贻害社会。

有人用种种的苦行来折磨自己,希望自己来世能享福报。在佛陀的时代,这种苦行外道就非常盛行,而现在世上仍存有这种误以吃苦作为修行的人。他们有的绝食自饿,有的只喝水,有的只吃水果,有的裸露身体,有的投渊卧冰,有的赴火薰身,有的自坠高岩,有的啮草敢污,有的睡卧荆棘、灰土、树叶、恶草、牛粪上。这些人都是不明白苦的真谛,因此,不但现世枉受灾难,后世仍然要轮回受苦。

有一种人以为有钱有势就是罪恶,明明有好的衣服可以穿,却故意穿得破破烂烂;明明有好的食物可以吃,却偏偏吃馊饭剩菜,借此沽名钓誉,自命清高;有些人怀才不遇,愤世嫉俗,他们不去检讨自己受到障碍的原因,反而批评那些拥有美屋华厦、业大财多的人是不道德、不清廉的。这些错误的观念应该要予以纠正,否则一味地贬抑富有,非议才能,歌颂贫穷,赞美软弱,长此以往,个人遭受的业报姑且不谈,蔚为风气,只怕徒然造成社会进步的阻力罢了!

上述这些人最大的错误在于不明白世间的真理,所以枉受辛苦,总在轮回。佛教认为:无明与爱欲所产生的执着妄想是导致苦的最大原因,形式上的苦行与乐行都无法得到解脱,唯有中道而行,远离苦乐爱憎,心中去除染着,才能得到真正的快乐。所以,佛教里的二乘行人讲究离欲,以得到无余涅槃为解脱。在这些二乘的行者当中,也有一种修习头陀苦行的人,但是他们与外道最大的不同在于头陀行者明因识果,他们不标榜不合理的苦行,而只是以苦行来砥砺身心,破除憍慢,远离我执,去除憎爱。

佛教里还有一种修习大乘的菩萨,他们并不呵斥欲乐,而是以慈悲智慧来净化引导欲乐,并且以不住生死、不住涅槃作为自度度人的目标。例如:《维摩诘所说经》形容维摩诘居士"资财无量,摄诸贫民;奉戒清净,摄诸毁禁;以忍调行,摄诸恚怒;以大精进,摄诸懈怠;一心禅寂,摄诸乱意;以决定慧,摄诸无智。虽为白衣,奉持沙门清净律行,虽处居家,不着三界;示有妻子,常修梵行;现有眷属,常乐远离;虽服宝饰，而以相好严身；虽复饮食，而以禅悦为味。若至博弈戏处，辄以度人；受诸异道，不毁正信；虽明世典，常乐佛法；一切见敬，为供养中最；执持正法，摄诸长幼；一切治生谐偶，虽获俗利，不以喜悦；游诸四衢，饶益众生；入治正法，救护一切；入讲论处，道以大乘；入诸学堂，诱开童蒙"。凡此都显示维摩诘居士虽然享有五欲，但是这一切对他而言，都如片云点太虚，一点也不妨碍他的修行。已证得阿罗汉果的大迦叶尊者反而自叹："尘劳之俦，为如来种。我等今者不复堪任阿耨多罗三藐三菩提心……譬如根败之士，基于五欲不能复利。如是声闻诸结断者，于佛法中无所复益，永不志愿。是故文殊师利！凡夫于佛法有反复，而声闻无也。所以者何？凡夫闻佛法，能起无上道心，不断三宝；正使声闻终身闻佛法、力、无畏等，永不能发无上道意。"

四、究竟常乐

人生自来苦乐参半，然而因为世间一切无常，所以苦并不足畏，只要我们肯面对现实，冲破难关，苦尽可以甘来；乐也不足喜，如果我们耽于快乐，不知上进，乐极往往生悲。

好乐恶苦是众生的本性，然而世俗的快乐，无论是属于感官方面的也好，或是属于精神方面的也好，都不是究竟、长久、真正的快乐，甚至是引人堕落的原因。

如何才能得到真正的快乐呢？经云："吾有法乐，不乐世俗之乐。"所谓法，就是真理。真理所带来的快乐，才是真正永恒的快乐。什么是法乐呢？五戒十善是法乐，六度四摄是法乐，四无量心是法乐，因缘果报是法乐，有空中道是法乐。心中有了法乐，对于五欲六尘不拒不着；心中有了法乐，对于世间不厌不求；心中有了法乐，到哪里都能安然自在；心中有了法乐，当下就是极乐世界。唯有以无边的法乐为舟筏，才能使我们度过生死的波涛，到达常乐的彼岸。

第二节 五趣流转

《法华经·譬喻品》说："三界无安，犹如火宅，众苦充满，甚可怖畏。"三界是指欲界、色界、无色界。这是迷妄的有情在生灭变化中，依其境界所分的三个阶级；由于众生迷妄、造作，在三界里生死轮回，受无量苦，不能求得真实的安宁，因此有"三界苦轮"、"三界无安"的说法，甚至也有将三界比喻为火宅或大火聚的。

自诩为万物之灵的人类，在这三界火宅中，生生死死，死死生生；在五趣六道中，来来去去，轮回不已。所谓"生死如海深渊"，沉没其中的众生，有时贪生，有时怕死，贪生何能长生，怕死又何能免死？所以不生不死是最好的理想人生。学佛就是希望超越生死，获得不生不死的人生，也就是要跳出五趣流转，超越生死轮回，这就是所谓的"了生脱死"了。

一、五趣的含义

五趣是指地狱、饿鬼、畜生、人、天等五道众生。趣，就是所往、归向的意思，也就是众生依过去所造的善恶业而趣往天(六欲天)、人、畜生、饿鬼、地狱等所应往、所应生的地方，所以称为趣。

五趣众生同属欲界众生，欲界是五趣众生所杂居的地方，所以称为五趣杂居地。大乘经中多说六道(趣)，也就是在五趣之外别立阿修罗，成为六趣或六道，而有三善道——天、人、阿修罗，三恶道——地狱、饿鬼、畜生之别。此六道即十法界中的六凡。

又，五趣中，地狱、饿鬼、畜生三者为纯恶之所趣，如依瞋恚趣往地狱,依贪欲趣往饿鬼,依愚痴趣往畜生;人、天为善恶杂业之所趣,皆属有漏,与无漏的净土相对,因此总立名为恶趣。

六道如果以现实人生来譬喻,瞋恚心重的好比生活在地狱道,贪欲心重的好比生活在饿鬼道,愚痴心重的好比生活在畜生道,斗争心强的好比生活在阿修罗道,喜悦心深的则分别为人间或天道,因此人类也可说同时在六道中轮回生灭。

二、五趣六道分说

(一)天

六道当中,天趣最胜、最乐、最善妙、最高。诸天充满光明,自然光昼夜常照,以能照耀的缘故,因此名为天。

《起世经·三十三天品》说,诸天的报身之相,没有骨肉,也没有大小便利不净,身体常放光明,不分昼夜,具有五种神通,形无障碍。

诸天形无障碍的殊胜情形,根据《正法念处经》说:"譬如一室,燃五百灯,光明不相逼迫,诸天手中置五百天,亦复如是,不窄不妨。"又说:"夜摩天或有一百,或有一千,皆共聚在一莲花须,同坐不妨,不隘不迮。"《大智度论》说:"第三禅遍净天,六十人坐一针头而听法,不相妨碍。"

又,欲界天有火、金、青、赤、白、黄、黑等七种身色光明,清净微妙;没有皮肉筋脉脂血髓骨等,可以随意变现各种长短大小粗细等形象。头发柔软润泽,牙齿白净方密,去来行步,无边无碍,缓急自如,两目清澈,久视不瞬。

诸天之所以能够感得庄严而无碍的身形,是因为他的善业力、自业力的缘故。天人欢喜赞叹佛事,奏天乐,散天花,薰天香,飞行于空中,称为飞天。佛教的壁画、壁雕里经常出现飘逸的飞天,并且用飞天来庄严檀场。

诸天的福报虽然殊胜，但是仍然有其痛苦。因此在福报享尽，"五衰相现"的时候，还是要受到犹如地狱一般的大忧恼。五衰相现指：衣服先净今秽；华冠先盛今萎；两腋忽然流汗；身体生出臭气；不乐安住本座。

《涅槃经》说："虽复得受梵天之身，乃至非想非非想天，命终还堕三恶道中。"《法句经》说："世皆有死，三界无安，诸天虽乐，福尽亦丧。"可见求生天上，终非究竟安乐之处。

(二)人

根据《大毗婆沙论》的解释，人是"止息"的意思，因为在六趣之中，能够止息烦恼恶乱意念的，莫过于人，因此，人名为止息。

人，忍的意思。这是说，人对于世间的违顺之情，能够逆来顺受，因此名为忍。所以人所住的世界称"娑婆"，也就是"堪忍"的意思。表示娑婆世界苦乐参半，人安住其中，还有能力忍受生活。

人生在世，每个人的际遇都不尽相同，甚至容貌、思想、行为、寿命、福乐等果报也都不一样，这是由于各人过去所造的业因不同所致。

如《业报差别经》说：憍慢放逸，不礼敬三宝的人，受出生卑贱人家的果报；为人挚诚不欺，不说人长短是非的人，则受口气香洁、身心安乐，人所爱敬称誉的果报；能够结缘广施、柔和谦恭、礼敬三宝的人，则受出生富贵之家的果报。可见福祸贫富的果报，完全是依每个人的善恶业而决定。

经上说，人有三事胜于诸天，即勇猛、忆念、梵行，因此，人是成佛的先导。经上又说"得人身如爪上泥，失人身如大地土"，"一失人身，万劫不复"，"人身难得，如优昙花"，在在说明人身的可贵，所以我们应该把握人身，精进于佛道的完成。

(三)阿修罗

阿修罗是"非天"的意思，这是因为阿修罗以其果报殊胜，邻次于诸天,却不同于诸天,故称阿修罗。

根据《长阿含经》说:阿修罗之女端正貌美,其男多丑陋。

有关阿修罗的业因,各种经典多举出瞋、慢、疑等三种生因。另外,根据《楞严经》卷九说:阿修罗因为业力的牵引,分为胎、卵、湿、化四生。

(1)卵生:若于鬼道中以护法之力,乘小神通而入空中,此种阿修罗从卵而生,为鬼趣所趣。

(2)胎生:若于天道中因降德遭贬坠,其所居之处,邻于日月,此种阿修罗从胎而出,为人趣所摄。

(3)湿生:有部分较下劣的阿修罗,生起大海之心,而沉住于水穴口,朝游虚空,暮归水宿,此种阿修罗因湿气而有,为畜生趣所摄。

(4)化生:有一种阿修罗执持世界,势力大而无畏,能与梵王、帝释天、四天王争权,此种阿修罗因变化而有,为天趣所摄。

常怀瞋心而好战斗,这是阿修罗的特征。因此,若有人容易动怒,又好与人斗,就是人中的阿修罗。

(四)畜生

畜生之所以得名,是由于为人类所畜养的缘故,主要指家畜家禽。畜生又名"傍生",因为其形状不如人的挺直,傍横傍行之义。傍生无智暗钝,本来生处大海之中,后来转而遍于人、天及地狱诸道等。

《瑜伽师地论》卷四说:"傍生趣更相残害,如羸弱者为诸强力之所杀害,由此因缘受种种苦。以不自在,他所驱驰,多被鞭挞,与彼人、天为资生具,由此因缘,具受种种极重苦恼。"

《正法念处经》卷十八说,畜生总共有三十四亿种,另据《大智度论》卷三十载,依畜生的住处,可分空行、陆行、水行三种,又依行动时间可分为昼行、夜行、昼夜行三类。

依《辩意经》记载,有五种业因得畜生报:犯戒私窃、负债不还、杀生、不喜听受经法、常以种种因缘阻扰他人举办斋会。

(五)饿鬼

所谓饿鬼,据《大乘义章》卷八说:常饥虚,故谓之饿;恐怯多畏,故谓之鬼。

《瑜伽师地论》卷四指出饿鬼在饮食上有三种障碍:

1.外障:此种饿鬼常受饥渴,因此皮肉血脉枯槁,发乱面黑,唇口干焦,常以舌自舐口面,四处驰走求食,但是由于业力的缘故,所见到的泉池都变成脓血而不能饮食。

2.内障:此种饿鬼喉咙如针,口如炬,肚子大如鼓,纵得饮食,也不敢饮。

3.无障:此种饿鬼在饮食方面没有障碍,但是他所敢饮的东西,由于业力所感,都燃烧变成火炭,因此也要受饥渴大苦。

《正法念处经》卷十六举出饿鬼的住处有二种:一种住在人间,一种住在阎浮提地下五百由旬的饿鬼世界。

众生之所以得饿鬼报的业力,据《业报差别经》载有十种:

(1)身行轻恶业;

(2)口行轻恶业;

(3)意行轻恶业;

(4)起于多贪;

(5)起于恶贪;

(6)嫉妒;

(7)邪见;

(8)爱着资生即便命终;

(9)因饥而亡;

(10)枯渴而死。

(六)地狱

地狱是欲界中最为下劣的一道。地,底的意思,万物之中,地在最下,因此名为底;狱,局的意思,地狱众生受到拘局不得自在,因此名为地狱。地狱又名"无有",在地狱中,没有义利,因此名为无有。

地狱的种类、名号繁多,一般分为:近边地狱、孤独地狱、八寒地狱、八热地狱,合称为十八地狱。《大智度论》则分为:热地狱、寒地狱、黑暗地狱。

各类地狱是由于众生所造的种种不同的业因,而招感种种不同的果报。其中痛苦最为惨烈的是无间地狱。根据《地藏菩萨本愿经》所载,无间地狱之所以称为无间,是指受苦无间、身形无间、时间无间、罪器无间、众类无间。(详见"天堂与地狱"一节)

招感无间地狱痛苦的业因是:

1.不孝父母,或杀害父母。

2.出佛身血,毁谤三宝,不尊敬经教。

3.侵损常住,玷污僧尼,或者伽蓝内恣行淫欲,或杀害僧伽。

4.伪作沙门,破用常住,欺诳白衣,违背戒律。

5.偷窃常住财物,乃至一物不与取者。

《楞严经直解》说:阿鼻地狱,就是大地狱,情业深重的众生便堕入此道,到了劫坏才能出离;但是,如果兼有毁谤大乘的恶业众生,则虽然劫坏已,又转而寄居他方,无有出头的日子。为何会有如此的重报呢?因为谤法能令无数的人生起邪见,因而得此重报。

在五趣六道中,地狱因为苦楚深巨,心乱而无余力接受佛法;畜生则愚痴覆心,也不能接受佛法感化;饿鬼为饥渴大火烧身,也不能接受佛法,而天道与阿修罗则耽于逸乐,也不懂闻法的可贵,唯有人道苦乐参半,并且最有机会闻法精进,所以说五趣六道中,以人道最为难得、殊胜。人道是成佛的枢纽,但是如果不能把握人身、精进向道,一旦失却人身,再回头时,不知又将经过几劫的生死轮回、五趣流转,因此,经中以"盲龟浮木"来譬喻人身的难得。

人的一期生命不过数十寒暑,当一期生命结束后,人又将何去何从呢?有人以为人死如灯灭,一了百了;其实灯虽熄了,只要电源还在,换上灯泡，电源一开，灯仍会光亮。所以佛教认为人的生命结束后，或生天，或做人，或流转于其他五趣六道。总之，这个形体消灭了，又转换成另一个形体存在。譬如以柴薪取火，柴薪一根接一根烧完，但是火焰却始终不断，我们的生命之火也是像这样相续不断。

有人认为"人死后必定为鬼"，这是很大的错误，人死后不一定为鬼。做鬼有做鬼的恶因，好人不但仍然可以做人，还可以做更好的人，甚至还可以成圣贤、诸佛菩萨。而生命转递的主要依据，就是我们自己所造的业力。我们既然知道生命是永恒的，就应该修心养性，立德立功，因为我们今生可以累积善业，让自己来生获得一个更美好的报身。

不过，佛教希望人人都能了生脱死，因为生死实在是痛苦的事。所以，超越五趣六道的轮回，是我们学佛所要努力的目标。

《五苦章句经》说："心取地狱，心取饿鬼，心取畜生，心取天人。"这是说明三涂六道都取决于人心的一念。相同的，只要发菩提心，一样可以成圣成佛，所谓"心迷法华转，心悟转法华"。所以，如何超凡入圣，脱离五趣流转的痛苦，就在于我们如何在心地上用功夫，心才是学道者应该用心观照的。

第三节　四大皆空

一般人因为不认识佛教,再加上以讹传讹,经常对佛教的思想义理,乃至名相用语等,产生许多误解。譬如佛教所讲的"四大皆空",往往被世人误以为酒、色、财、气叫四大,因此戏称那些不贪酒、色、财、气的人是"四大皆空"。其实四大皆空是佛教对世界和人生现象及本质上的说明,它所蕴含的深奥义理,以及它与我人关系的密切,实非一般仅知追逐酒、色、财、气之徒所能理解。

一、四大的意义及功用

四大是指地、水、火、风结合物体的四种元素。

地大:以坚硬为性,能支持万物,不使坠落。

水大:以潮湿为性,能收摄万物,不使散溢。

火大:以温暖为性,能成熟万物,不使坏烂。

风大:以流动为性,能生长万物,调节畅通。

宇宙间的森罗万象,没有一样不是仰赖地、水、火、风四大元素结合而成的。譬如一朵花的绽放,要有肥沃的土壤,土壤属于地大,水分、日光、空气,这些就是水大、火大、风大,如果缺少一大,花儿就不能盛开怒放了。

又例如由泥土烧成的杯子,泥土是属于地大,泥土掺和水,加以火烧,故有水、火二大;再经由风吹成固体而为杯子,故有风大。

有情众生的色身,也是假四大和合而成,以贵为万物之灵的人类为例,人体的毛发爪齿、皮肉筋骨是坚硬性的地大,唾涕脓血、痰泪大小便是潮湿性的水大;体温热度是温暖性的火大;一呼一吸是流动性的风大。人之所以能生存,就是因为四大和合,如果身体有一大不调,就会呈现病相。例如:

1.身体苦重,坚结疼痛,枯瘅痿瘠,这是地大不调的病相。

2.全身膨胀,肤肉浮满,这是水大不调的病相。

3.全身烘热,骨节酸楚,呼吸乏力,这是火大不调的病相。

4.心神恍惚,懊闷忘失,这是风大不调的病相。

如果身体的四大分散,有情的生命就会随着死亡。根据经上记载,一般人在临命终时,有下列三种征候:

(1)地大增上:因肉体或骨骼的毛病而死亡者,在临终时,觉得全身像大地缓缓地陆沉于海中一样,产生一种很大的压迫感,如同“地大落入水大之中”。

(2)水大增上:因血液循环系统不顺畅而死亡者,在临终时,先是觉得全身有如浸在水中一样冰冷潮湿,然后感到像火烧一般的高热,如同“水大落入火大之中”。

(3)火大增上:因呼吸系统障碍而死亡者,在临终时,觉得身体像是在暮色野火中燎烧,一阵烈风吹刮,碎为微尘,片片烟飞灰灭,如同“火大落入风大之中”。

二、四大何以称“大”

宇宙世间一切物体,都是由地、水、火、风等四种元素构造而成,积聚四大即可生成物质,因此四大又称能造之色、能造之大种。因具有下列三义,所以称之为“大”:

(1)体大:四大种的体性广大,遍于一切色法,故有体大之义。

（2）相大：四大种的形相广大，例如高山、深海、大火、飓风等，都是四大之相，故有相大之义。

（3）用大：四大种的事用广大，有了四大，才能使人体的器官发挥功用，有了四大才能长养万物，故有用大之义。

依《俱舍论》的说法，四大具有假、实的分别，即前文所说的坚、湿、暖、动四大，是实四大、性四大；而世间所谓的地、水、火、风，则是假四大、事四大。实四大属于身根之所触，为触处所摄；假四大则属于眼之所见，为显色、形色所摄。

三、何以"四大皆空"

四大虽然通于一切色法，但在不同的色法中，因为其中之一较为增长，所以世间上就有了林林总总的森罗万象。例如：山岳等坚物之中，地大较为增长；河海等湿物之中，水大较为增长。另外未显的三大，仍潜伏在其中，静待其他条件因缘和合而显现其相用。例如：流动的水在温度寒冷到摄氏零度以下时，就会凝结成固体的冰，成为地大；当温度加热到摄氏一百度以上时，又会蒸发成气体，成为风大。

就人体而言，四大不调，百病丛生，四大离散，则身躯坏灭，这时，我们的身体又在哪里呢？所以，无论是世界万物，或是我人的身体，都只是四大和合而成的假相罢了，并没有一定的实体。不仅如此，四大的本身主要是指坚、暖、湿、动四种特性，遇缘就会生起变化，因此，这些特性的当体也是了不可得。四大皆空，就是指宇宙万有均无实体的真理。

一般人因为不能了解四大皆空的道理，往往在生活中产生了很多痛苦。例如：看到沧海桑田的变化，目睹亲朋死别，就感到忧伤不已，甚至，将自身以及身外之物执以为我和我所有，因此为了爱惜自己的身体，追寻外在的装饰；为了娱乐自己的六根，向外驰求声色犬马；为了维护既有的名位权力，不惜造下恶业，为了获得更多的财物货利，在五欲尘劳中备受煎熬。

佛陀告诉我们四大皆空的真理，目的就是要我们了知物质世界的虚幻不实，从而返观自照，在心灵上开发无尽的财宝，在精神上寻得永恒的幸福。

第四节　五蕴非有

"四大"说明了宇宙物质世界因缘和合的现象,然而有情众生非仅具有物理机能,还拥有心意情识,它们又是如何在缘起法则之下运作的呢?佛教的"五蕴"观念,进一步扩大了我们的视野。

一、五蕴的含义

《大乘广五蕴论》说:"蕴者,积聚义。"五蕴就是说,世间的有为法是由色、受、想、行、识等五种元素积聚而成的。

五蕴又称五阴,阴是盖覆、遮蔽的意思,意指众生因色、受、想、行、识五法遮蔽了我们本来的真如佛性,因而受无量劫生死轮回之苦。

二、五蕴的内容

五蕴的意义略述如上,再就内容分述如下:

(一)色蕴

色蕴,质碍的意思,凡是有形体、有障碍的,都称为色,是由地、水、火、风四大所积聚而成。人类的肉体,以及世间的山河大地、器皿房屋等,都是属于色的范围。依《大毗婆沙论》的说法,色可分为三种:

(1)可见有对色:如颜色方面的青黄赤白等显色,形状方面的长短方圆等形色,动作方面的屈伸坐卧等表色,这些都是有形质,都是眼睛看得到的,因此称之为可见有对色。

(2)不可见有对色:譬如声、香、味,虽然不能以眼见,然而可用耳、鼻、舌接受,因此称为不可见有对色。

(3)不可见无可对色:又名无表色,即指第六法尘,既不可以眼见,又不可以耳鼻舌接触,因此称之为不可见无可对色。

(二)受蕴

受蕴,领纳的意思,是根身领略外境而生起感受的一种作用。受的种类大致可分两种:

(1)身受:眼、耳、鼻、舌、身等五根对境所生的感觉,可分为苦受、乐受、不苦不乐受。受顺境而起的叫乐受,乐受易起贪心;受逆境而起的是苦受,苦受易起瞋心;受非顺非逆境而起的是不苦不乐受,不苦不乐受则起痴心。

(2)心受:意识对境所生的情绪。意识领纳顺境所起的感受称为喜受,意识领纳逆境所起的感受叫做忧受。

苦乐二受的感觉较弱,忧喜二受的感觉较强,但是身、心二受也有连带关系,譬如:身受热袭,则感心烦;凉风吹拂,则感愉悦,因此身心的感受可互相为用。总而言之,凡身、心的一切感受,都可称为受蕴。

(三)想蕴

想蕴,取像的意思,攀缘外境,回忆往事,幻想将来,都是想。也就是认识外境时,摄取境相,在心中产生概念的作用。诸经论多有解释,如《杂阿毗昙心论》说:于境界能取相貌;《五蕴论》说:于境界所取种相;《广五蕴论》说:能增胜取诸境相。综上所述,对于已领受的境界,再加以分别想象,就叫做想。

(四)行蕴

行蕴,迁流造作的意思,是对于心中的概念产生思虑决断,乃至造作动身发语的行为。《增一阿含经》说:"云何行阴?所谓身行、口行、思行,此名行阴。"又说:"所谓行者,能有所成,故名为行。为成何等?或成恶行,或成善行,故名为行。"所以身、口、意三者所起的思维、作意,及身、口的善恶行为,都是属于行。

(五)识蕴

识蕴,了别的意思,是心对于外境明了识别的作用,如眼能了别青黄白黑,耳能了别好恶音声,鼻能了别香臭之味,舌能了别酸甜苦辣,身能了别冷暖软硬。《俱舍论》卷一说:"各各了别彼彼境界,总取境相,故名识蕴。此复差别有大识身,谓眼识身至意识身。"因为眼识、耳识、鼻识、舌识、身识、意识等六识对境只取总相来分别,所以类聚此六识而立名为识蕴。

换句话说,识蕴指个人精神统一的总体,由于识的了别,使境增明,使思想等有所领导。

由以上叙述,可以归纳色是物质的一切现象,受、想、行、识是精神的一种作用。若以人体而言,色蕴属生理,是父母所生的四大假合之身;受想行识四蕴属心理,是触境所起的幻妄之心,相当于心理学上所说的感情(受)、观念(想)、意志(行)、认识(识)。

三、五蕴非有

既然说世间的有为法都是由五蕴积聚而有,何以又说五蕴非有?这是因为五蕴是因缘和合所生的假法,本无实在的自性,因此说非有。这可以从属于色蕴的物质与受想行识的精神两方面,再作进一步说明。

就物质方面来说，色蕴是四大假合而有，本无实性。就精神方面来说，受想行识等四蕴都是对境而生。所对的色蕴既非实有，能对的四蕴自然也是假合之相，因此，心物二法，当体皆空。所以五蕴非有，可说是佛教无我观的具体表现。

有情众生在五蕴的分析下，只不过是物质与精神的结合体。反观我们在自我为中心的观念下，往往因执着于"我……"或"我的……"而千般计较，万般苦恼，甚至为了一己的私欲而危害他人，自恼恼他，造业轮回，无有出期。原始佛教所说的无我，主要就是用来对治我执，所以，这时的无我是指人无我，也就是人空。到了部派佛教，论师辈出，他们用分析的方法来了解一切法，以寻求各类现象最后存在的元素，因此在物质现象方面开出十一种色法，在精神活动方面又列出心、心所、心不相应行等诸法，此外，更有非物质非精神现象的无为法。部派学者各执其理，自成一家，每一个流派都认为自己所分析出来的法，就是最终的实在，各有其自性。大乘中观学者于是提出法空，也就是法无我的思想，来破除这些法执，主张所有的实法观念都是由妄心而起分别，产生主客对待的结果。大乘后期的祖师大德们甚至更大力阐扬人我双亡的彻底真空境界，以期将一切执着打破，安立在无住的空性中，任运消遥。

由此可知，五蕴非有的真理，由有情生命的分析，发展到整个宇宙世间，不但帮助我们洞悉万有的实相，也开拓了我们的人生观，使我们了解到自己与心、自己与身、自己与物、自己与他人等，都有着密不可分的关系，而身、心、物三者之间也互相影响。如果我们能抱持无我的态度待人处世，放下执着贪爱，就能与身、心、物的关系协调，从而享受到快乐的人生。

第十五章

天台佛教的性具实相

天台宗佛教是东亚文化圈及世界佛教史上最早形成的一个宗派，天台宗佛教对未来亚洲地区东亚共同体建设将起到文明脉承的重大作用。"性具实相"说是天台佛教理论的基石，也是天台佛学的缘起说。性具实相说认为：法界本然，无须依持，心物无前无后，不纵不横，即"一念三千"；在观法上，作为能观，假、空、中三观可于一心中得，即"一心三观"；作为所观，假、空、中三谛虽三而一，虽一而三，即"三谛圆融"。一念三千、一心三观、三谛圆融构成了天台佛学理论的特色。天台宗是隋代智者大师（公元538~597）居天台山（今浙江省天台县境内）时所开创，所以称为天台宗。本宗所依的经论，是"以《法华》为宗旨，以《智论》为指南，以《大经》（《涅槃》）为扶疏，以《大品》（《般若》）为观法，引诸经以增信，引诸论以助成。"（湛然《止观义例》上卷）本宗的教义，主要是依《法华经》，所以也称为法华宗。

天台宗的源流远承释迦如来的大觉心海，近接印度龙树菩萨（nāgārjuna，约三世纪）的中道学说。北齐慧文大师依龙树的《中观论》而发明一心三观的妙理，以授南岳慧思大师（公元515~577），慧思以传智者大师。因此，他们遥尊龙树为始祖。智者大师则是天台宗的实际创造者。他在教义理论上除了将慧文的一心三观妙理，演绎为三谛圆融之说外，还提出一念三千、十界互具、十如是、性恶思想论、四种十二因缘观、经典解释的五重玄义和四悉檀；在教相理论上则提出三种教判、五时八教；在修持思想方面更提出四种三昧、二十五方便、十乘观法等等。他的这些理论思想，主要反映在由他进述、弟子灌顶记录的《法华玄义》、《法华文句》和《摩诃止观》中。一宗的教观完备于此，因而以天台智者大师显示宗名。天台宗的理论学说，是具有独创性的。但它又是吸取了当时中外各种佛学理论，不断完善自己，才得以形成的。主要表现在以下几个方面：

一、是对印度龙树学说的继承和发展

众所周知，天台宗是以龙树的学说为其核心思想的。例如，天台宗一心三观的理论，原出于龙树《中论》的"三是偈"。天台宗虽然继承了这一学说，但却进一步认为每观皆可统摄其余二观：取空观，则一切皆空；取假观、中观亦然。目的是要扫除对概念的执着，表示概念的无决定性。智者在《摩诃止观》卷三中说："观有三：从假入空，名三谛观；从空入假，名平等观；二观为方便道，得入中道，双照二谛，心心寂灭，自然流入萨婆若海，名中道第一义谛观。"也就是说，空、假、中三谛没有先后顺序，而是一心中同时存在的，相连相即，互不妨碍，三谛中任何一谛都包含着其他二谛的意义，任何事物既是空，又是假，又是中。这就发展为独具特色的"圆融三谛"。又如诸法实相，也是龙树信奉、阐扬的主要思想。他在《中论·观法品》中说："自知不随他，寂灭无戏论，无异无分别，是则名实相。"阐述诸法实相离言之空寂，意即诸法的真理是自己悟的，不是以他人所说而信解，诸法是寂灭的，离一切自性见、有无、生灭等戏论；实相是普遍的、一味的、没有分别的。认为只有远离心行语言的虚妄，断种种之戏论与实相执，彻底体悟空寂，无智亦无得，才能通达法尔如是的诸法实相。天台宗则是在龙树思想的基础上，对诸法实相有更独特的解释。智者大师在《法华玄义》卷八中，为了强调作为现象的诸法与作为真理的实相的不离，乃解诸法实相为诸法即是实相（依相应的梵语表述式，诸法实相当解为诸法之实相）。其意是现象即是真理的所在，真理不离现象。此意又分三重来说：初重是因缘所生的诸法即无自性,即是空,这即是实相。第二重是空、有仍属诸法,要另立超越空、有,而绝对肯定的中道之理(实相),这即是诸法实相。第三重是空、有、中道综合起来,而归于中道,中道又等同于佛性,因而有中道佛性或佛性中道这一复合概念。由于佛性有常住性,能转化世间,又具足诸法,因此,作为真理的中道,亦有常住性,具转化功能,并具足诸法。这就是诸法即实相。前二重系大乘偏教(偏于一边之教,指大乘中的权教)的说法,后一重乃大乘圆教的说法。再如龙树的"缘起性空"、"一心三昧"等重要思想理论,天台宗人也是既继承,又对其理论作了演绎发展的。

二、对南北朝佛、道、儒理论的融摄

我国南北朝时期,佛、道、儒各家学说百花齐放。智者大师在弘扬大乘佛教的义理时,是融摄了各家学说的精华,才形成独具特色的天台宗的。南北朝时期,南方佛学一般偏尚玄谈义理,所谓"江东佛法,弘重义门"(《续高僧传》卷十七《慧思传》)。又"佛化虽隆,多游辩慧"(同上书。卷二十《习禅篇》),当时,江南一带盛行般若学。它始于东汉末年支娄迦谶译出的《般若道行品经》。此后,般若类经籍陆续传入我国,经魏晋而至南北朝,在当时玄学影响下,形成一代学风。老庄玄理为魏晋以来的清谈所依托,而般若空观的某些义趣和老庄玄理相似,因而随老庄虚无之说而风行。当时阐发般若思想方面,有本无宗、本无异宗、即色宗、识含宗、幻化宗、心无宗、缘会宗六家七宗。智者对各家的义理,都作过研究,并融摄其某些合理的部分。他对即色宗的创始人支遁的情感最深,甚至在陈太建七年(公元576)九月,入天台山时,"历游山水",也不忘"吊道林之栱木"(《隋天台智者大师别传》),《大正藏》第五十册一百九十三页)。支遁著有《即色游玄论》,认为:"夫色之性,色不自色,虽色而空。知不自知,虽知而寂。"(据《世说新语·文学篇》刘孝标注及《中论疏记》所引)就是说色从因缘而有,不是自有。所以当体即空。这一理论,后来成为天台宗体空观学说的基础,与小乘析空观对说。析空观是将一切法加以分割,使之离散,而观其空。体空观则是对一切法加以平观,不因其因果的次第相生的情况,而予以析散,却是一一即其法,而观其当体性空,观其空相即是实相。若能行体空观,则能证一切法当体性空,而由此证寂灭,不必析离甚或取消一切法,而另外修道,才证寂灭。这样,就不必有出世与入世严格的对分。

从禅法方面说,当时北方重坐禅,南方重义门。天台宗从三祖慧思大师开始,便设法把南北禅法汇合起来。《续高僧传》卷十七《慧思传》称慧思在南方教授禅法后,"慨斯南服,定慧双开。昼谈义理,夜便思择"。从而使"南北禅宗,罕不承绪"。智者更强调止观不二、定慧双修的重要。他在《修习止观坐禅法要》中说:"止乃伏结之初门,观是断惑之正要。止观爱养心识之善贤,观则策发神解之妙术。止是禅定之胜因,观是智慧之由藉。若人成就定慧二法,斯乃自利利人,法皆具足。"并且指出:"此之二法,如车之双轮,鸟之双翼。若偏修习,即堕邪倒。"在他的大力弘扬下,天台宗的止观双修成为最殊胜的法门。

对于当时盛行的道家思想,天台宗也并不是完全排斥,而是认为道家的某些思想是学佛的初级阶段。慧思在《誓愿文》中说:"誓于此生作长寿五通仙,修习诸禅定,学第六神通,具足诸法门,分就等觉地,妙觉常湛然,以此度众生。"(见《大正藏》第四十六册)他修禅时,还学道家先行炼丹:"愿得深山寂静处,足神丹药修此愿,藉外丹力修内丹,欲安众生先自安。"(同上)智者大师来天台山修持的原因之一,则是:"闻天台地记,称有仙宫,白道猷所

第十五章 天台佛教的性具实相

见者信矣。《山赋》用比蓬莱,孙兴公（孙绰）之言得矣。若息缘兹岭,啄峰饮涧,展平生之愿也。"（《隋天台智者大师别传》）显然,他是寻求仙道静地,以利修持。在修习中,他采用了行之有效的某些做法,如在《摩诃止观·观病患境》中,主张用道家的服气和吐气法来治病。他说:"用气治者,谓吹、呼、嘻、呵、嘘、呬,皆于唇吻吐纳,转侧牙舌,徐详运心,带想作气。若冷用吹,如吹火法;热用呼;百节疼痛用嘻,亦治风;若烦胀上气,用呵;若病癊,用嘘;若劳倦,用呬。"这些办法也可以用来治疗因坐禅不调而引起的病患。此外,他在《修习止观坐禅法要》中说的"系缘鼻端"、"止心丹田"和在《六妙门》中说的"数"、"随"等,除了根据于佛家的安般禅法外,我们还可以从道家的说法中看到它的影子,而智者则是将它作为修习止观的初级阶段加以利用的。

对于儒家的思想也是如此,天台宗取其精华。例如,他将佛教的大慈大悲与儒家传统的忠孝、博爱等理论联系起来,真正做到庄严国土,利乐有情。在《观音经义疏》中,当有人提出"十法界众生无量,机既无量,云何一时令得解脱"时,智者即以父母对所有儿子的普遍慈爱为喻,回答道:"譬如父母念子心重,多智,多财,具大势力,众子在难,即能俱拔之。"又如他在《临终遗晋王书》中自称:"生来所以周章者,皆为佛法,为国王,为众生。"明确地表达了人间佛教的思想。关于人性论方面,儒家历来有性善性恶之争:孟子认为人性本善,荀子则说人性本恶,与孟子同时代的告子讲人性本无善恶,善恶乃是后天才有。对于这种传统的道德观念,三祖慧思曾提出如来藏"性具染净"之说。如来藏,通常被视为真如、佛性的异名,即是自性清净心,是众生平等本有的成佛可能性。但就现实言,众生的生命都是贪嗔痴等烦恼流行,隐覆了这如来藏的光明,故又称在缠的法身。慧思在《大乘止观法门》中指出如来藏包括能藏、所藏和能生三个方面，"此心亦尔，体具染净二性之用，故依染净二种熏力，能生世间出世间法也"。就是说，真如在烦恼中，含摄如来一切果地的功德，使体具染净二性之用，依染、净二种熏力，能生世间、出世间法。智者由这一观点出发，进一步提出"性具善恶"说。他认为，善恶染净都可以看做天然的性德。本觉之性、真心真性或佛性，具足菩萨界以下九界的恶法及佛界的善法，即总具十界的三千善恶诸法。众生即具佛的真心真性，故六凡道中具四圣道，众生界摄佛界。但另一方面，佛界亦摄众生界，佛性亦有善有恶。他在《观音玄义》中说："问：阐提与佛断何等善恶？答：阐提断修善尽，但性善在；佛断修恶尽，但性恶在。"从慧思的"性具染净"说，到智者的"性具善恶"说，这一变化标志着印度佛教的进一步中国化，是印度思想与中国传统的儒家人性论思想的进一步融合。

三、新的发挥创造

天台宗的佛学理论之所以博大精深，除了博采中外佛学界的传统学说外，还有许多自己新的发挥创造。例如一念三千之说，智者认为人的当前一念识心，即含有三千种法的内容，以显宇宙的全体。他依据《华严经》所说众生的存在境界有十，由佛以至地狱；这十界又各含其他的十界，如此便成百界；这百界又如《法华经》所说，各各可从十面来看（十如是），百界合起来，则有一千种可能，即是千如；这千如与《大智度论》所说的三世间（众生、国土、五阴）配合起来，便成三千之数，即是三千种可能的境界，代表全体的宇宙。当前的一念，能含三千法，包容现象界的全体。所以他在《摩诃止观》卷五中说："此三千在一念心。若无心而已，介尔有心，即具三千。"此是不可思议的境界。心在迷时，含三千法，对其执着不舍;心在悟时,亦含三千法,但对其并不起执着,而视为方便,视为性德。故心有染净迷悟的分别,但三千法门却不动丝毫。当然,这一念,是指无明妄心,由这一念妄心,通到一念真心,需要止观功夫。一念三千是天台宗极其重要的义理。此外,如五时八教,也是天台宗的独创。《天台四教仪》中说:"天台智者大师以五时八教,判释东流一代圣教,罄无不尽。言五时者,一、华严时,二、鹿苑时,三、方等时,四、般若时,五、法华涅槃时。是为五时,亦名五味。言八教者,顿、渐、秘密、不定、藏、通、别、圆,是名八教。顿等四教是化仪,如世药方;藏等四教名化法,如辨药味。"五时是就佛在不同时期说法,而分佛法为五个阶段。八教则分化仪四教与化法四教。化仪四教是就佛说法的方式的不同,而分为四种。化法四教则是依佛说法的内容的不同,而分为四种。智者"五时八教"的判教理论是在综合吸收当时南北判教学说的基础上创立的,对后世的影响很大。到了唐代,华严宗三祖法藏撰《五教章》,在判教方面也基本采用天台宗的说法。正如澄观在《华严经疏》卷二中说:"(华严)教类有五,即贤首(法藏)所立。广有别章,大同天台,但加顿教。"此外,如"十如三转"的读法。天台宗认为,可用三种方式来读《法华经·方便品》的诸法实相所谓"如是相、如是性、如是体、如是力、如是作、如是因、如是缘、如是果、如是报、如是本末究竟等"句。(1)空转:用"是相如、是性如……"的读法,表示空的义理;(2)假转:用"如是相、如是性……"的读法,表示一一差别方面的假的义理;(3)中转:用"相如是、性如是……"的读法,则"如是"有中道义,相、性等都为这如是所统括,即入于中道。这样,天台宗认为同一文字有三种读法,正显示空、假、中三谛圆融之理。显然,这也是属于天台宗学者的独创。总之,这一类独具特色的理论,是非常多的。天台宗在国外的影响极大。特别是二十世纪以来,日本天台宗及其他佛教教团的多所大学,均注重研究天台教义和天台宗史,培养了大批的弘法人才;韩国也建立了高规格的台宗教学、研究机构,研究天台精奥赅博的义理。但比较起来,目前国内对台宗的研究尚嫌不够。正如邓子美先生所说:"具有中国特色的台学深层哲理未能深入发掘,与西方现代哲学的比较也很欠缺;止观修行原理未能以现代科学的眼光加以研究;台宗史上灵峰派标志着一大转折,但该派在促进台宗弘传四方的同时,也使自身特色渐渐消磨,与佛教其他宗派混同。"(见《二十世纪中国佛教》第四〇六页)。

世尊御宇,以法度生;列祖传灯,应机施教。是以华严会上,知识不分于八部天龙;灵鹫山中,得记均沾于四众弟子。故知佛印祖印,全凭心印;贯华散华,尽为慧华。迷心为生,生非定生;生本来佛,了心为佛。佛非定佛,佛原是心。心空也,生佛双泯;心有也,生佛两存。经云:念何事?思何事?修何事;云何思?云何修?以何法念?以何法思?以何法修?以何法得何法?世尊说法四十九年,度生三百余会,最后于灵山会上,以离言说道,拈华示众,百万人天,悉皆罔措,唯有金色头陀破颜含笑。佛言:吾有正法眼藏,涅槃妙心,实相无相,微妙法门,付嘱摩诃迦叶,传佛心印,为西天之鼻祖。至第十四传龙树尊者,尊经造论,法水东流。时北齐慧文大师阅《中观论》,豁然大悟,了达诸法实相,彻悟因缘心法即假中一偈之旨,遂远承龙树为师。文祖以一心三观授南岳慧思大师。思祖修之,获六根清净,复传天台智者大师。智祖诵《法华经》,亲见灵山一会,俨然未散,得法华三昧,发旋陀罗尼。创立两种四教,判定一代五时,遂立宗弘道。诚可谓一家教观,统摄龙藏,为佛祖之命灯,乃尊龙树尊者为东土之高祖也。于是天台宗源流:摩诃迦叶、阿难陀、商那和修、优波鞠多、提迦多、弥遮迦、婆须密、佛陀难提、伏驮密多、胁比丘、富那夜奢、马鸣、迦毗摩罗、龙树(东土台宗初祖)、圆悟(慧文)、南岳(慧思)、智者、章安、圆达(智威)、天宫(慧威)、左溪(玄朗)、荆溪(湛然)、兴道(道邃)、至行(广修)、正定(物外)、妙说(元琇)、高论(清竦)、净光(羲寂)、宝云(义通)、法智(知礼)、梵臻、慈辩、择卿、可观、宗印、法照等嗣祖相承,灯灯续焰,或闻法以明心,或读诵而悟道,未可概论矣。世界佛教之中兴当以天台宗为轴心,禅、净、律、密诸宗融合,戒定慧三学一元,儒道医一体,佛教虽有诸宗,不外乎明其自心。佛教有教、禅、律三大区别:禅为佛心,教为佛语,律为佛行,三者具备,才是完全的佛教。天台源流根深,中兴恢复,弈世芬芳,振扬一家教观,行说并弘,可谓法王忠臣,慈父孝子,大有功于和谐世界构建也。

第一节　天台佛教的立宗基础

天台的佛学思想虽经几代人的努力才形成，但真正提出各种思想命题、建构天台佛学思想体系的是智者。所以佛学界把智者当做天台宗的创始人，用智者的思想指代天台宗思想，不无道理。因为而后的湛然、知礼等人对天台佛学思想的发展变化，都是以智者思想为经纬的。

天台宗佛学思想最根本的是什么？宋僧元照在《小止观序》中指出：

> 天台大师灵山亲承，承止观也；大苏妙悟，悟止观也；三昧所修，修止观也；纵辩而说，说止观也。故曰说已心中所行法门，则知台教，宗部虽繁，要归不出止观。舍止观不足以明天台道，不足以议天台教。

元照认为天台宗"承"、"悟"、"修"、"说"都离不开止观，故而认为止观是天台宗要归。元照的说法不无道理。天台宗的止观包括两大部分，即止观理论和止观实践，前者大致属于观门，后者大致属于教门。本章阐述天台止观的理论，下一章将阐述天台止观的实践。

一、性具实相

性具实相说，是智者最后成熟的思想，是天台宗佛学理论的基石。天台宗不是不讲缘起，而是讲无明缘行等业感缘起。性具说的所谓"一念三千，森然具备，法界本然，无须依持，心物无前无后，不纵不横"，这就是天台宗的缘起论。

缘起论是佛教从小乘到大乘的一个共同理论基石,因为,佛教其他理论都是在缘起论基础上展开的;佛教各派的基本理论特征、各派的思想差异、理论分歧,都出自对缘起的看法不同。据唐代义净的《南海寄归内法传》卷四载,印度一带的塔基和佛像内都放有"缘起偈"——"诸法从缘起,如来说是因;彼法因缘尽,是大沙门说"。缘起说在佛教中的重要性由此可见一斑。

随着佛教从小乘到大乘,从印度到中国,缘起说也在不断发生变化。小乘的缘起说,以"十二因缘"为中心,着眼于人生的过程,用缘起说来论证"人无我";大乘则把小乘对人生的理论扩展到整个宇宙,用缘起说来论证"法无我"。佛教东流中国后,又出现了《大乘起信论》提出的真如缘起论。真如缘起论,又叫如来藏缘起,它宣扬三界唯心的理论,认为宇宙间的一切物质现象、精神现象都是宇宙心——真如的生起和显现。《大乘起信论》的中心思想是:把不生不灭的真如和有生有灭的无明和合叫阿赖耶识。如来藏(真如)是净心,又叫真心;无明是染心,又叫妄心。常住不变的真心与有生有灭变化的妄心和合而成的阿赖耶识是生起一切宇宙现象的总根源。不生不灭的如来藏为无明所刺激,举体起动为有生有灭的宇宙万有现象。显然,《起信论》主张真、妄二心说。《起信论》如此夸大描绘真如的作用和性质,对中国各派佛教影响很大,当时许多佛家都循着它的途径去把握真心,把真心作为总源头;在修持方法上,主张返观心源,不待外求,走上了返本还源的道路。

天台宗的性具实相说,从思想路线来看,是继承了《大乘起信论》的真如缘起论的,但在具体论述时又偏重于讲业感缘起:

一一众生心体,一一诸佛心体,本具(染净)二性,而无差别之相,一味平等,古今不坏。但以染业熏染性故,即生死之相显矣;净业熏净性故,即涅槃之用现矣。

由此可见,天台宗继承了二性说,认为当真如被无明所熏染,便随缘而显现出宇宙间的一切现象,这又叫真如受熏论。由于偏重于业感缘起(认为宇宙万物都是由有情识的生物的业因感召而生成的缘起理论),所以天台佛学又特别强调主体的作用,主张在一念之中,一切现象、一切境界本来具有,无须依持。但由于业感的影响,以致有隐有显的不同:

> 无明染法,实从心体染性而起,但以体暗故,不知自己及诸境界从心而起,亦不知净心具足染净二性而无异相,一味平等。

天台的性具实相说,从思想渊源上来看,它与龙树的中道实相说、《法华经》的世间实相说、《维摩诘经》的如来种理论都有关。中道实相说是性具实相说的萌芽,它已把假法收归于实相,为承认世间法迈出了第一步。法华则用十如是的十个范畴系统地描述和承认了世间相,并且把世间相收入实相。可以说法华的世间实相说把龙树的中道实相说在理论上推进了一步。《维摩诘经》中的如来种理论进一步扩大了假有的倾向,它打破了佛教传统把净心作为如来种,而大胆地把与佛道相违逆的三毒、十恶、八邪当做如来种,认为唯有依赖杂染秽污才能成就一切佛的功德。这种说法已与天台性具说的"魔怨是佛母"、"贪欲即是道"等相差无几了。

天台性具实相说的完成,却是智者晚年批判了地论师和摄论师这两个学派的缘起理论以后的事。摄论师是指传习讲说真谛所译《摄大乘论》的佛教学者总称。他们都以《摄论》的十种胜相为依据,说第八阿赖耶识是妄识,为一切法之所依;但此妄识中又有一分纯净之识。这略同于真妄和合之说,而与当时地论师北道派主张相近。于八识之外,又将阿赖耶识中纯净之识立为第九阿摩罗识,又名无垢识,亦即真如佛性。修行者由于阿赖耶识中纯粹之识(净分)的发展,对治妄识(染分),这样就可以证入阿摩罗识而成为佛。在观方面,主张历观三性的三重次第观。在缘起说上,主张三乘种性,皆由因缘所生。

《地论》,是《十地经论》的略称;《十地经论》的内容是解释《华严经》中的《十地品》的,由菩提流支和勒那摩提同译,它与《摄大乘论》一样,也是印度瑜伽学派的重要典籍。由于摩提与流支的解释不同,分成南北两道。南道系传自摩提,北道系传自流支。南北两道地论师争论焦点集中于"当常"与"现常"。"常"是涅槃或佛性的异名。北道地论师以众生的根本意识即阿赖耶识为诸法的依持,说一切法从阿赖耶识生起,阿赖耶识虽和如来藏(佛性)无别,但并不具足一切功德。一切功德必待新熏而后生,也就是说众生的佛性必须成佛后始得,当果而现,后天所有。这便是当常之说。南道地论师反对此说,以为阿赖耶识法性,即是真如佛性,以之为诸法的依持,生一切法。此法性真如即如来藏本来具足一切功德,就是说众生的佛性与生俱生,先天而有。这就是现常之说。

根据天台的判教,《摄论》、《地论》与《华严经》一样只配别教。智者对《摄大乘论》的缘起论有很长的接触和很深的理解。《智者大师别传》说智者从法绪出家后,去就慧旷律师学习方等。《续高僧传》卷一〇说慧旷是与宗恺一起学习真谛的《摄大乘论》的。智者到大苏山开悟后,不久慧旷也来到大苏山。智者不满足于《摄论》的缘起论,由于他理解的深刻,所以批判也特别精细。比如在《法华玄义》的"境妙"这一段,智者把《摄论》的"十胜相"与《法华》的"十妙"作了比较,称《法华》的法相广大。在比较境妙与《摄论》的依止胜相时,智者批评《摄论》以阿赖耶识和阿摩罗识为最高的依止,不知约教、约行及四悉檀的普遍统一原理。由此可知,《摄论》的因缘尚且不及《法华》的不思议、不生不灭的思想,况且四谛、三谛、二谛、一谛的妙境乎?当然,更不必说本门的十妙、观心的十妙了。

智者在《维摩经玄疏》中指出,立净识为阿赖耶识的南道,说法性生法;立妄识为阿赖耶识的北道与《摄论》的唯识说,主张阿赖耶识生法。智者认为:以染净一切法的依持为法性之说,有堕自生邪见的危险,阿赖耶识生法说,有堕他生邪见的危险。他在《摩诃止观》卷一〇上对阿赖耶识缘起说批道:

界外,以法性为自,无明为他,别教感阿梨耶(阿赖耶识)一切之惑,缘修智慧灭此无明,能生能灭不关法性,此执他生所生邪见。

智者认为唯识说犯有执着错误。在《法华玄义》的"三法妙"这段文字中,智者批别教的三法,认为《摄论》的唯识说有纵横之过。如从龙树无所得的意义上看,唯识说违背了《般若经》的一切皆空原理。《法华玄义》卷五下云:

龙树作论申佛此意,以不可得空洗荡封执,习应一切法空,是名与般若相应。此空岂不空于无明?无明若空,种子安在?

《维摩经玄疏》亦云:

修空、无相、无作三三昧。若四句推检:无明本自不生,生源不可得,即是无始空,是名空三昧。……若尔!岂全同地论师计真如法性生一切法耶?岂全同摄大乘师计梨耶识生一切法耶?

智者认为,唯识说只是方便权说而已,如果不懂得这一点,就会堕于真妄、自他的一边。《摩诃止观》卷五上说:

若从地师,则心具一切法;若从摄师,则缘具一切法。此两师各据一边。

又如《法华玄义》卷九上说:

或如地论有南北二道,复加摄大乘兴,各自谓真,互相排斥,堕于负处。

智者的结论,地、摄两论都配属别教。原因主要有两点;其一,从修行来说,它们都主张次第说。如地论宗行分缘修和真修,地前为缘修,地上为真修。而天台圆教认为烦恼是菩提之所性具,故一切皆真修。其二,地、摄两论在因缘观(缘起论)上都主张有依持,有心法对立。如地论师以法性为依持生起宇宙万象;摄论以阿赖耶识为依持生起宇宙万象。天台圆教是没有依持、没有生灭、没有心法对立的不可思议的因缘观(缘起)。智者在《观音义疏》上表达了这个意思:天台圆教的缘起,是"无起之起"。又可以说是"中道的寂",即非起非不起,能起能不起,故说是无起之起。

通过以上的阐述,可以看出,智者的性具实相说确实很有特色:其一,它主张"无起",无所依持,认为宇宙万物森然本具,一切圆满。其二,它主张心、法不二,无前无后,不纵不横,不生不灭,圆融无碍。其三,它主张境、观、修都不分次第(分次第只是方便权说),故有"三谛圆融"、"一心三观"、"一念三千"之说。

前面提到智者对唯识的批判,认为唯识不及天台。但另一方面,天台负于唯识宗所说的也有:《四教义》卷一说:"天台化法的四教,所负于地论宗的四宗判很多。"《四教义》卷四又说:"教道、证道的分判,都是据于地论宗所说。"并且,于《维摩经玄疏》中,取唯识的八识说;于《法华玄义》和《金光明玄义》中,采用唯识的九识说。

二、一心三观

一心三观不仅总揽《摩诃止观》一书,而且统贯整个天台佛学体系。从佛教经典上说,天台宗常说的"三观"、"三谛"语出《仁王经》和《菩萨璎珞本业经》。《仁王经》所说的不管名上、义上都与天台所说有异;《璎珞本业经》所说的与天台所说的虽然名同,但义不相同。这种不同,湛然于《止观义例》上说得很明白:

一心三观,虽本以《璎珞》为宗。但所用义旨,以《法华》为宗骨,以《智论》为指南,以《大经》为扶疏,以《大品》为观法。

《菩萨璎珞本业经·圣贤学观品》云:

从假入空名二谛观,从空入假名平等观,二观为方便得入第一义观。此之三观即是《大品》所明三智。

以上文字的最后一句"此三观即是《大品》所明三智"有两点值得注意;其一,《大品》上的三智指什么;其二,为什么三智又转为三观呢。《大品般若经》关于三智提法的原文是:

欲以道种慧具足一切智,当习行般若波罗蜜;欲以一切智具足一切种智,当习行般若波罗蜜;欲以一切种智断烦恼习,当习行般若波罗蜜。

可见《大品》上说的三智是指道种智、一切智、一切种智。

把大品三智转为三观的是天台二祖慧文禅师。《佛祖统纪》卷六说他在研读经论时，对《大品般若经》里讲三种智慧的这一段经文很有领会。经文说，若是在道种智这一基础上，进一步具备一切智，更进一步具足一切种智，就可以彻底消灭烦恼习气，而达到佛教的究竟地步。《大智度论》卷二七解释这段经文时，提出发三种智可以同时得、可以一心中得。开始时虽说有步步次第，但到最后会一齐具足。《大智度论》卷二七这段释文是：

问曰：一心中得一切智、一切种智，断烦恼习气，今云何言以一切智具足一切种智，以一切种智断烦恼习？答曰：实一切智一时得，此中为令人信般若波罗蜜故，次第差别说。欲令众生得清净心，是故如是说。复此，虽一心中得，亦有初、中、后次第。如一心有三相：生因缘住，住因缘灭。又如心、心数法，不相应诸行，及身业、口业。以道智具足一切智，以一切智具足一切种智，以一切种智断烦恼及习，亦如是。

《佛祖统纪》卷六说：

师(慧文)依此文以修心观。《论》中三智实在一心中得。且果既一心而得，因岂前后而获？故此观成时，证一心三智，双亡双照，即入初住无生忍住。

慧文从这里悟出一种禅法，在一心中可以圆满地观察多方面的道理。他进一步联系《中论》的"三谛偈"(因缘所生法，我说即是空。亦为是假名，亦名中道义)，认为"我说即是空"的空是真谛，真谛讲一切现象的通相；"亦为是假名"的假是俗谛，俗谛讲各别行法；"亦是中道义"的中是中道谛，中道谛讲一切现象各别的全部相。《佛祖统纪》卷六又云：

师(慧文)又因读《中论》，至《四谛品》偈云：因缘所生法，我说即是空。亦为是假名，亦名中道义。恍然大悟，顿了诸法无非因缘所生。因此因缘，有不定有，空不定空。空有不二，名为中道。

慧文认为《中论》的三谛依次相当于三种智的境界，既然作为果的三智一心中得，作为因的观岂会分前后？因此，他恍然大悟，悟出了一心三观。这一悟,既"开龙树之道"(源于龙树的《大智度论》、《中论》),又使天台"法门转改"(一心三观统摄天台教观)。

慧文将这一套认识方法传给慧思,通过慧思对《法华经》的深谙,将一心三观归宿到实相,认为一心三观就是一心穷尽一切事象的真实相状。并把它应用到修习的圆顿止观法门(即"法华三昧"),推广于一般行事,益见具体。

慧思三观所陈述的,仅是对象在缘生状态中的非有非无义,这里空、假、中的"中"是双遣中。智者认为,这种观法存在明显的缺陷,它把空、假、中割裂了,而看不到它们之间的对立统一和相互贯通。所以他对慧思的三观作了一番改造:把双遣中翻转为圆融的中道,把三观扩张为三谛,把空、假、中同时论为"因缘所生法"的谓语。并通过"即"字的运用,把三者贯通起来,"即空、即假、即中,虽三而一,虽一而三,不相妨碍。三种皆空者,言思道断故;三种皆假者,但有名字故;三者皆中者,即是实相故"。如此的中道,智者名之曰圆中,它不仅包括可思议的双遣,而且亦是不可思议的双修。智者把认识主体、认识活动、认识对象与各个三个层次的三智、三观、三谛对应起来,"所照为三谛,所发为三观,观成为三智"。

智者还提出了认识两个阶段理论。他认为,实相本应是三智一心中得,三观一心中发,三谛一心中照,是不可分割的,也无认识上的次第关系,是同时存在于一心中的。但考虑到认识的主体不可能一步到位,达到这种境智不二、主客融一的境界,而是有着由浅入深的渐次过程。所以不妨将认识主体、认识活动、认识对象各划分为三智、三观、三谛三个层次,这便是智者所谓方便权说的"次第三观"。即认识的第一阶段,也是认识的初级阶段,它具有割裂性和可思议的特点,它不是认识的目的,而是认识向第二阶段飞跃的一种铺垫。认识的目的是要达到不思议境的一心三观或不次第观境界。不次第观是认识的高级阶段,它的特点是"圆融合一"、"不可思议",主体与实相直接冥合。他在《观音玄义》卷下云:

今对境明观,亦为二意:一、次第三观;二、一心三观。次第者,如《璎珞》云:从假入空名二谛观,从空入假名平等观,二观为方便得入中道第一义谛。此之三观,即是《大品》所明三智。

智者再根据认识对象的层次性,把方便权说的认识第一阶段又分为三个认识层次,层层依次递进,故名次第三观。

第一观,空观(又称二谛观)。从动态去看,此观的认识过程是从假入空,这里的假不是空、假、中的"假",是指普通人的认识,所以又叫"空前假"。按照常人的看法,认识总是由主体、客体两方构成,主客体是割裂的,观察者和被观察者分别在对立的位置上;作为认识对象的客体,往往局限于客观实在的万事万物上,并认定它是有自性的、独立自在的实体;认识不过是主体对客体的反映而已;主体对客体反映的结果必须借助于语言、概念、判断等形式对对象世界加以判定、描述。这样,主体就获得了知识。在智者看来,作为客体的对象世界本来是无所谓假空、有无之分的,常人产生这种虚妄分别之见,乃是由于理性割裂主客体造成的。当人们用这种近似的、相对的、不完全的语言、概念去判定、描述本来"如如存在"的统一世界时,必然产生虚妄分别之见。因为这种孤立、僵化、支碎的语言概念所指的,并非对象世界本身。因此,一切语言概念都不过是权且施设的"假名",用这种假名指代的世界当然是"假法"。要破除这种世俗认识的第一步,就是要使自己的认识"从假入空"。那什么叫空呢?"云何即空?并从缘生,缘生即无主,无主即空",空并非虚无,而是指不可描述的实在。故智者在《摩诃止观》卷三上说:

所言二谛者,观假为入空之诠,空由诠会,能所合论,故言二谛观。又会空之日,非但见空,亦复识假,如云除发障,上显下明。由真显假,得是二谛观。今由假会真,何意非二谛观?又俗是所破,真是所用。若从所破,应言俗谛观;若从所用,应言真谛观。破用合论,故言二谛观。

第二观,假观(又称平等观)。第一观破除了世俗的"迷见",认识到一切事物本性皆空,那只不过是一种抽象笼统的认识。认识运动本身要求思维必须从具体的抽象深化到抽象的具体,亦即必须把空观上升到假观,认识的过程进入由空入假这一层次。因为:从理论上看,如果认识不从空观进入假观,则只能把握世界的普遍性,不能认识到世界万事万物的特殊性。如果认识光滞留在空观这一层面上,智者比喻为就像盲人一旦恢复视觉,尚不能辨认事物一样。再从佛教的目的看,如果空不入假,那么用语言概念组织起来的佛教学说岂不是没有存在之必要了吗?还谈得上什么化导世人、普度众生呢?佛教是益他而不利己的,从大乘菩萨行来说,光认识到空,不过是自利而已,只有认识了假,才是为了益他。因为芸芸众生毕竟生活在"假"的具体的万事万物的世界之中,就连佛教徒本身,眼虽望着"空"的天国,两脚还是站在假的尘世之中。只有由空入假,才能对众生随机摄化,否则只能是执迷于空,堕入空病。所以智者在《摩诃止观》卷三上说:

如盲初得眼开,见空见色。虽见于色,不能分别种种卉木、根茎枝叶、药毒种类。从假入空,随智之时,亦见二谛,而不能用假。若人眼开后,能见空见色,即识种类,洞解因缘,粗细药食,皆识皆用,利益于他。此譬从空入假,亦具真俗,正用于假。为化众生,故名为入假。

第三观,中观(又称中道第一义观)。"初观用空,后观用假,是为双存方便。人中道时能双照二谛"。智者认为,空观是从事物的别相出发,看到了事物存在及其种种差别,但这种存在和差别只不过是一种假相,不真实的。空观否定了对经验界的执着,是谓假空;假观从一切事物的总相出发,抽掉其具体差异性,于是一切事物没有了,一切成了空相。假观否定了对空的执着,是谓空空。假空和空空,二者在认识上各有所偏,只有否定前二观各执一边的片面性,才能进一步综合前二观,这便是"双照二谛"的中观。"三观为因,三智为果","所发为三观,观成为三智"。智者把主体在三观中的意识活动与主体追求的果位对应起来,看成因果关系。空观只成一切智,它仅仅是笼统地知道一切法的空如性,由此造就的只是声闻、缘觉这一层次上的主体。假观能成道种智,它在空观的基础上进一步认识到诸法的特殊性,由此造就了菩萨这一层次上主体。中观成一切种智,它双照二谛,综合了空、假二观,由此造就了佛这一最高主体。

智者认为,次第三观只是方便权说的可思议境,认识的目的应落在不可思议的不次第观,这一阶段的认识特点,主体认识活动已达到不分前后次第同时进行,"三谛具足,只在一心","即空即假即中","一心三观即如是"。这种认识浑融圆具、含摄周遍,不必借助语言、概念就能立即、全部、绝对地把握宇宙间的万事万物。因为万事万物本来就是圆融一体的,只有一心三观,才能使主体的意识活动与主体的认识对象融合无间,才能完整不误地把握实相。因此,智者在《摩诃止观》卷三上写道:

中道第一义观者,前观假空,是空生死;后观空空,是空涅槃;双遮二边,是名二空观。为方便道,得会中道,故言心心寂灭,流入萨婆若海。又初观用空,后观用假,是为双存方便,入中道时,能双照二谛。故经言:心若在定,能知世间生灭法相。前之二观,为二种方便,意在此也。……次第三观,二乘及通菩萨有初观分,此属定多慧少,不见佛性。别教菩萨有二观分,此属慧多定少,亦不见佛性。二观为方便,得入第三观,则见佛性。

从上段文字可以看出,智者把次第三观与四教判释加以对应:空观成一切智,对应于藏教和通教;假观成道种智,对应于别教;中观成一切种智,对应于圆教。智者在《四教义》中用设问的形式申明,四教的开设由次第三观而起:

问曰:四教从何而起?答曰:今明四教,还从前所明三观而起,为成三观。初从假入空观,具有析空、拙巧二种入空不同,从析假入空,故有藏教起;从体假入空,故有通教起。若约第二从空入假之中,即有别教起。约第三一心中道正观,即有圆教起。

一心三观的认识论,表明天台宗人已会运用相当缜密的辩证思维。次第三观的认识程序,类似于辩证思维中的从感性具体到抽象,再到理性具体的逐步深化的发展过程。并从不同角度、层次去探索事物的本质与现象、普遍与特殊、具体与抽象的统一。在不次第观中，天台宗人已感受到世界的统一性和普遍联系性，同时也看到了语言、概念的局限性和相对性。所有这些，在认识论上都有积极合理的因素。但作为认识论，天台宗的一心三观的观法是以心观心的意识活动，故一心三观被称为心观，这种认识方法又叫观照论。

三、三谛圆融

佛教的谛，如用哲学术语表述，大致相当于真理。通常有二谛、四谛、八谛等名称。谛，原为印度婆罗门教用语，后为佛教沿用。它有真实不虚之义，指究极最高的认识。它又往往与真如、佛性、实相、如来藏等同义。佛教各派对谛的内容及相互之间的关系都有自己的见解，天台宗异于各派的地方是：它不把世俗之见的俗谛排除在实相之外，把假谛(俗谛)和空谛(真谛)加以并列，并用中谛把两者统一起来，形成正、反、合的结构。认为假谛、真谛、中谛三谛之间是圆融无碍的本具圆融，并非有次第、纵横关系。

三谛圆融命题从思想渊源上，可追溯到印度龙树的二谛说。龙树认为俗谛与真谛是对立统一关系，真实如是的真谛与世人俗见的俗谛不仅有真假之分，而且性质也不同。它们的对立在于真谛是对实相的证悟，而俗谛则是颠倒虚幻的妄见。同时，二者又是统一的，都是实相的显现，两者缺一不可。因为真谛是无法用语言、名相概念表达的，但不使用语言概念，又如何教化众生而使他们证得真谛呢？因此为真谛而说俗谛。只要能正确运用语言概念，与真谛相顺相辅，足以成为真实，也就是以俗谛为阶梯，由俗入真。即使在证得真谛后，返观俗谛，俗谛仍不能废，仍在一定的意义上有其真实性。真谛必须随顺世间语言概念作种种方便说法，教化众生启发佛性。真谛如果不依随俗谛，也无从成立，无以说明世间，无以化导众生，这叫由真化俗。总之，俗谛既是真谛方便权说的需要，又是达到真谛的阶梯。故曰："俗非真则不俗，真非俗则不真"，"俗不碍真，真不碍俗"。

智者既不同意把真俗二谛截然分割开，加以绝对对立；也不同意龙树把真俗二谛放在认识的不同阶梯上。虽然阶梯说主张真俗不碍，但两者不能圆融，它只不过是一种线性的序列认识，体现不了本来圆融一体的对象世界。于是智者用中谛把假谛、真谛加以圆融。这样，龙树的二谛说也就发展为天台的三谛说。

智者从龙树的二谛说发展到天台的三谛说，是受了三论师兴皇法朗所传的关河旧说的影响，特别是吸收了僧肇《不真空论》中的"立处即真"思想。智者认为：从相互关系的观点来看，一切法都可以令人产生三种理解的意义（三轨），即真性（本质）、观照（认识）、资成（观照发生的作用）。三轨分别对应空、假、中，这样，他不再像中观学派龙树一样泛泛谈空，而是从名法的别相上去说。一切法都有其在认识上所执着的别相（自性），比方色以质碍为自性，色空就是空去这种自性；受以领纳为自性，受空就是空其领纳的自性。同时以假（资成）为契机，而认识法的本质（真性）就是中。

智者在一与三的关系上，遵循《法华经》"会三归一"的圆顿之旨，认为无论是说一谛，还是说二谛、三谛，归根结底都是方便权说，只有一实谛才是究竟、实相。所以他在《摩诃止观》卷三下说：

圆教但明一实谛。《大经》云：实是一谛，方便说三。今亦例此，实是一谛，方便说三。《法华》云：更以异方便，助显第一义耳。

虽然说"所照为三谛，所发为三观"，三谛作为观照的对境，是认识的客体；三观作为认识的主体活动。但按性具说的理解，心法与纵横、前后之别，是本然的圆满具足。因此，智者在《摩诃止观》卷五上说：

若法性无明，合有一切法、阴界入等，即是俗谛；一切界入，是一法界，即是真谛；非一非一切，即是中道第一义谛。如是遍历一切法，无非不思议三谛云云。若一法一切法，即是因缘所生法，是为假名，假观也；若一切法即一法，我说即是空，空观也；若非一非一切者，即是中道观。

一空一切空，无假、中而不空，总空观也；一假一切假，无空、中而不假，总假观也；一中一切中，无空、假不中，总中观也。即《中论》所说不可思议一心三观。历一切法亦如是。

智者再进一步把三谛、三观、三智联系起来，所照为三谛，所发为三观，观成为三智。所以，他在《摩诃止观》卷五上又说：

若因缘所生一切法者，即方便随情道种权智；若一切法一法，我说即是空，即随智一切智；若非一非一切，亦名中道义者，即非权非实一切种智。

在三谛、三观、三智的纵横关系上，智者的思维逻辑是三三归一。无论三谛、三观、三智的"三"都只是方便权说，开权的目的是显实。因此三谛归于一实谛，三观归于不次第观，三智归于一切种智。这是第一个层次的"三归一"。第二层次的三归一是一实谛、一心三观、一切种智都归于一心，一念心中，三谛、三观、三智同时具足。智者在《摩诃止观》卷六下说：

若无生门千万重叠，只是无明一念因缘所生法，即空、即假、即中，不思议三谛。一心三谛、一切种智、佛眼等法耳。无生门既尔，诸余横门亦复如是。虽种种说，只一心三观。故无横无竖，但一心修止观。……只约无明一念心，此心具三谛；体达一观，此观具三观。

三谛具足，只在一心。分别相貌，如次第说；若论道理，只在一心，即空即假即中。如一刹那而有三相，三相不同，生住灭异。一心三观亦如是。生喻假有，灭喻空无，住喻非空非有。三谛不同，而只一念。如生住灭异，只一刹那，三观、三智、三止、三眼，例则可知。

智者又从判教的角度审视三谛说。虽说空、假、中三谛已立，但藏、通、别、圆四教对它理解上的意义却是截然不同的：藏、通二教虽认识到一切皆空，仅是"分析空"，未达到"即空"；通教认识一切皆空，仅是"当体空"，未达到"即假"、"即中"；别教对三谛认识是"次第修、次第证"，还停留在不落二边的双遣中，未达到双遮双诠的圆中。只有天台圆教才能达到这一步：三谛圆融无碍，虽三而一，虽一而三。

在佛慧、三谛、三观的关系上，智者认为空观闻于真谛，入通教佛慧；假观闻于俗谛，入别教佛慧；中观普闻中道第一义谛，入圆观佛慧。三个次第所度的众生也不一样，所到的彼岸也不一样。《法华文句》卷二上说：

空观入通佛慧，假观入别佛慧，中观入圆佛慧。空观到一切智彼岸，假观到道种智彼岸，中观到一切种智彼岸。空观闻于真谛，假观闻于俗谛，中观普闻中道第一义谛，亦普闻三谛。空观度四住百千众生。

总之，智者认为三谛之间的关系是虽三而一，虽一而三，圆融无碍。他在《摩诃止观》卷一云：

若谓即空即假即中者，虽三而一，虽一而三，不相妨碍。三种皆空者，言思道断故；三种皆假者，但有名字故；三种皆中者，即是实相故。但以空为名，即具假、中，悟空即悟假、中，余亦如是。

智者认为"三谛圆融"思想得益于《法华经》。《法华》之所以超越群经，关键就在一个"圆"字。他说：

圆教名者，圆以不偏为义。此教明不思议因缘。二谛中道，事理具足，不偏不别，但化最上利根之人，故名圆教也。

所言圆者，义乃多途，略说有八：一教圆、二理圆、三智圆、四断圆、五行圆、六位圆、七因圆、八果圆。

智者思想从《大品》中观进入《法华》圆顿之旨承接于慧思。在大苏山，起初智顗还停留在《大品》次第思想，并未懂得《法华》圆顿之旨。一次，慧思命他讲《大品般若经》，智者其他部分都讲得非常好，说到"三观智"时，请教慧思。慧思对他说：你现在还停留在《大品经》的次第顺序而悟的立场上，不曾进入《法华》圆顿之旨。关于这点，我经过夏节苦思，一念身证，因此你不必疑问、踌躇，可以用《法华》圆顿之旨解释三观智。受慧思点拨后，智者对法华圆顿之旨的体证远远超出其师慧思，他的体会在天台三大部(《摩诃止观》、《法华玄义》、《法华文句》)中得到充分的发挥。对空、假、中三谛及其关系，《摩诃止观》卷一下云：

一念心起即空即假即中者，若根若尘并是法界，并是毕竟空，并是如来藏,并是中道。云何即空?并从缘生,缘生即无主,无主即空。云何即假?无主而生即是假。云何即中?不出法性,并皆即中。当知一念即空即假即中,并毕竟空,并如来藏,并实相。非三而三,三而不三;非合非散,而合而散;非非合,非非散;不可一异,同一异。

如果把三谛圆融放到哲学中去考察,它大致属于真理论范围。假谛相当于感性认识的图景,即人们感觉器官直接感受到的色香味触等现象,也就是世俗的日常认识。空谛,相当于理性认识图景,它通过理性思维已超越现象进入本质,不但知其然,还知其所以然。中谛是对前二谛的辩证综合,已把握了认识对象的必然性、规律性,也就是说已达到真理性的认识。三谛圆融的真理观有如下特点:其一,主张真理一元论。虽设有三谛,但不认为每一认识层面都是真理,只是有真理的成分而已,或是说达到真理的阶梯,故言圆融。真理只有一个,即达到"虽三而一、虽一而三"的认识时,才算是真理。其二,真理的不可思议和无法用名言概念描述性。三谛圆融的真理观认为,一旦达到真理,就印证了诸法实相,进入了不可思议境,并且是无法用名言概念描述,只能是体悟,所谓"心心寂灭,流入萨菩若海,乘一大车,游于四方,直至道场,成等正觉"。其三,达到真理的途径是观心。三谛圆融真理观,把观心看成是转凡成圣、达到真理认识的桥梁。全部的天台教义本于观心。认为观心能使主客体泯灭、心物无对立,达到心色不二的境界,即真理境界。

四、一念三千

一念三千说是天台佛学的最高成就,也是天台特色之所在。它被湛然在《止观辅行传弘诀》中(卷五之三)赞为终穷究竟极说。

一念三千,从天台思想展开的逻辑上说,是观为一心三观、境为三谛圆融的境观圆融的必然结论。

从师承上说,是智者把龙树的"三谛偈"、慧文的"一心三观"、慧思

的"十如是"观加以会通、创新提出来的。

"三千"的构成,从典据上说可分为三步:第一步,依《华严经》所说,森罗万象、千差万别的世界可概括为十界,即"六凡"(地狱、饿鬼、畜牲、阿修罗、人、天)加上"四圣"(声闻、缘觉、菩萨、佛),这样共十界。界,又名法界,即诸法的分界,因为诸法各有自体而分居不同各界。"此十法界各各因各各果,不相混滥"。但十界又不是相互隔立的,它可以根据主体的无明与法性两种因素的盛衰消长变化,这十界之间也可以相互转化,相互包含,这叫"十界互具",即成百界。十界互具理论未见经论,是智者"随义立名"的创造。智者认为,这十法界都具有即空、即假、即中三方面的性质,为此,他对十如是作了翻转三读。《法华玄义》卷二上说:

> 依义读文,凡有三转:一云是相如、是性如乃至是报如;二云如是相、如是性乃至如是报;三云相如是、性如是乃至报如是。若皆称如者,如名不异,即空义也。若作如是相、如是性者,点空相性,名字施设,逦迤不同,即假义者。若作相如是者,如于中道实相之是,即中义也。分别令易解,故明空假中;得意为言,空即假中。约如明空,一空一切空;点如明相,一假一切假;就是论中,一中一切中。非一二三,而一二三,不纵不横名为实相。唯佛与佛究竟此法,是十法摄一切法。

> 一法界具九法界,名体广;九法界即佛法界,名位高;十法界即空、即假、即中,名用长。即一而论三,即三而论一,非各异,亦非横,亦非一,故称妙也。

智者十界互具的说法,留给后人的问题是:其一,十界互具是约理论,还是约事论?或是理、事具约?如果单是约理论而不是约事论,则事相上不说十界互具,即十界事相是相互隔别不融的;反之,只约事而不约理,同理可推。剩下的我们只能理解为理、事具约。其二,既为十界,则每一界均有区别于其他九界的特有本质,比如人间界与畜生界。明代的传灯在《性善恶论》中是用"一界彰显,九界冥伏"来解释的,比如在佛界时,唯佛界彰显,其他九界冥伏不动。智旭认为传灯的解说,"意虽圆而语不切",违背了智者的初衷。

第二步,百法界再配以《法华经》的十如是,百法界各有十如是谓"百界千如"。《法华经·方便品》中,有"唯佛与佛乃能穷尽诸法实相,所谓诸法如是相、如是性、如是体、如是力、如是作、如是因、如是缘、如是果、如是报、如是本末究竟等"一段经文。光宅寺法云把十如是的前五如作为权智的对境;后四如作为实智所照的实相范畴;最后一如,作为规定权实的关系。智者不同意光宅寺对十如是的理解,他认为前五如为权,后五如为实。北道地论师主张,三乘法皆有相、性、果、报、本末。智者对此等说法给予详细的批判,并强调十如是为十界一切诸法的共通范畴。他在《摩诃止观》卷五上说:

又有师判《法华》十如是前五如属凡,是权;后五如属圣,为实。……此判大谬。

对于十如是,智者在《法华文句》卷二中作如此的规定:

通解者:相以据外,览而可别名为相;性以据内,自分不改名为性。主质名为体,功能为力,构造为作,习因为因,助因为缘,习果为果,报果为报,初相为本,后报为末,所归趣处为究竟等。

并提出对百界千如可作十界释、佛界释、离合释、约位释的四种释。这四释中值得注意的是十界释和佛界释。所谓十界释,实为把十如是与十界加以会通。智者认为十如是是一切法的别相,十界是众生的别相,但十界中的各界众生都具性、相、体、用等十如是因素。所以说,每一如是各具十法界,反之每一法界也各具十如是。这就构成了"两个十"(十如是、十法界)之间的圆融相即关系。所以智者在《法华玄义》卷二上说:

今明权实者,以十如是约十法界。谓六道、四圣皆称法界者,其意有三。一、十数皆依法界,法界外更无复法,能、所合称,故言十法界也。二、此十种法分齐不同,因果隔别,凡圣有异,故加之以界也。三、此十皆即法界,摄一切法,一切法趣地狱,是趣不过,当体即理,更无所依,故名法界,乃至佛法界亦如是。……此一法界具十如是,十法界具百如是;又一法界具九法界,则有百法界千如是。

百界千如的佛界释,智者认为,别教论十界权实,以九界为妄,第十界为真,属可思议境;天台圆教论十界,虽说权实,但只是方便而已,实际上讲十界各有权实,归于实相,属不可思议境。智者佛界释的依据还是性具实相,"佛、众生、法三无差别",人人既可成佛,人人也可下地狱,关键在一念心。他在《法华玄义》卷五下说:

> 凡地一念之心,具十法界,十种性相,……又凡夫心一念即具十界,悉有恶业性相,只恶性相即善性相,由恶有善,离恶无善。

智者还对十如是的"究竟本末"和"唯佛与佛乃能穷尽诸法实相"作了新的解释,智者在《法华文句》卷三下说:

> 法虽无量,数不出十。一一界中,虽复多派,不出十如。如地狱界,当地自具相、性、本、末,亦具畜生界相、性、本、末,乃至具佛法界相、性、本、末,无有缺减。
>
> 如是相者,一切众生皆有实相,本自有之,乃是如来藏之相貌也。如是性,即是性德智慧第一义空也。如是体,即是中道法性之理也。是为三德通十法界,位位皆有。若研此三德,入于十信位,则名如是力、如是作;入四十一地,名如是因、如是缘;若至佛地,名如是果、如是报。初三名本,后三名末,初后同是三德,故言究竟等。

以上这段文字,智者除了说明什么是"本"、什么是"末"、什么是"究竟"外,还把"唯佛与佛乃能穷尽诸法实相"释为"一切众生皆能穷尽诸法实相"。按百界千如的逻辑,一切众生本具实相,皆具如来藏之相,处于地狱界、畜生界的相、性、本、末与处于佛界的相、性、本、末互具,既然佛能究尽诸法实相,一切本具佛性的众生当然也能究尽诸法实相。

第三步,百界千如再配以《大智度论》所说的"三世界"(众生世界、国土世界、五阴世界)即成"三千"。智者将三种世界称为众生世间、国土世间和五阴世间。所谓五阴世间是指一切法都不出于色、受、想、行、识(五阴),是主客观世间的总和。不同性质的五阴(善恶、有漏、无漏)和合,各各构成六凡、四圣中的有情个体,即众生世间。与每一个众生世间个体各各对应的客观环境就是国土世间。智者认为,十界中的每一法界各与此三种世间相联系而存在,所以百界千如必须乘以三,三千之数即由此出。三千是个约数,是代表存在世界的全域,是对纵横交错、重重互叠、处于普遍联系之中的宇宙万法的分类,亦即法界问题。

智者认为,《般若经》虽然用对概念的无限否定(遮诠)排除了对一切名相概念的执着,但对诸法则无系统性的建立,这是不足之处。慧思引进《法华经》"十如是相"的说法,用肯定(荡相遣执空)方式从十个方面显示了诸法实相,但又没有突出主体性,这又是不足。智者则从突出主体性的立场,从主体性角度立论,提出一念三千。十界中的六凡、二乘、菩萨、佛与主体的认识水平的假有、空观、假观、中观是一一对应的,十界互具,主体在十界的进退、升降皆取决于自身的止观功夫深浅。它表明主体具有选择自己在十法界中住一层次及其对应环境的绝对自由。

智者一念三千的本意是从确立主体性角度立论的,并非从本体论角度提问题。它要解决的亦并非心、法的前后、根源问题。而是企图用一念三千来打消心法的距离及对立,使这一关系摆脱语言分析的、可思议的理性途径,而成为圆融状态。我们不妨看《摩诃止观》卷五中释一念三千的一段原文:

此三千在一念心,若无心而已,介尔有心,即具三千。亦不言一心在前,一切法在后;亦不言一切法在前,一心在后……若从一心生一切法者,此则是纵;若心一时念一切法者,此即是横。纵亦不可,横亦不可,只心是一切法,一切法是心故。

这一段话,很清楚地表明不可把一切法归结为心,亦不可把心归结为一切法,如采取纵说或横说,都是彼此互偏的。"介尔有心,即具三千"这"具"字的意义,并非以心来统摄一切法,更不是指心像造物主一样创造出一切法。而是把心化为一切法,倒过来看,可以说一切法也就是心。这样,心即是法,法即是心,心法对立消失,而处于圆融状态的同

你也能大成就

。智者企图以超越主体、客体，精神、物质的"中"的姿态出现。

一念三千的一念，是非理性的整体主义的直悟，它表明主体把握无限客体的能力。在介尔的细心中，一念动处，就是宇宙整体，一刹那心中就有三千性相，三千世界，系于一念心。这一念心，是遍在一切的佛心、真如、法性。

智者的一念三千说包含着不少合理的因素：如十界互具思想，承认事物在一定条件下都是可以相互转化的，包含着对立统一的辩证法因素。又如十如是说，用十个范畴来说明每一事物都有一定的相状、属性、体质、功用等，以及事物运动变化中所具有的因果关系等，都具有重要的认识论意义。

值得一提的是，智者研究、探索了主体在认识中的能动作用，确立了主体在认识中的突出地位。在西方，十九世纪德国的康德第一次提出了他的认识先验图式理论，强调了主体的能动性。近代认识论大师皮亚杰，用大量事实材料说明，人的认识是有图式的，并指出主体的最本质特征是能动性。能动性不仅在主体心理机制中起作用，如联想、同化、应顺、平衡等，并且在主体生物学机制中也起极大的作用，比如通过主体的自我调节，协调主体机制和环境之间的关系。智者的一念三千理论，与康德的先验图式理论、皮亚杰的主体性理论有许多相似之处，带有明显的人本主义色彩。但智者毕竟是站在佛教的立场，把这朵智慧之花推给了彼岸世界。

五、净土思想

净土思想是以《无量寿经》(二卷)、《观无量寿经》(一卷)和《阿弥陀经》(一卷)为主要经典，以称名念佛为主要持行，修往生阿弥陀佛净土的佛教思想。净土思想在中国普遍流行，除唐宋以后专修净土的净土宗以外，中国佛教各宗无不受其影响，只是在持行上稍有差异。

探讨天台宗的净土思想，首先应考虑其与龙树佛教思想的关系。因为章安大师灌顶在《摩诃止观》卷首说天台宗"命归龙树师"，验知龙树是高祖也。讲到天台宗的思想体系，湛然在《止观义例》卷上说，一家教门以《法华经》为宗骨，以《大智度论》为指南，以《大经》为扶疏，以《大品》为观法。都说明天台宗思想与龙树思想确有渊源关系。

我们先来看看龙树的净土思想，龙树的《大智度论》已包含净土思想。

第一，念佛法门的提出。《大智度论》卷二十二云：

佛告诸比丘：若于阿兰若处，空舍、冢间、山林、旷野，在中思维，若有怖畏，衣毛为竖，尔时当念佛。佛是多陀阿伽度(如来)、阿罗诃(应供)、三藐三佛陀(正遍知)，乃至婆伽婆(世尊)恐怖则灭。

佛陀令修行比丘于心生恐怖之时念佛，这是净土法门初开，犹如佛陀于灵山会上"拈花微笑"的公案成为禅宗的起源一样。这段文字包含两层意思：一是说，佛是无上法王，修行比丘在山林旷野或空舍冢间静虑，作不净观或恶魔来袭，心生畏惧时，只须念佛名号或观想佛陀庄严法相，就会有诸佛菩萨现前护持为伴，于是顿生清静安隐，恐怖自然消失。二是说，念佛的目的是系心定念，念佛一心不乱，定即生起，定一旦生起，恐怖自除。

第二，肯定西方阿弥陀佛净土的存在。《大智度论》说：

有一比丘康存之日，诵《阿弥陀经》及念《般若波罗蜜》，临命终时告弟子言：阿弥陀佛与诸圣众今在我前。合掌皈依，须臾舍命。

又云：

云何不断三界系业？直尔少时念阿弥陀佛，即得往生，便出三界。

上面提到的《阿弥陀经》和阿弥陀佛临终迎接，自然是指往生西方阿弥陀佛净土。因此，只要念佛一心不乱，妄念皆息，临终时，阿弥陀佛与诸圣自然会来接引，超出三界之外，往生西方净土。

第三，主张念佛三昧而不离佛。《大智度论》说：

佛是无上法王，菩萨为重臣，所尊所重，唯佛世尊，是故应常常念佛也……有菩萨复言：我于因地遇恶知识，诽谤般若，堕于恶道，经无量劫，虽修余行，未能得出。若于一时遇善知识也，教我行念佛三昧，其时即摒弃诸障，方得解脱，有斯大益，故愿不离佛。

佛是无上殊胜法王，常念不懈，即得解脱。念佛三昧能使因遇恶知识而堕入恶道中人，摒弃恶业恶念而得大利益。持佛名号而一心不乱，观想诸佛像庄严，常随左右而不愿离佛。进一念佛三昧，得诸法实相，即是非相，一念不着，一念不生，自身即是佛身，自然也就常不离佛了。

龙树的《十住毗婆娑论》中，讲净土念佛三昧的内容就有二品。《念佛品第二十》偈说：

当念于诸佛，处在大众中。

三十二相具，八十种严身。

偈的前二句是说新发心菩萨于初地，在大众中修行当持诸佛名号，降诸烦恼魔障，此功德可生欢喜心，进而得见诸佛现前，是名为"持名念佛三昧"。后二句是说当观想诸佛三十二相、八十种好而心生敬爱，进而行大慈大悲之波罗蜜法，令智慧功德增长，是名"观想念佛"。

《助念佛三昧品》第二十五偈说：

菩萨应以此，四十不共法。

念诸佛法身，佛非色身故。

持名念佛是念法身佛，观想念佛是观佛身庄严，但都要以善行功德为基础，才能使三业相应。所以必须修行四十不共法，四摄六度等波罗蜜法，离色身苦，得法身乐。所以需要以观想念佛三昧得佛身庄严，即得行不生不灭之法。

天台宗的净土思想，其次与净土三经有关。《无量寿经》的内容：一是宣扬阿弥陀佛的殊胜功德和极乐世界的妙相庄严。二是讲阿弥陀佛往昔为法藏比丘时所发的四十八愿：要建立无有众苦的极乐佛国，众生凡闻念他的佛名而生起信仰的，他便把这些众生接引到佛国去。

《观无量寿经》的内容是讲十六种观。其中，前十三种观是要人们从报(国土)、正报(三圣——弥陀、观音、世至)等各方面去观相功德、妙相。第十四、十五、十六这三观是讲在往生西方的行者中,分为三品、九级。

《阿弥陀经》仅两千来字,主要宣扬极乐世界如何美妙,阿弥陀佛如何神通广大,众生往生之后如何享福——黄金铺地,天雨宝花,妙衣美食。只要一心称念阿弥陀佛名号,即能往生阿弥陀佛极乐世界。

《往生论》系公元五世纪时,印度世亲晚年依《无量寿经》作《愿生偈》二十四偈,并造长行引申述释,故又名《无量寿经论》。北魏晋泰元年(公元531)由菩提流支译成汉文。此论主要讲众生往生净土的业因和弥陀净土的二十九种庄严功德成就。

智者站在天台圆教立场,用"随机逗教"的手法,分别作《观无量寿经义疏》一卷、《阿弥陀经义记》一卷、《净土十疑论》一卷。

《阿弥陀经义记》系智者说,灌顶记。智者所说的所有经疏中,以这本为最略,《阿弥陀经义疏》总共不过两千余字,这大概与《阿弥陀经》本身字少义浅有关。按照天台宗特有的诠释法,卷初虽然开列"五重玄义"(释名、辨体、明宗、论用、判教),下面却寥寥数言,文字断续,若不相接。因智者在《净土十疑论》中提到,据《阿弥陀经义记》则功德庄严释不退义,而现传《阿弥陀经义记》却对功德庄严无所申述,故学界认为传本很可能是经后人整理过的删节本。宋代遵式曾奏请天台章疏入藏流通,入藏目录中有《阿弥经义记》一卷,但后来未刻入。所以孤山智圆和净觉仁岳认为《阿弥陀经义记》是后人伪托之文。

智者从天台圆教的性具说出发,认为净土极乐世界与人所住的娑婆世界一样,本是凡圣皆能居住之乐土,只是世间凡夫必须借助佛力才能到达。而阿弥陀佛恰恰具有救济世间凡人往生极乐世界的神力,即四十八愿之愿力。于是阿弥陀佛之佛格,与释迦佛一样,称应佛身。念阿弥陀佛名号,借阿弥陀佛愿力,智者认为是完全必要的。

在持行上,智者主张"观心念佛"和"身观念佛"。智者在《摩诃止观》中将一切行法总括为"四种三昧",归根到底是满足止观行后,得圆之初住的妙觉极果。而且行止观途中若起障碍,要请佛陀加护。所请之佛因行种而异,常住、常行这二种三昧行请的是阿弥陀佛。特别是常行三昧,以景仰阿弥陀佛本尊为主要特点,故始终不离阿弥陀佛,或唱佛之名号,或念佛之观念;或唱念并运;或先念后唱,先唱后念;唱念相从,没有间歇,步步声声唯归向阿弥陀佛。所以常行三昧,即观心(理)与唱名(事)并举。

与"观心念佛"相对,智者在《观无量寿经疏》中主张心观念佛。此《疏》也是智者所说,灌顶所记。《疏》按天台宗独有的五重玄义疏释,不过此《疏》卷初缘起部分,没有按名、体、宗、用、教的次序,而是先宗后体。智者释此经云:

心观为宗,实相为体,心观净则佛土净故。生善灭恶为经力用,大乘方等而为教相。二藏明义,菩萨藏收;渐顿悟入,顿教所摄。托彼弥陀为所观胜境,由依报以见正果,述化主以兼徒众。

《疏》中多谈事相,少示观门,所以务彼初心,咸沾法益也。由于唐宋之际,此《疏》流通甚广,讲说甚多,以致记文不一。唐法聪《观无量经疏纪》云:"一念三千,依正必具,境观不二,六即殊途。"宋知礼《观无量寿经疏钞》云:"托境观佛,佛相乃彰,全心是佛,全佛是心,终日观心,终日观佛。"皆《观无量寿经疏》中之要旨也。

为了倡导净土法门,智者根据当时众生在修行中提出的种种疑问,把它们归纳成十点,并作一一解答,写成了《净土十疑论》一卷。《净土十疑论》也是智者所说,灌顶所记。此论前有宋杨杰序,末有陈瓘序。智者释《维摩经》明四种佛土,释《观无量寿经》明三种佛身,《摩诃止观》劝进四种三昧,常行常坐两种三昧,皆约念佛三昧而立。故杨杰序云:"赞辅弥陀教观者,其书山积,唯有此论,最为首冠。"能令众生断疑生信。所谓释十疑:一释求生净土无大慈大悲疑;二释求生乖无生理疑;三释偏求生一土疑;四释偏念一佛疑;五释具缚得生疑;六释得即不退疑;七释不求兜率内院疑;八释十念得生疑;九释九人根缺不生疑;十释作何行业得生疑。《净土十疑论》博引《华严经》、《维摩经》、《璎珞经》、《金刚经》、《涅槃经》、《无量寿经》等经,及《大智度论》、《十住毗婆沙论》、《中论》等。智者著《净土十疑论》是受昙鸾的《往生论注》的影响。北魏昙鸾原是研究北方通行的四论——《大智度论》、《中论》、《百论》、《十二门论》的高僧,因此《往生论注》中留下许多四论的思想痕迹。如《往生论注》处处运用龙树的双即双遣的中道观点;《注》继承了四论的实相观。智者有好多命题也是依四论立论的,如双即双遣的中道观,当体即具的实相观等。所以二者思想甚为契合。如昙鸾《往生论注》中依龙树的《十住毗婆沙论·易行品》,立难行、易行二道之说,以在五浊之世,无佛之时,求到不退转地,是难行道,以信佛的因缘愿生净土,凭借佛的愿力便得往生,即入大乘正定之聚,是易行道。由于文理兼到,深为智者推重,以至在《净土十疑论》中加以引用。

智者还著有《五方便念佛门》一卷。智者撰该书的目的是配合《摩诃止观》中行四种三昧的常行、常坐两种三昧,依五门禅观(一凝心禅观、二制心禅观、三体真禅观、四方便随缘禅观、五息二边分别禅观)之次第,开念佛五门:一称名往生念佛三昧门、二观相灭罪念佛三昧门、三诸境唯心念佛三昧门、四心境具离念佛三昧门、五性起圆通念佛三昧门。文章先叙五门来意,次叙入方便次第,卷末问答一行三昧及画像观礼所依圣教。又约四教明念佛义,问答中引《大宝积经》卷第一百十六及卷八十九。但学界对《五方便念佛门》为智者所撰有疑问,原因有二:一是该书引《大宝积经》卷第一百十六及卷第八十九,此二卷即梁曼陀罗仙译的《文殊般若经》和元魏月婆首那译的《摩诃迦叶经》。但此二经卷在隋代尚未编入《大宝积经》,而是单行流通一直到唐高宗时,才由菩提流支把它们编入《大宝积经》。所以有人疑《五方便念佛门》的后二是唐人学习天台宗所附记的。二是华严宗的清凉《华严疏钞》引述它,但又说《五方便念佛门》古已有之,不是智者所作。因华严宗和天台宗就"佛性问题"、"五时判教"问题曾有过争执,清凉约五教为言,既别立五门,所以不欲显称天台智者,以启后世乖疑。但宋代慈云遵式的《天台教观目录》中,列有《五方便念佛门》一卷,并注明是阙本。

六、六即果位

关于大乘菩萨之行位,各经说法不一。如《大日经》依十住(一发心住、二治地住、三修行住、四生贵住、五方便具足住、六正心住、七不退住、八童真住、九法王子住、十灌顶住)而明十位;《金光明经》明十地(入理若般名为住,住生功德名为地,故亦名十住)、妙觉之四十一位;《唯识论》明十住、十行(一喜欢行、二饶益行、三无瞋恨行、四无尽行、五离痴乱行、六善观行、七无著行、八尊重行、九善德行、十真实行)、十回向(一求护一切众生离众生相回向、二不坏回向、三等一切物回向、四至一切处回向、五无尽功德藏回向、六随顺平等善根回向、七随顺等观一切众生回向、八真如相回向、九无缚解脱回向、十法界无量回向)十地、妙觉之四十一位;《大智度论》在前者四十一位基础上加上等觉,明四十二位;《仁王般若经》明十信(一信心、二念心、三精进心、四慧心、五定心、六不退心、七护法心、八回向心、九戒心、十愿心)、十住、十行、十回向、十地、妙觉之五十一位;《华严经》、《璎珞经》等加入等觉,明五十二位。如此等等。

天台宗以为《华严经》等所说是别教菩萨行位,而另立圆教菩萨之行位——六即果位。

(1)理即。一切众生,皆有佛性。一色一香,无非中道。如来藏之理在凡不减,在圣不增。心佛众生,三无差别,差别只是事相而已。故智者在《摩诃止观》卷一下云:

理即者,一念心即如来藏理。如故,即空;藏故,即假;理故,即中。三智一心中具,不可思议,如上说。三谛一谛,非三非一,一色一香,一切法,一切心,亦复如是,是名理即是菩提心,并是理即止观。即寂名止,即照名观。

(2)名字即。众生虽不能亲闻佛说,但通过对经典闻信解了,也可从名言概念中悟得一实菩提。智者于《摩诃止观》卷一下说：

> 名字即者，理虽即是，日用不知，以未闻三谛，全不识佛法，如牛羊眼不解方隅。

> 或从知识，或从经卷，闻上所说一实菩提，于名字中通达解了，知一切法皆是佛法。是为名字即菩提，亦是名字止观。

(3)观行即。不唯解知名字，更进而依教修行，心观明心，理慧相应，所行如所言，所言如所行者。故云观行即。智者在《摩诃止观》卷一下释道：

> 观行即是者，若但闻名口说，如虫食木，偶得成字。是虫不知，是字非字；既不通达，宁是菩提？必须心观明子，理慧相应，所行如所言，所言如所行。

(4)相似即。这一果位开始入别教所立的十信位，发类似真无漏之观行。入此位已得《法华经》所说六根清净之德，故又别称六根清净位。所以智者在《摩诃止观》卷一下说：

> 相似即是菩提者，以其逾观逾明，逾止逾寂。……如六根清净中说，圆伏无明名止，似中道慧名观。

(5)分真即(分证即)。依相似之观力而发真智，断无明而见佛性，开宝藏显真如，名为发心住。自此以后九住乃至等觉之四十一位分破四十一品之无明，而分见法性。所以智者在《摩诃止观》卷一下说：

> 因相似观力入铜轮位，初破无明见佛性，开宝藏显真如，名发心住，乃至等觉。无明微薄，智慧转著，如从初日至十四日，月光垂圆，暗垂尽。若人应以佛身得度者，即八相成道；应以九法界身得度者，以普门示现。

(6)究竟即。破四十二之元品无明，发究竟圆满之觉智，即达到妙觉。智者在《摩诃止观》卷一下说：

> 究竟即菩提者，等觉一转入于妙觉，智光圆满不复可增，名菩提果；大涅槃断更无可断，名果果；等觉不通唯佛能通，过荼无道可说，故名究竟菩提，亦名究竟止观。

六即之义，"六"显示次第先后之浅深，"即"为是之义。虽有六种之别，然其体性不二即是。以六治上慢，以即免自屈。

六即中的理即、名字即分属"外凡"，观行即、相似即分属"内凡"，分证即分属"因圣"，究竟即分属"果圣"。故智者的《摩诃止观》曰："此六即者，始凡终圣。始凡故除疑怯。终圣故除慢大。"湛然的《辅行》一之三曰："体不二义，故名为即。"又曰："此六即义，起自一家深符旨，永无众过。暗禅者多增上慢，文字者推功上人，并由不晓六而复复即。"知礼的《观经妙宗钞》上曰："即者是义。"

天台《观行疏》就佛而判六即：(1)理佛；(2)名字佛；(3)观行佛；(4)相似佛；(5)分证佛；(6)究竟佛。今仅就佛而六即，就实则十界悉具六即。故《观无量寿经妙宗钞》云："应知六即之义不专在佛，一切假实三乘人天，下至蚯蚓地狱色心，皆须六即辨其初后。"知礼的阐释切中了天台宗的原意，天台宗的"六即果位"之说，与一念三千、十界互具、三谛圆融等理论一样，都体现了《法华经》的圆融、实相之旨。

第二节 智者大师的天台止观实践

天台宗主张理论和实践双修，不可偏废，二者如鸟之双翼、车之双轮，这便是天台宗著名的"止观并重"。天台佛学的实践、观法，可概括为"三种止观"（渐次止观、不定止观、圆顿止观）、"十乘观法"、"四种三昧"（常住三昧、常行三昧、半行半坐三昧、非行非坐三昧）、"二十五方便"。

天台宗的宗教实践，主张止观双修（定慧并重），智者在他的《修习止观坐禅法要》中说：

若夫泥洹之法，入乃多途，论其急要，不出止观二法。止乃伏结之初门，观是断惑之正要；止则爱养心识之善资，观则策发神解之妙术；止是禅定之胜因，观是智慧之由藉……当知此二法，若偏修习，即堕邪倒。故经云：若偏修禅定福德，不学智慧，名之曰愚；偏学智慧，不修禅定福德，名之曰狂。……以此推之，止观岂非泥洹大果之要门，行人修行之胜路，众德圆满之指归，无上报果之正体也？

智者认为止观二门不可偏修，他在《摩诃止观》中，把偏修禅定者斥为"暗证禅师"，把偏修观门者斥为"文字法师"，认为这两种人都难入涅槃之门，难取佛门正果。

止观双修，定慧并重，从印度到中国，再到智者，走了一个正、反、合的螺旋式道路。印度佛教大小乘各派普遍强调止观双修、定慧并重，说这是佛陀的诚训，否则就不得成佛。如《成实论》卷一八上就有：

止能遮结，观能断灭；止如捉草，观如镰刈；止如扫地，观如除粪；止如揩垢，观如水洗。

该文用通俗的比喻，说明止观不能偏废，定慧必须双修。

佛教向中国传播的过程中，止观发生了一些偏离，以安世高为代表的小乘佛教系统发展了属于"止"部分的禅学体系，并把它与中国道教的养生成道之术加以结合；支谶系统则发展了属于"观"部分的般若理论，并把它与魏晋玄学同流。南北朝时期，北方重禅法，南方重义理，致使止观法门偏离。

直到天台宗的慧文、慧思，还基本上是禅师，即偏重于禅定(止)。到了智者，学风为之一变，变成了止观双修、定慧并重，使止观的偏离重新走向统一，所以元照在《修习止观坐禅法要·序》中说：

天台大师灵山亲承，承止观也，大苏妙悟，悟止观也；三昧所修，修止观也；纵辩而说，说止观也。……则知台教宗部虽繁，要归不出止观，舍止观不足以明天台道，不足以议天台教。

元照认为智者"承"、"悟"、"修"、"说"都是止观，因此止观也成了天台要归。

一、三种止观

灌顶在《摩诃止观》的缘起部分说：

天台传南岳三种止观：一渐次；二不定；三圆顿。皆是大乘，俱缘实相，同名止观。渐，则初浅后深，如彼梯磴；不定，前后更互，如金刚宝置之日中；圆顿，初后不二，如通者腾空。为三根性说三法门，引三譬喻。

这段话说明了三种止观均属大乘法门，立三种止观的目的是针对三种根性的众生，并用比喻把三种止观的特点作了介绍。

渐次止观法门以智者的《释禅波罗蜜次第法门》(又名《次第禅门》，十卷)为代表。《次第禅门》是智者三十余岁于金陵瓦官寺所讲，原由大庄严寺法慎私记，后经灌顶删定成册，该书可视为智者早年止观法门代表作。书中把各种禅法的图书作了系统梳理，将各种禅法由浅入深按次第顺序组织成文。

《次第禅门》共分十章：一修禅波罗蜜大意；二释禅波罗蜜名；三明禅波罗蜜门；四辨禅波罗蜜诠次；五简禅波罗蜜法心；六分别禅波罗蜜前方便；七释禅波罗蜜修正；八显禅波罗蜜果报；九从禅波罗蜜起教；十结会禅波罗蜜归趣。该书虽标章为十，但实际最后三章并未完成。第七修证章是该书的核心，智者在本章按次第浅深把修证分为四个阶段：一修证世间禅相；二修证亦世间亦出世间禅相；三修证出世间禅相；四修证非世间出世间禅相。这四个阶段，包括了从欲界初心起至金刚三昧为止的所有禅法修证。

书中，智者又把所有禅法归纳为三种法门：一、以息为禅门，因息摄心。这是凡夫所修的世间禅门。其特点是"疾得禅定，易悟无常"；二、以色为禅门，以不净观等摄心。这是声闻、缘觉二乘之人所修出世间禅门。其特点是"能断贪欲，易了虚假"；三、以心为禅门，用智慧返观心性。这是菩萨所修的出世间上上禅门。其特点是"能降一切烦恼，易悟空理"。

不定止观法门以智者的《六妙门》为代表。《六妙法门》一书是智者在金陵瓦官寺受尚书令毛喜之请而作。智者对六妙门之重要性及何谓六妙门，在该书中作了一段阐释：

六妙门者，盖是内行之根本，三乘得道之要径。故释迦初诣道树，跏趺坐草，内思安般，一数、二随、三止、四观、五还、六净。因此万行开发，降魔成道。

这就是说，所谓六妙门就是指一数、二随、三止、四观、五还、六净的安般禅法。

那不定又是什么意思呢？灌顶在《摩诃止观》缘起部分解释曰：

不定者，无别阶位，约前渐后顿，更前更后，互浅互深，或事或理；或指世界为第一义，或指第一义为为人对治；或息观为止，或照止为观。按灌顶的解释，所谓不定，就是对渐顿、前后、浅深、理事、止观等不定次第顺序，可以交错互修。这种修行的依据就是因人的根性而异。

《六妙法门》一卷，分十章，它们依次为：一历别对诸禅六妙门、二次第相生六妙门、三随便宜六妙门、四对治六妙门、五相摄六妙门、六通别六妙门、七施转六妙门、八观心六妙门、九圆观六妙门、十证相六妙门。一至六为凡夫二乘所行，其中一至二为"次第证"，其所证果为藏教；三至六为"互证"，其所证果为通教；七为菩萨所行，属"施转证"，其所证果为别教；八九为大根性人不由次第所行，属"圆顿证"，其所证果为圆教，得究竟成佛。

　　《六妙法门》强调修习禅定不必机械地按次第顺序进行，可以根据主体的根性有选择性的交互进行。各种门的浅深高低只是修习形式之别，从其内容讲，每门都可获得圆顿证，获得究竟佛果。因此，他在该书中说：

　　云何名究竟圆证六妙门？后心菩萨入荼字门，得一念相应惠，妙觉现前，穷照法界，于六种法门究竟通达，功用普备、无所缺减，即是究竟圆满六妙门也。分别数、随、止、观、还、净诸法门证相，意不异前，但有圆极之殊。

　　圆顿止观法门以智者的《摩诃止观》为代表，它是智者五十七岁时在荆州玉泉寺讲述的记录，是智者晚年最圆熟的止观著作。《摩诃止观》也开列十章，依次是：一大意、二释名、三体相、四摄法、五偏圆、六方便、七正修、八果报、九起教、十指归。《摩诃止观》章目虽开为十，但最后三章仅存章目而无具体内容。大意章是全部十章的纲要，而且兼说发心、修行、感果、裂网、归处五大内容，故称五略，把这章的五略和全十章的广说合起来，便是常说的"五略十广"。

　　该书的前五章相当于五略中的发心，六、七两章相当于五略中的修行，八、九、十三章分别相当于五略中的感果、裂网、归处。本书的重心在于第七正修章。梁萧在《天台止观统例》中评价说：

　　十章者，恢演始末，通道之关也。五略者，举其宏纲，截流之津也。十境者，发动之机，立观之谛也。十乘者，妙用所修，发行之门也。止于正观而终于见境者，义备故也。

　　《摩诃止观》中体现的止观法门,之所以说是圆顿止观,是因为这种止观与法性无二无别。所以《摩诃止观》卷一上说:

　　圆顿者,初缘实相,造境即中,无不真实。系缘法界,一念法界,一色一香,无非中道。己界及佛界、众生界亦然。阴入皆如,无苦可舍。无明尘劳即是菩提,无集可断。边邪皆中正,无道可修。生死即涅槃,无灭可证。无苦无集,故无世间;无道无灭,故无出世间。纯一实相,实相外更无别法。

　　智者《小止观》(又名《修习止观坐禅法要》、《童蒙止观》)展示的止观法门,也属圆顿止观。元照在该书的序文中说它是"大部(指《摩诃止观》)之梗概,人道之枢机"。也就是说,《摩诃止观》中最基本的方法、原理、作用,《小止观》中都已具备,《小止观》由十章组成:一具缘、二诃欲、三弃盖、四调和、五方便、六正修、七善发、八觉魔、九治病、十证果。事实上,《小止观》的前五章相当于《摩诃止观》的第六章的二十五方便;次四章相当于《摩诃止观》的第七正修止观章。"大部之梗概"含义即于此。该书的内容,已提出了三止(体真止、方便随缘止、息二边分别止)、三观(从假入空观、从空入假观、中道第一义观)、一念中具足一切佛法、圆照二谛等,这些思想已具有《摩诃止观》的一心三观、三谛圆融、一念三千等基本命题。

　　该书不仅主张并修止观,而且突出以《法华经》的圆顿之旨指导修习止观,书曰:

　　今推教所明,终不离止观二法。所以者何?如《法华经》云,殷勤称叹诸佛智慧则观义,此即约观以明果也。《涅槃经》广辩百句解脱以释大涅槃者,则止义,是约止以明果也。故云,大般涅槃名常寂定,定者即是止义。《法华经》中虽约观明果,则摄于止,故云乃至究竟涅槃,常寂灭相。终归于空。《涅槃》中虽约止明果,则摄于观,故以三德为大涅槃。此二经虽复文言出没不同,莫不皆约止观二门辨其究竟,并据定慧两法以明报果。

二、四种三昧

四种三昧被列入《摩诃止观》五略之二的"修大行"中,视之为天台止观修行的要点。《摩诃止观》卷一上对其有种种说法:

云何行大行?虽复发心,望路不动,永无达期。劝牢强精进,行四种三昧。

众生有大精进勇猛,佛说一行一切行,则四三昧。

方便正观,只是四三昧耳。

《摩诃止观》卷二上对"四种三昧"有个比较详尽的说法:

《法华》云:又见佛子修种种行,以求佛道。行法众多,略言其四:一常坐,二常行,三半行半坐,四非行非坐。通称三昧者,调直定也。《大论》云:善心一处住不动,是名三昧。法界是一处,正观能住不动;四行为缘,观心藉缘调直,故称三昧也。

上段文字,智者除了说明何谓四种三昧外,还说明了四种三昧提出的经论依据是《法华经》和《大智度论》。四种三昧虽各有特点,但都通达佛道。

常坐三昧,又名一行三昧。《摩诃止观》卷二上说,该三昧具体依据《文殊说般若经》和《文殊问般若经》。《文殊说般若经》卷下云:

欲入一行三昧,应处空闲,舍诸乱意,不取相貌,系心一佛,专称名字。随佛方所,端身正向,能于一佛,念念相续,即是念中能见过去、未来、现在诸佛。

从上面的文字看,一行三昧的核心就是唯心念佛和实相念佛的结合。

一行三昧的修行方法,《摩诃止观》卷二上云:

方法者,身论开遮,口论说默,意论止观。身开常坐,遮行住卧。或可处众,独则弥善。居一静室,或空闲地,离诸喧闹,安一绳床,旁无余座。九十日为一期,结跏正坐,项脊端直,不动不摇,不萎不倚。……随一佛方面,端坐正向,时刻相续,无须臾废。

常行三昧,又名般舟三昧。《摩诃止观》卷二上说,该三昧的经典依据是《般舟三昧经》。"般舟"是梵文音译,意译为"诸佛现前"。"般舟三昧"即是说,修习这种三昧,十方诸佛就会出现于你的面前。智者也说:

此法出《般舟三昧经》,翻为佛立。佛立三义:一佛威力,二三昧力,三行者本功德力。能于定中见十方现在佛在其前立,如明眼人清夜观星,见十方佛亦如是多,故名佛立三昧。

智者这段话的原型是《般舟三昧经》,故说此法出《般舟三昧经》。《般舟三昧经》卷上曰:

第一法行,是三昧名现在佛悉在前立三昧。

于三昧中立者,有三事:持佛威神力,持佛三昧力,持本功德力。用是三事故,得见佛。

智者立常行三昧,说明智者已受弥陀净土他力说和易行道思想的影响,他把他力与自力、难行道与易行道结合起来;同时,透过他力说与易行道思想,可推知智者也受了慧思末法思想的影响。因为净土思想展开的其中原因之一,就是末法思想,认为在末法年代、五浊世界,光靠修行者自身的力量(自力)证悟成佛是极其艰难的(难行道),如果借助于阿弥陀佛的愿力(他力)上西方净土,念佛即可(易行道)。

至于常行三昧的具体方法,《摩诃止观》卷二上说:

严饰道场,备诸供具。竺肴甘果,盥沐其身,左右出入,改换衣服。唯专行旋,九十日为一期。

九十日身常行,无休息;九十日口常唱阿弥陀佛名,无休息;九十日心常念阿弥陀佛,无休息。或唱念俱运,或先念后唱,或先唱后念,唱念相继无休息时,若唱弥陀,即是唱十方佛功德等。但专以弥陀为法门主。举要言之:步步、声声、念念,唯在阿弥陀佛。

常行三昧与常坐三昧的区别在于:常坐三昧的念佛是唯心念佛和实相念佛的结合,而常行三昧的念佛则是观想念佛和称名念佛的结合。

智者又在《摩诃止观》卷二上说：

云何念?念三十二相。从足下千幅轮相,一一逆缘念诸相,乃至无见顶。亦应从顶相顺缘,乃至千幅轮,令我亦逮是相。

自念一切所有法皆如梦。当如是念佛,数数念,莫得休息。用时念,当生阿弥陀佛国,是名如相念。

智者提倡称名念佛而往西方净土的思想,与他的《五方便念佛门》和《净土十疑论》所表达的思想是一致的。

半行半坐三昧。分为方等三昧和法华三昧两种。方等三昧依《大方等陀罗尼经》而立,法华三昧依《法华经》而立。《摩诃止观》卷二云:

此出二经。《方等》云:旋百二十匝,却坐思维。《法华》云:其人若行若立读诵是经,若坐思维是经,我乘六牙白象,现其人前。

方等三昧的修习方法,属半行半坐。《大方等陀罗尼经》卷一说:

七日长斋,日三时洗浴,着净洁衣,坐佛形象,作五色盖,诵此章句,百二十遍,绕百二十匝。如是作已,却坐思维。思维讫已,复更论此章句,如是七日。

智者在《摩诃止观》上对方等三昧的修习方法,也作了类似说明:

烧香运念,三业供养,礼前所请三宝。礼竟,以志诚心悲泣雨泪。陈悔罪咎竟,起旋百二十匝,一旋一咒,不迟不疾,不高不下。旋咒竟,礼十佛、方等、十法王子。如是作已,却坐思维。思维讫,更起旋咒。旋咒竟,更却坐思维。周而复始,终竟七日。

可见,方等三昧基本上是一种以持咒为要旨的密教修行法。智者还专著《方等三昧行法》一卷,从具六缘、识遮障、禁法、内律要诀、修行、受戒等六个方面,详细阐述该三昧的修行方法。

法华三昧,以《法华经》为依据。《法华经·妙庄严王本事品》说:

彼时妙庄严王后宫八万四千人,皆悉堪任受持是《法华经》。净眼菩萨,于法华三昧久已通达。

《法华经》只说法华三昧的功德,而没有说明具体修持方法。智者的法华三昧,传自慧思。道宣《慧思传》说,慧思早年在慧文师处,即已证得法华三昧,所谓"法华三昧,大乘法门,一念明达"。智者在光州大苏山慧思处受持的也是法华三昧,道宣的《智者传》说:"乃于此山行法华三昧。"法华三昧的具体修持方法《摩诃止观》卷二上载:

身开为十:一严净道场,二净身,三三业供养,四请佛,五礼佛,六六根忏悔,七绕旋,八诵经,九坐禅,十证相。

智者又专著《法华三昧忏仪》一书,对法华三昧修持仪式有专门规定。

非行非坐三昧,《大品般若经》称之为觉意三昧。慧思称它为随自意三昧,并撰有《随自意三昧》一卷。这种三昧比较自由,它不受行、住、坐、卧等形式及时间长短限制,意起即修,念起即觉。非行非坐三昧的具体修习方法。《摩诃止观》卷二上云:

于静处严道场,幡盖香灯,请弥陀像,观音、势至二菩萨,安于西方。设杨枝净水,若便于左右,以香涂身,澡浴清净,着新净衣。斋日建首,当正向西方,五体投地,礼三宝、七佛、释尊、弥陀、三陀罗尼、二菩萨、圣众。礼已,胡跪烧香散华,至心运想如常法。供养已,端身正心,结跏趺坐,系念数息。十息为一念,十念成就已,起烧香。为众生故,三遍请上三宝。请竟,三称三宝名,加称观世音。合十指掌,诵四行偈竟,又诵三篇咒。……诵咒竟,披陈忏悔。

四种三昧的关系,既有区别,又有联系。从区别讲,它们有各自的对象方法和经典依据。从联系看,"理观通四"即四种三昧均以法界、中道实相为系缘。所以智者在《摩诃止观》卷二下云:

四种三昧方法各异,理观则同,但三种方法多发助道法门,又动障道;随自意既少方法,少发此事。若但解方法,所发助道,事相不能通达;若解理观,事无不通。又不得理观意,事相助道亦不成;得理观意,事相三昧任运自成。若事相行道,入道场得用心,出则不能,随自意则无间也。方法局三,理观通四。

智者认为,之所以立四种三昧,是因为各种不同的众生需要,这就好比不同的病人,需要有不同的药治。因此,智者于《摩诃止观》卷二下云:

问：中道正观以一其心，行用即足，何须纷纭四种三昧？历诸善恶，经十二事，水浊珠昏，风多浪鼓，何益于澄静耶？答：譬如贫穷人，得少便为足，更不愿好者。若一种观心，心若种种，当奈之何？此则自行为失。若用他人，他之根性姝互不同，一人烦恼已自无量，何况多人！譬如药师，集一切药拟一切病；一种病人，须一种药治一种病，而怪药师多药。

智者还认为，四种三昧的设立是与《大智度论》的四悉檀相适应的，是四悉檀在止观修习上的实际运用。所谓"约一种三昧，亦具四悉檀意"。

三、十乘观法

智者在《摩诃止观》卷上论述正修止观时，认为止观的具体修习应依次观想十种对境，它们依次为：阴界入境、烦恼境、病患境、业相境、魔事境、禅定境、诸见境、增上慢境、二乘境、菩萨境。观想以上十境的每一境时，又要按十个层次进行。这十个层次分别为：观不可思议境、起慈悲心、巧安止观、破法遍、识通塞、修道品、对治助开、知次位、能安忍、无法爱。

由于十境的每一境都有十个层次，故名"十重观法"。由于十种观法由因至果，逐步达到圆满解脱，故又名十法成乘观，略称十乘观法。

在十乘观法中，从十境看，智者认为以"观阴界入境"为中心；从观想的十个层次看，智者认为以观不可思议境为主，观其他九个层次都仅起辅助作用。这样，观阴界入境的不可思议境便成为十乘观法的根本。

首先，观心要从"阴界入"着手。阴又名蕴，一般指"五阴，即色、受、想、行、识。界，指十八界，即六根、六境、六识，总为十八界。入，指十二入，即六根、六境。智者认为，一切阴入皆由心而起，所以观心修止观，从阴界入手为根本。所以智者《摩诃止观》卷五上说：

受身之始，无不有身。诸经说观，多从色起，故以阴为初耳。以阴为本，阴因阴患，阴主善阴，又阴因别阴等。……阴界入即病本。

其次，观心以观不思议境为要。不思议境和思议境是两个相对的概念，因此，必须在相比较中对它们加以理解。思议境是大小乘佛教共同使用的概念，它的特点是因果割裂，各各相别，迤逦浅深，而不相即。不思议境是指圆融相即的观境，它的特点是主客体对立泯灭，超越名言概念，浑沦一体的境像。天台宗的一念三千、三谛圆融、一心三观即属于不思议境。智者在《摩诃止观》卷五上把不思议境描述为：

若解一心一切心，一切心一切……乃至一究竟一切究竟，一切究竟一究竟，非一非一切，遍历一切，皆是不可思议境。

智者认为，观不思议境的作用，可使"无明即法性，一切心一心"；"初发心乃至作佛、坐道场、转法轮、度众生、入涅槃"，都能在一念心中实现。又因不思议本具性德、修德、化他三义，因此，观不思议境，即包含了其他九重观法的功效。所以智者在《摩诃止观》卷五上说：

此不思议境，何法不收？此境发智，何智不发？依此境发誓，乃至无法爱，何誓不具？何行不满足耶？说时如上次第，行时一心中具一切心。

十重观法之一是"观不可思议境"，十重观法之三是"巧安止观"（善巧安心）。善巧安心的解释是"善于止观，安于法性"。只要将心定于法性，目的是体悟此心即是法性，通过善巧止观，达到还源返本。所以智者在《摩诃止观》卷五上说：

无明痴惑本是法性，以痴迷故，法性变作无明，起诸颠倒善不善等。如寒来结水，变作坚冰；又如眠来变心，有种种梦。……唯信此心，但是法性。起是法性起，灭是法性灭。……还源返本，法界俱寂，是名为止。如此止时，上来一切流转皆止。观者，观察无明之心，上等于法性，本来皆空；……法界洞朗，咸皆大明，名之为观。

智者的巧安止观是方便对治修习法门，根据方便角度的不同，可立为"八番"。八番安心止观依次为：随乐欲以止安心、随便宜以止安心,对治以止安心,随第一义以止安心、随乐欲以观安心、随便宜以观安心,对治以观安心、第一义以观安心。

八番止观安心又分为"为信行人说"的信行八番和"为法行人说"的法行八番,合为十六番。智者立此安心止观的根据是众生根性不一,特点各异,为众生方便,故而巧设。所以智者在《摩诃止观》卷五上说:

今明众生心行不定,或须臾而钝,须臾而利,任立自尔,非关根转,亦不数习。或作观不彻,因听即悟;或久听不解,暂思即决。是故更论转根安心。若法行转为信行,逐其根转,用八番悉檀,而授安心。若信行转成法行,亦逐根转,用八番悉檀,而授安心。

十重观法之七"对治助开"(助道对治),可视为是对善巧安心的补充。助道,指以六波罗蜜等具体法门帮人除去障蔽;对治,指根据各人不同遮障,以相应法门予以破除。智者在《摩诃止观》卷七上说:

根利无遮,易入清凉池,不须对治。根利有遮,但转三脱门,遮不能障,亦不须助道。根钝无遮,但用道品调适,即能转钝为利,亦不须助道。根钝遮重者,以根钝故,不能即开三解脱门;以遮重故,牵破观心。为是义故,应须治道,对破遮障,则得安隐入三解脱门。文中说,利根众生不须助道对治即可解脱;钝根无遮者通过修道品,可转化根性。修道品即十重观法的第六重。可见,助道对治主要针对钝根遮重者而设。

还有十重观法之四"破法遍",在很大程度上也是为钝根者而设的。破法遍,意为普遍、彻底地破除修行者对诸法的执着。众生在修习止观中,有如种执着,如果不破除这些执着,就不能达到对无生的认识。

在智者的十乘观法中,处处可看到他的开权显实,悉檀对治的《法华经》思想。故灌顶在《摩诃止观》卷五上赞扬"十乘观法"说:

此十重观法,横竖收束,微妙精巧。初则简境真伪,中则正助相添,后则安忍无著。意圆法巧,该括周备;规矩初心,将送行者,到彼萨云。非暗证禅师、诵文法师所能知也。盖由如来积劫之秘勤求,道场之所妙悟,身子之所三请,法譬之所三说,正在兹乎!

第三节 天台宗的"三、一"思维结构模式

天台宗的佛学思想集中地体现在一心三观、三谛圆融、一念三千、五时八教等典型的命题之中。如果我们对这些命题加以分析综合,不难发现这些命题有一个共同的思维结构模式,即"三、一"结构模式。

一心三观的三观是指次第三观:

第一,从假入空观,又名二谛观。天台宗认为,世界并非真实存在,名言概念并非真实之体。要求人们破除世俗迷见,意识到世界一切性本空。所以此观叫"从假入空观"。

第二,从空入假观,又名平等观。天台宗认为,第一观已把世界本性看空,但这仅仅是一方面。另一方面,还应看到这个假有的世界,否则就会堕入空病,执迷于空。所以此观名"从空入假观"。

第三观名中道第一义观。天台宗认为,"初观用空,后观用假,是为双存方便。入中道时能双照二谛"。此观要求人们把世界万象的性空和假有圆融起来看,这样,认识才不落二边,走向片面。

次第三观("三")的特点是可思议的,即把主客体放在对立的位置上,并用名言概念加以描述的,是认识的初阶,是权且施设的方便说法,是为进入不次第三观作铺垫的。要把握世界的实相,必须进入不思议境。进入不思议境只有通过不次第观("一")才能达到。不次第观的特点是不必借助名言概念(言语道断)、主客融一(浑沦圆具)、全部绝对(含摄周遍)的一种认识。

这种思维结构模式,先开方便之次第三观,再会归直达实相之一

观(不次第观),这就是"三、一"思维结构模式。

三谛圆融也是典型的"三、一"思维结构模式的产物。按天台宗的说法,所发为三观,所照为三谛。这就是说,主体思维发动,次第三观得到的相应的认识结果是三谛——空谛、假谛、中谛。天台宗认为,对三谛次第修、次第证,那只是方便权说。三谛的关系是虽三而一,虽一而三。三种皆空者,言思道断故;三种皆假者,但有名字故;三种皆中者,即是实相故。这便是所谓三谛圆融。圆融的三谛,天台宗称之为"一实谛"。三谛("三")是次第的可思议境,一实谛("一")是圆融的不思议境,是直达实相的绝对真理。所以智者在《摩诃止观》卷三下说:

圆教但明一实谛。《大经》云:实是一谛,方便说三。今亦例此,实是一谛,方便说三。三谛圆融的思维结构模式,同样先开方便次第之三谛,再会归与实相冥一的一实谛。

与三谛、三观相关联的还有三智(一切智、道种智、一切种智),天台宗认为三智虽为次第证,次第修,这是方便权说。三智实为一心中得。把次第的三智会归于直悟于实相的一心,同样是"三、一"思维结构模式。

我再来分析一下一念三千。三千分三步构成:第一步,依《华严经》所说的十界,即六凡(地狱、饿鬼、畜牲、阿修罗、人、天)加四圣(声闻、缘觉、菩萨、佛),共成十界。由于十界互具,即成百界。第二步,百界再配以《法华经》的十如是(如是相、如是性、如是体、如是力、如是作、如是因、如是缘、如是果、如是报、如是本末究竟等),成百界千如。第三步,百界千如再配以《大智度论》所说的三世界(众生世界、国土世界、五阴世界),即成三千。"一念"就是指主体的意念发动。在逻辑上一念属主体的思维认识活动,三千指认识指向的对象,即世界全域。但天台宗认为,主客体是融合为一的,心法是无前无后的,只要一念发动,万象森然本具。所以智者在《摩诃止观》卷五上说:

此三千在一念心。若无心而已,介尔有心,即具三千。亦不言一心在前,一心在后……若从一心生一切法者,此则是纵,若心一时念一切法者,此即是横。纵亦不可,横亦不可,只心是一切法,一切法是心故。

在智者看来,把大千世界作三步划分、从三个角度认识,把主体的一念和客体的三千放在对立的位置上,这都是分次第的权且施设,是方便说法。作为实相的不思议境是不分次第、不分主客的圆融整体。像前面的三观归于一心(不次第观)、三谛归于一实谛、三智一心中得一样,三千也归于体悟不思议境的一念心。显然,这同样没有跳出"三、一"思维结构模式。

再来看看天台宗的判教理论。天台宗判教理论可分为纵向判教、横向判教和综合判教。纵向判教,它把世尊五十年所说的法,按时间顺序判为五个时期,即所谓"五时":

第一时,华严时。这是指佛于成道之初三、七日间说广大深玄的《大方广佛华严经》。佛对弟子们讲说《华严经》的目的是用"自证法"来验证二乘之徒的根性。

第二时,鹿苑时。佛陀用《华严经》试探后,知二乘之徒根性稍劣,故佛陀在此后十二年间,巡历各地说浅近的小乘《阿含经》等,诱引钝根众生接受佛法。故该时又称"诱引时"。

第三时,方等时。仅仅停留在小乘涅槃境界,非佛本意,于是佛又在此后八年对小乘得道的众生宣讲《维摩》、《楞伽》、《金光明》、《胜鬘经》等,弹斥小乘,奖誉大乘,通过对比,引导他们由小乘进入大乘。故第三时又叫"弹呵时"。

第四时,般若时。佛祖于此后的二十二年间,对已入大乘的众生讲《大般若经》等,以一切为空,空的本身也是空,直至毕竟空,从而达到否定一切差别。所以第四时又称"淘汰时",意为淘汰一切差别相。

第五时,法华涅槃时。佛陀看到二乘之徒经几十年逐渐变化,又充分成熟圆融,便于此后八年中,对已入大乘具有般若智慧的人宣讲《法华经》,开示救一切众生成佛的本意,指示会三归一的圆教。因此,第五时又称"开会时"。

天台宗的横向判教,分为"化仪四教"和"化法四教",合称"八教"。

前者为传教的方法,后者为佛法本身的性质。

化仪四教分别为:

第一,顿教。即华严时的教育方法,佛祖得道后,向弟子等讲说悟道体验,不用权宜方便,而直说佛法本旨。

第二,渐教。佛祖向弟子讲道,由浅入深次第渐进的教育方法。包括鹿苑、方等、般若三时。整个过程,从浅入深,次第渐进,故名渐教。

第三,秘密教。佛有不可思议的力量能普度众生,对众生所施的教法虽然不同,但听者所解的和所得的却不一样。这就是"同听异闻,互不相知",故名秘密教。

第四,不定教。听者所听的虽然相同,然而所证的却不一样,听小乘法而证大乘,闻大乘法而应小乘,"闻小证大,闻大证小",故名不定教。

化法四教是指三藏教、道教、别教和圆教。这四种区分是由教义自身内容为根据的。

第一,三藏教。指小乘三藏,为四阿含经、俱舍、娑婆等论及五部律。即指小乘有部、俱舍因缘论和律部三教派。三藏教的内容为十二因缘、四谛和修行法。佛宣讲的对象是钝根之众,为权且方便而施设的粗浅佛法。

第二,通教。通教通大小二乘,又通藏教和圆教,所习的是《大般若波罗蜜经》。在修行上,通有通无,通实通空。般若讲空,三乘的人由有而观空,由空而达到八不的中道。然而在事法上仍相分离,不会融会一切,故称通教。

第三,别教。指特性的教派,专为菩萨而设。讲习的内容为中道,主张亦空亦不空,非空非不空。别教具体是指般若的究竟空和华严的圆融实体。

第四,圆教。天台圆教,以《法华经》的圆义而定。天台的圆教概念,在使用时有两种情况:第一种情况指一般判教意义上使用,只要讲佛的境界,都属圆教。所以《天台四教仪》说《华严》、《涅槃》、《法华》等经,都讲佛的境界,所以都属圆教。第二种情况是指天台宗自身的"纯圆"而言,在这个意义上使用,仅天台宗才配称圆教。

天台宗的综合判教,智者在《法华玄义》卷一上说:

> 教相为三:一、根性融不融相;二、化导始终不始终相;三、师弟远近不远近相。

天台宗认为,按《法华经》的观点,受教众生根机是融和的。众生虽然根机有别,但通过三乘教法,调整众生根机,终究归于一乘,体悟实相而成佛。而《法华经》以外的经典,认为受教众生的根机是不融的。这是《法华经》较之其他经典所具的第一优点。天台宗又认为,《法华经》的化道是始终的,现在的佛家弟子,大多是通过大通结缘的二乘弟子,其间经渐渐教化而成熟解脱,才有释尊在印度现世。而如此明确地阐明佛陀化道根源的,首推《法华经》,《法华经》以外的经典是难以说明佛陀师弟间化道始终的。这是《法华经》优于其他经典之第二。天台宗还认为,《法华经》本门开显,不仅明确地阐发了释尊自身本意,而且使大多数弟子得以解脱,只是为了继续辅佐释尊弘扬《法华》教法,这些弟子才以各种声闻姿态出现于人世间。而《法华经》以外经典无一能说明佛陀师弟这一关系,当然也无法阐发释尊本怀,也不可能说明二乘弟子如何得实智、用实权,这是《法华经》较之其他经典的第三优点。

不管是纵向的五时判教,还是横向的八教判教,或是综合的三教相判教,三者终究归于一部《法华经》。《法华》以外的其他经典均是方便权说,唯有《法华》开示佛怀,为经中之王。

通过以上分析,不难看出,天台宗的基本思维模式是"三、一"结构,其他一些命题(如四种三昧、十乘观法、六即果位等)都是这种思维模式的演化而已。

天台宗这种"三、一"思维结构模式,从经典上看,显然是源于《法华经》的"会三归一"和"开权显实"思想。《法华经·序品》说:

> 佛世尊演说正法,初善、中善、后善。其意深远,其语巧妙……为求声闻者说应四谛法,度生老病死,究竟涅槃;为求辟支佛者说应十二因

缘法；为诸菩萨说应六波罗蜜，令得阿耨多罗三藐三菩提，成一切种智。

这段经文的意思是说，佛教之所以有三乘之别，那是因为佛在说正法时有初、中、后之次第的缘故，既然三乘同出于佛之口，所以三乘之义均属于佛教的正法，只是不同阶段的不同方法而已。《法华经·方便品》也说："诸佛如来言无虚妄，无有余乘，唯一佛乘。""诸佛以方便力，于一佛乘分别说三。"按《法华经》的意思，说三乘只是权且施设的方便，只有一乘才是佛的本意，是实相，是不思议境，所以三乘必须归于一乘。

从众生与佛的关系看，由于生活于尘世的众生根性不一，为了使各种根性的众生都能成佛，就必须根据教化对象的根性，采取不同的内容和方法，使他们次第修、次第证，最后证得佛果。天台宗列次第为"三"，佛果为"一"。至于为什么要立次第为三，这又涉及到中观学派的基本理论，龙树创立的中观学派主张不落两边，应取中道，即正、反、合结构，也就是三段论，所以为三。

从天台宗的师承上看，首先使用"三、一"思维结构模式的是慧文，他在读《大智度论》时，悟到"三智一心中得"，进一步联系《中论》的"三是偈"，提出了一心三观。这种思维结构模式，由慧文传给慧思，再由慧思结合《法华经》精神传给智者，智者把它推广到教与观的各个方面。可以说，"三、一"结构是天台宗思维的典型模式。

第四节　二十五方便

　　天台宗尤为提倡方便权说，通过方便权说，达到开权显实。这种精神源于《法华经》，该经方便品说：佛"以无量无数方便，种种因缘譬喻言辞，为众生演说诸法。是法皆为一佛乘故"。智者继承法华精神，广开方便法门，在《法华文句》卷三上对方便和真实的关系作了如下发挥：

　　方便者，门也。门名能通，通于所通。方便权略，皆是弄引，为真实作门。真实得显，功由方便。能从显得名，故以门释方便。如开方便门，示真实相。

　　这段文字说，方便为能通之门，引导众生入门达于真实。方便是权且施设，开权的目的是显示实相。

　　智者把十乘观法、二十五方便都称为方便法门。因十乘观法为观心故，所以称为内方便。相对于内方便，二十五方便为外方便。《摩诃止观》卷四上说：

　　世间浅事，非缘不合，何况出世之道？若无弄引，何易可阶？故历二十五法，约事为观，调粗入细，检散令静。故为止观远方便也。

　　从这段文字知，设二十五方便，功用是"约事为观，调粗入细，检散令静"，为修持"十乘观法"作准备。

　　二十五方便由五科组成，它们依次为：具五缘、呵五欲、弃五盖、调五事、行五法。这五者关系，在逻辑上层层推进："人弘胜法，假缘进道，所以须具五缘。缘力既具，当割诸嗜欲。嗜欲外屏，当内净其心。其心若寂，当调试五事。五事调已，行于五法，必至所在。"

　　(1)具五缘。它们分别是：持戒清净、衣食具足、闲居静处、息诸缘务、近善知识。持戒清净包括不作诸恶和作已能悔两方面。不作诸恶，是指一般信众所受的三归、五戒，沙弥所受的十戒，比丘和比丘尼所受的具足戒；作已能悔，是指虽毁损轻戒而能如法忏悔，或毁犯重戒也能礼拜忏悔者。《摩诃止观》上有"忏悔若成，悉名清净，戒净障转，止观易明"的说法，说明忏悔是清净的重要内容，持戒清净是止观成功的先决条件。

"衣食具足"方便。《摩诃止观》卷四上说：

衣以蔽形，遮障丑陋；食以支命，填彼饥疮。身安道隆，道隆则本立，形命及道，赖此衣食。

智者将衣分为三种，《摩诃止观》卷四云：

衣有三种：雪山大士，绝形深涧，不涉人间，结草为席，被鹿皮衣；……十二头陀，但蓄三衣，不多不少；多寒国土，听百一助身。

智者又将食分四种，《摩诃止观》卷四云：

一深山绝迹，去远人民，但资甘果美水；……二阿兰若头陀抖擞……明乞食法；……三既不能绝谷饵果，又不能头陀乞食，外护檀越送食供兼；又僧中如法结净食。

智者提倡衣食"知量知足"，若过贪求积聚，则心乱妨道。

"闲居静处"方便。智者认为，有三种环境可修禅定：一是深山绝人之处；一是头陀兰若之处；三是清净伽蓝中。

"息诸缘务"方便。此条包括四个方面：息治生缘务、息人间缘务、息工巧技术缘务、息学问缘务。治生缘务指操持生计、追求事业成功等世事活动，这些活动会散乱道心。人间缘务指庆祝喜事、吊唁丧事、走上串下、此往彼来等人际交往活动。这类行为与求道是背道而驰的。工巧技术缘务，指一些技术性、技巧性的活动，如制作、发明、医术、计算等，这类行为有害于修出世之法。学问缘务指"诵读经论，问答胜负"等，若专心于这些学问，则"心劳志倦"、"水浊珠昏"，不可能再有心修习止观。在智者看来，世俗的智慧如瓦砾草木，非真宝珠，而佛教的智慧，好比如意宝珠。

"近善知识"方便。善知识可分三种：外护善知识、同行善知识、教授善知识。外护善知识，指那些经营供养、支持保护修行的人。同行善知识，他们虽不是佛教修习者，却能与修习佛教的人相互劝发、不相扰乱、切磋琢磨、如乘一船、相互敬重。教授善知识，指能够说般若，又能区分佛道与非道，通塞除障，皆能决了的人。智者鼓励凡作三昧修习而尚未通达者，均应亲近教授善知识。

(2)"呵五欲"。它们依次是：呵色欲、呵声欲、呵香欲、呵味欲、呵触欲。五欲即色、声、香、味、触，又叫五尘。五尘本身并非欲，但能使人生起欲念，故名五欲。五欲能使凡夫诳惑，令生爱着，有碍坐禅修习者，所以必须予以呵斥。五欲对坐禅修习者的危害，按智者的说法是：

色如热金丸，执之即烧；声如毒涂鼓，闻之必死；香如憋龙气，嗅之则病；味如沸蜜，汤舌则烂，如蜜涂刀，舔之则伤；触如卧狮子，近之则啮。此五欲者，得之无厌，恶心转炽。如火益薪，世世为害，剧于怨贼。累劫以来，常相劫夺，摧折色心。

色为五欲之首，它令人狂醉，作诸恶业。声欲，能令凡夫闻即染着，起诸恶业。如五百仙人住于雪山，闻甄陀罗女歌声，即失禅定，心醉狂乱。

香欲，亦使凡夫闻而爱着，生起烦恼。

味欲，能令凡夫心生染着，起不善业。

触欲，愚者无知，为之沉醉。如独角仙人，因触欲之故，因失道行，被淫女骑颈。总之，对于修禅者来说，五欲是大贼，必须远离。

(3)"弃五盖"。五盖依次为：贪欲盖、瞋恚盖、睡眠盖、掉悔盖、疑盖。盖的意思是"盖覆缠绵，心神昏暗，定慧不发，故名为盖"。

"弃贪欲盖"，即舍弃对色、声、香、味、触的贪求之心，否则就会生醉惑，忘失正念。一旦"心入尘境，粗觉盖禅"，则"禅由何获"？

"弃瞋恚盖"。何谓"瞋恚"？智者曰：

瞋是失佛法之根本，堕恶道之因缘，法乐之冤家，善心之大贼，种种恶口之府藏。是故行者于坐禅时，思维此人现在恼我、及恼我亲，赞叹我冤,思维过去,未来亦如是,是为九恼。故生瞋恨。瞋恨故生怨;以怨心生故,便生心恼彼。如是瞋恚覆心,故名为盖。当急弃之,无令增长。瞋恚盖对佛教的反作用,佛教将其概括为:"瞋为心中火,能烧功德林。"

"弃睡眠盖"。何谓"睡"?内心昏暗名为睡。何谓"眠"?委卧睡熟名为眠。睡眠对修禅者的危害,"如同毒蛇同室居,亦如卧陈两刃间"。

"弃掉悔盖"。"掉"分三种:一身掉,身好游走;二口掉,即喜好吟咏;三心掉,即心情放逸。掉对修习的危害,是足以破出家人之心。"悔"可分为两种:一为掉后生悔,懊恼不已,成为禅定障碍;二为心中常怀对往事的悔恨之心,常怀畏怖,妨碍静修。

"弃疑盖"。"疑"可分为三类:一疑自,即怀疑自己根性暗钝,丧失信心,有碍禅定。二疑师,即怀疑其师禅慧不具,无以教我。三疑法,即怀疑所修之法是否正确,疑惑不定,同样有害禅定。所以智者在《修习止观坐禅法要》中说:"信为能人,若无信者,虽在佛法终无所获。"

(4)"调五事"。五事分别为食、眠、身、息、心。智者认为,五事调和,三昧易生,善根易发。

调食。要求修习者节制饮食,以不饥不饱为度。饮食过饱,则百脉不通,坐念不安。若饮食过少,则身羸心悬,意虑不固。

调眠。要求修习者节制睡眠,使神气清白,心念明净。智者在《修习止观坐禅法要》中说:

眠是无明惑覆,不可纵之。若其眠寐过多,非唯废修圣法,亦复丧失功夫,而令心暗昧,善根沉没。……调伏睡眠,令神气清白,念心明净,如是乃可栖心圣境,三昧现前。

调身。要求调整禅定时的身体姿势。调身令不宽不急。智者说:

卧多则沉昏,立多则疲极,行多则纷动,难可一心。坐无此过,所以多用。

调息。指调整呼吸。跏趺坐,宽衣带,安两手,挺动其身,放松关节,头、肩、颈一一端正后,然后调和吐纳。调息方法有三:一意守下丹田,二放松全身,三想气息遍全身毛孔出入无碍。调息的作用,众患不生,其身易定。

调身。指调整心理状态。《修习止观坐禅法要》将调心总结为不沉不浮。初入定时,收心止念;坐禅时根据心的沉浮之相及时调整,使其既不昏沉,又不飘散。

(5)"行五法"。五法依次为:欲、精进、念、巧慧、一心。

行欲。要求首先确立愿望和志向。《修习止观坐禅法要》说:"欲,欲离世间一切妄想颠倒,欲得一切诸禅智慧法门。"

行精进。要求不懈地进取。不舍精进,可得智慧。若不精进,难出欲界。

行念。指专念禅定,不念其他。但念涅槃寂灭,不念余事。

行巧慧。指能区分世俗之乐和定慧之乐的智慧。《修习止观坐禅法要》说:"筹量世问乐、禅定智慧乐得失轻重。"

行一心。要求明见世间可患可恶,又善识定慧功德可尊可贵。

第五节　圆顿戒法

没有行则无以成佛，无戒则行难立。所以戒、定、慧被称为佛教"三学"。

天台之戒，融小乘戒与大乘戒为一体，叫圆顿戒或菩萨戒。智者根据《法华经》"开权显实"的妙旨，判五戒、八戒、具足戒等大小乘戒为"权戒"，判《梵网》十重、四十八轻戒为"实戒"。因为前者是佛为界内菩萨所开示，而后者则为界外菩萨所奉持。

但智者在《摩诃止观》中，又根据受戒主体的不同，由初发心至得佛智，凡圣十阶，次第渐进，持戒有异，把大小乘戒略分为十："不缺、不破、不穿、不杂、随道、无着、智赞、自在、随定、具足。"智者认为，前四戒凡夫入定皆奉持；"随意"、"无着"二戒，由凡入圣者方能奉持，"智赞"、"自在"二戒，为六度菩萨所持；最后两戒，即"随定"、"具足"，唯大根性菩萨才能达到。而要圆满四弘六度，回向菩萨，融通入妙，则唯佛能然。所以佛经上说："唯佛具净戒，余人皆名破戒者。"此圆满具足之净戒称妙戒，凡圣所持的破戒称粗戒。何谓妙、粗？《法华玄义》曰"事理不融，是故为粗"，"行融智圆，是故为妙"。由此可见，戒之粗妙与事理密不可分。在这里，事即受戒之相，理即离相戒；所谓戒不见戒相，以安住空、假、中三观为戒律，此即天台圆顿大戒。事戒与理戒的关系，九界所持为粗界，唯佛为妙戒。但佛界不隔断九界，否则叫"缘一断九"，非到天台中道妙戒。天台的态度是：四圣六凡，法法实皆，称粗不粗，称妙不妙，九界之粗法皆不出如，为法性所具，而佛界之妙法亦不断九，即九界而不佛故。圆教圆修一心,备具万行,故约事达理一刹那心,十戒具足。

关于戒体问题,天台宗也采取折中圆融的态度。所谓戒体,就是受戒者在登坛受戒时答复羯磨和尚的誓约。因为它是一种信仰规范,并未变为戒行,所以又叫无作戒体。

对于戒体的有无,诸大小乘经论说法不一,有些经论认为戒体根本不存在,原因是因为众生本身就是色心假合而成,一切善恶皆由心起,除心之外,更无戒体。而另一些经论认为戒体是存在的,这可由戒行的存在而得到验证。《优婆塞戒经》云:譬如有面有镜,则有像观,如是由用知体。

对以上两种观点,智者采取折中态度。他在《菩萨戒义疏》卷上说:"言无(指戒体)于理极会,在文难惬;言有于理难安,在文极便。"又说:"若言无者,于理为当;若言有者,于教为当。理则为实,教则为权,在实虽无,教门则有。"

关于戒体属性问题,《俱舍论》主心法,而《成唯识论》主假色。天台宗否认戒体色法说,认为这是小乘不了义。在《摩诃止观》及《释禅波罗蜜次第法门》中,智者又以心为戒体。天台宗说的心,不是思维之心,而是指本体之心,或称实相之心,是超越色心二元对立的。小乘所说色法、心法乃是众生先天本具,只是依受戒之缘而显现,所以叫"性具之色法"、"性具之心法"。

天台宗还主张"观心持戒"。智者认为戒与止观是相互增上、相互融通的关系,持戒清净是修习止观的前提,而止观双运反过来又促进圆顿净戒。他把十戒中的"不缺、不破、不穿、不杂"称为"观境持戒";"随意、无着"称为"空观持戒";把"智赞、自在"称为"假观持戒";把"随定、具足"称为"中观持戒"。在天台宗看来,持戒即观心,圆融空假中的过程,故止观即是戒。所以,《法华玄义》卷三云:

《阿含经》云:阿练若比丘,当修二法为行,谓修止修观,若修止时,即能休息诸恶,戒律威仪,诸行禁戒,悉皆不失,成诸功德;若修观时,即能观苦,如实知之,得不漏,不受后有。

据天台性具说,众生本性即具舍戒体,是为成就一切戒功德的理性正因;发愿受戒,对境起行,具修无量自化化他法门,是为圆满戒得之事法了因。修与性皆不可缺,以修了性,以性发修,修性不二,如木发火,木自有火(性),非钻不发。戒有无上胜用,《天台菩萨戒疏》卷上云:"次叹戒用中,律义戒能圆止三惑之恶,譬日月破暗;善法戒能圆修三观之善,譬日月照明。"

以中道正观持戒,法身庄严,境智不二。止观双运,戒圆成佛。

通过以上分析,我们确实感受到天台宗不论是在论疏上,还是在教、观、行上,处处体现和发挥了《法华经》的圆融精神。

一、观音崇拜

佛教中的诸神,在我国民间影响最广、信仰最多的,既不是如来,也不是弥勒佛,而是观世音菩萨。不要说民间以观音为名或以供奉观音为主的寺、庙、阁、堂、庵不可胜数,就是农家厅堂的祖先神龛上,除了供"天地君亲师"或"历代先祖之神位"外,同时奉有"大慈大悲观音菩萨"的神位者,到处可见。"户户念弥陀,家家有观音",这句话虽有些夸大,却也道出了观音信仰的普遍化。

观世音,又译观自在、光世音。因唐代讳李世民的"世",故又称观音。关于观世音的身世、性别,佛经说法不一,有的说是妙庄王的女儿,有的说是转轮圣王无诤念(阿弥陀佛)的长子,《法华经》说观音能现女身说法。民间最常见的观音造像是"杨柳枝观音",即一手拿杨柳枝,一手拿盛圣水的玉瓶。据《宋高僧传》卷二四载,唐初僧人启芳、圆果崇奉弥陀净土,"共折一杨枝于观音手中,誓曰:'若得生佛土者,愿七日不萎。'至期鲜翠也"。现在常见的女身杨柳枝观音造像,是唐代的风格,她体态丰腴、吴衣带水、项佩璎珞、袒露胸肩。由于唐代武则天曾执政多年,妇女地位相对提高,这种造像能被社会所接受。

在佛教中,佛果位最高,并同时具备自觉(对一切法的性质相状,无增无减地、如实地觉了)、觉他(不仅自觉,而且能平等地普遍地使别人觉悟)、觉行圆满(自觉、他觉的智慧和功德都已达到最高的、最圆满的境地)三个条件。观音在佛教的品位中只是菩萨,菩萨的品位次于佛,在德行上,菩萨仅具备自觉、觉他两个条件,是成佛果于未来的修行者。那么,为什么在民间的信仰中,观世音的影响会远远超过如来呢?其实,这与天台宗对观音信仰的推动是分不开的。

天台宗对观音信仰的推动,主要表现在两个方面:一方面是通过对《法华经》的弘扬而推动了观音信仰,因为《法华经》卷七里的《观世音菩萨普门品》,就是专门颂扬观世音的。该品首先表明何谓"观世音",该品曰:

观世音以何因缘名"观世音"?佛告无尽意,菩萨善男子。若有无量百千万亿众生受诸苦恼,闻是观世音菩萨,一心称名观世音菩萨,即时观其音声,皆行解脱。

其次是对观世音法力的渲染,该品云:

假使兴害意,推落大火坑,念彼观音力,火坑变成池! 或漂流巨海,龙鱼诸鬼难,念彼观音力,波浪不能没! 或在须弥峰,为人所推堕,念彼观音力,如日虚空住! 或遇王难苦,临刑欲寿终,念彼观音力,刀刃段段坏! 或囚禁枷锁,手足被扭械,念彼观音力,释然得解脱。

若有女人设欲求男体,拜供养观世音菩萨,便生福得智慧之男。设欲求女,便生端正有相之女。

再次是宣扬观世音"随类化度",说观世音对一切人众救苦救难,不分贵贱贤愚,不分良善丑恶,有求必应。为了教化不同的众生,观世音常随时代、环境、风土人情、文化传统、众生根性的不同,而显示种种不同的形象(相)。观世音具有三十二应身,三十三化身。

天台宗以《法华经》为正依,开创一宗之义。按天台宗的五时八教判教,《法华经》被判为第五时,认为《法华经》是世尊晚年定论,开示佛怀的圆熟之说,也是佛的最后咐嘱。所以《法华经》也被视为是经中之王。作为《法华经》中一品的观世音菩萨自然分享《法华经》的优越地位。天台宗列祖多有为《法华经》作注疏论释的,如慧思著《法华安乐行义》;智者著有《法华文句》、《法华玄义》、《摩诃止观》三大部,对《法华经》的发挥,见识高迈,组织宏大,教纲广泛,理趣幽深,可谓古今独步;后来的湛然又为智者的三大部作《法华文句记》和《法华玄义释签》。《法华经》的普遍讲说、注疏,对观音信仰起到很大的推动作用。

我们再来看看《观世音菩萨普门品》在《法华经》中的地位。《法华经》二十八品中,是以第二方便品、十四安乐行品、十六如来寿量品、二十五观世音菩萨普门品等四品为最重要,这是按天台妙乐大师湛然的说法。方便品是迹门的眼目,如来寿量品是本门的精要,安乐行品是法华修行的规范,观世音菩萨普门品是化他无穷的应用。因此,得悉此四品的大义,便能了解全经的纲领。佛教是实践的宗教,大乘佛教尤其强调化他实践。按照湛然的说法,眼目也好,精要也好,规范也好,最后都落实到实用,也就是说,《观世音菩萨普门品》成了《法华经》的归宿。由于这个原因,智者作《观世音菩萨普门品义疏》两卷、《观世音菩萨普门品玄义》两卷、《请观世音菩萨消伏毒害陀罗尼经疏》一卷,在宣扬《法华经》的基础上,单独宣扬观世音,这便是天台宗对观音信仰推动的第二个方面。如果说第一个方面对民间观音信仰影响相当大的话,那么第二方面则对思想界的影响相当大。

第六节　天台佛学的人类文明贡献

从哲学的高度返观天台佛学，天台宗的"一念三千"是哲学上"思维与存在同一"的命题：天台宗的"直悟实相"、"止观照论"与现象学的"返回事物本身"、"悬置"、"本质的还原"等原理极为相似；天台宗的"一心三观"、"三谛圆融"、"一念三千"等理论命题都是按"三、一"思维模式建构起来的。

佛教与哲学虽然存在着种种差别，但也存在着许多相同的地方：比如两者都探讨思维与存在的关系问题、本质与现象的关系问题、事物之间的关系问题等。虽然两者使用的概念和思维方式有所不同，但探讨的问题都是一致的。天台宗佛教以理论思辨见长，所以它探讨的问题更接近于哲学。本章从两方面阐述一下天台佛学的哲学意义。

一、"一念三千"是"思维与存在同一"的命题

在西方，十九世纪德国古典哲学的一个中心问题，就是探讨思维与存在有无同一性的问题。德国古典哲学的先驱康德，在这个问题上走入二元论的不可知论。继康德之后，费希特、谢林、黑格尔都用正、反、合的辩证思维方式，论证了思维与存在之间能够达到同一，认为人有能力认识世界。

在东方，六世纪的智者(公元 538–597)创立天台宗时，就提出了一念三千，亦即思维与存在同一的命题，并用空、假、中的辩证思维方式，

论证了心、物之间能够达到圆融,证明人有能力把握真理。二者所不同的,只是德国古典哲学用清晰、明了的哲学语言来表达,而天台宗则用深奥、复杂的佛学语言来表述而已。

智者一念三千的思想,集中表现在他的代表作——《摩诃止观》一书中。一念三千思想可分为以下几个层次:

首先,他认为主体和客体是不可分割的(心在前不可,心在后亦不可);其次,认为主体对客体的把握是通过图式(三千)实现的;最后,认为思维与存在达到同一,必须通过正、反、合(空、假、中)三个阶段。

智者在《摩诃止观》卷五中,把思维、主体称为"心",把存在、客体称为"法";把主体认识的发动称为"一念",把客体的全体称为"三千"。

此三千在一念心。若无心而已,介尔有心,即具三千。亦不言一心在前,一心在后……

这段话的意思是说:世界事象的客体,只有当主体认识发动时,才能感受到它的存在和把握它。倘没有主体,也就无所谓客体,当然也谈不上感受和把握客体世界。只要主体认识发动,即使是介尔的细心,同样能感受和把握这个大千世界。在认识的问题上,不能把主体和客体割裂开来,分为先后。

智者对主客体关系不可分割的看法是正确的。现代的认识理论也告诉我们,主体和客体失掉任何一方,都不可能构成认识,无主体的认识和无客体的认识都是不可思议的。

智者的主客体不能分先后、不能割裂开来的思想是建立在他的"心物同一"本体论上的。他在《摩诃止观》卷五论述了"心物不分先后"之后,接着说:

若从一心生一切法者,此则是纵;若心一时念一切法者,此即是横。纵亦不可,横亦不可,只心是一切法,一切法是心故。

这段话的意思是说,如果把大千世界看成是主体思维的产物,这是一个极端;倒过来认为主体思维是大千世界的被动反映,这又是一个极端,第一个极端不可取,第二个极端同样不可取。这是因为思维与存在是同一的缘故。

智者既反对执着于假有的唯物倾向,也反对真如派生万物的唯心倾向,他坚持的是心物同一的、无前无后的中观思想。

智者的主客体不可分割和心物同一的思想,与德国古典哲学中费希特的三个原理极为相似。

费希特的第一个原理:自我建立自我。他认为,在进行认识之前就要先设定一个知觉者存在,这就是绝对的自我。绝对的自我不同于经验的自我,经验的自我是由外在事物决定的,绝对自我是纯粹的。绝对的自我通过理智的直觉去察知有个主体的"自我"存在,即假定了自我,也就是肯定了认识主体。

第二个原理:自我建立非我。他认为,自我在认识"自我"时,由于把自我作为一个对象看待,就同时必然地产生一个对象的意识,即与自我相对立的东西,这就是"非我"。这个非我就是自我认识的客体。

第三个原理:自我与非我的统一。他认为自我与非我、主体与客体,都同一于自我意识之中,它们相互限制、相互决定,只因为有了自我与非我的同一,才有知识。

从以上的比较可以看出,费希特和智者都把主体的认识发动作为认识的逻辑起点,只不过是表述不同而已,智者把它称之为一念,费希特把它叫做"自我建立自我"。此外,他们都主张思维与存在的同一,智者主张"心是一切法,一切法是心",费希特认为自我与非我同一。

智者不仅主张主体和客体是不可分割的,而且提出主体对客体的把握是通过图式实现的,这个图式就是所谓三千。主体认识一旦发动(一念),就把森罗万象的客体世界纳入三千图式之中,一念动处,通过三千这个网络也就把握了客体的全部。

现代的认识理论也表明,主体对客体认识的过程,也就是模式识别的过程。即人们把输入的刺激(模式)信息与长时记忆中的有关信息进行匹配,并辨认出该刺激属于什么范畴的过程。对物体、图像、语言或文字符号等等的识别,都是这样。当客体(模式)的特征与主体认识结构中先前获得的有关知识相匹配时,这个模式就被识别了,主体对客体的把握也就完成了。当客体以新异的刺激模式出现,而主体在已有的模式库中找不到与之相匹配的模式时,主体就会出现识别困难。

在德国古典哲学中,康德的认识论被称为图式理论。他认为知识是由两种成分配合而成:一种是外来的感觉的杂乱无章的质料,另一种是内心的有条理的形式(图式),二者缺一就不会有知识。这好比必须有一模具(形式),再把银子的溶液(质料)注入模具之内,然后才能铸成银元一样。当我们的感官接受了自在之物的刺激。一方面产生了表象,另一方面促使我们的知性活动起来,对这些表象进行比较,把它们联系起来,或把它们分离,使感性印象的材料成为"关于对象的知识",这就是所谓经验。主体在没有经验之前,在观察事物以前,内心中已经有了一套先天的形式(图式)。因此,在观察事物的时候,主体就普遍地必然地会把观察到的感觉材料放人这种形式中去。这样,主体就得到了知识。

康德虽然承认"自在之物"的存在,但又认为人们是没有能力认识自在之物的,主体的认识对象只能是由形式加质料而形成的经验内容或现象。

智者的图式理论和康德的图式理论虽然非常相似,但还是有区别的:在认识的对象上,智者认为认识对象就是大千世界事象的本身;康德则认为人们对于事象本身是没有能力认识的,认识的对象只能是经验内容或现象。由此决定了智者是一元论的可知论者,康德是二元论的不可知论者。

最后,智者认为要达到思维与存在的同一,认识必须通过正、反、合三个阶段。所以他在《摩诃止观》卷一中说:

当知一念,即空即假即中,即空、即假、即中,虽三而一,虽一而三,不相妨碍。三者皆空者,言思道断故;三种皆假者,但有名字故;三种皆中者,即是实相故。

这段话的意思是说:我们应当明白,认识到的事象的现象和事象的本质是圆融同一的,现象、本质、现象和本质的同一,三者是不能分离的,它们虽然有三个名称,其实是同一的;虽说是同一的,但又可以从三个方面去说明,它们之间互不妨碍,我们之所以说它们都是空的,是因为事象本身是不能用名言概念描述的;我们之所以说三者都是假的,那是因为它们的名字都是权且施设的;我们说三者都是中,这是因为事象的现象和本质是同一的,事象的真实相状能够被我们认识。

智者虽然认为思维与存在有同一性,主体认识能够达到与客体相符合的境界,但认识的进程却要经过正、反、合三个阶段。这便是他著名的"一心三观"。

第一观,空观。智者认为,主体不能执着于大千世界的生动、具体的现象上,应该去把握事象的本质,这样才不至于被表面现象所蒙蔽。

第二观,假观。空观虽然打掉了对事象的执着,破除了世俗迷见,认识从具体进入抽象。如果认识光停留在这一层面,就会空空如也。认识必须进入抽象的具体,才能在看破红尘的制高点返观事象的生动具体的种种差别。

第三观,中观。"初观用空,后观用假,是为双存方便。入中道时能双照二谛。"智者认为空观和假观都只是为了双存的方便,即认识必须经过的阶段。但这二观不能"双照"二谛,都存在片面性。只有进入第三阶段的中观,才能消除两边偏见,使主体的认识与事象的实相达到一致,亦即使思维与存在达到同一。

在智者看来,只要从现象进入本质,再从本质返观现象,最后达到现象和本质的辩证统一。通过这个正、反、合三阶段,主体就获得了真理性的认识——把握了事象的实相,思维和存在达到同一,主体的认识和客体的实相相符合。智者是一位可知论者,认为人有能力认识客体世界。

在德国古典哲学中,康德把客体世界分成现象世界(此岸世界)和本质世界(彼岸世界),认为主体只能认识现象世界没有能力认识本质世界,把认识本质世界的任务留给了信仰,陷入了二元论的不可知论,从而否认了思维和存在的同一。康德否认思维和存在同一的思想遭到了黑格尔的批判,黑格尔运用正、反、合的辩证思维,论证了思维与存在具有同一性。

黑格尔哲学的主体就是"绝对精神",绝对精神在最初阶段是作为纯粹思维的存在,在运动中把自己"外在化"为自然界,建立了自身的对象,最后又扬弃了自然界而回复到自身。所以绝对精神发展的三个阶段就是正、反、合的辩证运动过程。

绝对概念辩证运动的第一阶段,即正(肯定)阶段。黑格尔认为,任何一个最初的、最直接的概念在自身中都包含有对它自己的否定方面,每一个概念都既是它自身又是另一个概念。

第二阶段,即反(否定)阶段。由于第一阶段的"正"自身已包含着"反",正、反引起内在矛盾,因而促使正转化为自己的对方反。

第三阶段,即合(否定之否定)阶段。合是正、反两个方面的结合,这种结合不是机械的相加,而是辩证的统一。在这种统一中,主体与客体、思维与存在达到了同一。

智者的三段论和黑格尔的三段论有许多相似之处:首先,他们都主张肯定与否定的对立统一关系。如黑格尔认为,在第一阶段的肯定中已包含对自身否定的因素,在第二阶段的否定因素中亦包含了否定之否定因素,在第三阶段达到对立的统一。智者也强调空观与假观相即不二(即对立统一)认为它们既相互包含又相互排斥,所谓"无假则空难立,无空则假亦浅",要把握空观和假观的对立统一关系,必须进入中观。其次,他们都把意识作为第一阶段,自然界作为第二阶段,把思维与存在的同一作为第三阶段。黑格尔把绝对观念作为肯定阶段,智者把空观作为第一观。黑格尔把绝对观念外化的自然界作为否定阶段,智者把假观作为第二观。黑格尔把合看成是肯定与否定的辩证统一,智者把中观看成是对空观和假观的双照。

以上,通过对智者一念三千思想三个层次的分析,以及与德国古典哲学中费希特、康德、黑格尔的哲学思想进行比较,说明智者的一念三千是哲学上思维与存在同一的命题。倘若这个立论成立,那么中国对哲学上"思维与存在有无同一性"问题的讨论,比西方要早一千多年。

二、天台佛学中的现象学色彩

现象学是二十世纪产生于德国的一种哲学,它的代表人物是 E·胡塞尔。第二次世界大战以后,现象学传播到西班牙、意大利、英国、美国、加拿大、日本等国,直接启发和推动了存在主义哲学。著名的存在主义哲学家海德格尔、萨特等人同时又都是现象学家。当我们系统地研究距今已有一千多年的天台宗佛学思想时,如果把它与现象学作一番比较的话,就会发现二者之间有惊人的相似之处。本节就把这二者之间的相似性表述为"天台佛学中的现象学色彩"。

(一)现象学的返回"事物本身"和天台宗的返观"实相"

胡塞尔也像笛卡尔一样,认为首先应当通过一种方法,找到哲学的出发点,或"第一原理"。他十分敬佩笛卡尔在知识领域中持一种批评、怀疑的态度,但又指责笛卡尔的方法不够彻底,这是因为:第一,当一个人怀疑特殊事物的存在时,他实际上是在相信世界的存在这个框架内进行怀疑的;即使将这种怀疑贯彻到底,至多也只能得出否定世界的存在这个结论。第二,笛卡尔把"我思故我在"作为确实无疑的第一原理,从普遍怀疑的方法中引出"我"是一个现存的思维实体,把"我思"作为哲学的出发点。这样一来,就必然会产生思维实体(自我、心灵)怎样与思维实体(物质、肉体)相互关系的问题,即导致心、物分裂的二元论。

胡塞尔要求有一种崭新的方法,这种方法将对世界提供一种彻底改变了的观点。这种方法就是他所谓的返回"事物本身"。胡塞尔所说的"事物"并非指客观存在的物理客体,而是一个人所意识到的任何东西,不论是物理的还是心理的。胡塞尔把所有这些呈现在意识中的东西都称为现象。可见,所谓返回"事物本身"就是返回到现象,也就是返回到意识领域。面向事物本身是胡塞尔现象学的一个基本观点。胡塞尔认为,哲学的研究既不应当从物质出发去解释精神,把精神还原为物质;也不应当从精神出发去解释物质,把物质还原为精神。只有回到事物本身,也就是回到现象,以此作为哲学研究的出发点,才能避免心、物分裂的二元论,避免传统的唯心论或唯物论。因此在现象之中既有意识到的物质的东西,也有意识到的精神的东西。

天台佛学把"实相"当做认识之开始的最高目标和认识之结束的最后归宿。它的所谓实相,也就是事物本身的"真实相状",它指的事物,是从佛到人乃至一切事象,即所谓三千,既包括物理的又包括心理的。天台宗讲的实相与胡塞尔的事物本身极为相似。

一实谛者,即是实相。实相者,即经之正体也。如是实相,即空假中。即空,故破一切凡夫爱论,破一切外道见论。即假,故破三藏四门小实,破之人共见小实。即中,故破次第偏实。

智者的这段话是说,实相是唯一正确的,它可以击破"凡夫爱论"、"外道见论"、"三藏四门小实"、"次第偏实"等不全面的看法。胡塞尔认为,只有返回事物本身,才能避免心、物分裂的二元论,避免传统的唯心论或唯物论。天台佛学反对心、物分裂,认为既不应当从心出发去解释法,把法归结为心,也不应当从法解释心,把心归结为法。智者在《摩诃止观》卷五上说:

此三千在一念心。若无心而已,介尔有心,即具三千。亦不言一心在前,一心在后……若从一心生一切法者,此则是纵;若心一时念一切法者,此即是横。纵亦不可,横亦不可,只心是一切法,一切法是心故。

这段话很清楚地表明,不可把一切法归结为心,亦不可把心归结为一切法,如果采用纵说、横说,都是有失偏颇的。

(二)现象学的"悬置"和天台佛学的"止"

胡塞尔认为,要返回事物本身,必须采取一定的方法。为此,必须抛弃我们以前所采取的方法,而运用现象学的还原方法。

现象学的还原方法首先要求我们抛弃对世界采取"自然的态度"和"科学的态度"。前者是指一个人在日常生活中通过种种自发的活动与他所生活在其中的这个世界打交道、相关联,而从不怀疑这个世界的实在性。后者是以一种中立的方式研究自然界,排除人与世界相关涉的那些主观的因素、主观的作用,人与世界是一种纯客观关系。科学态度把人的经验范围缩小了,即只限于物质的自然。无论是自然的态度还是科学的态度都没有对世界从根本上作出理性的解释,因而都不涉及哲学的基本问题,所以说是一种"前哲学的态度"。

哲学态度不同于前哲学态度,它要探究这个世界的根本、本原。所谓现象还原就是要把人们从前哲学态度引向哲学态度。为了实现这种转变,胡塞尔提出具体的方法和步骤,并使用了许多比喻性术语。

胡塞尔首先使用了古希腊怀疑派哲学家所使用的"ep-och"一词,意思是"中止判断"或"将判断悬置起来"。他认为,必须把对于世界的自然的观点和科学的观点统统悬置起来,存而不论,这便是所谓现象学的悬置。胡塞尔认为,自然的态度、科学的态度都是以某种预先的假设作为前提的,并且往往把自己的假设扩大开来,用来解释一切实在,因而歪曲了对世界的根本认识。胡塞尔指出,正是这许多的假设阻碍着人们返回事物本身,真正的哲学应当是没有任何预先假设的,也就是没有任何先决条件(前提)的。现象学的悬置就是把种种假设搁置起来,使人摆脱这些假设干扰,从而澄清被各种假设所充塞了的人们的认识,也就是使人们能转向意识的内容本身。

天台佛学也和现象学一样,反对把人们所生活于其中的那个世界看成是实在的,把经验的感觉当做真实,以某种预先的假设为前提条件,并且把它扩展开来,用来解释一切实在。天台宗把这些东西称为无

你也能大成就

明、妄执、妄见，认为就是这些东西阻碍了人们对实相的把握。认为"诸法虽实非有，但以虚妄因缘而有生灭之相"，"妄执虚相以为事实"，这个世界所呈现的一切都是妄想所执之境。产生妄执、妄境的原因是人们为无明染法所覆、所熏。如何去掉无明、还熏净心呢？像现象学的悬置一样，天台宗认为："若无无明即无妄想，若无妄想即不成妄境。"由此，天台宗提出了"止"的方法。故《大乘止观法门》云：

　　所言止者，谓知一切诸法从本已来，性自非有，不生不灭，但以虚妄因缘故，非有而有；然彼有法，有即非有。唯是一心，体无分别，作自观者，能令妄念不流，故名为止。

　　这段文字说明止有"除"与"灭"的作用，它可以消除传统流行的看法，可以灭无明和妄境。这种作用是肯定的，"除染故染业即灭……法界法尔有此相除之用，何足生疑"，"是故修习止行即能除灭虚妄纷动，令此心体寂静离相"。这种修行功夫也叫"除障"。念动息灭，即名为止。当人们排除了对感官经验世界的虚妄执着后，就可以观诸法实相了。

(三)现象学"本质的还原"与天台宗的"观照论"

　　胡塞尔认为，通过现象学悬置，人们就能使意识摆脱种种前哲学的假设，结果他们就会意识到，呈现在意识中的现象不仅有事物的感性的、具体的、外在的那些东西，而且有该事物的一般、共相的东西，胡塞尔将后者称为本质。他认为，本质并非像现象主义者所认为的那样，是隐藏在现象背后的东西，也不是超越个别事物而存在的"天赋观念"和"心灵的构造"。本质是观念的、先验的，但又是直接地呈现在意识中的，也就是在现象中的；是现象中的稳定的、一般的、变中之不变的东西，也就是所谓诸变体间不变的"常项"。胡塞尔主张，必须承认变中有不变者，相对之中有绝对者，本质便是这种不变者和绝对者，因此，本质具有普遍性、必然性。胡塞尔认识到，只有这种本质才能为科学知识提供可靠的基础，使之具有普遍性、必然性。这样，胡塞尔就把现象学发展为"本质的科学"，把现象学的方法发展为"本质的还原"。

所谓本质的还原并不是一个演绎或归纳的过程,也就是说,并不是一种逻辑的方法,而是一种直觉(直观)的方法,所以胡塞尔也把本质的还原称为"本质的直觉"。胡塞尔所谓的直觉就是直接地看、审视自己的意识领域,从呈现在意识领域内的现象之中,排除那些感性的、具体的、偶然的和混杂了虚假成分的或被歪曲了的东西,即非纯粹的现象,从而将纯粹的现象,也就是直接呈现在意识中的事物本身描述出来,这种纯粹的现象是非具体、非感性的,也就是本质。因此,所谓本质的还原或直觉,也就是通过反省自己的主观意识获得事物本质的方法。本质的直觉(直观)不同于感性直观,因为后者是在感性的具体的经验的意义上直接地"看",它所获得的是感性材料的东西;而前者是非感性的、非具体的、非经验的直接地"看"。胡塞尔认为他的本质还原的方法既避免了经验主义又避免了唯心主义。

天台佛学也主张用止的方法,排除感性的、具体的、偶然的和混杂了虚假成分的或被歪曲了的东西,再用返观心源的方法直观(直觉)事物本身的真实相状(实相)。由此,智者在圆寂前口述《观心论》一卷,以作为对门人的最后交代。智者的弟子灌顶作《观心论疏》,把观分成两种:次第三观和不次第观。

次第三观(空观、假观、中观)的特点是可思议的,即把主客体放在对立的位置上,并用名言概念可以描述的,是认识的初级阶段,是权且施设的方便说法,是为进入不次第观作铺垫的。要把握事物的实相,必须通过不次第观才能达到,不次第观的特点是不必借助名言概念,主客融一的,全部、绝对的一种认识。不次第观又叫观照论。

通过比较,我们可以看出,现象学本质的直觉和天台宗的观照论是极为相似的。

(四)现象学的"先验构造"和天台宗的"一念三千"

胡塞尔认为,本质和现象是不可分割的,现象之中就有本质,本质就是一种现象。同样,他认为,思想和物、意识和意识的对象也是不可分割的。这便是现象学的一元论和意识的一元论。按照他的一元论，意识存在着一种基本结构，即意向性。所谓意向性就是指意识活动总是指向某个对象，不存在赤裸裸的意识，意识总是对某种东西的意识。意识离开它的对象，离开这个世界就是无，就没有意义；但对象、世界也不能没有意识，离开了意识，对象世界也不具有什么意义。二者关系是对应的、相互的，二者之间的关系是构成过程。

胡塞尔指出，人所经验的世界是十分复杂的，包括许多方面的层次、区域、结构和关系，必须将这些不同的方面综合、统一起来，经验世界才具有意义。而这种统一，正是通过意识的活动实现的。意识的这种积极能动的活动就是所谓构造。他还强调，意识的这种构造活动是先验的。先验的构造是意识的一种形式能力、规范能力。胡塞尔特别强调时间意识，认为时间性是先验意识的关键因素。因为只有通过时间意识，人们才能把握同一个对象的过去、现在和将来的各种不同的景象和经验的不同层次，才能使对象的印象在经验之中被统一起来。

首先，天台佛学也主张思想和物、意识和意识的对象是不可分割的，是一元的。用天台佛学的语言表述："能明了空、假、中即一而三，即三而一，一空一切空，一假一切假，一中一切中，这就是如来行。""三谛虽三而一，虽一而三，不相妨碍。"圆融三谛的实质在于相即不离、纯一实相。

其次，天台佛学也主张意识和对象、世界之间的关系是构成的过程。人们所经验的世界的各个层次、区域、结构和关系，都是通过意识活动，才把它们综合统一起来，才使经验世界显得有意义。天台佛学把这种关系表述为一念三千，一念表示意识积极能动的构造活动，三千表示世界的各个层次、区域、结构和关系的综合和统一。

胡塞尔的精神现象学主要是抨击实证主义的。他认为科学在实质上只能相对于人而言才有意义，才有价值，科学是要为人服务的，但实证主义把科学与人分离开来，与人的精神生活相割裂，使科学失去了目的、意义和价值。因为在实证主义者看来，科学所面临的世界只是一大堆事实的总和，是一个与人无关的，因而也谈不上有什么意义与目的的世界。科学只是描述经验事实，所谓科学规律只是经验事实之间的不断重复出现的或相似的联系和关系。大概也正因为如此，当今西方社会科学昌明的时代，却对东方的佛学发生了莫大的兴趣。

第十六章

佛陀世界的庄严净土

净土思想并不仅属于净土宗,也不只局限于《无量寿经》、《观无量寿经》、《阿弥陀经》、《净土论》这三经一论的宝典;在许多大乘经论里都提及净土法门,都可以看到净土思想的信仰。

其中以弥勒菩萨的净土思想为最早。东晋时代,净土宗初祖慧远大师的师父道安大师,与他的弟子法遇等八人,唐朝的玄奘大师及窥基大师,近代的虚云和尚、太虚大师、慈航菩萨,都发愿要往生弥勒净土。正因为有诸位大师的广为推崇,弥勒净土的思想才得以发扬光大。

第一节　五乘共法的兜率净土

五乘共法的净土，指弥勒菩萨的兜率净土，位于欲界第四天，分内、外二院，外院居住仍有五欲乐的天人，内院则是补处菩萨等圣贤集居的地方，是一个清净庄严的净土。后身菩萨于中教化，多修善足，所以又称为善足天。

众多净土当中，唯独兜率净土是广摄末世凡夫，不论出家在家，一切众生只要发愿，都可以上升兜率净土。在兜率内院里，弥勒菩萨经常为无量大众宣说佛法。若能往生兜率净土，便可见到弥勒菩萨，将来更能随佛下生人间，继续见佛闻法，并且将人间转化为善根成熟、解脱自在的人间净土。

一、弥勒菩萨的本愿

弥勒菩萨在因地修行时，以慈心利他为出发点，发愿让一切世间不断佛种，所以又名"慈氏"。又据《弥勒菩萨所问本愿经》载，菩萨在因地修行时发愿："使某作佛时，令我国中人民无有诸垢瑕秽，于淫怒痴不大，殷勤奉行十善，我尔乃取无上正觉。"

弥勒菩萨住在以大慈心建立的兜率净土，为众生讲说佛法。经中描述弥勒菩萨是位没有断除烦恼，没有修习禅定的出家人。他之所以表现出这种风格，主要是让大家明白，菩萨的修行应该着重于现实世界的布施、持戒、忍辱、精进、慈悲、智慧等等。若修习禅定，令自己断除烦恼而不广度众生，便会落入小乘，不能慈悲具足，福德圆满。由此我们可以清楚地了解弥勒菩萨积极救世的大乘菩萨精神。

释迦牟尼佛曾为弥勒菩萨授记，预言他将下生人间，于龙华树下成佛，分三会说法，度尽一切有情众生。从佛陀的授记和预言中，我们知道行菩萨道的人，是由利他中完成自利，继而成就佛道的。

二、兜率净土的殊胜

弥勒菩萨的兜率净土，与我们的娑婆世界比起来，有许多殊胜的地方：

(1)寿命绵长，有天寿四千岁，约人间五十七亿六百万岁。

(2)身长四由旬，非常高大。

(3)有殊胜的欲乐。

(4)有安隐的定力。

三、兜率净土的特色

(1)慈悲喜舍：弥勒菩萨常怀着四无量心，特别护念摄受娑婆世界的众生，所以愿在堪忍的秽恶世界，建立庄严美好的净土，加被欲界的众生，使不离娑婆而生净土。弥勒菩萨与释迦牟尼佛当初同时修行，而佛陀早已成佛，弥勒迄今犹在内院中修习菩萨道，这是由于发心不同所致。弥勒明标"不修禅定，不断烦恼"，实为利益他人，修广大菩萨行，留惑润生，在他的世界里，永远是欢欢喜喜、随缘随众的慈悲喜舍。

(2)近易普及：兜率净土离娑婆世界很近，同样在欲界，修行比较容易，只要皈依三宝，清净持戒，如法布施，再加上发愿往生，称念南无当来下生弥勒佛，就能往生兜率净土，不必像极乐净土，念佛要达到一心不乱的程度。而且，往生兜率净土，不一定要发菩提心和出离心，只发增上生心的人天善根，也能随愿往生。弥勒菩萨也常普应众生的根机，说人天、二乘、菩萨不同的法门，普及一切众生，让人人都能获益。

(3)见佛闻法：得生兜率净土者，可以面见弥勒菩萨，听他说法而得不退转，见佛闻法的速度比极乐净土快速，兜率净土犹如一座华丽巨大的讲堂，除了弥勒菩萨昼夜六时说法，也有天女、乐器、树声、水声等各种声音，时时在演说佛法妙音。

(4)回智向悲：兜率净土的殊胜，是由弥勒菩萨的慈心度众所形成，他不住常寂光土，不去净智庄严的世界，而在欲界天中建立净土，广度一切有情，是因为欲界众生沉沦欲海太深，不易超脱，弥勒菩萨才以他无边的智慧，回向娑婆世界的众生，让大家得以度化。

四、兜率净土的修学法门

往生净土的法门很多，兜率净土法门是比较容易修学的。除了具备信愿行三种最基本的资粮之外，在行持方面必须具足以下的条件：

1.六事行法：

(1)精勤修行各种功德，恭敬三宝，孝顺父母，感念师长，悲悯一切众生。

(2)保持威仪，严守戒律及自住轨则。

(3)扫塔涂地，修饰道场，整理佛塔。

(4)香华供养，以衣服、饮食、卧具、汤药等用品供给所需要的人。

(5)修持三昧闻思定等行门，收摄身心，去除妄想杂念。

(6)读诵佛教经典，演说修习十法门。

2.五种因行：

(1)受持五戒。

(2)受持八关斋戒。

(3)出家众受持具足戒。

(4)身心精进,不求断结(烦恼)。

(5)修十善法,并一一思维兜率净土的妙乐。

3.日常修持法:

(1)每日虔诚讽诵《佛说弥勒上生经》。

(2)半月诵《瑜伽菩萨戒》。

(3)每日研究《瑜伽真实义品》。

(4)称念弥勒如来名号。

(5)发上升兜率净土的愿心。

求生兜率净土,并不是去享受兜率天的欲乐,而是去亲近弥勒菩萨,等到弥勒菩萨下生人间的时候,参与龙华三会说法的盛会,见佛闻法,断除烦恼,了脱生死。

事实上,弥勒菩萨的思想理念,主要是着重在人间净土的实现,人们却往往急于求生兜率净土,而忽略了当来下生弥勒菩萨的这个人间净土。大家何不安住在此世间以佛菩萨为榜样,一起来发愿将娑婆世界转化为人间净土呢?

第二节 大乘不共法的极乐、琉璃净土

一、极乐净土

(一)阿弥陀佛的本愿

阿弥陀,是无量寿、无量光的意思。阿弥陀佛以圆满、不可限量广摄一切功德,并以佛的智慧、愿力、光明拔济一切众生。

自古以来,阿弥陀佛的净土思想就已深入民心,我们可以从"家家弥陀佛,户户观世音"这句话中看到民间信仰阿弥陀佛的普及。古德云:"诸经所赞,尽在弥陀。"《观无量寿佛经》、《般舟三昧经》说:"观阿弥陀佛成就,即见一切佛。"可见阿弥陀佛表现了一切佛的究竟果德。

在各种大乘经论中,虽广说十方诸佛净土,称扬其为广大易行道,但特别称扬赞叹的是弥陀极乐净土,认为各种法门中,最为殊胜的是称念阿弥陀佛的圣号,往生极乐净土。阿弥陀佛所表现的特色,是他在因地修行时立的四十八大愿,以无边的悲愿功德,展现极乐世界,并且肯定地誓称:不论任何人,只要信赖弥陀愿力,愿生极乐世界,称念阿弥陀佛圣号,不问一日、二日乃至七日,以及十念,专诚虔敬,一心不乱,就能为阿弥陀佛所加持,往生极乐世界。就算带业往生,在极乐净土里修学,不论时间多长,一定能了脱生死,成就无上菩提,故弥陀净土最为殊胜。阿弥陀佛的四十八大愿:

(1)国无恶道愿——愿我国中无有三恶道的重苦。

(2)不入恶道愿——愿我国中的人天,于寿终后,得往生他方,而不复没入三涂恶道。

(3)身真金色愿——愿我国中的人天,身皆金色。

(4)形色相同愿——愿我国中人天的形色均为一类,无有人天、美丑等差别。

(5)宿命智通愿——愿我国中的人天悉得宿命通,了知过去因缘。

(6)天眼普见愿——愿我国中的人天悉得天眼通,能见十方无量佛国,无有障碍。

(7)天耳普闻愿——愿我国中的人天悉得天耳通,能闻十方诸佛的法音而受持。

(8)他心悉知愿——愿我国中的人天悉得他心通,能遍知众生心念。

(9)神足无碍愿——愿我国中的人天悉得神足通,于一念顷即可至十方佛国。

(10)不贪其身愿——愿我国中的人天,皆不起贪爱其身的想念。

(11)住定正灭愿——愿我国中的人天,悉住于正定聚,以至灭度。

(12)光明无量愿——愿我的光明无量,普照十方佛国,无有障碍。

(13)寿命无量愿——愿我的寿命无量,利益众生亦无尽。

(14)声闻无数愿——愿我国中的声闻无量无数。

(15)随愿修短愿——愿我国中的人天,其寿命除由本身愿力外,皆无限量。

(16)不闻恶名愿——愿我国中的人天,不闻一切不善之名。

(17)诸佛称扬愿——愿十方诸佛称扬我的名号。

(18)十念必生愿——愿十方众生,若至心信乐欲生我国,乃至发往生的十念,皆悉得往生。此愿是四十八愿中最重要者,所以有愿王、王本愿之称。

(19)临终接引愿——愿十方众生,发菩提心,修诸功德,至心发愿,欲生我国,临命终时,我与圣众必现前接引。

(20)欲生果遂愿——愿十方众生,闻我名号,系念我国,将诸功德至心回向,欲生我国,则果愿必遂。

(21)三十二相愿——愿我国中人天,悉具足三十二相。

(22)一生补处愿——愿他方国的诸菩萨,来生我国,除其本愿自在所化外,余皆必至一生补处。

(23)供养诸佛愿——愿我国中诸菩萨悉承佛力,得于一食顷即遍至十方佛国,供养诸佛。

(24)供具随意愿——愿我国中的菩萨于供养诸佛时,所欲求的一切供养具,皆如意现前。

(25)演说妙智愿——愿我国中的菩萨,皆顺入佛智而说一切智。

(26)那罗延身愿——愿我国中的菩萨,皆得金刚那罗延身。

(27)一切严净愿——愿我国中的一切人天、万物都严净微妙,形色特殊,即使得天眼者,亦不能辨其名数。

(28)道树高显愿——愿我国中的菩萨,乃至少功德者等,都能知见道场树的无量光色及高广。

(29)诵经得慧愿——愿我国中的菩萨,都受持讽诵经法,得辩才智慧。

(30)慧辩无限愿——愿我国中的菩萨,智慧辩才无可限量。

(31)国土清净愿——愿我国土清净如镜,照见十方诸佛世界。

(32)宝香妙严愿——愿我国中的万物,都由无量杂宝及百千种妙香合成,闻其香者皆修佛行。

(33)蒙光柔软愿——愿我的光明,照触十方世界众生,令得身心柔软。

(34)闻名得忍愿——愿十方世界的众生,闻我名字,证得无生法忍及诸深总持。

(35)脱离女身愿——愿十方世界的女人,闻我名字,欢喜信乐,发菩提心,厌恶女身,寿终后不复受女身。

(36)常修梵行愿——愿十方世界诸菩萨,闻我名字,寿终后常修梵行以成佛道。

(37)人天致敬愿——愿十方世界诸菩萨,闻我名字,欢喜信乐修菩萨行,诸天世人也都致敬。

(38)衣服随念愿——愿我国中的天人,欲得衣服则随念而至。

(39)乐如漏尽愿——愿我国中的天人,所受的快乐有如漏尽比丘。

(40)树中现刹愿——愿我国中的菩萨,随意得于宝树中照见十方无量严净的佛土。

(41)诸根具足愿——愿他方国土的诸菩萨,闻我名字,诸根具足,无有缺陋。

(42)清净解脱愿——愿他方国土的诸菩萨,闻我名字,得住于清净解脱三昧,于一念顷,可供养无量诸佛而不失其定。

(43)生尊贵家愿——愿他方国土的诸菩萨,闻我名字,寿终后得生尊贵之家。

(44)具足德本愿——愿他方国土的诸菩萨,闻我名字,欢喜踊跃,修菩萨行,具足诸德本。

(45)住定见佛愿——愿他方国土的诸菩萨,闻我名字,得住于普等三昧,常见一切诸佛,直至成佛。

(46)随愿闻法愿——愿我国中的菩萨各随志愿而闻法自在。

(47)闻名不退愿——愿他方国土的诸菩萨,闻我名字,得至不退转。

(48)得三法忍愿——愿他方国土的诸菩萨,闻我名字,得三法忍(喜、悟、信),于诸法不退转。

(二)极乐净土的殊胜之处

阿弥陀佛的极乐净土之所以成为众生所向往的地方,因为它有许多殊胜之处:

(1)时空无限:在极乐世界里,有无量的寿命和无限的空间,慧命亦如光明一样,遍满一切。就时间来说,没有寒来暑往,气候永远是清

凉舒适的,而且每个人都能飞行自在,没有空间狭窄、拥挤、侵略等问题的困扰,大家在时空无限的世界中快乐自在地生活。

(2)生活逍遥:极乐世界的人生活非常逍遥美满,不会像人间为了每天的衣食问题而感到不自在,他们以"禅悦为食",也就是只要以眼、耳、鼻、舌、身、意六识,念佛、念法、念僧就可以使身体饱满,不一定要吃饭才能填饱肚子。所穿的衣服则是随心所感而"思衣得衣",住的是黄金铺地、七宝所成,美仑美奂的华宇宫殿,真是舒服极了!

(3)社会和乐:极乐世界物质上永远没有匮乏,人际关系上没有人我是非的纷争,诸上善人聚会一处,社会和乐,也没有阶级的划分和男女的关系,人与人之间一律平等,互相尊重,互相关爱。尤其大家都是莲花化生,不但没有身体的老、病、死苦,连心中的贪、瞋、痴苦也没有,因此,个个身心清净,到处呈现出一片安乐祥和的气氛。

(4)融汇一体:《阿弥陀经》里的清净大众,每日清晨,各以衣祴盛众妙华,供养十方佛国,将宽广的整个西方极乐世界化为天涯若比邻的景象。人与人之间更不分彼此,秉着你中有我,我中有你的平等观念,相亲相爱,以无相的慈悲、无对待的慈悲、无贪求的慈悲以及积极的慈悲去对待一切有情,将整个极乐世界融汇一体,成为人们理想中的大同世界。

(三)净土三资粮

修持净土法门的人,必须具备信、愿、行三大资粮,才得以往生西方极乐净土。

(1)信:《华严经》说:"信为道源功德母,长养一切诸善根。"我们要相信阿弥陀佛的依正功德,相信阿弥陀佛的慈悲愿力和念佛法门的殊胜功德,做到一心不乱,自然能往生极乐。因为有信心才会有力量,有信心才会有智慧,唯有坚定的信仰,才能成就一切。

(2)愿:愿由信来,信心坚定以后,更要发大菩提心,以"上求佛道,下化众生"的愿心来称念佛号,这样才能与阿弥陀佛的四十八大愿相应。此外,更要回向发愿,将自己所修的一切福德智慧、功德资粮,全部发愿回向往生西方,回向所有的有情众生都能往生极乐净土。

(3)行:信愿行三资粮如鼎三足,缺一不可。在行方面,我们要抱着为了生死而求生彼国的精进心,以及对阿弥陀佛四十八大愿毫不怀疑的信心,专心一意地称佛圣号,仗着佛力的加被护持而得到念佛的受用。

阿弥陀佛这句万德洪名,包含了无限的功德,日常生活中称念阿弥陀佛圣号,不但方便,而且时时可以称念修持,时时可以收摄放逸的身心。因此,我们应该时常称念"南无阿弥陀佛"圣号。

二、琉璃净土

(一)消灾延寿药师佛

消灾延寿药师佛又名药师琉璃光如来、大医王佛、十二愿王,是东方净琉璃世界的教主。

药师佛身旁有日光、月光二菩萨胁侍左右,他们是一生补处的菩萨,也是琉璃净土无量众中的上首。有时候,药师佛的两边是观音、势至二菩萨,或是文殊师利、观音、势至、宝檀华、无尽意、药王、药上、弥勒等八大菩萨为其侍者。

药师佛在过去世行菩萨道时,曾经发十二大愿,使众生解除疾苦,能够诸根具足,道入解脱,成就佛道。十二大愿是:

(1)人人如佛;

(2)成就事业;

(3)资生充足;

(4)安住大乘;

(5)戒行清净;

(6)六根具足;

（7）无病迫害；

（8）具丈夫相；

（9）具足正见；

（10）不受王法所录；

（11）饮食丰足；

（12）衣服不缺、不受蚊虫寒热逼恼。

此外，根据《药师琉璃光如来本愿功德经》记载，如果有人身患重病，死衰相现，眷属可于此人临命终时，昼夜尽心供养礼拜药师如来，读诵《药师如来本愿功德经》四十九遍，燃四十九灯，并造四十九天的五色彩幡，其人便可得续命。药师佛的誓愿不可思议，而且愿愿都是针对现实人间的缺陷，所积极创造的一个理想世界，所以普为娑婆世界的众生所欣求信仰。

（二）琉璃净土概况

（1）民生丰富：药师如来的琉璃净土，是一个经济不必忧愁，民生物质非常丰富的地方。在那里到处都是金银财宝，到处都是富丽堂皇的建筑物。人民的衣食住行，极其方便就可以获得。

药师琉璃净土的众生，因为亲近药师如来，知道修福，所以他们招感的福德因缘也极其顺利。可见琉璃净土的确是个民生安乐，物资富足的理想世界。

（2）社会净化：药师净土是个众生净化、社会净化的地方，在那里没有男女相，没有恶人迫害，都是诸上善人聚会一处。因此没有家庭纠纷，没有男女问题的烦忧，更没有地狱、畜生、饿鬼等恶趣，到处是一片安乐祥和的景象。

（3）政治清明：药师琉璃净土没有刑罚，没有牢狱，没有贪官污吏，现实社会中所看到的抢劫、暴力、贩毒、青少年犯罪、行贿等问题，都不可能在药师佛的琉璃净土中出现，所以那里是个政治清明、治安良好的地方。

(4)身心康乐:药师琉璃世界的每一个人身体都非常健全,生活都很快乐,不必为医药卫生而忧愁,尤其是与无上医王的药师如来在一起,不但没有身体上的各种疾病,连心理上的贪瞋痴也没有,人人身心康泰,完全在解脱圣道上精进用功。

第三节　人间佛教的华藏、唯心、人间净土

一、华藏净土的特色

《大方广佛华严经》中的华藏净土，是以清净法身毗卢遮那佛为教主，是个具足无量相海功德所庄严的妙境。在华藏净土中，三世诸佛同为一际，一一毛孔中涵容法界，一切境界都是重重无尽，甚深广大。能体会这种净土，一刹那就是永恒，微尘里包含广大无边的世界。所以在华藏净土中，须弥纳芥子，芥子纳须弥，小中有大，非中有是，秽中有净，短暂就是长久，动中不失其静。此外，华藏净土可以用四点特色来说明：

（1）重重无尽：在一花一世界，一叶一如来的净土中有无量微尘，在微尘中能现无量三千大千世界，所谓"一尘一法界，一界百千如"。在华藏净土中，有无限的世界，无限的光明，无限的诸佛，所谓"光中无限宝，宝中无限佛"。

（2）事理圆融：事和理圆融无碍，种种事相上的差别，与宇宙的本体并不冲突。从事法界来说，宇宙万物，各种现象千差万别，各不相同。从理法界来讲，万物真如本体只有一个，也就是全宇宙唯有一心而已。从理事无碍法界来看，现象与本体是一体不二。若从事事无碍法界来说，万物具备体和用，虽然各自缘起，守其自性，但彼此之间，有从多缘相助成一缘者，有从一缘又遍助多缘者，互相利用交涉，事事无碍，所

以又称为无尽法界。

(3)性空平等：在华藏净土里，圣凡平等，生佛平等，自他平等，心物平等，无论什么东西都是平等的。光光相摄，光光无碍，虽然是一粒微尘，却包括了整个世界；虽然是一个微生物，却可显现一切众生。生活在华藏净土，没有人我的纠纷，也没有发生纠纷的可能，因为众生心中可以包容一切。

(4)自他兼济：华藏净土中的大家都拥有一颗利己利人的大愿心，从普贤十大愿中，我们可以知道普贤菩萨的愿行是尽未来际永不休止的，他的十大愿不仅对圣贤，也是对自己、对一切众生而发，由普贤菩萨的恭敬、悲心、愿力，甚至言行，都可以看出华藏净土中自他兼济的伟大精神。

二、唯心净土

(一)唯心净土的认识

"佛在灵山莫远求，灵山就在汝心头；人人有个灵山塔，好向灵山塔下修。"这首偈语是说我们的心是一座充满宝藏的灵山，储蕴着无比丰富的资源，而众生愚痴，不知道开采自性的宝藏，反而舍本逐末，向外寻找宝物，这是非常可惜的。日常生活中，由于我们的一念无明，我们的心忽而逍遥于天堂，忽而沦落于地狱，上上下下，载浮载沉，好不痛苦。世间上，也有不少人的形体虽然自由来去，但是心被私情私欲的枷锁所束缚，失去了自由，成为一个自由而不自在的人。

那么，要怎样才能使我们的心得到快乐自在呢？如何才能让这个人间成为一片净土呢？我们信仰佛教的人，应该以自己的信仰来创造心中的"唯心净土"。因为在唯心净土里，人人心中有佛，而且性净意纯，虽然身处地狱，如同在天堂里一样的快乐；在唯心净土里，燠热中可以安坐，苦难中也能自在，因此，要让自己生活在天堂里，让世界化为净土,就应该虔修唯心净土。

(二)如何建设唯心净土

世间的生活中,存有苦乐、有无、顺逆、穷通、得失,起伏很大。如何在起伏不定的生活中,调适我们的心境,并将之转化为唯心净土呢?在生活中应该做到以下四点:

(1)随遇而安:在生活中能随遇而安,有也好,无也好;多也好,少也好;甚至光荣也好,羞辱也好,都不会太计较穷通得失、顺逆有无,遇到任何事情都能接受,任何地方都能安住,只要能够随遇而安,何处不是净土?

(2)随缘生活:在唯心净土里,或早或晚;或和好人相处,或遇坏人;或在寒冷乃至酷热的环境中,善与不善的因缘里,我们都能随缘生活。

(3)随心自在:在唯心净土里,如观世音菩萨的观自在一样:观人自在,不管与任何人相处都很自在;观事自在,遇到任何事情都能自在;观境自在,对一切境界都能自在;观理自在,对一切道理都能通达自在;观时自在,任何时刻都能自在,安住在唯心净土的自在中。

(4)随喜而作:在唯心净土里工作,每一个人都抱着欢喜、快乐的心情工作,自然安然愉悦,不会苦恼计较。

三、人间净土

(一)人间佛教的人间净土

佛教是以人为本的佛教,佛陀在各种经论中一直强调:"我是众中的一个。"《维摩诘经》说佛国、佛土在众生身上求,离开了众生,就没有佛,离开了群众去求道,是没有道可求的。六祖大师说:"佛法在世间,不离世间觉;离世求菩提,犹如觅兔角。"所以,我们想要成佛,必须在人道磨炼、修行,因为只有人才能成佛,其他诸道中是无法成就佛道的。

我们从《法华经》和《阿含经》中都可以看到赞叹人身难得以及人间可贵的譬喻,既然人间是如此的重要,为什么我们要将希望寄托于未来的净土,而不把目前的世间转化为安和乐利的人间净土呢?我们为什么要追求不可知的未来,而不去落实现实国土的身心净化呢?

人间佛教的人间净土是当生成就的净土,人间佛教的人间净土认为入世重于出世,生活重于生死,利他重于自利,普济重于独修;人间净土不仅继承传统,而且适合时代潮流,更是未来的光明,人间的佛国,因为在人间净土里的大众懂得把握因缘,深信自己生存的世间就是人间净土!

(二)人间净土的思想

(1)持五乘共法是人间净土的思想:在佛教的五乘中,人天乘的佛教重于入世,声闻缘觉乘的佛教重于出世。而人间净土是具有人天乘入世的精神和声闻缘觉乘出世的思想。人间净土是以菩萨道为目标,自利利他,自度度人,自觉觉人。因此,五乘佛法的调和,也就是人间净土的思想。

(2)守五戒十善是人间净土的思想:如果一个团体、一个社会、一个国家都能奉持五戒,这个国家必定是个大家理想中的净土。因为五戒的不杀生,不侵犯他人,尊重他人生命,生命也就能自由、长寿;不偷盗,不侵犯他人财产,财富也就自然会增加;不邪淫,不侵犯他人的身体、名节,家庭也就能和谐安乐;不妄语,不侵犯他人的名誉、信用,社会自然就没有纷争;不饮酒,对自己的身体、智慧不去伤害,身心也就能得到健康。十善是五戒的扩大,只要大家一起受持五戒十善,天下自然太平和乐。

(3)发四无量心是人间净土的思想:四无量心就是慈、悲、喜、舍。佛教要我们慈悲,因为慈悲能受到每个人的尊重,慈悲能降伏人心,让大家心悦诚服；佛教富有喜乐的性格、欢喜的精神，在人间净土里面，到处散布着欢喜的种子，因此大家在佛法中过着幸福美满的日子。另外，人间净土是讲求牺牲和奉献的，因此利他的性格和慈悲喜舍的精神是人间净土的主要内容。

(4)修六度四摄是人间净土的思想：布施有多种，有语言的布施、有容貌的布施、有内心随喜的布施等等，在一个法治的国家，奉公守法就是持戒；彼此忍让，使社会井然有序就是忍辱；对工作认真负责，不苟且，精益求精是精进的表现；凡事从容不迫、不计较就是一种禅定的功夫；处众圆融，懂得运用方法表现智慧就是生活中的六度。另外，四摄中的赞美、鼓励、欢喜的布施结缘，给人帮助，给人方便和多为他人着想，都是人间净土中普利大众的基本思想。

(5)信因缘果报是人间净土的思想：在任何时刻，我们都要怀着一颗感恩的心，感谢因缘，感谢大众成就我，因为懂得感恩，才能享受富足的人生。在因果之前，人人平等，谁也逃不了因果业报，尤其是人间佛教的佛法，应该建设人人有因果的观念，如此，社会就不必要警察来维持治安，因为因果就是自己法律的准则。

(6)行禅净中道是人间净土的思想：禅净、中道是人间净土的主要内容。说到禅，历代的祖师们，参禅都不求成佛，只求开悟。在人间悟道以后，当下的生活能够解脱，能够安住身心，能够获得身心的自在，明心见性也就满足了，所以禅者是最有人间性了。

净土也是一样，净土行人希望求生净土，也是要现世念佛，念佛功夫不够，是无法往生的，所以把现实的世界作为立足点，老实念佛、修持，别无捷径。尤其对现代家庭，对忙乱的社会人生，净土是安定我们身心的良方。假如能够禅净双修，更能契合人间佛教的思想。

中道思想里的"空有融合"智慧，可以直接契入世间的实相，有了中道的般若智慧，就能在现世生活中幸福快乐。

所以，人间净土的思想是：

(1)持五乘共法是人间佛教；

(2)守五戒十善是人间佛教；

(3)发四无量心是人间佛教；

(4)修六度四摄是人间佛教；

(5)信因缘果报是人间佛教；

(6)行禅净中道是人间佛教；

　　如果人人都能依此修学，人间即净土，净土就在人间，这就是人间佛教的人间净土。

第十七章

生活禅与人间佛陀世界

第一节　从生活禅的人道到佛道

生活禅是当代高僧净慧老和尚在人间佛教教理教义的基础上,应当下时空与人类文明的发展相契合而提倡并创立的,净慧老和尚现任中国佛教协会副会长、河北省佛教协会会长、赵县柏林禅寺退居、湖北当阳玉泉寺退居,黄梅四祖寺住持、黄梅老祖寺住持,政协河北省委员会七、八、九届常委,全国政协第九、十届委员会委员。担任《法音》主编期间,净慧法师了解了佛教与社会相适应的新情况,更开阔了他的视野。驻锡赵县柏林禅寺后,净慧法师根据佛陀"普度众生"的本怀,近依太虚大师"人间佛教"的思想,创办《禅》刊,接引众生,弘扬以"平常心、本分事"著称的赵州禅师的禅风。1991 年,更提出了日后闻名遐迩的"生活禅"理念。从 1993 年起,他每年在柏林禅寺举办"生活禅夏令营",倡导以"觉悟人生,奉献人生"为宗旨的生活禅,在佛教界和社会上产生了广泛的影响。

生活禅即将禅的精神、禅的智慧普遍地融入生活,在生活中实现禅的超越,体现禅的意境、禅的精神、禅的风采。提倡生活禅的目的在于将佛教文化与中国文化相互熔铸以后创立具有中国文化特色的禅宗精神,还其灵动活泼的天机。在人间的现实生活中运用禅的方法,解除现代人生活中存在的各种困惑、烦恼和心理障碍,使我们的精神生活更充实,物质生活更高雅,道德生活更圆满,感情生活更纯洁,人际关系更和谐,社会生活更祥和,从而使我们趋向智慧的人生、圆满的人生。学佛的目的就是因为我们生活在世间,有许多迷惑的问题要求得到解决,所以要学佛法;修行的目的就是因为我们生活中有种种烦恼、

种种痛苦要求得到解脱，所以要修行。离开了每个人具体的生活环境，不断除每个人当下的无明烦恼，学佛、修行都会脱离实际，无的放矢。所以佛教界要经常强调，我们学佛、修行的人必须把佛法净化人生（利乐有情）、净化社会（庄严国土）的精神，完整地落实在生活中，落实在工作中，落实在做人的分分秒秒中；要使佛法的精神具体化，要使自己的思想言行与自己的信仰原则融为一体，实现法的人格化，在生活中修行，在修行中生活。我们每个佛弟子能够如是学，如是修，自行化他，令未信者信，已信者增长，就能够使正法住世，佛日增辉，法轮常转。我们之所以要提倡生活禅，其原因即在于此。

生活的内容是多彩多姿的，禅的内容同样是极为丰富圆满的，而禅与生活（或生活与禅）密不可分。这种密不可分的关系，既反映了二者的实在性，同时也展现了二者的超越性；而人们面对生活进行禅的体验所介入的对象又是无所不包的。正因为如此，我们只有从多角度透视禅的普遍性，才能真正认同生活禅这一法门的如实性和可行性。从自然现象来说，满目青山是禅，茫茫大地是禅，浩浩长江是禅，潺潺流水是禅，青青翠竹是禅，郁郁黄花是禅，满天星斗是禅，皓月当空是禅，骄阳似火是禅，好风徐来是禅，皑皑白雪是禅，细雪无声是禅。从社会生活来说，信任是禅，关怀是禅，平衡是禅，适度是禅。从心理状态来说，安详是禅，睿智是禅，无求是禅，无为是禅。从做人来说，善意的微笑是禅，热情的帮助是禅，无私的奉献是禅，诚实的劳动是禅，正确的进取是禅，正当的追求是禅。从审美意识来说，空灵是禅，含蓄是禅，淡雅是禅，向上是禅，向善是禅。当然，还可以举出更多现象来说明禅的普遍性，仅此我们就可以发现，禅作为真、善、美的完整体现确实是无处不在。

我们的生活充满着禅意和禅机，所谓"神通及妙用，运水与搬柴"。但大多数人由于自我封闭，意识不到自身具有体验禅的潜能，这就叫做"百姓日用而不知"。这里我们不防拈两则古人以日常生活为契机而说禅、悟禅和行禅的公案，有助于加深对生活禅的理解。晚唐时期有一

位龙潭和尚,他的师父是天皇道悟禅师。他在师父身边呆了很长时间,天天侍候师父。他觉得日子一天天过去了,师父并没有给他指示禅机心要。有一天,龙潭和尚向师父发问道:"某自到来,不蒙指示心要。"他师父却说:"自汝到来,吾未尝不指示心要。"龙潭问:"何处指示?"师父说:"汝擎茶来,吾为汝接;汝行食来,吾为汝受;汝和南时,吾便低首,何处不指示心要?"龙潭听了师父的开导,低头良久不语。师父说:"见则直下便见,拟思即差。"龙潭在师父逼拶的这一瞬间,不容思量卜度,当下心开意解,悟道见性了。于是他又进一步请教师父:"如何保任?"师父说:"任性逍遥,随缘放旷,但尽凡心,无别胜解。"

这则公案清楚地告诉我们这样一个事实:作为禅者的生活,处处都流露着禅机,学人只要全身心地投入进去,处处都可以领悟到禅机,处处都可以实证禅的境界。同样重要的是,这则公案还告诉我们,悟后的保任功夫是"但尽凡心,无别胜解"。在生活中体验禅的关键所在是要保持一颗平常的心,所谓平常心是道。下面的一则公案所包含的深刻内容,对怎样在生活中保持平常心或许会有所启发。有源律师问慧海禅师:"和尚修道还用功否?"师曰:"用功。"曰:"如何用功?"师曰:"饥来吃饭,困来即眠。"曰:"一切人总如是,同师用功否?"师曰:"不同。"曰:"何故不同?"师曰:"他吃饭时不肯吃饭,百种须索;睡时不肯睡,千般计较。所以不同。"禅者的吃饭、睡觉与一般人的吃饭、睡觉有着这样大的差距,这就是我们还不能在穿衣吃饭的日常生活中体验禅的根本症结所在。我们如果去掉吃饭时的"百种须索"和睡觉时的"千般计较",我们当下就可以与历代祖师同一鼻孔出气。生活中的禅是如此灵动和现成,自然界又何尝不是呢?如果满天星斗不是禅,释迦牟尼佛就不可能因睹明星而觉悟成佛;如果潺潺流水不是禅,洞山良介禅师就不可能因过小溪睹水中影而打破疑团;如果郁郁黄花不是禅,灵云禅师也不可能因见桃花而开悟。大自然到处都呈现着禅的空灵与恬静,悠远与超越,真实与现成,所以陶渊明能留下"采菊东篱下,悠然见南山"的千古绝唱,苏东坡能留下"溪声尽是广长舌,山色无非清净身"

的禅苑清音。在中国古典诗词的汪洋大海中，深含禅意的佳篇名句俯拾即是。像王维的："行到水穷处，坐看云起时。"宋代一位比丘尼的悟道诗："尽日寻春不见春，芒鞋踏破岭头云。归来偶拾梅花嗅，春在枝头已十分。"特别是苏东坡的《琴诗》，直接就是老僧谈禅，空灵绝妙："若言琴上有琴音，放在匣中何不鸣？若言声在指头上，何不于君指头听？"天公造物，缘灭缘生，无处不呈现着禅的生命。

　　昔有座主问南阳慧忠国师："古德曰：'青青翠竹，尽是真如；郁郁黄花，无非般若。'有人不许，是邪说；亦有人信，言不可思议。不知若何？"师曰："此盖是普贤、文殊大人之境界，非诸凡小而信受。皆与大乘了义经意合。故《华严经》云：'佛身充满于法界，普现一切众生前，随缘赴感靡不周，而恒处此菩提座。'翠竹既不出于法界，岂非法身乎？又《摩诃般若经》曰：'色无边故，般若无边。'黄花既不越于色，岂非般若乎？此深远之言，不省者难为措意。"在禅者的心目中宇宙是完整的，精神与物质是一体的。所以禅者认为"何处青山不道场"，四时美景充满禅机："春有百花秋有月，夏有凉风冬有雪，若无闲事挂心头，便是人间好时节。"我们的生活到处充满着禅意与禅境，我们每个人本来都应该生活得非常轻松愉快，潇洒自在，但我们大多数人并没有这种感受，相反地，都觉得生活很累、很累。是什么原因呢？实在是我们的闲事太多太多了，所以才觉得人间没有好时节。如果我们从生活中找回禅的精神（其实它从来没有离开过生活），让生活与禅打成一片、融为一体，人间的佛陀生活便是佛陀净土世界了。

一、生活禅与人间佛教的修学

　　学佛，就是向佛学习，以佛为我们的模范而学。佛是怎样修学而成的，我们也这样照着学。学佛，是离不了修持的。持是受持，是"择善而固执之"的意思。修是熏修，是依着受持的佛法去学习。照中文的训释，如修身、修理等,修有改正的意思。依佛法,修是熏发义;由于学习,能熏发现在与未来的善根,叫做修。人间佛教行者应如何修持呢?人间佛教是整个佛法的重心;而"这一论题的核心,就是人、菩萨、佛——从人而发心学菩萨行,由学菩萨行而成佛"。在《人间佛教要略》中,印顺对此次第作出了说明,而着力强调第一次第即入菩萨行。他认为,如泛说学佛,而不从佛的因行——菩萨道着力做起,怎能达成目标?等于要作一毕业生,必定要一级一级学习起,次第升进,才能得到毕业。学佛也是这样。菩萨道所经历的过程,可略分三个阶段,即凡夫菩萨、贤圣菩萨、佛菩萨。第三阶段的菩萨,是证得大乘甚深功德、与佛相近似的八地以上菩萨。第二阶段的菩萨,已发菩提心,已登菩萨位,从贤入圣,修大悲智行,上求下化——这即是三贤到八地的阶位。第一阶段,是新学菩萨,是凡夫身初学发菩提心,学修菩萨行。其菩萨心行的根柢薄弱,可能还会退失,是在修学信心的阶段。《仁王经》称此为十善菩萨,也即是十信菩萨。一旦菩提心成就,就可进入不退菩提心的贤位。以人间凡夫的立场,发心学菩萨行,略有两点特征:一是具烦恼身:凡夫是离不了烦恼的,这不能装成圣人模样,开口证悟,闭口解脱,要老老实实地觉得自己有种种烦恼,发心依佛法去调御它、降伏它。凡依人身而学发菩提心,学修菩萨行,务要不夸高大,目眩神奇。依人身学菩萨行,应该循序渐进,起正知见,薄烦恼障,久积福德。久之,自会水到渠成,转染成净。二是悲心增上,初学发菩萨心的,必有宏伟超迈的气概。菩萨以利他为重,如还是一般人那样急于了生死,对利他事业漠不关心,那无论他的信心怎样坚固,行持怎样精进,决非菩萨种姓。经上说:"未能自度先度他,菩萨是故初发心。"应以这样的圣训时常激励自己,向菩萨道前进。

在《华雨集·契理契机之人间佛教》中,印顺对此有详尽的说明。三心是菩提心、大悲心、空性见。发(愿)菩提心就是以成佛为理想为目标,立下自己要成佛的大志愿。发大菩提心,先要信解佛陀的崇高伟大,智慧的深彻(智德)、悲心的广大(悲德),心地的究竟清净(断德)。深信佛法有彻底解脱的正道,所以志愿修菩萨行成佛,以净化世间、解脱众生的苦恼。发大悲心是菩萨行的根本。佛道是以解脱众生生死苦迫为最高理想的。悲心要从众生的相互依存，到自他平等、自他体空去理解修习。空性见是佛法的特质。空性是缘起的空性。一切依缘起，都是相对的，故是无常。缘起无常，所以是苦——不安隐而永不彻底的。无常故苦，所以无我。无我即无我所，就是空。在大乘空相应经中，缘起即空性，空性即缘起，空性是真如等的异名，不能解说为无的。在菩萨行中，无我、我所空，正如缘起而不着相，是极重要的。没有"无所得为方便"，处处取着，怎么能成就菩萨的大行！菩提心、大悲心、空性见——三者是修菩萨行所必备的。切勿高推圣境，要从切近处学习起！

从学佛的立场说，一切法门都可说是菩萨的修学历程。适应众生的修学方法千差万别，然其实质可以用三句义来统摄而会归于一道。这就是学佛的三大心要，或统摄一切学佛法门的三大纲要。印顺《学佛三要》专论此三道要，这就是《大般若经》所说："一切智智相应作意，大悲为上首，无所得为方便。"一切智智或名无上菩提，学者心心念念与无上菩提相应，这就是菩提(信)愿——愿菩提心的别名。大悲是见众生的苦痛而想度脱他。"菩萨但从大悲生，不从余善生"，所以，大(慈)悲心，实在是菩萨行的心中之心。无所得是般若慧，不住一切相的真空见。孕育于悲愿中而成长的空慧，不是沉空滞寂，是善巧的大方便。有了这，才能成就慈悲行，才能成就无上菩提果。所以，菩提愿、大悲心、性空慧，是菩萨道的真实内容，是菩萨所以为菩萨的真实功德。菩萨学行的三要，是不可顾此失彼的。然初学时，不妨从一门(或二门)而来。有的好为哲学、心理学、论理学等学理的探讨，接触到佛法、认识佛法的正确深奥，因而发心学佛，这是从智慧门入。有的好为社会福利事业、乐于为善，与佛教的人事相接近，赞仰佛法的慈悲，因而发心学佛，这是从慈悲门入。有的宗仰三宝功德的不可思议，或由于佛菩萨的感应，因而发心学佛，这是从信愿门入。由众生根性而言，大概是贪行人从慈悲门入，瞋行人从智慧门入，痴行人从信愿门入。进入佛门后，若想升阶登堂，学菩萨正行，必须三事齐修。《大涅槃经》与《大毗婆沙论》都说:"有信无智,增长愚痴;有智无信,增长邪见。"可见信与智一定要双修,不能偏失。

二、从释尊生平看人间佛教

伟大的佛陀,诞生于二三千年前古印度迦毗罗卫国的释迦王族,青少年时期受过良好的宫庭教育,享受人间的五欲之乐,并得到"悉达多"王子的尊称。但丰裕的物质生活,却激发了他对现实人生的思考:众生的自相残杀,身世的糊涂渺茫。这种世间大苦的感觉,使他不再漠视于惨酷的人间,毅然地踏上了一条追寻真理与解脱人生苦迫的大道。经过六年的修定与苦行,并未正觉人生的实相,因此否定了定乐与苦行非解脱之本,从而以敏锐的智慧力,广大的慈悲力,无限的精进力,由中道的缘起观,在菩提树下,彻悟了人生的真谛,得到无上的解脱,成为人间的佛陀。

释尊不忍人间长此的黑暗,不忘出家的初心,在波罗奈的鹿野苑,开始为五比丘说法,推动了不共世俗的四谛法轮。崇高的超脱,平淡的现实,在释尊是那样的和谐统一。他从不把自己当作是至高无上的领导者,也从不鄙弃任何一个众生。一次,释尊到僧伽的住宿处巡寮,见一比丘病了,衣服卧具染满了粪尿。佛问他说:"你的同参道友呢"?"跑了!"他痛悔的又说:"过去人有病时,我没有照应人,故今日我有病,也无人照应我。"比丘说着感到无比的伤心。释尊慈悲关切地安慰比丘说:"你不要难过,我会照应你的。"说着就把比丘的粪尿洗净,给他汤药。别人虽然遗弃了他,可是释尊对他一样的关怀、护念。这种不舍一众生的伟大精神,唯有佛的广大慈悲才能做到。释尊的弟子,有王公、大臣、后妃,也有屠户、妓女、土匪与奴隶;有读遍四韦驮与十八大经的名学者,也有三个月读不熟一偈的文盲;有威仪庠序的耆年大德,也有嬉笑跳跃的顽皮童子。释尊的生活,一切随缘,不但着粪扫衣,也受名贵的金缕玉衣;不但粗食,也常受百味食的供养;不但是树下座,也住给孤独园的高楼重阁;不但独住山林,也与成百上千的比丘共住。出外托钵,化不到食,也空着钵回来。有人将洗锅沉淀下来的饭糁,恭敬地拿来施佛,佛也照常欢喜地吃下。释尊是人,与人类一样的生、老、病、死、饮食、起居、眼见、耳闻;唯一不同的是,佛陀正觉缘起而得解脱,所以,虽有同人类一样的生活,却无人类的那种执着。释尊的教化,风行恒河两岸,他的足迹遍布迦毗罗卫等十六大国。在八十岁那年,释尊从摩揭陀到毗舍离,渐渐游行至拘尸那,受纯陀最后供养,度最后弟子须跋陀罗,于双林树间为弟子们做最后的教诲,便寂然入灭了。释尊诞生在人间,修行在人间,成佛在人间,说法在人间,入灭也在人间,所以,《增一阿含经·等见品》中释尊说:"诸佛世尊,皆出人间,非由天而得也。"因此,当我们今天在弘扬人间佛教的思想时,首先应正视佛出人间,为人说法的重要意义。真正的佛教,是人间的,唯有人间的佛教,才能表现出佛法的真义。我们是人,需要的是人的佛教。

三、契理契机的人间佛教

从佛法流传于人间的事实来说,佛教即是释尊在人间的教化。但从释尊三业示导的事用流行、延续、扩展与演变来考察,原本在人间的佛教,却逐渐蜕化为他方世界天国龙宫等神秘虚玄的传说。佛涅槃后,佛弟子出于对佛的永恒怀念,在事相上,发展为对佛的遗体、遗物、遗迹的崇敬;如舍利造塔,佛钵相传,四处(生处、成佛处、转法轮处、入涅槃处)巡礼等种种怀念方法;在意识上,从真诚的仰信中传出了释尊过去生中的大行——譬喻与本生,出世成佛说法的因缘。这些传说,与现实人间的佛——释尊似乎有些距离,但因为弟子们诚挚地怀念与恋慕,在生死流转相续的信念与因果理则下,自觉不自觉地接受了释尊过去生中的修行事迹,及可敬可颂、可歌可泣的伟大行为。同时,对佛陀的永恒怀念,引出了理想的佛陀观,于是就有了十方佛(菩萨)与十方世界的传说。现实人间的佛陀的灭度,再也无法满足弟子们的需要,弥补他们那痛失依怙的空虚的心灵,由此,传出过去七佛、二十四佛乃至无量无边的佛(菩萨),而与释尊同时的弥勒,则在未来于人间成佛。在三世诸佛、十方世界的思想影响下,弟子们对人间成佛的释尊也有了一番新的认识:释尊在过去久远劫修菩萨道,即遇燃灯佛为之授记,号释迦牟尼佛。人间的佛陀,在本生、譬喻、因缘、未曾有的传说中,逐渐演变为释尊在久远劫前早已成佛,现在不过是人间示现而已。这样,"法身常在"与"法身不灭"的思想,又广泛地在人间流行起来。"寿量无边际",是佛身常在的根本论题。"色身无边际",是佛的无所不在。"威力无边际",是佛的无所不能。"一刹那心了一切法,一刹那心相应般若知一切法",是佛的无所不知。"佛化有情无厌足心",是一直在关怀众生,无休止地济度有缘众生。于是,现实人间的佛陀,成了一位无所不在、无所不能、无所不知,而又永恒常在的佛。生身虽灭,法身常在的思想,是在佛灭后百余年间出现的。由于佛弟子对佛陀的极度怀念和高度的崇敬渴仰,因此,在部派佛教时代,人间的佛陀观,也有了根本的改变:首先是佛陀的丈六色身,超过了一般人的想象之外而无有边际,这可说是超空间而不为空间所限制的佛身观。从佛陀的寿命说,八十岁就入涅槃的释尊,是佛陀的化身;以佛陀的真身说,佛寿是无边际、无数量的,在这个世界灭了,在另一个世界又现起,一生一灭,都是应众生根性而示现的。这可说是超时间而不为时间之所限制的佛身观。佛身即是那样崇高伟大,佛寿又是那样的无边无际,从生命体上所发出的威德神通之力,也自然是不可思议的。这样看来,释尊便成为常在、遍在、全知、全能的存在者。可是,从现实人间来说:佛的生身,是父母所生的。在没有成佛以前,是这个身体,成佛以后,也还是这个。佛的色身,与一般人一样,要饮食,也有大小便,也要睡眠。佛曾有背痛、头痛、腹泻等病,也曾服过药。佛的身体,也曾受伤出血。年老了,皮也皱了,最后也要为无常所坏。印顺导师在《佛在人间》一文中说:佛陀是人间的,我们要远离拟想,理解佛在人间的确实性,建立起人间正见的佛陀观。佛是即人而成佛的,所以要远离俗见,要探索佛陀的佛格,而做面见佛陀的体验,也就是把握出世(不在天上)正见的佛陀观,这两者的融然无碍,是佛陀观的真相。在大乘佛教的发展中,如果说有依人乘发趣的大乘,有依天乘而发趣的大乘,那么,人间成佛与天上成佛,就是明显的分界线,佛陀是怎样被升到天上,我们还得照样欢迎到人间。人间佛教的信仰者,不是人间,就是天上,此外没有模棱两可的余地。请熟诵佛陀的圣教,树立你正确的佛陀观:"诸佛世尊,皆出人间,不在天上成佛也。"

释尊之所以被称为佛陀,不是由种族高贵、相好圆满、出家修道而来的,而是由体悟诸法实相,离一切戏论,证觉缘起的寂灭法性,即人身而成佛的。佛在世时,一切日常生活,都与常人无异,看不出有什么与常人不同的地方。可是,人毕竟是人,佛毕竟是佛。释尊是佛而人,人而佛的。人而佛,是指佛陀的"生身";佛而人,是指佛陀的"法身"。生身,即父母所生之身;法身,即以所觉证到的缘起法性为身。所以"即生身而体法身,法身不离于生身",二者融然无碍。唯有从缘起无碍的正观出发,才能真正地认识到人间佛陀之所以为佛陀的崇高与伟大。但遗憾的是,佛涅槃后,在佛法的长期流传中,由于佛弟子对佛的永恒怀念,不能正确把握"即人成佛"的真义,渐渐把佛理想化、神秘化,而失去了"如来两足尊(人)"的特色。由于不能立定佛在人间的本教,所以就出现了天上成佛的思想,如说:"色界究竟天,离欲成菩提。"天上成佛是真佛,人间成佛是化身。甚至传出,在人间的释尊,修行六年,不得成佛,于是转向摩西首罗天上的佛陀请教后,才得解脱,这是现实人间的佛陀而天化了。于是,印度的婆罗门教徒便说:人间的释迦牟尼佛,是化身,是大自在天的化身。这样弄得神佛不分,使佛教在印度,流于神秘、迷妄,走上了末路!印顺导师之《印度之佛教》第一章——印度佛教流变概观,对此有着精辟的批判见解:"夫人之所求者,现实人间乐,未来(人)天上乐,究竟解脱之三者而已。其即人事以向天道,以天道明人事者,神教也。即解脱以入世利生,依人间悲济之行以向解脱者,佛教也。解脱思想兴,则神教衰;天神崇拜盛,则佛教衰,此必然之理也。佛教原以反吠陀之精神,代婆罗门教而兴。初则'声闻为本'而重于解脱事。继起者以'菩萨为本',详悲智利济之行,以入世而向出世,佛教乃大成。惜佛徒未能坚定其素志,一转为忽此土而重他方,薄人间而尊天上,轻为他而重利己。融摄神教之一切,彼神教以之而极盛者,佛教以之而衰灭,(婆罗门教演化所成之)印度教又起而代之矣。"

初期的声闻乘,是以适应佛住世时代新兴宗教的思潮、根机而设化的,以出离心为本,侧重于出世的解脱行;不足以普应群机,亦不足以畅佛本怀。后期的如来乘,则受异教"梵我"思想熏染太深,融合了秘密神咒鬼神崇拜与世俗欲乐为妙道等一切迷妄信仰,无不兼收并蓄,蔚成风气,形成梵我之综合——祭祀、咒术、苦行或世俗欲乐的瑜伽行,而以真常大我(梵天——宇宙本体)的思想为归趣,一反根本佛教的精神。中期的佛教,以菩萨乘为本。以即人成佛的——立本于人乘而直向佛道的悲智并重的大乘菩萨行,为最契合于人间佛教的精神即人乘而直趣菩提的菩萨道,是释尊本教的正常开展,也是最中正的佛教法统,最契合于本怀的教旨。因此,现在提倡的人间佛教,应弘扬中期佛教之行解。因为中期的大乘佛教,注重于人间的积极救济的精神与利行,是重视现实的人间,重视从人而佛的。大乘法的发扬,是从为了适应人类,着重人行,发展为不碍人间正行的解脱,即向入世的人行的菩萨道而趣证佛果的圆满,这就是人间佛教——即人成佛的真义。

四、菩萨行的人间佛教

佛是由菩萨修菩提行而成就的,因此,从人而发心学菩萨行,由学菩萨行而成佛,是所有成佛者的必经之路。以释尊说,他的最初发心,是在古释迦时,当时他本人是个做陶器者,因见古释迦行化世间,感于佛陀的崇高伟大,布发掩泥,发菩提心,行菩萨道。从那时起,即以凡夫身修六波罗蜜,经三祇百劫,最后在人间成佛。从此可见,菩萨行是人间佛教的体现。怎样是菩萨行呢?只要有人住的地方,不问是都市、城镇、乡村,都应该到处去做种种利人事业,传播佛陀的法音,在不离世事、不离众生的情况下,净化自己,觉悟自己,使自利行在利他行的进程中完成,达到自利利他的统一。菩萨行是以利他为先导的,所以对身内的、身外的一切,不把它看做一己私有。事情做好了,不当做自己的;功德成就了,推向大众去,但问是否于人有益,不为自己着想,存着利他的悲心,而做有利于众生的事,就是实践菩萨行。

菩萨行的大纲,是菩萨布施于初发心时,即将一切舍与有情。不仅是财物,就是自己的身体、智慧也否定为私有的,奉献于一切,因为这是依于父母师长等而来。即以财物来说,再不看做是自己的。一切属于一切,自己仅是暂时的管理人。从世间缘成、世间共有的立场,为法为人而使用这些。就是修行的功德,也是由于佛菩萨的教导、由于有情的助成,也不能执为自己私有。愿将此一切归于——回向有情,等一切有情成佛,自己再成佛。"有一众生未成佛,终不于此取泥洹"。这样的布施,才是真正的菩萨行施。菩萨行的持戒,决非消极的不杀、不盗、不(邪)淫、不妄,而是以契合于真理的大智,随顺世间的大悲,方便的能杀、能盗、能淫、能妄,才能完满地实现菩萨行。譬如有人残害人类——有情,有情因此遭受极大的苦迫。如不杀这恶人,有情会遭遇更大的惨运;恶人将造成更大的罪恶,未来会有更大的痛苦。那么宁可杀这恶人,宁可自己堕地狱,不能让他作恶而自害害他。这样,应以慈悲心杀这恶人,这不是杀少数救多数,是普救一切。特别是对于作恶者的怜悯,因为要怜悯他,所以要杀他,但愿他不作恶业,不堕地狱。即使自己因此堕地狱,也毫不犹豫。杀害这人是道德的,是更高的德行,是自愿牺牲的无限慈悲。因此,不得说杀、盗、淫、妄,为佛法极严格的戒条,甚至说:一念盗心取即犯盗戒,一念淫心起即犯淫戒,谨严到起心动念处。但是,为了慈悲的救护,菩萨可以不问所受的戒而杀、盗、淫、妄。这

第十七章 生活禅与人间佛陀世界

样的犯戒，是合理的持戒，是究竟的持戒。此外，菩萨于忍辱、精进、禅定、智慧，一样地勇于修习。菩萨的自利利他行，一切都摄在这六度中。

菩萨的修行六度，出发于三心。三心是大乘信愿——菩提心，大悲心，空性见。菩提心即是以佛为理想、为目标，志愿修菩萨行成佛，以净化世间，解脱众生的苦恼。也就是常说的，上求佛道、下化众生的愿菩提心。大悲心，是菩萨行的根本。悲心，要从人类、众生的相互依存，到自他平等、自他体空去理解修习。如什么都以自己为主，为自己利益着想，那即使做些慈善事业，也不能说是菩萨行。空性见，即于缘起法，得世间正见：知有善恶，有因果，有业报，有凡圣。进一步知道世间的一切是缘起的，生死是缘起的生死。缘起是有引对性的，所以是无常。缘起无常，所以是苦。无常故苦，所以是无我的，无我也就没有我所，无我我所就是空。因此，菩提心、大悲愿、空性见，这三者是修菩萨行所必要的。依此三心而修行，一切都是菩萨行。初修菩萨行的，应以三心，修十善业道。在坚定菩提、长养慈悲心、胜解空性的正见中，净化身心，随分随力地从事利他事业，在利他中成就自己的菩萨行。

从人而学习菩萨行，由菩萨行修学圆满而成佛——人间佛教，为古代佛教所本有的，现在不过将它的重要理论综合地抽绎出来。所以不是创新，而是将固有的"刮垢磨光"。这是印顺导师在《人间佛教要略》中提出的人间佛教的思想观点。佛法虽普为一切有情而说，但真能发菩提心、修菩萨行而成佛果的唯有人类。唐朝宰相裴休的《圆觉经·序》说：一切众生都可以成佛，但六道中真能发菩提心而修菩萨行的，唯有人。所以，虽说众生都是佛法所济度的对象，而唯有人类，有智慧，有悲心，有毅力，最能承受佛法的熏陶，体悟真理而得正觉的自在。《增一阿含经》说："诸佛皆出人间，终不在天上成佛也。"佛不是天神，不是天使，更不是鬼怪，释尊曾说："我亦是人数。"佛是由人而成佛的，不过佛的断惑究竟，悲智功德一切达到无上圆满的境地而已。若从佛所证的诸法实相来说，本无所谓人间不人间的，佛出世或不出世，都是这样。佛时常说："是法非佛作，亦非余人作。"那么，他为什么要在人间成佛说法呢？这必须从人间的环境，人类的特性说起。

人在五趣中的地位是处中的。天上太乐，畜生、饿鬼、地狱——三途太苦，太乐容易堕落，太苦也无暇追求真理与自由。唯有苦乐参半的人间，知苦而能厌苦，有时间去考虑参究，才是体悟真理与实现自由的道场。同时，人类所有的特性，是与其他众生不共的：(1)人有知善恶是非礼义廉耻的惭愧心。有惭愧心，所以自顾不足，而有要求改善的向上心、有惭愧心，所以能克制自己情欲的冲动，为了他人的利益，能营为道德的行为。(2)人能从经验的记忆中，发挥出思考、推理、启发、抉择等的智慧，从而探求人生的奥秘，到达彻底的解脱。(3)人能忍受极大的苦难，为了达到某一目的，即使是牺牲自己也在所不惜。这三者，是其他众生，永远不能比拟的。也就因此，佛才出现于人间，为人说法。人生如此的优胜，难得生在人间，又遇到佛法，应怎样发挥人的特长，依佛陀所开示的方法，日求上进。在没有成佛以前，必须保持此优良的人身，依人身，求人身，不离人身而向佛道。

佛教是以人为本的宗教，《维摩诘经》说："菩萨随其方便，则成就众生；随成就众生，则佛土净；若菩萨欲得净土，当净其心，随其心净，则佛土净。"意思是说佛国、佛土在众生身上求，离开了众生，就没有佛，离开了众生去求道，是没有道可求的。佛陀在各种经论中也一直强调："我是众中的一个。"六祖大师更说："佛法在世间，不离世间觉；离世求菩提，犹如觅兔角。"我们要成佛，必须在人道磨炼、修行，经由人道才能成佛，在其他诸道中是无法成就佛道的。学佛的最终目标是成佛，但是要进趋佛果的前阶却是做人，所谓人成即佛成，把人做好了，佛果也就完成了。所以，如何健全人道，是我们学佛的第一道门槛。

五、人道的完成

做人的条件很多，儒家说的是忠信孝悌；佛陀告诉我们要行布施、持戒、禅定,这三者不但能让我们将人做好,并且能使我们进一步生至天上,因此这三者又叫"人天三福行"。不过,学佛最重要的,第一步要发心,心发则佛道堪成;其次要有坚定的信仰,有信仰才有力量。有了发心与信仰,进一步在生活中实践布施、持戒、禅定等修行,则人天福报具足,必能从人道渐次进入佛道。

(一)发心

在佛教里常常讲发心,所谓发心就是发下列三种心:

(1)发增上心:可以招感人天果报。

(2)发出离心:可以招感声闻、缘觉的果报。

(3)发菩提心:可以招感菩萨的果报。

我们希求人天果报所发的心,就是增上生心,也就是希望未来所得的果报,都能比现在更增胜一些。

《中阿含经》卷二十五《增上心经》,佛陀告诉弟子,欲得增上心,应该数数念于五相。所谓五相就是:

第一相:心与善相应,若生不善念时,就以此善念对治恶念,使其不生。譬如木匠以墨绳测木,以利斧治之令直。

第二相:若念善时,生不善念,则观恶念能带来灾患,观想一切恶念都是障道,是所以不能成正觉的因缘,如此恶念便不生起。譬如有人年少可爱,若以死蛇死狗等不净之物系于其颈,还有什么可爱的呢?这是以厌离对治恶念的方法。

第三相:若虽念善,恶念仍起;虽观恶念能障道,恶念仍生,此时应去除一切念。譬如明眼人在光明下可见各种东西,如果把眼睛闭上,即使有外境、有光明,则毫无所见,这是以不念对治恶念的方法。

第四相:若念善时,生不善念;观念恶患时,亦生不善念;不念念时,亦生不善念。这时,应以思行渐减其念。譬如有人急速行走,自忖,我何不徐步呢?即便徐行。又自忖,我何不停下来呢?当他停下来后,又想,我何不坐下来呢?正当坐下来时,心中又想,我可以躺卧下来。这是以渐减的方式对治恶念。

第五相：若念善时，生恶念；观念恶患时，亦生恶念，乃至不念念时，思行渐减时，恶念仍然不灭，这时只好咬紧牙关，所谓"齿齿相着，舌逼上腭，以心修心，受持降伏"。譬如两个大力士捉住一个瘦弱的贼人，他只好乖乖降伏了。

发心就是开发心田，佛经中常将我们的心喻如田地，心的田地如果不开发，纵使外缘具足，福德具足，也不能长出菩提之苗。就像一粒种子，没有好的田地，它就不能结出好的花果。所以，我们要开发心中财富、开发心地能源，必须从发心开始。世间上，发心有多大，成就便有多大，发心的力量不可思议。

（二）信仰

《华严经》说："信为道源功德母，长养一切诸善根。"信仰就是力量，一个人如果心中没有信仰，心灵没有皈依处，他的内心是空虚的，人生则如无锚之船，随波逐流。有了信仰，内心才会充实，生命才能圆满。但是，信仰不能植根于贪求上，而必须安住在长养慈悲道德、正信因果之上，这才是正确的信仰。

学佛的第一步为什么要皈依三宝，就是为了确定自己的信仰。信仰可净化我们的身心，可以增进我们的道德，可以升华我们的人格，可以做我们生活的指标，尤其可以发掘我们佛性的能源。佛陀在成道的时候，曾说"大地众生皆有如来智慧德相"，也就是说，众生皆有佛性。佛性就是成佛的性能，佛性是人人本具、个个不无，但是因为被无明烦恼遮掩，所以要靠自己去发掘，信仰就是开采佛性的方法。

《大智度论》说："佛法大海，唯信能入。"论中譬喻说："信仰的利益如手。"好比一个人进了宝山，山中蕴藏许多的宝藏，如果没有双手，就不能挖取宝物。同样的，我们学佛，好比进入佛法这座无尽的宝藏里，如果缺乏信仰，就无法坚定不移地埋头挖宝，依靠着信仰，才能获得其中的功用。因此，要想获得佛法的利益，一定要具备信仰。

(三)修行

佛法中,从发心、信仰,到究竟的证悟,尚需经过解行的修学过程。《大毗婆沙论》说:"有信无智,增长愚痴;有智无信,增长邪见。"《佛遗教经》说:"闻法而不行,如人数他宝,自无一分毫。"《楞严经》说:"虽有多闻,若不修行,与不闻等;如人说食,终不能饱。"在在说明佛教是解行并重的,既需要慧解,尤须付诸实践,如此才能获得实益。所以皈依三宝以后,进一步要受持五戒、十善。

五戒是不杀生、不偷盗、不邪淫、不妄语、不饮酒,是做人的基本道德。能不杀生,则得健康长寿;能不偷盗,则得大富大贵;能不邪淫,则能家庭和谐;能不妄语,则能受人赞誉;能不饮酒,则不乱性。

受持五戒而能持戒清净者,可说是众福之所归。由于能持净戒,现生不受国法,并且能受到社会的尊重,人天爱戴,天龙护持。

十善业也是德行的根本,十善业就是:不杀生、不偷盗、不邪淫、不妄语、不两舌、不恶口、不绮语、不贪欲、不瞋恚、不邪见。

十善业在大乘佛法中,属菩萨戒,同为人、天、声闻、缘觉等一切善行的根本。《海龙王经》说:"十善业道,是生人天,得学无学,诸沙门果,独觉菩提,及诸菩萨一切妙行,一切佛法所依止处。"一个人若能常行十善业,不但自己幸福快乐,社会也多了一份安宁祥和。

从受三皈,进而受持五戒十善,在修学的过程中,可以说又更上一层楼。在平时的生活中,如果能常行布施,广结善缘,常行禅定,以定得慧,则不仅是完成人道,更是向佛道迈进了一大步。

六、佛道的完成——修学菩萨五十二阶位

佛道就是解脱之道、菩提之道、涅槃之道。佛经上说,成佛要经过三大阿僧祇劫,也就是菩萨自初发菩提心,累积修行功德,以至成就佛

果,必须经历三大阿僧祇劫。其间必须经过十信、十住、十行、十回向、十地、等觉、妙觉等五十二个阶位,称为菩萨五十二阶位。分别是:

(1)十信:是信心、精进心、念心、慧心、定心、施心、戒心、护心、愿心、回向心。十信是因为菩萨在萌发上弘下化的菩提心之初,所修以信为主,故名十信。

(2)十住:是初发心住、治地住、修行住、生贵住、方便具足住、正心住、不退住、童真住、法王子住、灌顶住。十住是指菩萨于此安住其心,于六度等,行未殊胜,但得住名,故名十住。

(3)十行:是欢喜行、饶益行、无恚行、无尽行、离痴乱行、善现行、无着行、尊重行、善法行、真实行。此十位通名为行,是因为能行六度万行,则必能利益有情。

(4)十回向:是救护众生离众生相回向、不坏回向、等诸佛回向、至一切处回向、无尽功德藏回向、随顺一切坚固善根回向、等心随顺一切众生回向、如相回向、无着无缚解脱心回向、法界无量回向。此十位通名回向,是因菩萨能将所修,普皆回向给一切众生。

(5)十地:是欢喜地、离垢地、发光地、焰慧地、难胜地、现前地、远行地、不动地、善慧地、法云地。此十位所以通名为地,是因为菩萨能总摄能证之智与所证之理的功德以为自性,并依持所修行,令此自性得以生长。

(6)等觉:当菩萨修至第十地的法云地时,已经位邻佛果,仅比佛果略逊一筹,因此称为等觉,也就是等同正觉的意思。又名一生补处,表示次一生即将成佛。

(7)妙觉:妙觉指自觉觉他、觉行圆满的究竟佛果,因为它的境界奥妙不可思议,故名妙觉。

五十二阶位中,十信至十回向属第一阿僧祇劫,十地中的初地至第七地,属第二阿僧祇劫,第八地至第十地属第三阿僧祇劫。经过三大阿僧祇劫而修成佛果,也就是成就正等正觉。此时不但泯除人我关系,建立无人我对待,无我相、无人相、无众生相、无寿者相的平等观,并且能视一切众生如同亲人,以无缘大慈、同体大悲、怨亲平等的慈悲观包容一切众生;尤其能正观缘起,知道一切都是因缘法,一切众生都是累世的亲人眷属,因此能不执空有,不执生死,在无住观中超越时空的障碍,而证悟永恒无限的境界。这个境界,正是我们学佛人所追求超脱的境界。

因此,我们如能建立平等观、慈悲观、因缘观、无住观,以此为待人处事的依归,那么当下就是在实践"佛道在众生身上求"的佛道。

《法华经》中曾以"人身难得"的譬喻,来赞叹生而为人的可贵。《阿含经》说:"失人身如大地土,得人身如爪上泥。"这些都意谓人身的难得,人间的可贵。

生而为人,到底有什么可贵?根据佛经上说,人道有三事胜于三恶道及诸天:忆念胜、梵行胜、勤勇胜。有了这三个条件,加上人身有种种痛苦,而这些苦又是在我们"堪忍"的限度内,所以它不但不会障碍我们学道,反而会激发我们的精进勇猛心,成为学道的增上缘。因此,人道是成佛的枢纽。

"人身难得今已得,佛法难闻今已闻;此身不向今生度,更得何生度此身?"得生人身难,因此应该好好珍惜人身,好好把握今生,只要我们能把人做好,把人道完成,其实已经掌握到成佛的契机,已经迈向成佛之道了。

第二节　从入世到出世

佛法分世间法、出世间法，一般把世间法称作俗谛，把出世间法称作真谛。佛教虽然重视世间法，但是更重视出世间法。不过，人生在世，是不能离开世间法的，就是佛法也不能离开世间法。所以对于世间、出世间法，我们应该抱着"先入世、后出世"的态度，惟有把世间的问题解决了，才能出世；唯有先入世的人，才能出世，才能升华。

另一方面，要以出世的思想，做入世的事业。佛陀成道以后，不舍世间众生，仍然到处说法，把菩提的欢喜散播给大众，不求独乐，但求众乐，这就以出世的思想做入世的事业。所以，学佛应该要先入世后出世，然后再从出世而入世；具备出世的般若智慧之后，再积极从事入世的度众工作。

一、入世的生活

人既然不能离开世间而生存，也不能没有入世的生活，一般人的生活，大部分是过着：

(1)以物质为主的生活，因为物质占了我们生活的主要部分。

(2)以感情为主的生活，因为人是感情的动物，所以佛说众生为有情。

(3)以人群为主的生活，因为人不能离群而独居。

(4)以根身为主的生活，因为一般人都是依靠眼耳鼻舌身意（六根)去追求色声香味触法(六尘)的快乐。

人虽然过着物质的生活、感情的生活、群居的生活、根身为主的生活,但是物质是有限的,不能满足我们无限的欲望,所以我们要有合理的经济生活;人情是缺陷的,不能永远令我们满意,所以我们要有净化的感情生活;人群是利益冲突的,不能长久和平相处,所以我们要有六和的处世生活;根身是无常的,因缘会招感聚合离散,所以我们要有法乐的信仰生活。

(一)合理的经济生活

八正道中的"正命"告诉我们:身为佛教徒,必须从事正当的职业,过正当的生活,用正当的方法取得钱财。

所谓正命就是合理的经济生活;反之,经营不正当事业的生活,就是邪命的生活。譬如开酒家,逼迫别人从事色情行业;开赌场、贩卖人口、毒品、枪械,或者算命、卜卦、看相等。在《佛遗教经》中,佛陀曾指示佛教徒不应该仰观星宿,推算命运,因为这些都是不合乎因缘法则、不合乎正命的经济生活,都是佛法所不允许的。

有了正当的职业,正当的生活后,如果钱财有盈余时,佛法指示我们有几种的处理方式:

第一,要供养父母师长(约占全收入的十分之二)。

第二,要让妻子儿女衣食无缺(约占十分之四)。

第三,要扩展正当的事业(约占十分之二)。

第四,要有一些储蓄,以备不时之需(约占十分之一)。

第五,要布施、救济,以造福人群,广结善缘(约占十分之一)。

这就是佛教处理财富的方法。

(二)净化的感情生活

平常一般人只对自己喜欢的人好,遇到和自己有缘的人,甚至可以把自己的身心生命都交给他;自己讨厌的人,不但不肯多付出一丝关心，甚至还要打击、伤害他。一个学佛的人，要有无缘大慈，同体大悲、怨亲平等的精神，对待众生要能从有缘的感情做到无缘的感情；甚至别人对我不好，只要有意义、有价值，应该平等施予欢喜，施予关怀，不必计较得失利害。学习观世音菩萨的"千处祈求千处应，苦海常作渡人舟"的大慈悲精神，升华感情，与众生同体，这就是净化的感情生活。

（三）六和的处世生活

佛教称出家人为僧伽，就是僧团的意思，又叫"和合僧"。因为僧团是本着"六和敬"的精神，在追求智慧与行事度众方面都能和谐相处。

"六和敬"可以作为我们待人接物的处世之道。

（1）见和同解：这是思想的统一。在佛教里，大家对佛法有共同的认识，以佛法为行事的最高标准，每一个人能够捐弃个人的成见、执着，建立相同的共识。见和同解运用在社会中，我们每一个人对于国家的律法制度、行事政策要能认同，在思想见解上要能统一，以免意见分歧，背离轨道。

（2）利合同均：这是经济的均衡。僧团中如果有施主财施供养，不可私自独享，要交由僧团集中处理，大众共有。利和同均运用在社会上，让有钱的人帮助穷困的人，有力量的人扶助弱小的人，建立一个安隐均富的社会。

（3）戒和同修：这是法制的平等。僧团遵守着共同的戒律，日常生活中，我们每一个人都要遵守国家的法律，不拥有特权，在法律规章之前，人人平等，养成奉公守法的习惯，公平合理的生活。

（4）意和同悦：这是心意的开展。在日常生活中，大家要培养开阔的心胸和心意的和谐，不要比较人我得失，不要计较是非利害。心意的和悦，就是人间净土。

（5）口和无诤：这是语言的亲切。人与人相处之所以会有不悦、误会等事情发生，大都是从言语上引起的，因此，说话恳挚，语气委婉，大家就能够和平相处。

(6)身和同住:这是相处的和乐。大家有缘相聚一处,应该互相帮助,互相尊敬,能够平等的相处、生活,就能获得和谐、快乐。

(四)法乐的信仰生活

佛经上譬喻说,世人愚痴,贪图五欲六尘之乐,殊不知"五欲于人,人之不舍,譬如刀刃有蜜,不足一餐之美,小儿舐之,则有割舌之患"。

五欲于人,既然有这么大的祸患,在五欲世间生活,如何才能不被五欲所染?《维摩经》说:"吾有法乐,不乐世俗之乐。"真正的快乐不在欲乐,而在法乐,唯有从信仰中寻找快乐,才能得到佛法的喜悦、真理的快乐。

佛法的快乐不是以感官去感受的人间快乐,而是一种虽然不看不听也陶然自在,发诸内心的宁静之乐。如参禅者有禅悦,诵经者有法乐,拜佛者有法喜的智慧之乐。因为他们所追求的是简朴勤劳、超然物外的宗教生活,他们所向往的是内在生命的显发,精神上解脱自在的般若之乐。如果我们能体会这种法乐,则不但不会"身为形役,心为物役",反而能把身心安住在佛法中,而获得自在、安乐。

二、出世的思想

所谓出世,就是超过和胜出一般世间的意思。佛教的出世生活,不是要我们离开人间,到另外的地方过生活而不问世事;也不是要死了以后才有出世的生活,更不是为了自己了生脱死,不管世间的苦痛与困难,真正的出世是思想上的出世。出世的思想要有如下的认识:

(一)要有人生无常的警觉

世间上每一个人都有好生恶死的观念。其实,人生一期的生命,数十寒暑,石火电光,刹那即过;人间的沧海桑田,桑田沧海,无常变幻。

普贤警众偈说："是日已过,命亦随减,如少水鱼,斯有何乐?"能够对世间兴起无常之感,能够有人生苦短的警觉,精进不放逸,努力修行,这就是有出世的思想了。

(二)要有远离物质的看法

世间上每一个人都喜爱金钱物质,甚至有人临死之际,金钱物质也不肯给人,他以为来生还可继续享用,所以贪恋、聚集,最后一棺长盖,一抔黄土抱恨而归。

金钱物质本来是给人用的,但是有人不会使用金钱物质,反而被金钱物质奴役了。苏东坡说:"物质有穷,欲望无尽。"我们如果不能对物质存有远离的看法,终身就会做物质的奴隶。如果有出世的思想,就能超然物外,对金钱做最有意义的运用。

(三)要有淡化情爱的观念

经云:"爱不重不生娑婆,愿不切不生极乐。"众生因为有爱,才有生死,才有是非;因为有爱,才有你我,才有烦恼。佛教并不是要人人都舍弃情爱,而是要人以智化情,因为爱念不去除一分,道念便无法增长一分。有了出世思想的人,就能以般若智慧化导情爱,得到佛法的受用,反而能享受人间的真爱。

(四)要有不满自己的要求

一般人都是对别人不满,绝少对自己不满。其实,自己充满我贪、我瞋、我痴、我爱、我执、我怨、我私、我妒等,怎么还能对自己满意呢?

对自己满意,这是道业进步的障碍。人生到处都是缺陷,到处充满了考验,能够对自己不满,道德人格才会有所增进,这才是积极的出世的思想。

佛教虽然有入世与出世之分,但是它的精神仍然着重于入世,因为佛教的本质具有人间性、生活性。出世并不是要我们离开世间,而是一样在世间过与常人一样的衣、食、住、行的生活，只是在思想、境界上更超越。能够"以退为进，以无为有，以空为乐，以众为我"；对世间的一切能够不贪不求，不计较、不执着。然后把这种出世的思想、无边深广的悲智，运用在救度众生的事业上，使每一个人能发出离心，了生死，使世界到处充满佛法的真理与和平。

因此，对于真正能萌发出离俗世的菩提道心的人，在他心里，入世、出世其实都只是当下一念而已！

第三节　从自利到利他

佛教分有大乘与小乘,大乘是指发上弘下化菩提心的菩萨,小乘是指以自己的解脱为主要目标的声闻、缘觉。菩萨发心普度众生,故称大乘。《大乘庄严经论》卷十二载,大乘的"大"有七种意义:

(1)缘大:谓菩萨修行大乘之法,以无量修多罗(一切佛法的总称)的广大法义为缘,因此称为缘大。

(2)行大:谓菩萨修行大乘,既能自利,复能利他。自利、利他,妙行具足,因此称为行大。

(3)智大:谓菩萨修行大乘,常以智慧观察,了知人、法皆无我,于一切境善能分别,不起执着,因此称为智大。

(4)勤大:谓菩萨修行大乘,自久远大劫以来,发广大心,精修无间,期登圣果,因此称为勤大。

(5)巧大:谓菩萨修行大乘,由善巧方便,化道于他,不舍生死,化身生趣,于生死中去住自在,救度众生,因此称为巧大。

(6)畏大:畏即无所畏。谓菩萨修行大乘,智力内充,明白诸法道理,能善加判别,于大众中广说一切法义,判定无失,则无所恐惧,因此称为畏大。

(7)事大:谓菩萨修行大乘,为令一切众生了解其大事因缘,因此屡屡示现于世间,演大妙法,入大涅槃,因此称为事大。

大乘菩萨因为具有这七大,因此能发大菩提心,实践自利利他的菩萨行,做众生的舟航。

在《法华经》中有个比喻,说有羊车、鹿车、牛车、大白牛车。声闻只能自度，不能度人，好比羊车之奔逸，不回顾后群；缘觉修十二因缘以求出离三界，略有为他之心，如鹿之驰走，能回顾后群；菩萨自度复能普度众生，如牛之荷负，安忍普运一切；最后会归佛乘的大白牛车。《法华经·譬喻品》说："若有众生从佛世尊闻法信受，勤修精进，求一切智、佛智、自然智……愍念安乐无量众生，利益天人，度脱一切，是名大乘。"因此，凡是能发心自利利他，具有这种思想、精神的人，就是大乘菩萨。

在我们社会中，一般人最容易做的是"利己不利人"的事，这是因为我们凡事以"我"为前提，为自己的利益着想，所以所做的都是利己不利人，甚至人己都不利。而菩萨能"无我"，所以菩萨发心先为众生，后为自己。如果我们凡事能多为别人着想，多用一点慈悲心待人，必然也能从自利到利他，做个大乘菩萨。

一、菩萨的人生态度

菩萨发心普济一切众生的苦难，度脱一切众生的苦厄，有两种不同的做法：

（1）先救度自己，然后再救度他人。自己尚未得度，怎能度人？如同有人溺水了，如果自己不谙水性，不会游泳，如何救人？所以在普济一切众生之前，必先自己了脱生死，没有忧悲苦恼才行。

（2）自己虽未得度，但是先来度人。这正是菩萨发心，菩萨是在众生的身上学一切法，菩萨离开众生，也就不名为菩萨了；救度众生的工作完成的时候，也就是自己的菩萨道完成的时候。

不管怎么说法，既发大乘心学道，普济一切众生是首要的急务。所谓"弘法是家务，利生为事业"，这就是大乘菩萨的人生态度。

二、菩萨的大乘心

菩萨发起普度众生的心，就是大乘心。大乘心包括了菩提心、大悲心、方便心。

太虚大师说：菩提心为因，大悲心为本，方便心为究竟。一个菩萨行者发心，一定要有菩提心、大悲心、方便心，才算是发大乘心。

(1)发菩提心：就是发上求佛道的心。佛道是要经过三大阿僧祇劫才能到达的，没有发无上菩提心，哪能承受那么久远的考验？

经中说：世上多一个人发菩提心，就多一粒成佛的种子。学佛不发菩提心，好像耕田不下种；耕田不下种，将来哪里会有收成？菩提心就是愿心，有愿心才有成就。发菩提心就是发四弘誓愿的心。

《华严经》说："忘失菩提心，修诸善法，是名魔业。"菩萨若忘失菩提心，则不能饶益众生。因此，菩提心实是一切菩提道种的根本，是大悲法行的依据。

(2)发大悲心：就是下化众生的心。菩萨下化众生，是要发无缘大慈，同体大悲的心，把众生的苦难看做自己的苦难，把众生的欢乐看作自己的欢乐。度众生而不望回报，为众生工作是应该的。所谓"愿为众生马牛"、"但愿众生得离苦，不为自己求安乐"，这就是大乘的大悲心。

(3)发方便心：就是方便行四摄法的心。众生的根性不同，要解救众生的痛苦，必须广行方便。佛陀对众生观机逗教，开出八万四千法门，这些无非是佛陀度生的方便。菩萨行四摄法——布施、爱语、利行、同事，令诸众生毕竟大乐，这就是方便心。

以上所说的菩提心、大悲心、方便心，集合这三者就是大乘心。发大乘心救度众生，要难行能行，难忍能忍，否则，大乘心是不容易发的。

三、菩萨的性格

菩萨最大的特征,在于有慈悲与无我的性格。当菩萨看到众生受痛苦煎熬时,慈悲之心油然而生,而发出拯救众生出离三途之苦的大愿。因此,慈悲正是推动菩萨实践利人利己的大乘佛道的原动力。

菩萨对众生的慈悲,有如严父慈母一般,有求必应,甚至不惜牺牲自己。他的大慈大悲如同太阳普照大地,照拂一切众生,无微不至,并且是源源不断、取之不尽、用之不竭的。菩萨慈悲为本,随顺众生的需要,运用般若智慧普度众生。最典型的代表就是大慈大悲观世音菩萨,他以无比的悲心,发下十二大弘愿以度脱五浊恶世的一切众生。他随时随地驾着慈航,席不暇暖,运用神通方便,寻声救苦。只要众生发出求救的声音,观世音菩萨没有不及时应现,及时洒下甘露法水的。他为了随顺众生,应病与药,而示现种种法身,有时为诸天,有时为八部;或者现妇女相,或者现童男、童女身;有时携鱼篮,有时骑蛟龙;有时住竹林,有时持杨枝,化现三十二应身,随处示现,救苦救难。这种随缘而化的道行,正是菩萨从无我慈悲中所流露的圆融性格。

四、菩萨道的实践

佛教是一个重视实践的宗教,也是充满伦理特性的哲学。佛教有三藏十二部的经典,汗牛充栋,教理高深,对于宇宙人生的现象有精辟独到的阐发,有别于其他只能信仰不许怀疑的宗教,因此说它是哲学。但是佛教更重视道德伦理的实践,因此说它是宗教。佛陀本身就是一个注重道德实践的典范,因此,佛陀证悟之后,一再强调"诸恶莫作,众善奉行,自净其意,是诸佛教"的法要,希望众生从道德实践中净化自己。

菩萨道的修行,正如学生求学一样,是循序渐进的。由烦恼的凡夫而至四双八辈的阿罗汉,而至断除烦恼的等觉菩萨,乃至于功德圆满的佛陀境地,都有一定的次第。菩萨的境界也因实践功夫的深浅而有不同,即使登地的菩萨,也还有欢喜地、离垢地、发光地、焰慧地、难胜地、现前地、远行地、不动地、善慧地、法云地等十地的分别。进入初地欢喜地的菩萨,方称为地上菩萨,在初地之前的为地前菩萨。地前菩萨要实践三十七道品方能离凡超圣。

所谓三十七道品,又称三十七菩提分法,也就是四念处、四正勤、四神足、五根、五力、七觉支、八正道等,是调治恶行,长养善法,断除无明,庄严法身以进至菩提的资粮。这三十七道品,即使是修至十地的菩萨,仍要勤持不懈。

此外,菩萨还要修持四摄法——布施、爱语、利行、同事等四种。

另外,在实践菩萨道的路上,最重要的是六度。《发菩提心经论》卷上谈到修行六度可以自利利他的意义:

(1)行布施,能流布善名,随所生之处而财宝丰盈,此为自利;能令众生得心满足,教化调伏众生的悭吝,此为利他。

(2)行持戒,能远离一切诸恶过患,常生善处,此为自利;能教化众生不犯恶业,此为利他。

(3)行忍辱,能远离众恶,达于身心安乐的境界,此为自利;能化道众生趋于和顺,此为利他。

(4)行精进,能得世间、出世间的上善妙法,此为自利;能教化众生勤修正法,此为利他。

(5)行禅定,能不受众恶而心常悦乐,此为自利;能教化众生修习正念,此为利他。

(6)行智慧,能远离无明,断除烦恼障、智慧障,此为自利;能教化众生皆得调伏,此为利他。

菩萨六度的精神是积极的,具有深远意义的。这种微妙、深奥的道理,是佛陀在过去无量劫所亲修验证的,只有信仰佛教的弟子们,才有机缘闻此大法。因此,一个正信的佛弟子,必须躬亲实践,护持佛法,令佛法深入民间;以真诚恳切的态度去创造事业,福利社会人群。若人人都能信奉佛教,进而勤修六度法门,自利利他,则社会安定,国家富强,世界和平的人间净土自然就能实现。

第十八章

人间佛陀世界的生活

第一节　四恩总报

一、四恩总报的意义

经云："诸法因缘生,诸法因缘灭。"在这因缘和合的世间,万事万物都有它存在的因缘条件。以人类生存的条件来说,父母生养我们,是亲情因缘;师长教育我们,是学问因缘;农工商贾供应我们的生活物品,是社会因缘;生存的环境没有污染,是环保因缘;到公司上班,学校上课,有人接送,是行路因缘;回到家里,打开电视或收音机,就可以欣赏到美妙的歌舞或音乐,这是视听因缘……有了以上诸多巧妙因缘的组合,生活才有快乐幸福可言。人类生存如此,一切事物的存在,其因缘也是如此。世间的万事万物,既然需要靠种种因缘条件才能成就生长,这种种因缘条件,正是生存的泉源,也是恩德的所在。人从出生到年老,正是受这许多恩德的赐予,才能成就一切。

生存在世间的我们,所承受的恩德,主要有四种:父母恩、众生恩、国家恩、三宝恩,合称为四恩总报。

二、四恩总报的内容

(一)父母恩

在天地间,能生养、教育我们色身的人,无过于父母。《大乘本生心地观经》说："依慈父慈母长养之恩,一切男女皆安乐也。慈父之恩,高如山王;慈母之恩,深似大海。"

在《六方礼经》中,佛陀指出父母教养子女的五种恩德:

(1)教育子女,不让为恶。

(2)指其善处,使有高尚品格。

(3)慈爱入骨,教其广博学问。

(4)善为婚嫁,务使满意。

(5)随时供给所需,协助事业成就。

父母在儿女心目中,具有同等的地位,但是母亲十月怀胎,三年乳哺,因此对于子女的恩惠似乎更重。《大乘本生心地观经》卷二载有母亲的十种恩德:

(1)大地——母亲十月怀胎期间,因子女在母胎中依托孕育,常怀忧虑恐惧的心情,即使遇到欢乐的事或锦衣玉食也无心享受,其间所受的苦恼,非言语所能形容。

(2)能生——当生产时,有如千刀割体般痛苦,甚至因难产而致死亡。

(3)能正——孩子生下后,五根的清涤,母亲要细心照顾婴孩。

(4)养育——母亲照顾子女无微不至,时时刻刻注意四季变换及冷热风侵。

(5)智者——能以各种方便,促使子女学习各项知识技能。

(6)庄严——给予子女衣着穿戴,庄严子女色身。

(7)安稳——母亲处处保护子女,甚至当子女有了危难时,往往奋不顾身,前往救护,纵使牺牲生命也在所不惜。

(8)教授——以善巧方便教导子女学习。

(9)教诫——子女有过错,以善巧的语言或方法,使其远离恶行。

(10)与业——能以家庭事业授与子女。

父母恩重,山高水深,因此在佛经中劝孝的文章很多。例如:

《大乘本生心地观经》卷二说:"若善男子、善女人,为报父母恩,经于一劫,每日三时,割自身肉,以养父母,而未能报一日之恩。"《五分律》卷二十说:"若人百年之中,右肩担父,左肩担母,于上大小便利,极世珍奇衣食供养,犹不能报须臾之恩,故当尽心尽寿供养父母。"在《梵网经》中,更提到孝顺是至道之法,并且以孝为戒之一。

怎样才算是孝顺父母呢?莲池大师将孝分为三种层次:

(1)甘旨奉养,使父母免于饥饿,是小孝。

(2)功成名就,光宗耀祖,使父母光彩愉悦,是中孝。

(3)引导父母趋向正信,远离烦恼恶道,了生脱死,使宗亲得度,永断三途之苦,是上上大孝。

前二者是世间的孝道,其利益仅止于一世,况且即使家庭和敬孝悌,子孙承欢膝下,也会有生离死别之苦;家业庞大,功业彪炳,足以让父母享有富贵,万一无常来临,天灾人祸也会使崇高的地位毁于一旦。

最高的孝道是引导父母正信,给予父母精神上的济度,增长菩提智慧,而且使他们永断恶道,甚至了生脱死,其福德广大难量,是属于出世间的孝道。所以,《毗尼母经》卷二说:如果父母贫苦,应先授三皈、五戒、十善等法,然后供养财物。《龙舒增广净土文》卷六记载,长芦赜禅师作孝友文百二十篇,后二十篇是以劝父母修持净土法门为主旨。凡此出世间的孝道,才能彻底让父母离苦得乐,因此称为上上大孝。

广义的父母恩,应包括师长的恩惠在内,因为在世间上,父母虽能生育我身,但是如果没有世间师长指引,就不能知礼达义,所谓"一日为师,终身为父";如果没有出世师长,就不能了解佛法真理,所以,我们将出世师长又称为"法身父母"。

师长之所以为学生所尊敬,是因为师长能以五事教育弟子:

(1)顺法调御,以爱教导。

(2)诲其未闻,增广知识。

(3)随其所问,令善解义。

(4)示其善友,乐于交游。

(5)尽其所知,诲授不吝。

师长引导我们具足德行，使我们在茫茫大海中有了罗盘指示方向，不致迷失沉堕，所以应该常思感恩图报。

在《阿含经》、《六方礼经》等经典中都曾经提及事奉师长的方法，兹综合列举如下：

（1）师长来时起立欢迎，善为承顺其意。

（2）对师长礼赞供养，恭敬受教。

（3）对师长尊重仰戴，不违其意。

（4）对于师长的教敕，敬顺无违。

（5）从师明理，善持不忘。

（二）众生恩

什么是众生？《大智度论》说：众生是由五蕴等众缘假合而生，所以称作众生。《不增不减经》说："法身为烦恼所缠，往来生死，因此名为众生。"总之，众生就是指被无明烦恼所覆、流转生死的六道有情。

众生与我们的关系，就现世日常生活资具所需来看：我们吃一顿饭，要靠农夫耕种、商人贩卖、典座烹煮；穿一件衣服，从缫丝、织布、裁缝、成衣，历经别人多少辛苦；我们居住的房屋，依赖农夫植林、工匠砍伐、建筑师设计、工人营造等而成，让我们用以避风遮雨……此外，大自然的鸟叫虫鸣，鸢飞鱼跃，使我们置身于多彩多姿的世界中。我们日常生活中的食衣住行，乃至娱乐等，都是由十方众生的因缘成就，所以我们要常思感谢。

众生与我们的关系，再深入探讨，就更为密切。《心地观经》说："佛言：自无始以来，一切众生轮转五道，经历百千万劫，曾互为父母。"

《劝发菩提心文》说："我与众生从旷劫来，世世生生，互为父母，彼此有恩。今虽隔世昏迷，互不相识，以理推之，岂无报效？今之披毛带角，安知非昔为其子乎？今之蠕动蜎飞，安知不曾为我父乎？……是故菩萨观于蝼蚁，皆是过去父母，未来诸佛；常思利益，念报其恩。"

众生从无始以来，既曾与我们互为父母，彼此有恩，今虽为无明所

第十八章　人间佛陀世界的生活

障,对前世父母不复记忆,但因为累劫有大悲因缘,所以我们对一切众生应心存感恩,视一切男子为慈父,一切女人为悲母,并且戒杀放生,常思利益于其他一切有情。

《地藏经》说:"一切众生未解脱者,性识无定,恶习结业,善习结果,为善为恶,逐境而生,轮转五道,暂无休息,动经尘劫,迷惑障难,如鱼游网,将是长流,脱入暂出,又复遭网……"因此,报答众生累世以来的恩惠,最重要的是要行菩萨道,救拔众生永远脱离六道轮回之苦。

(三)国家恩

尽管父母师长生育我们的色身,养育我们的法身;十方众生于现在世中给予我们种种便利,于过去世中与自己互为父母,我们还需要国家政府来保障我们生命财产的安全。

一个良好的政府,不必然是全能的,但必须道民以正。在佛教经典中对于政府治国之道有相当精辟的看法,综合诸经所说,可归纳为下列七点:

(1)尊重法治:政府应该立法、具法、依法、敬法,一切以法为首,并且努力守护正法不坏。

(2)优礼贤仕:政府应该尊敬德慧兼备的学者、专家、沙门等,并且常向他们咨询国家大事,宜行则行,宜舍则舍。

(3)照顾弱势团体:政府应该矜恤孤寡,照顾贫困无依的众生。

(4)敦厚民风:政府应以十善来治理国家,让社会道德趋于纯善。

(5)重视经济生产:政府应该注重民生经济,以种种方法提倡生产,使人民能丰衣足食,不虞匮乏。

(6)提倡融和交流:政府应该放宽心胸,悲智双运,接应四方。

(7)施行民主政治:政府应以议会制度,推行民主法治来决定全民的利益。

我们依附国家而生存,所以我们要与国家和合在一起,有力量者帮助生产,有技能者要提升科技建设;有智慧者建言国事;有财力者善尽义务……每个人在自己岗位上尽忠职守,以报答国家覆护之恩。

(四)三宝恩

三宝是佛宝、法宝、僧宝。其中法是真理,佛是真理的发现者,僧是弘传真理的出家人。三宝难遭难遇,为世间稀有的宝藏,是出世解脱的宝筏。世间的财富,只能解决人类物质生活问题,但佛法僧三宝,却能解决我们生命的问题,使我们出离生死苦海,得到涅槃解脱。

三宝功德,无量无边,如佛经云:"三宝出现世间,利乐众生,无有休息。功德宝山,巍巍无比,福德甚深,犹如大海;智慧无碍,等如虚空;一切众生,由烦恼业障,沉沦苦海,生死无穷,三宝出世,作大船师,能截断爱河,超升觉悟彼岸,是故三宝恩难报也。"

三宝使我们得到究竟解脱,恩德广大,无有穷尽,我们应如何报答呢? 在《法华经》、《无量寿经》、《阿含经》、《十住毗婆沙论》、《十地经论》、《大日经供养法疏》、《大日经义释》、《法华文句》等诸经论中多有阐述,今归纳如下:

(1)供养佛:礼拜、赞叹、端心正意,念佛功德圆满、相好光明,及以花、香、璎珞、末香、涂香、烧香、缯盖、幢幡、衣服、伎乐等庄严具来供养佛像。

(2)供养法:著书弘法、恭敬供养、布施经书、听经闻法、研究佛理、受持不忘、敷演妙法、宣扬经文、思维法义、依教奉行等,都是对佛法的供养。

(3)供养僧:供养僧团饮食、衣服、卧具、医药、日用品等道粮,使僧伽们都能专心修道弘法,从事净化人心的工作。

在诸多的供养中,最上等的供养,莫过于如实奉行法义和至诚恭敬三宝了。

若无四恩的因缘,我们便无法生存于世间,所以,对于父母、师长、众生、三宝,要时时怀着感恩的心。

经云:"知恩者,虽在生死,善根不坏;不知恩者,善根断灭,是故诸佛称赞知恩报德者。"知恩报恩就是做人的根本,我们身为万物之灵,如果不知感恩,连禽兽都不如,又如何出离生死呢?

　　社会上一般的人往往以自己为前提,只想获得,不想付出,因此尔虞我诈,交相征利,产生许多无谓的痛苦。如果我们能时常怀抱一颗感恩的心来看待这个世间,自能包容一切,善尽己责,那么是非烦恼、嫉妒瞋恨自然会消失于无形,从而获得幸福美满的人生。

第二节　食存五观

王阳明有一首偈语说:"饥来吃饭倦来眠,只此修行玄更玄;说与世人浑不信,却从身外觅神仙。"修行本是如此,日常生活里处处有禅味,吃饭睡觉中都能见出自己的清净本性。

如何吃饭睡觉才是修行,才能悠游自在呢?从前的高僧大德生活简朴,粗茶淡饭而怡然自得;现在的人豪华奢侈,山珍海味,却烦恼无尽。这便是"修心"和"着境"的差别。

就饮食而言,食物能够滋养我们的色身,固然是重要的,但是许多人常过分贪着,没有节制,随着自己的喜好,暴饮暴食而伤害了身体。如何吃得健康卫生并且不离修行呢?佛教在进食时的心存"五观想"就是一种不离修行的健康饮食法。

一、食存五观的内容

佛教认为进食时应存有五种观想:

(一)计功多少,量彼来处。

(二)忖己德行,全缺应供。

(三)防心离过,贪等为宗。

(四)正事良药,为疗形枯。

(五)为成道业,应受此食。

（一）计功多少，量彼来处

古人说："一粥一饭，当思来处不易。"我们平时所吃的饭菜，都是由农人垦植、灌溉、施肥、锄草、收成，然后经由商人贩卖，再淘洗、炊煮，最后送到我们面前，不知已花费了多少人的功夫与心血。所谓"锄禾正当午，汗滴禾下土，谁知盘中餐，粒粒皆辛苦"。所以，当我们用餐时，应当要心存感恩及惜福的心。

爱物惜福，本是生活的美德，但是现代社会，经济繁荣，物质丰裕，许多人已习惯奢侈浪费，饮食无节制，或任意糟蹋丢弃，暴殄天物，不知惜福。有一个故事说，有位富翁，家财万贯，生活奢华，常常将米粒丢弃在水沟里。有位节俭的出家人，每天从水沟里将这些米粒捡起来晒干，并加以储存。后来遇到饥荒，富翁沦为乞丐，这位出家人便以富翁过去丢弃的米粒施舍给他，富翁知道后，非常惭愧。

这个故事告诉我们应该"当得有日思无日，莫待无时思有时"。时时提醒自己要勤俭惜福。

佛门中，饮食都是檀越所供养。《僧祇律》说："皆为信心檀越减损口腹，为求福故，布施我等，所谓檀信脂膏，行人血汗，若无修行，粒米难消。""佛观一粒米，大如须弥山；汝若不了道，披毛戴角还。"一粒米是集合一切因缘所成，怎可轻易浪费？所以，做个佛弟子应该生惭愧心，对于饮食要知道惜福，是好是坏，都不生增减贪着的心。

（二）忖己德行，全缺应供

身为佛弟子，接受饮食供养时，要反省自己的行为是否合乎道德戒行？能受得起供养吗？如果具备勤修三学、化道众生的二利德行，称之为全，便可以承受供养；没有具备的，则名之为缺，受之当觉有愧。

许多经典里都提到，佛弟子受人信施，如不好好修行，会有无量的罪过。如《毗尼母经》记载："若不坐禅诵经，不营佛法僧事，受人信施，为施所堕。"

《法句譬喻经》也说：佛陀在世时，有位比丘，每天吃饱饭后，就回去睡觉，只图色身的舒适，不知精进修行。佛陀知道后，严厉地训诫他，并以他的前世因缘果报来开导："过去维卫佛住世时，你就出过家，但是由于贪图利养，平时又不念经诵戒，不精进修行，后来你的神识便投生为牛马身上的虫，一过就是五万年，五万年过完了，又投生为螺丝蚌壳之类的水虫，和树木中的蠹虫……。如今，你好不容易受完罪业的果报，又出家作沙门，为什么还如此贪恋睡眠呢？"

比丘听到自己的这段前生往事，又惭愧，又恐怖，五阴迷盖顿然消除，证得阿罗汉果位。

唐朝百丈怀海禅师一生躬亲耕食，立下"一日不作，一日不食"的千古楷模，到了八十多岁，每天还到田里辛劳作务，弟子不忍心，于是将耕具藏起来，怀海禅师找不到工具做事，便不吃饭。所谓"不懈怠一日，不妄食一餐"。

（三）防心离过，贪等为宗

一般人饮食常犯有三种过失：

（1）见到上品美食，或对能使身体强壮、皮肤光滑的食物就生起贪心。

（2）对下品粗糙食物排斥瞋恨。

（3）对不好不坏的中品食物，不加分辨，不知来处不易，便是愚痴。

饮食上如果产生上述的贪瞋痴三种心，会使自己堕落，应该警惕防患。

另外，对于饮食，如果食之过多，不知节制，也会产生许多疾病。《佛说医经》说："人得病有十因缘：一、久坐不卧，二、食无贷；三、忧愁……"《尼干子经》说："人食太过时，身重懈怠，于现在与来世失大利，睡眠自受苦，又恼他人，又迷闷难寐，故应时筹量食物。"由是可知，饮食过量有多睡眠、多病、多淫、不能精进、多着世间享乐等五种罪过。过度饮食既然有如此多过患，我们实在应当多加注意，善予节制。

饮食贪多的另一个后遗症是肥胖症。过去波斯匿王便是由于贪着饮食而过分肥胖,甚至因为行动不便,呼吸困难,而焦急地请示佛陀如何减肥。

凡事以中道为宜,饮食也是如此。《阿含经》里记载:"若过分饱食,则气急身满,百脉不调,使心壅塞,坐卧无安;又减少食,则身羸心悬,意虑不固。"可见饮食适中是非常重要的。此外,用餐时我们要以慈悲喜舍的心来代替贪瞋痴等不净的心,才能真正吃得身心欢喜健康。

你也能大成就

(四)正事良药,为疗形枯

我们的身体,是由地水火风四大组合而成的。经中说:"一大不调,百一病生;四大不调,四百四病同时俱生。"身体真正的大病,便是饥渴,所以经上说:"饥为第一病,饥苦难治,饥病而言,从生至终,永无暂息,余病不尔。"因此,饮食就如良药一般,能治疗形体饥渴的疾病。

《遗教经》说:"受诸饮食,当如服药……趣得支身,以除饥渴。如蜂采华,但取其味,不损色香。受人供养,趣自除恼,无得多求,坏其善心。"

《杂宝藏经》说:"是身如车,好恶无择,香油臭脂,等同调滑。"车子有油才能发动,身体也是如此,有了食物的滋养,生命才能延续,道业才能成办。所以饮食是重要的,只是不要在食物上起分别,就如车油,只要可以转动,不一定要求最高品质。又如穿衣服,目的在保暖,而不在质料的柔软舒适,颜色的华丽夺目与否。

(五)为成道业,应受此食

对色身的爱护,在《那先比丘经》里有这样的记载:"弥兰陀王问那先:'沙门宁能自爱其身不?'那先言:'沙门不自爱其身。'王言:'如令沙门不自爱其身者,何以故自消息卧欲得安温软?饮食欲得美善自护视何以故?'……那先言:'沙门亦如是,不爱其身,虽饮食,心不乐,不用作美,不用作好,不用作肌色,趣欲支身体,奉行佛经戒耳。'"

一般人常被欲望牵缚，对身体总是费尽心思地保养爱护。但是对修行人来说，饮食只是用来滋养四大假合的色身，《行事钞》卷下之二说："为成道业观三种：一为令身久住故，欲界之食，必假搏食，若无，不得久住，道缘无托故。二为相续寿命，假此报身假命，成法身慧命故。三为修戒定慧，伏灭烦恼故。"饮食是为了维系色身，惜着四大假合的色身而成就真实的法身慧命，因此，不能起贪着。

有学僧问大珠慧海禅师："什么是佛法大意？"

大珠慧海禅师回答说："吃饭睡觉。"

学僧说："平常人也会吃饭睡觉，又有何别意？"

大珠说："平常人吃饭，挑肥拣瘦，千般挑剔；平常人睡觉，反覆思维，辗转难眠。"

吃饭和睡觉自来就是佛门重要的修行，并且被定为五堂功课，许多的戒律、清规也绕着饮食的问题而设立。

我们的身体每天在新陈代谢，每天行住坐卧的活动都在消耗能量，如果没有充分的饮食营养，生命便会枯竭而死，哪里还谈得上修行办道呢？只是在接受饮食时，不可以用不清净的贪取心、瞋恚心、差别心、轻慢心去受食，去计较东西的好坏，拣别食物的精粗，而应该以惜福心、感恩心、精进心、平等心、惭愧心、忍耐心来接受供养。每餐进食前修持五观想，思维自己的道业，便能享受天下的"千家饭"，而不会只咬住"一粒米"。

第三节　三轮体空

一、三轮体空的定义

在人间生活，有许多因缘来成就我们，因此我们要以感恩惜福的心，与他人广结善缘。结缘之道，首在布施，因为布施随时随地都可以实行，即使自己一无所有，一个真挚的笑容，可以令人生起信心；一个随手的帮忙，可以济人困难危急；甚至与人为善、一句赞美、一瓣心香等等，都是殊胜的布施因缘。《大乘理趣六波罗蜜多经》说：由于布施能令众生安乐，是最容易修习的法门，有如大地一样，一切万物都依之生长，所以六度、四摄都以布施波罗蜜为上首。

布施可分为有相布施与无相布施二种。有相布施，指世间上一般人心希果报，执着人我的布施，所以又称为世间布施；此种布施，只能得到有漏的人天福报，报尽又再堕落，所以不是究竟的布施。无相布施则与有相布施相反，在布施时，能体达施者、受者、施物三者当体皆空，而无所执着，因为能超越世间的有漏烦恼，所以称为出世间布施。又因为此三者有如车轮一般，能斩断烦恼惑障，所以也称为三轮体空。三轮体空的布施，能使我们越过生死海，与众生同登涅槃彼岸，因此称为"布施波罗蜜"。

二、三轮体空的内容

空，是宇宙万象的真理。三轮体空正是空理的最高体证与实践，我们可以概略地就三方面来说明其中的妙义：

（1）人我二空：众生之所以常常感到烦恼，是因为来自内心的执着妄想，以为六尘境界是实有的，因此产生我、我所的观念，使身心成为五欲六尘的奴役。布施行善，心存贪念，结果因为心有所系缚，不但功德减少了，自己的心情也受到受者、施物等外境的影响。其实，五蕴和合的身心是假聚之有，刹那生灭，所以哪里有能施的我呢？既然能施的我了不可得，当然也就没有受施的对象，这就是人空。又因为诸法是五蕴和合而成，所以施物当体即空，法执也就跟着去除了，这就是法空。三轮体空的布施，使我们从二空里去除对人对法的执着，是自他二利的菩萨道。

（2）一切皆空：做到人空和法空还不够，还必须把"空"也完全空掉。因为佛教说空是要我们荡除执着，如果执着有一个"空"的存在，根本法执未除，反而病上加病，须知在分别思维上所执的空，它的自性也是空的。三轮体空就是要我们釜底抽薪，从根本上破除一切颠倒妄想，从体性上斩断一切执着。

（3）真空妙有：虽然本无一法可得，但是诸相宛然，不可说无。当我们以智慧观察诸法无相无我、毕竟空寂以后，般若慧现前，这时我们的心与外界合而为一，自然而然地就能随顺幻"有"，以善巧方便，大作佛事，布施行善，这时才可以说是真正的通达法性。这就是《金刚经》所说的："若菩萨心住于法而行布施，如人入暗，日光明照，则无所见；若菩萨心不住法而行布施，如人有目，日光明照，见种种色。"终日布施而不见布施相，不着空有相，这就是三轮体空的布施了。

以上三种层次的分析，可以青原行思禅师的一段话来形容：

看山是山，看水是水；

看山不是山，看水不是水；

看山还是山，看水还是水。

平常我们对于现象界的森罗万象都仅止于一般感官的看法，所以当我们仰观山色，俯视溪涧时，只觉得它就是高高的山，潺潺的水，这时候是"看山是山，看水是水"，这是心随境转的一种分别境界。等到我们学佛修行有了心得的时候，一切假有在清朗的心境上无所遁形，这时候"见山不是山，见水不是水"，已观照到诸法虚妄，但是还没有到达毕竟皆空的地步，这是第二种层次的境界。进而到完全开悟的时候，"是"与"不"、"心"与"物"之间的对立，在悟者的心中已经合而为一，所以真俗可以兼容，理事可以圆融，这时"看山还是山，看水还是水"，只是这山和水与刚开始学佛时的山水在意境上已经大不相同了。此时，大千世界充满无限美好的风光，潺潺的流水是诸佛说法的妙音，青青的山岗是诸佛清净的法身。

三、三轮体空的应用

泯除了经验世界的有与无以后，我们的世界变得辽阔了，因此，不但是施与受之间无所差别，我们在这个世间上的一切修行，也能真正做到随缘不变，和光同尘，即俗而真的最高境界。以下就六波罗蜜的余五波罗蜜为例，概略解说三轮体空在修行上的应用：

(1)持戒波罗蜜：如果能拥有般若空慧，虽然自己坚持净戒，无有毁缺，却不会执着于"能持"、"所犯"之相，所以菩萨恒以平等心广度众生。

(2)忍辱波罗蜜：如果能拥有般若空慧，虽然自己安住于忍力，度化有情，却不会执着于"能忍"、"所忍"及度化众生之相，自然不起瞋爱之心。

(3)精进波罗蜜：如果能拥有般若空慧，虽然勇猛精进于学佛修行上，却不见有精进修行之相，能不畏生死，不断烦恼，任劳任怨，忍疲忍苦，以化道有情为己任。

(4)禅定波罗蜜：如果能拥有般若空慧，虽然享受禅悦法喜，却能不生味着，故能恒以大悲心、自在力，安隐众生。

(5)般若波罗蜜：如果能拥有般若空慧，则能照了诸法本性空寂，而知佛魔不二、生灭不二，乃至烦恼菩提不二、生死涅槃不二，故能随缘不变，处处行道，无有罣碍恐怖。

此外，拥有三轮体空的思想，在日常生活中可以享有随缘不执着的快乐、解脱不企求的快乐；心中有了三轮体空的观念，人情的冷暖淡薄，不能动其心；物质的匮乏贫困，不能挫其志。心中常怀三轮体空的人，不企求他人的爱护、关怀，能将温暖、慈悲布施给别人。因为心中本来无所求，所以不曾失去什么，纵有所得，也视为多余的幸福。所以，三轮体空是真空妙有的具体表现，是知足常乐的最高意境，是随手可修的人间佛法，是悲智双运的菩萨道行。

第十九章

如何实践正行的佛法

第一节　惭愧忏悔

古人说:"人非圣贤,孰能无过?过而能改,善莫大焉!"没有过失固然可喜,但是有了过失能够勇改前非,更是难能可贵。所谓不美无过,美其过而能改,就是这个意思。例如破戒,在佛教里并不是不可原谅,只要能够心存惭愧,至诚忏悔,仍有重生的希望。因为破戒是个人行为上的过失,行为上的过失还是可以医治的;怕的是,犯了戒不但不以为错,还自鸣得意,觉得这一切都是理所当然的,这就叫做破见。破见,就如病入膏肓的人,无药可救;因为破见是根本思想的变动,根本思想一旦发生偏差,真理佛法就再也不能进入心中,如此势必永远与佛道无缘,所以佛经上说:"不怕念头起,只怕觉照迟。"佛教不怕人犯错,只怕有错不改,如果犯了错而能生起惭愧忏悔的心,就能重新纳受佛法,就有得救的动力。因此,惭愧忏悔是实践佛法的重要一课。

一、惭愧的意义与重要性

所谓惭愧就是一种羞耻之心。根据《俱舍论》卷四说:自省所造的罪恶而感羞耻的心为"惭",以自己所造的罪面对他人时,引以为耻的心为"愧"。而《北本大般涅槃经》卷十九更积极地解释,惭就是自己不造罪,"愧"是不教他人造罪。在唯识学的五十一心所中,惭、愧与信、不放逸、轻安、舍、无贪、无瞋、不害、勤,合称为"十大善地法",也就是相应于一切善心的心所。

由于惭与愧二者能使我们的心地清净,诸行光洁,因此称之为二种白法。又,惭愧的心一生起,能长养一切善行功德,因此列为佛教七圣财之一。

在我们的日常生活中,一个有惭愧心的人,不但能时时自我反省检讨,而且处处替他人着想,他的道德人格必然是高尚磊落的,就像一个人披上璎珞,人身也为之庄严起来,因此《佛遗教经》说:惭耻之服,无上庄严。

相对于惭愧者,为无惭无愧。一个人如果不知道惭愧,纵使有过也不肯改,甚至无恶不作,终至道德沦丧,失去人格;一个没有人格的人,犹如一棵被剥了皮的树,树无皮,则根茎、枝叶、华果皆不得成,可见惭愧对于人是何等重要!

在《杂阿含经》卷四十七中,佛陀告诉弟子:"有二净法能护世间,所谓惭、愧。假使世间无此二净法者,世间亦不知有父母、兄弟、姊妹、妻子、宗亲、师长尊卑之序,颠倒混乱,如畜生趣。以有二种净法,所谓惭愧,是故世间知有父母乃至师长尊卑之序,则不混乱如畜生趣。"

由佛陀的开示可知,人之所以异于畜生者,是因为人有惭愧心,有了惭愧心,所以能正人伦、明义理、尚道德、守秩序,国家社会才不至于脱序紊乱。惭愧心之于社会人生的重要,于焉可见!

二、忏悔的意义与重要性

忏悔就是悔谢罪过以请求谅解的意思。《根本说一切有部毗奈耶》卷十五说:忏与悔具有不同的意义,忏是请求原谅;悔是自申罪状。《六祖坛经·忏悔第六》说:"忏者,忏其前愆,从前所有恶业、愚迷、憍诳、嫉妒等罪,悉皆尽忏,永不复起,是名为忏;悔者,悔其后过,从今以后,所有恶业、愚迷、憍诳、嫉妒等罪,今已觉悟,悉皆永断,更不复作,是名为悔;故称忏悔。"忏悔二者合起来,其实就是向别人认罪的意思,含有改往修来的意义。

　　根据经典所说，我们凡夫一日所作，功少过多，甚至举心动念之间，无非是罪、无非是业。这些罪业就像乌云遮日一般，障蔽了我们的佛性，使我们在生死海中流转，轮回不已。

　　不过，佛经也告诉我们，一个人不怕犯罪，只怕不忏悔；忏悔可以消除罪业。正如衣服脏了，只要用清水一洗，自然洁净如新；一田的秧苗，只要禾苗茁壮，旁边纵有一些杂草，也起不了作用。又如投一把盐巴在一杯水中，水的味道奇咸无比，如果再多添加一些清水，咸味自然转淡；一块石头，把它放在船上，借着船的浮力，它就不会下沉。忏悔一如法水，可以洗净我们的罪业；忏悔就像船筏，可以运载我们到解脱的涅槃彼岸；忏悔譬如药草，可以医治我们的烦恼百病；忏悔好比明灯，可以照破我们的无明黑暗；忏悔一似城墙，可以摄护我们的身心六根；忏悔有如桥梁，可以引导我们通往成佛之道；忏悔犹如璎珞，可以庄严我们的菩提道果。《菜根谭》里说："盖世的功劳，当不得一个矜字；弥天的罪过，当不得一个改字。"犯了错而知道忏悔，再重的罪业也能消除，因此，有所谓"放下屠刀，立地成佛"，可见忏悔有无比殊胜的功德！

　　在佛教的万千法门中，无论我们修学哪一个法门，都必须以清净无垢的心田去纳受，因此忏悔是必要的修行。原始佛教的教团中，佛陀为了让犯罪的弟子得以忏悔罪行，每半个月定期举行布萨一次，并且制定夏安居的最后一天为"自恣日"，由此可知忏悔在佛教僧团中的重要性。

三、如何忏悔

　　惭愧与忏悔虽然同样含有改过迁善的意思，唯前者较偏重于内省，是一种"诚于衷"的功夫；后者则属于"形于外"的行为，因此忏悔有一个先决的要件，就是要"发露"忏悔，所谓发露，就是把自己所犯的过

错——表白出来,如果有所隐藏,忏悔就无法得到完全的清净。

在《坛经》的《忏悔品》中,六祖惠能大师一开始便主动提出,要为大众传授"自性五分法身香"。所谓自性五分法身香,就是:

戒香:所谓戒香,就是要每一个佛弟子在自己心中无非无恶、无嫉妒、无贪瞋、无劫害,称为戒香。

戒有"防非止恶"的功能,戒是佛教的法制生活。经云:"戒住则法往。"在佛教里,依在家与出家的不同,所受持的戒法有优婆塞、优婆夷的五戒,八关斋戒,十善戒以及沙弥、沙弥尼的十戒,式叉摩那的六法戒、比丘二百五十戒,比丘尼三百四十八戒等。

其中,五戒为佛教的根本大戒。所谓五戒,就是不杀生、不偷盗、不邪淫、不妄语、不饮酒。五戒是做人的根本,受持五戒可得无量的功德利益。例如:不杀生而护生,自能获得健康长寿;不偷盗而布施,自然能发财享受富贵;不邪淫而尊重他人的名节,自然家庭和谐美满;不妄语而赞叹他人,自然能获得善名美誉;不饮酒而远离毒品的诱惑,自然身体健康,智慧灵敏。

五戒虽然分别为五,但是它的根本精神只有一,就是不侵犯。例如,不杀生,就是对别人的生命不侵犯;不偷盗,就是对别人的财富不侵犯;不邪淫,就是对别人的身体、名节不侵犯;不妄语,就是对别人的信用、名誉不侵犯;不饮酒,就是对自他的智慧、健康不侵犯。不侵犯才能自由,凡是身陷牢狱,失去自由的人,探究其原因,都是触犯了五戒。譬如:杀人、伤害、毁容,是犯了杀生戒;贪污、侵占、窃盗、勒索、抢劫、绑票,是犯了偷盗戒;强奸、嫖妓、重婚、拐骗,是犯了邪淫戒;毁谤、背信、伪证、恐吓等,是犯了妄语戒;贩毒、吸毒、运毒、吸食烟酒等,是犯了饮酒戒。由于犯了五戒,于是身系囹圄,失去自由。所以,受戒也是守法,能够受持五戒,才能享有真正的自由;能够受持戒法,自然人格芬芳,道德远播,被人尊敬,因此,戒香胜于花香。

定香:所谓定香,就是要大家看各种善恶的境界,自心不乱,称为定香。

定就是要我们自己有原则、有立场、有主张,不轻易受世间的五欲尘劳所左右。受了定香的人,至少应做到:一、不为境转:就是不能任由境界所转。二、不为物动:就是不被世间的财富、金钱所动摇。三、不为情惑:就是不被男女的美色、情感所诱惑。四、不为势吓:就是不惧威武,不受势力胁迫。自己有定,就能知所进止;自己有定,就能随遇而安,这就是定香。

慧香:所谓慧香,就是自心修行无碍,常以智慧观照自性,不造作诸恶,即使做善事也不执着,敬上念下,爱护鳏寡穷者,称为慧香。

其实,学佛主要的目的,就是要转迷为悟,也就是要证悟般若智慧。般若智慧就是佛性,佛性虽然人人本具,个个不无,但是正如宝矿里即使有再多的黄金、白玉、钻石等财富,如果不经开采,则永远也不会出土。智慧的宝藏不经开发,一样不会现前。所以,要想有智慧,就必须有三个次第:一是从听闻佛法而能获得智慧;二是从思考研究而能获得智慧;第三是从修行实践而能获得智慧。这就是慧香。

解脱香:所谓解脱香,就是自心无所攀缘,不思善,不思恶,自觉无碍,称为解脱香。

世间上的人,往往受到名闻利养、人情世故、亲情眷属、男女情爱、人我是非、我执邪见等束缚,而不能自由解脱。佛法最主要的,就是要我们从各种束缚中解脱出来,因为解脱,才能自在。

过去禅宗四祖道信初参僧璨大师时,他说:"愿和尚慈悲,开示我解脱法门!"

僧璨大师反问:"谁缚住你了?"

是的!天下本无事,庸人自扰之。束缚我们的不是别人,而是我们自己。所谓解铃还须系铃人,自己束缚还须自己解脱。我们能心无所缘,自觉无碍,这就是解脱香。

解脱知见香:所谓解脱知见香,就是自心既然对于善恶都无所攀缘,也不沉空守寂,就必须广学多闻,认识自己的本心,通达诸佛的道理,和光接物,无我无人,从初发心一直到圆满菩提,真性毫不变易,称为解脱知见香。

解脱知见香就是要我们在解脱的认知上、知见上、观念上,也就是从思想的本体里,能够不执空、不守寂、不攀缘、不分别、无人我对待,自然而然地不为世间左右,那就是有了解脱知见香,也就是所谓实践真理。

如果我们有了戒香、定香、慧香、解脱香、解脱知见香,自然能透露禅悟的消息。那就是六祖大师为我们所传授的五分法身香。

这自性五分法身香说起来很简单,真正要实践并不是很容易。一般人虽然虔诚地信仰佛教,但是要他持守戒律、修习禅定、体悟智慧、祈求解脱,或是证悟解脱知见,这是很不容易的。

忏悔,可分为事相上的忏悔与理性上的忏悔。

事相上的忏悔,就是借礼拜、赞叹、诵经、布施、行善等行为而行忏悔。事相上的忏悔,只要有一分的忏悔,就减一分的罪业;有十分的忏悔,就减十分的罪业。如同一个生锈的铜器,你用一分的力量擦拭,它就洁净一分;你十分用心、用力,把铜器上面的铁锈统统去除,就十分明亮、清净,这是事忏。

理性上的忏悔,是观实相之理,来达到灭罪的忏悔。也就是以我们的般若智慧。从真如理体上观照罪业的自性本来空寂,所谓"罪业本空由心造,心若亡时罪亦灭;心亡罪灭两俱空,是则名为真忏悔"。罪业是由妄心所造,只要妄心不起,当下即无罪业可言。所以,在佛光山万寿园有一副对联说:"永念亲恩,今日有缘今日度;本无地狱,此心能造此心消。"罪业是由我们的妄心所造,既是妄心所造,只要妄心一息,则罪业如霜露,日照即散;又如千年暗室,一灯即明。这种观照"实相无相",觉悟"罪性本空"的忏悔法门,称为"无生门忏悔",也就是《忏悔品》所讲的"无相忏悔"。

依照佛经记载,忏悔的方法有多种,但均不离事忏与理忏。

天台宗所谓忏悔有三种方法:

依戒律门忏悔:精持戒律,夙夜不懈的修持,犹如大火,烧去一切情识障。

依功德门忏悔：常行功德，供养三宝的修持，犹如春风，拂去一切烦恼障。

依无生门忏悔：勘破生死，修习无我的修持，犹如净水，洗去一切知见障。

《观普贤菩萨行法经》提出"忏悔六根观普贤菩萨法"，即忏悔眼、耳、鼻、舌、身、意等六根的罪障：

忏悔眼：若有眼根恶，业障眼不净，但当诵大乘，思念第一义，尽诸不善业。

忏悔耳：耳根闻乱声，坏乱和合义，由是起狂乱，犹如痴猿猴，但当诵大乘，观法空无相，永尽一切恶，天耳闻十方。

忏悔鼻：鼻根着诸香，随染起诸触，如此狂惑鼻，随染生诸尘，若诵大乘经，观法如实际，永离诸恶业，后世不复生。

忏悔舌：舌根起五种，恶口不善业，若欲自调顺，应勤修慈心，思法真寂义，无诸分别相。

忏悔心：心根如猿猴，无有暂停时，若欲折伏者，当勤诵大乘，念佛大觉身，力无畏所成。

忏悔身：身为机关主，如尘随风转，六贼游戏中，自在无罣碍，若欲灭此恶，永离诸尘劳，常处涅槃城，安乐心恬泊，当诵大乘经，念诸菩萨母，无量胜方便，从思念相得。

忏悔是灭罪增福的最好法门，有关忏悔的对象，佛经举出十种：

可以对诸佛菩萨忏悔。

可以对父母忏悔。

可以向儿女忏悔。

可以对师僧忏悔。

可以对弟子忏悔。

可以对领袖忏悔。

可以对檀越忏悔。

可以对善友忏悔。

可以对所化忏悔。

可以对龙天忏悔。

忏悔要发心，至诚发心，罪业才能消除。因此，无论是向诸佛菩萨，或是对父母、师长等人忏悔，都必须具备两个条件：

发露。忏悔须要至诚恳切地表白自己所犯的过错，不可覆藏，就如病患找医生看病，如果不把病症说出来，医生不能正确诊断、开药方，病就不会好。所以要发露不覆藏，如果有所隐藏，忏悔就无法得到完全的清净。

要真心地改往修来。六祖大师说："凡夫愚迷，只知忏其前愆，不知悔其后过。以不悔故，前罪不灭，后过又生。前罪既不灭，后过复又生，何名忏悔？"因此，忏悔最重要的，是要真心地改往修来；懂得"随缘消旧业，切莫造新殃"，才是真忏悔。

忏悔有很多法门，现在再从具体的方式与事例进一步说明忏悔的重要。

俗云："人非圣贤，孰能无过？知过必改，善莫大焉！"佛法里有两种伟大的力量：第一，是自性不作恶；第二，是做了能忏悔。

忏悔是认识罪业的良心，是去恶向善的方法，是净化身心的力量。一个人不怕造业，只怕不忏悔。例如佛世时，印度的阿阇世王曾经犯下了弑父篡位的弥天罪业，后来因为忏悔，终能得救。中国的悟达国师，累劫冤业感生人面疮，透过忏悔，终于冰释多生仇恨，并且留下一部《慈悲三昧水忏》，利益后人。

不过，一般人在平常都不会想到要忏悔，一定要到什么时候才肯忏悔呢？

有病的时候，病苦折磨，他想到要忏悔了。

受苦的时候，艰难困苦来了，他想到要忏悔了。

困难的时候，做事时，这样不如意，那样不顺心，他想到要忏悔了。

年老的时候，他想到年轻时候种种非法、种种不是，就容易忏悔。

　　无力的时候，感到自己没有力量了，那时候就想到要忏悔了。

　　知道自己错了才懂得要忏悔，往往悔不当初；甚至身陷牢狱才知道自己做错了，更是懊悔已嫌迟。所以，我们忏悔，要在平常的时候，要在我们有办法的时候。

　　如何忏悔愚迷、憍诳、嫉妒等恶业？《六祖坛经》说，佛弟子平日于佛前依下列三段文忏悔发愿，可以增长我们忏悔的力量：

　　"弟子某某，从前念、今念及后念，念念不被迷妄所染，从前所有的愚迷恶业等罪，悉皆忏悔，愿一时消灭，永不复起。"

　　"弟子某某，从前念、今念及后念，念念不被憍诳所染，从前所有的憍诳恶业等罪，悉皆忏悔，愿一时消灭，永不复起。"

　　"弟子某某，从前念、今念及后念，念念不被嫉妒所染，从前所有的嫉妒恶业等罪，悉皆忏悔，愿一时消灭，永不复起。"

　　《观普贤菩萨行法经》载，在家信众的忏悔法有五种：一、不谤三宝，乃至修六念（念佛、念法、念僧、念戒、念施、念天）；二、孝养父母、恭敬师长；三、端正身心，以慈悲、道德待人；四、六斋日不杀生；五、相信因果。

　　除了上述方法以外，一般佛教徒也可以在日常生活中修行如下六种忏悔：一、说好话忏悔；二、捐善款忏悔；三、勤劳服务忏悔；四、成就他人忏悔；五、用感恩报德的心忏悔；六、以礼佛谢罪的心忏悔。

　　忏悔是生活里时刻不可或缺的美德，例如：穿衣的时候，想到"慈母手中线，游子身上衣"，如何能不忏悔？如何能不想到母恩难报呢？穿衣服的时候，想到这件衣服是工厂里工人一丝一缕慢慢织成，我能不爱惜它吗？所以，穿衣服就可以忏悔。吃饭的时候，所谓"吃现成饭，当思来处不易"；所谓"佛观一粒米，大如须弥山，若人不了道，彼毛戴角还"。一粒米所以能到我们的口中，那是经过了农夫的耕作，工人的制造，商人的贩卖，同时还要结合水分、土壤、阳光、空气等宇宙间所有的因缘、力量，才能成为这一粒米给我们充饥填饱。我在吃饭的时候，怎么能不感恩忏悔呢？所以，在佛门里，饭前要念供养咒，饭后要念结斋偈,在吃前三口饭时要说:"愿断一切恶,愿修一切善,愿度一切众生。"断恶、修善、度众,主要的就是要忏悔、感恩、发愿。

忏悔不但可以灭罪,而且可以增福。依经典记载,忏悔可得五种福德:终不远离一切圣人;一切众生乐见乐闻;入大众时,不生怖畏;得好名声;庄严菩提。

忏悔之后,罪业是否究竟清净,可以依忏悔当时的情状自我审查。忏悔的相状有三品:

下品忏悔:全身微热而眼出泪。

中品忏悔:全身毛孔发热出汗,从眼出血。

上品忏悔:全身的毛孔和眼睛出血。这是最高的忏悔。

一般人学佛修行,无不希望与佛菩萨感应道交,但是为什么有的人有感应,有的人没有?感应的原理就如同"月现江心"。所谓"千江有水千江月,万里无云万里天","菩萨清凉月,常游毕竟空,众生心垢净,菩提月现前"。菩萨就像一轮皎洁的明月,常游在毕竟空里,对大地众生没有分别心,只要众生心中清净无垢染,就像江河的水澄澈无波,月亮自能影现江心。所以没有感应的人,不能责怪天上没有月亮,应该怪自己的心海不清净。所谓"人有诚心,佛有感应",只要我们能时常借着忏悔的法水来涤净心垢,自然能与佛菩萨感应道交。

佛教的经典,处处指陈佛性人人本具,每个人的自性本来清净,并不须有所增加或改变才会光明。自性本来清净,自性本来光明;我们本来的面目与佛平等,假如有修、有证、有得,就不是本来的面目了。只有无得而得才是真得,无修而修才是真修,无证而证才是真证。因此,在《六祖坛经》的《忏悔品》里有一首《无相颂》,内容是说:

迷人修福不修道,只言修福便是道。

布施供养福无边,心中三恶元来造。

拟将修福欲灭罪,后世得福罪还在;

但向心中除罪缘,各自性中真忏悔。

忽悟大乘真忏悔,除邪行正即无罪。

学道常于自性观，即与诸佛同一类。

吾祖唯传此顿法，普愿见性同一体。

若欲当来觅法身，离诸法相心中洗。

努力自见莫悠悠，后念忽绝一世休。

若悟大乘得见性，虔恭合掌至心求。

这一段《无相颂》是六祖大师教我们如何顿悟，如何找寻自己的法门。

所谓"迷人修福不修道"，这是说，现在一般的民间信仰，大都建立在贪求上，例如只晓得向神明要求平安、求幸福、求升官发财等，这是贪心。纵使无贪，有一些人布施行善、修桥铺路，却只知修福，不知修道。甚至于有一些佛教徒，只知修福不知修慧，不知道要行解并重、福慧双修。

佛经里有一则叙述"修慧不修福，罗汉应供薄；修福不修慧，大象披璎珞"的故事：

有兄弟两个人，一个是修慧不修福，虽然证得阿罗汉果，但是生活艰难，连饭都不得吃，所谓"罗汉应供薄"。另一个只知修福不知修慧，后来投生为皇宫里的一只大象，身上披满璎珞、珠宝，但是，终究还是畜生。所以，布施、供养虽然是福报无边，却还在五趣六道里，还是会轮回。如果能够福慧双修，就能灭罪。

说到灭罪，灭罪必须忏悔。"各自性中真忏悔"，就是要能认识大乘中忏悔的真义。所谓"人非圣贤，孰能无过？知过必改，善莫大焉"。在佛教里，不怕犯罪，只怕犯了罪不知道忏悔。犯罪并不是很严重的事，即使犯了无边的罪业，只要肯忏悔，就如同肮脏的东西，遇到清水，就能洗净。忏悔如法水，能够洗净罪业。

说到忏悔，佛教里有许多忏悔的法门，例如：

以戒律门求忏悔。戒律门就是守法、持戒，守持戒律可以防非止恶，例如五戒十善：不杀生、不偷盗、不邪淫、不妄语、不吸毒。若能持守五戒，当然就能灭罪。

以功德门求忏悔。功德门就是你去布施、行善，为人服务。以行善做功德，也能灭罪。

以无生门求忏悔。无生门就是从自性上认识罪业本空。罪业在相上讲，有造作就有罪；但是从真如佛性上讲，罪性本空。所谓"心中有罪将心忏，心若无时罪亦亡"，一切罪业都是因为我们的分别心妄动，才有是非，才有罪业。如果无心，那就是真心，真心是不会被染污的，好比你把黄金、钻石摆在臭水沟里，隔个一二百年，再把它拿出来，黄金还是黄金，它不会受染污。我们的自性虽然随着我们的无明、烦恼流转在五趣六道，但是真心自性没有减损分毫。

以作法忏忏悔。作法忏就是礼拜梁皇忏、慈悲三昧水忏、大悲忏等，借着礼拜忏仪来忏悔业障。

以观想忏忏悔。观想忏就是观想佛的光明、相好，如此身心清净，自能灭罪。

除了以上忏悔法门以外，《宝王三昧论》的十不要求，也能帮助我们修养身心。

念身不求无病，身无病则贪欲易生。

参禅学道的人，不要要求身体健康，永远不生病，因为身体没有病，有时候容易生起贪欲、执着。"有病方知身是苦"，学道的人有时候带三分病，才知道发道心。因此，无病固然很好，有病也不必害怕，有病反而更能激发精进向道的心，所以，念身不求无病。

处世不求无难，世无难则骄奢必起。

在世间做人处事，不要害怕困难挫折，有时太容易、太顺遂，容易骄傲、自大，甚至引人嫉妒；从艰难困苦里完成目标，反而不会遭到嫉妒、障碍。所以，处世不求无难。

究心不求无障，心无障则所学躐等。

发心学道，不要要求没有障碍；没有一点障碍、干扰、困难，容易轻忽所学，做人就会躐等、僭越。所以，世事越是艰难，越懂得谨慎从事。所以，究心不求无障。

立行不求无魔,行无魔则誓愿不坚。

我们无论做什么事情,不要怕魔难,所谓"道高一尺,魔高一丈",魔难有时候也是我们的逆增上缘。所以,立行不求无魔。

谋事不求易成,事易成则志存轻慢。

我们无论是读书、创业,或是从事任何工作,不要急于成就,太容易成就,则志愿不坚,很容易遭到失败,所以,谋事不求易成。

交情不求益吾,交益吾则亏损道义。

与人交朋友,不要处处想到要别人帮忙我、有利于我,这种自私的心态,交不到知心的朋友。与朋友交,要想到我怎样给人快乐、给人欢喜、给人利益。如果一味要求朋友有利于自己,就会亏损道义。所以,交情不求益吾。

于人不求顺适,人顺适则心必自矜。

与人相处,不要要求别人凡事听命于我、顺从我、服从我,事情太过顺心如意,则容易刚愎自用。所以,于人不求顺适。

施德不求望报,德望报则意有所图。

帮助别人,不要企望人家报答我。望人报答,那不是布施,是贪欲;既然布施,就要无所求,无所求的无相布施,才是真布施。

见利不求争分,利争分则此心妄动。

见到人家有好处、利益,不要就想分一杯羹,也不要生起嫉妒心;要以随喜心为人家欢喜、祝福,这样就不会痴心妄动。

被抑不求申明,抑申明则怨恨滋生。

受到冤枉、委屈、压抑,不要急于辩白、申诉,否则容易滋生怨恨;反之,能够吃得亏、看得破、放得下,有时反能增加自己的道德、福报。

(一)忏悔的对象与因缘

忏悔既然需要发露、表白,因此,就必须要有一个对象。究竟应该向谁忏悔呢?以下几个对象可以让我们忏悔——

(1)佛像;

(2)菩萨像；

(3)师长；

(4)大众。

至于忏悔所须具备的因缘，依《四分律羯磨疏》卷二十二所载，忏悔必须具足五缘，即：

(1)迎请十方诸佛菩萨；

(2)诵经、持咒；

(3)自白罪业；

(4)立下誓愿，绝不再犯；

(5)明证教理。

另据《圆觉经略疏钞》卷十二所载，小乘之忏悔须具五法，即：

(1)偏袒右肩，便于执侍作务的意思；

(2)右膝着地，表示奋勉恳切；

(3)合掌，表示诚心不乱；

(4)表白自己的罪行，毫无隐藏。

(5)对佛菩萨、师长、大德行接足礼，表示卑下谦恭，至诚礼敬。

大乘佛教则主张忏悔须具备五事：

(1)先严净道场；

(2)次以香花铺地；

(3)设坛、悬五色幡、烧香、燃灯、敷高座、请二十四尊像；

(4)七日长斋、三时沐浴；

(5)供僧。

其他，也有不依律的规制，采行礼拜、诵经或礼忏等。

谈到礼忏，我国佛教中的忏法起源于晋代，渐盛于南北朝，及至宋代，为忏法的全盛时期。其间，各宗各派依据各种经典所作的忏法不胜枚举。近世通行的忏法有：

(1)梁皇宝忏：为我国流传最久的忏法，今人每于灭罪、消灾、济度亡灵时，延僧虔修此忏。

(2)慈悲三昧水忏:简称水忏。唐代悟达国师知玄以三昧水洗疮而濯除累世冤业,为此忏法之典故。知玄依宗密所撰《圆觉经道场修证仪》,辑成慈悲水忏法,令众生依此忏法至诚忏罪,以消释宿世冤业。

(3)大悲忏:又称千手千眼大悲心咒行法。是根据"大悲咒"而作的忏法,为现今普遍流行的忏法。

(4)药师忏:又称药师三昧行法。是根据《药师如来本愿功德经》而作的忏法;凡消灾延寿的法事,多礼拜此忏。

(5)净土忏:又称往生净土忏愿仪。是采用《大无量寿经》及《称赞净土经》等诸大乘经典而立的忏法,此忏法随着净土信仰的流行而广行于民间。

(6)地藏忏:又称慈悲地藏忏法,为较晚出的忏法。凡报亲恩或祈父母冥福的法事,多礼拜此忏。

此外,金刚忏、八十八佛洪名宝忏、千佛洪名宝忏等,也都是一般常行的忏法。

(二)忏悔的方法与类别

忏悔的方法与性质,依各经所载,有多种分类。

《四分律羯磨疏》卷一载,忏悔有制教忏与化教忏二种。犯戒律的罪,须行制教(戒律之教)的忏悔,仅限于出家之五众、小乘、现行犯等;犯业道的罪,须行化教(经论之教)的忏悔,此则通于所有行者。

制教的忏悔又分为三种:

(1)众法忏:对四人以上的僧众行忏悔。

(2)对首忏:对师家一人行忏悔。

(3)心念忏:宜对本尊行忏悔。

《摩诃止观》卷二载,忏悔分事忏与理忏:

(1)事忏:借礼拜、赞叹、诵经等行为所行的忏悔,又称随事分别忏悔。一般的忏悔都是属于此类。

（2）理忏：观实相之理，以达灭罪的忏悔，又称观察实相忏悔。

《金光明经文句记》卷三载，忏悔有三种：

（1）作法忏：依律仪作法而行忏悔，如礼拜梁皇忏、大悲忏等忏仪。

（2）取相忏：观想佛像的相好、功德等，以为除罪的忏悔。如能观想成功，表示心念都在佛的慈悲、功德上，罪业就不容易现前了。

（3）无生忏：无生忏就是观实相之理，念罪体无生的忏悔。无生者，法本无生，所谓"心生，则一切法生；心灭，则一切法灭"，又谓"罪业本空由心造，心若无时罪亦灭"。罪业在相上虽然有善恶，但是在性上并无善恶，因此在本性上、在佛性里并没有罪业可言。

天台宗行者也立有三种忏悔法门：

（1）以戒律门忏悔：精持戒律，夙夜不懈地修持，犹如大火，烧去一切情识障。

（2）以功德门忏悔：常行功德，供养三宝的修持，犹如春风，拂去一切烦恼障。

（3）以无生门忏悔：勘破生死，修习无我的修持，犹如净水，洗去一切知见障。

又，天台宗依智顗大师所著的《法华三昧忏法》而作六根忏悔，即忏悔眼、耳、鼻、舌、身、意等六根的罪障。又称法华忏法，是天台宗重要的忏仪。

据《观普贤菩萨经》载，在家众的忏悔法有五种：

（1）不谤三宝，乃至修六念（念佛、念法、念僧、念戒、念施、念天）。

（2）孝养父母、恭敬师长。

（3）端正身心，以慈悲、道德待人。

（4）六斋日不杀生。

（5）相信因果。

除了以上各经所载的忏悔方法外，一般佛教徒也可以在日常生活中修行以下六种忏悔：

（1）说好话忏悔。

(2)捐善款忏悔。

(3)勤劳服务忏悔。

(4)成就他人忏悔。

(5)用感恩报德的心忏悔。

(6)以礼佛谢罪的心忏悔。

(三)忏悔的功德与忏相

忏悔不但可以灭罪,而且可以增福。依经典记载,忏悔可得五种福德:

(1)终不远离一切圣人。

(2)一切众生乐见乐闻。

(3)入大众时,不生怖畏。

(4)得好名声。

(5)庄严菩提。

忏悔之后,罪业是否究竟清净,可以依忏悔当时的情状自我审查。忏悔之相有三品之别:

(1)下品忏悔:全身微热而眼出泪。

(2)中品忏悔:全身毛孔发热出汗,从眼出血。

(3)上品忏悔:全身的毛孔和眼睛都出血。这是最高的忏悔。

(四)忏悔与感应的原理

经云:"佛说一切法,为治一切心;若无一切心,何用一切法!"心是我们的主人翁,成佛作祖端赖它,五趣流转也因它。心的重要,不言而喻。然而在日常生活中,一般人只知道澡浴净身,却不知道净心的重要,任由我们的心在五欲尘劳、人我是非中奔驰攀缘、计较得失,终至永无解脱之日。

我们的心要如何净化呢?惭愧忏悔是净化身心的力量,一念惭愧忏悔的心,能使我们原本缺憾的生活,转化为时时风光,处处自在,丰足无忧。惭愧忏悔是去恶向善的方法。当前社会乱象纷陈,人人为了一己之私,罔顾多数人的利益,造成社会秩序不安,此时如果人人都有一颗惭愧忏悔的心,自忖对不起国家民族、对不起社会大众、对不起父母师长、对不起亲朋好友……由于"对不起"的这份惭愧忏悔的心,必能激发感恩回馈的情操,继而化暴戾为祥和,何愁社会不安定?所以,惭愧忏悔不但是学佛者必修的法门,更是建立祥和社会的救世法宝!

第二节　发心立愿

我们做任何事情，一定要先定目标，有目标才有努力的方向；有了方向，做事才能着力。定目标就是"立志"，在佛教称为"发心立愿"。

一、发心立愿的意义

发心立愿，是学佛的根本。发心，又称初发意、新发意、新发心、初心、发意等，是指发自内心的意念。《华严经》说：学佛要不忘初心，也就是勉励我们不要忘记学佛最初所发的"上弘下化"的菩提心。

学佛是一种修心养性的功夫，心要如何修呢？修心先要发心，经中譬喻我们的心如田、如地，心田要开发才能播种，开发了的心地才能成长万物。所以学佛的第一步先要发心，发心睡觉，觉会睡得好；发心吃饭，饭会吃得饱；发心做事，则无事不办；所以修心的第一步就是发心。

所谓立愿，是指想要成就自己所期许的目标的一种决心，也就是一般所称的立志。

立愿如同时钟上紧了发条，汽车加足了汽油，能产生前进的动力；又如船只安装了罗盘，学生制订了功课表，有了前进的目标。所以，发心就是开发心田，立愿就是确立目标。学佛不发心立愿，就如耕田不播种，船只没有指南针。种田不播种，如何能收成？航海缺少指南针，如何渡向彼岸？所以学佛首先必须发心立愿。

二、发心立愿的重要性

学佛首重发心立愿，发心立愿是表示自己对未来的期许，由此可知佛教对未来价值的重视。

《劝发菩提心文》说："入道要门，发心为首；修行急务，立愿居先。愿立则众生可度，心发则佛道堪成。"

《大智度论》卷七说："作福无愿，无所标立；愿为道御，能有所成。譬如销金，随师而作，金无定也。""庄严佛国事大，独行功德难以成就，须借愿力方能达成。如牛力虽能挽车，亦须御者方有所至。"

此外，《大集经》说："发愿能摧伏烦恼魔军。"《发菩提心经论·誓愿品》说："菩萨发心，先建至诚，立决定誓，立誓之人，终不放逸、懈怠、缓慢。"由此可见，入道之由，莫不行愿，因为"果"虽然是由"行"所招感，但是如果没有"愿"力，即使是行，也无法到达所期望的目的，所以发心立愿是成就一切事业的重要助缘与动力。

发心立愿犹如播种，种子的好坏可以决定未来的收成；发心立愿的动机与大小，均可影响一个人未来的成就，其重要可见一斑。

三、学佛应发何心，立何愿

《楞严经》说："因地不正，果遭迂曲。"发心立愿要合于大、正、圆、真，也就是所发的愿不受世间物欲、名位、权势所诱惑，甚至不管遭遇任何艰难困苦，即使攸关生死，也绝不忘失自己的誓愿，一心只为求证无上菩提，只为救度众生出离生死洪流。如此发愿，才不会偏离正道。

根据《翻译名义集》卷十二说，学佛应发三种心：

（1）发大智心：以智慧广求一切佛法，普令众生皆得法喜之乐。

(2)发大悲心:慈愍一切众生轮回生死,受种种苦,誓愿救拔。

(3)发大愿心:依四弘誓愿,发无上菩提心,上求佛道,下化众生。

此外,诸如感恩心、惭愧心、向道心、功德心、深信心、尊敬心、广大心、忍耐心等,凡能帮助我们完成"自利利他,自觉觉他"学佛最高目标的愿心,都是学佛者不可一刻或忘的发心。尤其应该发以下四种心,立四种愿:

(一)四心

(1)发慈悲心,人我无间:学佛就是向佛学习。佛是慈悲的体现者,学佛如果没有慈悲心,便无法与佛法相应。佛法的根本目的是"拔苦"、"与乐",而"慈"便是"与乐","悲"就是"拔苦",所以学佛如果不能慈悲,则空有学佛之名。佛教讲"无缘大慈、同体大悲",有慈悲心的人必能泯灭人我对待,必能不分亲疏,照顾所有的人,自然能与别人没有隔阂,达到人我无间。

(2)发信愿心,常随佛学:常随佛学是普贤菩萨所发的十大愿之一。我们学佛,就是要学习佛菩萨的发心立愿,我们要常跟随善知识、老师、大德们学习,有一分发心,必有一番成就。

(3)发菩提心,上弘下化:古德说:"菩提心为因,大悲心为本,方便心为究竟。"菩提心就是上求佛道,大悲心就是下化众生,方便心就是方便行四摄法。一个菩萨行者发心,一定要有菩提心,有了菩提心的种子,再配以大悲心、方便心为助缘,如此融合三心,才算是发大乘心,这是学佛的人都应该发的大心,能够发菩提心,必能进趣菩萨道。

(4)发无我心,扩大完成:无我是说我们的心境可以包容一切,将别人看成与自己一样,甚至为了完成大我,可以牺牲小我。能够发无我的心,把自己融入大众,融入团体,那么大众就是我,团体就是我。所以无我之我,反而更大、更高,更能成就一切,完成一切。

(二)四愿

1.众生无边誓愿度:我们学佛,除非甘心做个小乘的自了汉,否则弘法度众就是我们责无旁贷的使命,所谓"弘法为家务、利生是事业",因此,只要是大乘行者,都应该发起众生无边誓愿度的大心。

2.烦恼无尽誓愿断:学佛,其实就是在与自己的烦恼魔军作战,能够战胜烦恼,自然能显发自己的真如佛性,自然能趣向佛道;反之,如果连自己的烦恼都无法断除,而在生死苦海中轮回不已,更遑论度人。所以学佛首先要健全自己,要誓断一切烦恼。

3.法门无量誓愿学:学佛既然要发度众之心,首先自己要具备各种知识、能力。在古代印度有所谓的五明:

(1)声明:语言学、声韵、训诂、音乐。

(2)工巧明:科技工艺的知识。

(3)医方明:卫生保健、医药的知识。

(4)因明:逻辑推理、论理学。

(5)内明:专心思索五乘因果妙理之学,或表明自家宗旨之学。

以上五明,涵盖面虽广,然而在今天多元化的社会,似乎已不敷所需,这不过是在说明菩萨为度一切众生,当学一切法门。

4.佛道无上誓愿成:学佛最终目的是为了成佛,成佛虽然不容易,须经"百劫修相好,千只修福慧",但是我们要难行能行,不仅自己要誓成佛道,更要发愿度尽一切众生,共成佛道,这才是真正的佛道无上誓愿成。

四、诸佛菩萨的行愿

根据经中所载,过去诸佛莫不由发愿而成。如《无量寿经》卷上所载的阿弥陀佛四十八大愿、《悲华经》卷七所说的释迦牟尼佛五百大愿、《弥勒菩萨所问本愿经》所说的弥勒奉行十善愿、《药师如来本愿功德经》中,药师如来为灭除众生病苦而发的十二大愿等。乃至文殊菩萨十八大愿、普贤菩萨十大愿、观音菩萨十大愿、地藏菩萨发愿"地狱不空、誓不成佛"等,都是诸佛菩萨的伟大行愿。兹列举四大菩萨行愿,以为佛子效法:

(一)文殊菩萨行愿

1.愿以恒河沙诸佛世界为佛刹。

2.愿佛土光明遍照。

3.愿于菩提树下成就正觉,若不满愿,誓不起座。

4.愿于诸佛国土为众生演说妙法。

5.愿佛土中无有女人及诸恶道。

6.愿诸众生离烦恼垢,见净梵行。

7.愿佛土众生,生时袈裟随体。

8.愿众生思食即得百味盈满。

9.愿广施贫穷苦恼众生资财法味。

10.愿鬼道众生悉获饱足。

11.愿众生悉得五神通,乘空无碍。

12.愿为众生说法,令离渴爱。

13.愿众生思衣即得妙宝衣服。

14.愿于诸佛土,供养财宝资具。

15.愿诸众生远离八难及不善法。

16.愿诸众生无有苦恼及诸不悦意。

17.愿以无量妙宝庄严佛土。

18.愿所有佛刹功德庄严,皆令置我佛刹中。

(二)普贤菩萨行愿

1.礼敬诸佛。

2.称赞如来。

3.广修供养。

4.忏悔业障。

5.随喜功德。

6.请转法轮。

7.请佛住世。

8.常随佛学。

9.恒顺众生。

10.普皆回向。

(三)观音菩萨行愿

1.愿我速知一切法。

2.愿我早得智慧眼。

3.愿我速度一切众。

4.愿我早得善方便。

5.愿我速乘般若船。

6.愿我早得越苦海。

7.愿我速得戒定道。

8.愿我早登涅槃山。

9.愿我速会无为舍。

10.愿我早同法性身。

(四)地藏菩萨行愿

地狱不空,誓不成佛;

众生度尽,方证菩提。

此外,古来多少高僧大德为"正法能久住,众生得离苦"而发下弘愿。譬如:玄奘大师"宁向西天一步死,不回东土一步生",终于完成西域取经的大愿;鉴真大师"为大事也,何惜生命!"终于将佛法弘传于日本。乃至近代慈航法师的"我今发心,不为自求,人天福报,声闻缘觉,乃至权乘,诸位菩萨,唯依最上乘,发菩提心,愿与法界众生,一时同得阿耨多罗三藐三菩提"。都是后世佛子学习的典范。

五、今日佛子如何发心立愿

发心立愿,可以坚定信心与毅力,可以增长菩提心,提升信仰,使我们的道德、人格臻于至善。尤其今日社会,如果多一个人发心立愿,志求菩提,就多播下一粒成佛的种子;多一个人学佛成佛,社会就少一分暴戾之气。所以希望人人都能经常发心立愿,发愿为自己留下信仰,为家庭留下贡献,为社会留下慈悲,为生命留下历史,为道场留下功德,为众生留下善缘,为未来留下愿心,为世界留下光明。

以下为现代佛子撰拟发愿文,祈愿人人发心得度。

(一)弘法师的发愿文

一愿　佛光普照,众生随缘皆得度。

二愿　法水长流,护法檀那悉蒙益。

三愿　佛教兴隆,人人学佛福慧增。

四愿　每日所作,普皆利益法界众。

五愿　学佛所学,常作佛事永不倦。

六愿　于诸众生,常起大悲施法益。

七愿　心平如地,普载众生无怨亲。

八愿　世间大众,明因识果行正道。

九愿　贫病众生,身心安乐众病除。

十愿　社会安定,无诸世间忧悲苦。

十一愿　国家富强,众等悉发菩提心。

十二愿　世界和平,佛光净土在人间。

(二)佛徒信众的发愿文

一愿　我们礼敬常住三宝,正法永存佛光普照。

二愿　我们信仰人间佛教,生活美满家庭幸福。

三愿　我们实践生活修行,随时随地心存恭敬。

四愿　我们奉行慈悲喜舍,日日行善端正身心。

五愿　我们尊重佛徒信众,来时欢迎去时相送。

六愿　我们具有正知正见,发掘自我般若本性。

七愿　我们现证法喜安乐,永断烦恼远离无明。

八愿　我们发愿普度众生,人间净土佛国现前。

(三)家庭主妇的发愿文

一愿　护持佛教,恭敬三宝,永远做佛教的护法。

二愿　实践佛法,建立美满家庭,使家人平安幸福。

三愿　教育儿女,以身作则,使成大器,做国家栋梁。

四愿　帮助先生发展事业,使无后顾之忧。

五愿　孝顺公婆,克尽子媳之道,确保家庭和谐。

六愿　多参与社会公益活动,做好环保、护生工作,为后代子孙建设一个舒适的生活空间。

七愿　每日布施欢喜,把快乐分享别人,使社会充满祥和之气。

八愿　人人知足感恩,勤奋工作,民生富足,而无杀、盗、抢劫、诈欺等恶事滋生。

(四)警察的发愿文

一愿　克尽职守,勇于承担,保障人民安居乐业。

二愿　伸张公权,打击犯罪,消除社会暴戾风气。

三愿　端正身心,奉公守法,树立警察优良风范。

四愿　自身安全,不受侵犯,免使家人担忧受怕。

五愿　维护正义,布施无畏,使世间无邪恶恐怖。

(五)小学生的发愿文

一愿　用功读书,充实知能,将来做大事业,报效国家。

二愿　孝顺父母,友爱兄长,做个不令父母担忧的好孩子。

三愿　尊敬师长,与同学和睦相处,做个品学兼优的好学生。

四愿　遵守校规,不做有损校誉的事。

五愿　乐观开朗,主动助人,日行一善。

六愿　校园风气善良,没有安非他命的毒害侵袭。

七愿　世间都是好人,没有绑票、勒索等恐怖事情。

八愿　人人都有幸福美满的家,都能在父母的爱护、师长的教育下,快乐而健康地成长。

一般学佛的人,经常劝人要发心、要立愿。其实,发心立愿不是佛教徒的专利,社会上任何一个人都应该发心立愿。发心,才能把事情做好;立愿,做事才有目标。发心立愿就像开采能源一样,心里的能源是每个人取之不尽、用之不竭的最大财富。《劝发菩提心文》说:"金刚非坚,愿力最坚;虚空非大,心王最大。"一个人的心量有多大,成就便有多大;愿力有多坚,力量就有多强。发心则佛道堪成,所以,学佛一定要发心立愿,发心立愿才会有成就。

第三节　六度四摄

　　佛法浩瀚无边，但是归纳起来总不出：人乘、天乘、声闻乘、缘觉乘、菩萨乘等五乘佛法。此五乘佛法是依发心、目的与方法的不同而区别。人天乘是佛陀所施设的方便法门，是世间法，不能了生死。声闻、缘觉乘虽然可以了脱生死、超出三界，但是只为自度，只能"拔一己之苦，得一己之乐"，未能度众利他，佛陀斥为"焦芽败种"，可见仍非究竟。唯有自利利他，自度度人，发四弘誓愿，修六度四摄法门，圆满佛果的菩萨乘，才是佛法的究竟法门。

　　发心趣求大乘的菩萨，以六度为主要修行方法，《增一阿含经》序说："菩萨发意趣大乘，如来说此种种别，人尊说六度无极，布施持戒忍精进，禅智慧力如月初，逮度无极观诸法。"

　　菩萨如果修行六波罗蜜，具足福慧资粮，圆满所修，便得证悟无上正等菩提。如《发菩提心经论》卷上说："布施是菩提因，摄取一切诸众生故；持戒是菩提因，具足众善，满本愿故；忍辱是菩提因，成就三十二相八十随形好故；精进是菩提因，增长善行，于诸众生勤教化故；禅定是菩提因，菩萨善自调伏，能知众生诸心行故；智慧是菩提因，具足能知诸法性相故。取要言之，六波罗蜜是菩提正因，四无量心三十七品诸万行共相助成。若菩萨修集六波罗蜜，随其所行，渐渐得进阿耨多罗三藐三菩提。"可见六度四摄是成就菩提道果的必备条件。

一、六度的意义与内容

六波罗蜜,全称"六波罗蜜多",译作六度、六度无极、六到彼生。波罗蜜译为度,是指到彼岸的意思,也就是达成理想,完成的意思、是大乘佛教中菩萨欲成佛道所实践的六种修行方法。

六波罗蜜指:布施、持戒、忍辱、精进、禅定、智慧。其意义、内容如下:

(一)布施

布施,梵语"檀那",此云"布施",布己所有,施与众生,这是摄受众生的第一步。"先以欲钩牵,后令入佛智"。在生活上先给予满足后,才容易引领众生修行入道。布施有三种:

(1)财施:内财施与外财施。布施头、目、脑髓生命,叫做内财施;施舍田园舍宅、衣食财宝,称外财施。

(2)法施:以佛法化道众生,使其得度,称为法施。"诸供养中,法供养为最"。《金刚经》云:"若人满三千大千世界七宝,以用布施,所得福德,不如受持四句偈等,乃至为他人说。"法施的殊胜难得,可见一斑。

(3)无畏施:属于精神力量的布施。给予苦难者以精神上的慰藉,使他远离恐怖畏惧;或者自己持戒忍辱,不侵犯他人,使对方免于畏惧。譬如观世音菩萨闻声救苦,使众生远离怖畏,便是施无畏。

布施的可贵,就其功德而言,除了可以去除悭贪的烦恼障之外,行布施可以去除怨害,广结善缘,得到富贵安隐。如《四十二章经》说:"譬如一炬之火,数千百人,各以炬来分取,熟食除冥,此炬如故,福亦如之。"可见布施功德之大。

(二)持戒

持戒,梵语"尸罗"。持是持守不犯,戒有三聚净戒。戒是修行的基础,解脱的根本。三无漏学中,戒学居首。《大智度论》说:"大恶病中,戒为良药;大恐怖中,戒为守护;死暗冥中,戒为明灯;于恶道中,戒为桥梁;死海水中,戒为大船。"可见戒的重要。三聚戒为:

(1)摄律仪戒:又作自性戒、一切菩萨戒。是舍断一切诸恶、含摄诸律仪的止恶行,是出家、在家等七众弟子所共受的戒。而随在家、出家的不同,分别有五戒、八戒、十戒、具足戒等戒条。

(2)摄善法戒:又作受善法戒、摄持一切菩提道戒。是指修习一切善法。此戒为修善门,是菩萨所修持的律仪戒。

(3)摄众生戒:又作饶益有情戒、作众生益戒。以慈心摄受利益一切众生,为利生门。

菩萨戒虽然众多,但是总不出这三聚净戒。持守律仪戒,便能离恶防非,使身语意三业正行清净;持守摄善法戒,便能广集一切善行;持守饶益有情戒,便能利益救济一切众生。三聚净戒兼持具足,便能自利利他,功德圆满。

(三)忍辱

忍辱,梵语"羼提"。意指凡是加诸于身心的苦恼、侮辱、迫害等,都能忍受。忍辱可以让身心安隐,分为三种:

(1)耐怨害忍:受他人的怨憎恼害,而能忍耐。

(2)安受苦忍:对疾病、天灾的逼害,能够安忍而不退失修行道心。

(3)谛察法:忍又作观察法忍,即观察诸法不生不灭的真理,心能安住不动。

菩萨修行忍辱,能忍受别人的辱骂,忍受别人的毒打,忍受别人的瞋恚,而不加以报复;对于世间的利、衰、毁、誉、称、讥、苦、乐等八法,心不为所动,一切烦恼皆不能染。因为能够忍辱,因此护戒清净,所修善法皆能成就。从前佛陀在因地作忍辱仙人,被割截身体,却丝毫不瞋不动,而能成就大道。因此,忍辱的力量最大。

(四)精进

精进,梵语"毗离耶",意思是勇猛勤策进修诸善法,依照佛教的教义,在修善断恶,去染转净的修行过程中,不懈怠地努力上进。

精进能普遍一切善行,与一切功德相应,因此,《大智度论》卷十五说:"精进法是一切诸善之根本,能出生一切诸道法,乃至阿耨多罗三藐三菩提。"精进有三种:

(1)披甲精进:菩萨修行精进,不畏惧诸苦,勇往直前,如战士披铠甲,自然有恃无恐。

(2)摄善精进:大小诸善,能勤行不倦。

(3)利乐精进:菩萨利益劝化众生,不疲不厌。

精进能使善法日增,速得成就,如佛陀在因地修行时,因为精进的原因,比弥勒菩萨早九劫成就佛道。

(五)禅定

禅定,梵语"禅那",指令心专注于某一对象,而达于不散乱的状态。

凡夫攀缘五欲六尘,心如猿猴,又如脱疆的野马,到处流荡,片刻不止,因此修行难成。《大乘理趣六波罗蜜多经》说:"静虑能生智,定复从智生,佛果大菩提,定慧为根本。……众生妄心起,如翳见空花,唯定慧能治,诸佛说如是。众生心躁动,犹如旋火轮,若欲止息时,无过修静虑。"禅定除了能止息内心的妄念之外,并且可借由禅定而启发智慧。禅定分为三种:

(1)世间禅:指色界、无色界的四禅八定,为凡夫所修的禅定。

(2)出世间禅:有观、练、薰、修四种,为超出三界的大小乘禅定。

(3)出世间上上禅:如自性等九种大禅,为佛的大定。

禅定不可思议,可引发神境通,得以飞行自在,并可得十种利益:

(1)安住仪式:习诸禅定,诸根寂静,正定现前,自然安住,无有勉强。

(2)行慈境界:常有慈爱心,无伤杀众生的恶念,于众生悉皆安隐。

(3)无烦恼:诸根寂静,贪瞋痴等一切烦恼自然不生。

(4)守护诸根:常防护眼等诸根,不为色等诸尘所动。

(5)无食喜乐:得禅味以资道体,因此虽然没有饮食,也自然欣悦。

(6)远离爱欲:心不散乱,对一切爱欲都无染着。

(7)修禅不空:虽然有诸禅的功德,证得真空的道理,但是不堕于断灭之空。

(8)解脱魔羂:能远离生死,一切魔网都不能缠缚。

(9)安住佛境:开发无量智慧,通达甚深法义,对于佛的知见自然明了,因此心地寂灭,住持不动。

(10)解脱成熟:惑业不能迷乱,无碍解脱自然圆熟。

(六)般若

般若,梵语"般若",此翻为智慧。指修习八正道以及诸波罗蜜,而显现的真实智慧,此智慧是明见一切事物及道理的高深智慧,因此称为般若。

般若为六度的根本,是一切善法的渊源,能够度越生死之海,到达菩提彼岸,因此称为诸佛之母。《大智度论》说:"诸佛及般若,能利益一切;般若为之母,能出生养育。佛为众生父,般若能生佛,是则为一切众生之祖母。"般若分为三种:

(1)实相般若:是般若的理体,众生所本具,离一切虚妄之相,是般若的实性,即一切种智。

(2)观照般若:是观照实相的实智,了知诸法没有自性,所以称为观照,即一切智。

(3)方便般若:是分别诸法的权智,善巧分别诸法,称为方便,即道种智。

大乘般若的妙用,不仅在彻悟诸法实相,离一切虚妄而得解脱,更重要的是菩萨以此无所得的般若大方便,广行六度万行,而能"一切舍不取施想;持戒不缺而不依戒;住于忍力而不住众生想;行于精进而离身心;修禅而无所住"。不着一切而具足一切,以完成佛道。

此六波罗蜜为戒、定、慧三学所摄,根据《解深密经》卷四载:施、戒、忍三波罗蜜为增上戒学所摄;禅波罗蜜为增上心学所摄;般若波罗蜜为增上慧学所摄;精进波罗蜜则通为三学所摄。

关于六波罗蜜与福智二资粮的关系,依《解深密经》卷四与《菩萨地持经》卷一所说:施、戒、忍三波罗蜜是福德资粮,般若是智慧资粮,精进与禅定二者通福、智二资粮。六度修满,具足福慧庄严,则能成就佛果。

菩萨修行的中心德目,于法相宗等,又将六波罗蜜的智慧波罗蜜开为方便善巧、愿、力、智等四波罗蜜,合为十波罗蜜,作为菩萨的胜行,以配菩萨十地,说明修行次第。

菩萨修行六度,主要为对治自心悭吝、恶业、恚心、懈怠、乱心、愚痴等六种烦恼,除了利益众生外,并行四摄法——布施、爱语、利行、同事,以深入人群,普度众生。四摄法正是菩萨摄受众生,令其生起亲爱心而引入佛道的四个方便法。

二、四摄法的意义与内容

四摄法是权巧度众的方便法门,皆以巧慧为根本。但因众生的根基与需要的不同,在每一法中又另有它的差别,分类如下:

(一)布施摄

布施摄,又作布施摄事、布施随摄方便、惠施、随摄方便。以无所施的心,施授真理(法施)与施舍财物(财施)。如果有众生乐财,则布施财;如果乐法,则布施法,令众生生起亲爱的心,而依附菩萨受道。布施摄分为三种：

（1）财施：施舍财物，济惠贫乏。

（2）法施：以法示人，使明真理。

（3）无畏施：济拔厄难，使离怖畏。

（二）爱语摄

爱语摄，又称为能摄方便爱语摄、爱语摄方便、爱言、爱语。依众生根性而善言慰喻，令起亲爱的心而依附菩萨受道。爱语摄有三种：

（1）慰喻语：对生病或受到灾难、恐怖的人，以柔和慈爱的语言去安慰他、鼓励他，使他在精神上得到慰藉。

（2）庆悦语：对人的长处，或所做的善事，给予赞叹、肯定，使他更具信心，激发他往好的地方发展。

（3）胜益语：令人听了能增胜增益的语言。譬如对小乘行者宣说大乘佛法，使进趣大乘。

（三）利行摄

利行摄，又称为利行摄事、利益摄、令入方便、度方便、利人、利益。指以身口意的善行利益众生，令众生生起亲爱的心而接受教法。利行摄分三种：

（1）现世利行：劝令众生如法修持，现世便得大财富，乃至世间一切利乐。

（2）后世利行：众生于现世得大利乐，劝舍大财，发广大出离心，乃至出家，得后世利乐。

（3）现世后世利行：劝在家、出家次第离欲，故名现世后世利乐。

（四）同事摄

同事摄，又称为同事摄事、同事随顺方便、随转方便、随顺方便、同利、同行、等利、等与。能够站在众生的立场，和众生同一苦乐，并且能以慧眼观照众生，给予众生最适宜的教化，方便引导而入佛道。同事摄分为四种：

（1）是他同事而不自显与他同事：我与众生功德威力皆悉平等，但是隐藏己善而不显自己的功德威力。

（2）非他同事而自显与他同事：对于比自己能力低劣、没有信心的众生，为了方便化道对方而自显己身与他同一层次。

（3）是他同事亦自显与他同事：看见所化道的对象善根犹可摇动，为了让他善根坚住，现在暂时与同事，渐次增长对方。

（4）非他同事亦不自显与他同事：对于自行放逸，弃舍他事者，不与对方同样退堕懈怠。

三、六度与四摄的关系

六度是大乘菩萨为了成就佛道而实践的六种德目，是菩萨行者自利利他的总纲；四摄则是菩萨为了教化众生所施设的方便法门，专为利他。六度的第一度与四摄的第一摄，同是布施，彼此之间有共同相摄之处，他们的关系极为密切。如《阿差未经》说：

（1）布施摄具足六度的每一度。因为布施摄中有财施、法施、无畏施。其中，财施摄布施；无畏施摄持戒、忍辱二度；法施摄精进、禅定、般若三度。因为布施摄中具有这三义，因此具足六度。

（2）爱语摄通持戒、忍辱二度。因为爱语摄乃离恶口、妄语、绮语、两舌等四过，因此通摄持戒；对人说爱语，不管遭受任何毁谤、怒骂，都不会以恶还报，因此通摄忍辱。

（3）利行摄通精进度。因为要利益众生，必须勤于教化众生，因此通摄精进。

（4）同事摄通禅定、般若二度。因为自己所成就的定慧，与人相同的缘故。

此外，四摄法中，每一法又各具四摄，譬如布施摄中，布施好语便是爱语摄；布施佛法，使生善去恶，便是利行摄；布施无畏，去其恐惧，继而亲近，予以化道，便是同事摄。

至于实行四摄法的先后次序，则因为化道的对象有贫、恶、贤、愚等差别而不同。对于贫人要先行布施，济其贫苦；次行爱语，受之以法，后明利行，劝令起修。如果对于恶人，则要先行爱语，令他舍恶，次行布施，随顺资养，后以利行，劝令起修。

四摄法的实践，应以众生的需要而权巧观机逗教为主。

四、六度四摄的实践

学习菩萨道的修行者，应该如何实践六度四摄法门呢？在家菩萨修行布施要体悟无常，对苦难众生能广行财施。出家菩萨则要以佛法开导一切众生，使其入道学佛，并对苦难众生施予无畏，使其身心得以安乐。在慈心布施之后，为进一步砥砺自己，利益众生，而发心受持菩萨戒，学习一切善法，具足威仪，并修行忍辱，对世间利、衰、毁、誉、称、讥、苦、乐等八法，能够忍辱，不为所动。对诸行善法能精进学习，对恶法能断除，后以禅定力量调伏五根，安定内心的混乱，并借由禅定方法，启开智慧，开悟了道。

菩萨在修行六度的同时，为广度众生，并以四摄法——布施、爱语、利行、同事来摄取众生。以布施医药、饮食、财物，使众生满足而入道；以慈爱、安慰、赞叹、鼓励的语言，使众生生起欢喜，而听从指道；对于有利于众生的事业，菩萨更要不惜一切的辛劳，能承担服务；并站在众生的想法上，去了解众生的需要，而给予更多的利益与协助。

菩萨成佛须经三大阿僧祇劫的修行，可知菩萨道的修行实为不易。虽然不易，但是学佛者还是要砥砺自己，勇猛直前，因为学佛就如逆水行舟，不进则退，若不精进向前，佛道终究难以达成。

最后,提出实践六度的几个耐人寻味的问题:

一、布施:是给人呢?还是给自己呢?

表面上看起来是给人,其实是给自己;是自己发财之道!

二、持戒:是束缚呢?还是自由呢?

表面上看起来是束缚,其实是自由;是自己平安之道!

三、忍辱:是吃亏呢?还是占便宜呢?

表面上看起来是吃亏,其实是占便宜;是自己做人之道!

四、精进:是辛苦呢?还是快乐呢?

表面上看起来是辛苦,其实是快乐;是自己成功之道!

五、禅定:是呆板呢?还是活泼呢?

表面上看起来是呆板,其实是活泼;是自己安心之道!

六、般若:是向外求呢?还是向内求呢?

表面上看起来是向外求,其实是向内求;是自己明理之道!

所以,实践六度是自己幸福安乐之道,更是究竟解脱的得度之道!

第四节　四无量心

一、四无量心

是指菩萨普度众生所应具备的四种精神——慈无量心、悲无量心、喜无量心、舍无量心，以现代的话来说，就是以无量的与乐心、拔苦心、欢喜心和包容心来广度一切有情。

无量两个字，涵盖了"四心"的因、缘、果、德种种相状，具有下列殊胜意义：

（一）因无量：也就是发心无量。我们的思想主宰了一切的行动，因此唯有发心，才能产生力量，尤其像普度众生这么艰巨的使命，如果没有无量的发心，徒有行动，还是无法产生广大的效益。因此，我们要行长远的菩萨道，就必须发起无限的菩萨心。

（二）缘无量：指无量的助缘。

（1）众生无量：佛法在众生中求，众生就是菩提的根。若无众生可度，就没有菩提可修，就完成不了菩萨道，成就不了佛果。我们要成就无上正等正觉，就要以无量的众生为助缘，做到不舍弃任何一个众生。

（2）时间无量：在世间上，我们想要成就一番非凡的事业，都需要长久的努力，何况是要成就无上的菩提，更需要将自己投入无限的时间里，勤行佛道。十方三世诸佛也都是在累劫精进中，累积自己的福德因缘，方得以成就正觉。所以，我们凡夫福薄德浅，更需要以无量的恒常心来求得佛法。

（3）空间无量：根据《本生经》的记载，佛陀在因地修行时，轮回苦趣，犹不忘以各种身份来度脱六道众生；不仅如此，在《法华经》中，佛陀曾自述："我于尘点劫前，早已成佛，自是以来，常在此娑婆世界说法教化，亦于余处百千万亿那由他阿僧祇国道利众生。"其他如：观世音菩萨早在无量劫前成就正觉，但为度脱众生，因此倒驾慈航，游诸国土，常行佛道；普贤菩萨遍一切处实践十大愿，无怨无悔；地藏菩萨发誓度尽地狱众生，方证菩提……凡此都说明了诸佛菩萨之所以会成为佛菩萨，就在于他们将慈心悲愿遍覆法界，而无有拣择憎爱之心。我们要实践菩萨道，上求佛道，下化众生，就应当效法诸佛菩萨的勇猛精进，难行能行，难忍能忍，无论在何时、何处，都要以广度众生为己志。

（三）果报无量："因"无量加上"缘"无量，我们与无量的人、地、时、空结下善缘，自然会产生重重无尽不可思议的无量依正"果报"。

（四）福德无量：四无量心的福德无有穷尽，在诸经论中多有记载，今举《清净道论》说明如下：

（1）安隐入眠，不作恶梦："日有所思，夜有所梦。"由于日间心怀慈悲，常行喜舍，所以不但在夜晚能够安隐入眠，而且能见吉祥之梦。

（2）常为一切众生所爱敬：常行四无量心的人，犹如戴上道德的宝冠，常为人、非人等一切众生所敬爱。

（3）诸天守护，善神拥戴：常怀四无量心以度众利他的行者，便能得到诸天善神的守护爱戴。

（4）逢凶化吉，消灾免难：常行四无量心，积集无量福德以为善缘，自然能减轻业障，逢凶化吉，消灾免难。

（5）容光焕发，仪表堂堂：常怀四无量心的人，因为常行正念，相随心转，自然就会显得容光焕发，仪表堂堂。

（6）临终不乱，趣向善道：以四无量心为行持的人，直至临终也能提起正念，所以能趣往善道。即使终其一生不能证果，死后必能上生梵天享受诸乐。

二、四无量心的内容

菩萨怀抱慈无量心,慈爱众生,因此常求安隐乐事以饶益有情。以悲无量心,悲悯众生轮回六道,受种种身苦、心苦,所以发心为之拔除。以喜无量心,令众生得大欢喜。以舍无量心,舍以上三种心,对众生不憎不爱。

(一)慈无量心

慈无量心是一种希望众生得到快乐的心。慈与悲合称慈悲,是佛教的根本。佛经上说:一切佛法如果离开慈悲,则为魔法,可见慈悲思想与佛教关系的密切。

《大智度论》卷二十将慈悲分为三种:

1.生缘慈悲:观一切众生因起惑造业,而在生死中轮回受苦,因此而生起与乐拔苦的慈悲心,称为生缘慈悲。这是一般凡夫的慈爱,因为不明我、法二空,所以还是不能出离生死。

2.法缘慈悲:证悟无我所起的慈悲。这是已证得阿罗汉果位的二乘,以及初地以上的菩萨的境界。

3.无缘慈悲:是诸佛如来无限的慈悲,即彻证我、法毕竟空的般若智而生起的慈悲。因为心中已无差别,所以视众生与自己平等一如。一切有缘无缘的众生都给予所需。

此外,依慈悲的层次,又可分为:

(1)消极的慈悲,积极的慈悲;(2)热闹的慈悲,寂寞的慈悲;(3)直接的慈悲,间接的慈悲;(4)广大的慈悲,微小的慈悲;(5)一念的慈悲,无限的慈悲;(6)有缘的慈悲,无缘的慈悲;(7)有情的慈悲,无情的慈悲;(8)有求的慈悲,无求的慈悲;(9)有相的慈悲,无相的慈悲;(10)一时的慈悲,永恒的慈悲。

(二)悲无量心

悲无量心,是解除众生痛苦的心。《法华经》说:"以大慈悲力故,度苦恼众生。"菩萨经过累劫修行,断除一切烦恼,成就一切梵行,本来可以证得清净涅槃,然而为了怜悯众生,不住涅槃,不断生死,乘愿受生六道,广开甘露法门,转无上法轮。例如:佛陀因地割肉喂鹰、舍身饲虎;观世音菩萨倒驾慈航,寻声救苦;地藏菩萨"地狱不空,誓不成佛"等等,都说明了菩萨之所以能普度众生,正是由于悲心愿力所产生的伟大力量。所以经上说:菩萨因众生而生大悲心,因大悲心而长养菩提,因菩提而成就佛道。如果菩萨看到众生的忧苦,不能激发感同身受的悲心,进而上求下化,拔苦与乐,就无法成就菩提大道,因此悲无量心是菩萨成佛的必要条件。

(三)喜无量心

慈心令众生乐,喜心令众生喜,喜与乐有什么差别呢?《大智度论》卷二十说:乐是在五尘中所生的快乐,而喜是在法尘中所生的喜悦。譬如:怜悯穷人,先施与财宝,是先给他快乐;然后教导他谋生的技能,则是使他在生活中产生欢喜。所以,乐是比较表相的感受,喜是深层的感受。因此,《大智度论》说:"初得乐时名乐;欢心内发,乐相外现,歌舞踊跃,是名喜。譬如:初服药时,是名乐;药发遍身,是名喜。"

我们为什么要给众生欢喜呢? 因为欢喜是世界上最宝贵的财产。一个人没有了欢喜,即使坐拥金山银窟、华厦美眷,也没有意义;只要我们心中欢喜,即使是粗食淡饭,梅妻鹤子,也觉得充实自在。

佛陀以"苦"来教诫弟子,是要我们正视苦的原因,然后实践佛教真理来离苦得乐。所以,"示教利喜"才是佛陀说法的真正目标。在佛经上,我们常看到诸弟子请法时"愿乐欲闻",及闻法后"欢喜踊跃"、"欢喜赞叹"的辞句,可见法喜禅悦才是佛教的真谛宝藏。

因为欢喜修道而体悟者,在佛经中也多有记载,例如:

《释提桓因问经》："我于喜乐念乐中，欲求五功德果。"

《华严经·入法界品》："欢喜恭敬心，能问甚深法。"

《十地经》："诸佛子菩萨，住于极喜地，极多欢喜、多净信、多爱乐、多适悦、多忻庆。"

诸佛菩萨中，以"欢喜"成就佛道者，除了弥勒菩萨以外，还有：欢喜自在佛、欢喜庄严佛、欢喜藏佛、欢喜德佛、欢喜无畏佛、欢喜威德佛、欢喜王菩萨、欢喜念菩萨、欢喜意菩萨、欢喜力菩萨等，可见佛教是一个提倡欢喜的宗教。

因此，我们奉行佛教，除了自求清净安乐外，更应该散播禅悦法喜给大众受用，使大家在佛光的普照之下，远离忧苦的阴影。

(四)舍无量心

慈悲固然能使众生得到福乐，但是行慈心、喜心时，容易生贪着心；行悲心时，又容易生忧愁心。因此佛陀告诉我们：需以舍心来去除一切分别妄想，并令一切众生都能以平等心进入佛道。

舍，是一种无上的智慧。所谓："舍得，舍得。"小舍小得，大舍大得。放开脚步，才能使我们向前迈进。同样地，我们以慈心、悲心、喜心来弘法度众，更要舍除对三心的执着，才能有更大的成就。"心、佛、众生，三无差别"，万法因缘和合而成，所以就胜义谛而言，无一众生可得，也无一心可得。若有得者，皆是有求，不能成就无量的功德；若能舍去一切分别妄想，就能冤亲平等，广度一切众生有如己子。好比虚空因为能包容万物，所以能成就一切万物。

舍，是一种最高的境界，唯有舍，才能容纳异己，唯有舍，才能心包太虚。世界之所以动乱不息，就是因为世人都只知道向前获取，而不知道回头反省；只拼命向外追求有形有相的物质，而忽略了心内的精神世界更为辽阔。如果大家都能放下我执，尊重他人，舍得牺牲奉献，自然就能拥有一个圆融和谐的世界。

(五)慈悲喜舍,本为一体

由慈悲喜舍的内容看来,四无量心虽类别为四,其实都是慈心悲愿的延伸:先是欲令众生都能得到快乐,而施以慈心,继而看见有人不能得到快乐,悲心油然而起。接着又想令众生都能离去苦恼,得到无上法乐,喜心继之产生。以慈心、悲心、喜心度众,而不起憎爱贪忧,不生人法执着,就是舍心现前的境界。因此《大智度论》说:"慈是真无量,慈为如王,余三随从如人民。"

三、长养四无量心的方法

《华严经》云:"常行柔和忍辱法,安住慈悲喜舍中。"慈悲喜舍是我们依止安住的所在。我们想要培养四无量心,应从下列两点着手:

(1)建立自他互易的观念:常常换个立场为他人着想,将心比心,推己及人,就能长养四无量心。

(2)建立怨亲平等的观念:以业力轮回而言,众生沉浮在生死海中,已不止千万劫以上,因此,六道众生无非是我们过去世中的父母亲朋;以法界缘起而言,众生与我本为一体,又何有亲疏之分?如果我们能由此建立怨亲平等的观念,就能泯除计较分别心,长养慈悲喜舍心。

此外,当我们实践四无量心时,应该要有智慧做为引导,否则滥用、误用的结果,只会形成社会的乱源。例如:滥行布施,造成一些人不劳而获的观念;见到有人破坏社会正义公理,不能挺身而出,仗义执言,反而临阵逃脱,劝阻他人;父母供给儿女金钱吃喝嫖赌,甚至一意姑息,纵子犯罪;社会人士不当的放生,害死更多的生命等等,都是值得我们深思的问题。

第五节 回 向

一、回向的意义与种类

　　回向是佛教极为殊胜而独特的修行法门，回向的原理就好像手持蜡炬引燃其他的蜡烛，原来的蜡烛本身的光芒不但未曾减弱，反而由于点亮其他的蜡烛，而使室内更加明亮；回向好比将一粒种子再播种到田里，种子经过发芽、开花，而结成累累的果实；珠宝散于各处容易遗失，如果将它集中放在聚宝盆里，就能万无一失。回向的功德就是那个聚宝盆，它使我们的功德不但不会流失，并且本金加利息，功德反而会转大。

　　实践回向法门，能使行者深刻了解因缘法，而将一切成就归于大众，不敢独享；回向，能使行者去除我执我贪，明白诸法法性本来平等，实无功德可得，所以修持回向，不但自身的功德不曾减少，并且能利益更多的人，甚至可广及法界一切众生，是我们实践自他两利，怨亲平等的大乘菩萨道的最佳法门。

　　华严宗四祖澄观的《华严经疏》卷二十三解释回向的意义说："回"为回转，"向"是趣向，也就是将自己所修持的万行，回向众生、菩提、实际等三个方向。

　　根据各家的看法，回向有种种不同的种类，今略述如下：

(一)华严经疏十大回向

　　澄观的《华严经疏》卷二十三，列举十种回向：

1.回自向他：将自己所修的功德，回向饶益一切众生。

2.回少向多：以芥子般少许的功德，发广大欢喜心，回向法界一切众生，普获利益。

3.回小向大：将自觉的小乘之心，回向趣于大乘的自利利人。

4.回因向果：将因中所修的一切善根，回向成就一切菩提佛果，令一切众生同证菩提佛果。

5.回劣向胜：菩萨能够随喜凡夫乃至二乘人所修的劣福，并且使他回向殊胜的无上菩提。

6.回此向证：一切善根回向永离痛苦的此岸，而到涅槃清净的彼岸。

7.回事向理：将所修的事相功德，回向于不生不灭的真如理体。

8.回差别行向圆融行：从千差万别的现象界，回向圆融无碍的平等法性。

9.回世间向出世：所有世间善法都能随顺回向出世间法，心常回向出世之道，成熟教化一切众生。

10.回顺理事行向理所成事：从宇宙万有如如不动的理法界，回向本体与现象"相即相入"的理事无碍法界。

以上十种回向，又可总括为三种：

1.菩提回向：将所修的一切善行回向无上菩提的完成，如回因向果、回劣向胜、回此向证。

2.实际回向：将所修的一切善行回向真如实际的证得，如回事向理、回差别行向圆融行。

3.众生回向：将所修的一切功德回向法界众生都能获得利益，不受诸苦，如回自向他、回少向多、回小向大。

此外，回世间向出世、回顺理事行向理所成事二种回向，则通于菩提回向和实际回向。

(二)大乘义章三种回向

慧远的《大乘义章》卷九，将回向分为三种，内容与澄观相同，也就是菩提回向、众生回向、实际回向。

（三）安乐集六种回向

根据道绰的《安乐集》卷下说，一切众生虽然都具有佛性，人人都有成佛的心愿，但是依各人所修行的业果，尚不能出离三界火宅的痛苦，仍然在轮回之中。圣者慈愍众生长受此苦，因此劝诱净土行者将一切功德回向往生西方，成就大益。并将回向分为下列六种：

1.回向弥陀：将所修的一切善业回向往生阿弥陀佛净土，即至彼国，证得六神通之后，再返世间救度众生。

2.回因向果：将持名、礼拜等一切善因，回向往生西方净土的果报。

3.回下向上：回向下品下生而得上品上生，金台来迎。

4.回迟向速：一切功德回向速得往生西方。

5.回施众生悲念向善：一切功德回向救护众生，使众生念念向善。

6.回入去却分别之心：一切功德回向心无差别妄想。

（四）净土宗二种回向

依净土宗的说法，回向可分为二种：

1.往相回向：将自己过去以及今生所修的一切功德，回向给法界众生，发愿共同往生西方净土。

2.还相回向：已经往生净土之后，更生起大悲心，不忍自己独享安乐、众生受无量苦，再回入此土教化众生，以期共同趋向佛道。

往相回向是上求菩提，完成自我的上回向；还相回向是下化众生、利益大众的下回向。佛道的完成要不断地上求——上回向，才能具备足够的资粮完成下化——下回向的工作。为了要下化，所以要上求；唯有能上求者，才能圆满地自利利他，做好下化的度众工作，因此往还、上下之间是二而一、一而二，相辅相成的。

二、菩萨五十二阶位中的十回向位

《华严经》把菩萨的修证次第分为四十一位或五十二位,也就是十信位、十住位、十行位、十回向位、十地位、等觉位、妙觉位。经过自利的十信位、十住位,菩萨要行利他万行的十行位,由自利趋入利他。但是如果贪执一切功德为己有,妄起我想、众生想,就不是大悲心的菩萨,由此十行位之后要进阶至十回向位,一切功德要普皆回向众生,不觉有一功德可得而修一切功德,不觉有一众生可度而度一切众,一切自然天成,如此才能跻登十地的果证之位。因此,十回向位是衔接前面的十信、十住、十行,以及后面的十地、等觉、妙觉等位的重要阶位。佛说十回向位时,膝盖放光,膝盖是连接上下腿股的部位,道理即在此,可见十回向位在菩萨五十二阶位中的重要性。以下简略说明十回向位:

1.救护一切众生离众生相回向:众生为爱欲所缠缚,为无明所覆盖,辗转于三涂痛苦之中,不知道何处为安隐的地方。菩萨为了救度受苦众生,将自己所修行的无量善根回向一切众生,愿意代众生受一切苦,为众生做依怙,并且不着一切相,不觉有一众生为我所救度。

2.不坏回向:修一切菩萨善根,没有疲厌的感觉,对于诸佛的教法生大信心,奉行不违;对于一切众生能够以慈眼平等观爱,并且能够将此功德回向一切众生,令他们增长菩提心,依照佛陀的教法而行。

3.等一切佛回向:行者依三世诸佛所修的回向法门修学,见一切法不生爱染,无诸过失,所以心意柔软,诸根清凉,而以此功德再发心回向一切诸佛。

4.至一切处回向:修一切善根时,愿此善根功德的力量遍及一切处。

5.无尽功德藏回向:回向一切善根功德,庄严一切佛刹。由此回向可得十种无尽功德藏:

（1）山常见诸佛无尽功德藏：见无量阿僧祇诸佛。

（2）入无尽法功德藏：以如来的智慧，等观一切法就是一法。

（3）受持正念无尽功德藏：闻佛所说的正法，能够持奉不忘。

（4）得无尽慧功德藏：对如来所说的法，能够次第了解其中的意思。

（5）无尽趣法功德藏：能够分别一切法。

（6）无尽佛愿功德藏：智慧如虚空，遍于三世一切诸法。

（7）无尽功德功德藏：功德充满一切众生，意不可尽。

（8）无尽智功德藏：智慧能灭一切众生愚痴。

（9）无尽辩才功德藏：能够演说一切法，使众生都能如实明了诸法平等。

（10）无尽十力四无所畏功德藏：具足菩萨一切行，得法王一切智。

6.随顺一切坚固善根回向：行一切布施，长伸广长舌，为众生说一切善法，并且以此善根回向一切众生。

7.等心随顺一切众生回向：如佛陀一样，常持平等心，行无量的善根，做众生的无上福田。

8.真如相回向：对于菩萨道信乐坚固，专意修行，成就无量净妙善根，不着世界，也不着众生界，悉皆回向一切种智。

9.无缚无着解脱回向：于一切善根心生尊重，于一切相不生执着，并以无着无缚的解脱心回向善根。

10.法界等无量回向：以离垢心，广行法施，并以大慈悲心及菩提行饶益众生而心无谄诳。观察思维一切智无量无边，并以此善根回向众生。

三、回向的生活实践

有形的财，布施给了对方，东西会愈来愈减少；而无相的法布施，功德不但不会减少,反而因此转多。譬如手中有几个橘子,送给了别人,自己所剩无几;一句慈悲结缘的好话,送给了别人,对方实际运用于生活中,自他都能蒙受利益。尤其回向是法布施中最讨巧的法门,一碗饭自己吃固然津津美味,与人共享,更有味道;一片花园独自观赏固然赏心悦目,与人共同浏览,别有一番情趣。回向就是这种"光荣归于佛陀,成就归于大众,利益归于常住,功德归于檀那"无私无我的广大心量。我们在日常生活中要时常实践回向的修行,譬如课诵或法会结束时,唱诵:

愿消三障诸烦恼,愿得智慧真明了,

普愿罪障悉消除,世世常行菩萨道。

愿生西方净土中,九品莲花为父母,

花开见佛悟无生,不退菩萨为伴侣。

此外,如《法华经·化城喻品》:"愿以此功德,普及于一切,我等与众生,皆共成佛道。"唐朝善道大师的《观经玄义》:"愿以此功德,平等施一切,同发菩提心,往生安乐国。"这些都是千古流传的回向文。另外,古德高僧的回向文:"我今发心,不为自求,人天福报,声闻缘觉,乃至权乘,诸位菩萨,唯依最上乘,发菩提心,愿与法界众生,一时同得阿耨多罗三藐三菩提。"可看出愿心之远大,悲心之深切!

我们在日常生活当中,不管何时何地,言行举止,起心动念,时时都能与佛光四句偈的各种善行相应,并且将这些功德回向给一切有情或无情众生,当下就是佛果,当下就是净土。

月照香炉峰
(代后记)

在我香甜的梦境中，

我攀爬在香山，

仰望香炉峰顶的月晕，

我茫然在眼前失措的城市。

为什么喊不出积攒心头一生的喜悦？

绕开川流的人群繁华，

绕开信仰的香山。

我默默转身，

擦去透明的孤独，

多少日月后，

风还在翻越心浪，

喘息着靠近天空。

天空很低，

由树冠支撑。

参差不齐的四极距离可以摸抚的地方。

不知昏睡多久了，

梦里的风沙已经停息。

香山半山谷中的玉皇顶以及陪伴这座残存古庙的柏树林把夜色营建成为一座朦胧而神秘的海，放映在我们面前。吱吱啊啊的小虫，像画外音把眼前的香山密封成秋天的林子。我的眼睛仰望圆圆的月；圆圆的月亮在为我无语的歌声不声不响地旋转亮点。

因为夜色,藏在暗色叶影下的樱桃沟小溪,静夜后更加流响,盖过一切。夜色其实不难辨也不难熬,何况还有豪放的一轮月,在陪伴。只是生命变得胆怯,因而朦胧了小溪,林子和隐于心灵的朦胧。

我望月想表白什么,只怨沉默生出翅膀,昭示夜色的冷凝。夜凉如水,在流,我想挽住,甚而夜虫,也在歌吟天籁。

我默想,若夜色飘走,月亮睡觉,星星躲得无影无踪,那么错过夜色可能错过下一个新的黎明。

我的眼睛散落心事,可没躲过醒着的风。望月,看月光照耀着香山碧云寺那耸立的金刚塔以及归宿在金刚塔中的性灵,由此我低唤夜色那边的黎明。

在这同一时刻,我细细地品味。

夜色,月亮飘浮在夜空是冷寂,穿行在云层里是匆忙,悬挂在天空中是孤独。

我一生还从见过如此美丽的月亮。一轮浸透出无限光华,柔情似水的月亮。它巨大无比,让夜空也从此亮丽起来。面对它白雪般纷纷扬扬荡漾了的光辉,我望不见这夜空的顶,看不到天身的底,我的全部的身体、我的心都溶进了这天水如一的月光。这盈盈的、润润的光辉,勾引了人无穷无尽思想的心绪,这无边无垠的光辉让我进入的是梦境,生发在心灵中的是一种似乎可以触摸和把握的秘密,是已经遥远的超脱和正在逼近的伟大。这一轮形体被黑暗造就和围困,它给这世界诉说着天上人间美好的童话。这时候,这情景,给予我的是对人生、自然和天地精神进行体验、理解和认识的超然与感动。

这就是我梦境中香山的月亮。

它悬浮在黛蓝色的天宇,像一颗硕大无比晶莹璀璨的夜明珠。它匍匐在一腔男人的胸膛上,像燕赵大地痴情的女子生死不离。它镶嵌在一座铁黑色的底座上,如一面梳妆的美镜,把我的心和这世界都装进去,让它们充充实实,澄澄静静。

这就是月亮,燕山的月亮。

它此时此刻呈现在我面前。润泽、博大、高尚、自然,它令我感动,甚至感动得不能自抑,令我溶化,甚至溶化到软弱无力。令我超脱,甚至超脱得有些自信而又缥缈遥远。

这是我一生中见到的最美丽、最伟大的月亮。

现在,它竟然离我这么近,它让我进入,让我的手触摸它和抓握它。我的心能紧紧地贴着它的面庞,我的情感能直接和亲密地渗透进它的心脏。它完全地拥有了我,而我也把它化进了我的灵魂。

我会将它存放到永远、永远。

在梦境中,是站在樱桃沟鹿严精舍旁那块曾被曹雪芹酝酿《红楼梦》的巨石上看月亮的。我的眼前是燕山与太行山交媾汇合的自然、岁月和那过去了的风雨和现在时光以及水造就的樱桃沟。这是一条完全属于太行山与燕山的山沟,它狭长陡仄,深不见底,弯弯曲曲,如同岁月、日子、生活、阳光、风雨、苦乐一样。一群黑黝黝的水杉树的头和半截身子从沟里冒出来,一条羊肠子一样拧来摆去的小水流在沟底里淌动,它在月光下闪烁着幽静和隐秘的淡淡微光。这条小水不能称为小溪,它太小,小得可怜,太孱弱,因此也太珍贵,仅仅只是溪流形态的体现而已。但这却也正是希望,是生命,是世界和一切的依靠和寄托。

听着这秋后樱桃沟的水流声和蛐蛐声交应如天籁,从天边直响入云中,从云中又回响到天边。

有如在月夜的沙漠里,月光温柔的手指,轻轻地抚摩着一颗颗灼伤了的砂砾,在鹅绒般软滑的热带的空气里,听一个骆驼的铃声,轻灵的,轻灵的,在远处响着;近了,近了,又远了……

有如在一个荒凉的山谷里,一支火烛,独自临照着阳光死去了的宇宙,野草与野树默默的祈祷着。

有如在大海里的一块礁石上,浪涛像猛虎般狂扑着,天空紧紧地绷着黑云的存幕,听大海向那威吓着的风暴,低声地,柔声地,忏悔他一切的罪恶。

有如在喜马拉雅的顶巅,听天外的风,追赶着天外的云的急步声,

月照香炉峰(代后记)

在无数雪亮的山壑间回响着。

有如生命的舞台的幕背,听空虚的笑声,失望与痛苦的呼吁声,残杀与淫暴的狂笑声,厌世与自杀的高歌声,在生命的舞台上合奏着:仿佛听香山碧云寺、卧佛寺交相呼应在京郊大地上空的空古佛韵。

这是哪里来的神明? 人间再没有这样的境界!

这鼓一声,钟一声,磬一声,木鱼一声,佛号一声……佛韵在香山的上空迂缓地,漫长地回荡着,无数冲突的波流谐合了,无数相反的色彩净化了,无数现世的高低消融了……

这一声佛号,一声钟,一声鼓,一声木鱼,一声磬,谐音磅礴在宇宙间,这音韵解开了大都市时间的埃尘,收束了无量数世纪的因果;

这是那劫那世传来的太和之音——星海里的光彩,大千世界的音籁,真生命的洪流:止息了一切的动,一切的扰攘;

在天地的尽头,香山的阡陌间,在城市的喧嚣声里,在我的衣袖中,在耳鬓边,在官感里,在心灵里,在梦里……

在梦里,这一瞥间的显示,青天,白水,绿地,慈母温软的胸怀,是故乡吗? 是故乡吗?

世事化成了一滴眼泪

凉凉地流出了眼眸

流过了法界的心意

竟化成无踪无影的太和

这么的无

这么的空

这么的是生是死

这么的竟成了一滴眼泪

化成了生死无惧的空寂

悲是无灭的心情

颤抖地说着空

但早已曲终人散

全成了无我

这是我的空

这么悲　这么伤　这么凉

其实是这么的真

因为不曾发生过

于是成了一滴眼泪

成了空

成了不曾存在的永恒

纪念蜕化成彩虹的眼泪

于是涅槃成了

众生无我苦乐随缘的自在

所谓自在　即非自在

是名自在

于是众生认为那是狮子

生死铭记着那么深的印痕

是眼泪化成了彩虹的无我

于是成了大道

无可奈何

无我的谁又竟是　自在

还有原野上，一头奔驰的雄狮……

刚开始它迎向朝阳，沐浴霞光。白云和漫漫长路衬托得它更为俊美。

当它的鬣毛蒙上一层灰尘、全身汗水淋漓的时候，太阳正好移到了当空。烈日将一切灼焦。滚烫的风里摇动的植物、龟裂的大地……

暮色里仍在奔腾的，是一头瘦骨嶙峋的老雄狮。它用力催动自己的步伐，昂起头颅。夜风欲息，鬣毛再不能在光色中像火焰一样燎动了。

苍茫中，四周的绿色全部溶解、隐去，只有星星闪现空中。

人们只凭这苍凉的狮呼啸声，判断有一雄狮在野地里奔跑。

是什么让你无休止地奔波，不能停息？你仰天呼啸，那是你的回答吗？可是这长啸无法诠释，你留给自然的那些回响也令人费解。它大概是你不停地奔腾中伴随的声息，如同留给你自己的歌唱。

奔腾的雄狮！由缓缓而行到飞驰而去的、踏踏不止的奔波之旅啊，永远向前，直到一切消失……

为什么要奔腾？设问那永无干涸的长河，它的滚滚流动：为什么要奔涌？为什么要无休无止地汇向海洋？设问那黎明喷薄而出的朝阳：为什么总要升上高空、穿过层层雾霭、普照大地？设问这潮起潮落的海洋：为什么这样滔滔无际，泛起一片银光，或是咆哮，耸荡起一片如山的波涌——不停地扑向岸边，又不断地碎成雪白的、丈把高的浪花？

没有回答。它们都不能够停止，只是继续着，只是按照上帝所赋予它们的动力和节奏，无休止地运动下去。

万物有灵，有自己的命数。这是生命之谜，是潜在底层的灵魂的焦灼。这一切迫使它们运动和磨损，永无休止地变幻和造化。时光可以肃蚀山脉，让其化为浮尘和土壤，时光可以改变一切。时光在运动和旋转中改变生命。这绚丽的悲剧，伟大的毁灭，整个过程弥散出无与伦比的美。

雄狮必要奔腾。它不会在污浊的泥潭里匍匐、咀嚼。雄狮应该倒在原野之上，或者是洁白的雪崖之上、裸露的岩石之上。当它们倒下的时刻，它的头颅也仍然指向前方——成为原野上行进的一个伟大的标记。

那个秋天，微微寒风吹拂，田野流转着沉甸甸的香气。一头浑身挂带着伤痕的雄狮迎面秋天的微微寒风，向着东方——那一片黛色的山峦。

它冲破层层罗网，身上留下割伤，淌着鲜血。可这一场挣脱和奔突令其何等愉快。它不倦而无畏，掠过的尽是诅咒与惊恐。

有人断言它不久即会干渴倒在泥淖，因奔撞冲上断崖。它将摔得皮开肉绽,最后被山里的食肉动物啃成一堆白骨。

雄狮吼鸣着,往前驰骋。许久以前,还是它身陷罗网的时刻,它就遥望东方那一片黛蓝色的山。地是何等美丽的一片。它期待那里遍布山花,阵阵鸟语使人迷醉。那是无限的幻想之梦。

那时它还被绞索缚住,四周栽满铁藜。它不知这正是一头鲜活强悍的生命所要经历的磨难,只是一味企盼遥想。

那必定离去的一念在鼓励它,冲撞心扉。

它甚至想象:山阳坡上,有一片灿烂的卷丹花,河谷上有英武的钢松、无边的嫩草、丰美的食物,还有在阳光下泛亮的活泉……

一场永不停歇的挣脱开始了。百折不挠,直至成功。

向东的高地越来越陡,山势险峻。它浑身淌着汗水,每一根毛发都在欣悦和激愤中浸湿,扬起尘埃又将其糊住。它周身发痒,寒风吹起瑟瑟发抖。可是那片闪着光泽的卷丹花、美丽的钢松,都在诱惑鼓舞。它们看到了命运的微笑。

午夜,月亮和它一起暗淡;饥渴了,喝一口浑浊的泥浆,啃一点草叶。一刻不停地往前。狮吼伴着高空的雁鸣——那是另一些奔波不息的生命。视野里有什么鬼火在闪烁,一些发蓝的眼睛……那是狼,以及其他肉食动物。它们甚至发出了阴笑,咯咯的笑声使夜晚变得更为恐怖。

整整花费了一个季节,它才走穿这片大山。

它站在山阳坡上,看到了河谷,但没有看到红色的卷丹花和一排排的钢松。在苦涩的水潭旁,它勉强地饮用了。它的毛发因为被越来越冷的山风吹扫,脱落了很多。它甚至有点倦怠。每天,当东方的太阳喷薄而出的那一刻,它的神情就为之一振;看到那一片繁星,它就感到一丝莫名的温情暖间。泪水涟涟,它想起了自己的母亲。

跑啊跑啊,更东方,一片雾霭下闪烁的蔚蓝,化为它梦寐以求之所、潜伏和生长之地。力量像汩汩流泉,又一次冲腾奔涌。

涉过河水时,汹涌的水流险些把它冲走。登上彼岸,全身的污垢也

月照香炉峰(代后记)

被洗涤了——此时太阳升上半空,周身给照得灿亮。那新鲜的毛色证明了它青春勃发的生力,那甩动的长鬃显示着它永未丧失的希望。它昂首长啸,声震河谷……

后来,雄狮的双目失明了。

雄狮不得不更多地依靠抚摸、触觉告诉心灵,心灵感知广漠。那种探触、小心翼翼,仔细辨别,正好契合了狮子这个特异的生命。与其他狮子不同的是,这种触摸其实从很早以前就开始了;也就是说,狮子几乎这样进行了一生。

远在双目炯炯有神的时候,狮子对于这个世界的认知也依赖于这种抚摸。雄狮所经过之处,万事万物都印遍了指纹。雄狮温煦地猜测和照料自己的世界,既抚摸身外的事物,又抚摸自己的内心。即便是阳光灿烂的日子,雄狮也仍然依赖自己的手指去触碰和探寻。

一个天性的动物沉默了,就有了"敛起来的激情"。

也许现在世界正在发生很深刻的变化。一切传统意义上的权力、财富、势力正在向传媒、金融、知识暴力转化,而这种倾向更加深刻地向福报、智慧、科学转变,世界的河流正在往前流淌,它不会总是一个速度,浪花翻卷得也不会一样。世界的变化猝不及防。近来,这种变化表现得尤为突出、深刻,也更明显。由此带来的许多新问题,对人心构成了足够的刺激和挑战。这其间的文化精神、思想灵魂界到底发生了什么? 后果又将怎样?

任何使人类精神脱离了理性悟彻、脱离了寻找和探求的积极的通道,都是一种不道德的、丧失了良知的行为。向上即严肃的寻求,它必定贯彻着充满分析的理性之声。它反对虚伪和蒙昧,欺骗和蛮横,狭隘与专制,反对堵塞言路和思路的野蛮力量。

真正的人性释放后解脱的理想主义是忏悔、宽容、感恩、欢喜、自由的,不是某种僵死的教条和规范;它是一种善、一种生命的真实。它必服从于这种真实,循着这指引前进。

人类只要想生存下去, 也就没有权力使自己变得冷漠。思想、心情、物质、环境，一切的方面都给予温暖的关怀，才是现代生活的一个基本准则。随着知识的拓展，深重的苦难感也会同时拓展；而最强大的抵御力量——我们的勇气，也只能来自向上的精神。

就是这种导引与提升，才使我们不致因为恐惧的颤抖而加速滑落。那种滑落将无以挽救。人类有责任和权利对滑落伸出指斥的手指——这也是永远不变的道德原则。

真正的现代主义运动的历史上，也仍然洋溢着向上的精神，吹动着清新的气息。真正的现代主义以前所未有的宽容、博大和自由的精神，囊括了一切积极的探求，寻找了更多形式上的通路。它对于当代人的滑落给予了无情的挟击，那种努力至为动人。这种努力虽包括了辛辣的讽刺、嘲弄，以及颓丧外表下所遮掩的那颗火热的灵魂；由于生命质地本身的坚实、紧密，它的确以前所未有的方式作着向上的努力。现代主义仍然拒绝魔鬼的声音，仍然拒绝毁坏者和丑恶者的灵魂。这不仅是诗人的自信、艺术家的自信，也不仅是道德家的自信，而且还是人类本身的自信，是时间的自信。

我们离开了这种自信，就会离开我们的判断和我们的逻辑。

中华文化及中国智慧经过积蓄和凝聚，经过新的综合与创造，经过百折不挠的努力和觉醒、和平发展的漫长道路，也许就要展现一个智慧、文明、自由、和善、和谐、和平的鼎盛时期了。中国人、中华民族毕竟是一个优优大哉、则天而行的民族，毕竟是一个渊渊其渊、浩浩其天、知天理、达天德的民族，毕竟是一个经纶天下之经、立天下之大本、知天地之大化、浩然与天地同流的民族，毕竟是一个追求生生不息、刚健文明、具有宇宙生命精神的民族，毕竟是一个不断超越、升腾、知常、唯道是从的民族，毕竟是一个体尽万物、审乎无假、胸怀大道、周行不殆、独立不改、绵绵若存、用之不勤的民族，毕竟是一个尊德性而道学问、致广大而尽精微、极高明而道太和的民族，毕竟是一个不自见、不自大、功成不居、为而不争、善贷且在、能够通变的民族！

精神的一度荒芜，总是意味着它将焕发出更大的魅力。

如果我们把不同时期不同国家的经济文化发展的曲线重叠会发现：它们在很大程度上竟会吻合。思想低谷、通俗文化艺术高度繁荣，经济起步、社会变革、喧哗骚动、从疲惫到稳定……这个时候坚持下来的思想家不仅是生活的希望、时代的良知，而且还会成为下一个时代的星光。

一个这样的民族，能够不复兴吗？能够不磅礴于世界吗？能够不保持固有的文明并创造新的文明吗？能够不出现智慧、文明、自由、和善、和谐、和平及新的鼎盛时期吗？回答是肯定的。我们应该有这个理想和信念，并把自我的生命融到中华民族化育天地万物绵绵不息的生命洪流中去。大化流行，一体并进，求得生命的普遍价值与富民兴邦、协和万邦的大同太和智慧及全球化文明的和谐世界与和平发展的建设中！

春天湖水就要融化，湖畔上的果子树银亮的花朵就要吐放，蝴蝶和蜜蜂就要飞来；大雁向北，湖口解冻，柳莺四下翻飞。这种自然的秩序即包含了诸多美好，传播着真理——自然与生命的基本法则，预示了希望。在这无言的真和诗的围拢之下，人类的确应该是美好的。这种美好应该被自然自在地追求、贯彻和维护。向上的人类必须是善良的，向上就是一种善良。而只有善良才能够维护生命的永恒。

我们都走入了检验和归属的时代，它对我们构成了那么大的刺激和引诱。庞大的队伍由于虚假而消失，道路再不拥挤。既然走入了冷静和安宁，就应该充满希望。

人随时随地都需要希望，没有希望就注定迷失，导致堕落，引来烦恼。没有希望就可以失去朝气，带来晦气和情绪的低落。没有希望就失去成功的机会，也看不出人生究竟的意义是什么？

希望是我们心中的阳光，灰心时温暖我们，消极时振作我们，力量竭尽鼓舞我们。希望即是自性中的燃灯佛，我们应随时让它照亮我们的人生。请注意《永嘉证道歌》中说："我师得见燃灯佛，多劫曾为忍辱仙。"

释迦牟尼的证道，是因为参见代表光明与希望的燃灯佛，经过不断努力、忍辱和实现大慈大悲的菩萨行才完成了福慧圆满的参证。也就是说，人唯有时时刻刻心怀希望、努力不懈，才可能活得圆满。

我们的希望在哪里？在自我实现，一颗慈悲之心和一种平怀的态度。能如此，则人生将显得轻松、丰足和悦乐，这就是禅道。

人活着需要一个好的信念，它给我们方向，给我们精神上的鼓舞和引导。但是信念不是预设的教条，而是自己透过智慧去发现的希望。

希望是属于你自己的，只有你活得有希望，在精神上能发现那份宁静，并与宇宙本体相会心的情怀，才会有永恒的发现。但那是用你自己的生活和因缘去发现、去实现得来的，而不是恪守教条从刻板的生活中得来的。

活在希望中的人是幸福的，自在的，充实的。透过禅的法眼，你一定能看出太和文明的希望……

光明的翅羽，在虚空中飞舞！

大圆觉底里流出的欢喜，在伟大的，庄严的，寂灭的，无疆的，和谐的静定中让我悄悄地走进了我梦中的娑婆世界：

大地上有许多干涸的河流，它们只剩下躯干，而没有了血液；它们只留下了形貌，让我们追念昨天，想象当年的滔滔不息。

时光的尘埃淹没了另一些古河道，使我们连枯干的躯体也不得相见。我们无从考据，也无以感怀。只有在午夜，在寂然无声的一个人的时刻，尚可以倾听古河之声——隐隐的，若有若无的鸣响，流入心的深处。

古河是万水之源，是文化的潮汐，是劳动、艺术、创造的源头。现代人无论如何应该倾听古河之声。

在人类的记录工具不断更迭创新，从鹅毛笔到钢笔圆珠笔再到机械打字机和电脑打字设备、声控打字机……种种迅速的、目不暇接的、无从想象的演化和进化当中，人类同时也在经历着极大的进步和极大的退步。

一种难以预料的丧失使我们变得苍白而空虚。我们渐渐丧失了一

月照香炉峰（代后记）

部分咏唱的能力、喟叹的能力,不得不过多地依赖纸张、集成电路;我们甚至不愿意面对着纸页去涂抹和记录,更不愿像古人那样在物体上费力地刻画心得与思想……

自然万物左右于古人的灵魂。他们目击了,感动了,欢欣、伤感、各种各样的情绪,就在窄窄的木条和竹筒、甚至是砖石上刻记下来。这是一种笨拙的、费时费工费心的、然而却是更为深刻难忘的记录。生命用刻写的方式印在了坚实牢固、可感可触的物体之上。这种物体是坚硬的,被我们后来人很好地保管了、贮藏了。我们搬动它们,展放开来,寻找昨日的事迹、声息,关于史实和繁琐日常事迹的记录,特别是思想和情感的记录。

这是一个令人惊叹的事实,可是它们都属于很久以前了。

与此相反的是,一些源于土地、源于劳动的喟叹和歌唱,要穿过很多曲折、变形、扭曲,最后才进入我们的记录;它或许已经失去了原有的色泽和气味,再也没有了那种实感,没有了那种凝练和张力,变得平庸、程式化和显而易见的凡俗气。这可以使我们造成极大的误识。精神的触觉不再敏锐,创造的思维不再鲜活。这种无处不在、绵绵相续的浸染使我们走向智慧的末路。

如果我们要依赖典籍的记载去寻觅古老的声音的话,那么它在哪里?那美妙绝伦的歌唱和吟咏在哪里?

漫步野径,

小小黄花一朵,细看,

竟是华藏世界。

小憩寒林幽谷,

涓涓泉流轻泻,倾听,

竟是如来的低语:

平凡人生,点点滴滴,

处处都是璀璨的希望。

人们都以为自己很清楚,知道冷静地思考,其实大部分人都很容易接受暗示,情绪的起伏就是最明显的证据,意志的动摇更是直接源自外来的威胁。我们很容易被色相欺瞒,所以诱惑者的温和声音和动情利旅,足以使人附入陷阱。在接受引诱时,自以为看到了希望,事实上已经坠入了绝望。受辱动怒时,自以为在伸展尊严,实际上已沦为情境的奴隶,失去解决问题的能力;希望的大门,就因为一时的迷失而关闭。

禅家的教诫是不要被色相欺瞒。故云:"色即是空。"

你若能看透色相,不要被它蒙骗,就能清楚地思考,看出希望来。要常常提醒自己,色相容易导致你思想和情感的错乱,如果你不能勘破它的束缚,你就注定要成为色相的奴隶。

人若不懂得"色即是空"的道理,那么越多的财产就有越多的烦恼;越高的名望,就带来更多的苦闷。现代人财产富了,名片上的头衔多了,但似乎越来越苦闷。这正是没有从"色即是空"的禅机中顿悟出来的缘故。

禅家是要我们在种种遭遇中看出意义,并从坏习气中解脱出来,才能发现新希望。在日常生活中,平淡的起居饮食,若以清净澄澈之心去观照它,定会发现它的美。在平凡的生活之中,若能保持醒觉的态度,则无处不展现纯真微妙的情趣。所以禅家又说:"空即是色。"

只有清除心中的成见,才能看出或发现生活的丰足和悦乐,才可能流露创造的智慧,看出新的希望,禅门的传承心法,无非是空一切色,成一切色。要人从许多纷扰、成见和刻板的思想中解脱出来,这样才能看出希望来。中国禅宗第四代祖道信禅师说:"妄情既不起,真心任偏知。"

人唯有透过纯净的心去待人处事,才可能看出光明的希望。因此,修禅必须要像"落花随流水"一样,无情地洗去心中的成见,然后智慧才能像"明月上孤岑"一样,清冷地照遍大地,觉照着孤高的自己。人,天生需要希望。唯有在生活之中不断看出希望,才会快乐,希望是你自己悟出来的,不是抄袭来的。悟的最简洁法门就是:泯除一切,发现一切。在纷扰多欲的现代社会里,感性的文化在怂恿你的意识,激荡的社会动态在干扰你的情感与思想。因此,你要想泯除尘劳的一切色相,看出如来的一切色相,并非是容易的事。禅家说:"言语道断。"

语言文字不是生活的道或希望,真正的希望必须亲自去发现,去实现。

为了提升自己的悟性,打坐和参禅是禅家的基本要求固然不错,禅不在乎坐卧,不在乎能坐多久,但打坐和参禅确实有助于个人觉性的增长。坐禅对你最大的帮助有三:增强神往和感受能力,避免思想和情感僵化,消除工作的弹性疲乏,维持良好的创造性。打开经验的限阈,培养开阔的胸襟,透过经验的开发,自己才有心如虚空、包容万物的可能。引发你自我实现,在日常生活之中体验到生活的乐趣和生命的意义,产生丰足感。最后,我要提醒一点,现代人宗教的情操不足,信心不够坚强,容易被色相境界所牵动。因此,学禅必须不忘念佛,透过念佛可以增强信心,克服障碍,培养清醒的觉性。当你绵绵密密念佛时,禅的妙悦更能流露出来,汇成生活的朝气和创意,展现生命的希望。

世人碌碌,尽心营谋,不知幻体本空,四大无我,苦苦钻营,为此不实之躯奔波来去,哪知真源湛寂,觉海澄清之无上妙理。哪知万法唯是一心,心垢故众生垢,心净故众生净;心垢则国土垢,心净则国土净。如祖师云:

一切由心,邪正在己。

不着一念,即是本性。

智　圣

2009 年 12 月 23 日

于北京香山狮乐兰若

图书在版编目(CIP)数据

你也能大成就/智圣法师著. —北京：华夏出版社，
2010.1

ISBN 978－7－5080－5596－1

Ⅰ.①你… Ⅱ.①智… Ⅲ.①佛教－人生哲学－通俗读物
Ⅳ.①B948.49

中国版本图书馆 CIP 数据核字（2009）第 238138 号

责任编辑　梅子　晓燕　郑敏

出版发行　华夏出版社出版发行

社　　址　北京东直门外香河园北里 4 号

邮政编码　100028

经　　销　新华书店

印　刷　厂　北京建泰印刷有限公司

开　　本　787×1092 毫米　1/16　印张　49.75

彩　　插　12 张

字　　数　698 千字

版　　次　2010 年 1 月第 1 版

印　　次　2010 年 10 月第 2 次印刷

定　　价　78.00 元

（本版图书凡印刷装订错误可及时向我社发行部调换）